Leipzig
Architektur von der Romanik
bis zur Gegenwart

LEIPZIG

ARCHITEKTUR

VON DER ROMANIK BIS ZUR GEGENWART

Wolfgang Hocquél

Passage-Verlag

bildprägenden Leipziger Altbauten haben sich auf einem übersättigten Wohnungsmarkt als konkurrenzfähig erwiesen. Die Einwohnerzahl der inneren Stadt steigt wieder; in den letzten fünf Jahren sind per Saldo über 25 000 Bewohner in die Altbauquartiere zurückgekehrt.
Der Leerstand ging in der innerstädtischen Bausubstanz am stärksten zurück, wenngleich der Wohnungsüberschuß auch heute noch bei gut 50 000 Wohnungen liegt. In den Großsiedlungen, besonders in Grünau, nimmt der Leerstand demgegenüber seit einigen Jahren deutlich zu: Die Plattenbaugebiete sind in der innerstädtischen Wanderung seit etwa fünf Jahren die Verlierer. Da sich der Leerstand auf die dichtbebauten ehemaligen Arbeiterwohngebiete und die Plattenbaugebiete der DDR-Zeit konzentriert, kann man von einer Krise des massenhaften Geschoßwohnungsbaus mit hoher Dichte sprechen.
Die Trendwende in der „alten Stadt" ist ein großer Erfolg der Stadterneuerung. Über 60 Prozent der innerstädtischen Blöcke sind weitgehend saniert und in ihrer Entwicklung konsolidiert. Dennoch bleiben große Aufgaben zu bewältigen, etwa 2 500 alte Häuser aus der Gründerzeit sind noch unsaniert und überwiegend nicht mehr bewohnt. In den benachteiligten Quartieren konnte der Abwärtstrend kaum gebremst werden, so daß auch im wirtschaftlich relativ erfolgreichen Leipzig (u. a. BMW- und Porscheansiedlung) in Teilräumen Stadtverfall droht. Aufwertung, Stabilisierung und Schrumpfung sind parallele Phänomene – oft nur wenige hundert Meter voneinander entfernt.
Die Erneuerung des letzten Viertels der Altbauten stellt die Stadt vor neue Herausforderungen, da der Wohnungsüberschuß zu niedrigen Mieten geführt hat und die Investitionsbedingungen schwieriger geworden sind. Zudem wird die Bausubstanz der bisher nicht sanierten Häuser infolge des langen Leerstands immer schlechter. Besonders schwierig ist die Situation in Teilen des Leipziger Westens und in großen Bereichen des Leipziger Ostens. In diesen Stadtteilen beginnen sich die Blockstrukturen stellenweise aufzulösen. Eine „perforierte Stadt" entsteht.
Ein partieller Stadtverfall, wie wir ihn bisher nur aus englischen oder amerikanischen Städten kennen, ist auch in Leipzig nicht ausgeschlossen. In der östlichen Vorstadt gibt es mittlerweile Ortsteile, in denen jede zweite Wohnung leer steht. Die Entleerung wird vom Niedergang der lokalen Ökonomie in den benachteiligten Quartieren begleitet. Den Einzelhändlern und Gewerbetreibenden in den Abwanderungsquartieren fehlt – auch aufgrund der harten Konkurrenz der Einkaufszentren auf der grünen Wiese – die Kundschaft. In den heruntergekommenen traditionellen Geschäftsstraßen zeichnen sich hohe Einwohnerverluste und soziale Abwärtsbewegungen dieser Quartiere ab.
Das Stadtgewebe wird aufgrund der räumlich sehr unterschiedlich intensiv ausgeprägten Verdünnung der Nutzung lockerer. Der traditionell durchgehend zusammenhängende Leipziger Gründerzeitgürtel bekommt Risse und Löcher. Die „patchworkartige" Peripheriestruktur beginnt in die innere Stadt einzusickern.
Angesichts dieser großen Herausforderungen ist die Stadtgesellschaft aufgerufen, ihre Energien auf die Erneuerung möglichst vieler wertvoller Altbauten zu konzentrieren und den unvermeidlichen Stadtumbau als eine behutsame und bewußte „Perforierung" der Stadt auszuprägen, um einer „polarisierten Stadt" mit direkter Nachbarschaft von Wohlstands- und Verfallsquartieren kreativ entgegenzuwirken. Stadterneuerung muß die intakten Stadtschollen der inneren Stadt zusammenhalten und die Konkurrenzfähigkeit der innerstädtischen Quartiere fördern. Es geht bei Bewahrung der baukünstlerischen Qualitäten der Altbauquartiere um deren Umbau und Umstrukturierung zur Schaffung zukunftsweisender Qualitäten. Dabei spielen neue, attraktive innerstädtische Wohn- und Eigentumsformen eine große Rolle.
Der zur Konsolidierung des Wohnungsmarktes offenbar unvermeidliche Rückbau bedeutet eine städtebauliche Gratwanderung. Kann die „Perforierung" der innerstädtischen Blockstrukturen zu neuen Qualitäten weniger verdichteten Wohnens in der alten Stadt und den Großsiedlungen genutzt werden oder bedeutet sie letztendlich den Zerfall des räumlichen Gerüsts der inneren Stadt, eine Auflösung der traditionellen Strukturen, begleitet von Desinvestition und sozialer Segregation?
Leipzig will den Stadtumbau als Chance nutzen. Deshalb entwickelt die Stadt Visionen für neues innerstädtisches Wohnen mittlerer Dichte, das Individualität zuläßt und für Eigennutzer interessant ist. Die Stadt entwirft auch Visionen für innerstädtisches Grün, das sich nicht auf ökologische Aspekte reduziert, son-

dern den Gestaltungsauftrag ernst nimmt und eine neue innerstädtische Gartenkultur entwickelt. Und deshalb arbeitet die Stadt Leipzig mit ihren Partnern an der Vision „Olympia 2012". Auch dadurch sollen die nötigen Kräfte der Re-Urbanisierung der innerstädtischen Peripherie mobilisiert werden. Die Olympischen Spiele können zu dem großen urbanen Projekt des aktuellen Transformationsprozesses werden.
Am Stadtrand stellen sich andere Fragen: Die großen Siedlungen werden vom Leerstand eingeholt und erweisen sich aufgrund ihrer Monostruktur als wenig krisenfest. Hier kann Stadtumbau nicht nur einen Beitrag zur Verminderung des Wohnungsüberschusses leisten, sondern auch einen städtebaulichen Mehrwert schaffen – „mehr Qualität durch weniger Häuser". Stadtumbau von außen nach innen muß von einer „Inwertsetzung" der Landschaft am Stadtrand und einer klaren Ausprägung der Stadtkanten begleitet sein.
Alles in allem greift die aktuelle Diskussion um „schrumpfende Städte" im Fall Leipzig jedenfalls viel zu kurz. Neben dem Stadtumbau sind in der Stadt wichtige Wachstumsprozesse zu bewältigen. Am nördlichen Rand der Stadt rücken die Bausteine der globalen Ökonomie immer stärker ins Blickfeld. Vom Flughafenneubau über das Güterverkehrszentrum und die neue Messe bis zum gerade entstehenden großen Automobilstandort für BMW entsteht im Leipziger Norden eine neue großmaßstäbliche Raumstruktur.
Eine Sequenz großer Stadtbausteine wächst heran, die mit den traditionellen Gestaltungstypologien der europäischen Stadt nicht bewältigt werden kann. Hier sind andere Formen des Städtebaus gefragt, die den Themen Dimension, Geschwindigkeit und Mobilität gerecht werden. Die Stadtwahrnehmung wird im Norden Leipzigs von Schnellstraßen und ICE-Trassen bestimmt. Anstelle eines kompakten öffentlichen Raumgerüsts der traditionellen Stadt formt die zunehmende Geschwindigkeit der globalen Wirtschaft neue Geometrien und Orte: Infrastrukturbänder und große Nutzungsbausteine bilden eine „Stadtsequenz" heraus, die von einem großräumigen Aufbau neuer, nicht mehr primär agrarisch genutzter Landschaften flankiert werden muß.
Andersgelagerte Ordnungsaufgaben stellen sich in den alltäglichen Wachstumsfeldern im Weichbild der Stadt: Die räumliche Steuerung und qualitative Verbesserung der randstädtischen Wohn- und Gewerbegebiete bleibt die wichtigste städtebauliche Alltagsaufgabe. Auch wenn durch noch so engagierte Planung das Weiterwuchern der autoorientierten Vororte mit ihren vielfältigen Spielarten der Centerwelten kaum begrenzt werden kann, darf auch in der „Stadt vor der Stadt" die Suche nach Qualität, Schönheit und Urbanität nicht aufgegeben werden.
Die baulichen Phänomene an der Peripherie der Stadt sind Ausdruck des im Osten Deutschlands mit der Wende schlagartig wirksam werdenden freien Spiels der marktwirtschaftlichen Kräfte. Der globale Wettbewerb der Stadtregionen hat in wenigen Jahren die bisherige Binnenorientierung der Stadtpolitik zu einer stärker außenorientierten Standortkonkurrenz verändert. Mit einer „nachfrageorientierten Stadtentwicklungspolitik" versucht Leipzig, Wertschöpfung in der eigenen Stadt zu binden und die Exportfähigkeit zu steigern. Mit der Ansiedlung großer Automobilwerke hat diese Politik Erfolg. Die Stadt wird in der Zukunft ihre eigene Balance zwischen städtebaulichem und sozialem Ausgleich im Inneren und der internationalen Wettbewerbsfähigkeit finden müssen. Sollen lokale Identitäten bewahrt werden, müssen kulturelle Differenzierung und unterschiedliche teilräumliche Entwicklungstempi akzeptiert werden. Nur die Pflege der Ungleichzeitigkeit kann der Nivellierung lokaler Strukturen entgegenwirken.
An der Peripherie und zwischen den Stadtschollen der inneren Stadt wird viel städtebaulicher und landschaftsgestalterischer Kitt und damit wirtschaftliche Initiative notwendig sein, damit die Erneuerung der europäischen Stadt gelingt. Auf Basis des in der letzten Dekade in Leipzig entstandenen innovativen Milieus wird sich in dieser Dekade erweisen müssen, ob die Stadt an ihre frühere wirtschaftliche Bedeutung anzuknüpfen vermag. Gelingt den Menschen der Stadt dieser Kraftakt, muß uns um die Zukunft der Leipziger Baudenkmale von der Romanik bis zur Gegenwart nicht bange sein.

Leipzig, im November 2003

Inhalt Seite

Zur Entwicklung von Städtebau und Architektur Leipzigs

Die Burg des 10. Jahrhunderts. Die Frage, wann und unter welchen historischen Bedingungen sich auf dem heutigen Großstadtgebiet die Besiedlung vollzog, in deren Ergebnis letztlich die Handelsmetropole Leipzig entstand, soll am Beginn einer kurzen Darstellung zur Entwicklung der Stadt stehen. Das seit etwa dem 7. Jahrhundert sorbisch besiedelte Gebiet am Zusammenfluß von Weißer Elster, Parthe und Pleiße kam im 10. Jahrhundert, im Zuge der ersten Etappe der sogenannten Ostexpansion, unter den Einfluß deutscher Feudalherrschaft. Mit der Königswahl Herzog Heinrichs von Sachsen im Jahre 919 begannen zwischen Saale und Elbe Eroberung, Landausbau und Christianisierungsprozeß. Zum Schutze des Territoriums wurde ein System von Burgen errichtet.
So entstand auf dem Hochufer der Elster-/Pleißenaue – auf dem Gelände des späteren Matthäikirchhofs (nordwestlich der Großen Fleischergasse) – die urbs Lipsk als erste deutsche Burg in diesem Gebiet. Sie wurde zuerst im Jahre 1015 in der Chronik des Merseburger Bischofs Thietmar erwähnt, als dieser vom Tode des Meißner Bischofs Eid berichtete, der am 20. Dezember hier verstorben war. Da schriftliche Überlieferungen, die Aufschluß über Entstehung, Standort und Gestalt der Burganlage hätten geben können, fehlen, haben erst systematische archäologische Grabungen unter maßgeblicher Beteiligung des Leipziger Kunsthistorikers Herbert Küas in den Jahren 1950 bis 1956 Licht in bestehende Vermutungen gebracht. Die Grabungen wurden möglich, weil dieser Altstadtbereich um die Matthäikirche herum im zweiten Weltkrieg weitgehend zerstört worden war. Noch zu Beginn des 20. Jahrhunderts vertrat die Stadtgeschichtsforschung die Auffassung, die Hauptburg habe sich im Bereich der Lortzingstraße befunden, an jener Stelle, wo sich bis um 1900 der Straßenname „Alte Burg" erhalten hatte. Diese archäologisch nicht nachgewiesene Burg hat Küas jedoch lediglich als eine Unterburg zur Hauptburg, der urbs Lipsk, angesehen. Das eroberte und besetzte sorbische Gebiet war Königsland. Neben der Errichtung der zentralen Landesburg in Meißen (nach 929) begannen Heinrich I. und seine Nachfolger an strategisch wichtigen Punkten weitere deutsche Burgen anlegen zu lassen, wobei man an die im Altland gewonnenen Erfahrungen anschloß. Auch die Burg Lipsk gehörte dazu. Sie wurde zum Mittelpunkt eines Burgwardbezirks. Markgrafenschaft und Königstum waren die übergeordneten territorialen Herrschaftsstrukturen. Leipzig gehörte wie etwa dreißig weitere Burgwarde zur Markgrafenschaft Meißen. Die strategisch sehr günstig angelegte, vielleicht bereits unter König Heinrich I. gegründete Burg hatte die Auf-

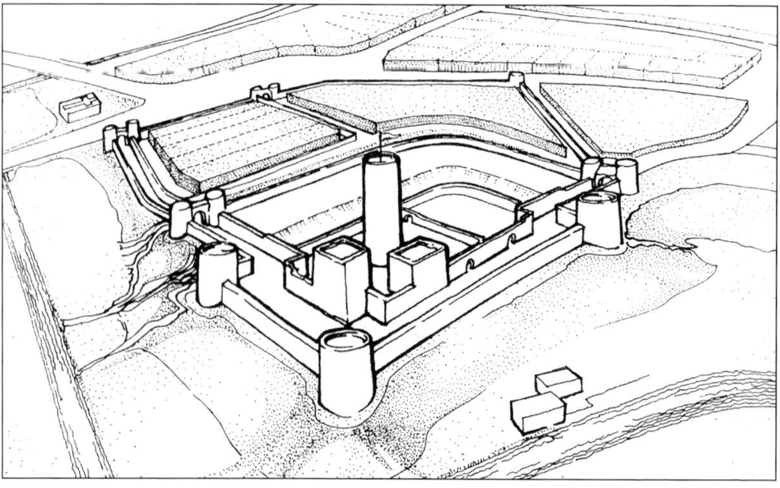

Urbs Lipsk – Rekonstruktionsversuch von Herbert Küas aus dem Jahre 1976. Zeichnung Hans-Dietrich Wellner

gabe, die Kreuzung der mittelalterlichen Fernhandelsstraßen via imperii (in Nord-Süd-Richtung) und via regia (in Ost-West-Richtung) sowie die Flußübergänge zu schützen. Daneben war sie auch ein wichtiger Etappenort zwischen der Burg Meißen und der bedeutenden Königspfalz in Merseburg, denn die Entfernung der Burgen voneinander wurde ganz wesentlich durch die Strecke mitbestimmt, die man an einem Tage mit Pferd und Wagen zurücklegen konnte. Der deutschen Burg Lipsk war vermutlich eine slawische Befestigung vorausgegangen. Der aus dem Slawischen entstandene Ortsname „Leipzig" (lipa = Linde) erinnert noch heute an die slawische Zeit. Die Interpretation der Grabungsergebnisse veranlaßten Herbert Küas dazu, die Burg des 10. Jahrhunderts in der abgebildeten Form zu rekonstruieren. Danach besaß sie einen etwa 30 m hohen Bergfried, dessen Mauern im Fundamentbereich 3,30 m dick waren. Die innere Burganlage wurde durch einen äußeren Mauerring zusätzlich geschützt. Im Suburbium befanden sich die Freihöfe, in denen die Burgmannen wohnten, und eine Handwerker- und Kaufmannssiedlung. Im Schnittpunkt der Handelsstraßen, etwa am heutigen Richard-Wagner-Platz, lag ein erster deutscher Markt. Erst wesentlich später, wohl um die Mitte des 12. Jahrhunderts, wurde ein zweiter Markt südlich der Nikolaikirche angelegt. Südwestlich der urbs Lipsk, etwa im Bereich der heutigen Klostergasse, soll sich ein Königshof befunden haben. Heute ist die vergleichende Burgenforschung allerdings der einhelligen Meinung, daß die von Küas rekonstruierte Steinburg deutlich jünger ist als von ihm angenommen. Im 10. Jahrhundert kann sie wohl lediglich als ein Holz/Erde-Bau bestanden haben. Dies zeigt ein Vergleich mit den Bergfrieden der frühesten Steinburgen in unserem Gebiet, etwa der Groitzscher Wiprechtsburg (nach 1080), der Burg Trebsen (1220/1230) oder aber der Burg Gnandstein (um 1250), die deutlich später entstanden sind. Die von Küas rekonstruierte Steinburg hat jedoch spätestens um 1216/17 existiert, als Markgraf Dietrich nach dem gescheiterten Leipziger Bürgeraufstand von 1215/16 drei Zwingburgen anlegen ließ. In den Annalen des Klosters zu Pegau heißt es hierzu am Ende des 13. Jahrhunderts: „Nachdem [so] die Bürgerschaft unterworfen war, ließ der Markgraf die Stadtmauer ringsum niederreißen und innerhalb der Stadt drei Burgen bauen, damit die Bürger nichts Ähnliches wieder versuchen möchten. Die eine Burg lag am Garten der Predigermönche [Dominikanerkloster am Augustusplatz], die andere neben den Franziskanern [an der Großen Fleischergasse] und die dritte dort, wo sie auch heute noch steht [Pleißenburg bis 1897]". Die letzte „Ausbaustufe" der urbs Lipsk bestand nur kurze Zeit. Bereits 1224 gelang es den Leipzigern, die 1216/17 zur Zwingburg gegen die Stadt umfunktionierte Anlage zu schleifen. Wenig später entstand hier das Kloster der Franziskaner, auch Barfüßer genannt, das erstmals 1253 erwähnt wird. Mit der Eroberung des Landes östlich der Saale etablierte sich auch die geistliche Feudalgewalt, und die nun einsetzende Christianisierung des Gebiets führte zu einem äußerst umfangreichen Kirchenbau. Eine zur Burg gehörige erste deutsche Kirche (Burgwardkirche) wird neben dem ersten deutschen Markt vermutet. Über ihren genauen Standort gibt es unterschiedliche Auffassungen. Der Friedhof einer Jacobskirche, die im 11. Jahrhundert entstand, konnte in den 1950er Jahren durch Grabungen im südlichen Zugangsbereich zur heutigen Jahnallee/Jacobstraße lokalisiert werden. Die beiden heutigen großen Stadtpfarrkirchen Sankt Nikolai und Sankt Thomas sind, als romanische Basiliken, dagegen erst nach der Mitte des 12. Jahrhunderts errichtet worden, als sich eine Stadtgemeinde herausgebildet hatte. Im Jahre 1212 ließ sich Markgraf Dietrich auf dem Reichstag zu Frankfurt am Main die Gründung eines Klosters an St. Thomas zu Leipzig bestätigen und unterstellte diesem die Nikolai- und die Peterskirche. Dies war ein schwerwiegender Eingriff in die kommunalen Rechte des nach Reichsunmittelbarkeit strebenden Bürgertums, den man nicht so ohne weiteres hinnahm. Man „zerstreute" das zum Bau der Klostergebäude zugerichtete Bauholz und vertrieb zeitweilig den vom Markgrafen eingesetzten Probst. Den angestrebten Status einer freien Reichsstadt konnte Leipzig aber schließlich doch nicht erreichen.

Die Stadtgeschichte verdankt diesem Machtkampf zwischen dem Landesherrn und der Bürgerschaft zu Beginn des 13. Jahrhunderts allerdings die bedeutsamsten Dokumente zur Stadtentwicklung im hohen Mittelalter, ohne die für uns der Beginn der Stadtwerdung völlig im dunkeln liegen würde. Nach einer um 1240 errichteten Katharinenkapelle (ehemaliger Standort im Bereich Katharinenstraße 24) hat diese Straße noch heute ihren Namen. Mit Einführung der Reformation 1539 im albertinischen Sachsen wurde dieser Bau jedoch überflüssig und ist daher 1544 abgebrochen worden. Überliefert ist ferner, daß sich am Ostende des Brühls einst die um 1260 erbaute Marienkapelle befand. Für das um 1230 gegründete Dominikanerkloster unweit des Grimmaischen Tors wurde 1240 eine dreischiffige Klosterkirche geweiht, deren

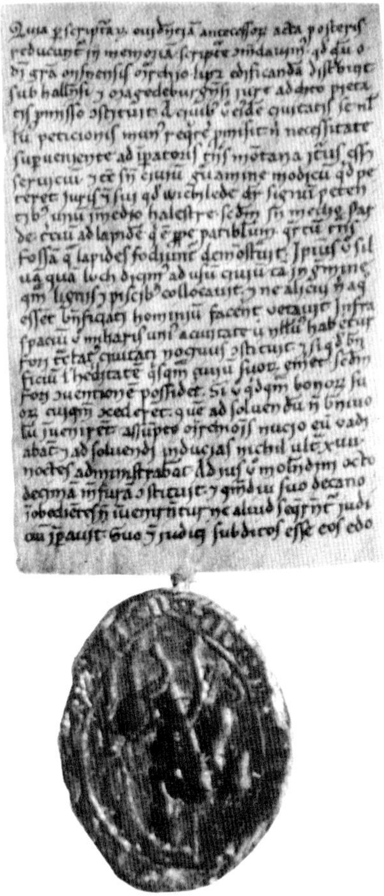

Urkunde zur Stadtrechtsverleihung, sogenannter Leipziger Stadtbrief, vermutlich nachträgliche Niederschrift vom Beginn des 13. Jahrhunderts. Pergament im Format 15,6 x 10,8 cm mit Reitersiegel des Markgrafen

spätgotischer Neubau seit 1544 als Universitätskirche diente (1968 gesprengt). Auch die Petersstraße leitet ihren Namen von einer aus romanischer Zeit stammenden Kapelle ab, die 1507 am Ausgang dieser Straße, weiter nördlich als die frühere, neu errichtet und 1886 nach Fertigstellung der neuen Peterskirche am Schletterplatz schließlich abgetragen wurde.

Die Stadtrechtsverleihung um 1165. Das Gründungsjahr der Stadt Leipzig leitet man aus einem im Stadtarchiv bewahrten mittelalterlichen Schriftstück ab, das gewöhnlich als Leipziger Stadtbrief bezeichnet wird. In ihm heißt es: „... haben wir der Schrift anvertraut, daß Otto, von Gottes Gnaden Markgraf von Meißen, Leipzig zur Bebauung ausgeteilt und unter Hallischem und Magdeburgischem Recht errichtet hat, wobei er ein Versprechen seiner Gunst gab. Er versprach auch, daß er von den Bürgern dieser Stadt keine Entrichtung der Bede [Steuern] fordern würde, außer wenn er im Falle überraschend eintretender Notwendigkeit zum Dienste des Kaisers über die Alpen ziehen müßte, und auch dann würde, was er verlangte, keine Beschwerung der Bürger sein, nur einen mäßigen Betrag ausmachen... Seinen Wald, den wir Luch nennen, stellte er den Bürgern zur Nutzung von Gras, Holz und Fischen frei... Weiter bestimmte er, daß innerhalb des Umkreises einer Meile um die Stadt kein der Stadt schädlicher Jahrmarkt abgehalten werden dürfte..." Darüber hinaus ist die Grenze des Weichbilds festgelegt, werden der Verkauf von Grundstücken behandelt und schließlich Aussagen zur Gerichtsbarkeit gemacht. Diese in Latein verfaßte Urkunde in der Größe einer Postkarte mit einem auf dem Kopf stehenden Reitersiegel hat der Stadtgeschichtsforschung manches Rätsel aufgegeben. Da das Dokument nicht datiert ist, bereitete zunächst die zeitliche Einordnung Schwierigkeiten. Eine indirekte Datierung auf um 1165 ergibt sich aus dem Textinhalt. Markgraf Otto kam 1156 an die Regierung, und der in der Urkunde als Zeuge genannte Merseburger Bischof Johannes verstarb im Jahre 1170. Seit der zweiten Hälfte des 19. Jahrhunderts datierte man die Ausfertigung der Urkunde auf „um 1165". 1957 wurde schließlich die überraschende Entdeckung gemacht, daß der Brief nicht von der Hand des markgräflichen Kaplans stammen konnte, der in der Urkunde als Schreiber genannt wird. Darüber hinaus mochte das Dokument wohl auch einige Jahrzehnte jünger sein als bisher angenommen. Es ist bekannt, daß sich die Leipziger Bürger nach dem Bürgeraufstand von 1215/16 gegen den Markgrafen Dietrich von Wettin im Schiedsspruch von 1216 auch den Rechtsinhalt des Stadtbriefs neu bestätigen ließen. Es mag sein, daß sie ihm dabei die noch heute erhaltene Ausfertigung, das heißt eine jüngere Niederschrift, vorlegten, weil entweder das ältere Dokument verlorengegangen war oder in der Schriftform zu diesem Zeitpunkt noch gar nicht existiert hatte. Es bleibt festzuhalten, daß Leipzig die früheste Stadterhebung der Mark Meißen war. 1186/88 folgte Freiberg, das dank des Silberbergbaus ebenfalls schnell zu wirtschaftlicher Blüte gelangte.

Der Leipziger Stadtbrief, Übersetzung

Weil durch die Augenscheinlichkeit der Schrift die Taten der Vorfahren den Nachkommen

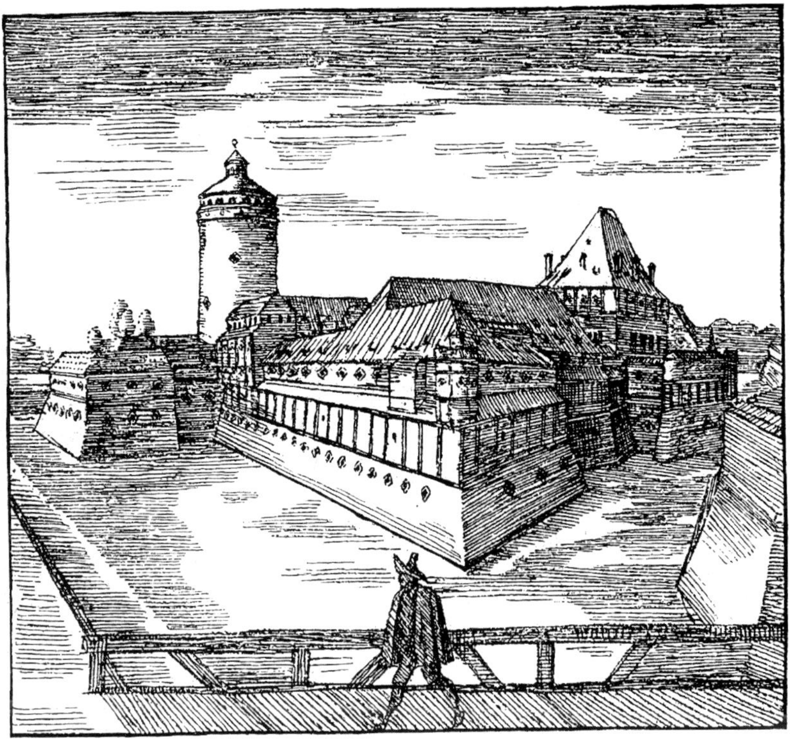

Die Pleißenburg im Jahre 1594 von Süden gesehen

wieder ins Gedächtnis gerufen werden, haben wir der Schrift anvertraut, daß Otto, von Gottes Gnaden Markgraf von Meißen, Leipzig zur Bebauung ausgeteilt und unter Hallischem und Magdeburgischem Recht errichtet hat, wobei er ein Versprechen seiner Gunst gab.

Er versprach auch, daß er von den Bürgern dieser Stadt keine Entrichtung der Bede fordern würde, außer wenn er im Falle überraschend eintretender Notwendigkeit zum Dienste des Kaisers über die Alpen ziehen müßte, und auch dann würde, was er verlangte, keine Beschwerung der Bürger sein, nur einen mäßigen Betrag ausmachen.

Ferner setzte er ihnen, als sie ihn um ein Zeichen ihres Rechtsgebiets, das Weichbild genannt wird, baten, ein solches inmitten der Elster, ein zweites in der Mitte der Parthe, ein drittes bei dem Steine, der in der Nähe des Galgens liegt, ein viertes jenseits der Grube, wo die Steine gegraben werden. Seinen Wald, den wir Luch nennen, stellte er den Bürgern zur Nutzung von Gras, Holz und Fischen frei. Er verbot ihnen auch, irgend jemandem, außer von dem sie belehnt worden seien, Lehensdienste zu leisten. Weiter bestimmte er, daß innerhalb des Umkreises einer Meile um die Stadt kein der Stadt schädlicher Jahrmarkt abgehalten werden dürfte.

Und wenn einer der Bürger ein Lehn- oder Erbgut kaufen würde, solle er es nach Marktrecht besitzen. Wenn sie aber etwas von ihren Gütern jemandem überließen, den sie nicht zahlungswillig fänden, sollten sie ihn durch Fronboten des Markgrafen belangen und ihm als Zahlungsfrist nicht mehr als 14 Nächte gewähren. Als Mühlenabgabe bestimmte er das 18. Maß. Und solange sie sich nicht ihrem [seinem?] decanus gegenüber unbotmäßig erwiesen, sollten sie vor kein anderes Gericht gezogen werden. Er gab ihnen auch bekannt, daß sie seinem Richter unterworfen seien. Und er ermahnte sie durch seinen Zuspruch, daß sie sich denen, die ihnen in ihrem Eigentum Unrecht zufügen wollten, gemeinsam widersetzen sollten. Bei dieser Rechtsverleihung waren anwesend: Bischof Johannes [von Merseburg]; Gottschalk von Schkeuditz, der Vogt der Stadt; Friedrich von Lösnitz; Heinrich Burggraf von Dohna; Ludolf von Kamburg; Heinrich Kittlitz; Albert von Peres; Walter von Meißen, der Kaplan des Markgrafen, von dem wir bezeugen, daß er dies aufgezeichnet hat.

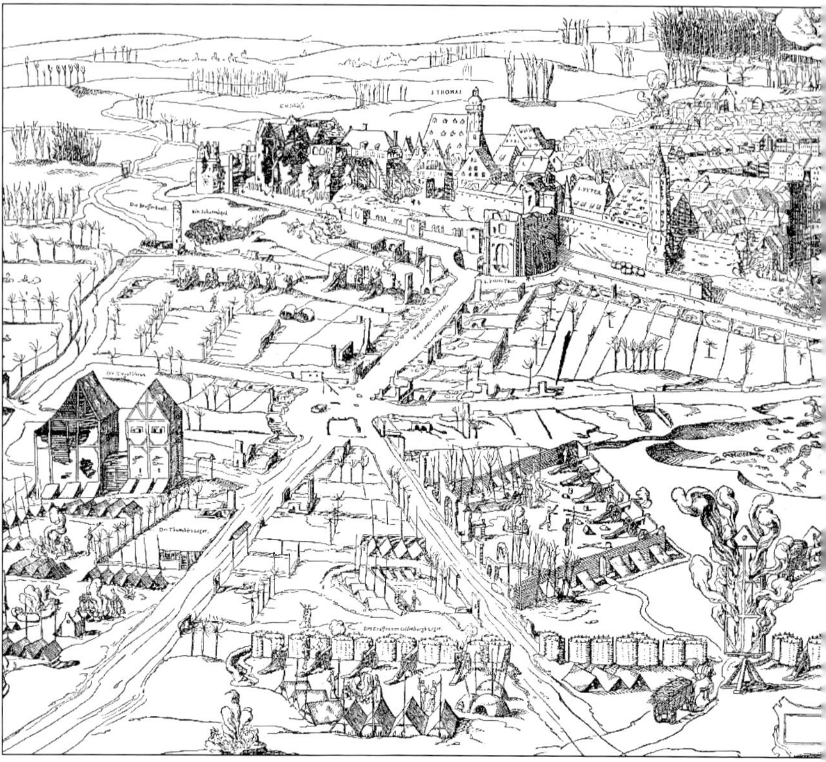

Die älteste Leipziger Stadtansicht aus dem Jahre 1547. Holzschnitt, vermutlich von Hans Krell

Die spätmittelalterliche Stadt. Es fällt heute nicht leicht, ein Bild von der Stadt des ausgehenden Mittelalters zu zeichnen. Schriftliche Quellen erlauben nur partielle Aussagen, und die älteste Stadtansicht stammt erst aus dem Jahre 1547. Diese Stadtansicht, der berühmte Holzschnitt von Hans Krell, zeigt die Stadt während der Belagerung im Schmalkaldischen Krieg. Die erhaltenen mittelalterlichen Sakralbauten geben lediglich Auskunft über die bauliche Entwicklung der beiden Stadtpfarrkirchen St. Thomas und St. Nikolai. Mit etwa 7 000 bis 8 000 Einwohnern um 1500 war Leipzig am Ausgang des Mittelalters durchaus schon eine große Handelsstadt, auch wenn man bedenkt, daß Erfurt beispielsweise bereits etwa 13 000 Bewohner hatte. Begünstigt durch die Erlangung der kaiserlichen Messeprivilegien von 1497 und 1507 begann sich Leipzig zum bedeutendsten Handelsplatz im mitteldeutschen Raum zu entwickeln. Im Privileg Kaiser Maximilians I. vom 23. Juni 1507 wurde festgelegt, daß im Umkreis von 15 Meilen (etwa 112 km) keine Messe, kein Jahrmarkt und keine Niederlage gehalten werden durfte – zuerst mußten die Waren in Leipzig angeboten werden. Betroffen war ein Gebiet, das sich über Magdeburg, Dresden und Erfurt hinaus erstreckte. Unter Strafe war die Behinderung der zur Leipziger Messe Reisenden gestellt, sofern sie die Straßen des Reichs benutzten.

Die öffentlichen Bauten der Bürgerschaft, wie Rathaus, Zeughaus, Waage, Marstall oder Kornhaus, waren für das Funktionieren des städtischen Lebens von entscheidender Bedeutung. Wie in anderen sächsischen Städten wird ein Rathaus am Markt erstmals um 1300 entstanden sein. Archäologische Untersuchungen, die im Zuge der Rekonstruktion der Untergrundmessehalle 1986–1988 durchgeführt wurden, zeigten, daß noch im 13. Jahrhundert auf dem heutigen Marktplatz eine größere Lehmgrube war, die vermutlich der Ziegelherstellung diente. Dies bedeutet, daß sich seit um 1165 der Markt zunächst in der Nähe der Nikolaikirche befand. Vor 1200 wird bereits mit dem Bau einer Wallanlage begonnen worden sein, die das künftige, nach Süden erweiterte Stadtgebiet umgrenzte. Im Laufe der Jahrzehnte und Jahrhunderte wurde eine geschlossene Stadtumwallung mit Türmen,

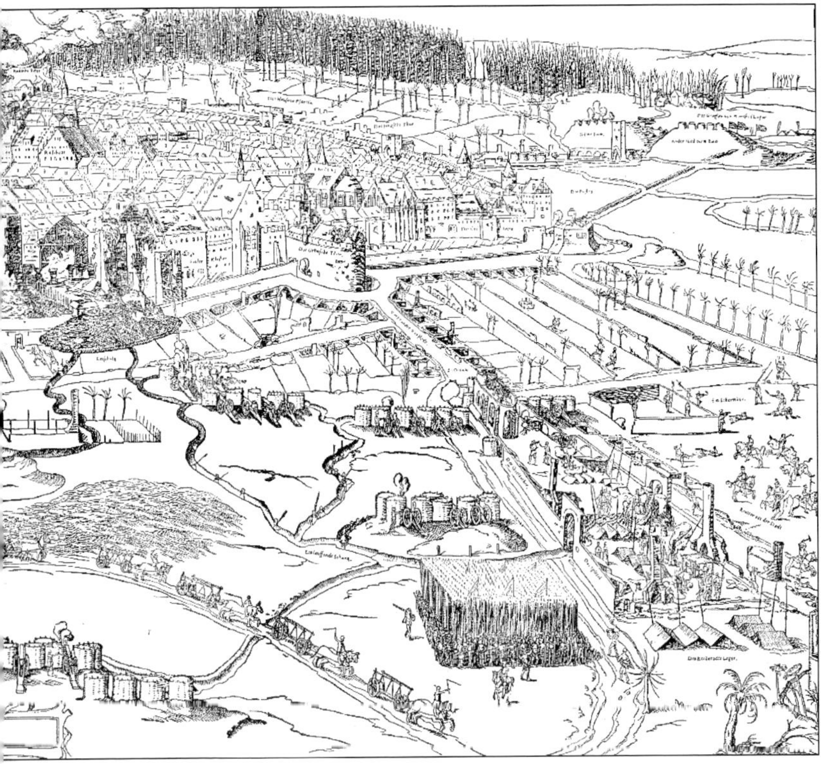

später mit Bastionen sowie Zwinger und wassergefülltem Stadtgraben angelegt. Der Verkehr wurde durch die vier Stadttore – das Hallische Tor im Norden, das Grimmaische Tor am heutigen Augustusplatz im Osten, das Peterstor am Ausgang der Petersstraße im Süden und das Ranstädter Tor im Westen – geleitet. Von den vier Burgen, die zu Beginn des 13. Jahrhunderts bestanden, blieb schließlich nur die Pleißenburg als markgräfliches Schloß erhalten (s. Neues Rathaus).
Die Stadtansicht von 1547 vermittelt einen ungefähren Eindruck vom spätmittelalterlichen Rathausbau, der noch keinen Turm, sondern lediglich einen Dachreiter besaß. Erst durch den Umbau unter Leitung von Hieronymus Lotter 1556/57 erhielt das Gebäude seine heutige Gestalt (Altes Rathaus). Im Jahre 1270 wird erstmals ein Ratskollegium mit zwölf Ratsmannen erwähnt, die aber noch einem markgräflichen Schultheißen unterstanden. Ein Bürgermeister, magister civium, ist aus dem Jahre 1292 überliefert. Die große Ratsdiele des Rathauses war Festsaal und Gerichtssaal zugleich. Hier spielten die erstmals im Jahre 1479 verpflichteten Stadtpfeifer bei Innungsfeierlichkeiten, Hochzeiten und anderen Anlässen. Der erhaltene Pfeiferstuhl von Paul Wiedemann aus dem Jahre 1557 erinnert noch heute daran. Vom mittelalterlichen Rathaus ist ferner bekannt, daß 1394 eine Kapelle eingeweiht wurde. Ebenfalls auf der Stadtansicht von 1547 erkennt man neben der Peterskirche, unweit vom Peterstor, auch das gewaltige Dach des sechsstöckigen Kornhauses, das 1523–1529 erbaut wurde. Hier konnten oben Getreide und unten Baumaterialien, Brennmaterialien und andere Vorräte gelagert werden. Die Magazingasse leitet noch heute ihren Namen von diesem Bau ab. Im Waagegebäude am Markt mußten die Kaufleute die verschiedensten Messeabgaben entrichten. Das „Waagegeld" hatte die Stadt dem Landesherrn im Jahre 1470 für 6 000 Gulden abgekauft, so daß man diese bedeutenden Einnahmen nicht mehr mit ihm zu teilen brauchte. In der Waage am Markt befanden sich auch der Burgkeller (Ratskeller) und die Herrentrinkstube. Erst 1867 wurde der ratseigene Marstall abgebrochen, der seit 1541 an der Ecke Neumarkt/Peterskirchhof stand. „Er dient vornehmlich zur Einstellung

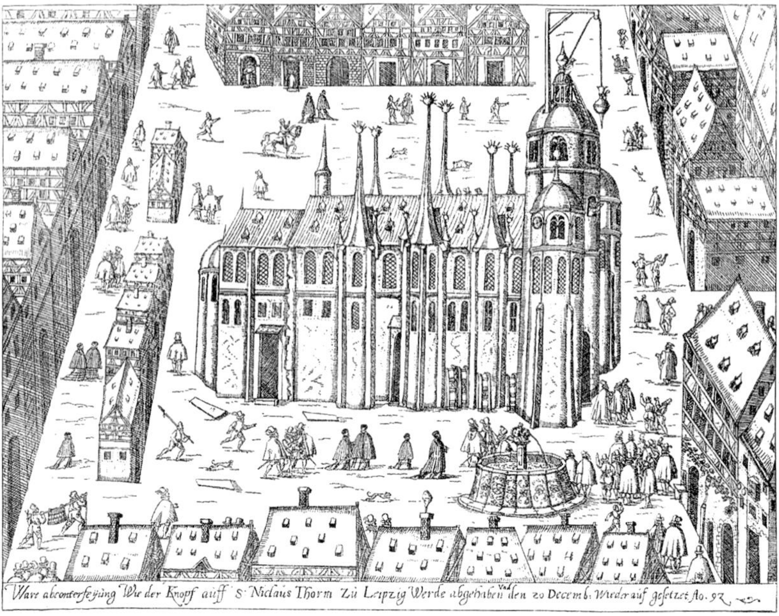

Der Nikolaikirchhof im Jahre 1592 mit Darstellung der Abnahme des Turmknaufs der Nikolaikirche

der dem Communewesen nothigen Pferde und Wagen", heißt es in einer Chronik des Jahres 1836. In den Jahren 1477–1482 erbaute sich die Tuchmacherinnung ein neues Gewandhaus im Gewandgäßchen. Das erste hatte sich am Markt befunden. Die Gewölbe im Erdgeschoß und Stände in den Obergeschossen wurden teils den auswärtigen Tuchwebern zur Messe vermietet. Raummangel führte schon bald zum Bau des Flügels in der Universitätsstraße, der 1499 fertiggestellt wurde (s. Städtisches Kaufhaus). Bis 1828 befand sich im Erdgeschoß die städtische Rüstkammer, weshalb man diesen Flügel des Gewandhauses als Zeughaus bezeichnete. Das dreigeschossige Gewandhaus war das stattlichste Haus der spätmittelalterlichen Stadt. Auf dem Tuchboden im Gewandgäßchen fand 1496 die sechs Tage dauernde Hochzeitsfeier Herzog Georgs mit der polnischen Prinzessin Barbara statt. Ein städtischer Friedhof außerhalb der Mauern wurde 1536 auf herzoglichen Befehl vor dem Grimmaischen Tore angelegt. Dafür waren vor allem hygienische Gründe ausschlaggebend, wie das häufige Auftreten der Pest. Zu den selbstverständlichen Einrichtungen einer jeden renommierten spätmittelalterlichen Stadt gehörten auch Freudenhäuser. Ein „Hurhaus" in der Universitätsstraße ist bereits 1426 vorhanden gewesen, wurde aber um 1450 aus der Stadt vor das Hallische Tor verlegt.

Vom Fachwerkhaus zum Bürgerhaus aus Stein. Noch in der ersten Hälfte des 15. Jahrhunderts beherrschten die ein- bis zweigeschossigen Häuser der Handwerker und Kaufleute das Stadtbild Leipzigs. Diese bescheidenen Fachwerkbauten waren etwa 4 m breit, 10 m tief und mit dem Giebel zur Straße gestellt. Die Ausfachung erfolgte mit Stak- oder Flechtwerk. Letzteres wurde mit Lehm bestrichen, geglättet und mit Kalkmilch getüncht. Die Dächer wurden mit Holzschindeln oder mit Stroh gedeckt. Diese städtischen Wohnbauten unterschieden sich zunächst kaum vom Bauernhaus. Während das Fachwerkgerüst meist von einem zünftigen Zimmermann gebaut worden sein mag, waren die übrigen Arbeiten zumeist Eigenleistungen der Bauherren. Später baute man Kellergewölbe ein und ging dazu über, das Stak- oder Flechtwerk durch Ziegelausfachung zu ersetzen. Eine Verordnung vom 19. März 1457, die jedermann zwang, aus Feuerschutzgründen mit Dachziegeln einzudecken, scheint nicht allgemein befolgt worden zu sein. So sah sich der Rat noch 1681 zum erneuten Verbot von Stroh- und Schindeldächern genötigt. Wenn Gerhard Glaser in „Denkmale in Sachsen" feststellte, daß im sächsischen Raum zwischen 1525 und 1550 neun, zwischen 1550 und 1600 aber 39 Rathäuser neu gebaut oder durchgreifend umgebaut wurden, so darf man annehmen, daß diese Tendenz für die Errichtung massiver Bürgerhäuser entsprechend gilt. Betrachtet man die älteste Leipziger Stadtansicht von 1547, so könnte leicht abgeleitet werden, daß die Firstschwenkung der Häuser (von der Giebelstellung zur Traufstellung) so gut wie abgeschlossen ist und der Fachwerkbau durch den Steinbau weitgehend abgelöst war. Dies trifft jedoch nicht zu, denn noch am Ende des 16. Jahrhunderts waren beispielsweise am Nikolaikirchhof, einem traditionellen Siedlungsgebiet der Kaufleute, alle Bauten aus Fachwerk errichtet. Der Übergang vom Fachwerkbau zum Ziegelbau mit massiven Außenwänden und Brandmauern, gewölbten Erdgeschoßhallen, steinernen Treppen und Ziegeldächern vollzog sich langsam und begann überhaupt erst um 1500. Noch zu Beginn des 18. Jahrhunderts sind in städtebaulichen peripheren Bereichen Fachwerkfassaden nichts Ungewöhnliches. War der Ziegelbau in Leipzig zunächst, wie in anderen sächsischen Städten auch, eine Forderung des Stadtrats nach höherer Feuersicherheit, so konnte er sich wohl doch erst entfalten, als Leipzigs Prosperität im Gefolge des mansfeldischen und erzgebirgischen Erzbergbaus am Ende des 15. Jahrhunderts entscheidend zunahm und der Aufschwung der Messe die Stadt zum ökonomischen Zentrum Sachsens machte. Der Ziegelbau war zum einen erheblich teurer als der Fachwerkbau, und zum anderen vermochten die beiden städtischen Ziegeleien vor dem Rannischen Tor und vor dem Peterstor den großen Bedarf gar nicht zu decken, so daß man zeitweise zur Kontingentierung gezwungen war. Lediglich für die Stadtbefestigung, die Kirchen und die kommunalen Bauten wurde in jedem Falle der Ziegel als Baumaterial eingesetzt.

Der Leipziger Erker. Leipzig war eine besonders erkerreiche Stadt und besitzt hier eine eigene Tradition. Seit dem 16. Jahrhundert sind in der Leipziger Baugeschichte Erker nachweisbar. Es begann 1523 mit dem Steinerker am Haus Zur Goldenen Schlange, der sich seit 1871 an der Hofseite von Barthels Hof befindet. Schule machte dieser Erker allerdings nicht. In der Regel wurde durch den Erker ein besonderer Raum, meist die Stube, hervorgehoben. Der Erker entstand aus einem Bedürfnis des Wohnens von innen heraus und entwickelte sich parallel zu einem beliebten Schmuckmotiv der Bürgerhausfassaden. „Zur Erhaltung mehren Lichtes und Raumes", wie es in den Leipziger Ratsbaubesichtigungen hieß, aber vor allem wohl auch, um „auf die Straße hinaustreten" und so das Treiben auf der Gasse besser beobachten zu können, fanden die Erker zunehmend Verbreitung. Wie der Kunsthistoriker Wolfgang Haubenreißer feststellte, hatten besonders die Renaissanceerker des Hieronymus Lotter Einfluß auf viele weitere Bauten. Von ihm stammen die beiden eingeschossigen Kastenerker von 1556 am Alten Rathaus, der Pappenheimerker im Hof der Pleißenburg – eine Kopie brachte Hugo Licht im Innenhof des Neuen Rathauses an – und der zweigeschossige Eckerker an seinem (kriegszerstörten) Wohnhaus von 1550 in der Katharinenstraße 26, der ehemals mit dem Erker des Romanushauses korrespondierte. Besonders der letzte beeinflußte die Leipziger Erker des Barock. Vorläufer der Erker waren die sogenannten Ausladen, das heißt Fenstererker, die nicht bis zum Stubenboden hinabreichten. In einen voll ausgebauten eingeschossigen Fenstererker dagegen konnte man hineintreten. Oft wurden die Erker den Häusern nachträglich vorgeblendet. An dem 1558 für den Ratsherrn Georg Roth erbauten Haus in der Grimmaischen Straße, das ab 1612 Fürstenhaus genannt wurde, brachte Paul Wiedemann zwei runde Eckerker aus Rochlitzer Porphyrtuff an, die in den Brüstungsfeldern mit skulptierten Wappen und Brustbildern geschmückt waren. Die Kopie eines dieser Erker wurde 1986 am Wohnhaus Grimmaische Straße 17 angebracht. Das Vorbild für die Fürstenhauserker findet sich am Torgauer Schloß Hartenfels am Johann-Friedrich-Bau aus den Jahren 1533–1536. Am Bosehaus ist der Typ des einfachen Holzkastenerkers, der besonders häufig verwendet wurde, noch heute zu studieren. Das 1586 erbaute Vorderhaus hat vermutlich schon damals einen Erker in der jetzigen Form besessen. Wenig Beachtung fand bis heute hingegen der Erker am Haus Hainstraße 3, genannt Webers Hof. Er stellt ein wichtiges Bindeglied zwischen den Leipziger Erkern der Renaissance und denen des Barock dar. Der zweigeschossige Erker von 1662 mit seinem frühbarocken Schmuckwerk (Festons, Putti, Füllhörner) ist heute durch rekonstruierenden Rückbau der Straßenfassade wieder in den architektonischen Kontext der Erbauungszeit gestellt. Zu einem bestimmenden Architekturmotiv der vornehmeren Bürgerhäuser wurden die Erker im 18. Jahrhundert. Sie boten dem Bauherrn die Möglichkeit, sich mit „erzählender" Bauplastik der Öffentlichkeit mitzuteilen. Eine Leipziger Sonderform des ausgehenden 17. Jahrhunderts repräsentierten die beiden überreich mit vegetabilem Schmuckwerk überzogenen Kastenerker an der Hainstraße 8 und im Hof des Messehauses Stentzlers Hof in der Petersstraße 39–41. Gregor Fuchs knüpfte mit seinen

Romanushaus von 1703 und Lotterhaus (links) von 1550. Kupferstich von Samuel Blättner

geradlinigen mehrgeschossigen Kastenerkern an die Tradition bürgerlicher Hausarchitektur der Lotter-Zeit an. Als Beispiel mögen hier der Erker des Romanushauses Katharinenstraße 23, 1701–1703 erbaut, sowie der des Fregehauses Katharinenstraße 11, im Jahre 1707 fertiggestellt, stehen.
Mit der Zeit des Rokoko kamen die Erker aus der Mode. Erst über hundert Jahre später wurde die Erkertradition in der Architektur des Historismus wiederaufgenommen und nun zu einer bis dahin nicht gekannten Vielfalt geführt.

Der kulturelle Höhepunkt im Barock. „Leipzig ruft dem Beschauer keine altertümliche Zeit zurück; es ist eine neue, kurz vergangene, von Handelstätigkeit, Wohlhabenheit, Reichtum zeugende Epoche, die sich uns in diesen Denkmalen ankündet", resümiert Johann Wolfgang von Goethe in „Dichtung und Wahrheit" seine Leipziger Eindrücke der Jahre 1765–1768. Die rund 30 000 Einwohner zählende Stadt „mit ihren schönen, hohen und untereinander gleichen Gebäuden" machte auf den jungen Studenten „einen sehr guten Eindruck". Ja, Goethe fand, daß die Stadt in stillen Momenten etwas „Imposantes" habe. Das städtebaulich-räumliche Gefüge bestand in der ersten Hälfte des 18. Jahrhunderts noch aus jenen Straßen, Plätzen und Befestigungsanlagen, wie sie sich im späten Mittelalter herausgebildet hatten. Dies veranschaulicht auf eindrucksvolle Weise Johann Georg Schreibers bekannter Kupferstich „Der Marckt nebst einem großen Theil der Stadt Leipzig" aus dem Jahre 1712.
Das 18. Jahrhundert als das Jahrhundert des Handels ließ die traditionsreiche alte Messestadt bis zum Siebenjährigen Krieg zu einer blühenden bürgerlichen Metropole werden, in der eine große Zahl der Gebäude im Zeitgeschmack umgebaut oder neu gebaut wurde. Die Architektur Leipzigs in der ersten Hälfte des 18. Jahrhunderts reiht sich ein in die bedeutenden deutschen Bauleistungen dieser Epoche. Aber auch in der bildenden Kunst, in der Literatur und der Musik wurde die Stadt zu einem Zentrum der Aufklärung. Der Bauleidenschaft weltlicher oder geistlicher Auftraggeber stand die vermögende Kaufmannschaft nicht nach, und dies nicht nur innerhalb der Stadtmauern. So war vor den Toren Leipzigs ein Kranz von etwa dreißig barocken Gärten entstanden, unter denen der Großbosesche im Osten der Stadt und Apels Anlage im westlichen Vorstadtbereich herausragten. Der Garten des Großkaufmanns und

Manufakturisten Apel entstand auf einem Terrain, das August der Starke der Gattin Apels zum Geschenk gemacht haben soll. David Schatz, der den Titel des Dresdner Landbaumeisters führte, wird als Architekt genannt. Aus der Werkstatt Balthasar Permosers bezog Apel, der das Königshaus am Markt bewohnte, vier Kolossalstatuen, von denen sich bis heute die Skulpturen des Jupiter und der Juno erhalten haben. Sie fanden Aufstellung auf dem innenstadtnahen Dorotheenplatz. Neben der Anlage derartiger Gärten in unmittelbarer Nachbarschaft der Stadt erwarben begüterte Kaufleute Grundbesitz auf dem Lande. Sie wurden damit zu Rittergutsbesitzern und respektablen Schloßherren. Dabei spielte das Streben nach Nobilitierung des bürgerlichen Standes eine entscheidende Rolle.
In der Stadt selbst wurde die Katharinenstraße zur Prachtstraße Leipzigs, zu „einem Freilichtmuseum edelster Art", wie es ein Zeitgenosse einmal treffend ausdrückte. Es sind die Baumeister Gregor Fuchs, Christian Döring, George Werner und Friedrich Seltendorff, die Leipzig in der ersten Hälfte des 18. Jahrhunderts prägten. Im Durchhaus erreichte der Handelshof seine architektonisch und funktionell vollkommenste Ausprägung. Beim Anblick von Barthels Hof kann man noch heute die Begeisterung Goethes für diese Hausanlagen nachempfinden, die er in die vielzitierten Worte faßte: „Jedoch ganz nach meinem Sinne waren die mir ungeheuer scheinenden Gebäude, die, nach zwei Straßen ihr Gesicht wendend, in großen, himmelhoch umbauten Hofräumen eine bürgerliche Welt umfassend, großen Burgen, ja Halbstädten ähnlich sind."

Der städtische Verkehr im 18. Jahrhundert. Es fällt heute schwer zu glauben, daß man sich in der Messestadt im 18. Jahrhundert mit einer Sänfte befördern lassen konnte, zumal die Stadt innerhalb der Stadtmauern ja lediglich eine Ausdehnung von 600 x 800 m hatte. Die Vereinigung der Chaisenträger, die sogenannte Sänftenträgerkompanie, war eine halbstädtische Organisation, denn der Rat stellte die Sänften zur Verfügung, für die die Träger Miete zahlen mußten. Auf Wunsch schnitten die Sänftenträger, die ihren Standplatz bei der Alten Handelsbörse hatten, auch jedermann für einen Sechser die Haare. Weit über Leipzig hinaus soll auch das „Chaisenträgerpflaster" bekannt geworden sein, das gegen Gicht, Rheumatismus und andere Krankheiten Linderung versprach.
Beförderten die Leipziger Kaufleute bei Überlandfahrten einst ihre Güter auf schweren, von mehreren Pferden gezogenen Planwagen, so bediente man sich im innerstädtischen Messeverkehr der sogenannten Schleife. Das war ein flaches schlittenartiges Gefährt auf Kufen, dem ein oder zwei Pferde vorgespannt wurden. Großes Aufsehen erregte es, als zum Ende des 18. Jahrhunderts einige Kaufleute und Spediteure mit der alten Tradition brachen und ihre Schleifen auf Räder stellten. Am 29. März 1779 hatte sich der Leipziger Spediteur Friedrich Röder auf der Ratsstube zu verantworten. Ihm wurde vorgeworfen, daß sein Rollwagen „dem Stückpflaster erstaunenden Schaden täthe". Schließlich wurde auch der angesehene Handels- und Ratsherr Frege in den Streit verwickelt. In einem Brief an den Bürgermeister Müller schrieb er, daß

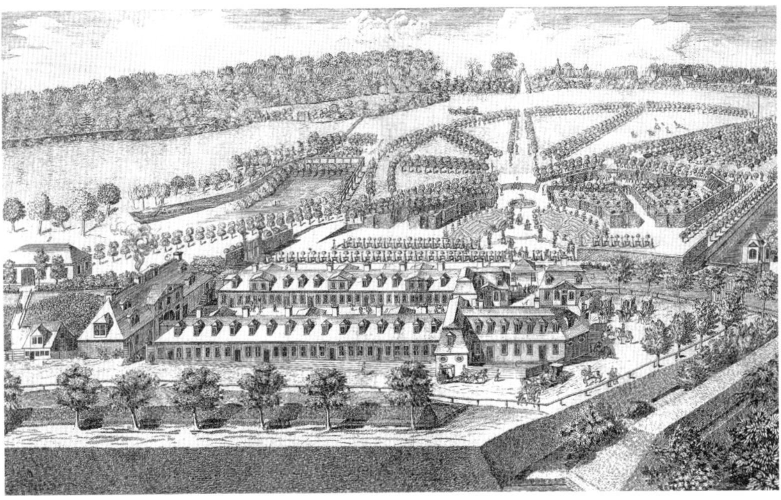

Apels Garten (Bereich des heutigen Dorotheenplatzes) nach einer Zeichnung von David Schatz, um 1711

1701 wurde in Leipzig die Stadtbeleuchtung eingeführt.

„diese Wagen mit den niedrigen und sehr breiten Rädern dem Pflaster eher nützlich als schädlich wären, und er dahero verhoffe, man werde zur Bequemlichkeit des Handels selbige fernerhin" gestatten. Aber weit gefehlt. In einem Gutachten verstieg sich der Rat gar zu der Behauptung, durch die Erschütterung des Straßenpflasters würde den Gebäuden Schaden zugefügt. Auch der erneute Hinweis Freges vom 12. August 1779, daß diese Wagen ja keine Leipziger Erfindungen seien, sondern in Hamburg und Braunschweig schon seit langem mit Erfolg angewendet wurden, ließ den Rat der Stadt ungerührt. Durch einen öffentlichen Anschlag vom 15. September 1781 ließ er die Anwendung der Neuerung nochmals ausdrücklich verbieten, ein Verbot, das noch 79 Jahre bestehen sollte.

Mit der Stadtbeleuchtung wurde bereits zu Beginn des 18. Jahrhunderts eine wichtige Neuerung eingeführt. Am Weihnachtsabend des Jahres 1701 erstrahlten erstmals 697 mit Rüböl betriebene Laternen innerhalb der Stadtmauern und beleuchteten – wenn auch nur spärlich – die Straßen und Plätze der Messestadt. Der Gothaer Hofmedailleur Christian Wermuth würdigte dieses Ereignis sogar durch Prägung einer silbernen Gedenkmünze. 481 Laternen standen auf Eichenpfählen – die Nachbildung einer derartigen Laterne befindet sich im Stadtgeschichtlichen Museum (s. Altes Rathaus) – weitere 216 waren mit hölzernen Wandarmen an den Häusern befestigt. Initiator war der Bürgermeister Franz Conrad Romanus. Eine von zwei Laternen, die er eigens aus Amsterdam hatte kommen lassen, diente den Leipziger Klempnern und Glasern als Modell. Die zweite Laterne schickte Romanus nach Dresden, so daß auch die dortigen Handwerker Anteil an diesem Großauftrag hatten. Nach Paris (1558), London (1668) und Berlin (1679) verfügte nun auch Leipzig über diese revolutionierende stadttechnische Verbesserung. Dennoch bot selbst diese Neuerung Anlaß zur Beschwerde. 1787 wird berichtet: „Man scheint zu glauben, daß, wenn im Kalender Mondschein steht, auch in rerum natura Mondschein sein müsse. Hat also der Kalender Mondschein, so brennt in ganz Leipzig keine Laterne, ... und die armen Fußgänger mögen zusehen, wie sie im Finstern forttappen." Die Kosten für die Einrichtung der Beleuchtung betrugen 4 590 Gulden. Die Unterhaltung dagegen kostete die Leipziger keinen Pfennig, denn die laufenden Ausgaben wurden aus den Einnahmen des Toreinlasses bestritten, den Romanus vom Kurfürsten gepachtet hatte. 1813 führte man dann mit Reflektoren versehene Leuchten ein, die an quer über die Straßen gespannten Seilen hingen, ab 1830 auch in den Vorstädten. 1895 wurde die erste städtische elektrische Straßenbeleuchtung eingeführt.

Messeverkehr auf dem Markt um 1800

Die Promenade am heutigen Dittrichring im Jahre 1777. Stich von J. A. Roßmäßler

Der Promenadenring um das Stadtzentrum. Die Tatsache, daß die Befestigungsbauten spätestens im 18. Jahrhundert ihre militärstrategische Bedeutung verloren hatten, war von gravierender städtebaulicher Bedeutung für die Entwicklung der mitteleuropäischen Städte. Durch ihre Niederlegung wurde in Leipzig ein ringförmiges Areal um den Altstadtbereich frei, das sich noch heute markant als Grüngürtel und Ringstraße abzeichnet (Promenadenring). Dieses Gelände war bevorzugter Bauplatz für die bürgerlichen Großbauten der Epoche der industriellen Revolution und der Großstadtentwicklung. Es entstanden die neuen, stadtbildprägenden Plätze, wie der Augustusplatz, der Roßplatz sowie die Plätze vor dem ehemaligen Reichsgericht und dem Hauptbahnhof. Die unmittelbar an der Stadtmauer gelegenen Bauten wurden jetzt mit ihrer Schauseite zum Ring orientiert, so etwa die Thomaskirche, die 1886 erstmals eine gestaltete Westfassade mit einer aufwendigen neogotischen Vorhalle erhielt. Durch die Niederlegung der Stadtmauern und die Verfüllung der Gräben war schließlich auch die ungehinderte Stadterweiterung möglich, die in den 1830er Jahren einsetzte. Bereits 1702 war die Außenseite des Stadtgrabens zwischen Thomas- und Barfußpförtchen verfüllt und mit Bäumen bepflanzt worden, so daß eine Allee entstand, die sich schon bald zu einer beliebten Promenade entwickelte. Im Jahre 1748 wurde sie bis zum Peterstor verlängert. Zu großangelegten, planmäßigen Umgestaltungsmaßnahmen kam es jedoch erst, nachdem der Kurfürst 1763 den Abbruch und die gemeinnützige Verwendung der Stadtbefestigung gestattete. Unter dem kunstsinnigen Bürgermeister Carl Wilhelm Müller legte der Leipziger Architekt Johann Friedrich Carl Dauthe ab 1784 zwischen Hallischem und Grimmaischem Tor eine Grünanlage im englischen Stil an. Ein gotisches Pförtchen aus Holz bildete den Hauptzugang. Ein Rest des Stadtgrabens wurde zum Schwanenteich, und am Standort des heutigen Opernhauses wurde der sogenannte Schneckenberg aufgeschüttet. Dem berühmten deutschen Gartenarchitekten Peter Joseph Lenné war es vorbehalten, die Anlage nach 1857 im Süden bis zum Peterstor fortzuführen. Sie wurde aus Anlaß des 100. Geburtstags Friedrich Schillers im Jahre 1859 fertiggestellt. Der letzte Teil, der Martin-Luther-Ring, entstand erst um die Jahrhundertwende im Zusammenhang mit dem Bau des Neuen Rathauses. Wie in anderen Städten auch, so wurden auf der Leipziger Promenade eine Reihe von Denkmälern für bedeutende Persönlichkeiten aufgestellt. Die Erhaltung dieses Grüngürtels um die Altstadt, der durch notwendige Verkehrsbaumaßnahmen immer wieder Beeinträchtigungen erfahren hat, ist eine wichtige stadtgestalterische und denkmalpflegerische Aufgabe.

Das Gebäude am Martin-Luther-Ring wurde 1898 bis 1901 von Arwed Roßbach für die Leipziger Bank errichtet. Bleistiftzeichnung von Max Roßbach

Entwicklung zur Großstadt. In den 1830er Jahren erfolgte die erste Erweiterung der etwa 40 000 Einwohner zählenden Stadt durch die Anlage neuer Stadtteile. 1824 war die Einrichtung des Torgroschens abgeschafft worden. Zuerst entstanden im Osten die Marienstadt mit der heutigen Rosa-Luxemburg-Straße als Hauptachse sowie nördlich der Dresdner Straße die Friedrichstadt mit der Inselstraße als Mittelachse in Nord-Süd-Richtung. Karl Große schrieb 1842 in seiner „Geschichte der Stadt Leipzig...", daß sie „durch ihre lieblichen und großartigen Gebäude, durch ihre schönen Gärten und breiten Straßen das Auge entzücken und ihren königlichen Namen mit vollem Rechte führen". Der neue Stadtteil Friedrichstadt und das Buchgewerbe entwickelten sich Hand in Hand. Es entstanden Verlage, Buchdruckereien, aber auch Mietshäuser und Werkstätten. Dieses Areal wurde im zweiten Weltkrieg stark zerstört und ist bis heute Torso geblieben. In den 1850er Jahren griff die Stadterweiterung mit der Industrialisierung auch auf den Leipziger Westen über. War Plagwitz im Jahre 1821 noch ein Dorf mit 26 Häusern und 150 Einwohnern, so wohnten hier bei der Eingemeindung im Jahre 1890 schon über 13 000 Menschen. Der Unternehmer Carl Erdmann Heine (Denkmal von Carl Seffner an der Klingerbrücke, Rekonstruktion der Bronzefigur von Wolfgang Oester, neu geweiht am 22. Juni 2001) hat sich um die industrielle Erschließung dieses Gebiets sehr verdient gemacht. Bereits 1854 hatte er hier Grundbesitz erworben und verfolgte ab 1856 sein Kanalprojekt, das Elster und Saale miteinander verbinden sollte, so daß die Industriestandorte in Plagwitz auf dem Wasserwege erreichbar gewesen wären. In einem letzten Anlauf wurde ab 1933 das 12 km lange Kanalstück von Leipzig nach Zöschen fertiggestellt. Die Schleusentreppe bei Merseburg/Wüsteneutsch blieb allerdings eine „Investruine". Großsilos am Lindenauer Hafen künden noch heute weithin sichtbar von Leipzigs nicht erfüllten Ambitionen. Im Jahre 1863 wurde die Maschinenfabrik für Ackergeräte von Rudolph Sack und im Jahre 1881 die Fabrik für Aufzüge von Unruh & Liebig gegründet. Die industrielle Entwicklung war mit dem Bau ausgedehnter Wohngebiete für die Arbeiter verbunden, ohne daß jedoch der damit einsetzenden Wohnungsnot wirksam begegnet werden konnte. In Lindenau wurden 1871 die Eisengießerei Meier & Weichelt und 1886 die Koffer- und Lederwarenfabrik von Moritz Mädler, dessen späterer Inhaber Anton Mädler die Mädlerpassage erbauen ließ, gegründet.

Ab 1888 ließ der Besitzer des Bibliographischen Instituts, der Verlagsdirektor Herrmann Julius Meyer, an der Roßmarktstraße für den „Verein zur Beschaffung billigen Wohnraums in Leipzig" die ersten Arbeiterwohnhäuser erbauen. Das soziale Engagement Meyers, der dieses Vorhaben, das sich aber letztlich ökonomisch selbst zu tragen hatte, finanzierte, verdient besonders hervorgehoben zu werden. Weitere Meyersche Häuser entstanden in der Folgezeit an verschiedenen Standorten der Stadt. Bei vergleichsweise niedrigen Mieten boten sie für diese Zeit beachtliche Wohnbedingungen. Zu den meisten Wohnungen gehörte eine Gartenparzelle.

Bronzestandbild Karl Heines von Carl Seffner an der Klingerbrücke. Rekonstruktion der Figur 2001 durch den Bildhauer Wolfgang Oester

Das Bildermuseum am Augustusplatz wurde 1856–1858 nach Plänen des Münchner Architekten Ludwig Lange errichtet und 1883–1886 von Stadtbaurat Hugo Licht umgebaut und auf beiden Längsseiten erweitert. Im zweiten Weltkrieg zerstört. Die Ruine wurde 1963 gesprengt.

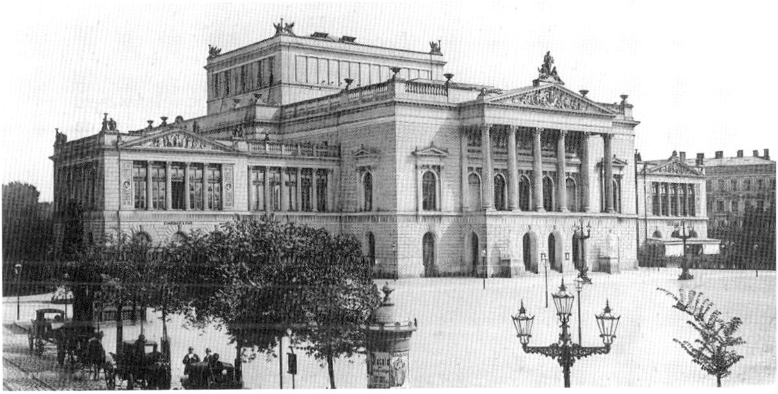

Das Neue Theater am Augustusplatz wurde 1864–1868 nach Plänen des Berliner Architekten Carl Ferdinand Langhans erbaut. Im zweiten Weltkrieg zerstört.

Das Augusteum am Augustusplatz wurde in den Jahren 1891–1897 nach Entwürfen von Arwed Roßbach umgestaltet. Im zweiten Weltkrieg stark beschädigt, wurde es 1968 im Zusammenhang mit der Sprengung der Paulinerkirche abgebrochen.

Der alte Gewandhaussaal an der Universitätsstraße. Aquarell von Gottlob Theuerkauf. Das Gebäude wurde 1894 für den Bau des Städtischen Kaufhauses abgebrochen.

Das neue Konzerthaus an der Beethovenstraße entstand in den Jahren 1881–1884 nach Plänen des Berliner Architekturbüros Gropius & Schmieden. Die wieder aufbaufähige Kriegsruine wurde 1968 gesprengt.

Die im zweiten Weltkrieg zerstörte Markthalle von Hugo Licht auf dem heutigen Wilhelm-Leuschner-Platz

Zwischen 1871 und 1914 stieg die Einwohnerzahl Leipzigs von 100 000 auf über 600 000 an, Voraussetzung war ein Bauboom ohnegleichen. Wesentlichen Anteil daran hatte aber auch die Eingemeindung der Vororte. Es begann 1889 mit Reudnitz und Anger-Crottendorf. Im Jahre 1890 folgten Thonberg, Sellerhausen, Volkmarsdorf, Gohlis und Eutritzsch, 1891 kamen Lindenau, Plagwitz, Schleußig, Kleinzschocher, Connewitz, Lößnig dazu, und im Jahre 1910 waren es schließlich noch Dölitz, Dösen, Probstheida, Stötteritz, Stünz und Möckern.

War auch die bauliche Entwicklung Leipzigs seit der Stadtrechtsverleihung im 12. Jahrhundert im wesentlichen von Kontinuität geprägt, so verdient dennoch die stürmische Expansion der Stadt während der Jahre des Wilhelminischen Kaiserreichs besonders hervorgehoben zu werden. Gerade jene Epoche hat das Bild Leipzigs bis heute nachhaltig geprägt. Nach Berlin, Hamburg und München war Leipzig mit 614 000 Einwohnern 1914 an die vierte Stelle der Bevölkerungsstatistik vorgerückt. Die Größe des Stadtgebiets verfünffachte sich.

Wie in anderen deutschen Großstädten entstanden nicht nur ausgedehnte Wohngebiete und Villenviertel, sondern es wurde eine völlig neue, moderne Infrastruktur geschaffen. Geschäftshäuser und Banken, Schulen und Krankenhäuser, Gas- und Elektrizitätswerke sowie Wasserversorgungsanlagen, Postämter und Rathäuser, Museen, Theater, Gesellschaftshäuser, Kirchen und nicht zuletzt Universitäts- und Hochschulbauten wurden in einem atemberaubend kurzen Zeitabschnitt errichtet.

Mit dem Bau des Neuen Rathauses in den Jahren 1899 bis 1905 auf dem Gelände der alten landesherrlichen Pleißenburg entstand nicht nur die neue Stadtkrone, sondern manifestierte sich vor allem auch der Machtanspruch der nun führenden Klasse der Gesellschaft, des Bürgertums, in einer imposanten Architektur.

Leipzig ist heute die Hauptstadt der Architektur des deutschen Historismus. Von den über 15 000 Kulturdenkmalen stammt der größte Teil aus dieser Epoche. Der einstige Industrievorort Plagwitz erlebt einen tiefgreifenden Wandlungsprozeß. Mit dem Ende der DDR im Jahre 1990 brach die Industrie hier völlig zusammen. Mittlerweile wurden aber viele der stattlichen Industriebauten des ausgehenden 19. Jahrhunderts, wie etwa die imposante Anlage der früheren Buntgarnwerke in der Nonnenstraße, saniert und neuen Funktionen zugeführt. Insbesondere die Weiße Elster und der Karl-Heine-Kanal bilden heute ein ökologisches Entwicklungspotential, das dem Stadtteil eine neue urbane Zukunft verspricht. Nach einem Jahrhundert der industriell bedingten Umweltverschmutzung sind Leben und Arbeiten am Wasser für die Leipziger hier völlig neue Zukunftsperspektiven.

Der Augustusplatz vor dem zweiten Weltkrieg aus der Vogelperspektive gesehen

Das Waldstraßenviertel – Beispiel für den glanzvollen Wohnungsbau des Leipziger Historismus

In den 1830er Jahren begann die großstädtische Bebauung dieses nordwestlich der Altstadt gelegenen Gebiets, das wegen seiner Lage zu beiden Seiten der Waldstraße Waldstraßenviertel genannt wird. Die Nähe zum Rosental machte es zum beliebten Bauplatz für die Wohnungen des wohlhabenden Bürgertums. Es ist noch heute geprägt durch die noblen Bauten des Spätklassizismus, des Historismus und des Jugendstils. Sein hoher Grad an baulicher Geschlossenheit, verbunden mit höchsten denkmalpflegerischen Sanierungsmaßstäben, macht es zum beeindruckenden Freilichtmuseum der Architektur des ausgehenden 19. Jahrhunderts. Imponierend sind die reich dekorierten Straßenfassaden in edlen Materialien, interessant aber auch die vielen erhaltenen und oftmals restaurierten Dekorationen und Ausmalungen der Treppenhäuser und Eingangshallen. Das Gebiet umfaßt ungefähr 550 Gebäude, die überwiegend unter Denkmalschutz gestellt worden sind. Neben dem bekannteren Waldstraßenviertel gibt es weitere geschlossene Gründerzeitgebiete, die architektonisch sehenswert sind, beispielsweise das Bachstraßenviertel mit der noblen, an den Johannapark angrenzenden repräsentativen Wohnzeile an der Ferdinand-Lassalle-Straße, ferner die Bebauung zu beiden Seiten der Karl-Liebknecht-Straße, wobei besonders die Kochstraße und die August-Bebel-Straße hervorzuheben sind, und nicht zuletzt weite Teile von Gohlis, Möckern und Wahren im Norden und Nordwesten der Stadt.

Auenstraße – typische gründerzeitliche Bebauung

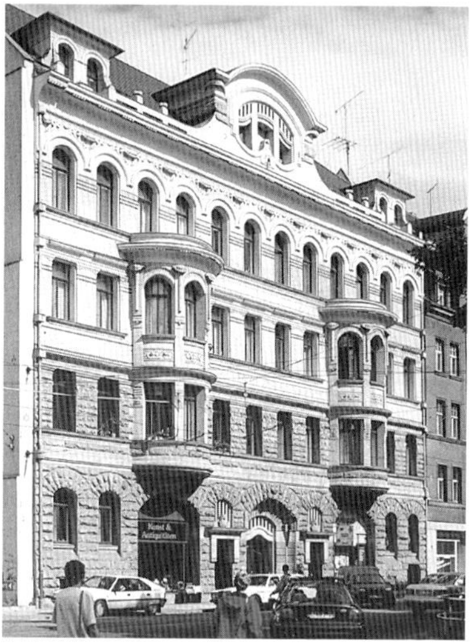

Mietshaus Jahnallee 46 von Paul Möbius, 1898/99

Luftbild vom Waldstraßenviertel, Blickrichtung Südost

Waldstraßenviertel, Karte des Denkmalbestands. Entwurf: von Essen, Krusenbaum, Sikora, 1993

Waldstraße 52/54, Detail vom Eingangsportal
links: Liviastraße
links unten: Mietshaus Christianstraße 15, Eingangshalle
unten: Waldstraße 52/54, erbaut 1899/1900

Der Messepalast Hansahaus in der Grimmaischen Straße 13/15 wurde 1904–1906 von den Architekten Polster und Höhn erbaut. Im zweiten Weltkrieg zerstört

Die Metropole der Mustermesse nach 1900

Durch die industrielle Revolution war im 19. Jahrhundert der Warenmesse die Basis entzogen worden. Der konsequente und vor allem rasche Umstieg von der Waren- auf die Mustermesse, den andere Messestädte, wie Frankfurt am Main oder Braunschweig, damals nicht vollzogen, war von entscheidender Bedeutung für die Überwindung der allgemeinen Messekrise, in die auch Leipzig nach 1850 geraten war. Daß Leipzig sich von dieser Krise nicht nur erholen, sondern alsbald den souveränen Sieg über die konkurrierenden Messestädte erringen konnte, ist auch auf die schnelle Schaffung der organisatorischen und vor allem baulichen Voraussetzungen für eine neue Form der Mustermesse zurückzuführen. Im Gefolge dieses Prozesses wurde der Kaufmannshof als traditioneller Ort der Warenmesse abgelöst durch den innerstädtischen Messepalast. Diese Entwicklung begann im Jahre 1893 mit dem Umbau von

Das Pelzgewerbehaus Selters Haus in der Nikolaistraße 47–51 wurde 1908/09 von Alfons Berger erbaut. Bemerkenswert sind die Majolikaarbeiten über dem Eingang. Das Haus steht für die zaghaften gestalterischen Reformbestrebungen Leipziger Architekten vor dem ersten Weltkrieg – in einem alles in allem eher konservativ geprägten Grundklima.

Erd- und Zwischengeschoß der Stadtbibliothek im Gewandgäßchen. Als sich dieses Versuchsprojekt bewährte, wurde auf dem sich anschließenden Altstadtgeviert in den Jahren bis 1901 das Städtische Kaufhaus errichtet. Durch die Mustermessehäuser veränderte sich nach 1900 die Bebauung besonders im südlichen Teil des Leipziger Stadtzentrums. Zur gleichen Zeit wurden im Bereich Brühl/Nikolaistraße die modernen Pelzgewerbehäuser errichtet. Nur in einigen Straßen, wie der Katharinenstraße und am Markt, blieb die historische Bebauung vorerst dominierend. Die einst kleinteilig bebauten Quartiere wurden zum Teil durch einen einzigen Baublock ersetzt – so geschehen beim Städtischen Kaufhaus und dem Handelshof. Die barocke Polychromie der Putzfassaden der alten Handelshöfe wurde verdrängt durch eine neuartige „Steinsichtigkeit" der Messepalast-Fassaden. Sie wurden mit erlesenen Natursteinen verblendet, die dank des entwickelten Eisenbahnnetzes nun aus ganz Deutschland und anderen Ländern herbeigeschafft werden konnten. Die noch heute erhaltenen über 20 Messepaläste in der Innenstadt stellen gemeinsam mit den etwa 15 Handelshöfen und Bürgerhäusern der Warenmesse (z. B. Barthels Hof und Fregehaus) gleichsam eine steinerne Chronik der Leipziger Messe dar. In der Verbindung von Passage und Geschäftshaus erreichte der Messepalast den Höhepunkt seiner architektonischen Entwicklung. Erwies sich für den ü der Warenmesse im 18. Jahrhundert das Durchhaus als die zweckmäßigste Lösung, so mündete die Entwicklung des modernen Mustermessehauses in Erfüllung aller messetechnischen Anforderungen schließlich wieder in komplexe, dem Durchhaus verwandte Anlagen, nur daß statt der ehemaligen Binnenhöfe jetzt ein Passagensystem für die Verbindung der Straßen der Innenstadt sorgte. Die 1912–1914 errichtete Mädler-Passage ist das herausragende Beispiel. Sieben Jahrzehnte Messehausentwicklung widerspiegeln vielfältige architektonische Tendenzen. Hervorzuheben ist „die vornehme Anpassung an die Umgebung" (Max A. Jacob), da die neuen Messepaläste die städtebauliche Struktur und den Maßstab der Häuserfassaden des historischen Altstadtbereichs im denkmalpflegerischen Sinne respektierten und weiterentwickelten. Im Fassadenbild orientierte sich die Leipziger Messehausarchitektur, trotz Einsatz modernster Bauweisen, häufig an lokalen Bautraditionen der Renaissance und des Barock, so etwa beim Städtischen Kaufhaus, dem Handelshof, bei Stentzlers Hof und dem Zentralmessepalast. Nicht einheimische Gestaltungselemente, wie

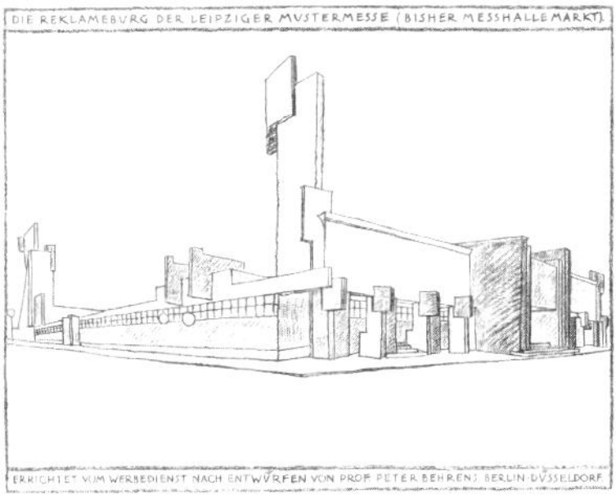

Entwurf für eine Messehalle auf dem Markt, genannt Reklameburg, von Peter Behrens, um 1920

Die Pilzsäule des Bildhauers Alfred Thiele in der Passage des Messehofs, der 1949/50 vom Architekten Eberhard Werner zwischen Petersstraße 15 und Neumarkt 18 erbaute wurde

Die Synagoge an der Gottschedstraße wurde 1855 nach Plänen des Architekten Otto Simonson erbaut und in der nationalsozialistischen Pogromnacht vom 9. zum 10. November 1938 zerstört.

beispielsweise Klinkerfassaden, wurden bewußt vermieden. Auch funktionalistische Lösungen, wie die bereits kurz nach 1900 in Mode gekommene großflächige Fassadenverglasung, blieben in der Regel auf die Hofbereiche beschränkt. Während die vor dem ersten Weltkrieg errichteten Pelzgewerbehäuser in der Nikolaistraße und um den Brühl durch plastischen Fassadenschmuck, etwa Pelztiere, ihre Zweckbestimmung auch nach außen hin eindeutig ikonographisch auswiesen, ist dies bei den Messehäusern nur punktuell der Fall. Das mit ostasiatischen Motiven dekorierte Riquethaus in der Reichsstraße von 1908/09 bildet hier eine interessante Ausnahme, indem es das Thema Orienthandel bildkünstlerisch in der Fassadengestaltung umsetzt.

Das innerstädtische Leipziger Mustermessehaus ist ein eigenständiger Beitrag zur deutschen und europäischen Geschäftshausarchitektur nach 1893. Mit dem Bau von insgesamt 35 Messepalästen entstand eine einmalige Konzentration solcher Geschäftshäuser in einem innerstädtischen Bereich. Diese weitgehende Umwandlung eines geschlossenen Altstadtbereichs zum Mustermessezentrum blieb allein Leipzig vorbehalten. Sie ist das Ergebnis der nur hier frühzeitig und konsequent eingeleiteten Mustermessehausentwicklung. Als im Zuge einer wahren Messeinflation in den 1920er Jahren andere deutsche und europäische Städte Messeneugründungen vollzogen, waren sie gezwungen, außerhalb des Zentrums Messegelände mit Messehallen anzulegen, denn im innerstädtischen Bereich war Messeraum in so großen Dimensionen kurzfristig nicht zu schaffen. Mit der erfolgreichen Umstellung auf die Mustermesse hatte das Leipziger Bürgertum die wohl bedeutendste handelspolitische Leistung in seiner Jahrhunderte währenden Messegeschichte vollbracht. Die Leipziger Messe blieb bis zum ersten Weltkrieg die einzige bedeutende Mustermesse in Europa. Auch in den zwanziger Jahren des 20. Jahrhunderts konnten die neu gegründeten Messen, wie z. B. in Frankfurt am Main, Köln, Breslau, Königsberg und Berlin, die führende Stellung Leipzigs als Welthandelsplatz nicht mehr erschüttern.

Die im Herbst 1918 erstmals durchgeführte Technische Messe wurde 1920 auf das Ausstellungsgelände am Fuße des Völkerschlachtdenkmals verlegt, denn für Maschinen und Ausrüstungen erwiesen sich ebenerdige Hallen als günstiger als die mehrgeschossigen Messepaläste.

Heute werden sowohl die Messepaläste der Innenstadt als auch die Messehallen des Messegeländes am Völkerschlachtdenkmal nicht mehr von der Messegesellschaft für Messen genutzt. Mit der Einweihung des neuen Messegeländes im Norden der Stadt im Jahre 1996 sind alle Messeaktivitäten auf diese moderne Anlage mit der hypertrophen Glashalle des Architekten Volkwin Marg übergegangen.

Die Synagogen in Leipzig. Seit der Mitte des 19. Jahrhunderts waren die Juden in Leipzig zu einem wichtigen ökonomischen und kulturellen Faktor geworden. Im Jahre 1847 wurde ihnen die Möglichkeit gegeben, in der Messestadt eine eigene Gemeinde zu bilden.

Bis zur Mitte der 1920er Jahre wuchs die israelitische Religionsgemeinde auf etwa 13 500 Menschen an. Sie verfügte schließlich über 13 Synagogen und weitere Betstätten, die in Profangebäuden untergebracht waren. Drei Kultbauten kam besondere architektonische Bedeutung zu. Dies waren die wohl bekannteste Synagoge in der Gottschedstraße, genannt „der Tempel" (1855), ferner die von dem Pelzgroßhändler Chaim Eitingon gestiftete Ez-Chaim-Synagoge, die nach Entwurf des Leipziger Architekten Gustav Pflaume am 10. September 1922 in der Otto-Schill-Straße geweiht wurde, und schließlich die 1928 fertiggestellte große Feierhalle auf dem Neuen Israelitischen Friedhof. Der Synagoge in der Gottschedstraße lag ein Entwurf des Semper-Schülers Otto Simonson zugrunde. Im Gegensatz zu Gottfried Semper, der die 1838–1840 erbaute Dresdner Synagoge im Außenbau romanisch mit orientalischen Kuppeln gestaltete, wählte Simonson für die Leipziger Synagoge den islamisch-maurischen Stil. Simonson griff auf den Grundtyp der Basilika zurück und paßte diesen dem schwierigen Grundstück an, das die Form eines spitzwinkligen Dreiecks aufwies. Markant überragte das rechteckige Mittelschiff die niedrigeren, schräg verlaufenden Seitenschiffe. Die fensterlose Apsis für den Thoraschrein lag genau in der Spitze des dreieckigen Gebäudekomplexes. Die Fassaden gliederten zweigeschossige Blendarkaden mit Hufeisenbögen. Im Inneren wurde das Mittelschiff von einer farbig gefaßten Holzbalkendecke abgeschlossen. Die Seitenschiffe waren als eingeschossige Emporen ausgebildet.
Noch bevor das Hitlerregime das Inferno des zweiten Weltkriegs auslöste, in dessen Ergebnis schließlich etwa ein Viertel der Bausubstanz der Stadt Leipzig vernichtet wurde, kam es in der faschistischen Pogromnacht vom 9. zum 10. November 1938 zur Zerstörung der Leipziger Synagogen, wurden jüdische Geschäftshäuser und Läden in Brand gesteckt. Damals zerstörten die Faschisten in ganz Deutschland 281 Synagogen und mehr als 7 500 jüdische Geschäfte. Nicht genug, daß der jüdischen Gemeinde ihre Synagogen angezündet wurden: Es wurde von ihnen verlangt, sie in kürzester Frist auf eigene Kosten abbrechen zu lassen. Mit welchem Zynismus das Naziregime dabei vorging, belegt die in der Bauakte der Synagoge Gottschedstraße enthaltene Anweisung des sächsischen Innenministers an den Leipziger Oberbürgermeister vom 11. November 1938: „Die in der Nacht vom 9. zum 10. November 1938 in Brand geratenen Synagogen gefährden die öffentliche Sicherheit, verschandeln die unmittelbare Umgebung, und erregen weiterhin öffentliches Ärgernis, ... Sie werden deshalb angewiesen, den Eigentümer zu veranlassen, mit dem Abbruch und dem Niederlegen aller Bauteile am 12. 11. 1938 8.00 Uhr früh zu beginnen... Erfolgsanzeige wird bis 17. 11. 1938 erwartet." An diesem Ort wurde am 24. Juni 2001 durch den Oberbürgermeister Wolfgang Tiefensee eine Gedenkstätte eingeweiht, die aus 140 Bronzestühlen besteht, angeordnet im Bereich des früheren Mittelschiffs. Eine flache Betonmauer zeichnet den Grundriß der Synagoge nach, während der Innenraum mit Liguster bepflanzt ist. Das Mahnmal zur Erinnerung an die Schrecken des Holocaust stammt von den jungen Leipziger Architekten Anna Dilengite (geb. 1970) und Sebastian Helm (geb. 1969), die sich mit dieser Arbeit 1999 an einem von der Stadt Leipzig ausgelobten Wettbewerb beteiligt hatten.
Die ebenfalls 1938 in Brand gesteckte Feierhalle auf dem Neuen Israelitischen Friedhof wurde auch abgebrochen. Für dieses Bauwerk in der heutigen Delitzscher Straße hatte der Leipziger Architekt Wilhelm Haller die Baupläne geliefert. Der markante Mittelbau mit der Feierhalle war von einer hohen islamischen Kuppel (Stahlbeton) überspannt. Auf äußerst interessante architektonische Art und Weise verbanden sich in der Innenraumgestaltung maurische Details mit dem Dekorationsstil jener Jahre, dem Art déco. Im Jahre 1954 wurde hier ein neues Friedhofsgebäude eingeweiht. Lediglich eine einzige Synagoge hat die Nazidiktatur überstanden. Es ist dies die Talmud-Thora-Synagoge in der Keilstraße 4. Die Tatsache, daß sie in einem Wohnhaus untergebracht war, verhinderte, daß auch sie in Brand gesteckt wurde. Die Synagoge steht heute unter Denkmalschutz.

Das Mahnmal für die ermordeten jüdischen Mitbürger von Anna Dilengite und Sebastian Helm wurde im Jahre 2001 an der Gottschedstraße eingeweiht.

Panoramabild vom Augustusplatz um 1976. Das Gewandhaus (Mitte) ist als Fotomontage eingestellt.

Der Wiederaufbau nach dem zweiten Weltkrieg und die Zeit der DDR. 40 000 Leipziger Bürger hatten Hitlers Weltmachtpolitik mit dem Leben bezahlt. Auch wenn der Grad der Stadtzerstörung mit 25 bis 30% niedriger lag als etwa in Hamburg, Berlin, Magdeburg oder Dresden, so war die Bilanz dennoch erschütternd: 40 000 Wohnungen waren zerstört, rund 52 000 stark beschädigt. Alle Theater- und Konzertsäle waren vernichtet. Das Stadtzentrum und das polygraphische Viertel im Osten lagen in Schutt und Asche, drei Viertel der Messebauten ebenso. 830 öffentliche Gebäude der Stadt waren schwer beschädigt. Die Einwohnerzahl hatte sich während des Krieges von 730 000 auf 585 000 im Jahre 1945 verringert. Der Wiederaufbau der Stadt nach dem zweiten Weltkrieg vollzog sich in Abschnitten, die den wirtschaftlichen Möglichkeiten entsprachen. Zunächst wurden in den Jahren 1945 bis 1949 Enttrümmerungsarbeiten sowie die Instandsetzung reparabler Gebäude durchgeführt. Hierzu gehörten der Wiederaufbau des Alten Rathauses am Markt, des Ringmessehauses am Tröndlinring und des Gesellschaftshauses im Zoo, das unter dem Namen Kongreßhalle u. a. Spielstätte des Gewandhausorchesters war, bis dieses 1981 den Konzertsaalbau am heutigen Augustusplatz bezog.

Nach der Gründung der DDR am 7. Oktober 1949 realisierte man die ersten, nun volkseigenen Neubauten. 1949/50 entstand das Passagen-Messehaus „Messehof" in der

Der Ostgiebel der Universitätskirche (Paulinerkirche) nach der neogotischen Umgestaltung durch Arwed Roßbach, um 1900

Spätgotischer Gewölbegang vom Dominikanerkloster

Petersstraße und 1951/52 zu beiden Seiten der vorderen Jahnallee der erste mehrgeschossige Wohnungsneubau. 1953–1955 folgte die aufwendig historisierende Wohnbebauung am Roßplatz im Stil der sogenannten Nationalen Bautraditionen, der von der SED-Führung verordnet worden war. Aber schon mit dem 1956–1960 errichteten Opernhaus am damaligen Karl-Marx-Platz, heute wieder Augustusplatz, war dieses kurze Intermezzo der Architekturmaskeraden, spöttisch abwertend auch als Stalinbarock bezeichnet, vorbei, nicht zuletzt deshalb, weil die notwendige Industrialisierung des Bauwesens nach funktionalen Lösungen verlangte. Im Nationalen Aufbauwerk wurde in den Jahren 1951 bis 1956 zunächst das Schwimmstadion und danach das 100 000 Zuschauer fassende Zentralstadion nördlich des Elsterflutbeckens erbaut. Auf den Resten des kriegszerstörten Central-Theaters an der Bosestraße errichtete man 1955/56 das neue Schauspielhaus. Ferner entstanden in den fünfziger Jahren an der Liebigstraße eine Reihe bemerkenswerter Universitätsbauten, u. a. der Komplex der Anatomie 1951–1956 sowie das Institut für Physiologie 1955–1960. Einen qualitativen wie quantitativen Höhepunkt im innerstädtischen Bauen brachte die 800-Jahr-Feier der Stadt 1965. Es entstanden u. a. das Messehaus am Markt (1961–1963), das Messeamtsgebäude an der Marktwestseite (1963–1965, 2001 abgebrochen), das elfgeschossige Interpelzgebäude am Brühl (1965/66) sowie die

Der spätgotische Hallenraum der Paulinerkirche

Die Sprengung der Paulinerkirche am 30. 5. 1968

Interhotels „Hotel Deutschland" (1963–1965) und „Stadt Leipzig" an der Richard-Wagner-Straße (1963–1965, abgebrochen). Auch das Trauma der im Mai 1968 gesprengten Universitätskirche, die der dogmatischen Vorstellung eines sozialistischen Platzensembles weichen mußte, gehört in diese Periode. Die Architektur des Universitäts-Campus (1968 bis 1975) konnte dennoch nicht im mindesten an die Qualität der Vorgängerbauten, wie etwa des grandiosen Augusteums von Arwed Roßbach (1891–1897) anknüpfen. Mit dem Gebäude der Hauptpost an der Ostseite des Augustusplatzes gelang dem „Kollektiv" um Kurt Nowotny 1961–1964 immerhin eine für die Zeit äußerst beachtliche architektonische Lösung von erfrischend neuzeitlicher Transparenz und klarer Funktionalität, die rückblickend an vorderster Stelle der Bauten jener Zeit in Leipzig zu nennen ist. Auch der innerstädtische Wohnungsbau von der Mitte der 1960er Jahre bis um 1975 zeigt sich, nun bereits in Plattenbauweise, auf der Höhe der Zeit (Johannisplatz, Windmühlenstraße, Karl-Liebknecht-Straße usw.), bevor er mit dem Machtantritt Honeckers 1971 sukzessive zugunsten des ausschließlichen Bauens auf der grünen Wiese beendet wurde. Damit war nicht nur der endgültige Verfall der Innenstadt sowie der noblen Gründerzeitquartiere vorprogrammiert, vielmehr machte man die Architekten zu planwirtschaftlichen Erfüllungsgehilfen eines stupiden Massenwohnungsbaus ohne die geringsten gestalterischen Ambitionen. Mit der Grundsteinlegung für Leipzig-Grünau im Juni 1976, ein Wohngebiet für ca. 100 000 Bewohner, waren die Weichen unumkehrbar in die falsche Richtung gestellt. Trotz respektabler Wohnungsneubauzahlen verfiel die Stadt Leipzig zusehends, so daß das Fernsehen der DDR im Herbst 1989 unter dem Titel „Ist Leipzig noch zu retten?" eine traurige Ruinenlandschaft vorstellen mußte. Die DDR war nicht zuletzt auch an ihrer politisch ignoranten und wirtschaftlich impotenten Baupolitik gescheitert.

Herbst 1989 und Neuanfang. „Leipzig ist geprägt vom Verfall seiner historischen Bausubstanz, des Lebensraumes seiner Bürger. Ein Verfall, der die Zerstörungen des zweiten Weltkrieges weit übertrifft." Mit diesen deutlichen Worten hatte Peter Heldt, der Vorsitzende der Bezirksleitung des Kulturbunds, die 1. Leipziger Volksbaukonferenz am 6./7. Januar 1990 in der großen Agra-Halle in Markkleeberg eröffnet. Etwa tausend Leipziger waren an diesem kalten Wintertag zusammengekommen, um vom Bauminister der DDR die bauliche Rettung Leipzigs einzufordern.

Ein weithin hörbarer Aufschrei sollte es sein, die Konturen einer völlig neuen Baupolitik wollte man erstreiten. Die Ergebnisse der Montagsdemonstrationen hatten den Menschen den Mut gegeben, sich einzumischen, zu fordern, statt wie bisher nur devot zu fragen. Groß war das Medieninteresse. Ein genereller Abrißstopp wurde verlangt und erreicht, mit der perversen Plattenbau-Ideologie sollte Schluß sein.
Nach der Wiedervereinigung vom 3. Oktober 1990 setzte eine in diesem Umfange wohl nicht erwartete Bautätigkeit ein. Mit der Übernahme des bundesdeutschen Rechts wurden zudem viele der Forderungen auf der Volksbaukonferenz rasch alltägliche Lebenswirklichkeit und erledigten sich quasi von selbst.

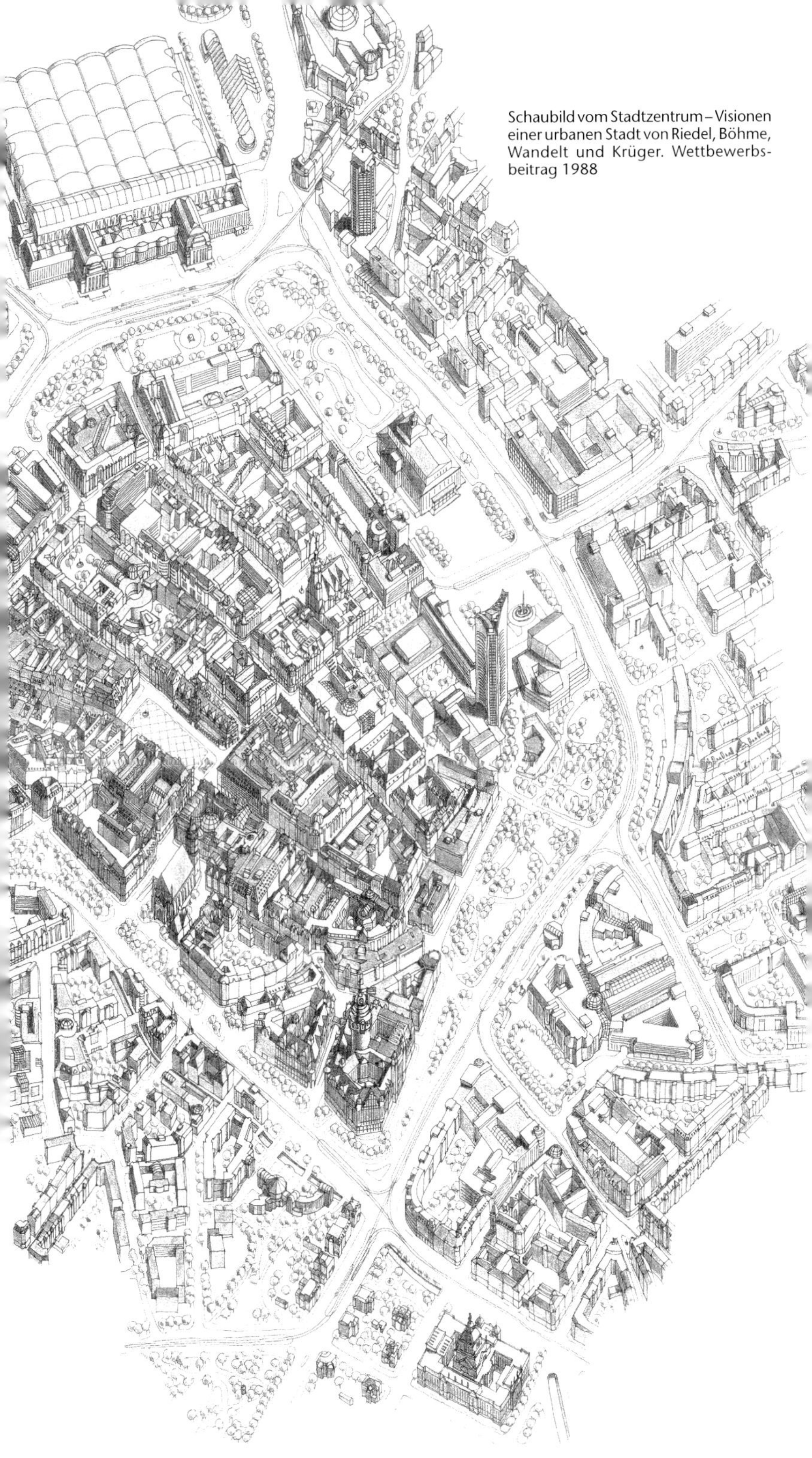

Schaubild vom Stadtzentrum – Visionen einer urbanen Stadt von Riedel, Böhme, Wandelt und Krüger. Wettbewerbsbeitrag 1988

Plakat der 1. Volksbaukonferenz am 6./7.1.1990, auf der erste Konturen einer neuen, demokratischen Baupolitik erstritten wurden. Plakatentwurf von Heinz-Jürgen Böhme

In den Jahren von 1992 bis 1998 wurde Leipzig zur Boomtown des Ostens. Kräne dominierten nun das Stadtbild. Schon bald erstrahlten die gründerzeitlichen Wohngebiete in neuem Glanz und offenbarten wieder ihren schier unübertrefflichen Schmuckreichtum. Nach zehn Jahren waren 75 % der Bausubstanz saniert. Im Stadtzentrum wurden die wertvollen Kulturdenkmale instand gesetzt und viele Baulücken geschlossen, so daß Leipzig heute wieder über ein attraktives und äußerst urbanes Zentrum verfügt. Ein ganz besonderes Entwicklungspotential bietet der Südraum von Leipzig. Nach dem Ende der Braunkohlegewinnung und -verarbeitung wird hier ein etwa 450 qkm großes Areal zu einer Seenlandschaft umgestaltet. Von ehemals 7 Tagebauen ist lediglich noch einer in Betrieb. Diese Tagebaurestlöcher werden zu großen Seen, die für den Bootsverkehr miteinander verbunden werden. Bereits im Jahre 2000 wurde der Cospudener See eingeweiht, der mit seinem Nordstrand bis auf das Stadtgebiet von Leipzig reicht. Am Zöbigker-Winkel ist hier ein kleiner Hafen mit Restaurants entstanden. Die Uferlänge des Sees, der 54 m tief ist, beträgt 10 500 m. Insgesamt entstehen 13 Seen mit einer Wasserfläche von über 70 qkm.

Die Leipzigerinnen und Leipziger haben sich viel von den bürgerlichen Tugenden bewahrt, die man in der Vergangenheit so oft an ihnen rühmte. Sie sind aufgeschlossen, neugierig, ehrgeizig und flexibel, dabei oft auch ein wenig maßlos. In einem Punkt sind sich aber alle einig, nämlich darin, daß man die Stadt wieder dahin führen will, wo sie vor dem zweiten Weltkrieg stand: in die erste Reihe der deutschen Großstädte. Dazu gehören solche ambitionierten Vorhaben wie der Ausbau des Flughafens Leipzig-Halle, ein S-Bahn-Tunnel zwischen Hauptbahnhof und Bayrischem Bahnhof, ein modernes Bildermuseum auf dem ehemaligen Sachsenplatz sowie ein supermodernes Fußballstadion mit benachbarter Sporthalle auf dem Gelände des alten Sportforums. Und last but not least die Wiedergewinnung der seit dem 19. Jahrhundert systematisch unter die Erde verbannten Flüsse unter dem beziehungsreichen Motto „Neue Ufer", das auch ganz allgemein als Leitmotiv für die Aktivitäten auf dem Weg in die Zukunft verstanden werden kann.

Heute hat die Stadt Leipzig bei einer Flächenausdehnung von 291 qkm 494 000 Einwohner. Im Zuge der Gemeindegebietsreform sind 1995 Lausen und Plaußig, 1997 Seehausen und 1999 Böhlitz-Ehrenberg, Engelsdorf, Knautnaundorf, Liebertwolkwitz, Lindenthal, Lützschena-Stahmeln, Miltitz, Mölkau, Rückmarsdorf und Wiederitzsch zu Leipzig gekommen.

Aus dem Braunkohlentagebau Cospuden wurde der Cospudener See, der im Jahre 2000 zur Nutzung übergeben wurde. Blick auf den Zöbigker-Winkel mit dem Segelboothafen

Leipziger Bauten

INNENSTADT

1 Altes Rathaus

Anders als in der Baukunst der Gotik, die vor allem eine Kirchenbaukunst war, dominieren in der sächsischen Renaissance Profanbauten, wie Wasserschlösser, Rathäuser und Bürgerhäuser. Die aus der Spätgotik heraus entwickelte deutsche Renaissance ging dabei durchaus andere Wege als etwa die italienische, die viel stärker am Ideal der Antike orientiert war. Johannes Jahn schreibt dazu in seiner „Deutschen Renaissance" von 1969:
„Dem deutschen Baumeister des 16. Jahrhunderts lag nichts an einer wohlproportionierten Abstimmung aller Teile des Baukörpers und nichts an einer rhythmisch streng gegliederten, symmetrischen Fassade mit horizontalem Abschluß; er vermied Regelmäßigkeiten, ja suchte Asymmetrie und ließ architektonische Triebkräfte durch Türme, Giebel und andere, das Vertikale betonende Formen nach oben ausstrahlen; auch scheute er sich nicht, einzelne Teile, etwa einen Prunkerker, auf Kosten des Ganzen übermäßig zu betonen. Diese Freiheit von strengen Regeln ermöglichte eine Fülle verschiedenartiger Lösungen, die auch bei Bindung der Häuser durch eine Straßenzeile jedes einzelne als Individuum erscheinen läßt. Wo der deutsche Steinmetz italienische Einzelformen übernahm, modelte er sie nach seinem eigenen Geschmack um und holte sich seine Vorbilder dabei gern aus Gebieten wie der Lombardei oder Venetien, die seinem eigenen Land auch im übertragenen Sinne näher lagen als Florenz oder Rom."
Das 1556/57 von Hieronymus Lotter unter Verwendung älterer Bauteile errichtete Rathaus charakterisiert den wirtschaftlichen Aufstieg der Stadt im 16. Jahrhundert. Der stattliche Putzbau mit seinen roten Gliederungen in Rochlitzer Porphyrtuff darf zu den herausragenden Bauleistungen deutscher Renaissance gezählt werden. Dies ist vor allem auf

Altes Rathaus. Der sogenannte Pfeiferstuhl – eine Musikerempore – in der historischen Ratsdiele von Paul Wiedemann aus dem Jahre 1557

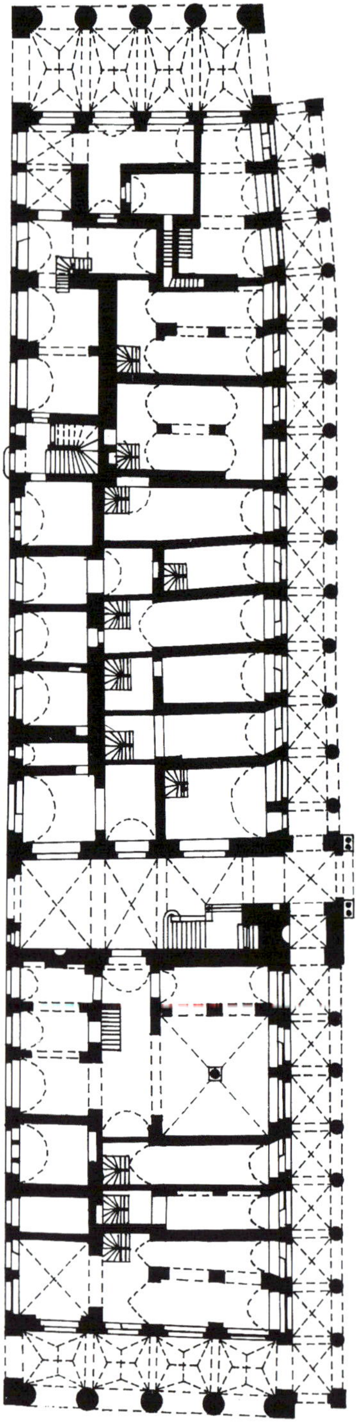

Erdgeschoß-Grundriß nach dem Umbau 1906–1909

Das Alte Rathaus am Markt wurde 1556/57 unter Leitung von Hieronymus Lotter erbaut.

seine ausgewogene Proportionierung und seine außergewöhnlich langgestreckte, die gesamte Ostseite des Marktes einnehmende Hauptfront mit insgesamt sechs Zwerchgiebeln zurückzuführen. Die hohen Staffelgiebel an den Stirnseiten des Rathauses sind durch kräftige Gesimse in der Horizontale betont. Die Zwerchhäuser im Dachbereich erinnern an die Giebelstellung der Häuser, wie sie noch um 1500 gebräuchlich waren. Das Hauptportal im Turm wird von zwei ionischen Säulen auf Diamantquadersockeln flankiert. In den Zwickelfeldern des Eingangsbogens sind zwei sogenannte Gaffköpfe zu sehen, die als Porträtbüsten Lotters und eines seiner Mitarbeiter, Paul Speck oder Paul Wiedemann, gedeutet werden. Den Architrav schmückt als typisch antikes Ornament der sogenannte laufende Hund. Die Fenstergewände zeigen Stabprofile, die sich an den Ecken überschneiden, zeittypisch ist auch der Zahnschnitt am Hauptgesims. An den beiden Giebelseiten sind im ersten Geschoß steinerne Kastenerker auf Konsolen und mit Dreieckgiebeln ausgebildet. Der hölzerne Altan über dem Eingangsbereich am Turm wurde 1564 angebaut, der Bläseraustritt unterhalb der Uhr im Jahre 1599. 1744 erhöhte Christian Döring den Turm und setzte die heute in rekonstruierter Form erhaltene barocke Turmhaube auf. Im Inneren verdienen von der Ausstattung besonders Beachtung die alte Ratsstube und das sogenannte Tapetenzimmer aus Kochs Hof aus dem Jahre 1749 von Benjamin Calau (1724 bis 1785). In dem 43 m langen und 11 m breiten Festsaal, der früheren Ratsdiele, befinden sich eine Galerie sächsischer Herrscherbilder und unter diesen, in das Gestühl eingebaut, die Reihe der Leipziger Stadtrichter mit einigen bemerkenswerten Porträts, die Anton Graff um 1800 schuf. An der Nordseite des Saals hat sich der sogenannte Pfeiferstuhl von Paul Wiedemann aus dem Jahre 1557 erhalten. Auf dieser Musikerempore standen die Stadtpfeifer und spielten zum Tanze auf. Ferner sind die vier Prunkkamine von Friedrich Fuß (um 1610) zu erwähnen.

Für den baugeschichtlich Interessierten von besonderem Informationswert ist das Stadtmodell von 1823, das Johann Christoph Merzdorf anfertigte. Es zeigt die im Grunde noch mittelalterliche Stadtstruktur vor Beginn der industriellen Revolution und ist für die Vermittlung Leipziger Architekturgeschichte von unschätzbarem Wert.

Nach der Fertigstellung des Neuen Rathauses im Jahre 1905 begann der Umbau des Alten Rathauses zum Stadtgeschichtlichen Museum. Sein heutiges Erscheinungsbild verdankt es im wesentlichen der Sanierung durch Otto Wilhelm Scharenberg in den Jahren 1906 bis 1909. Die Scharenbergsche Restaurierung ist

Stadtmodell von 1823 in der Ratsdiele des Alten Rathauses

ein interessantes Beispiel für historisierende Denkmalpflege zu Beginn unseres Jahrhunderts. Scharenberg kam es darauf an, das Bauwerk im Sinne seiner Haltung zur Renaissance weiter zu verschönern, was Korrekturen und „Verbesserungen" einschloß. So wurden die ehemals hölzernen Arkaden am Markt durch steinerne ersetzt, die auch an den Giebelseiten herumgeführt wurden. Wenn diese interpretierende Denkmalpflege aus heutiger Sicht auch auf Vorbehalte stößt, da es dem Denkmalpfleger in erster Linie darauf ankommt, das Original zu bewahren, ist jedoch zuzugeben, daß es dem Architekten gelang, den malerischen Reiz des Baus weiter zu steigern. Während das Äußere dennoch weitgehend das architektonische Bild des 16. Jahrhunderts bewahrt hat, kam es im Inneren doch zu einer weitgehenden Neuinterpretation. Typisch hierfür ist das völlig neu geschaffene Erinnerungsportal am Zugang zur alten Ratsstube. Die Inschrift unterhalb des Hauptgesimses an der Außenfassade aus dem Jahre 1672, die vordem nur aufgemalt war, wurde nun in Messingbuchstaben ausgeführt. Bei der Instandsetzung des Alten Rathauses wurden als ältestes Relikt eines profanen Leipziger Bauwerks Teile eines gekoppelten Rundbogenfensters in der Südwand entdeckt: ein sogenanntes Biforienfenster. Dieses spätromanische Kleeblattbogenfenster mit einer zierlichen Mittelsäule, 1906/07 restauriert, ergänzt und als Spolie wieder eingefügt, wird durch stilistische Vergleiche auf etwa 1230 datiert. Welcher Art das dazugehörige Gebäude war, läßt sich heute nicht mehr sicher sagen. Vermutlich war es ein quadratischer Wohnturm, denn dieser Grundriß zeichnet sich noch heute im Bestand ab.
Im Zusammenhang mit diesen Umbaumaßnahmen der Jahrhundertwende entstanden auch die beiden reizvollen Zierbrunnen am bzw. im Durchgang vom Markt zum Naschmarkt. Der eine Brunnen, unmittelbar am Ausgang zum Naschmarkt gelegen, geht auf eine Anregung Scharenbergs zurück. Die Bronzeplastik des Knaben, der auf einer Muschel steht und sich auf dem Kopf einen

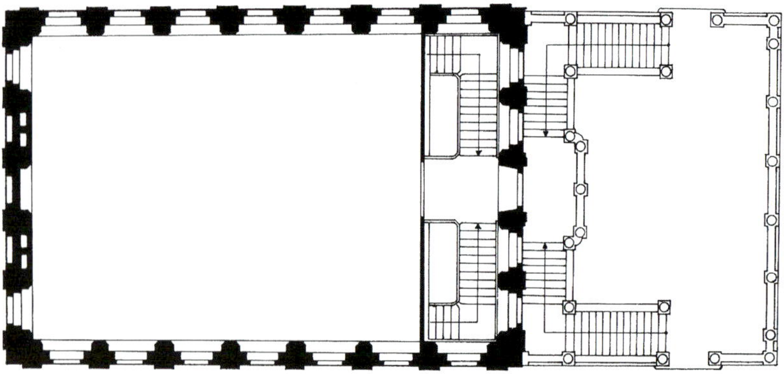

Alte Handelsbörse. Grundriß Obergeschoß

Die Alte Handelsbörse wurde 1678/79 vermutlich nach einem Entwurf des Dresdner Oberlandbaumeisters Johann Georg Starcke erbaut.

Schwamm ausdrückt, wurde 1909 von Carl Seffner vollendet. Der andere Brunnen von Johannes Hartmann zeigt ein badendes Mädchen auf einem kunstvollen Sockel inmitten eines runden Wasserbeckens. Diese Plastik wurde gestohlen und durch den Leipziger Bildhauer Klaus Schwabe im Jahr 2000 in einem rekonstruierenden Sinne nachgebildet.
Beim Bombenangriff am 4. Dezember 1943 brannten Turm und Dachgeschoß des Alten Rathauses völlig aus. Bereits 1946–1950 wurde es als eines der ersten historischen Gebäude der Stadt wiederaufgebaut.

2 Alte Handelsbörse

Naschmarkt

Das älteste erhaltene Versammlungsgebäude der Leipziger Kaufmannschaft ist zugleich der erste Barockbau der Stadt. Die Initiative zum Bau ging von 30 Großkaufleuten aus, die sich im April 1678 mit einer Eingabe an den Rat der Stadt wandten, denn nach 1635 war es allmählich Brauch geworden, sich zum Abschluß von Geschäften zu versammeln. Dem Bau liegt wahrscheinlich ein Entwurf des Dresdner Oberlandbaumeisters Johann Georg Starcke zugrunde. Die Börse wurde 1678 begonnen, bereits 1679 genutzt, aber erst 1687 im Inneren völlig fertiggestellt. Der zweigeschossige, pavillonartige Bau ist im Obergeschoß, im Bereich des Börsensaals, allseitig durch flache Pilaster mit ionischen Kapitellen gegliedert, auf denen lange hängende Girlanden angeordnet sind. Die Fensterachsen sind durch auf die Putzfläche gesetzte Festons betont. Den geraden Dachabschluß bildet eine Sandsteinbalustrade mit plastischem Schmuck. In dem doppelten Segmentgiebel des rundbogigen Portals, oberhalb der zweiarmigen Treppenanlage, halten zwei geflügelte Knabenfiguren, einer mit einem Merkurstab, ein prunkvolles vergoldetes Leipziger Stadtwappen. Im Börsensaal, der das gesamte Obergeschoß einnimmt, wurden Wechsel- und Geldgeschäfte getätigt und Informationen ausgetauscht. Die Gewölbe des Erdgeschosses vermietete man für den Messewarenhandel an auswärtige Kaufleute. Im zweiten Weltkrieg brannte das Haus völlig aus. Dabei gingen die prächtige Stuckdecke des Italieners Giovanni Simonetti und die Deckenmalereien von Johann Heinrich Am Ende verloren. 1962 wurde der Wiederaufbau in der ursprünglichen äußeren Gestalt vollendet. Der Börsensaal wird für Konzerte und andere kulturelle Veranstaltungen genutzt. Er erhielt eine moderne, zeitgemäße Ausstattung. Die vier mythologischen Sandsteinfiguren auf der Dachbalustrade, Werke des Leipziger Bildhauers Johann Caspar Sandtmann, stellen Apollo, Merkur, Venus und Athene dar. Sie wurden durch Kopien ersetzt. Die heutige Farbgebung erhielt der Bau im Jahre 1994. Die Polychromie stellt eine Analogiefassung

Die Nordseite des Marktes. Die 1963/64 wiederaufgebaute Alte Waage (rechts) wurde 1555 von Hieronymus Lotter errichtet. Die anschließenden Gebäude wurden seit Ende des 19. Jahrhundert mehrfach überformt.

dar, welche auf Kenntnis der Farbigkeit der Architektur des 18. Jahrhunderts beruht. Das Goethe-Denkmal vor dem Gebäude schuf der Leipziger Bildhauer Carl Seffner. Es wurde am 28. Juni 1903 eingeweiht. Goethe, der in den Jahren 1765 bis 1768 Student in Leipzig war, ist im Zeitkostüm dargestellt. Im Sockel sind Porträtreliefs seiner Leipziger Freundinnen Käthchen Schönkopf und Friederike Oeser zu sehen. Während seiner Studentenzeit hatte Goethe u. a. in der Großen Feuerkugel am Neumarkt 3 gewohnt. Das Gebäude wurde im zweiten Weltkrieg zerstört.

Der *Löwenbrunnen* auf dem Naschmarkt hat, bis ins Mittelalter zurückreichend, mehrere Vorgänger. Eine steinerne Inschrift auf der Rückseite besagt: „... 1918 wurde dieser Brunnen in der alten Gestalt des hölzernen Gehäuses vom Rate wieder aufgebaut durch den Architekten Hugo Licht..." Die beiden Löwenplastiken waren nach einem Modell von Johann Gottfried Schadow um 1820 in Lauchhammer gegossen worden. Sie gehörten bereits zur früheren Gestaltung.

3 Alte Waage

Markt 4

Die Ratswaage gehörte zu den wichtigsten Gebäuden der Handelsstadt. Da alle Waren, die die Kaufleute nach Leipzig brachten, der Waagepflicht unterlagen, herrschte zu den Messezeiten hier reger Betrieb. Hier wurden die Zollabgaben festgelegt, die, nach einzelnen Warensorten gestaffelt, mit dem Landesherrn zu teilen waren. Die Waagegebühr stellte eine bedeutende Einnahmequelle des Rates dar. Das dreigeschossige Gebäude mit dem charakteristischen Staffelgiebel ist nach der Zerstörung im zweiten Weltkrieg in den Jahren 1963/64 wiederaufgebaut worden. Auf die Rekonstruktion des bereits 1861 abgebrochenen Treppenturms, der der Marktfassade vorgelagert war, wurde dabei allerdings verzichtet. Mit der Wiederherstellung dieses Renaissancebaus nach einem Entwurf des Leipziger Architekten Wolfgang Müller hat der Marktplatz einen wesentlichen Teil seines historischen Bildes bewahrt. Die historische Authentizität der Rekonstruktion beschränkt sich dabei richtigerweise auf die Marktfassade. Die Ansicht zur Katharinenstraße wurde modern gestaltet. Obwohl urkundlich Belege dafür fehlen, wird die 1555 errichtete Waage dem Bau- und Bürgermeister Hieronymus Lotter und seinem Gehilfen Paul Speck zugeschrieben. Im Erdgeschoß der Alten Waage befanden sich die Schreib- und Amtsstuben des Waageamts, im Keller der Ausschank des Rates und im ersten Stock die sogenannte Herrentrinkstube. Nachdem die Waage vor das Grimmaische Tor verlegt worden war, etablierte sich in dem Gebäude von 1661 bis 1712 das erste Leipziger Postamt. Das 1917 gegründete Leipziger Messeamt hatte in der Alten Waage bis zu deren Zerstörung am 4. Dezember 1943 seinen Sitz.

4 „Kaufhalle"

Markt 10

Das spätklassizistische fünfgeschossige Gebäude, die sogenannte Kaufhalle, wurde 1845/46 vermutlich nach Plänen des Leipziger Architekten Christian August Eduard Pötzsch errichtet. Entlang dem Durchgang zur Klostergasse, dessen Gebäude aus anderen Epochen stammen, waren 41 Verkaufslokale angeordnet. Berühmt war das Haus auch durch Del Vecchios Kunstausstellung, die sich im 19. Jahrhundert im 2. Obergeschoß an der Marktseite befand. Die Kaufhalle ist eines der spätesten Vertreter des Durchhauses der Warenmesse. Die Fensterrahmungen mit ihrer vegetabilen Ornamentik erinnern an den Baudekor der Schinkelschen Bauakademie zu Berlin und sind für Leipzig eigentlich untypisch. Durch die im Oktober 1989 eröffnete Handwerkerpassage wurde die Kaufhoftradition auf neue Weise belebt. Die beiden Skulpturen auf der Balkonbrüstung der Mittelachse am Markt im 2. Obergeschoß wurden im Zuge der Sanierung 1997/98 rekonstruiert. Sie stellen Handel und Industrie dar. Die Bronzeskulptur des originellen Fensterputzerbrunnens im Hof schuf der Künstler Christian Rost (um 1989), den Sockel entwarfen die Architekten Ilg/Friebe. Der Seiteneingang zum Hof vom Barfußgäßchen aus entstand erst mit der letzten Sanierung. Im Vorgängerbau hatte 1813/14 nach der Völkerschlacht der russische Stadtkommandant Oberst Viktor von Prendel seinen Amtssitz. Daran erinnert eine Gedenktafel an der Marktseite.

5 König-Albert-Haus

Markt 9, Barfußgäßchen 2/8

Nach Entwürfen des führenden Leipziger Geschäftshausarchitekten jener Jahre, Emil Franz Hänsel, entstand im Jahre 1913 das Eckgebäude Markt/Barfußgäßchen, das den Namen „König-Albert-Haus" trug. Zwei Höfe sind durch flache Durchgänge verbunden. In dem großen Hof am Markt befindet sich das marmorverkleidete Haupttreppenhaus. Es ist durch einen halbrunden Portikus betont, der mit grünen Majoliken dekoriert ist. Im Architrav befinden sich sieben kreisrunde Medaillons mit plastischen allegorischen Darstellungen. Einmalig in der Leipziger Architektur ist die Verwendung von glasierter Keramik für die Verkleidung des Erd- und Zwischengeschosses der Straßenfront. In die Fensterlaibungen des Zwischengeschosses sind kleine Putti gestellt. Durch die konkave Fassadenkrümmung im Bereich der Fensterachsen erhalten die vier Obergeschosse (in Edelputztechnik) eine interessante, ungewohnte Plastizität. Die Fenstergewände des 4. Obergeschosses sind als plastische Figuren ausgeführt. Über dem Zwischengeschoßgesims sind die Wappen sächsischer Städte angeordnet. Der Durchgang mündet im Barfußgäßchen, der neuen Kneipenmeile der Stadt. Seit einigen Jahren befinden sich die Szene-Kneipen „Spizz" und „Markt 9" in Keller und Erdgeschoß. Im Hof befanden sich ehemals zwei Friesgestaltungen des Dresdners Otto Gußmann mit Szenen aus dem Leben des sächsischen Königs Albert (nicht erhalten).

Die sogenannte Kaufhalle (links) wurde 1845/46, das König-Albert-Haus (rechts) 1913 erbaut.

Entwurf für den Neubau der Marktgalerie von Christoph Mäckler aus Frankfurt am Main. Oben die Westseite des Marktes. Unten Blick aus Richtung Petersstraße mit der Front zur Thomasgasse

6 Marktgalerie

Markt 11–15

Im Sommer 2001 war das 1963–1965 von den Architekten Rudolf Rohrer und Rudolf Skoda errichtete siebengeschossige Bürogebäude des Leipziger Messeamts abgebrochen worden. Seit seiner Errichtung war es ein ständiges Ärgernis im Stadtbild, da es die historische Maßstäblichkeit der Marktplatzbebauung ignorierte. Bis zum zweiten Weltkrieg hatten hier vier kleinere Gebäude gestanden. Dies waren Markt 11, Äckerleins Hof, ein barockes Durchhaus, 1709–1714 von Gregor Fuchs erbaut, Markt 12, die Engel-Apotheke, die sich hier seit 1728 befand, Markt 13, Stieglitzens Hof, ein Geschäftshaus des Jahres 1894 vom Architekten Ottomar Jummel, sowie Markt 14/15, das sogenannte Bismarckhaus, das 1894/95 durch den gleichen Architekten errichtet wurde.

Nach drei Architektenwettbewerben und zwei Eigentümerwechseln soll nunmehr die gesamte Kriegsbrache zwischen Markt, Thomasgasse und Klostergasse einheitlich mit einem Kaufhaus bebaut werden. Während sich früher die Kleinteiligkeit der Bebauung allein schon durch die Größe der Grundstücksparzellen bestimmte, steht man heute vor der Aufgabe, den städtebaulichen Maßstab im Altstadtbereich zu wahren und gleichzeitig eine moderne Architektursprache für ein großes innerstädtisches Geschäftshaus zu finden.
Auf der einen Seite wird eine gliedernde Maßstäblichkeit der Fassadenfront verlangt, die an Bürgerhausbebauung der letzten Jahrhunderte anschließt, andererseits kann moderne Kaufhausarchitektur nur schwerlich mit dem städtebaulichen Vokabular der Vergangenheit arbeiten, wie es die Gestaltungssatzung der Stadt Leipzig vorschreibt.

Das ehemalige Messehaus am Markt wurde 1961–1963 erbaut.

Insofern ist der Entwurf des Frankfurter Architekten Christoph Mäckler ein akzeptabler Kompromiß. Mäckler knüpft im Gestaltungsrhythmus an die Bürgerhaus- und Geschäftshausarchitektur der Zeit vor dem zweiten Weltkrieg an und schafft so drei unterschiedliche neue Marktfassaden, die eine wesentliche stadtebaulich-architektonische Verbesserung gegenüber dem vorhergehenden Zustand bringen.

Der Wechsel in Fassadengeometrie, Fassadenausbildung, Fenstergrößen, Traufhöhen und Materialien darf als eine gelungene städtebauliche Adaption der altstädtischen Vorgängersituation angesehen werden. Die Tageszeitung „Die Welt" bezeichnete Mäcklers Marktfassade als „individuelle Haustypen statt ‚modernes' Auswalzen von Meterware".

In dem mittleren Gebäudesegment wird es eine zur Klostergasse führende Passage geben. Die Eckbetonung an der Thomasgasse überzeugt in ihrer Ausrichtung zur Petersstraße. Ein mächtiger gläserner, zweigeschossiger Austritt in den Obergeschossen erinnert an die alte Leipziger Tradition der Kastenerker. Das Kaufhaus soll 2004 fertiggestellt sein.

7 Ehemaliges Messehaus am Markt

Markt 16

Der Neubau des ehemaligen Messehauses mit 5900 qm Ausstellungsfläche am historischen Leipziger Markt in den Jahren 1961 bis 1963 stellte die Architekten vor die schwierige Aufgabe, modernes Bauen mit denkmalpflegerischen Belangen, wie sie sich aus der Nachbarschaft von Altem Rathaus und Königshaus ergaben, zu berücksichtigen. Dies ist dem Leipziger Architektenkollektiv Frieder Gebhardt durchaus gelungen. Das fünfgeschossige Gebäude ist in Stahlskelettbauweise ausgeführt. Die betonwerksteinverkleideten Außenstützen, die Fensterbrüstungen in rotem Steinzeugmosaik und das ziegelgedeckte Steildach mit zwei Reihen Dachgaupen bestimmen den äußeren Gesamteindruck. Wenig bekannt ist, daß der benachbarte Messehof eigens um eine Achse nach Norden verlängert wurde, um eine städtebaulich befriedigende Anbindung des Neubaus zu erreichen. Mit der Ausbildung von Arkaden im Eingangsbereich und dem Anschluß an das Passagensystem wurden au-

ßerdem charakteristische Leipziger Bautraditionen aufgenommen. In der Eingangshalle des ehemaligen Messehauses befindet sich ein großflächiges Natursteinrelief von Hanna Studnitzka zum Thema Leipziger Messegeschehen gestern und heute.
Bei der 1793 in Leipzig eingeführten fortlaufenden Numerierung aller Häuser erhielt das Gebäude Markt 16 die Nummer 1 zugewiesen. Von 1696 bis 1787 befand sich in diesem Haus das Café des Hofchocolatiers Johann Schmidt. Hier, im ersten Leipziger Kaffeehaus, musizierte seit 1708 regelmäßig das von Georg Philipp Telemann 1702 gegründete Collegium musicum. Letzter Vorgängerbau des früheren Buchmessehauses war ein Gebäude von 1879, das seit 1913 das Messehaus National beherbergt hatte.

8 Ehemalige Untergrundmessehalle am Markt

Ein spektakuläres Ereignis im Leipzig der 1920er Jahre stellte der Bau der Untergrundmessehalle am Markt dar. An eine dringend benötigte Erweiterung des Angebots an Ausstellungsfläche mit Hilfe des Neubaus von Messehäusern war angesichts der wirtschaftlichen Situation nach Beendigung des ersten Weltkriegs nicht zu denken. So entschloß sich das Messeamt 1919 zur Errichtung einer Holzhalle auf dem Markt in den Abmessungen 40 x 80 m, die zu jeder Messe neu aufzubauen war, bis schließlich der Rat der Stadt 1922 die Zustimmung gab, sie befristet bis zur Herbstmesse 1924 stehenzulassen. An dem Versuch, die „Holzbude" durch ansehnliche Reklame für das Stadtbild einigermaßen erträglich zu machen, hatte sich auch der namhafte Architekt Peter Behrens mit einer Lösung, die er selbst „Reklameburg" nannte, beteiligt. Unter diesen Vorzeichen begannen am 28. Mai 1924 die Ausschachtungsarbeiten für die erste Untergrundmessehalle der Welt. Nach ihrer Fertigstellung im Dezember des gleichen Jahres bot sie auf einer Ausstellungsfläche von 1800 qm 175 Ausstellern Platz. Den Entwurf für die unterirdische Halle lieferte das Baubüro der Leipziger Messe- und Ausstellungs-Aktiengesellschaft. Die Eingangsgestaltung mit der zweiarmigen Treppenanlage in rotem Rochlitzer Porphyrtuff stammt von dem Leipziger Architekten Otto Droge, dem damit eine Lösung gelang, die maßvoll hinter die historische Bebauung am Markt zurücktritt. Das Bauwerk wurde in den Jahren 1986 bis 1988 durch den polnischen Baubetrieb KRAKBUD saniert.
Das Bronzerelief an der Rückseite des Eingangsbaus mit dem Thema „Historische Ereignisse auf dem Marktplatz" schuf der Leipziger Maler Frank Ruddigkeit 1979.

Detail vom Eingang zur Untergrundmessehalle von Otto Droge, 1924

9 Königshaus

Markt 17

Zu den kulturgeschichtlich interessantesten Baudenkmalen im Zentrum Leipzigs gehört das sogenannte Königshaus am Markt. 1704 hatte der Quedlinburger Kaufmann Andreas Dietrich Apel das Gebäude erworben. Sein heutiges Aussehen verdankt es dem barokken Umbau in den Jahren 1706/07 durch den Maurermeister Johann Gregor Fuchs, der schon zuvor mit dem Bau des Romanushauses in der Katharinenstraße sein exzellentes Können nachgewiesen hatte. Ein bemerkenswerter Wendelstein im Inneren erinnert noch an den Renaissance-Ursprung des um 1560 errichteten Gebäudes, dessen Geschichte sich bis ins 15. Jahrhundert zurückverfolgen läßt. Bereits im 16. Jahrhundert hat es dem Rat der Stadt als Gästehaus gedient. Lang ist die Reihe illustrer Persönlichkeiten, die hier logiert haben. Ende Mai 1698 weilte im Königshaus beispielsweise Zar Peter der Große, der sich auf der Rückreise von Holland nach Rußland befand. Die Legende berichtet, er habe Kanonen von der Pleißenburg auf dem Markt aufstellen lassen, die abgefeuert wurden, wenn man im Königshaus einen Toast ausbrachte. Unter den sächsischen Herrschern

Das Königshaus wurde 1706/07 von Johann Gregor Fuchs erbaut.

war es besonders August der Starke, der bei seinen regelmäßigen Messebesuchen in dem prächtigen Bürgerhaus „Hof hielt". Das gesamte 18. Jahrhundert hindurch hatte es der Dresdner Hof angemietet. Am 23. Juli 1706 wies August der Starke „die Cammer" an, mit Apel einen Mietvertrag zu schließen. Die Miete sollte 2000 Taler jährlich betragen, und Apel sollte das Haus während der drei jährlichen Messen bereit halten, unabhängig davon, ob der König sich angemeldet hatte oder nicht. Angemietet wurde nicht nur fast das gesamte Vorderhaus, sondern weitere Räume der Hintergebäude. Auch eigene Möbel brachte der Hof mit. Erst 1827 ließ König Anton den Mietvertrag endgültig kündigen. Im Siebenjährigen Krieg wohnte der Preußenkönig Friedrich II. zweimal in dem Haus am Markt. Bei seinem zweiten Besuch bat er am 11. Dezember 1760 den Fabeldichter und Professor für Poesie Christian Fürchtegott Gellert zu sich. Aus einem Brief Gellerts ist uns der Inhalt des Gesprächs genau überliefert. „Wenn ich der König wäre, so hätten die Deutschen längst Frieden", äußerte Gellert mutig in dem Gespräch, das ansonsten vor allem die deutsche Dichtkunst zum Gegenstand hatte. Während der Völkerschlacht bei Leipzig, im Oktober 1813, hielt sich das sächsische Königspaar in dem Gebäude auf und suchte zeitweise im Keller Schutz vor den Granaten. Im Erkerzimmer des 1. Stockwerks verabschiedete sich

Das barocke Bürgerhaus in der Katharinenstraße 3 wurde 1709 erbaut.

am 19. Oktober Napoleon von seinem sächsischen Bundesgenossen, bevor er die Flucht nach Frankreich antrat. Im Jahre 1820 verstarb im Königshaus der Oberkommandierende der verbündeten russischen, österreichischen, preußischen und schwedischen Truppen der Befreiungskriege, Feldmarschall Karl von Schwarzenberg, als er dem Ort der siegreichen Schlacht einen Besuch abstattete. Nicht unerwähnt soll bleiben, daß sich einst im Hintergebäude ein mit Deckenmalereien geschmückter Saal (17 x 8 m) befand, in dem zuletzt die Konzerte der „Musikübenden Gesellschaft" des Johann Adam Hiller stattfanden, bevor das Orchester 1781 in den Gewandhaussaal an der heutigen Universitätsstraße umzog.

Von der historischen Bausubstanz hat sich im Inneren nur wenig erhalten, so etwa die beiden barocken Stuckdecken im 1. Obergeschoß und ein kunstvoller Kamin. Verschwunden ist heute auch die aufwendig gestaltete Dachbalustrade, die mit Vasenaufsätzen geschmückt war. Noch während des ersten Weltkriegs wurde das Bürgerhaus zum Messepalast der Mustermesse umfunktioniert. 1932 baute Curt Schiemichen eine Passage ein. Nach Kriegsschäden wurde sie in veränderter Form wiederaufgebaut. 1931 hatte man sogar den Abbruch des Hauses erwogen, denn die Fassade war so stark verändert, daß der kunstgeschichtliche Wert des Baus kaum noch erkennbar war. Bei einer Sanierung des Vorderhauses 1965/66 wurden einige der nicht erhaltenen Fassadendetails ergänzt. 1992/93 entstand die Erdgeschoßfassade im Sinne des Fuchsschen Zustands mit dem symmetrischen Doppelportal neu.

Apels großartiger Barockgarten befand sich westlich vor der Stadtmauer im Bereich des heutigen Dorotheenplatzes. Hier erinnern zwei Kopien nach den im Original erhaltenen Permoser-Figuren Jupiter und Juno an die berühmte Anlage. Apels Garten hatte eine fächerförmige Struktur, die durch Kolonnadenstraße, Elsterstraße und Reichelstraße noch heute ablesbar ist. Zu den barocken Kolossalplastiken des Jupiter und der Juno, die Balthasar Permoser um 1705/06 geschaffen hat, gehörten ursprünglich noch die Götterfiguren Mars und Venus. „Vulkanisch", schrieb der Leipziger Kunsthistoriker Michael Stuhr im Jahre 1985, „schießt der Bewegungsstrom von Jupiterfigur, Gewand, Feuerstrahl und Sturmwolke wirbelnd empor und entlädt sich im Blitzbündel, welches der ergrimmte Gott über sein Haupt hinwegschleudert. Dieses Äußerste an Bewegungsdarstellung negiert geradezu die steinerne Schwere der Figur."

10 Katharinenstraße 3

Seit der 1996 abgeschlossenen Sanierung präsentiert sich die Fassade wieder in ihrer barocken Schmuckfreude. Das schmale, fünfachsige Bürgerhaus gehört zu den wenigen erhaltenen baulichen Zeugnissen der Barockstadt Leipzig. Es wurde 1709 vom Zimmerermeister Johann Christian Schmidt erbaut. Obwohl Schmidt sonst immer mit Johann Gregor Fuchs zusammenarbeitete, scheint der Entwurf in diesem Falle doch wohl von ihm allein zu stammen. Im Jahre 1710 hatte der Leipziger Kaufmann Theodor Oertel das kurz zuvor errichtete Haus erworben. Trotz seiner geringen Fassadenbreite kann es dank seines prächtigen Fassadendekors durchaus mit den benachbarten größeren Bürgerhäusern konkurrieren. Schmidt betonte die Mittelachse durch einen dreigeschossigen Kastenerker, der hier konvex geschwungen ist und dem eine Muschelform als Konsole dient. Über dem dritten Erkergeschoß ist ein Austritt angeordnet. Die Fensterbrüstungen sind mit Festons dekoriert.

Der barocke Kaufmannshof der Familie Frege wurde 1706/07 von Johann Gregor Fuchs errichtet. Straßenfassade und Erdgeschoßgrundriß

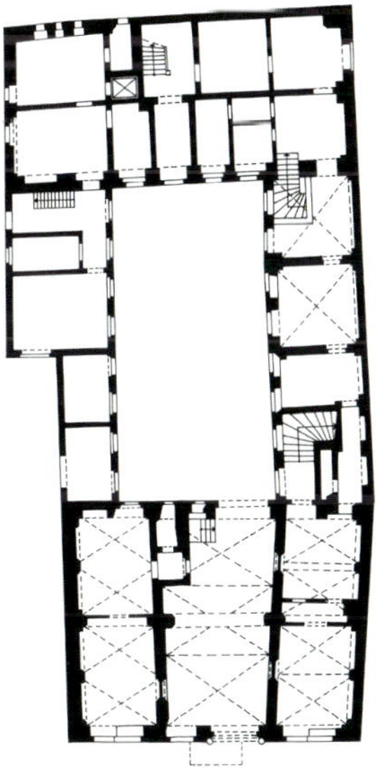

11 Fregehaus

Katharinenstraße 11

In den Jahren 1706/07 war das Haus von dem Leipziger Ratsmaurermeister Johann Gregor Fuchs gemeinsam mit dem Zimmerermeister Johann Christian Schmidt für den hiesigen Kaufmann Gottfried Otto errichtet worden, wobei ein Vorgängerbau aus der ersten Hälfte des 16. Jahrhunderts einbezogen wurde. Dies wird deutlich an dem steilen Satteldach, an dem noch spätgotisch anmutenden Eingangsportal, an den hohen Erdgeschoßgewölben und an den kunstvollen, heute freigelegten Fenstersäulen im 1. und 2. Obergeschoß des Vorderhauses. Fuchs schuf eine symmetrische, vierflügelige Hausanlage, die um einen rechtwinkligen, großen Innenhof angelegt war. Die Mittelachse der viergeschossigen Vorderhausfassade wird durch einen prächtigen Kastenerker betont. Dieser ist durch kräftige Pilaster und Gesimse gegliedert. Seine Brüstungsfelder und Stürzen sind durch Festons geschmückt. Im Dachbereich findet die Erkerachse ihre Fortsetzung in einem großen Frontispiz mit Kartusche und Segmentbogengiebel. Vier Reihen von Dachgaupen und drei große Schornsteinköpfe gliedern das Dach. Im Inneren haben sich eine Reihe bemerkenswerter Ausstattungsdetails erhalten. Die hölzerne Wandtäfelung des sogenannten Paneelzimmers im 2. Obergeschoß stammt aus dem Jahre 1792. Darunter wurde eine wertvolle Panneautapete von etwa 1780 gefunden, die heute im Museum für Kunsthandwerk aufbewahrt wird. Im gewölbten Treppenhaus haben sich Delfter Wandfliesen als Wandverkleidung erhalten. Die bemalten Holzbalkendecken im 3. Obergeschoß stammen noch aus der Zeit um 1700. Das Gebäude trägt noch heute seinen Namen nach dem Bankier Christian Gottlob Frege, der das Haus 1782 erworben hatte. Im Hof verdient ein vom Vorgängerbau erhaltenes Architekturdetail, das sogenannte Spottrelief von 1535, wohl Luther (unten liegend), Papst und Kaiser darstellend, als ein interessantes Dokument der Reformationszeit besondere Beachtung.

12 Das große Joachimsthal

Hainstraße 10/Katharinenstraße 13

Die 1906 erbaute Historismusfassade aus Sandstein an der Hainstraße ist durch einen zweigeschossigen Erker über dem Durchgang und durch einen hohen Giebelaufbau betont. Seitlich treten zweigeschossige kupferne Schaufensteranlagen markant hervor. In der Mitte des neugestalteten Durchgangs sind die beiden Seitengebäude brückenartig verbunden. Das Gebäude Katharinenstraße 13 ist 1896 errichtet worden und weist gotisierende Gestaltungselemente auf, besonders an der Hofseite, wo verschiedene Maßwerkbrüstungen angeordnet sind.

13 Blauer und Goldener Stern – Kretschmanns Hof

Hainstraße 14 – Katharinenstraße 17

Die spätklassizistische Fassade ist in den Obergeschossen geschoßweise durch Pilaster gegliedert. Die Symbolik des Hausnamens „Blauer und Goldener Stern" ist am Balkongitter über dem Erdgeschoß-Durchgang plastisch dargestellt. Das ausladende Traufgesims wird von kräftigen Konsolen getragen. Architektonisch bemerkenswert ist der schöne, neu gestaltete rechteckige Hof. Je vier alte, historische gußeiserne Säulen sind in die Loggien über den Hofausgängen einbezogen. Die Hainstraße 14 ist mit dem noch nicht sanierten Geschäftshaus Kretschmanns Hof, Katharinenstraße 17, verbunden, das 1910–1912 vom renommierten Leipziger Architekten Max Fricke im Stile eines gemäßigten Traditionalismus erbaut wurde. Die Mittelachse der vertikal betonten Fassadengestaltung wird durch einen zweigeschossigen, steilen Dreiecksgiebel im Dachbereich sowie durch zwei Puttengruppen im 4. Obergeschoß und weitere Schmuckdetails in Terrakotta betont. Der große Hof ist weiß gefliest.

14 Katharinenstraße 19

Dieser prächtige Kaufmannshof des Rokoko ist 1748/49 vom Obermeister der Leipziger Maurerinnung George Werner erbaut worden. Aus der neunachsigen, reich dekorierten Straßenfront tritt ein flacher Mittelrisalit in Breite der Portalgestaltung kaum merklich hervor. Auf den über Eck gestellten Portalpfeilern ruht eine kräftige Verdachung mit zwei lagernden Sandsteinskulpturen. Über dem vierflügeligen, eichenen Eingangstor findet sich ein kunstvolles Oberlichtgitter. Alle Brüstungsfelder des Mittelrisalits sind durch filigrane Rocaillen betont. Die Fenster der Mittelachse weisen zusätzlich Verdachungen aus. „Der Dacherker gipfelt in einem beglückenden Exzelsior von Rocaillegebilden, um die sich Putten in seligem Rausche schwingen" (Nikolaus Pevsner). Neben dem Dacherker sind zwei Vasen aufgestellt. Gehörte der Fassadenerker im Hochbarock noch zum Standard des Bürgerhauses, so wird nun im Rokoko auf dieses typische Leipziger Architekturelement zugunsten einer ruhigen, ausgewogenen Durchbildung der Fassade verzichtet.

Rokokoportal von 1749 in der Katharinenstraße 19

15 Katharinenstraße 21

Unter Verwendung älterer Bausubstanz aus dem 16. Jahrhundert, z. B. der Gewölbe im Erdgeschoß, wurde das um einen kleinen, rechteckigen, symmetrischen Innenhof angelegte Bürgerhaus in den Jahren 1750 bis 1752 durch den Maurermeister Friedrich Seltendorff errichtet. Bauherr war der angesehene Kaufherr Gottlieb Benedict Zehmisch, der 1766 auch den (nicht erhaltenen) Theaterbau auf der Rannischen Bastei finanzierte. Im 1. bis 3. Obergeschoß ist die Fassade durch Lisenen gegliedert. Ein Zwischengesims trennt das 3. Obergeschoß von dem darüberliegenden Mezzaningeschoß. Der Dachaufbau wurde wohl im 19. Jahrhundert verändert. Aus der Erbauungszeit stammt das Eingangstor mit dem zierlichen Rokoko-Oberlichtgitter. Im Inneren sind wesentliche Elemente der ursprünglichen Raumausstattung erhalten. Dazu gehört im 1. Obergeschoß ein Deckenbild von Adam Friedrich Oeser (um 1780).

16 Romanushaus

Katharinenstraße 23

Im Ensemble der barocken Bürgerhäuser der Katharinenstraße ragt das 1701–1703 errichtete Eckhaus am Brühl durch seine baukünstlerische Qualität und architekturgeschichtliche Bedeutung besonders heraus. Der eben dreißigjährige Franz Conrad Romanus – dem Leipziger Rat von August dem Starken als Bürgermeister aufgezwungen – ließ es sich schon bald nach Amtsantritt als prächtiges Wohnpalais vom Ratsmaurer Johann Gregor Fuchs erbauen. Als die Gerüste gefallen waren, bekamen die Leipziger einen Bau zu sehen, der, wie Nikolaus Pevsner schrieb, „an Umfang wie Stil gleich neu und außerordentlich war". Um die ungeheure Summe von 150 000 Talern

Das Bürgerhaus Katharinenstraße 21 (Mitte) wurde 1750–1752 von Friedrich Seltendorff, das Romanushaus, Katharinenstraße 23 (rechts), 1701–1703 von Gregor Fuchs erbaut.

aufzubringen, die der Bau verschlang, hatte Romanus ungedeckte Stadtschuldscheine ausgestellt. So wurde er schließlich im Jahre 1705 verhaftet und starb im Jahre 1746 nach 41jähriger Haft auf der Festung Königstein. Mit dem Romanushaus begann die Blütezeit des bürgerlichen Barock in Leipzig, in der etwa ein Drittel aller Häuser der Stadt neu errichtet oder im Zeitgeschmack umgebaut wurden. Die Gestaltung des Hauses widerspiegelt das gesteigerte Selbstbewußtsein seines bürgerlichen Bauherrn in eindrucksvoller Weise. Mit dem Romanushaus setzt sich ein gänzlich neuer Grundrißtyp durch. Über eine breite, geradläufige Treppenanlage mit Figurennischen gelangt man in die Obergeschosse des Vorderhauses. Die Räume in den Obergeschossen waren als Enfilade den großen, festlichen Vorsälen von 15 x 16 m zugeordnet, die zugleich als Speisesäle genutzt werden konnten. Neu ist auch, daß die Hoffassaden eine den Vorderfronten entsprechende gestalterische Durchbildung erfuhren. Drei unterschiedlich hohe Wohngeschosse erheben sich über einem sockelartigen, rustizierten Erdgeschoß, in dem ursprünglich Kaufgewölbe für den Messehandel untergebracht waren. Zum Brühl und zur Katharinenstraße ist je ein mächtiger, von einer Vase bekrönter Schaugiebel gewandt. Über dem hohen Mansarddach am Brühl erhebt sich ein Aussichtsgeschoß, ein sogenanntes Belvedere, mit einem

Das Romanushaus gehört zu den Leitbauten sächsischer Barockarchitektur. Oben Ansicht vom Brühl, unten Erdgeschoßgrundriß um 1900

Sommersaal. Zwischen der dreizehnachsigen Front zum Brühl und der sechsachsigen Fassade zur Katharinenstraße vermittelt ein zweigeschossiger Eckerker auf genuteten Säulen und mit einem oberen Balkonabschluß. Die Front zum Brühl gliedern drei flache Vorlagen. Über dem Portal des Mittelrisalits – mit den Figuren der Minerva und der Fama – sind vier breite Kolossalpilaster angeordnet.
Das Romanushaus wurde 1965–1969 saniert. Der Erhaltung der historischen Interieure wurde dabei leider keinerlei Aufmerksamkeit geschenkt. Auch die beiden Hofflügel im Süden und Westen wurden aufgegeben. Sie konnten bei der erneuten Instandsetzung um 1995 wiederaufgebaut werden. Die beiden Straßenfassaden mit den typischen frühbarocken Verzierungen – den Festons – an den Fenstern, Portalen und Giebeln erhielten wieder ihre barocke Farbigkeit. Im 2. Stock des Romanushauses befand sich von 1772 bis 1794 das Richtersche Café, in dem u. a. Friedrich Schiller zu Gast war. Ferner traf sich hier seit 1790 die von Paul Gotthelf Kummer begründete Vereinigung deutscher Buchhändler.

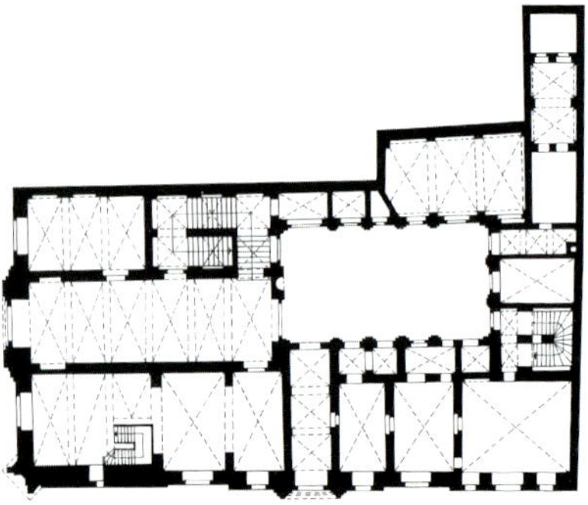

17 Museum der bildenden Künste

Dort, wo am Augustusplatz heute das neue Gewandhaus steht, hatte die Stadt 1856 bis 1858 nach Entwürfen von Ludwig Lange aus München (1883–1886 von Hugo Licht erweitert) ihr erstes Museum der bildenden Künste, Städtisches Museum genannt, errichtet. Finanziert wurde es aus dem Vermächtnis des Leipziger Kaufmanns Adolf Heinrich Schletter. Überhaupt ist die Leipziger Sammlung rein bürgerlichen Ursprungs. 1963 wurde das im zweiten Weltkrieg stark zerstörte Haus gesprengt. 1954 hatte das Museum im ehemaligen Reichsgericht Platz gefunden. Mit der Entscheidung des Bundes, im Reichsgerichtsgebäude das Bundesverwaltungsgericht unterzubringen, machte sich ein Museumsneubau nötig, der je zu einem Drittel von Bund, Land und Stadt in Höhe von über 100 Millionen Mark finanziert wird. Der Neubau auf dem Sachsenplatz, einer 1969 interimistisch gestalteten Kriegsbrache, entsteht im Ergebnis eines 1997 durchgeführten internationalen, zweistufigen Architektenwettbewerbs. Der Siegerentwurf der Berliner Architekten Hufnagel, Pütz, Rafaelian wurde zur Ausführung bestimmt. Das Konzept sieht einen verglasten, hohen, völlig schmucklosen Quader vor, der von vier flacheren, L-förmigen Baukörpern umgeben ist, die zur Kleinmaßstäblichkeit des altstädtischen Bereichs überleiten. Hier sollen Cafés, Läden, Wohnungen, Büros usw. Platz finden. Der erste fertiggestellte Flügel an der Südostecke wird vom Stadtgeschichtlichen Museum Leipzig für Verwaltung, Depot und Sonderausstellungen genutzt. Damit soll dieser durch die verfehlte Wiederaufbauplanung nach dem zweiten Weltkrieg gestörte Bereich der City im Sinne einer kritischen Stadtreparatur neu definiert werden. Von dem in der Katharinenstraße gelegenen Haupteingang wird der Bau passagenartig durchquert. Das Äußere des 34 m hohen Glaskubus wird flächig mit vertikalen, 4,5 m hohen, schmalen, durchscheinenden Gußglaselementen verkleidet. Lediglich im 3. Obergeschoß gibt es für den „Rathausblick" ein echtes Klarglasfenster. An der Südostecke wird im Erdgeschoß ein Café eingeordnet. Drei großzügige Treppenhäuser und zwei Aufzüge erschließen die drei Obergeschosse. Das architektonische Prinzip des Inneren besteht in einem Wechsel von unterschiedlich geöffneten und geschlossenen Raumkuben verschiedener Schichtung, die differenzierte Durchblicke innerhalb des Gebäudes ermöglichen und eine ungewöhnliche Großzügigkeit schaffen, die sich auch in einer spannenden Nachwirkung des „gläsernen Kristalls" nach außen mitteilt. Hierzu tragen die ungewohnten Raumhöhen und der hohe Anteil an Verkehrsflächen bei. Die berühmte Beethoven-Plastik von Max Klinger, die seit 1981 im Foyer zum Mendelssohn-Saal des Gewandhauses steht, kehrt in einen eigens für sie geschaffenen Raum ins Bildermuseum zurück. Das Scheddach ermöglicht im 3. Obergeschoß eine große Ausstellungshalle mit natürlichem Licht von Norden. Eine Photovoltaikanlage mit 50 kW Leistung ist vorgesehen. Im Jahre 2004 soll der Bau an das Museum der bildenden Künste übergeben werden.

18 Marriott Hotel mit Brühl-Arcade

Brühl 33/Richard-Wagner-Straße 9

Die Brühl-Arcade ist in den fünfgeschossigen Neubau des Marriott Hotels eingefügt, das 1998 nach Entwürfen der Hannoveraner Planungsgruppe Wittstock und Partner fertig gestellt wurde. Sie bildet einen gelungenen architektonischen Beitrag zum Thema Leipziger Passagen. Etwa an gleicher Stelle hat sich bis zu den Zerstörungen des zweiten Weltkriegs Schwabes Hof, ein Durchgangshof, befunden. Der Passagenzugang am Brühl ist durch einen dreigeschossigen Balkon-Erker betont. Darüber ist im Dachbereich eine massige, rechteckige Gaupe mit weit ausladendem Dachüberstand angeordnet. Die zur

Museum der bildenden Künste an der Katharinenstraße, Modellansicht

Die Brühl-Arcade zwischen Brühl und Richard-Wagner-Straße wurde 1998 fertiggestellt.

Richard-Wagner-Straße leicht abschüssige Passage wechselt zwischen flachen Durchgängen und zwei zweigeschossigen, überglasten, hellen Lichthöfen. Die Westseite des ersten Hofs ist über den Läden des Erdgeschosses mit großformatigen Bildern des Leipziger Künstlers Michael Fischer-Art dekoriert.

19 Warenhaus am Brühl

Im Jahre der Völkerschlacht, am 22. Mai 1813, wurde Richard Wagner im Haus Zum Roten und Weißen Löwen geboren, das bis 1886 auf dem Gelände des heutigen Warenhauses stand. Daran erinnert eine Gedenktafel am Südeingang des Kaufhauses. In den Jahren 1966 bis 1968 erfolgten Wiederaufbau und Erweiterung des im zweiten Weltkrieg ausgebrannten Kaufhauses Brühl. Die architektonische Gestaltung lag in den Händen der Leipziger Architekten Walther, Böhme, Dick, Graf, Kurth und Winzer. Bei der Wiedereröffnung war die Verkaufsfläche um etwa 50 Prozent auf 11 500 qm vergrößert worden. Damit war das damalige Konsument-Warenhaus seinerzeit das größte der DDR. Während sich der Kaufhaustrakt auf dem alten Grundriß erstreckt, entstand östlich ein achtgeschossiger Neubau für die Lager-, Sozial- und Verwaltungsräume. Ihm schließt sich der Flachbau der Kaufhalle an. Die fünf Verkaufsetagen des Warenhauses werden durch Rolltreppen erschlossen.

Die geschwungene, fensterlose Aluminiumfassade hat dem Haus die volkstümliche Bezeichnung „Blechbüchse" eingebracht. Die plastisch strukturierte Fassade zeigt, daß auch mit vorgefertigten, industriell hergestellten Elementen eine interessante Wirkung erzielt werden kann. Geschickt haben die Architekten die horizontale Schichtung der einzelnen Etagen auch im Fassadenbild sichtbar gemacht.

Das Kaufhaus am Brühl mit der markanten Aluminiumvorhangfassade entstand in den Jahren 1966–1968.

Der klassizistische Große Blumenberg wurde 1826–1832 erbaut.

20 Großer Blumenberg

Richard-Wagner-Platz 1

Das stattliche Bürgerhaus ist eines der wenigen erhaltenen Zeugnisse der Epoche des Klassizismus im Stadtzentrum. Der Name geht auf den Hausbesitzer Tiburtius Blumberg zurück, dem im 16. Jahrhundert an der Ecke Große Fleischergasse/Richard-Wagner-Platz ein Haus gehörte. Seit 1767 ist die Bezeichnung „Großer Blumenberg" gebräuchlich. Das Gebäude wurde in den Jahren 1826 bis 1832 durch Umbau mehrerer Gebäude vermutlich vom Leipziger Stadtbaudirektor Albert Geutebrück geschaffen. Klarheit, Maßstab und Ordnung, Hauptprinzipien der klassizistischen Architektur, spiegeln sich in der Fassadengestaltung wider. Der Mittelrisalit des viergeschossigen Baukörpers ist durch vier Pilaster gegliedert, deren korinthische Kapitelle von einem Dreiecksgiebel bekrönt werden, was entfernt an einen antiken Tempel erinnert. Die Putzquaderung im Erdgeschoß, die Fensterverdachungen mit aufgesetzten Akroterien aus Gips sowie der Zahnschnitt am Hauptgesims gehören zum zeittypischen Architektur-Vokabular.

Eine Gedenktafel am Eingang zum Café Am Brühl erinnert daran, daß hier Friederike Caroline Neuber mit ihrer Theatergruppe 1749 auf einem Färberboden spielte. Unter persönlichen Entbehrungen setzte die Neuberin sich für die Durchsetzung der Gottschedschen Theaterreform ein. Damit gehört sie zu den Wegbereitern der deutschen Schauspielkunst. Ein Wandbild von Edgar Steffen im Inneren des Cafés ist diesem theatergeschichtlichen Ereignis gewidmet. Restaurierte und auf elektrischen Betrieb umgestellte sogenannte Schinkel-Gasleuchten aus der Zeit um 1900 vervollständigen die wiederhergestellte Fassadengestaltung. Als Hinterhaus hat sich eine der heute äußerst seltenen Fachwerkarchitekturen erhalten. Die derzeitige pastellfarbene, monochrome Farbigkeit der Sanierung von 1994 entspricht nicht dem Stil der Erbauungszeit. Sie nimmt dem Haus viel von seiner architektonischen Bedeutung.

21 Barthels Hof

Markt 8, Hainstraße 1 / Kleine Fleischergasse 2

Als letzter erhaltener typischer Handelshof aus den Zeiten der Warenmesse ist Barthels Hof für das historische Selbstverständnis Leipzigs als Messestadt von besonderer Bedeutung. Der Bau mit Hof und Durchgang zur Kleinen Fleischergasse wurde in den Jahren 1747 bis 1750 von George Werner erbaut. Da der Bauherr, der Leipziger Kaufmann Gottlieb Barthel, den geplanten Neubau der Vordergebäude einschließlich Tor nicht realisieren konnte, blieb es dem Umbau von 1870/71 vorbehalten, die geräumige Durchfahrt herzustellen, wie sie heute noch vorhanden ist. Mit solchen Durchhäusern erreichte das Leipziger Handelshaus seinen architektonischen Höhepunkt und eine absolut funktionsgerechte Ausprägung. Das Durchhaus war ein Mehrzweckbau. Im Erdgeschoß befanden sich die Kaufkammern und Messegewölbe, aber auch Ställe und Remisen. In den Obergeschossen waren oft reich ausgestattete Wohnungen, Kontore und zum Teil Festsäle untergebracht. Die noch in Barthels Hof erhaltenen Kranbalken zeigen, daß die ausgebauten Dachgeschosse als Warenspeicher dienten. Die „ungeheuer scheinenden Gebäude, die, nach

Gasthaus · Barthels Hof

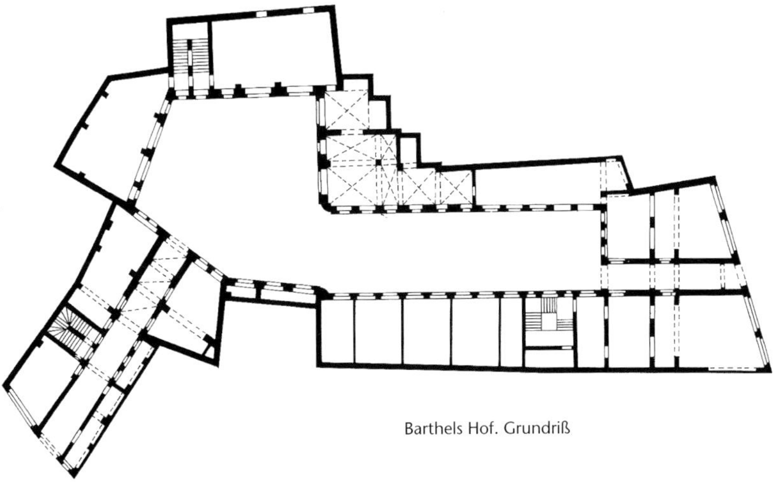

Barthels Hof. Grundriß

zwei Straßen ihr Gesicht wendend, in großen himmelhoch umbauten Hofräumen eine bürgerliche Welt umfassend, großen Burgen, ja Halbstädten ähnlich" waren, wie Goethe sie treffend charakterisierte, boten auch Schutz bei schlechtem Wetter und erleichterten den Warenumschlag, weil die Fuhrwerke hindurchfahren konnten und nicht wenden mußten. Zur Messezeit bildeten sie kleine Märkte für sich. Seit 1890 existiert hier eine Gaststätte. Die neobarocke Straßenfassade zum Marktplatz mit ihren hellen Sandsteingliederungen schuf Bruno Leopold Grimm 1870/71, wobei er die Renaissance-Fassade des Hauses Zur Goldenen Schlange an die Hofseite versetzte. Der erhaltene Sandsteinerker des Hauses Zur Goldenen Schlange ist auf 1523 datiert und ältestes auf uns überkommenes Fragment einer Leipziger Bürgerhausfassade.

Bis zum Ausgang des Mittelalters (d. h. um 1500) waren die Leipziger Bürgerhäuser in der Regel Fachwerkbauten, die sich allerdings aufgrund ihrer leichten Bauweise nicht erhalten haben. Das Haus wurde für den Leipziger Faktor und Teilhaber der Augsburger Kaufherrenfamilie der Welser, Hieronymus Walther, erbaut. Noch ausgesprochen gotisch wirkt der untere Kragstein des Erkers mit den sich kreuzenden Rippen. Die rechteckigen Fenster, die durch Stabprofile gerahmt werden und sich in den Ecken überschneiden, weisen dagegen schon auf Gewändeprofile hin, wie sie später auch Hieronymus Lotter beim Bau des Alten Rathauses in den Jahren

Barthels Hof wurde 1747–1750 von George Werner erbaut. Der Erker des Hauses Zur Goldenen Schlange von 1523 befindet sich seit 1871 an der Hofseite.

1556/57 verwendete. Eine vergoldete Schlange am Konsolstein, die sich um ein Kreuz windet, hat dem Haus seinen Namen gegeben. Im unteren Brüstungsfeld des Erkers sind die Wappen der Familien Walther und Preußer dargestellt, in der darüberliegenden Brüstung ein aufgeschlagenes Buch mit einer längeren lateinischen Inschrift. Die Übersetzung lautet: „Dieses Haus hatte Hieronymus Walther der Ältere zuerst mit großzügigen Mitteln aufgeführt, als diese Stadt Georg der berühmte Held, Herzog von Sachsen regierte, ein gottesfürchtiger Fürst. In dieser Zeit lenkst du 6. Hadrian im Bunde mit Karl V. das schwer erschütterte Schiff des armen Petrus." Das Chronogramm der letzten Textzeilen nennt in verschlüsselter Form das Erbauungsjahr des Hauses 1523. Aus der Addition der lateinischen Großbuchstaben, die als Zahlen aufzufassen sind, ergibt sich die Jahreszahl 1523.

Die weiteren Inschriften in Latein, Griechisch und Hebräisch lauten:

1. Qui percussus aspexit eum, vivet: Jeder, der gebissen wird, wird am Leben bleiben, wenn er sie (die Schlange) sieht. Altes Testament, 4. Buch Mose (Numeri) 21,8. (über dem Kreuz mit der Schlange am Konsolstein des Erkers). Der vollständige Vers lautet: Der Herr antwortet Mose: Mach dir eine Schlange, und hänge sie an einer Fahnenstange auf! Jeder, der gebissen, wird am Leben bleiben, wenn er sie sieht. Das Buch Numeri im Alten Testament beschreibt an dieser Stelle den Beginn der Wanderung des Volkes Israel durch die Wüste Sinai in das Gelobte Land Kanaan. Auf dem Weg dorthin kam das Volk unter Führung Moses in ein „Schlangental" und drohte umzukommen. Darauf befahl Gott ihm, eine Kupferschlange anzufertigen, bei

deren Anblick die Israeliten nicht stürben, auch wenn sie gebissen würden.
2. Deus fortis: Starker Gott. Altes Testament, Buch Jesaja 9,6 (rechts über dem Fenster des 1. OG).
3. Princeps pacis: Urheber des Friedens. Altes Testament, Buch Jesaja 9,6 (links über dem Fenster des 1. OG).
4. bis 6. Hebräisch, Griechisch, Latein: König der Juden (von den Römern während der Kreuzigung gebrauchter Verhöhnungsname für Jesus, im späteren Christentum verehrende Bezeichnung). Die vollständige Inschrift am Kreuz lautete in allen drei Sprachen: Jesus von Nazareth, König der Juden, Matthäus-Evangelium 27,37 (von links nach rechts über den Fenstern des 2. OG).

Webers Hof wurde 1662 von Christian Richter erbaut.

7. Hebräisch: Jahwe – Gott; Gottesname, der von Juden nicht gesprochen wird. Umschreibungen des Gottesnamens sind Elohim, Adonai; Jahwe (über dem Erkerfenster des 3. OG).
8. Nomen meum Adonai: Mein Name ist Adonai. Adonai (hebräisch: mein Herr) ist der Gottesname, also : Ich bin Gott. Altes Testament, 4. Moses 6,2 (links über dem Fenster des 3. OG).
9. Vocabatur nomen eius, verbum dei: Sein Name wurde „Wort Gottes" genannt, Neues Testament, Offenbarung des Johannes, 19,13. Der vollständige Vers lautet: Sein Gewand war voller Blut, und man nannte ihn Das Wort Gottes. Gemeint ist Jesus. Das blutgetränkte Gewand ist Hinweis auf die Kreuzigung. Nach christlicher Vorstellung ist Jesus das „fleischgewordene Wort Gottes", Neues Testament, Johannes-Evangelium 1,14: Und das Wort ist Fleisch geworden und hat unter uns gewohnt. (rechts über dem Fenster des 3. OG).
(Übersetzung und Auslegung nach Andreas Schuppert, Leipzig 2003)
10. Oben am Giebeltürmchen existierte früher noch die Inschrift Gloria in altissimis Deo et terra pax, Ruhm dem höchsten Gott und Frieden auf Erden.

Mit diesen biblischen Sprüchen wurde der Erker zu einem außergewöhnlichen Zeugnis katholischer Frömmigkeit am Ende des Mittelalters. Indem der Bauherr als Hauszeichen das christliche Symbol der goldenen Schlange verwendete, erhoffte er wohl für sich und seine Familie gleichnishaft den Beistand Gottes in den Unwägbarkeiten und Gefahren des Alltags, geradeso wie in der alttestamentarischen Überlieferung im Schlangental. Gerade ein Kaufmann war ja in jener Zeit in seinem wirtschaftlichen Erfolg von vielen äußeren Faktoren abhängig.

Der hohe Volutengiebel wurde im zweiten Weltkrieg zerstört und ist im Zuge der 1996 abgeschlossenen Sanierung, bei der viel von der historischen Innenausstattung des Barockbaus und der gesamte Dachstuhl verlorengingen, rekonstruiert worden.

22 Webers Hof

Hainstraße 3

Webers Hof – ab 1875 so genannt – gehört zu den architekturgeschichtlich bedeutendsten Bürgerhäusern der Stadt. 1662 führte der Maurermeister Christian Richter das Vorderhaus neu auf. In der Mitte des 19. Jahrhunderts wurde das Gebäude um zwei weitere Vollgeschosse erhöht, die bei der Sanierung des Hauses und der damit verbundenen fragwürdigen Rekonstruktion des ursprünglichen Zustands der Straßenfassade in den Jahren

1995 bis 1997 wieder entfernt wurden. Ziel dieser Korrektur war es, ein für die Leipziger Baugeschichte wichtiges Bürgerhaus, das den Übergang von der Renaissance zum Barock markiert, zurückzugewinnen. Dabei wurde das gewachsene Zeugnis der städtebaulichen Entwicklung freilich zerstört. Die frühbarocke Fassade wurde nach einer Zeichnung aus Christian Richters Skizzenbuch im Dach- und Erdgeschoßbereich annähernd wiederhergestellt. Die unteren drei Geschosse mit den frühbarocken Fensterrahmungen sowie der zweigeschossige hölzerne Kastenerker stammen noch von 1662, desgleichen der Treppenturm im Hof. Die Fensterbrüstungen am Erker zeigen im 1. Obergeschoß Putti mit Fruchtgirlanden, im 2. Obergeschoß sich kreuzende Füllhörner. Das spätklassizistische Portal ist mit 1872 datiert. Der zweigeschossige, halbsäulengegliederte Frontispiz im Dachbereich wird oben von Voluten gerahmt und von einem Dreiecksgiebel mit Muschelmotiv bekrönt. Die einfenstrigen Dachgaupen sind dagegen funktional notwendige Ergänzungen. Von den historischen Hofgebäuden ist nichts erhalten. Die früheren, dreigeschossigen hölzernen Laubengänge sind heute in moderner Stahlkonstruktion wiederholt. Im Inneren haben sich eine Reihe von Ausstattungsdetails erhalten, u. a. aus der Erbauungszeit eine bemalte Holzfelderdecke mit Akanthusblattwerk in Grisailletechnik im 2. Obergeschoß.

23 Hainstraße 8

Das stattliche Bürgerhaus gehört zu den wenigen erhaltenen Zeugnissen der Renaissance im Stadtzentrum. Es ist das älteste erhaltene Bürgerhaus der Stadt. Der Anderschen Häuserchronik im Stadtarchiv zufolge hat der Rats- und Handelsherr Antonius Lotter, der Bruder des späteren Bau- und Bürgermeisters Hieronymus Lotter, im Jahre 1542 das Grundstück für 850 Taler erworben. Bis zum Jahre 1575 blieb es in seinem Besitz. Es liegt nahe, diesen Bau seinem Bruder Hieronymus zuzuschreiben. Er dürfte zwischen 1542 und 1545 entstanden sein. Das Haus wurde zunächst als viergeschossiger Bau (Erdgeschoß und drei Obergeschosse) mit Satteldach errichtet. Der Keller des Vorderhauses wird aus zwei parallel zur Straße liegenden Tonnengewölben gebildet. Die heutige Erdgeschoßfassade ist an die Gestaltung des 16. Jahrhunderts angelehnt. Charakteristisch für die Architektur der Erbauungszeit sind die Stabprofile der Fenstergewände, die Marmorieung auf dem roten Rochlitzer Porphyrtuff ist dagegen eine Farbfassung des frühen 18. Jahrhunderts (1703). Horizontal durchlaufende Sohlbankgesimse, wie man sie etwa an den Treppengiebeln des Alten Rathauses noch findet, wurden später abgeschlagen. Im Jahre 1703 wurde dem Gebäude ein zweigeschossiger Kastenerker vorgeblendet, der 1711 durch den Maurermeister Paul Valentin und den Zimmermeister Andreas Weismantel im gleichen Stil um ein Geschoß erhöht wurde. Noch im 18. Jahrhundert wurde das Gebäude um ein Geschoß und um den Frontispiz erhöht. Interessanterweise führte man die Fenstergewände, wie die darunterliegenden, im Stil des 16. Jahrhunderts aus. Der Erker ist überreich mit vegetabilem Schmuckwerk aus Stuck überzogen und kennzeichnet den Abschluß einer Blüteperiode Leipziger Bau- und Zimmermannskunst gegen Ende des 17. Jahrhun-

Das Bürgerhaus Hainstraße 8 entstand um 1545.

Hainstraße 8. Bemalte Holzbalkendecke der Renaissance im 3. Obergeschoß

derts, die vor allem in solchen Erkern und einer reichen Holzarchitektur der Höfe (Laubengänge) ihren Ausdruck fand. Als Schöpfer des Erkerschmucks gilt der Bildhauer Johann Jacob Löbelt. Im Inneren haben sich bedeutsame Ausstattungselemente erhalten, etwa barocke Stuckdecken im Erkerzimmer des 1. Stocks oder eine bemalte Holzdecke der Renaissance im 3. Obergeschoß. Das äußerst schadhafte Gebäude wurde in den Jahren 1996 bis 2000 gründlich saniert. Die Seiten- und das Hintergebäude mußten aufgegeben werden.
Der bedeutende russische Schriftsteller, Aufklärer und Revolutionär Alexander Nikolajewitsch Radischtschew nahm während seines Studienaufenthalts in den Jahren 1768 bis 1771 in diesem Haus Quartier. Das benachbarte Bürgerhaus Nr. 6 mußte 1994 wegen Einsturzgefahr abgetragen werden und wurde im Fassadenzustand von 1897 wiederaufgebaut. Dabei konnten verschiedene beim Abbruch in den Obergeschossen entdeckte bemalte Holzbrettdecken aus dem 16. Jahrhundert geborgen, restauriert und in den Neubau integriert werden. Die spätere Bemalung von 1622 ist vom Maler Peter Rausch signiert.

24 Adler-Apotheke

Hainstraße 9

Das in dem Jahre 1909 vom Architekten Karl Müller-Schleußig neu erbaute Apothekengebäude ist eine interessante stilgeschichtliche Adaption der Fassadengestaltung von Leipziger Bürgerhäuser aus der ersten Hälfte des 18. Jahrhunderts. Erd- und Zwischengeschoß werden durch zwei rustizierte Bögen zusammengefaßt. Darüber befindet sich ein zweigeschossiger Erker, dem ein in Kupfer getriebener Adler mit ausgebreiteten Schwingen als Konsole dient. Den oberen Abschluß der viergeschossigen Fassade, die ganz in Sandstein ausgeführt ist, bildet im Dachbereich ein barockisierender Giebel. Über dem Erdgeschoß sind drei Reliefplatten eingelassen, die Apothekergeräte zeigen. Eine Gedenktafel erläutert: „Hier war Theodor Fontane 1841 bis 1842 als Apotheker tätig". Die Adler-Apotheke gehört zu den traditionsreichsten Apotheken der Stadt. Sie wurde bereits im Jahre 1705 von dem Dresdner Apotheker Nikolaus Jerre gegründet. August der Starke erteilte ihr am 18. Juni 1709 „allergnädigst" das Privileg. Das Hauszeichen des Vorgängerbaus, der Apotheke Zum Weißen Adler, ist heute an der Hofseite angebracht. Die erhaltene Ausstattung aus dem Jahre 1909 ist ein bemerkenswertes In-

Das Gebäude der Adler-Apotheke wurde 1909 erbaut.

terieur der Jahrhundertwende. Obwohl die Offizin im Jahre 1979 durch Einbeziehung des Nachbarladens erweitert werden mußte, blieb die in den Formen der Zeit ergänzte Ausstattung erhalten. Ist die Fassadengestaltung an den Formen des Leipziger Barock orientiert, so nehmen die gediegenen Holzarbeiten der Offizin Bezug auf die Biedermeierzeit. Im Inneren, zu beiden Seiten der Schaufenster, erläutern kurze Texte die Geschichte der Apotheke sowie Fontanes Beziehung zu ihr.

25 Hainstraße 13

Das verhältnismäßig unauffällige dreiachsige, viergeschossige Bürgerhaus wurde im Jahre 1746 von dem damals in Leipzig führenden Baumeister George Werner für 6100 Taler erbaut. Dessen meisterliches Können zeigt sich darin, daß es ihm gelang, diesem schmalen Haus dennoch einen gewissen repräsentativen Charakter zu verleihen. Einziger Schmuck ist der dreigeschossige Erker, dessen Seiten konkav gekrümmt sind. Kräftige Verdachungsprofile über den Erkerfenstern betonen die Geschosse. Drei Reihen markanter, zeittypischer Dachgaupen tragen dazu bei, daß sich das Haus in dem engen Straßenraum behauptet. Das Erdgeschoß ist heute gegenüber der ursprünglichen Gestaltung verändert. Im Inneren haben sich Reste der originalen Raumausstattung (beispielsweise Treppenhaus und Türen) erhalten.

26 Hôtel de Pologne

Hainstraße 16/18

Das stattliche, dreizehnachsige Gebäude, früher Sitz einiger Abteilungen des Leipziger Messeamts, gehört zu den Baudenkmalen des historischen Altstadtbereichs mit einer besonders interessanten Vergangenheit. Ursprünglich standen hier drei Häuser, von denen das Haus Zum Birnbaum das bekannteste war. Es trug seinen Namen seit 1614, und der Überlieferung zufolge soll vor dem Haus tatsächlich bis 1658 ein Birnbaum gestanden haben. Ein darauf Bezug nehmendes Hauszeichen wurde um 1700 angebracht. Es zeigt einen Birnbaum, der von zwei Löwen flankiert wird. Heute ist es im Stadtgeschichtlichen Museum im Alten Rathaus zu bewundern. Bekanntester Besitzer dieses Hauses war der Buchdrucker Melchior Lotter, der 1519 Martin Luther und Philipp Melanchthon während der Leipziger Disputation beherbergte. Der Gastwirt Christian August Pusch erwarb zwischen 1819 und 1832 alle drei Gebäude und faßte sie zum Hôtel de Pologne zusammen. Dieser Name, der darauf verwies, daß im Haus Zum Birnbaum 1706 der polnische König Stanislaus Leszczynski wohnte, war zwischen 1828 und

Das frühere Hôtel de Pologne wurde 1891/92 von Arwed Roßbach erbaut.

1917 im Gebrauch. Durch einen Großbrand am 29. August 1846 wurde die gesamte Gebäudesubstanz vernichtet. Bei allem Kummer mußten die Leipziger schließlich froh sein, daß sich das Feuer, das ein eng bebautes Areal von der Fläche des halben Marktplatzes zerstört hatte, nicht zu einem Großbrand, wie in Hamburg 1848, ausweitete, wo etwa ein Viertel der Altstadt vernichtet worden war. Der Hotelbrand des Jahres 1846 zerstörte auch den vielgerühmten Festsaal von Eduard Pötzsch, dem Erbauer des Bayrischen Bahnhofs. Die Bauakte des Hauses enthält aus dem Jahre 1890 ein Umbauprojekt für die Einrichtung einer imposanten König-Albert-Passage, die allerdings nicht zur Ausführung kam. Sie sollte Hainstraße und Katharinenstraße miteinander verbinden. 1891/92 wurde das Gebäude nach Plänen von Arwed Roßbach erneuert. Die Fassade im Stil der florentinischen Renaissance gehört dieser Zeit an. Im 1. Obergeschoß haben sich die reich ausgestatteten neobarocken Festsäle des bis 1917 als Hotel genutzten Gebäudes erhalten. Der Entwurf der Inneneinrichtung stammt von dem Berliner Architekten Ludwig Heim. Nach der Nutzung als Hotel diente das Gebäude zeitweise als österreichisches Messehaus, während der DDR-Zeit beherbergte es Einrichtungen des Messeamts. Die Gedenktafel an der Fassade wurde 1983 aus Anlaß des 500. Geburtstags von Martin Luther angebracht.

Jägerhof, Fassade zur Hainstraße

Zierbrunnen im Jägerhof

27 Jägerhof

Hainstraße 17–19/Große Fleischergasse 11–13

Das um drei Lichthöfe konzipierte ehemalige Mustermessehaus entstand in den Jahren 1911–1914 (Hainstraßenseite) und 1919/20 (Große Fleischergasse) nach Entwürfen des Leipziger Architekten Alfred Müller im Auftrage des Kommerzienrats Chr. Jäger. Der Vorgängerbau Hainstraße 17 wurde seit 1850 Lederhof genannt, Hainstraße 19 war das frühere Haus Zum Goldenen Hahn. Das historische Hauszeichen ist im ersten Innenhof noch zu sehen. Die neunachsige, monumentale Straßenfassade aus Thüringer Muschelkalkstein ist typisch für die Architektur vor dem ersten Weltkrieg. Über dem flachen Zwischengeschoß ist ein Austritt mit Figurenschmuck (liegende Putti) angeordnet. Kräftige rustizierende Lisenen zwischen den Fensterachsen gliedern die Fassade in der Vertikalen. Im 3. Obergeschoß bilden Atlanten die Fensterlaibungen und werden so zu Gebälkträgern des Hauptgesimses unter der Dachbalustrade, hinter die das 4. Obergeschoß etwas zurückgesetzt ist. Besonders großzügig ist der erste, weiß (mit grünen Gliederungen) geflieste Innenhof gestaltet. Auf Reliefplatten der Wandpilaster sind Putti dargestellt, ein Wandbrunnen mit wasserspeiender Maske befindet sich neben dem Durchgang zum mittleren Hof. Alle drei Höfe sind während der Sanierung Mitte der 1990er Jahre mit leichten, eleganten Glasdächern versehen worden. Anders als die Hainstraßenseite ist die Front an der Großen Fleischergasse gestaltet. Die Putzfassade ist im Bereich des Erdgeschosses durch Bogenreihungen gegliedert. Vier dorische Halbsäulen betonen Erd- und Zwischengeschoß im Bereich des dahinterliegenden früheren großen Kinosaals. Ein eingeschossiger Erker markiert den Passagenzugang im 1. Obergeschoß. Die beiden Obergeschosse werden durch abgetiefte Pilaster gegliedert.

Die drei Zinshäuser Barfußgäßchen 3, 5, 7 gehören zu den ältesten Wohngebäuden der Stadt.

28 Zinshäuser

Barfußgäßchen 3, 5, 7

Bei der Sanierung der sogenannten Kaufhalle, Markt 10, in den Jahren 1998/99 machte Alberto Schwarz vom Landesamt für Denkmalpflege im Zusammenhang mit umfangreichen bauarchäologischen Untersuchungen eine interessante Entdeckung. Die drei schmalen Häuser Barfußgäßchen 3, 5 und 7, die aus dem 18. Jahrhundert zu stammen scheinen, gehen im Kern ihrer Bausubstanz bis ins beginnende 16. Jahrhundert zurück. Sie sind durch den späteren Umbau des nördlichen Seitengebäudes, eines großen spätgotischen Durchgangshofs von 1509/1511 (Inschrift „1511 jarr" an der Fassade von Nr. 3), entstanden. Bauherr dieser vom Markt bis zur Klostergasse reichenden Hofanlage war der Saigerhüttenbetreiber Moritz Buchner. Es ist anzunehmen, daß das Haus unter ihm ein Umschlagplatz für den Kupferhandel gewesen ist.

1585, nach mehrfachem Besitzerwechsel, wurden fünf eigenständige, zweistöckige Mietshäuser von etwa 5,5 x 5,0 Metern am Barfußgäßchen abgetrennt (die zwei südlichen sind 1887 für den Bau von Zills Tunnel abgebrochen worden). Diese fünf „Reihenhäuser" stellten aber keine eigenständigen Gebäude dar, sondern besaßen ein gemeinsames Satteldach, eine einheitliche Außenwand und gleich hohe Geschoßdecken. Die einzelnen Wohnhäuser reichten in der Tiefe nur bis zu einer Trennwand, die parallel zur Firstlinie verlief. Dies bedeutet, daß der hofseitige Gebäudeteil anders genutzt war. Im 18. Jahrhundert wurden die Gebäude am Barfußgäßchen aufgestockt und in Fassadenbild und Dachlandschaft unterschiedlich verändert. An der Hofseite erhielt sich der Bauzustand des ausgehenden 16. Jahrhunderts mit Kaufgewölben und hölzernen Laubengängen dagegen bis zu einem Brand im Jahre 1845. Dieser Teil präsentiert sich heute noch teilweise im Zustand des 18. Jahrhunderts mit barocken Korbbogenöffnungen der Messegewölbe aus dem 16. Jahrhundert im Erdgeschoß und mit zweitverwendeten Fenstergewänden aus der zweiten Hälfte des 16. Jahrhunderts in den beiden Obergeschossen, die vom früheren Renaissance-Vorderhaus stammen. Baugeschichtlich besonders interessant ist auch das im Putz sichtbar belassene Fragment eines spätgotischen Schulterbogenportals im westlichen Fassadenbereich, das wohl vom Buchnerschen Bau von 1509/1511 stammt. Die drei Gebäude gehören, wenn sie auch im Laufe der Jahrhunderte mehrfach umgebaut worden sind, zu den ältesten Wohnhäusern der Stadt.

29 Zills Tunnel

Barfußgäßchen 9/Klostergasse 18

Für den Plagwitzer Brauereibesitzer Naumann erbaute das Architekturbüro Schmidt & Johlige in den Jahren 1887/88 das fünfgeschossige Gebäude im Barfußgäßchen. Die Gaststätte Zills Tunnel gehört damit zu den ältesten historischen Restaurants der Stadt. Die Architekten verwendeten unterschiedliche Formen der deutschen, insbesondere der Leipziger Renaissance. Das gequaderte Erdgeschoß ist durch Rundbogenöffnungen rhythmisch gegliedert. Die Eckquaderung und die Ausbildung von kräftigen Gurtgesimsen entsprechen ebenso wie die Fensterrahmungen der Tradition des 16./17. Jahrhunderts. Der markante, dreigeschossige Eckerker erinnert an das ähnlich gestaltete Vorbild am Wohnhaus Hieronymus Lotters in der Katharinenstraße Ecke Brühl, das im zweiten Weltkrieg zerstört wurde. Die Gliederungselemente des Putzbaus sind in hellem Sandstein ausgeführt. Zwei Medaillons an der Nordseite zeigen im Erdgeschoß jeweils Bacchus und Bacchantin. Die ornamentale Malerei zwischen den Fensterachsen wurde im Zuge der im Jahre 2000 abgeschlossenen Sanierung im Sinne des ursprünglichen Entwurfs ergänzt.

Zills Tunnel wurde 1887/88 erbaut und gehört zu den ältesten Gastwirtschaften der Stadt.

Trifugium, Barfußgäßchen 11–15. Die imposanten Historismusgebäude entstanden unter Jugendstileinfluß zwischen 1904 und 1906.

30 Trifugium

Barfußgäßchen 11–15

Die Gebäudegruppe führt seit der Sanierung in den Jahren 1995/96 den Namen „Trifugium". Sie wurde in den Jahren 1904 bis 1906 vom Architekten Arthur Hänsch und dem Maurermeister Conrad erbaut. Zu Sanierungsbeginn war lediglich das mittlere Haus Nr. 13 einigermaßen unversehrt erhalten. Dagegen wiesen Nr. 11 und Nr. 15 noch erhebliche Kriegsschäden auf. Dem Eckgebäude Nr. 11 fehlte das gesamte Dach, und die gegenüberliegende Ecke Nr. 15 bestand nur aus Erd- und Zwischengeschoß. Letzteres Gebäude wurde abgebrochen und nach alten Plänen und Fotos durch die Architekten Eller, Meier, Walter und Partner aus Düsseldorf/Leipzig im alten Stil detailgetreu wiederaufgebaut. Das gründerzeitliche Ensemble überzeugt weniger durch eine für die Zeit schöpferische oder innovative Gestaltung, vielmehr sind es die eklektizistische Vielfalt der Formen und der maßlose Materialeinsatz, die den Betrachter staunen machen. Immerhin gibt es handwerkliche Jugendstildetails, die dem Bau dennoch eine gewisse Noblesse verleihen. Insbesondere sind dies die eleganten Metalleingangstüren in schwingenden, floralen Formen bei Nr. 13 und 15. Der Vorgängerbau von Nr. 11 war das Bürgerhaus Goldene Sonne, das wie einige andere Gebäude auch abgebrochen wurde, um den Durchstich des Barfußgäßchens zum Ring zu ermöglichen.

31 Kaffeebaum

Kleine Fleischergasse 4

Die Kleine Fleischergasse 4 wurde 1556 vom Vordergebäude Hainstraße 1 abgetrennt und kam in den Rang eines selbständigen Bürgerhauses. Auf diesen Ursprung des Gebäudes weisen die Fenstergewände aus Rochlitzer Porphyrtuff mit den für die Renaissance typischen Profilierungen hin. Seit 1603 verfügte das Haus über ein eigenes Schankrecht. Der Kaffeeausschank im ältesten erhaltenen Kaffeehaus Leipzigs ist urkundlich für 1711 nachweisbar. Laut Baubesichtigungsberichten im Leipziger Stadtarchiv erfolgte im Jahr 1703 ein durchgreifender Um- bzw. Neubau des Gebäudes. Im Jahre 1717 nahm dann der kurfürstlich-sächsische und königlich-polnische Hofchocolatier Johann Lehmann das Haus in Besitz und ließ es 1718/19 durch den Leipziger Maurermeister Adam Jacob zu einem großzügigen Kaffeehaus umbauen. Lehmann starb aber im Jahr der Fertigstellung, so daß seine Witwe das Unternehmen weiterführte. Bereits 1716 hatte Lehmann von sich behauptet, er sei der älteste Leipziger „Kaffeeschänker" und seit zwanzig Jahren als solcher in Leipzig (am Markt 16) tätig. Erstmals 1720 erscheint der Name „Zum Arabischen Coffebaum" im Leipziger Adreßbuch. Jacob beschränkte die Umgestaltung der Fassade auf die Betonung der Mittelachse durch Sandsteingewände, zwei barocke Fenstergiebel und eine szenische Plastik über dem Eingang. Dieses Hauszeichen zeigt einen Türken, der unter einem blühenden Kaffeebaum ruht und einem Putto, der symbolisch für die barocke Lebewelt steht, ein Schälchen Kaffee reicht. Wer diese ursprünglich farbig gefaßte Portalplastik schuf, kann nicht mit Sicherheit angegeben werden. Als Bildhauer kommt der Dresdner Benjamin Thomae, ein Schüler Balthasar Permosers, in Betracht. Daß die Anbringung dieses ungewöhnlichen „Firmenzeichens", wie früher vermutet, den Kaffeebaum zum Anlaß hat, der 1723 in Apels Garten blühte, muß heute bezweifelt werden. Ebenfalls nicht zu belegen ist, daß August der Starke hier seine erste Tasse Kaffee getrunken haben soll. Zu den Stammgästen des Kaffeebaums zählten Johann Christoph Gottsched, Gotthold Ephraim Lessing, Richard Wagner, Robert Schumann und Max Klinger. Robert Schumann war von 1833 bis 1840 regelmäßig hier zu Gast, um hier im Kreis der sogenannten Davidsbündler über seine Neue Zeitschrift für Musik zu diskutieren. 1994–1998 wurde das im Eigentum der Stadt Leipzig befindliche Haus saniert. Seit dieser Zeit beherbergt es in den Obergeschossen ein attraktives Kaffeemuseum, das dem Stadtgeschichtlichen Museum

Die Fassade des Kaffeebaums entstand beim Umbau 1718/19. Vorn der Lipsia-Brunnen von 1913

angegliedert ist. Die Fassadenfarbigkeit entspricht dem Zustand aus der Mitte des 19. Jahrhunderts. Bei der Sanierung gelang es, die völlig in Fachwerk ausgeführten Seiten- und das Hintergebäude zu bewahren. Den Lipsiabrunnen vor dem Haus schuf Max Lange im Jahre 1913.

Links neben dem Kaffeebaum wurde 1976/77 ein neues Wohnhaus errichtet (Mitte der 1990er Jahre umgebaut), an dem das historische Hauszeichen Zum Goldenen Schiff eingeordnet wurde (ursprünglich in der Großen Fleischergasse 12). Zwei Gebäude weiter rechts neben dem Kaffeebaum, im Haus Barfußgäßchen 10, befand sich bis 1994 (heute durch einen Neubau ersetzt) ein Tabak- und Spirituosenladen mit einem interessanten Interieur, das vermutlich um 1930 entstanden war. Das ehemalige Gebäude, im Kern ebenfalls ein Renaissancebau, beherbergte vor dem zweiten Weltkrieg Walter Donners Tabak-Groß- und Kleinhandel. Die Zweckbestimmung der

Die Portalplastik am Kaffeebaum zeigt einen Türken, der einem Putto ein Schälchen Kaffee reicht.

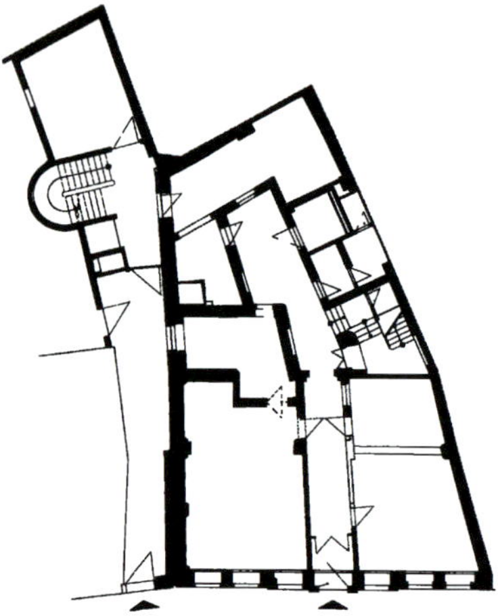

Kaffeebaum. Grundriß

Verkaufseinrichtung im sogenannten Leipziger Tabakhaus hatte in der Ausgestaltung des Inneren eine besonders gelungene bildkünstlerische Umsetzung gefunden. Am Ladentisch und an der Pendeltür zu den Hinterräumen fanden sich Holzintarsien, die rauchende Orientalen sowie Überseeschiffe und andere Motive aus dem Raucher- und Handelsmilieu darstellten. Der Leuchter an der schlichten Holzbalkendecke stellte ein gesatteltes Seeungeheuer dar, auf dem ein Raucher mit einer langen Pfeife saß. Auf schlanken Säulchen stehende geschnitzte Tabakträger unter orientalischen Baldachinen zierten das Verkaufsregal. Am Kaminabzug waren zwei sich begrüßende rauchende Männer dargestellt. Zwei kunstvolle Messingbrenner mit kleinen, einst ständig brennenden Flammen erinnerten daran, daß man sich vor noch nicht allzu langer Zeit die Zigarre im Laden anzündete. Der aufmerksame Beobachter wird Teile dieser einmaligen Ausstattung in dem zweigeschossigen Restaurant „Zigarre" wiederfinden, wo sie als Spolien eingebaut sind.

32 Lipsia-Haus

Barfußgäßchen 12

Das auf trapezförmigem Grundriß freistehende Geschäftshaus wurde 1910 nach Entwurf des Leipziger Architekten Wilhelm Becker errichtet. Becker dekorierte die Putzfassaden mit neobarocken Details, wie Lisenen, Putzspiegeln, Erkern, Festons sowie geschwungenen Giebeln, Vasenaufsätzen und Plastiken im Dachbereich, und erzielte so eine heitere, zurückhaltende Eleganz.

33 Altes Kloster

Klostergasse 5

Der Name „Altes Kloster" weist noch heute darauf hin, daß sich hier seit dem 13. Jahrhundert bis zur Säkularisation im Jahre 1543 das Augustiner-Chorherrenstift zu St. Thomas befand. Das Thomaskloster erstreckte sich unmittelbar von der Thomaskirche bis zur heutigen Klostergasse 5. Nach Einführung der Reformation kaufte Ratsherr Georg Scherl einige Klostergebäude und ließ um 1550 Neubauten errichten. Anfang 1753 erschien Gottlieb Beck, „Bürger und Handelsmann allhier", auf dem Rathaus, um sich sein geplantes Wohnhaus genehmigen zu lassen. Für die stattliche Summe von 10 000 Talern hatte er die Vorgängerbauten der Klostergasse 5, die teilweise noch aus Fachwerk bestanden, übernommen. Mit der Ausführung der Arbeiten beauftragte Beck den Zimmerermeister Johann Leopold Müller und den Obermeister der Leipziger Maurerinnung George Werner.

Das neobarocke Lipsia-Haus wurde im Jahre 1910 errichtet.

Das Rokokowohnpalais Altes Kloster wurde 1753 bis 1755 von George Werner erbaut. Das Gebäude Klostergasse 3 (links) entstand in der zweiten Hälfte des 19. Jahrhunderts. Es beherbergt seit einem Umbau von 1888 im Erdgeschoß eine Gaststätte, die seit 1911 den Namen „Paulaner" führt.

Über die abgebrochenen Gebäude und den einheitlich aufgeführten vierflügeligen Neubau geben erhaltene Baubesichtigungsberichte im Leipziger Stadtarchiv erschöpfend Auskunft. Danach wurde das Hintergebäude unmittelbar auf der begradigten und ausgebesserten Stadtmauer errichtet. Ein alter Wehrturm wurde abgetragen. Am 7. September 1754, so berichtet die Riemer-Chronik, „ist das sogenannte Closter in der Clostergasse mit gewöhnlichen Solennitäten [Feierlichkeiten], jedoch ohne Cranz von den Zimmerleuten gerichtet und sind mit propren Schmauß die Maurer und Zimmerleut tractirt worden". Mit dem Bau des Beckschen Hauses 1753 bis 1755 gelang Werner, sieht man vom Gohliser Schlößchen ab, der wohl eleganteste Bau des Leipziger Rokoko.

Das fünfzehnachsige Gebäude folgt dem geschwungenen Lauf der Klostergasse. Wohl auch um die Krümmung auszugleichen, wurde die Fassade durch leicht hervortretende Seiten- und eine Mittelvorlage gegliedert. Lediglich der Mittelrisalit ist in Breite des Korbbogenportals gestalterisch besonders hervorgehoben. Das vierflügelige, eichene Rokoko-Tor ist eine bemerkenswerte Handwerksarbeit dieser Zeit. Über dem Hauptgesims wird die Mittelachse durch einen geschwungenen Dacherker betont. Im Erdgeschoß des Vorderhauses befanden sich einst drei Messegewölbe, jedes mit einer Schreibstube. Im Hintergebäude waren weitere Lagergewölbe und ein Pferdestall untergebracht. Die drei Obergeschosse beherbergten komfortable Mietwohnungen. Bis heute ist das Haus von durchgreifenden Umbauten verschont geblieben, so daß es nach über zweihundert Jahren noch viel Originalsubstanz bewahrt hat: im Inneren beispielsweise die Treppenhäuser, weite Teile der alten Raumstruktur und wertvolle Details, wie Türen, Kamine und Stuckdecke. In der engen Klostergasse fand die Fassadengestaltung einst kaum Beachtung. Die eigentliche Schauseite war die zur Promenade gelegene Rückfront (seit der Jahrhundertwende verdeckt durch die Dittrichring-Bebauung). „Besonders angenehme Wohnungen enthält das 17 Fenster breite und 4 Geschoß hoch über die Stadtmauer ragende Hintergebäude, welches auf dieser Seite eine wahre Zierde der Stadt ist, und die vortrefflichste, weitausgedehnteste Aussicht über die fruchtbaren Gärten und Fluren in den oberen Stockwerken hat", hieß es 1799 in einer Beschreibung von F. C. Leonhardi.

34 Portal vom ehemaligen Hôtel de Saxe

Klostergasse 9

In dem 1976–1978 errichteten Wohnungsneubau Klostergasse 7–9 wurde eine Kopie des barocken Portals des Vorgängerbaus von 1711 eingefügt, der sich ab 1776 „Hôtel de Saxe" nannte. Das Gebäude wurde im zweiten Weltkrieg stark beschädigt und im Jahre 1968 abgebrochen. Die plastischen Details der Kopie schuf der Leipziger Bidhauer Peter Lager. Die übrigen Natursteinarbeiten führte der VEB Denkmalpflege Leipzig aus. Das mit Bandelwerk-Ornamentik gezierte Portal aus Rochlitzer Porphyrtuff wird seitlich von zwei kräftigen Pilastern gerahmt. Den Schlußstein des Bogens bildet eine kräftige Kartusche, in der ehemals der Schriftzug „Hôtel de Saxe" zu lesen war. Im Hôtel de Saxe sind bedeutende Persönlichkeiten abgestiegen, so im Jahre 1809 Kaiser Napoleon und ebenfalls zu Beginn des 19. Jahrhunderts Goethe bei einem seiner häufigen Besuche der Stadt. Besondere Bedeutung besitzt das Haus auch für die Geschichte der Leipziger Arbeiterbewegung. Ludwig Würkert, Pfarrer aus Zschopau und 48er Revolutionär, eröffnete im Jahre 1861 hier eine „Restauration für Volksbildung, Volksveredelung und Volksermutigung". Unter den Zuhörern der hier gehaltenen Vorträge war auch der junge August Bebel. Ab 1862 diente es als Versammlungslokal des unabhängigen Arbeiterbildungsverein „Vorwärts", aus dem 1865 der Leipziger Arbeiterbildungsverein hervorging.

Portal vom ehemaligen Hôtel de Saxe

35 Thomaskirche Thomaskirchhof

Bereits am Ende des 12. Jahrhunderts hat ein Kirchenbau an gleicher Stelle gestanden. Durch Grabungen in den 1960er Jahren wurde eine dreischiffige Pfeilerbasilika mit Westriegel nachgewiesen, die kürzer und schmaler war als die heutige Kirche. Der Neubau des Langhauses, wie es noch heute erhalten ist, erfolgte in den Jahren 1482–1496 als ein frühes, beeindruckendes Beispiel obersächsisch-spätgotischer Hallenkirchen. Der dreischiffige Kirchenraum hat eine Länge von 39 m, eine Breite von 25 m und eine Höhe von 17,5 m. Bis 1489 war Claus Roder als Baumeister tätig, mit der Einwölbung wurde Conrad Pflüger beauftragt, der diese zusammen mit seinem Parlier Blasius Börer ausführte. Für den Langhausneubau mußte die westlich angrenzende Stadtmauer im Jahre 1484 um 10 m hinausgerückt werden. Aus der Erbauungszeit ist der ungewöhnlich steile Dachstuhl erhalten, der zugleich ein bedeutendes Zeugnis mittelalterlicher Zimmermannskunst darstellt. Er ist 26 m hoch und besitzt eine Neigung von 62°. Würde man ihn neben das Kirchenschiff stellen, würde er dieses deutlich überragen. Der viereckige Unterbau des Südturms stammt aus dem 14. Jahrhundert. Das obere, oktogonale Turmgeschoß darüber entstand 1537 unter der Bauleitung von Hans Pfretzschner. Im Jahre 1702 führte Johann Gregor Fuchs die (heute nach der Kriegszerstörung im zweiten Weltkrieg wiederhergestellte) barocke Turmhaube aus. Die große Glocke des Geläuts, die Gloriosa, mit einer künstlerisch hochwertigen Ritzzeichnung von Nikolaus Eisenberg wurde 1477 gegossen. Der langgestreckte Chorraum stammt aus der Mitte des 14. Jahrhunderts. Das ältere, romanische Rundbogenfenster im ersten Joch und die dazugehörige farbige Architekturfassung des Triumphbogens gehören in die Zeit, als sich Markgraf Dietrich von Meißen aus dem Hause Wettin am 20. März 1212 auf dem Reichstag in Frankfurt am Main vom Kaiser die Gründung des Augustiner-Chorherrenstifts an St. Thomas bestätigen ließ. Die umlaufende Empore im Langhaus ließ Hieronymus Lotter 1570 errichten. Bereits 1543 – im Zuge der Säkularisation des Stifts – waren die nördlich unmittelbar an die Kirche angrenzenden Gebäude des Thomasklosters abgebrochen worden, die sich bis zu dem noch erhaltenen barocken Wohnhaus Altes Kloster in der Klostergasse 5 erstreckten. Von 1880 bis 1889 fand eine umfassende gotisierende Erneuerung der Kirche statt. Dabei gestaltete der Architekt Johann Wilhelm Constantin Lipsius 1886 die vordem völlig schmucklose West-

Die Thomaskirche. Oben: Die 1886 neogotisch umgestaltete Westfassade. Unten: Grundriß

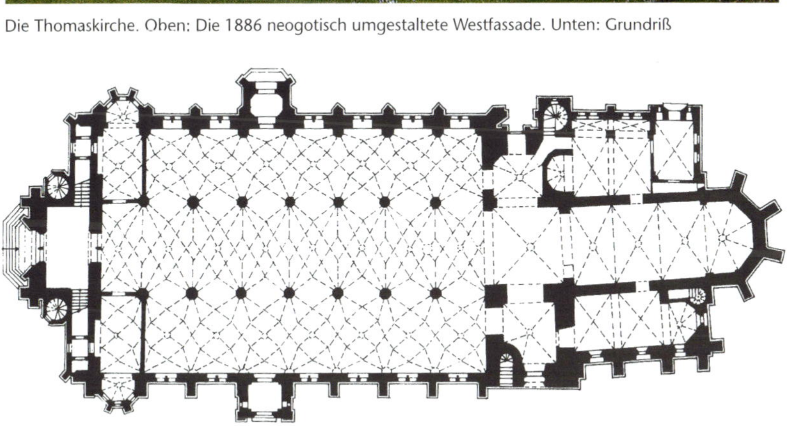

Die Thomaskirche von Osten

wand neugotisch um und machte sie so zur neuen, der Promenade zugewandten Schauseite. Im Traufbereich setzte er an den vier Gebäudeecken markante neogotische Fialen auf, und an der Nordseite entstand 1886 eine Vorhalle mit dem sogenannten Apostelportal (Skulpturen von Arthur Trebs, 1894). Ältere Anbauten sowie die barocke Ausstattung, darunter der Bornsche Altar von 1721, wurden beseitigt. Lediglich das Kruzifix des Mittelteils dieses Altars von Caspar Friedrich Löbelt blieb erhalten. Es ist heute am Pfeiler gegenüber der neogotischen Kanzel angebracht. So hatte der Innenraum bereits am Ende des 19. Jahrhunderts seine Aura der Bachzeit völlig verloren. Zu den besonders bemerkenswerten Ausstattungsstücken der Thomaskirche gehören: das Grabmal des Hermann von Harras (gest. 1451), das Grabmal von Nickel Pflugk (gest. 1482), die bronzene Grabplatte der Herzogin Elisabeth von Sachsen (gest. 1484), die Grabmale des Ehepaars Georg und Appollonia Wiedebach (gest. 1524/26), das Epitaph des Daniel Leicher (gest. 1612), der Sarkophag des Markgrafen Dietrich von Wettin, genannt Diezmann (ermordet 1307, von Ernst Rietschel 1841 gefertigt), im Chor der Taufstein (1614) und der aus der 1968 gesprengten Paulinerkirche stammende wertvolle Flügelaltar vom Ende des 15. Jahrhunderts, der hier seit 1984 aufgestellt ist. Die Feiertagsseite zeigt acht Reliefdarstellungen des Jesus-Maria-Zyklus, als Mittelfigur den Apostel Paulus mit Buch und Schwert. Auf der Fastenseite finden sich acht Gemälde mit der Passionsgeschichte. Im geschlossenen Zustand sieht man zwei gemalte Tafeln mit dem lehrenden Paulus und mit seiner Enthauptung. In der Predella ist Paulus vor Damaskus vom Pferd stürzend, als Sinnbild seiner Bekehrung, dargestellt. Der Schrein stammt erst aus dem Jahre 1912. Die Bleiglasfenster an der Südseite des Kirchensaals oberhalb der Empore zeigen von links nach rechts: Kriegsgedächtnis 1914–1918 (1929), Gustav Adolf (1893), Bach (1895), Luther (1889), Mendelssohn Bartholdy (1997), Kaiser Wilhelm I. (1889) und den hl. Thomas (2000). Die Bleiglasfenster im Chorraum sind der Lebensgeschichte Jesu (1889) gewidmet. Aus Anlaß des 200. Todestags von Johann Sebastian Bach wurden dessen Gebeine 1950 aus der Bach-Gellert-Gruft der kriegszerstörten Johanniskirche in die Thomaskirche – den Hauptort seines Wirkens als Thomaskantor und Stadtmusikdirektor – umgebettet. Die Grabplatte entwarf der Architekt Kunz Nierade. Heute ist die Thomaskirche weltbekannte Heimstätte des Thomanerchors, der auf eine

Das sogenannte neue Bach-Denkmal des Bildhauers Carl Seffner von 1908

fast 800jährige Tradition zurückblicken kann. Die Thomaskirche besitzt eine mehrfach veränderte Sauer-Orgel aus dem Jahre 1869 mit 88 Registern (Westempore). Für die stilgerechte Wiedergabe der Orgelwerke Bachs wurde im Jahre 2000 auf der Nordempore durch Gerald Woehl aus Marburg eine Orgel mit 61 Registern eingebaut. Das Gehäuse hat die barocke Scheibe-Orgel aus der Zeit um 1720 in der früheren Paulinerkirche zum Vorbild.
Wichtigstes historisches Ereignis in der Thomaskirche – die nun zur Stadtpfarrkirche wurde – war Martin Luthers Predigt am Pfingstsonntag 1539 zur Einführung der Reformation im albertinischen Sachsen. Im Chorraum findet man die Bildnisse der Superintendenten. Die Reihe beginnt mit dem ersten Superintendenten nach Einführung der Reformation, mit Johannes Pfeffinger (gest. 1573), gemalt von Johann von der Perre 1614. In den Jahren 1961 bis 1964 wurde das Innere der Thomaskirche unter fachlicher Anleitung von Elisabeth Hütter und Matthias Schulz restauriert. Die Farbgebung folgt der gotischen Erstfassung. Das Hallenlanghaus erhielt wieder das dominierende Weiß, die rot gefaßten Gewölberippen und die spätgotische Gewölbeausmalung mit Ranken und Strahlen – das himmlische Paradies darstellend – wurde wieder sichtbar gemacht. Das heißt, man hatte sich entschlossen, die flächendeckende, gotisierende Jahrhundertwende-Ausmalung aufzugeben, um den spätgotischen Raumeindruck des ausgehenden 15. Jahrhunderts wieder stärker zur Anschauung zu bringen. Damit wurde Lipsius' vereinheitlichende Neuinterpretation des Raums teilweise korrigiert, was wohl nur aus einer für diese Zeit noch typischen Geringschätzung der Historismus-Ausmalung zu erklären ist. In den Jahren 1991 bis 2000 erfolgte eine komplexe Sanierung der Thomaskirche, die bezüglich der Ausmalung den 1964 geschaffenen Zustand respektierte und präzisierte. Lediglich in der westlichen Vorhalle wurde die historistische Farbigkeit des ausgehenden 19. Jahrhunderts nach Befund wiederhergestellt. Bemühungen aus den 1920er/1930er Jahren, den Kirchenraum wegen seiner Bedeutung als Ort der Bachpflege zu barockisieren, sind zum Glück aufgegeben worden.
Das sogenannte neue Bach-Denkmal von Carl Seffner vor dem Südportal der Thomaskirche wurde am 17. Mai 1908 enthüllt. Es zeigt den Thomaskantor vor einer Orgel stehend; auf der Rückseite ist die ehemalige barocke Thomasschule von George Werner im Relief dargestellt, die 1902–1904 durch die Superintendentur Thomaskirchhof 18 ersetzt wurde. Das alte Bach-Denkmal steht 50 m weiter westlich in den Anlagen der Ringpromenade.

Die 1903/04 erbaute Superintendentur

36 Superintendentur

Thomaskirchhof 18

An dieser Stelle stand bis zum Abbruch im Jahre 1902 die stattliche, 1731/32 nach Entwürfen von George Werner erbaute städtische Thomasschule. Sie war die Wohn- und Wirkungsstätte des Thomaskantors Johann Sebastian Bach. Zu ihrer Einweihung am 5. Juni 1732 hatte er die Kantate „Froher Tag, verlangte Stunden" komponiert. Der Verlust dieses kulturgeschichtlich bedeutsamen Baus erscheint heute kaum verständlich. Die 1904 fertiggestellte Superintendentur nach Entwürfen der Leipziger Architekten Georg Weidenbach und Richard Tschammer erweist sich jedoch in ihrer überzeugenden, altstadtgerechten Gestaltung als würdiger Nachfolger. Die Architektur des dreigeschossigen Gebäudes, das völlig mit Kalkstein verkleidet ist, weist freie stilistische Bezüge zur hiesigen Spätgotik und Renaissance auf. Drei markante Staffelgiebel gliedern östlich, südlich und westlich das schiefergedeckte Dach. Ein rundbogiges Eingangsportal im Renaissancestil bildet den Zugang an der Seite der Thomaskirche. Verschieden gestaltete Kastenerker sind der Fassade vorgeblendet. An der Gartenmauer zur Promenade findet sich die Inschrift „Im ehemaligen Thomaskloster verbrachte der Minnesänger Heinrich von Morungen seine letzten Tage. Er starb um 1220". Das wertvolle erhaltene Interieur ist unter Jugendstileinfluß gestaltet. Ein gläserner Verkaufspavillon zwischen Superintendentur und Thomaskirche nach Entwurf von Gerd Heise/HPP wurde 2003 eingefügt.

Das Bosehaus beherbergt das Bachmuseum.

37 Bosehaus mit Bachmuseum

Thomaskirchhof 16

Da das Bosehaus zu den kleineren Bürgerhäusern gehört, hatte es in der Vergangenheit nur geringe Beachtung gefunden. Erst die Verluste an historischer Bausubstanz im zweiten Weltkrieg haben dieses Gebäude in die vorderste Reihe historischer Leipziger Bürgerhäuser gerückt. Es wurde 1558 erstmals erwähnt. 1586 entstand in den Formen der Renaissance das Vorderhaus, von dem bedeutende Fragmente noch heute erhalten sind: die kreuzgratgewölbte, zweischiffige Eingangshalle mit ihren stattlichen toskanischen Säulen, das rundbogige Portal aus Rochlitzer Porphyrtuff sowie die Fenstergewände und der zweigeschossige Kastenerker an der Fassade. 1709–1711 ließ der Handelsherr Georg Heinrich Bose das Gebäude im Stil des Barock umbauen. Baumeister war der heute weniger bekannte Maurermeister Nikolaus Rempe. Die Hinter- und Seitengebäude, die vordem aus Fachwerk errichtet waren, wurden völlig neu aufgeführt. So entstand die geschlossene geometrische Hofanlage, wie sie heute wiederhergestellt ist. Die illusionistische Fassadenbemalung ist eine zeittypische Analogiefassung. Bei dem barocken Umbau erhielt das Vorderhaus ein Mansarddach und eine moderne geradläufige Treppenanlage mit Sandsteinstufen. Das Treppenhaus wurde eingewölbt. Besondere Beachtung verdient der rekonstruierte Sommersaal (er war ursprünglich nicht heizbar) im 2. Obergeschoß des Hintergebäudes. Ein verrollbares Deckenbild gab die heute noch sichtbare Öffnung mit der umlaufenden Musikempore frei, so daß dieser Saal in den Dachbereich eingriff. Ein solcher Festsaal war in der Leipziger Bürgerhausarchitektur bisher nicht bekannt. Hier mögen Lustpavillons des feudalen Schloßbaus, wie z. B. das Lusthaus auf der Jungfernbastei in Dresden oder das Schallhaus im Schloßpark zu Rudolstadt (Thüringen), Anregung gegeben haben. Der im Laufe der Zeit völlig verbaute und in Wohnungen aufgeteilte Sommersaal wurde im barocken Sinne rekonstruiert. Im Zuge einer erneuten Restaurierung im Jahre 2002 wurde die Raumfassung durch das Denkmalpflegebüro Schneider und Küster auf der Grundlage von Quellen und Befunden so gut wie nur irgend möglich dem Zustand der Bachzeit angenähert. Eine große Bereicherung stellt die Tatsache dar, daß nun auch die Musikempore wie in alter Zeit für Darbietungen genutzt werden kann. Das Deckenbild des Malers Wolfgang Peuker bekam im Gebäude einen neuen Platz.

Die Familie Bose unterhielt freundschaftliche Beziehungen zu Johann Sebastian Bach. Der Thomaskantor und seine Familie wohnten in der gegenüberliegenden Thomasschule (s. Thomaskirchhof 18). Neben dieser Beziehung erhält das Haus aber seine überragende, für Leipzig einmalige kulturgeschichtliche Bedeutung durch die Richtersche Sammlung, die sich – vermutlich von 1745 bis 1810 – im Gebäude befand. 1745 erwarb der Ratsherr Johann Zacharias Richter, der die Sammlung im Jahre 1730 gegründet hatte, das Bosehaus. Nach dessen Tode im Jahre 1764 ging die Sammlung an seinen Sohn Johann Thomas Richter über, der sie öffentlich zugänglich machte. Das Haus soll einem Museum geglichen haben. Der größte Teil der Sammlung befand sich im 2. Obergeschoß; außerdem waren in den Korridoren und im Treppenhaus Bilder aufgehängt. Im Hauptsaal standen vier marmorne Puttengruppen des Dresdner Bild-

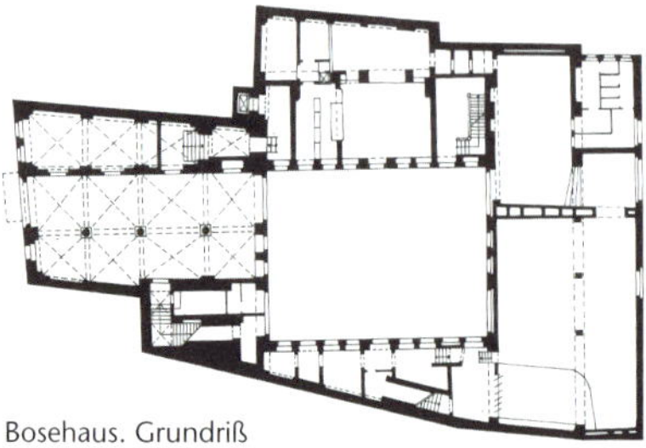

Bosehaus. Grundriß

hauers Paul Heermann, eines Zeitgenossen Permosers. Gipsabgüsse davon befinden sich heute im Museum der bildenden Künste zu Leipzig. Die Originale sind bis auf eine heute im Museum of Art in Los Angeles befindliche Gruppe verschollen. Insgesamt umfaßte die Richtersche Sammlung etwa 400 Gemälde, darunter solche von Tizian, Veronese, Rubens, Reni und Rembrandt, etwa 1000 Handzeichnungen, eine große Zahl von Kupferstichen und einige Plastiken. Johann Thomas Richter war eng mit dem Direktor der Leipziger Zeichenakademie Adam Friedrich Oeser befreundet. Im Richterschen Haus trafen sich wöchentlich die Mitglieder der 1763 gegründeten „Sozietät von Gelehrten, Schöngeistern, Künstlern und Kunstbeförderern". Zu diesen Zusammenkünften wurden auch auswärtige Gäste eingeladen. Während der Jahre 1763 bis 1773 war die Gesellschaft das geistig-kulturelle Zentrum der Stadt. Ein Zeitgenosse berichtete, daß die „Sammlung schöner ist, als viele deutsche Fürsten eine haben". In der Universitätsbibliothek Leipzig befindet sich das „Fremdenbuch der Gemäldesammlung von Johann Thomas Richter 1764–1809". Auf Seite 2 hat sich „Goethe aus Frankfurt am Mayn" eingetragen. In einer Erläuterung zu diesem Dokument heißt es: „Die ganze damalige Geistes- und Geburtsaristokratie besuchte – wie aus den Unterschriften hervorgeht – diese herrlichen Sammlungen. Ganz Europa ist vertreten: Fürsten, Dichter, Gelehrte, Maler, Kupferstecher und Kunstfreunde." Von den etwa 1500 Namen des Gästebuchs seien Christoph Martin Wieland (1770), Giovanni Casanova (1772), Jean Paul (1791), Johann Heinrich Tischbein, Daniel Chodowiecki (1773) und Moses Mendelssohn (1773) genannt. Aus Anlaß des 300. Geburtstags Johann Sebastian Bachs wurde das Bosehaus 1985 nach knapp zweijähriger Sanierung fertiggestellt. Im 1. Obergeschoß des Vorderhauses, dem heutigen Bachmuseum, verdienen u. a. auch Reste einer frühklassizistischen Raumausstattung der Zeit um 1790 (insbesondere die Türen) Beachtung. Die Ständerleuchten im Hof sind Nachbauten der ersten Leipziger Stadtbeleuchtung aus dem Jahre 1701. Im Erdgeschoß des Hintergebäudes befindet sich seit vielen Jahren die Spielstätte des Kabaretts „Pfeffermühle". Im 2. Obergeschoß hat das Bacharchiv seinen Sitz.

38 Geschäftshaus

Thomaskirchhof 22

Das in den Jahren 1903/04 von den Architekten Schmidt & Johlige erbaute Konfektionshaus für Franz Ebert gehört zu den eindrucksvollsten Geschäftsbauten jener Jahre. Wie für

Das ehemalige Kaufhaus Ebert, Thomaskirchhof 22, entstanden 1902–1904, ist heute Sitz der Commerzbank.

Leipzig typisch, verbinden sich hier Elemente des Jugendstils mit denen des Neobarock. Durch Bögen verbundene Sandsteinpfeiler fassen das 1. bis 3. Obergeschoß zusammen. Die gebrochene Ecke zur Klostergasse ist als Hauptfront gestaltet. Sie wird von einem mächtigen Giebelaufbau mit einem turmartigen Abschluß (Krone und Fahnenstange, Inschrift „Ebert") bekrönt und seitlich von zwei Obelisken und zwei weiteren, flacheren Turmaufsätzen flankiert. Barockisierende Dachgaupen und reiches Schmuckwerk in Kupfertreibarbeit komplettieren die Dachlandschaft. Die beiden großen plastischen Arbeiten neben dem Haupteingang im Erdgeschoß wurden erst im Zusammenhang mit der Sanierung in den Jahren 1995/96 ergänzt (weibliche Sinnbilder, vielleicht Stärke links und Eitelkeit rechts). Die großartig bis übertrieben wirkende Vergoldung entspricht dem Originalzustand und dürfte in Mitteldeutschland einmalig sein. Unter den Vorgängerbauten verdient das 1534 erbaute Amtshaus besondere Beachtung. Es war Sitz des Amts Leipzig, der Kreisbehörde des albertinisch-sächsischen Feudalstaats. Hier war auch die 1764 gegründete Leipziger Zeichenakademie untergebracht, deren erster Direktor Adam Friedrich Oeser war, bevor sie wenig später in die Pleißenburg (s. Neues Rathaus) übersiedelte. Schließlich befand sich auch der Betsaal der Reformierten Gemeinde von 1702 bis zur Fertigstellung des Neubaus am Tröndlinring sowie ab 1712 das Postamt im Gebäude.

39 Haus der Kirche

Burgstraße 1–5

Nachdem im Jahre 1907 das alte Predigerhaus der Thomaskirche, ein Renaissancebau aus dem Jahre 1582, abgebrochen worden war, wurde 1911 nach Plänen des aus Norwegen stammenden Leipziger Architekten Peter Dybwad das viergeschossige Geschäftshaus, heute Haus der Kirche, fertiggestellt. Wohl unter Bezug auf den Vorgängerbau wählte Dybwad Formen der deutschen Renaissance. An der Nordseite ist ein Treppengiebel, im Dachbereich der Westseite sind drei Zwerchhäuser angeordnet. In Höhe des 3. und 4. Obergeschosses wurden der Fassade vier flache Kastenerker vorgeblendet. Die Fassadenverkleidung ab 2. Obergeschoß besteht aus norwegischem Klintstejn (ein witterungsbeständiger Talkschiefer), während Erd- und

Das Haus der Kirche wurde nach Plänen von Peter Dybwad 1911 errichtet.

1. Obergeschoß in sogenanntem Belgischen Granit (Kohlenkalk) ausgeführt sind. Im Hof ist ein vermutlich vom Vorgängerbau erhaltenes charakteristisches Renaissance-Sitznischenportal aus Rochlitzer Porphyrtuff museal eingebaut. Signiert: C. W. 1674.

40 Goldene Fahne

Burgstraße 4

Vom ehemaligen Handelshof Goldene Fahne, den vermutlich Hieronymus Lotter um 1570 für seinen Sohn erbaute, hat lediglich der Treppenturm die Zerstörungen des zweiten Weltkriegs überstanden.
Nur drei der für die Renaissancebürgerhäuser so typischen Treppentürme haben sich in der Leipziger Altstadt erhalten: dieser, der von Webers Hof und einer im Königshaus.
Der sechseckige Turmbau mit den charakteristischen schrägen Fenstern nimmt eine steinerne Treppenspindel auf, die als Zugang zum Dachgeschoß des 1960–1963 errichteten Neubaus genutzt werden kann. Dessen Architekt Frieder Gebhardt hat hier Altes und Neues auf geradezu vorbildliche Art und Weise miteinander verbunden. Leider ist der Turm ohne weitere Nutzung geblieben. Turm und Wohnhaus wurden Mitte der 1990er Jahre saniert.

Der Thüringer Hof

41 Thüringer Hof

Burgstraße 19–21

Im Jahre 1838 kaufte der „Tigerwirt" Friedrich Pietzsch vom Goldenen Tiger am Brühl (Haus nicht erhalten) die Burgstraße 21, in der sich schon einige Jahre ein Ausschank befand. Da er aus Thüringen stammte, bat er den Rat der Stadt, für sein Gasthaus den Namen „Thüringer Hof" führen zu dürfen. Der spätere Wirt Georg Grimpe erwarb 1888 die Nachbargrundstücke Nr. 19 und 23 hinzu und machte das Haus durch einen umfassenden Umbau und reiche Ausgestaltung mit Architekturmalerei, bildkünstlerischen Arbeiten, kunstvollen Wand- und Deckenvertäfelungen, Kunstschmiedearbeiten und phantasieanregenden Bleiglasfenstern zu einer volkstümlichen Großgaststätte von geradezu legendärem Ruf. Im zweiten Weltkrieg wurde der Gebäudekomplex fast völlig vernichtet, doch erfolgte der Teilwiederaufbau bis zum 1. Obergeschoß bereits bis 1949. Von der alten Substanz konnten einige Details gerettet und in den Nachkriegsneubau übernommen werden. 1993–1996 wurde das Haus nach Entwürfen des Münchner Architekten Alexander Freiherr von Branca mit historisierenden Bezügen zum Vorkriegsbau nach vorangegangenem Abbruch völlig neu errichtet. Damit wird auch heute noch manches vom historischen Milieu bewahrt.
Besonders augenfällig treten die kunstvoll geschmiedeten Ausleger über den rundbogigen Eingangsportalen mit dem Zunftzeichen der Bierbauer im sechseckigen Stern und der bronzene Schankmeister an der Fassade Ecke Sporergäßchen hervor. Die mit ihren Gewölben wiederaufgebaute sogenannte Lutherhalle im Erdgeschoß ist Teil des ehemaligen Pflugkschen Freihauses, Burgstraße 19, das um 1480 errichtet worden war und bis 1723 – gemäß einem Privileg – außerhalb der ständigen Gerichtsbarkeit stand. Vom Vorgängerbau ist bekannt, daß er unter seinem Besitzer Dietrich von Buckingstorf, der 1439 Rektor der Universität und ab 1463 Bischof von Naumburg war, als Burse für Studenten der Juristischen Fakultät genutzt wurde.
Vor dem Eingang der Gaststätte wurde 1984 eine rekonstruierte Handschwengelpumpe vom Typ „Vogelkäfig" (um 1910) aufgestellt. Seit der Mitte des 19. Jahrhunderts hatte man die hölzernen Pumpen in der Stadt durch gußeiserne ersetzt. Um die Jahrhundertwende gab es allein im Stadtgebiet 282 öffentlich zugängliche Handschwengelpumpen im Straßenraum. Die unterschiedlichen Typen waren dem Zeitgeschmack entsprechend künstlerisch gestaltet. Als technische Denkmale sowie als Kleinarchitekturen werden sie insbesondere im Stadtzentrum erhalten.

42 Neues Rathaus

Martin-Luther-Ring/Burgplatz

Das Neue Rathaus, erbaut nach Plänen des Architekten und Stadtbaudirektors Hugo Licht, gehört zu den bedeutendsten deutschen Großstadt-Rathäusern der Jahrhundertwende. Es entstand in den Jahren 1899–1905 am Martin-Luther-Ring an der Südwestecke des alten Stadtkerns auf einem Teil des Terrains der aus dem 13. Jahrhundert stammenden mittelalterlichen Pleißenburg. Hier hatte im Jahre 1519 die berühmt gewordene Disputation zwischen Martin Luther und Johann Eck stattgefunden. Nach den Zerstörungen im Schmalkaldischen Krieg wurde die Pleißenburg in den Jahren 1550 bis 1567 unter der Leitung von Hieronymus Lotter zu einer landesherrlichen Festung um- und ausgebaut. Erwähnenswert ist auch, daß in der Pleißenburg u. a. von 1766 bis 1890 die Kunstakademie, die ab 1876 als Kunstgewerbeschule bezeichnet wurde, untergebracht war.

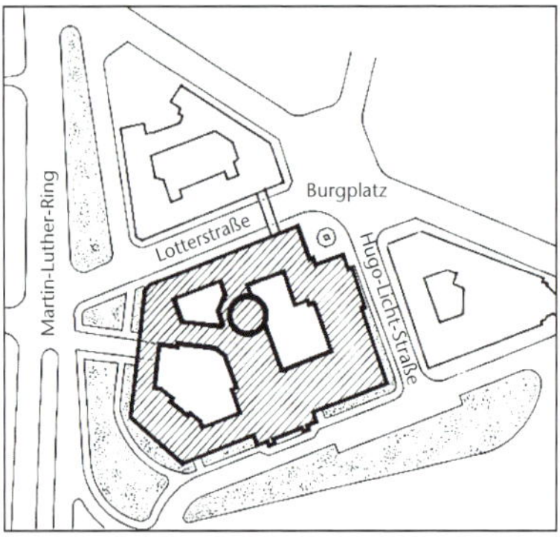

Neues Rathaus. Lageplan

Plastisches Detail am Neuen Rathaus, Zugang zum Ratskeller am Burgplatz: Die Steuerlast verschlingt den Bürger.

Am Bau des Neuen Rathauses unter Hugo Licht beteiligten sich namhafte Künstler, so der Architekt Fritz Schumacher sowie die Bildhauer Georg Wrba, Christian Behrens, Johannes Hartmann, Adolf Lehnert, Josef Mágr, Felix Pfeifer und Carl Seffner. Hugo Licht war 1897 als Sieger aus einem deutschlandweit ausgelobten Wettbewerb hervorgegangen. Das Gebäude hat eine Grundfläche von 10 000 qm und birgt im Inneren fast 600 Räume. Ebenfalls unter Lichts Leitung wurde 1908–1912 das angrenzende Stadthaus erbaut. Der in der Baumassengruppierung monumentale und im Detail betont plastische Bau aus hellgrauem Kalkstein markiert gestalterisch den Übergang von der akademisch-historisierenden Architektur des 19. Jahrhunderts zu einem freieren Umgang mit historischen Architekturelementen bei Steigerung des monumentalen Anspruchs. Die neue bürgerliche Stadtkrone wurde unter das selbstbewußte Motto „Arx nova surrexit" (Eine neue Burg hat sich erhoben) gestellt, das am Giebel der Eingangsfront zu lesen ist. Bekrönt wird dieser von der Stadtgöttin Lipsia, die eine stadtmauerförmige Krone trägt. Zwei massige Turmbauten betonen die Eingangsfront zusätzlich. Hugo Licht schuf einen Baukörper von malerischer Silhouettenwirkung. Der runde, 114 m hohe, innenstehende Turm benutzt noch den Unterbau des Turms der Pleißenburg und überragte seinerzeit alle umliegenden Bauten beträchtlich. „Die Architektur des Gebäudes lehnt sich an den Festungscharakter des Vorgängerbaues an. Sie ist der Tradition alter Stadtbilder mit den Steildächern der Gotik, den Schaugiebeln und Türmen der Renaissance und der üppigen Plastizität des Barocks ebenso verpflichtet wie der Jugendstilkunst", schrieb Wolfgang Müller 1982. Von den Innenräumen sind der Ratsplenarsaal (1974 restauriert) sowie das barockisierende Treppenhaus mit plastischem Schmuck von Wrba weitgehend in ihrer ursprünglichen Gestaltung erhalten.

Der moderne Stadtverordnetensaal wurde 1968 anstelle des ehemaligen Festsaals eingebaut. Nach einem Wettbewerbsentwurf von Wolfgang Müller und Johannes Schulze führte ein Kollektiv unter der Leitung von Franz Herbst die Projektierung dieses Innenraums aus. Der gediegen ausgestattete Ratskeller gehört zu den größten Restaurants in Leipzig. Für die Fassadenverkleidung wurde heller Rottenbauer Muschelkalkstein aus der Nähe von Würzburg herbeigeschafft. Unübersehbar ist die Fülle bauplastischer Arbeiten, mit denen der Bau dekoriert ist. Die Türlaibungen des Haupteingangs etwa sind mit Flachreliefs von Christian Behrens in Jugendstilformen geschmückt, auf der Brüstung des sogenann-

Das Neue Rathaus wurde 1899–1905 von Hugo Licht erbaut.

ten Oberbürgermeisterbalkons an der Südwestecke stehen die allegorischen Statuen von Buchdruckkunst, Justiz, Wissenschaft, Musik und Handwerk. Am Giebel darüber prangt die lateinische Inschrift „Publica consilio, publicae saluti“ (Auf Beschluß der Stadt, für das Wohl der Stadt). Den oberen Abschluß akzentuiert ein riesiger stehender Löwe, das Wappentier der Stadt. Auch humorvolle Plastiken sind vertreten: so etwa Schnecken, das Symbol der Langsamkeit, auf den Türgriffen am Haupteingang oder aber die den Bürger verschlingende Steuerlast am Eingang zum Ratskeller. Am Burgplatz steht der aus Mitteln einer Sammlung Leipziger Bürger am 7. Oktober 1908 errichtete Rathausbrunnen. Eine Bronzetafel an der Rückseite weist auf den Grund der Aufstellung hin: „Zur Erinnerung

Das Neue Rathaus von Südwesten

an die Einweihung des Neuen Rathauses am 7. Oktober 1905". Aus einem achteckigen Wasserbecken aus Muschelkalkstein ragt eine Säule, auf der die lebensgroße Bronzefigur eines flötespielenden Jünglings steht. Architektur und Bildwerke stammen von dem Dresdner Bildhauer Georg Wrba. Etwa 140 feine Wasserstrahlen ergießen sich aus dem „Märchenkranz", der mit kleinen Figuren aus deutschen Märchen besetzt ist, ins Wasserbecken. Am Sockel der Säule finden sich Porträtmedaillons der Oberbürgermeister Otto Georgi (rechts), Bruno Tröndlin (Mitte) und des Erbauers des Rathauses Hugo Licht (links).

Das Stadthaus, 1908–1912 erbaut, verbindet ein Übergang mit dem Rathaus.

Die Passage Petersbogen verbindet die Petersstraße mit der Schloßgasse.

43 Petersbogen

Burgplatz, Petersstraße 36/Schloßgasse 10–24

Die Bebauung dieser durch den zweiten Weltkrieg entstandenen Baulücke erfolgte in den Jahren 1999 bis 2001. Die neue Passage durchquert den massigen Baublock im leichten Schwung von der Petersstraße her in Richtung Schloßgasse und mündet in einer Rotunde mit Aufzügen und Rolltreppen. Von hier aus soll die Passage später in Richtung Burgplatz fortgeführt werden. Im Neubau sind u. a. ein Supermarkt, das neue Juridicum der Universität, eine Bibliothek und ein Filmpalast sowie im Erdgeschoß Läden vorhanden. Die Fassade ist mit kupfergrünen Platten verkleidet. Die ungewöhnliche Gliederung wird durch geometrisch recht unterschiedliche, aus der Fassade heraustretende, grau gefaßte Körper erzielt. Im 2. Obergeschoß ist es ein breiter, bandartiger Vorbau, darunter sägezahnartig versetzte Vorsprünge. Der etwas zurückgesetzte Eingang in die Passage ist an der Petersstraße vollflächig verglast und durch ein auskragendes, gläsernes Vordach betont. Der durch alle

Das Bauwenshaus am Burgplatz wurde 1994 fertiggestellt.

Geschosse reichende Passagenraum ist im Stil der Straßenfassaden verkleidet und mit einem flachen Glasdach gedeckt. Der Petersbogen leistet einen gültigen Architekturbeitrag in der Weiterführung des Leipziger Passagenthemas. Die Planung realisierte Gerd Heise vom Leipziger Büro von HPP Hentrich, Petschnigg & Partner. Das frühere Gebäude Petersstraße 36 war das sogenannte Collegium Juridicum, daß heißt die Juristische Fakultät der Universität, in deren Besitz es schon bald nach der Gründung der Alma mater Lipsiensis im Jahre 1409 kam. 1880–1882 war das Gebäude durch den Architekten Gustav Müller als Durchgangshaus zur Schloßgasse 24 mit zwei überglasten Höfen neu errichtet worden. Zur gleichen Zeit – im Jahre 1881 – war die benachbarte Ledig-Passage, Petersstraße 38/Schloßgasse 16–20, als Durchgang mit drei überglasten Höfen neu gebaut worden. 1919 wurden die Glasdächer beim Umbau zum Messepalast durch den Architekten Gustav Pflaume wieder entfernt, so daß das Gebäude folgerichtig nun wieder Ledigs Hof hieß. Beide Passagen wurden im zweiten Weltkrieg zerstört.

44 Bauwenshaus

Burgplatz 2

Der Burgplatz, 45 Jahre lang eine kriegszerstörte Brachfläche ohne Gebäude, wurde schon bald nach 1990 zum Bauplatz. Einen gelungenen Auftakt setzte zwischen Schul- und Markgrafenstraße das Bauwenshaus des Architekten Gerd Heise vom Leipziger Büro HPP. Ohne zwanghafte Anpassungsversuche nimmt das Haus geschickt gestalterische Bezüge zum Vorgängerbau auf, indem die „gebrochene" Ecke zum Burgplatz von einer zeltdachbekrönten, risalitartigen Vorhangfassade betont wird, die zugleich einen wirkungsvollen Point de vue von der Ringstraße her bildet. Das zweigeschossige Café und Restaurant öffnet sich großzügig zum Platzraum und sorgt für Kommunikation zwischen innen und außen. Erd- und Zwischengeschoß sind in der Tradition der Leipziger Geschäftshäuser der Jahrhundertwende zusammengefaßt. Die Fassadenverkleidung ist unten in grauem Granit und in den Obergeschossen in beigefarbenem Trachyt ausgeführt. Der auf Edelmetallsäulen ruhende Eckerker zur Burgstraße belebt als Metallkonstruktion ein altes Leipziger Architekturmotiv auf neue Weise. Hier wie an der Gestaltung der übrigen Fassade fällt die subtile Detailabstimmung bis hin zur vornehmen Farbzusammenstellung der gewählten Materialien auf. Das Gebäude wird über eine glasüberdachte Hofhalle erschlossen, die von Schul- und Markgrafenstraße zugänglich ist. Die Halle nimmt die Tradition der Leipziger Durchgangshöfe auf. Dabei ist sie halb Passage und halb Hof. Neuartig für das Stadtzentrum ist die Öffnung des Hofs an der Schulstraßenseite durch eine gebäudehohe Glaswand, wodurch ein interessanter gestalterischer Akzent gesetzt wird und eine transparent-kommunikative räumliche Platzsituation entsteht.

Der Planungsbeginn für das Haus war Mai 1991, die Fertigstellung erfolgte im Sommer 1994. Der tektonisch eindeutig und dennoch sensibel gegliederten Natursteinfassade gelingt es, sich in der Nachbarschaft des Neuen Rathauses zu behaupten und den Ort architektonisch zu bereichern. Das Bauwenshaus erweist sich so als ein gültiger Beitrag zur Weiterentwicklung der Leipziger Geschäftshausarchitektur der Gegenwart.

45 Wohn- und Geschäftshaus Bodenstein

Markgrafenstraße 10 / Ratsfreischulstraße 3

Das fünfgeschossige Wohn- und Geschäftshaus wurde in den Jahren 1900 und 1901 von den Architekten Richard Lucht und Theodor Quietsch erbaut. Die Sandsteinfassade des Gebäudes an der Markgrafenstraßenseite ist in üppigen Schmuckformen des Historismus mit Zitaten der Spätgotik und der Renaissance gestaltet. Die beiden äußeren Fensterachsen drei und sieben werden jeweils über dem 1. Obergeschoß durch dreigeschossige Kastenerker mit Volutengiebelabschlüssen betont. Die Erker ruhen auf Stabwerkskonsolen mit je zwei Gaffköpfen, die wohl als eine Baumeister- bzw. Bauhüttensymbolik gedeutet werden können. Zwischen den Konsolen sind feuerspeiende Drachen in üppigem Akanthuswerk dargestellt. Auf den Vorderseiten tragen die Erkerbrüstungen im 3. Obergeschoß Jugendstil-Flachreliefs. Seitlich der Erker sind Loggien, teils mit gotisierenden Maßwerkbrüstungen, angeordnet. Die Fenster sind überwiegend durch Stabprofile gerahmt. Im mittleren Fassadenbereich des 3. Obergeschoß sind sie als Vorhangbögen ausgeführt. In Sandstein gearbeitet ist auch das gotisierende Hauptportal mit einer Wappenhalterin als Schlußstein. Die Eingangshalle wird von einem Netzrippengewölbe überspannt. Im Treppenauge, gerahmt von einem schönen kunstgeschmiedeten Treppengeländer, befindet sich noch ein historischer Aufzug aus der Erbauungszeit, einer der ersten seiner Art in Leipzig, denn die elektrische Stromversorgung der Gebäude der Innenstadt begann erst

Das Wohn- und Geschäftshaus Bodenstein wurde 1901 fertiggestellt.

1895. In der „romanischen Halle“ auf der schlichter gestalteten Rückseite an der Ratsfreischulstraße befand sich einst Bodensteins Weinrestaurant, ein tonnengewölbter Raum, der seitlich mit einem kräftigen Säulengang versehen war. Das noch völlig unverfälscht erhaltene Architekturdenkmal ist ein sprechendes Zeugnis einer auf malerische Stimmungswerte des ausgehenden Mittelalters setzenden Historismusrezeption des Leipziger Bürgertums.

46 Merkurhaus

Markgrafenstraße 2

Das Merkurhaus gehört zu den jüngeren Denkmalen der Leipziger Baugeschichte und markiert den südlichen Zugang zur Petersstraße. Das 1937 nach Entwürfen des Archi-

Das Merkurhaus entstand 1937 nach Entwürfen von Karl Fezer.

Panorama von der Petersstraße über den Thomaskirchhof zur Klostergasse. Vorn links das Haus Marquette

tekten Karl Fezer erbaute sechsgeschossige Gebäude ist architektonisch der Neuen Sachlichkeit zuzuordnen. Diese Stilrichtung in Architektur und Kunstgewerbe brachte nach 1900 eine Abkehr von eklektizistischen Gestaltungstendenzen und strebte nach Zweckmäßigkeit und Klarheit im Ausdruck. Die strenge, horizontale Gliederung durch die Fensterreihung sowie die kräftigen Gesimse bestimmen den Gesamteindruck. Dazu stehen die erkerähnlichen Vorbauten in der Markgrafenstraße und in der Schloßgasse in wirkungsvollem Kontrast. Seiner ursprünglichen Bestimmung als Textilkaufhaus entsprechend, stellte man das Haus symbolisch unter den Schutz des Handelsgottes Merkur, dem einst eine Plastik über dem Haupteingang gewidmet war. Die noble Wirkung des Muschelkalksteins für die Fassadenverkleidung sowie die geschickte Anpassung an das unregelmäßige Grundstück verleihen dem Gebäude auch ohne aufwendige Schmuckformen besonderen ästhetischen Reiz. Von 1969 bis zu Beginn der 1990er Jahre hatte die Leipziger Handelshochschule hier ihren Sitz.

47 Haus Marquette

Petersstraße 12/14 / Thomaskirchhof 5/7

Im zweiten Weltkrieg wurde die Bebauung zwischen Thomaskirchhof, Thomasgasse und Petersstraße mit der ältesten Leipziger Passage, der Steckner-Passage, fast flächendeckend zerstört. 1973 wurde im Zuge der Umwandlung der Petersstraße zur Fußgängerzone dieses Areal interimsmäßig zur Grünfläche umgestaltet. Die Neubebauung der Fläche war nun nicht mehr durchsetzbar, weil die Leipziger Bevölkerung diese grüne Oase nicht mehr missen wollte. Lediglich die häßliche Giebelansicht der westlich angrenzenden Bebauung sollte mit einem flachen Gebäude, das die Grünanlage im wesentlichen erhalten würde, kaschiert werden. Architekt Friedrich Gildemeier aus Essen gelang es, mit dem 1997/98 entstandenen Haus Marquette diese städtebaulich schwierige Aufgabe befriedigend zu lösen. Der fünfgeschossige Baukörper ist U-förmig um einen Innenhof gruppiert. Es gelingt dem Wohn- und Geschäftshaus mit seinen zwei aufgesetzten Penthouse-Geschossen, durch abgestufte Baukörperbildung und differenzierten Materialeinsatz sowie durch den Wechsel von gequaderten Sandsteinfassaden zur Pfeiler-Riegel-Struktur die neue Platzwand angemessen und ausreichend kleinteilig zu gliedern und gleichzeitig einen interessanten architektonischen Akzent zu setzen. Für die Neugestaltung der Grünanlage erhielten die Landschaftsarchitekten Bernd Krüger und Hubert Möhrle aus Stuttgart 2001 den deutschen Public-design-Preis für die Gestaltung des öffentlichen Raums.

48 Messehof

Petersstraße 15/Neumarkt 18

Der von dem Leipziger Architekten Eberhard Werner 1949/50 geschaffene Bau ist der erste vollständige Messehausneubau nach dem zweiten Weltkrieg. Das siebengeschossige Passagenhaus verbindet auf einer Länge von 105 m die Petersstraße mit dem Neumarkt. Petersstraßenseitig ist die nur erdgeschoßhohe Passage zur Eingangshalle zu den früheren Messeetagen erweitert (14 x 16 m). Von hier aus sind das Haupttreppenhaus und die fünf Aufzüge zu erreichen. Die sogenannte Pilzsäule mit Darstellungen des arbeitenden Menschen schuf der Leipziger Bildhauer Alfred Thiele; die Ausführung besorgte der Steinmetz Fritz Prizibila. Die fünfzehnachsige Front an der Petersstraße ist 32 m breit, die Fassade am Neumarkt weist eine Breite von 27 m auf. An der Petersstraße ist in Breite des Passageneingangs ein dreigeschossiger, pilastergegliederter Mittelrisalit ausgebildet. Die sachlich gestaltete Fassade ist mit Langensalzaer Kalkstein verkleidet. Für die Wandverkleidung der Halle wurde Travertin gewählt. Bedeutendster Vorgängerbau war das 1729 bis 1731 errichtete barocke Durchhaus Hohmanns Hof, das sich der Bankier und Kaufmann Peter Hohmann als drittes Stadtpalais errichten ließ. Wie dieses im zweiten Weltkrieg zerstört wurde auch der Messepalast Zeißighaus (Neumarkt 8), den der königliche Baurat Julius Zeißig in den Jahren 1906/07 errichtet hat. Der Messehof wird heute nicht mehr für Messen genutzt. (Abb. s. S. 29)

49 Petershof

Petersstraße 20

Das zwischen Petersstraße und Burgstraße gelegene Messehaus entstand in den Jahren 1927 bis 1929 nach Plänen des Leipziger Architekten Alfred Liebig. Aus der zehnachsigen, flächigen Travertinfassade treten die Fensterlaibungen markant hervor. Die überglaste Lichthofhalle ist in Siegersdorfer Baukeramik (braun mit hellgrüner Gliederung) ausgeführt. Im Keller- und Erdgeschoß des Hintergebäudes befindet sich das Filmtheater Capitol mit 1030 Plätzen. Das Haupttreppenhaus zu den früheren Messeetagen ist als eine elegante Stahlbetontreppenspindel ausgebildet. Der Stahlbetonskelettbau wurde nach Kriegszerstörungen bereits 1946 wiederaufgebaut. Über dem Eingang, in Höhe der Fenster des 1. Obergeschosses, stehen sieben überlebensgroße Fassadenplastiken des Leipziger Bildhauers und Malers Johannes Konstantin Göldel. Es sind symbolische Messe- und Berufsdarstellungen mit den Porträts am Bau beteiligter Persönlichkeiten. Wohl im Zuge der faschistischen Pogromnacht 1938 wurden diese Skulpturen entfernt, da der

Der Petershof wurde 1927–1929 nach Plänen von Alfred Liebig erbaut.

Das barocke Bürgerhaus Zum Grönländer wurde 1749–1751 erbaut.

ebenfalls dargestellte Mitfinanzier des Baus, der Bankier Hans Kroch, Jude war. Diese messegeschichtlich bedeutsamen Arbeiten konnten 1994 nach wiederaufgefundenen Fotos sowie einer in Leutzsch wiederentdeckten Figur durch den Bildhauer Markus Gläser neu geschaffen und wieder aufgestellt werden. Die zweite Figur von rechts stellt den Architekten Liebig dar.
Auf dem alten Grundstück Petersstraße 20 befand sich ehemals das Bürgerhaus Blauer Engel. Ab 1819 war der Name „Hôtel de Russie" in Gebrauch. Im Jahre 1869 erfolgte unter Hinzuziehung des nördlichen Nachbargrundstücks ein Neubau, der ab 1915 Hotel Reichskanzler genannt wurde. Am Ende des ersten Weltkriegs erfolgte der Umbau zum Meßhaus Reichskanzler. Im Blauen Engel stellte Johann Friedrich Böttger 1710 erstmals in Leipzig sein Meissener Porzellan aus. Hier wohnte im Jahre 1785 Friedrich Schiller. Im Capitol fand zwischen 1957 und 2003 alljährlich im Herbst die Internationale Dokumentar- und Kurzfilmwoche statt.

50 Zum Grönländer

Petersstraße 24

Das prächtige barocke Bürgerhaus ist 1749 bis 1751 von George Werner für den Kaufmann Johann Martin Haugk erbaut worden. Bis 1875 war es im Besitz der Familie. Wie viele Häuser des 18. Jahrhunderts verfügt es über einen kunstvollen, dreigeschossigen Kastenerker, der im unteren Bereich von zwei liegenden Figuren flankiert wird. Dazwischen findet sich eine Relieftafel mit einem Kajakfahrer (seit 1875 am Haus). Hierum rankt sich folgende Überlieferung: „Gegen 1770 rüstete Martin Haugk, der Enkel des Stammvaters, ein Schiff aus, wie dies schon früher geschehen, bestimmt war, an der grönländischen Küste Wallfische und Robben zu erlegen, da Fischbein und Thran damals theure Handelsartikel waren. Heftige Stürme verschlugen jedoch das Schiff, ... durch treibende Eismassen hatte das Schiff ein Leck bekommen, ... Schiff und Mannschaft gaben sich verloren, da erschien plötzlich den Augen der verzweifelten Seefahrer ein rettender Engel in der Person unseres braven Grönländers. In seinem Boote, welches aus Knochen und Haut von Robben zusammengefügt ist, schoß er mit der kaltblütigen bewundernswerthen Gewandtheit durch die Brandung und brachte Hülfe und Rettung. Es gelang ihm, Schiff und Mannschaft zu retten, das Schiff in eine Bucht zu lootsen, wo es bei ruhiger See wieder seetüchtig gemacht wurde" (Otto Moser, um 1880). Haugk lud den Grönländer später nach Leipzig ein, damit er seine weiteren Tage hier ver-

leben sollte. Er bat ihn auch, das Boot mitzubringen. Während der Anreise verstarb der Mann jedoch und wurde in Lübeck begraben. Das Boot gelangte dennoch nach Leipzig und war lange Zeit im Haus ausgestellt.
Das in Verfall geratene Kulturdenkmal wurde 1992–1994 durch Friedrich Gildemeier saniert. Dabei legte man besonderen Wert auf Wiederherstellung des Äußeren. So wurde z. B. das barocke Portal rekonstruiert. Im Inneren sind lediglich das barocke Treppenhaus und Gewölbe im hinteren Bereich erhalten. Der Innenhof erhielt 1994 ein Glasdach.

51 Concentra-Haus

Petersstraße 26

Das fünfgeschossige Eckgebäude Petersstraße/Sporergäßchen wurde 1920 vom Leipziger Architekten Otto Droge als Mustermessehaus erbaut. Der zur Petersstraße fünf, zum Sporergäßchen sieben Fensterachsen aufweisende Putzbau ist im Stile eines reduzierten Traditionalismus ausgeführt. Im Erdgeschoß war dem Gebäude ehemals der Vorbau des Cafés Centra vorgelagert. Bei der Sanierung durch die Architekten Eller+Eller aus Düsseldorf/Leipzig in den Jahren 1995 und 1996 entstand der heutige altanartige Vorbau in einer zeitgemäßen Stahlkonstruktion. Im 2. Obergeschoß ist ein Balkon über die gesamte Fassadenbreite ausgebildet. Die Fenster des 3. Obergeschosses sind rundbogig gestaltet. In den darunterliegenden Brüstungen finden sich vier große, kreisrunde Rosetten. Das etwas zurückgesetzte 4. Obergeschoß flankieren seitlich zwei neoklassizistische Vasen, darüber liegt ein ausladendes Hauptgesims, auf dem sich ein abgetreppter Frontispiz, von einer Kugel bekrönt, aufbaut. Die Eingangshalle zum Treppenhaus ist in einer kräftigen, neoklassizistischen Rauhputzgliederung mit dorischen Säulen und einer Kassettendecke ausgeführt. Der Vorgängerbau wurde bis 1920 nach seinem ehemaligen Besitzer, dem Kaufmann Adolf Heinrich Schletter, das „Schletterhaus" genannt. Dieser hatte das Gebäude 1853 der Stadt geschenkt, die es zugunsten des Stiftsvermögens der Stadt 1863 verkaufte.

Das Concentra-Haus wurde 1920 erbaut.

52 Drei Könige

Petersstraße 32/34

Der siebenachsige Putzbau mit Gliederungen aus Muschelkalkstein wurde in den Jahren 1915/16 errichtet. Über dem Erdgeschoß erheben sich vier Obergeschosse und ein ausgebautes Dachgeschoß. Die Erdgeschoßzone weist eine Rundbogengliederung auf. Der seitlich gelegene Eingangsbereich ist durch einen dreigeschossigen Erker betont. Er vereinigt die Tradition Leipziger Barock-

Das ehemalige Messehaus Drei Könige entstand 1915/16.

Das Kaufhaus Peek & Cloppenburg wurde 1995 nach Entwurf von Charles Moore und Partner fertiggestellt.

erker mit dem alten Brauch der Hauszeichen. Im Jahre 1680 wurde erstmals ein Gasthof Zu den Drei Königen erwähnt, der sich auf dem Grundstück Petersstraße 34 befunden hat. Im Stadtgeschichtlichen Museum im Alten Rathaus werden die Sandsteinplastiken der drei Königsfiguren des Vorgängerbaus aufbewahrt. Das Motiv ist christlichen Ursprungs. Es stellt die Heiligen Drei Könige dar, die aus dem Morgenland nach Bethlehem aufgebrochen waren, um der Geburt Jesu zu huldigen und Geschenke zu überbringen. Im 1. Obergeschoß des früheren Messehauses übernahmen die Königsfiguren die Funktion von Pfeilern und tragen das darüberliegende Gebälk. Die Skulpturen schuf der Münchner Bildhauer Georg Albertshofer. Die Entwürfe des Baus stammen von den hiesigen Architekten Gustav Pflaume und Julius Nebel sowie dem Münchner H. Stöcklein.

In einem ehemaligen Pferdestall im Hof hatte sich August Bebel im April 1866 eine Drechslerwerkstatt eingerichtet, die er bis 1876 betrieb. Ab 1869 diente die Werkstatt zugleich als Expedition des Organs der SAPD „Der Volksstaat".

53 Kaufhaus Peek & Cloppenburg

Petersstraße/Preußergäßchen

Im Ergebnis eines beschränkten Architektenwettbewerbs im Jahre 1992 wurde das Bekleidungskaufhaus nach Entwürfen des weltbekannten Architekten der Postmoderne Charles Moore und seiner Partner John Ruble und Buzz Yudell ausgeführt. Nach Moores Tod 1993 führte das Büro RKW Rhode,

Kellerman, Wawrowsky und Partner aus Düsseldorf die Arbeit gemeinsam mit dessen Partnern zu Ende. Die Fassadenausbildung an der Petersstraße ergibt sich aus der Tatsache, daß die mit dem Bau des Messehofs 1949/50 aufgeweitete Straße wieder auf die frühere Breite zurückgeführt werden sollte. Daher stellte Moore vor die Fassade eine abgetreppte Scheibe (mit einem Arkadengang im Erdgeschoß), die vom Markt her ansteigt und die Differenz zwischen alter und neuer Straßenflucht ausgleicht. Die letzte Stufe wird an der turmartig verstärkten Ecke zum Preußergäßchen durch eine gläserne, nachts beleuchtete Laterne bekrönt. Sie erinnert schmerzlich daran, daß im ursprünglichen Entwurf Moores auf den „Fassadenstufen" ähnlich gestaltete gläserne Aufsätze standen, die vom Marktplatz aus gesehen einen ganz besonderen Reiz hatten. Sie fielen den Einwendungen der Stadtverwaltung zum Opfer, so daß dem Entwurf nun die Originalität eines echten Moore genommen ist. Die Wirkung der schachbrettartigen Rasterung der Kalksteinfassade an der Petersstraße und mehr noch die der Pfeilergliederung an der langen Front des Preußergäßchens ist eher schwerfällig, auch wenn Moore hier das Motiv der typischen trapezförmigen Leipziger Fenstererker verwendet. Mit Recht stellte Hubertus Adam 1995 nach Fertigstellung des Gebäudes fest, „daß Moore zum Bautyp Kaufhaus wenig Neues eingefallen ist". Die Passage vom Messehof wurde durch das Gebäude hindurch Richtung Süden zum Preußergäßchen verlängert, womit einer alten Idee der Stadtplanung gefolgt wurde.

54 Kaufhaus Karstadt

Petersstraße 25/31, Neumarkt 30/36, Preußergäßchen 2/14

Der für die Kaufhausarchitektur vor dem ersten Weltkrieg charakteristische Geschäftshausblock wurde 1912–1914 nach einem Entwurf von Philipp Schäfer, einem Schüler von Joseph Maria Olbrich, als Warenhaus Theodor Althoff ausgeführt. Architektonische Parallelen in der Fassadengestaltung bestehen zum 1906–1909 erbauten ehemaligen Warenhaus Tietz von Olbrich in der Düsseldorfer Königsallee 1. Die Bauleitung hatte nach der Bauakte die Düsseldorfer Architektenfirma Gebr. Schöndorff-AG inne. Architekt vor Ort war offenbar Gustav Pflaume, der die Pläne zum Bauantrag mit unterzeichnet hat. (Unklar ist, warum in der Publikation „Deutschlands Städtebau – Leipzig" im Jahre 1923 Wilhelm Kreis als Architekt genannt wird.) Mit Alfred Messels Berliner Kaufhaus Wertheim an der Leipziger Straße Ecke Leipziger Platz (3. Bauabschnitt 1904–1906, nicht erhalten) war die stringente vertikale Pfeilerarchitektur zur Reife gebracht worden, die für Kaufhäuser jener Zeit vorbildlich wurde. Der viergeschossige, um drei Lichthöfe angelegte Leipziger Bau wird markant gegliedert durch kräftige Pfeilervorlagen aus Sandstein, zwischen denen noch je drei schmalere Fensterpfosten die Vertikaltendenz zusätzlich verstärken. Die Haupteingänge sind an der Petersstraße und am Neumarkt im fünften Geschoß durch zurückgesetzte Sandsteinflächen mit achtseitigen Fenstern betont. Davor am Neumarkt flache Giebelfelder mit der Darstellung von Delphinen und Greifen, die die Fensterpfeiler zusammenfassen. Über der Traufiinie sind in Verlängerung der Fassadenpfeiler vier überlebensgroße menschliche Figuren vom Düsseldorfer Bildhauer Johannes Knubel (geb. 6.3.1877 Münster; gest. Juli 1949 in Düsseldorf) aufgestellt. Nach Schäden im zweiten Weltkrieg wurde das Haus verändert wiederaufgebaut. Die wesentlichste Neuerung war die Einführung der Erdgeschoßarkaden an Petersstraße und Preußergäßchen. Beim Wiederaufbau unter sozialistischem Vorzeichen verzichtete man nicht darauf, „die neue Rolle der Werktätigen" bildkünstlerisch darzustellen. Über den Erdgeschoßarkaden an der Ecke Petersstraße/Neumarkt wurden auf kräftigen Konsolen fünf Relieftafeln angebracht, die Menschen bei der Arbeit in unterschiedlichen Berufen zeigen. Eine Tafel ist mit G-R-T 56 signiert, was auf die Leipziger Plastikerin Gudrun Richter-Thiele hinweist. Die einzelne Tafel rechts davon ist mit GB signiert. 1991 hatte ein Architektenwettbewerb für die Sanierung und Erweiterung stattgefunden, den die Architekten RKW Düsseldorf/Leipzig mit einem damals sehr gelobten Entwurf gewonnen hatten. Leider unterblieb die Ausführung, so daß der eingeschossige Behelfsbau an der Petersstraße und der Flachbau Neumarkt 28 noch immer bestehen. Die Ecke Petersstraße 28, die seinerzeit nicht mit in den Kaufhauskomplex einbezogen war, wollten die Architekten in der Fassadengestaltung

Relieftafel aus Sandstein von 1956 im Stile des Sozialistischen Realismus

Hof des ehemaligen Messepalasts Stentzlers Hof

von 1912/14 ergänzen. Durch den unbefriedigenden Bauzustand und durch die dunklen, stets etwas schmuddeligen Arkaden wird der respektablen Architektur heute leider viel von ihrer gestalterischen Wirkung genommen. Zu den erwähnenswerten Vorgängerbauten gehören das Hotel Central, Petersstraße 25 sowie der Gasthof Drei Rosen, Petersstraße 27.

Das Klingerhaus entstand in den Jahren 1887/88 nach Plänen von Arwed Roßbach.

55 Stentzlers Hof

Petersstraße 39/41

Der fünfgeschossige Eckbau an Petersstraße und Peterskirchhof wurde nach Entwürfen des Leipziger Architekten Leopold Stentzler in den Jahren 1914 bis 1916 errichtet. Die Fenster im 1. Obergeschoß sind erkerartig ausgestellt und durch allegorischen Figurenschmuck hervorgehoben. An der Ecke ist eine Rolandsfigur mit Schwert und Leipziger Wappenschild dargestellt, darunter ein Spruchband „Einigkeit macht stark“. Das Steildach mit dem Schaugiebel in Leipziger Renaissancetradition zum Peterskirchhof ist eine Erinnerung an die Architektur des 16. Jahrhunderts. Im 2. bis 4. Obergeschoß ist die Fassade durch Lisenen skelettartig gegliedert. Am Hauptgesims sind statt der üblichen Konsolsteine Löwenköpfe verwendet. Die Treppenhauswände erhielten wertvolle Keramikverkleidungen in den Farben Schwarz und Gelb mit eingelegten Reliefplatten. In die Hofgestaltung wurde ein zweigeschossiger Kastenerker aus der Zeit um 1690 mit üppigem vegetabilen Schmuck und zwei Adlern im oberen Brüstungsfeld einbezogen. Vom ehemaligen Nachbargrundstück Nr. 37 stammt das Hauszeichen Goldener Hirsch. Die Obergeschosse sind wie die Straßenfassaden durch Lisenen gegliedert. Darüber ist ein Galeriegeschoß angeordnet. Das Gebäude ist in Stahlbetonskelettbauweise errichtet, die Fassade teilweise mit Natursteinvorsatz in Muschelkalkstein ausgeführt. Der plastische Fassadenschmuck aus zementgebundenem Muschelkalksplitt stammt aus der Leipziger Werkstatt Wollstädter. Bei der Sanierung 1994/95 wurde der Zugang zur Petersstraße wieder geöffnet, so daß der Durchgang zum Peterskirchhof möglich ist. Der Hof erhielt außerdem ein Glasdach. Eine breite Treppe führt heute auch ins Untergeschoß.

56 Klingerhaus

Petersstraße 48

Am 18. Februar 1857 wurde der bedeutende Leipziger Maler, Grafiker und Bildhauer Max Klinger als Sohn des Seifensieders Heinrich Louis Klinger im Vorgängerbau Petersstraße 48 geboren. Nach Plänen des Leipziger Architekten Arwed Roßbach ließ Klingers Vater in den Jahren 1887/88 das viergeschossige Geschäftshaus Petersstraße Ecke Schloßgasse errichten. Durch Verwendung von Elementen der deutschen und niederländischen Renaissance schuf Roßbach einen Bau von malerischer Wirkung. Dies zeigt sich in den reich gestalteten Staffelgiebeln des Dachbereichs sowie in dem dreigeschossigen Eckerker, der von einem steilen, turmhelmartigen Aufsatz bekrönt wird. Die Fensterrahmungen ziert reicher ornamentaler Schmuck, die Putzflächen waren zusätzlich bemalt (heute vereinfacht). Ein kräftiges Säulenportal betont an der Ecke den Zugang zur Verkaufseinrichtung. Dem 1. Obergeschoß lagern auf kräftigen Konsolen Balkonaustritte vor.

57 Handelshof

Grimmaische Straße 1–7

1908/09 erbauten Georg Weidenbach und Richard Tschammer den um zwei große Innenhöfe gruppierten Baublock von 84 x 52 m Ausdehnung. Der fünfgeschossige, massige Baukörper nimmt ein ganzes Altstadtkarree ein. Der bedeutendste Vorgänger waren die Fleischbänke (Reichsstraße 3–5) von Paul Wiedemann aus dem Jahre 1578. Bereits 1874 bis 1889 hatte der Rat der Stadt alle Privatgrundstücke dieses Areals aufgekauft, um hier das Neue Rathaus zu errichten, das jedoch schließlich auf dem Gelände der Pleißenburg gebaut wurde. So hatte man hier die Möglichkeit, nach dem Städtischen Kaufhaus ein zweites der Stadt gehörendes Messehaus zu errichten. Die vier Straßenfassaden sind durch Vor- und Rücklagen sowie durch Zitate traditioneller Architekturmotive, z. B. mehrgeschossige Runderker in der Leipziger Renaissancetradition, und plastischen Schmuck gegliedert. An der Eingangsfassade in der Grimmaischen Straße faßte ehemals eine rustizierte Bogenreihung Erd- und Zwischengeschoß zu einem hohen Sockelgeschoß zusammen. Darüber schließt sich im 1. bis 3. Obergeschoß eine Gliederung von zehn flachen Pilastern an. Über den drei mittleren Achsen ist oberhalb der Traufe ein Segmentgiebel mit einem reliefierten Leipziger Stadtwappen mit zwei Löwen als Wappenhaltern angeordnet. Das vielgliedrige Mansarddach bekrönten ursprünglich mehrere Dachreiter. Am 4. Dezember 1943 brannte das Gebäude völlig aus. Der Wiederaufbau wurde bereits 1946/47 beendet. Eine Neugestaltung der Ladenzone an der Grimmaischen Straße in Cottaer Sandstein erfolgte 1960 durch den Leipziger Architekten Rudolf Rohrer. Die Modernisierung hat jedoch die ursprüngliche Gestaltung der Fassade empfindlich gestört. Seit 1998 dient das Gebäude dem Museum der bildenden Künste als Interimsquartier, bis 2004 der Museumsneubau zwischen Reichs- und Katharinenstraße bezugsfertig sein wird. Der Eingang zum Interim an der Grimmaischen Straße wird durch die Bronzeplastik „Mann mit Maske" (1981) des Leipziger Künstlers Wolfgang Mattheuer markiert. Sie verweist auf die Zwiespältigkeit menschlichen Daseins und die innere Zerrissenheit vieler Menschen im Sozialismus.

Der ehemalige Messepalast Handelshof wurde in den Jahren 1908/09 erbaut.

58 Mädler-Passage

Grimmaische Straße 3/4 / Neumarkt 14

Das in den Jahren 1912 bis 1914 für den Koffer-Fabrikanten Mädler nach Entwürfen des Leipziger Architekten Theodor Kösser errichtete fünfgeschossige Passagenmessehaus löste den legendären Komplex Auerbachs Hof ab, den Dr. Heinrich Stromer von Auerbach in den Jahren 1530–1538 erbaut hatte. Die beiden Passagenarme treffen sich in einer oktogonalen Rotunde. Die Gesamtlänge des Durchgangs beträgt 140 m, die Breite durchschnittlich 5–7 m. Über dem 2. Obergeschoß wird der Durchgang von einer kassettenförmigen Stahlbetonrippenkonstruktion mit Glasbausteinen überspannt. Die Sandsteinfassade mit der Front zur Grimmaischen Straße wird über dem Erdgeschoß durch sechs Halbsäulen gegliedert, auf denen geschoßhohe Atlanten die darüberliegende Brüstung von dem zurückgesetzten 4. Obergeschoß tragen. Den Passageneingang bildet ein bis ins 1. Obergeschoß reichendes Rundbogenportal, das von zwei lebensgroßen weiblichen Gewandfiguren aus Sandstein flankiert wird. Ihre Attribute – Weintraube und Vase – verweisen auf die Zweckbestimmung des Baus als Weinkeller und als früheres Porzellanmessehaus. Die Natursteinfassade des Passagenraums wird in den unteren beiden Geschossen durch Pilaster gegliedert. Über dem 1. Obergeschoß befindt sich im nördlichen Teil eine Galerie mit Stabbrüstung. An Auerbachs Keller ist die Passage hallenartig erweitert. Der Zugang wird durch zwei bronzene Figurengruppen des Leipziger Bildhauers

Die Mädler-Passage wurde 1912–1914 nach Plänen von Theodor Kösser erbaut.

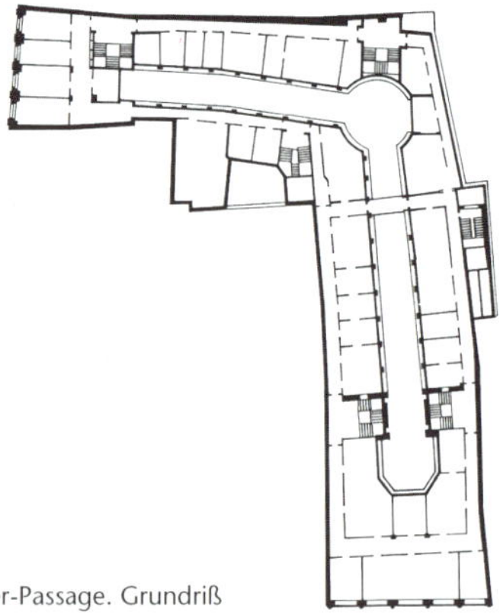

Mädler-Passage. Grundriß

Zugang zur Mädler-Passage an der Grimmaischen Straße

Mathieu Molitor wirkungsvoll akzentuiert. Sie stellen Szenen aus Goethes „Faust" dar. Die Eingänge zu den oberen Etagen sind mit traditionellen Portalgestaltungen architektonisch besonders hervorgehoben. Über den reliefierten, rechteckigen Türrahmen nach klassizistischem Vorbild sind barockisierende Supraporten angeordnet, die von zwei Putti als Wappenhaltern gebildet und beidseitig von Vasen flankiert werden. Aus dem historischen Trakt Auerbachs Hof wurden der Lutherkeller, der Goethekeller und der tieferliegende berühmte Faßkeller in den Neubau einbezogen. Dagegen entstand das große Restaurant (1913) mit den bekannten Gemälden der Szenen aus dem „Faust" erst im Zuge des Neubaus. In der Verbindung von Messehaus und Passage erreichte das Messehaus als spezifischer Leipziger Geschäftshaustyp seine architektonische Vollendung. Die Mädler-Passage ist heute Herzstück und urbaner Mittelpunkt des in Mitteleuropa einmaligen Netzes von Durchgangshöfen und Passagen. Sie stellt zugleich den bedeutendsten erhaltenen älteren Passagenbau in Deutschland dar. Ein bemerkenswertes historisches Detail des Vorgängerbaus bildet die Stuckdecke im Erdgeschoß an der Neumarktseite. Sie wurde beim Umbau entdeckt und 1914 an den heutigen Standort umgesetzt. Das Deckenfresko „Helios im Sonnenwagen" darf vermutlich dem Gothaer Hofmaler Johann Heinrich Ritter zugeschrieben werden. Es gehört zu den wenigen erhaltenen Resten der einst reichen Leipziger Bürgerhauskultur. Allein aus diesem Grund kann sein Wert für die Leipziger Kulturgeschichte gar nicht hoch genug veranschlagt werden.

59 Auerbachs Keller

Mädler-Passage, Grimmaische Straße 2–4

Durch den Neubau des Messepalasts Mädler-Passage in den Jahren 1912 bis 1914 verschwand mit Auerbachs Hof, der von Heinrich Stromer von Auerbach 1530–1538 erbaut und 1635 erweitert worden war, der berühmteste historische Handelshof der Stadt. Ulrich Groß hatte ihn 1587 folgendermaßen beschrieben: „Ein herrliches Haus! Es ist mit stattlichen Gewölben, Kammern und Sälen dermaßen erbauet, von welschen, niederländischen, Nürnbergern und anderen vornehmen Handelsleuten so zahlreich besetzt, auch mit großem, herrlichen Gut und viel Ware so zahlreich versehen, daß es wohl einem besonders stattlichen Markte könne verglichen werden."
Vor dem Abbruch zählte man 70 Kaufgewölbe. Auerbachs Hof, von dem lediglich die historischen Weinkeller erhalten blieben, war berühmt geworden durch den Handel mit Luxuswaren. Der tonnengewölbte Faßkeller ist neben Goethekeller und Lutherkeller mit ihren rekonstruierten spätgotischen Kreuzrippengewölben die eigentliche Attraktion des Gaststättenkomplexes. Ein großes Weinfaß erinnert an den Faßritt des Doktor Faustus. Das älteste Ausstattungsstück, ein in die Wand eingelassenes Hauszeichen aus dem Jahre 1530, das einen Bacchusknaben zeigt, stammt noch aus der Erbauungszeit. Die Ausmalung des Tonnengewölbes mit Szenen aus Goethes „Faust" führte 1867 der Maler Heinrich

Der historische Faßkeller

Bey aus. Den geschnitzten Hängeleuchter mit dem faßreitenden Doktor Faustus schuf 1913 Max Stolz aus Starnberg.
Zu den wertvollsten Besitztümern von Auerbachs Keller gehören zwei Gemälde des Leipziger Malers und Kupferstechers Andreas Brettschneider aus dem Jahre 1625, die im Goethekeller aufgehängt sind. Die eine der beiden Holztafeln zeigt den legendären Faßritt, die andere Faust zusammen mit zechenden Studenten. Geschickt hat der Auftraggeber, der Wirt von Auerbachs Hof, die Arbeiten um genau hundert Jahre, auf 1525, zurückdatieren lassen, um so dem Keller eine uralte Fausttradition anzudichten. Die Faustbilder hat auch der junge Student Goethe kennengelernt und die auf diesen Ort bezogene Legen-

Die lebensgroßen Bronzeplastiken mit Darstellungen aus Goethes „Faust" von Mathieu Molitor betonen seit 1913 den Zugang zu Auerbachs Keller.

Der frühere Zentralmessepalast wurde 1912–1914 nach Plänen von Emil Franz Hänsel erbaut.

de in seine Faust-Dichtung aufgenommen. Im neuen Restaurant von 1913 sind großformatige Ölbilder zur Faust-Dichtung zu sehen. Sie stammen von Hans Best (München), Mathieu Molitor, Paul Horst-Schulze und Fritz Ernst Rentsch (alle Leipzig), Ludwig von Hofmann (Weimar) und Walter Georgi (Karlsruhe).

Die Bronzeplastik „Jahrhundertschritt" von Wolfgang Mattheuer markiert den Eingang zum Zeitgeschichtlichen Forum.

60 Zentralmessepalast

Grimmaische Straße 6/8, 10 und 12/14 und Neumarkt 4

In den Jahren 1912 bis 1914 errichtete Emil Franz Hänsel, Architekt und Bauherr zugleich, in zentraler Lage des Stadtzentrums an der Ecke Grimmaische Straße/Neumarkt einen signifikanten Messehausbau, dessen hoher Staffelgiebel in Renaissancetradition als eine Erinnerung an die erste Blütezeit der Leipziger Messe im 16. Jahrhundert anzusehen ist. Der fünfgeschossige Stahlbetonbau weist eine horizontal betonte Fassadengestaltung unter Verwendung von Muschelkalksteinvorsatz auf. Im Bereich des 1. Obergeschosses ist figürlicher und ornamentaler Schmuck angeordnet. Diese bauplastischen Arbeiten stammen aus der Leipziger Werkstatt Wollstädter. Nach Kriegsschäden konnte das Messehaus bereits 1946/47 wiederaufgebaut werden. 1926 wurde der Zentralmessepalast um die Grimmaische Straße 12/14 (Messehaus Monopol) und 1981 um den Neubau Grimmaische Straße 10 erweitert. 1996 wurden der Zentralmessepalast und das Messehaus Monopol bis auf die straßenseitigen Fassaden sowie der Bau von 1981 abgebrochen. Das Areal wurde unter Einbeziehung der Bau-

lücken 6/8 und 12/14 durch die Bader Projektplanung aus Krefeld einheitlich neu bebaut. Die beiden Lückenschließungen sind moderne Glas-Stahl-Fassaden mit gut angepaßten Dachaufbauten. Die durch alle Geschosse reichenden, vor die Fassade gestellten schwarzen Metallsäulen gliedern die Architektur und betonen die Vertikaltendenz – ein durchaus gelungener Versuch, auf die historische Maßstäblichkeit mit neuen Mitteln einzugehen.
Seit dem 9. Oktober 1999 hat hier das durch Bundeskanzler Gerhard Schröder eröffnete Zeitgeschichtliche Forum sein Domizil. Es präsentiert deutsche Geschichte der Zeit nach 1945 und hat seinen Eingang an der Hausnummer 6/8, dort wo Wolfgang Mattheuers Skulptur „Jahrhundertschritt" steht, eine vielbeachtete Bronzeplastik, die das deutsche Trauma zweier Diktaturen im 20. Jahrhundert thematisiert.

61 Fürstenhauserker

Grimmaische Straße 17

Einer der beiden Runderker des im zweiten Weltkrieg zerstörten sogenannten Fürstenhauses in der Grimmaischen Straße 30 ist seit 1986 als Kopie am Wohnungsneubau Grimmaische Straße 17 angebracht. Das 1558 von Paul Wiedemann für den Ratsherrn Georg Roth erbaute Fürstenhaus war Leipzigs schönstes privates Renaissancegebäude. Bei Abbruch der Ruine wurden die beiden relativ gut erhaltenen Erker geborgen, von denen der eine als Vorlage für die Anfertigung der Kopie diente. Ihr stilistisches Vorbild hatten die Fürstenhauserker wohl an den Eckerkern des Johann-Friedrich-Baus (1533–1536) des Schlosses Hartenfels zu Torgau. Aus Rochlitzer Porphyrtuff gearbeitet, gehörten sie zu den schönsten bauplastischen Werken der Renaissance an Leipziger Bürgerhäusern. Sie waren ursprünglich farbig gefaßt. In den oberen Brüstungsplatten finden sich Porträts von Mitgliedern der Familie des Erbauers; darunter sind die dazugehörigen Wappen angebracht. Paul Wiedemann war nicht nur der Architekt des Baus, sondern, wie ein Steinmetzzeichen und die Initialen PW am ehemals rechten Erker belegten, auch der Schöpfer dieser Prunkstücke. Die lateinische Inschrift über den Fenstern lautet: „Turris fortissima nomen domini beati omnes qui confidunt in eo" (Der feste Turm ist der Name des Herrn, glücklich alle, die sich zu ihm bekennen). Die bildkünstlerischen Details der Kopie fertigten die Dresdner Bildhauer Werner und Christian Hempel, die übrigen Arbeiten führte der VEB Denkmalpflege Leipzig aus.

Kopie des Erkers vom früheren Fürstenhaus

Der Hof im Hansahaus (S. 94)

Die neue Fassade des Hansahauses entstand in den Jahren 1993–1997.

62 Hansahaus

Grimmaische Straße 13/15

Das alte Hansahaus war von den Architekten Polster und Höhn 1904–1906 als Messehaus errichtet worden. Das Vorderhaus wurde im zweiten Weltkrieg zerstört und in den Jahren 1958/59 durch Rudolf Rohrer als schlichter Putzbau wiederaufgebaut. In den Jahren 1993 bis 1997 erfolgte ein völliger Neubau durch das Düsseldorfer Architekturbüro Rhode, Kellermann, Wawrowsky und Partner. Der imposante Innenhof, der mit der Passage von Specks Hof verbunden ist, wurde als genaue Kopie des bis zuletzt erhaltenen Zustands wiederhergestellt. Bautypologisch ist dieser weißgrün geflieste Hof in seiner platzartigen Ausdehnung von 600 qm für Leipzig einmalig. Auch die Oberlichtkonstruktion konnte detailgetreu wiederhergestellt werden und zeugt von den konstruktiven Möglichkeiten des Stahlbaus der Jahrhundertwende (1909). Die plastischen Sandsteinarbeiten über den Hoftüren (ehemals die Zugänge zu den Treppenhäusern) sind mit Merkurköpfen verziert und erinnern an die alte Funktion des Hauses als Messepalast. Die Kunstuhr mit Klangschale entstand 1999 (Entwurf und Ausführung: Uhren-Technik Schnabel, Klinga). In einem Vorgängerbau wohnte der Dichter Gotthold Ephraim Lessing, der sich am 20. September 1746 als Student der Theologie immatrikulieren ließ. Er schrieb hier sein Erstlingswerk „Der junge Gelehrte“, das die Neuberin 1748 in Zotens Hof aufführte.

63 Städtisches Kaufhaus

Neumarkt 9–19

Der Gebäudekomplex des Städtischen Kaufhauses widerspiegelt wie kaum ein anderes Kulturdenkmal im Stadtzentrum mehr als 500 Jahre Leipziger Handels- und Kulturgeschichte. Der Umbau des Areals zum Messepalast Städtisches Kaufhaus vollzog sich zwischen 1893 und 1901 in drei Bauabschnitten. Bauherrin war die Stadt Leipzig. Während des ersten Abschnitts wurde die barocke Stadtbibliothek am Gewandgäßchen im Erd- und Zwischengeschoß zu Messezwecken umgebaut. Das stattliche Gebäude war 1740–1744 von Friedrich Seltendorff errichtet worden. Die Inbetriebnahme dieser neuartigen Messeräume erfolgte dann zur Michaelismesse 1894 (26. August bis 16. September). Somit wurde dieser Umbau quasi das Pilotprojekt zur Einführung der neuen Messeform, der Mustermesse, und Leipzig später zum Modell für die anderen Messeneugründungen in Deutschland und in Europa. Die erste offizielle Mustermesse fand im März 1895 statt. Die guten Messeergebnisse veranlaßten zum Weiterbau. Noch 1894 begann der Abbruch des Zeughausflügels des Gewandhauses (an der Universitätsstraße) mit dem berühmten klassizistischen Musiksaal Johann Friedrich Carl Dauthes aus dem Jahre 1781, dem ersten Domizil des heutigen Gewandhausorchesters. Anfang 1901 war der dritte Bauabschnitt am Neumarkt fertiggestellt. Bereits beim Städtischen Kaufhaus wurde das Prinzip des sogenannten Zwangsrundgangs eingeführt, das sich bewährte und bis zuletzt beibehalten worden ist: Die Messebesucher mußten, wenn sie das Messehaus durchqueren wollten, etagenweise den Ausstellungsrundgang benutzen.

Die Fassadengestaltung erfolgte in Anlehnung an die Barockfassade des Flügels der damaligen Stadtbibliothek in feinfühlig proportionierten neobarocken Formen im Wechsel von Putzflächen und hellen Sandsteinelementen. Die Entwürfe stammen von den Architekten des Leipziger Hochbauamts Rayher, Korber und Möller. Die Gestaltung eines neu angelegten Konzertsaals an der Kupfergasse besorgte der Architekt Fritz Schumacher im Stile des Neobarock (im zweiten Weltkrieg zerstört), wobei er auf den Münchner Kaim-Saal von Martin Dülfer Bezug nahm. Wichtigstes bildkünstlerisches Detail der Fassade ist die 2,20 m hohe Bronzestatue des Kaisers Maximilian I. von Carl Seffner an der Universitätsstraße. Sie wurde angebracht, weil sich beim Bau die Verleihung des kaiserlichen Messeprivilegs von 1497 zum 400. Male jährte.

Das Haus führte zunächst kurioserweise den etwas irreführenden Namen „Kaufhaus", ob-

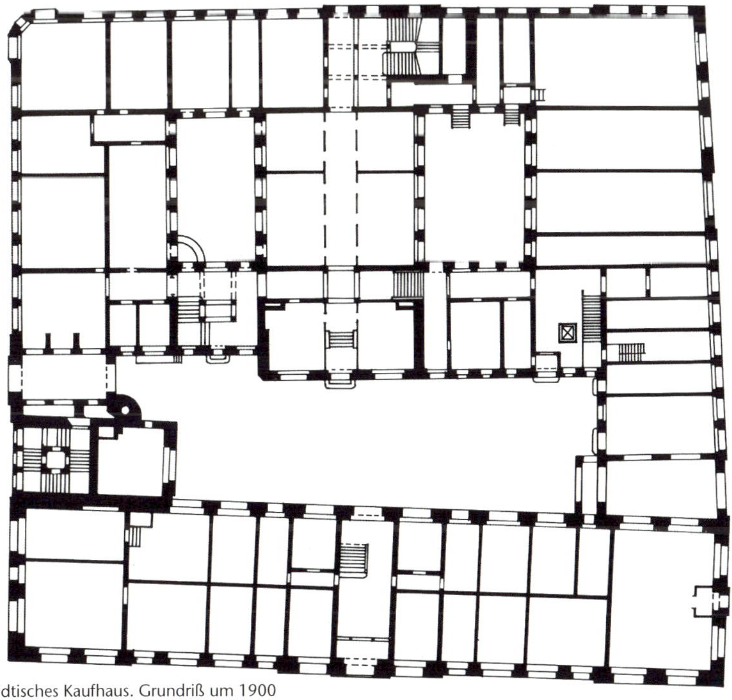

Städtisches Kaufhaus. Grundriß um 1900

Das Städtische Kaufhaus entstand 1893–1901. Die Maximiliansstatue an der Universitätsstraßenseite wurde 1897 aufgestellt.

wohl man in diesem „Meßpalast" in erster Linie Geschäftsabschlüsse anhand der Ausstellungsmuster tätigte, und zwar in der Regel für Waren, die erst nach Geschäftsabschluß im notwendigen Umfang produziert wurden. Die im Herbst 1987 mit dem Abbruch der Ruine der Stadtbibliothek begonnene Rekonstruktion und Sanierung des Gesamtkomplexes verfolgte das Ziel, das Gebäude in seiner Außenarchitektur in den Zustand der Jahrhundertwende zurückzuversetzen. Insbesondere war die Wiederherstellung des Dachaufbaus von Bedeutung. Die in ihrer Grundstruktur weitgehend erhaltene Fassadenarchitektur des Baus bedurfte dagegen nur der Komplettierung durch Putzgliederungen, Stuckierungen usw. Die abgebrochene Ruine der im zweiten Weltkrieg völlig ausgebrannten Stadtbibliothek wurde in ihrem historischen Äußeren wiederaufgebaut. Im Inneren des Gesamtkomplexes wurde besonderes Augenmerk auf die Wiedergewinnung ausgewählter Räume gelegt. Dies waren das barocke Treppenhaus an der Universitätsstraßenseite, Elemente der übrigen Treppenhäuser und vor allem die partielle Wiederherstellung eines Cafés im südöstlichen Lichthof. Hier befindet sich heute das elegante Restaurant „Kaiser Maximilian". Im Zwischengeschoß des Bibliotheksflügels am Gewandgäßchen war ursprünglich die museale Rekonstruktion der historischen Messeetage im Zustand des Jahres 1894 vorgesehen, die aber leider nicht zur Ausführung gelangte.

Mit dem Städtischen Kaufhaus und seinem Vorgängerbau, dem Gewandhaus, verknüpfen sich mehr als 500 Jahre Leipziger Messetradition, denn bereits in den Jahren 1477 bis 1498 war auf L-förmigem Grundriß an Gewandgäßchen und Universitätsstraße das spätgotische Gewandhaus errichtet worden. Hier hatten während der Warenmessen die auswärtigen Tuchhändler ihre Stände. Das Gewandhaus war ein stattlicher kommunaler Bau, in der Größe den berühmten Krakauer Tuchhallen vergleichbar (bereits damals ist der heutige Hofraum entstanden). Zu erwähnen wäre auch, daß sich im Hof der Stadtbibliothek bis 1877 ein mehrgeschossiges Gebäude für das am 2. April 1843 von Felix Mendelssohn Bartholdy eröffnete „Königliche Conservatorium der Musik" befand. Nach der politischen Wende des Herbstes 1989 verkaufte die Leipziger Messe das Gebäude. Die begonnenen Instandsetzungsarbeiten wurden durch einen privaten Investor für die veränderte Nutzung als Geschäftshaus fortgeführt. Dabei konnten die denkmalpflegerischen Vorgaben auf das genaueste umgesetzt werden. Der seit Jahrhunderten bestehende Hof der ehemaligen Stadtbibliothek (sie befindet sich heute am Wilhelm-Leuschner-Platz) ist wieder zu einer angenehmen Verweilzone der Innenstadt geworden. Die ungewöhnlichen, eher unpassenden Sandsteinbalustraden sind allerdings eine Zutat der jüngsten Sanierung. Den neu angelegten, erdgeschoßhohen Durchgang mit intarsiertem Marmorfußboden vom Hof zur Kupfergasse machten die Architekten Flender, Ingendaaij und Scheuermann zu einer kleinen, eleganten Einkaufspassage, die mit ihren Bogengliederungen etwas an die Architektur der frühen Pariser Passagen des 19. Jahrhunderts erinnert. Ausgesprochen bemerkenswert ist auch der Personenaufzug aus dem Jahre 1901 im Treppenhaus A an der Westseite des Hofs. Er ist (in rekonstruierter Form) der älteste erhaltene Personenaufzug Leipzigs. Der kunstgeschmiedete, äußerst filigrane Aufzugsschacht mit Glaswänden wurde nach historischem Vorbild in neobarocker Gestaltung akribisch wiederhergestellt. Im Foyer sind hier erhaltene Fragmente des kunstgeschmiedeten raumteilenden Ziergitters aus dem früheren Bibliothekssaal zu bewundern, das Meister Gottlieb Böttger 1748 fertigte. Die linke der beiden Rokokotüren neben dem Hofeingang an der Universitätsstraße war ab 1781 zugleich der Zugang zum historischen Gewandhaussaal im 2. Obergeschoß, den namhafte Musiker wie Mendelssohn Bartholdy, Mozart, Schumann, Liszt und Weber benutzten (Gedenktafel im 2. Obergeschoß des Treppenhauses).

64 Dresdner Hof

Neumarkt 21–27

Das ehemalige Messehaus Dresdner Hof wurde 1998–2000 durch die Architektengemeinschaft Alte Fabrik Berlin zum Seniorenwohnstift umgebaut. Architektonisch gehört es zu den herausragenden Messepalastarchitekturen in Leipzig überhaupt. Nach nur elfmonatiger Bauzeit wurde der Dresdner Hof, der rund 500 Aussteller aufnehmen konnte, zur Frühjahrsmesse 1913 eingeweiht. Um Baufreiheit zu schaffen, waren elf Häuser abgebrochen worden. Der Name des Messehauses wurde vom Haus Kupfergasse 12 übernommen, einem Gasthof, der seit 1677 „Dresdnische Herberge" genannt wurde und der seit 1842 den Namen „Dresdner Hof" führte. Das fünfgeschossige Eckgebäude am Neumarkt und der Kupfergasse stellt eine signifikante, moderne Geschäftshausarchitektur der Zeit vor dem ersten Weltkrieg dar, in dem sich bereits die allgemeine Tendenz zur Versachlichung ankündigt. Leopold Stentzlers Messepalast Dresdner Hof steht gestalterisch zeitgleichen Bauten eines Peter Behrens, eines der führenden deutschen Architekten jener Zeit, nahe, der z.B. bei der Festhalle der Kölner Werkbundausstellung des Jahres 1914 eine ähnliche traditionsbezogene Sachlichkeit demonstrierte. An der pfeilergegliederten Steinputzfassade tragen Fenstererker im 3. Obergeschoß das darüberliegende typische Leipziger Galeriegeschoß. Die Anordnung von Skulpturenschmuck ist auf zwei- und dreiachsige Balkons über dem Erdgeschoß beschränkt. Eine beeindruckende und in Leipzig einmalige Be-

Der ehemalige Messepalast Dresdner Hof wurde 1912/13 errichtet.

Der neobarocke Reichshof wurde 1896 nach Plänen von Albert Bohm erbaut.

sonderheit war die 1928 nach Entwürfen des Leipziger Künstlers Walter Gruner angelegte Empfangshalle im Stil des Art déco mit einer Vielzahl weiterer Serviceeinrichtungen im Kellergeschoß. Heute befindet sich dort eine Kabarettbühne. Die Passage ist parallel zur Kupfergasse angelegt. Zwei überglaste Lichthöfe mit je einem dreiseitigen Eckerker flankieren das repräsentativ ausgestaltete zentrale Treppenhaus, in dem sich noch die alte Pförtnerloge des Messehauses befindet. Die Passage war in den letzten Jahrzehnten nicht mehr öffentlich zugänglich und verkam zusehends. Durch die Umnutzung des Dresdner Hofs zum Seniorenwohnhaus mit der reaktivierten Erdgeschoßzone kann sie wieder ihren wichtigen Beitrag im Mosaik der Leipziger Passagenkultur leisten. Der Passagenverlauf ist heute allerdings geändert und führt um die Eingangshalle zum Treppenhaus herum. Der Durchgang ist mit der Passage des benachbarten Geschäftshausneubaus Neumarkt 29 verbunden, die bis zum Peterskirchhof fortgesetzt ist, so daß ein kleines Passagensystem entstanden ist, wie es z. B. um die Mädler-Passage herum vorhanden ist. Die Seniorenresidenz „Maternus" verfügt über 200 Plätze.

65 Reichshof

Reichsstraße 2/4

Der Besucher des heutigen Geschäftshauses in der Grimmaischen Straße Ecke Reichsstraße ahnt sicher nicht, daß er sich in einem der ältesten Leipziger Mustermessehäuser, im „Meßpalast Reichshof", befindet. Der Bau wurde 1896 von dem Berliner Architekten Albert Bohm entworfen und war im Jahre 1898 fertiggestellt worden. Bohm hatte bereits 1890 einen Entwurf für die geplante König-Albert-Passage in der Hainstraße 16/18 geliefert, der allerdings unausgeführt blieb. Auftraggeber für das private Mustermessehaus war der Unternehmer Richard Pudor, der später noch das Hansahaus (1904–1906) und 1912/13 den Dresdner Hof errichten ließ. Auf diese privatwirtschaftlichen Initiativen war die Leipziger Messe zu jener Zeit in starkem Maße angewiesen, denn die Schaffung von modernen Messeausstellungsflächen für die Mustermesse im Stadtzentrum war zu einer Lebensfrage der Messe geworden, aber sie stellte durchaus auch ein erhebliches wirtschaftliches Risiko dar. So ist es verständlich, daß man im Erd- und 1. Obergeschoß zunächst eine Verkaufseinrichtung unterbrachte und nur die oberen Geschosse für den „Musterlagerverkehr" nutzte. 1904 wurde der Bau um das Nachbargrundstück in der Grimmaischen Straße erweitert. Der Architekt nutzte geschickt die Ecklage des Grundstücks aus und betonte sie im Dachbereich durch eine stadtbildwirksame Kuppelkonstruktion mit einem Laternenaufbau. Für die Fassadengestaltung verwendete Bohm neobarockes Dekor, ähnlich wie bei dem damals gerade im Bau befindlichen Städtischen Kaufhaus.

66 Specks Hof

Reichsstraße 4–6

Der nach Entwürfen von Emil Franz Hänsel in den Jahren 1908/09, 1911 und 1928/29 in drei Bauabschnitten errichtete Messepalast gehört aufgrund seiner überzeugenden Grundkonzeption und einer Vielzahl elegant gelöster Details zu den architektonisch wertvollsten Geschäftshäusern in Leipzig. Hänsel gliedert die Fassade betont im Stütze-Riegel-System der Konstruktion, wie dies im modernen Geschäftshausbau seit den 1890er Jahren gebräuchlich wurde. Es gelang ihm dabei, sich völlig frei von historisierenden Bindungen zu machen. Die drei Passageneingänge und die beiden Eckausbildungen zum Schuhmachergäßchen sind durch gerundete Risalite betont. Die drei korbbogigen Portale zu den Passagen bestehen wie die Fassadenverkleidung des viergeschossigen Baus aus Trachytuff, einem grauen Eruptivgestein, und aus Betonwerkstein. Das Erdgeschoß wurde nachträglich mit Naturstein aus der Lausitz verblendet. Die Bildhauerarbeiten zu unterschiedlichen Themen stammen von der Leipziger Firma Wollstädter. Die kupfergetriebenen Figuren über dem Erdgeschoß und die Natursteinskulpturen über dem 3. Obergeschoß sind in ihrer Thematik der griechischen Götterwelt entlehnt. Ein geschlossenes, zur Zweckbestimmung des Gebäudes in Beziehung stehendes Bildprogramm stellen sie allerdings nicht dar. Die drei Lichthöfe sind durch passagenartige Durchgänge verbunden. Der mittlere Lichthof besitzt Ausgänge nach dem Schuhmachergäßchen und zum benachbarten Hansahaus, so daß dieses Geviert vom Fußgänger kreuzförmig durchquert werden kann. Im Zuge der 1981 begonnenen Rekonstruktion der Passage wurde eine Reihe neuer Kunstwerke geschaffen bzw. eingeordnet, die der Passage ihren ursprünglichen Glanz zurückgeben sollten. Die Terrakotten unter den Fensterbrüstungen im Lichthof A und B stammten von dem Dresdner Bildhauer Peter Makolies (heute im Lichthof A zusammengefaßt). Im mittleren Lichthof ist nach einer Vorlage des Leipziger Malers und Grafikers Heinz-Jürgen Böhme 1983 eine großformatige bildliche Darstellung der Vorgängerbauten von Specks Hof auf Meissener Fliesen eingeordnet worden. Im östlichen Lichthof rekonstruierten Detlef Lieffertz und Heinz-Jürgen Böhme die Art-déco-Ausmalung aus dem Jahre 1927 (im Zuge der letzten

Der ehemalige Messepalast Specks Hof wurde nach Plänen von Emil Franz Hänsel 1908/09 erbaut.

Specks Hof. Mittlerer Lichthof

Sanierung bei der Vergrößerung des Hofs aufgegeben). Völlig neu wurde im Lichthof A ein Brunnen mit einer Jugendstilplastik des Berliner Bildhauers Victor H. Seifert eingeordnet, die um 1905 entstanden ist (gestohlen). Den Unterbau des Brunnens schuf Peter Makolies. Als Hänsel 1928/29 den dritten Erweiterungsbau des Messehauses an der Nikolaistraße ausführte, gestaltete er ihn als turmartigen Baukörper, der über die Firstlinie der angrenzenden Gebäude hinausreichte. Dagegen erhob der Kirchenvorstand der Nikolaigemeinde am 12. Juli 1928 Einspruch: „Je höher die umliegenden Gebäude sind, um so mehr verliert die Kirche an Ansehen und Schönheit." Darüber hinaus befürchtete man eine Beeinträchtigung der Schallausbreitung des Glockenspiels. Zwar wurde der Einspruch von der Baupolizei abgewiesen, doch der Entwurf schließlich um ein Geschoß reduziert.

Das Messehaus hat seinen Namen „Specks Hof" von dem ehemaligen Eckhaus Reichsstraße 6 übernommen, das von 1815 bis 1891 im Besitz der Familie des Freiherrn Maximilian Speck von Sternburg auf Lützschena und seiner Nachkommen war. Die Specks-Hof-Passage ist die älteste erhaltene Passage in Leipzig. Die Passage sowie das gesamte Gebäude wurden in den Jahren 1993 bis 1995 saniert. Dabei erfuhren die drei Lichthöfe eine neue bildkünstlerische Ausgestaltung. Im Lichthof A hat der Leipziger Maler Bruno Griesel über dem 4. Obergeschoß einen Bildfries geschaffen, der unter dem Thema „Die Psychologie der Zeit" steht. Der Wandfries im Lichthof B „Der Morgen, der Mittag, der Abend", bestehend aus ca. 20 000 farbigen keramischen Platten, ist eine Arbeit von Moritz Götze. Für den Lichthof C malte der nam-

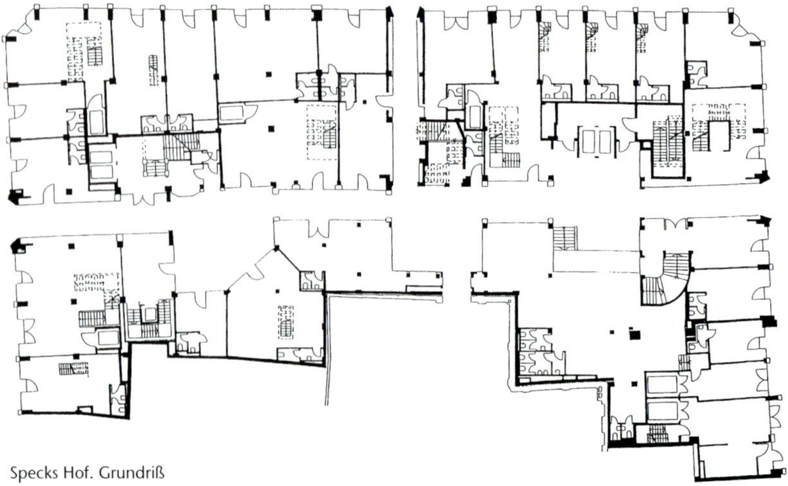
Specks Hof. Grundriß

Das Riquethaus wurde 1908/09 erbaut.

hafte Künstler Johannes Grützke 16 Medaillons mit der witzigen Darstellung von einfachen Gebrauchsgegenständen in einer Email-le-Glasurtechnik. In ihrer Verbindung von Altem und Neuem gehört die Passage zu den glanzvollsten ihrer Art in Deutschland. Das im zweiten Weltkrieg zerstörte Dach wurde vereinfacht wiederhergestellt. Die Planung der Sanierung und Umgestaltung lag in den Händen von Wojtek Grabianowski vom Düsseldorfer Architekturbüro RKW.

67 Riquethaus

Schuhmachergäßchen 1/3

Eine architektonische Sonderstellung unter den Geschäftshäusern der Innenstadt nimmt das 1908/09 erbaute Messehaus der Firma Riquet & Co. ein, die schon 1745 gegründet worden war. Neben Kakao, Schokolade, Pralinen und Waffeln eigener Produktion handelte sie mit Japan-, China- und Orientwaren. Besondere Tradition hatte der Riquet-Tee. Diese Handelstradition griff der Leipziger

Architekt Paul Lange beim Neubau nach der Jahrhundertwende auf und schuf einen eigenständigen Bau, dessen Dachgestaltung allerdings im zweiten Weltkrieg zerstört wurde. Paul Lange bediente sich ostasiatischer Motive, wie sie in der dekorativen Phase der Stilkunst der Jahrhundertwende gern verwendet wurden. Auf diese Weise setzte der Architekt die bis ins 18. Jahrhundert zurückreichende Handelstradition der Firma bildkünstlerisch um. Das die Fassade akzentuierende geschweifte Dachtürmchen über der konvexen Eckausbildung scheint der klassischen chinesischen Baukunst entlehnt zu sein. Mehrere Jugendstil-Mosaikarbeiten, die übrigens in Leipzig ausgesprochen selten anzutreffen sind, dekorieren mit werbendem Charakter die Fassade (Beschriftungen, Brüstungsfelder, Pfeiler, Hauptgesims und Rundgiebel über der Ecke). Hier findet man einen Pfau und einen Chinesen im farbigen Gewand dargestellt. Zwei kupfergetriebene Elefantenköpfe an der Eingangstür stellen das Markenzeichen der Firma dar. Während der Sanierung 1994/95 erhielt das Gebäude durch den Kölner Architekten Knut Bienhaus seinen alten Glanz zurück. Insbesondere wurden der markante Turmaufsatz rekonstruiert und die Ladenausstattung des Erdgeschosses restauriert und ergänzt.

68 Nikolaikirche und Nikolaikirchhof

Die dem heiligen Nikolaus, dem Schutzpatron der Kaufleute, geweihte Nikolaikirche ist um 1170/80 entstanden. Sie hat, wie die 1968 im Bereich der Nordkapelle durchgeführten Grabungen belegen, vielleicht sogar schon einen Vorgängerbau gehabt, denn die kreuzförmige romanische Basilika wurde auf einem älteren Gräberfeld errichtet. Der romanische Neubau war mit einer Verlagerung des Siedlungsschwerpunkts von der urbs Lipsk in südöstliche Richtung verbunden. Das neue gesellschaftliche Zentrum dürfte nun in der Nähe der Nikolaikirche gelegen haben, die zur Dominante jener Ansiedlung wurde. In der allgemein sehr zuverlässigen Stadtchronik von Johann Jacob Vogel heißt es 1756: „Anno 1176 hat Markgraf Otto in Leipzig das Kloster zu St. Nikolai gebaut und fürstlich begnadigt." Auch wenn von einem Kloster an diesem Ort sonst nichts überliefert ist, muß diese Aussage doch zumindest in bezug auf die Bauzeit nicht angezweifelt werden. Der stattliche Westriegel wäre in seiner architektonischen Monumentalität aber in der Tat auch sehr gut als ein Klosterkirchenkonzept denkbar. Das in Teilstücken beim Umbau 1902 hauptsächlich an der Nordwestecke wiederaufgefundene romanische Hauptportal – heute im Treppenhaus südlich vom Westriegel als Fragment präsentiert – stützt diese Datierung auf um 1170. Der massige, hochaufragende Westriegel von 22,5 m Breite, 9 m Tiefe und 22 m Höhe ist damit das älteste Bauwerk der Altstadt. Er ist bis zu einer Höhe von 7,80 m in Süßwasserquarzit und darüber mit zunächst noch sehr unregelmäßigen Ziegelformaten erbaut. Vermutlich hat man hier den Beginn der Ziegelbauweise in der Stadt vor sich, der baugeschichtlich allgemein für die Zeit um 1150

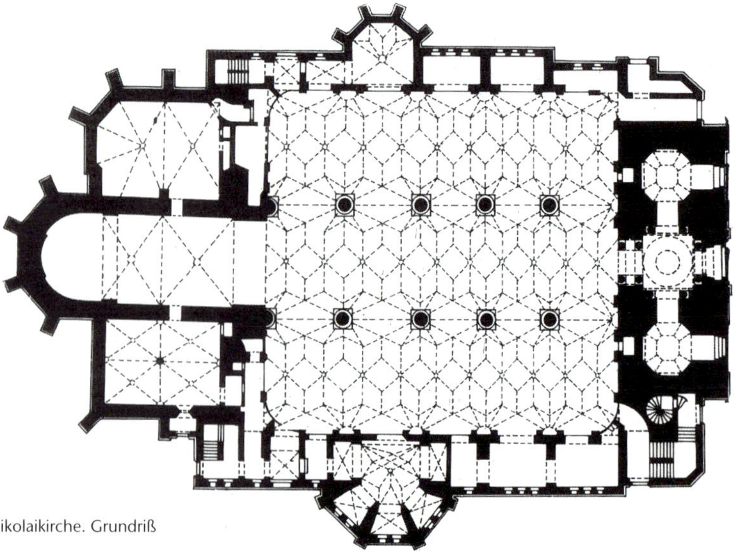

Nikolaikirche. Grundriß

Die Westturmfront der Nikolaikirche

angesetzt wird. Erst im 13. und 14. Jahrhundert wurden die beiden oktogonalen Türme aufgesetzt, deren heute nicht mehr vorhandene spitze Turmhelme auf 1370 datiert werden konnten. 1555 kappte Hieronymus Lotter die zwei gotischen Spitzen, versah sie mit den noch heute erhaltenen welschen Hauben und setzte den achtseitigen Mittelturm einschließlich Türmerwohnung auf, dessen Bekrönung nach einem Entwurf von Johann Michael Senckeisen 1730/31 barock vollendet wurde. Dabei erhöhte er den Turm auf 75 m. Die heutige äußere Gestalt der Nikolaikirche geht vor allem auf den spätgotischen Umbau von 1513–1525 unter dem Maurermeister Benedikt Eisenberg zurück. Dabei entstand eine dreischiffige Hallenkirche mit einem regelmäßigen Netzgewölbe. Der im Norden und

Nikolaikirche. Grundsteinurkunde aus Blei vom 29.3.1513, heute im Stadtgeschichtlichen Museum

Süden von gotischen Kapellenanbauten begleitete Chor mit $^5/_8$-Schluß stammt noch aus der Mitte des 14. Jahrhunderts. Hierzu gehörte eine schmalere, dreischiffige Hallenkirche mit Querhaus, die in der zweiten Hälfte des 14. Jahrhunderts erbaut worden war. Wohl infolge des Bauernkriegs wurde der 1513 begonnene spätgotische Hallenbau 1525 unterbrochen und der länger konzipierte Kirchensaal im Osten schließlich nicht vollendet. Mit einer Gesamtlänge von 63 m und einer Gesamtbreite von 46 m verfügt die Nikolaikirche noch heute über den größten Kirchenraum der Stadt. Innerhalb der Gruppe spätgotisch-obersächsischer Hallenkirchen gehört sie zu den spätesten Vertretern. 1784–1797 wurde das Innere durch Johann Friedrich Carl Dauthe durchgreifend umgestaltet. Aus der spätgotischen Hallenkirche wurde ein klassizistisches Raumensemble. Dies geschah durch Überformung der gotischen Architekturglieder mit Stuck, eine neue mobile Ausstattung sowie eine Farbgebung des Raums in Weiß, Apfelgrün, Rosé und Gold. Das Altarbild mit der Auferstehung Christi und etwa 30 weitere Gemälde in der Kirche stammen von dem Direktor der Leipziger Zeichenakademie Adam Friedrich Oeser, der von seinem Schüler und späteren Nachfolger Hans Veit Schnorr von Carolsfeld unterstützt wurde. Die Umgestaltung der Nikolaikirche war die erste Arbeit, die der junge Dauthe als Stadtbaudirektor auszuführen hatte. Sie gilt als eine der bedeutendsten Raumschöpfungen des deutschen Klassizismus. Dauthe war offensichtlich angeregt durch die Ideen des französischen Kunsttheoretikers und Jesuitenpaters Marc-Antoine Laugier, dessen „Essay sur l'architecture" (Versuch über die Architektur) zunächst 1753 anonym in Paris, aber bereits 1765 als deutsche Ausgabe in Leipzig publiziert wurde. Dauthe wandelte das spätgotische Netzgewölbe in eine stuckierte Kassettendecke und die achtseitigen Stützen zu antiken Säulen um. Palmwedel verdecken die Gewölbeanfänger, und in den hochgotischen gewölbten Chorraum baute er ein hölzernes Tonnengewölbe ein. Im Schiff wurden die Maßwerke der Fenster herausgebrochen, und durch den Einbau zweigeschossiger Emporen entstand ein annähernd quadratischer Zentralraum. Die noble klassizistische Umgestaltung ist bis ins kleinste Detail von äußerster handwerklicher Gediegenheit.

Die Nikolaikirche von Nordosten. Im Vordergrund die Nikolaisäule, die an die entscheidende Montagsdemonstration des 9. Oktober 1989 erinnert

Zu den bemerkenswerten klassizistischen Ausstattungsstücken gehört auch das nach Entwurf von Dauthe vom Bildhauer Friedrich Samuel Schlegel 1792/93 in weißem und grauem Marmor unter Verwendung von vergoldetem Messing gefertigte Taufbecken. Vier Jugendstil-Alabasterreliefs von Felix Pfeifer aus dem Jahre 1905 in den unteren Wandbereichen des Chorraums zeigen Szenen des Leidenswegs Christi. Johann Sebastian Bach absolvierte in der Nikolaikirche am 7. Februar 1723 sein Probespiel für das Amt als Cantor Chori Lipsiensis (Thomaskantor) und als Director musices. Am 30. Mai 1723 führte er zu seinem Amtsantritt hier die Kantate „Die Elenden sollen essen" auf. Zu Weihnachten 1734 wurden die einzelnen Kantaten des Weihnachtsoratoriums abwechselnd in den beiden städtischen Hauptkirchen St. Nikolai und St. Thomas uraufgeführt. In den Bereich der Legenden gehört dagegen die Überlieferung, Martin Luther habe bei einem seiner Aufenthalte in der Stadt von der sogenannten

Nikolaikirche. Blick in das 1784 bis 1797 klassizistisch umgestaltete Langhaus (2003/04 saniert)

Lutherkanzel, einem spätgotischen Werk von 1521, das heute in der Nordsakristei museal aufbewahrt wird, gepredigt. An die barocke Epoche, also die Zeit Johann Sebastian Bachs, erinnern heute, neben dem Turmaufsatz, lediglich noch das schlichte Eingangsportal von 1759 sowie die reichverzierte, geschnitzte Schrifttafel von Johann Logau in der Südkapelle aus dem Jahre 1672. Die Nikolaikirche verfügt über eine Orgel, die der Weißenfelser Orgelbauer Friedrich Ladegast 1859–1862 baute. Sie wurde durch die Firma Wilhelm Sauer 1902/03 umgebaut und auf 93 Register erweitert (2003/04 erneut durchgreifend umgebaut). Der sehr breite Orgelprospekt von 1862 im Stil der Neorenaissance paßt sich stilistisch recht gut in das klassizistische Interieur ein. Allein die bekrönende Mittelvase stammt noch von der Trampeli-Orgel von 1787. Kirchensaal und Chorraum der Nikolaikirche wurden in den Jahren 1972/73 neu ausgemalt. Im Anschluß daran begann unter Leitung von Heinrich Magirius und Gerhart Pasch die Außeninstandsetzung, die mit der Sanierung des barocken Turmaufsatzes zu Beginn der 1990er Jahre beendet wurde. 1999 wurde auf dem Süddach eine etwa 50 qm große Fotovoltaikanlage, die erste an einem großen öffentlichen Bau der Stadt, integriert. Die montäglichen Friedensgebete in der Nikolaikirche mündeten im Herbst 1989 in die Ereignisse der friedlichen Revolution. Das Plakat „Schwerter zu Pflugscharen" im Eingangsbereich stammt noch aus dieser Zeit. Mit der legendären Montagsdemonstration des 9. Oktober 1989 wurden das politische Ende der DDR und der Prozeß der Wiedervereinigung eingeleitet. Hieran erinnert auf dem nördlichen Nikolaikirchhof die *Replik einer Säule* aus dem Kirchenraum, die 1999 nach einer Idee des Leipziger Künstlers Andreas Stötzner und vom hiesigen Bildhauer Markus Gläser ausgeführt wurde. Von Gläser stammt auch der Entwurf der in das historische Pflaster eingelegten Bronzeplatte. Die Fußabdrücke weisen zum Karl-Marx-Platz, dem heutigen Augustusplatz, und symbolisieren die Abstimmung mit den Füßen auf dem Leipziger Ring. Bis zu 500 000 Menschen nahmen im Oktober 1989 an den abendlichen Montagsdemonstrationen teil. Die festliche Enthüllung der Nikolaisäule erfolgte am 9. Oktober 1999 im Beisein von Bundeskanzler Gerhard Schröder. Der *Brunnen*, eine Granitschale nach Entwurf von David Chipperfield Architects London/Berlin, sowie die Lichtinstallation von Tilo Schulz aus Leipzig, bestehend aus 150 nachts farbig *leuchtenden Pflastersteinen*, wurden von der Stiftung Lebendige Stadt, Hamburg, am 9. Oktober 2003 der Stadt Leipzig übergeben.

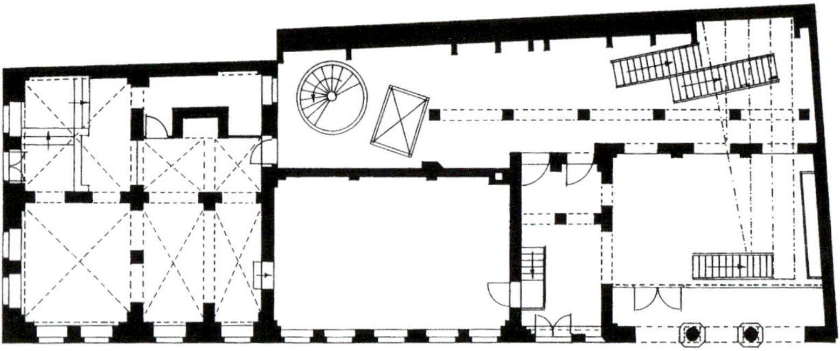

Die Nikolaischule. Grundriß nach der Sanierung und Erweiterung 1991–1994

Die Nikolaischule wurde 1512 als erste Bürgerschule der Stadt eröffnet.

69 Alte Nikolaischule

Nikolaikirchhof 2

Der dreigeschossige Bau gehört zu den kulturgeschichtlich bedeutendsten historischen Zeugnissen im Zentrum der Stadt. Sein heutiges Aussehen hatte das Kulturdenkmal im Ergebnis vieler Umbauten um 1900 erreicht. Aus dieser Zeit stammt auch die seitliche Arkade (1906), die für die Königliche Garnisonswache errichtet wurde und der wettergeschützten Abstellung der Karabiner diente, denn bereits 1872 war die Schulnutzung aufgegeben worden. Im Jahre 1976 wurde das Gebäude bauaufsichtlich gesperrt. 1986 mußten die Hofgebäude und das Treppenhaus wegen Baufälligkeit abgetragen werden. In den Jahren 1991 bis 1994 wurde der Bau durch die Kulturstiftung Leipzig saniert. Die Stadt Frankfurt am Main hat wesentlich zur Finanzierung beigetragen. Die denkmalgerechte Instandsetzung und den Anbau der modernen Treppenhalle besorgten die Architekten Storch und Ehlers aus Hannover in Partnerschaft mit Rüdiger Sudau aus Leipzig, fachlich beraten von der Kunsthistorikerin Sabine Schneider. Der Rat der Stadt hatte bereits 1395 vom Papst Bonifatius IX. die Genehmigung erlangt, eine städtische Schule zu gründen, an der neben Grammatik und Elementarkenntnissen auch die freien Künste gelehrt werden sollten. Doch die Augustinerchorherren am Thomaskloster, die mit der 1212 gegründeten Thomasschule das Bildungsprivileg innehatten, haben die Gründung der Nikolaischule immer wieder behindert. Im Jahre 1512 wurde endlich am Nikolaikirchhof 2 ein erstes Schulgebäude errichtet, das in der Folgezeit mehrfach verändert, erweitert und umgebaut wurde. Es umfaßte zunächst nur die mittleren sechs Fensterachsen des heutigen Baus und stand noch in Giebelstellung zur Straße. Der Name Nikolaischule weist lediglich auf die Nähe zu St. Nikolai, nicht aber auf eine kirchliche Abhängigkeit hin. Eine frühe Blüte erlebte die Lehranstalt in den Jahren 1530 bis 1535 unter dem Humanisten Johannes Muschler, einem Schüler von Petrus Mosellanus. Muschler war auch zugleich Rektor der Universität. Die Zahl der Schüler stieg in diesem Zeitraum auf 150 an. 1597 wurde das Schulhaus als Dreigeschosser in Traufstellung neu gebaut und nach Osten um eines der drei Küsterhäuser erweitert. Aus dieser Zeit stammen noch das Auditorium im Erdgeschoß (heute großer Gaststättenraum) mit den lateinischen Bibelinschriften (Kopien über den erhaltenen Originalen) unterhalb der Raumdecke, die Konsolen der Fensterbögen, die bemalte Brettdecke im Eingangsbereich sowie zwei restaurierte Fachwerkräume in originaler Farbfassung im

Alte Nikolaischule. Auditorium des ausgehenden 16. Jahrhunderts – heute Restaurant

1. und 2. Obergeschoß. Wohl auch aus dieser Zeit stammt das Stadtwappen über dem erneuerten Renaissance-Türgewände, das heute aus Schutzgründen durch eine Kopie (über dem Original) ersetzt ist. Im Jahre 1730 wurde das westliche Eckgebäude Nikolaikirchhof 1 errichtet und 1827 in den Obergeschossen mit der Schule verbunden. In diesem Jahr entstand die klassizistische Aula im 2. Obergeschoß mit ihrer schlichten illusionistischen Architekturausmalung, wohl nach Vorgaben des städtischen Baubeamten August Wilhelm Kanne (1783–1827). An dieser ersten städtischen Schule haben bedeutende Persönlichkeiten gelernt, so Gottfried Wilhelm Leibniz (1658–1661), Christian Thomasius (1665–1670), Johann Gottfried Seume (1779/80) und Richard Wagner (1828–1830). Der schlichte Putzbau mit seinen profilierten Fensterrahmungen, dem rundbogigen Eingangsportal aus Rochlitzer Porphyrtuff und dem Konsolgesims unter der Traufe hat sich auch im Laufe der Jahrhunderte das Erscheinungsbild eines Gebäudes aus dem 16. Jahrhundert bewahrt. Neben dem Kulturcafé im Erdgeschoß beherbergt die Alte Nikolaischule im Kellergeschoß das Automatik-Museum der Hochschule für Technik, Wirtschaft und Kultur und im 1. Obergeschoß die Antikensammlung der Universität.

70 Predigerhaus

Nikolaikirchhof 3/4

In den Jahren 1886/87 errichtete Hugo Licht auf dem ehemaligen Areal eines schlichten Renaissancegebäudes von 1553 den Neubau des Predigerhauses der Nikolaikirche. Bei der Gestaltung des viergeschossigen Eckgebäudes ließ sich Licht von Formen der Leipziger Spätgotik und der Renaissance anregen und schuf so einen malerischen Bau, der etwas vom Genius loci der Altstadt bewahrt. So fühlt man sich auch heute noch an die Zeit der Reforma-

Das Predigerhaus wurde 1886/87 nach Plänen von Hugo Licht erbaut. Im Vordergrund die Nikolaisäule, die an die entscheidende Montagsdemonstration des 9. Oktober 1989 erinnert

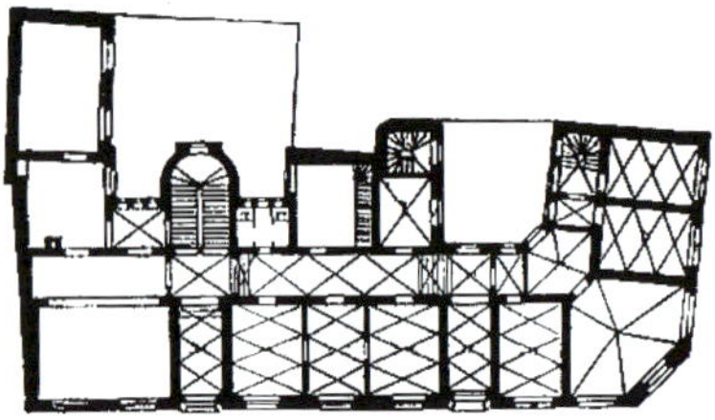

Predigerhaus. Erdgeschoßgrundriß von 1887

geschoß verdient der 1993 restaurierte historische Gemeindesaal Beachtung. Die Holzbrettdecke ist mit einem Leipziger Wappen geschmückt. Im oberen Wandbereich wird die Decke von einer gemalten Blumenbordüre begleitet. Zwei Wandvorlagen tragen einen unverkleidet belassenen, genieteten Deckenträger, dessen Unterseite überraschenderweise mit Rankenwerk bemalt ist. Besonders die groteskenartige Bemalung der beiden Wandvorlagen leitet bereits zum Jugendstil über. Die Ausmalung stammt ebenfalls von Hupp.

tion, an die Zeit des Wirkens Martin Luthers erinnert. Die helle Putzfassade zierten bis zum Neuverputz um 1930 dekorative Malereien nach Vorlagen des Malers Otto Hupp aus Mittenheim bei München. Die beiden Fassadenerker am Nikolaikirchhof haben den Erker des Hauses Zur Goldenen Schlange (s. Barthels Hof) aus dem Jahre 1523 zum Vorbild. Der Giebel im Dachbereich mit dem Türmchen, der sich zwischen beiden erhebt, ist ebenfalls eine Anleihe von diesem Bau. Es entsprach der Materialästhetik jener Jahre, die Porphyrgliederungen natursteinsichtig zu zeigen. Wir wissen heute aber, daß beispielsweise die Porphyrgliederungen am Alten Rathaus zur Zeit Hieronymus Lotters grau gefaßt waren und daß man den Naturstein damals lediglich als ein konstruktives Baumaterial auffaßte. Auch die beiden Sitznischenportale im Erdgeschoß entstammen der Leipziger Bautradition. Die zierlichen Dächer der Türmchen und Balkone sind mit kleinen schwarzen, grünen und gelben Biberschwänzen eingedeckt, die übrigen Dachflächen mit schwarzblauen Falzziegeln. Im Erd-

Strohsack, Fassade an der Ritterstraße

Strohsack. Passagenraum an der Nikolaistraße

71 Strohsack

Nikolaistraße 10/Ritterstraße 7

Am 30. November 1995 wurde der Grundstein zu einem neuen Geschäftshaus mit einer Passage gelegt, die heute zu den urbansten in der Innenstadt gehört. Sie verbindet die Nikolai- mit der Ritterstraße. Die jungen Leipziger Architekten Appel, Behzadi und Bohne realisierten bis 1997 einen lebendigen Durchgang mit drei unterschiedlich gestalteten Höfen. Die große, zweigeschossige Halle an der Nikolaistraße ist das Zentrum des Baus. Die Raumstützen sind als feingliedrige, hohe Metallpilzsäulen ausgeführt, die den ovalen Hallengrundriß markant akzentuieren. Eine Rolltreppe führt zum Supermarkt ins Untergeschoß, während sich an der Nordseite im 1. Obergeschoß ein offener, halbrunder Restaurantbalkon in die Halle schiebt. Darunter ist eine Uhr (Entwurf Reinhard Minkewitz) unter Plexiglas in den Fußboden eingelassen, deren Zeiger von einer männlichen

Das dem Strohsack gegenüberliegende Zeppelinhaus, Nikolaistraße 27/29, entstand 1911/12 nach Entwurf von Johann Gustav Pflaume für den Rauchwarenhändler Felix Reimann.

Hofansicht des Geschäftshauses Goldene Hand

und einer weiblichen Figur gebildet werden. Das Motiv der raumhohen Pilzsäule hat schon Eberhard Werner 1950 bei der Messehofpassage verwendet; allerdings handelt es sich dort um einen mittig angeordneten Solitär aus Marmor mit einer umlaufenden Reliefdarstellung, quasi um ein Element architekturbezogener Kunst. Die metallisch glitzernde Pilzstützendecke des Strohsacks erinnert dagegen ein wenig an diesbezügliche Prototypen, wie sie bereits in der Zeit zwischen den beiden Weltkriegen durch Architekten wie Poelzig und Lloyd Wright angewandt wurden. Mit dieser ausdrucksstarken Hallengestaltung gelang den Architekten ein beachtlicher Beitrag zur Leipziger Passagenarchitektur. Die in Richtung Ritterstraße folgenden zwei Höfe können an diesen Anspruch leider nicht anknüpfen. Der Gebäudekomplex verfügt über Büros, Wohnungen, eine Tiefgarage, Läden, Restaurants, eine Kunstgalerie, ein Fitnesscenter im Dachgeschoß und nicht zuletzt über eine Kabarettbühne im Kellergeschoß. An der Nikolaistraßenseite ist der Passagenzugang durch eine über alle Geschosse reichende futuristische Glasfassade betont, der zwei kräftige, metallverkleidete Säulen vorgesetzt sind. Die nördlich anschließende Straßenfassade orientiert sich am üblichen Gliederungsschema der Leipziger Geschäftshausarchitektur nach 1900, die südliche mit ihren Fensterrahmungen im ortstypischen roten Rochlitzer Porphyrtuff an Bürgerhausfassaden des 18. Jahrhunderts. Seinen Namen „Zum Strohsack" verdankt die Passage dem Bürgerhaus Ritterstraße 7, das im Zuge des Neubaus abgebrochen wurde und, in barocker Gestalt rekonstruiert, heute in den Gesamtkomplex einbezogen ist. Seit dem 15. Jahrhundert beherbergte das Haus eine Studentenburse, Bursa Heinrici genannt. Die auf der gegenüberliegenden Ritterstraßenseite befindlichen Häuser gehören seit alters der Universität, so auch das sogenannte Rote Kolleg von 1517, das Arwed Roßbach in romantisierenden neogotischen Formen 1891/92 erneuerte.

72 Goldene Hand

Nikolaistraße 18

Das „Commissions- & Speditionsgeschäft von Johann Christian Freygang" wurde 1854/55 nach Entwürfen des Architekten Paul Bachmann vom Maurermeister Heinrich Purfürst und dem Zimmerermeister Robert Leideritz errichtet. Es ist heute das älteste Gebäude der Straße. 1713 wurde der Hausname Zur Goldenen Hand erstmals erwähnt, ohne daß jedoch seine Herkunft bis heute geklärt werden konnte. Das Hauszeichen, eine vergoldete Hand, ist in den Schlußstein des Segmentbogens über der Durchfahrt eingelassen. Auf der Rückseite findet sich die Inschrift „erbaut im Jahre 1855". Das viergeschossige Geschäfts- und Wohnhaus des ausgehenden Klassizismus ist in den Obergeschossen durch vertikale Pilaster gegliedert, wobei die Mittelachse betont ist. Das Motiv der drei Segmentbögen im Erdgeschoß wiederholt sich an den gekuppelten Fenstern des 1. Obergeschosses. Die durchlaufenden Gesimse der Obergeschosse sind mit den Pilastern verkröpft. Ein Akanthusfries und darüber ein Zahnschnitt bilden den oberen Fassadenabschluß unterhalb der Traufe. Die beiden mittleren Pilaster laufen im 3. Obergeschoß in antikisierenden Vasen aus. Akroterien bekrönen die Fensterverdachungen des 2. Obergeschosses. Palmetten dekorieren die Mittelachse im 1., 2. und 3. Obergeschoß. Die hervortretenden Putzspiegel sind in einem Rauhputz ausgeführt. Wirkt die Fassade alles in allem eher unbeholfen, so macht der Hof mit seinen rückwärtigen Fachwerkloggien einen unerwarteten, geradezu malerischen Eindruck und erinnert ein wenig an die Milieubilder des Carl Spitzweg. Die zweigeschossigen Hofgebäude weisen mit ihren Verladeluken noch auf die wirtschaftliche Funktion des Hauses hin.

73 Oelßners Hof

Nikolaistraße 20–26/Ritterstraße 23–29

Zwei prächtige, viergeschossige Sandsteinfassaden im Stile des Neobarock an der Nikolaistraße und an der Ritterstraße verweisen auf die einst glanzvolle Stellung des Pelzhandels am Brühl und in der Nikolaistraße zur Jahrhundertwende. Die langgestreckte Hofanlage harrt noch der Sanierung. Das stattliche Pelzgewerbehaus wurde 1907/08 durch den Leipziger Architekten Max Pommer errichtet. Die beiden kunstgeschmiedeten Tore stellen bemerkenswerte Handwerksarbeiten dieser Zeit dar. An der Ritterstraße ist die Fensterachse rechts neben der Tür durch plastischen Schmuck besonders hervorgehoben. Über der Eingangstür ist eine prächtige barockisierende Kartusche mit den Handelssymbolen im Wappenschild angeordnet: Dargestellt sind ein Merkurstab mit geflügeltem Helm, ein Handelsschiff, ein Fesselballon und ein Eisenbahnwagen. Darüber ist in der Fensterbekrönung des 1. Obergeschosses ein Schlußstein als Porträt ausgebildet, das wohl den Bauherrn darstellt. Auf gleicher Höhe, drei Fensterachsen weiter links, ein weibliches Porträt, das vermutlich die Gattin zeigt, wie das in dieser Zeit gelegentlich vorkommt. Über dem 2. Obergeschoß ist in einem „gesprengten" Giebel ein plastischer Merkurkopf auf eine Konsole gestellt.

74 Steibs Hof

Nikolaistraße 28–32

Im Jahre 1907 errichtete der Leipziger Baumeister Felix Steib das nach ihm als erstem Besitzer benannte Geschäftshaus. War es zunächst als Messepalast konzipiert, so diente es schließlich, wie die meisten Gebäude dieser Straße, dem Pelzhandel. Der Bau ist eine interessante Mischung aus moderner Geschäftsarchitektur und historisierenden, teils vom Jugendstil geprägten Formen und Details. Die betonte Mittelachse übertrumpft mit ihrem neobarocken Sandsteindekor selbst die reich

Oelßners Hof. Eingang an der Nikolaistraße

Das neobarocke Geschäftshaus Steibs Hof wurde 1907 nach Plänen von Felix Steib errichtet.

sten Bürgerhausfassaden des 18. Jahrhunderts. Die plastischen Arbeiten im Frontispiz stehen unter dem Thema Handel und Industrie. Im „gesprengten" Giebelfeld des Dacherkers findet sich die Darstellung der ehemaligen drei Vorgängerbauten mit Inschrift 1687. Darüber wird ein hochovales Fenster von zwei Putti mit den Attributen Handelsschiff und Hammer flankiert. Die Fensterverdachung darüber ist von einer Weltkugel bekrönt. Zwei Löwenplastiken als Wappenhalter „bewachen" das Geschäftshaus seitlich über dem Hauptgesims. In einer Kartusche in der Fensterbekrönung des 2. Obergeschosses ist die lateinische Inschrift „Labor vincit mundum" (Die Arbeit überwindet die Welt) zu lesen. Zwischen den kräftigen Kolossalpilastern sind die leichten Metallfensterkonstruktionen erkerartig ausgestellt. Das opulente Sandsteinportal stellt vielleicht die schönste Historismus-Eingangsgestaltung Leipzigs dar. Die beiden Höfe sind weiß mit blauen Gliederungen gefliest. Der vordere Hof erhielt ein Glasdach. Auffällig ist die Vielzahl eleganter alter wie neuer Details, vor allem im Durchgang und im übrigen Erdgeschoßbereich. Die Sanierung realisierten die Architekten Heinle, Wischer und Partner in den Jahren 1994 bis 1996. Das Haus wurde 1997 mit dem Hieronymus-Lotter-Preis für Denkmalpflege der Kulturstiftung Leipzig ausgezeichnet, der gemeinsam mit der Stadt Leipzig ausgelobt wird.

Über 700 Pelzfirmen hatten um 1930 in der Nikolaistraße, am Brühl, in der Reichsstraße und der Ritterstraße ihren Sitz. Anders als die Mustermessehäuser sind die Pelzgewerbehäuser zumeist bereits am Fassadenschmuck zu erkennen, der in der Regel aus plastisch gestalteten Pelztieren aus Naturstein, Keramik oder getriebenen Kupfer besteht. Im Zuge der Sanierung des gründerzeitlichen Dussmann-Hauses am Brühl 64/66 Mitte der 1990er Jahre wurde hier ein kleiner, überglaster Innenhof mit einer Wendeltreppe ins 1. Obergeschoß geschaffen, der heute mit Steibs Hof verbunden ist und so eine ganz neue Passage bildet.

75 Blauer Hecht

Nikolaistraße 39–45

Nach einem erstmals im Jahre 1551 erwähnten Gasthof Zum Blauen Hecht, hat das Haus noch heute seinen Namen. Die Geschäftshausfassade der Jahrhundertwende ist durch vertikale Pfeiler stringent gegliedert, dazwischen sind die Fenster trapezförmig gespannt. Vier markante Dachgaupen mit spitzen Giebeln bilden eine eindrucksvolle Dachlandschaft. Der Passagenzugang ist durch das Hauszeichen mit der Darstellung eines blauen Hechts betont. Über dem Erdgeschoß beleben kleine Putti auf Konsolen mit unterschiedlichen Attributen die Fassade. Die Fassadenverkleidung des 1911/12 von Leopold Stentzler errichteten Pelzgewerbehauses ist in flächigem Kalkstein ausgeführt. Tierköpfe bilden kapitellartige Abschlüsse der Fassadenpfeiler unterhalb des Traufgesimses. Die Passage, mit einem kleinen, überglasten Lichthof im hinteren Bereich, mündet derzeit allerdings noch in eine wenig attraktive Hinterhofsituation des Wohnungsbaus Reichsstraße.

76 Geschwister-Scholl-Haus

Ritterstraße 8–10

Das viergeschossige, siebenachsige Gebäude wurde 1910 nach Entwürfen von Fritz Schumacher für die erste deutsche Handelshochschule fertiggestellt. Schumacher gehörte zu den herausragenden Reformarchitekten jener Zeit. Als er mit 40 Jahren diesen Bau realisierte, war er bereits von der Dresdner Akademie nach Hamburg als Stadtbaurat gewechselt. Mit Bauten wie der Leipziger Handelshochschule oder dem berühmten Krematorium in Dresden-Tolkewitz (1908/09) versuchte er sich frei zu machen von überkommenen historischen Architekturleitbildern. Gleichzeitig

Das Geschäftshaus Blauer Hecht, 1911/12 erbaut

spürt man den der Architektur jener Zeit innewohnenden Drang zur Monumentalisierung. Die gesamte Architektur ist von dem Bestreben gekennzeichnet, überkommene Formen neu zu interpretieren. Dies wird beispielsweise an der unkonventionellen Portalgestaltung, an der Risalitausbildung oder an den Dachgaupen sinnfällig. Die bauplastischen Arbeiten stammen von dem Dresdner Bildhauer Georg Wrba. Über den Blendarkaden des Erdgeschosses gliedern kräftige Pfeiler die Obergeschosse. Ein turmartiger Seitenrisalit betont den Haupteingang und die darüberliegenden Hörsäle. Im 3. Obergeschoß sind Fenstererker angeordnet. Graue Putzflächen wechseln mit roten Porphyrtuffgliederungen. Das Mansarddach beleben unterschiedlich gestaltete Gaupen. Das Portal ist mit plastischen Dar-

Die ehemalige Handelshochschule, heute Geschwister-Scholl-Haus der Universität, wurde 1910 nach Plänen von Fritz Schumacher fertiggestellt.

stellungen und Inschriften („Handel schafft Wandel", „Handel verbindet die Völker") geschmückt. Darüber sind die Fensterpfeiler des 2. Obergeschosses als allegorische Gewandfiguren zum Thema Handel in Reliefdarstellung gestaltet. In zwei Reliefplatten neben dem Eingang sind Handelsschiffe dargestellt. In den Jahren1994/95 wurde das Haus durch die Leipziger Architekten Winfried Sziegoleit und Eberhard Göschel saniert. Ein erstaunliches Ergebnis brachte die Wiederherstellung der originalen Farbigkeit des Treppenhauses und des großen Hörsaals. Erst die Befunduntersuchung brachte Klarheit, wie man sich die Koloristik dieser Reformarchitektur eines der führenden Architekten jener Zeit vorzustellen hatte. „Für uns", schrieb Winfried Sziegoleit, „war das Wiedererstehen dieser farbigen Originalfassung ein großes Erlebnis. Es ist schon ganz und gar ungewöhnlich, einen so selbständigen und eigenwilligen Zusammenklang zu erleben, fremd und gleichzeitig vertraut, weil überzeugend. Schumacher hat dabei die Farbe offenbar als ganz selbständiges Element empfunden und verwendet. Es war wohl auch nicht sein Bestreben, Farbe zur plastischen Wirkung von Baugliedern oder gar zur Klärung von Durchdringungserscheinungen von Architekturelementen zu nutzen. Sonst hätte er nicht unterschiedliche Farbflächen auf Außenkanten statt auf Innenecken zusammenstoßen lassen. Etwas, was unserem gewachsenen Verständnis von Farbe am Bau eigentlich fremd ist, hier aber als Bestandteil eines eigenen Farbkunstwerkes keinen Bruch erzeugt." Für den Neubau wurden 1908 zwei historische Bürgerhäuser, die sich im Besitz der Universität befanden, das Schubertsche Haus (Nr. 10) und die „Melone" (Nr. 8), abgebrochen. Zwar sollten, laut Bauakte, von diesen als kunstgeschichtlich wertvoll angesehenen Häusern toskanische Säulen, Delfter Fliesen und barocke Gitter geborgen werden, was aber offenbar unterblieb. Das Geschwister-Scholl-Haus wird heute vom Institut für Kunstpädagogik der Universität Leipzig genutzt.

Geschwister-Scholl-Haus.
Grundriß 1. Obergeschoß

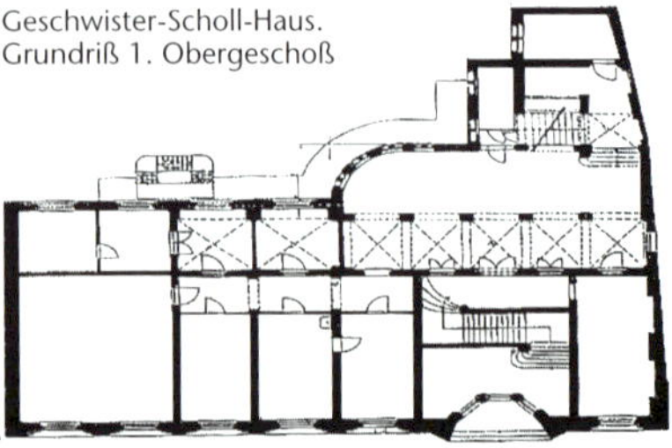

77 Rotes Kolleg

Ritterstraße 16–22

Wie der Chronist Gretschel im Jahre 1836 schrieb, hat die Ritterstraße „ihren Namen nicht sowohl, wie einige wollen, von dem Ritter St. Georg oder von mehreren in ihr wohnenden Edelleuten, sondern vielmehr von des Raths Marstalle, welcher bis 1503 auf ihr im Rothen Collegium sich befand". Im Jahre 1891 wurde der spätgotische Bau, ein Gebäude der Philosophischen Fakultät der Universität aus dem Jahre 1517, abgebrochen. Im Hintergebäude hatte sich ein sogenanntes Vaporarium (lat.: heizbares Zimmer) befunden. Kulturgeschichtlich ist von besonderem Interesse, daß hier am 23. Juni 1646 Gottfried Wilhelm Leibniz geboren wurde. Sein Vater, Friedrich Leibniz, war zu diesem Zeitpunkt Professor für Moral an der hiesigen Universität und bekleidete das Amt eines Notars. Der in den Jahren 1891/92 nach Entwürfen von Arwed Roßbach ausgeführte Neubau ist eine gestalterische Reminiszenz an den spätgotischen Vorgängerbau. Dies zeigt sich in den Giebelaufbauten der Seitenrisalite, im teils gotisierenden Schmuckwerk der Fassade und nicht zuletzt in der Verwendung der roten Fassadenklinker. Der von Roßbach geschaffene Neubau erhielt im Erdgeschoß Läden, in den Oberge-

Das Rote Kolleg wurde 1891/92 nach Entwürfen von Arwed Roßbach erbaut.

Das Königliche Palais entstand 1860/61 nach einem Entwurf von Albert Geutebrück.

Das Kroch-Haus wurde 1927/28 von German Bestelmeyer in Anlehnung an den Uhrturm am Markusplatz in Venedig realisiert.

schossen Wohnungen und im 1. Obergeschoß die Räume der Philosophischen Fakultät. In der gewölbten Durchfahrt zum Hof erläutert eine Gedenktafel: „Rothes Colleg erbaut 1517 unter Herzog Georg dem Bärtigen, von Grund aus neu errichtet 1891/92 unter König Albert". Die historisierende Ausmalung im gewölbten Durchgang wurde Mitte der 1990er Jahre freigelegt und restauriert.

78 Königliches Palais

Goethestraße 7/Ritterstraße 26

Das spätklassizistische Eckgebäude zur Goethestraße entstand 1860/61 nach einem Entwurf des damaligen Stadtbaudirektors Albert Geutebrück. Wie für jene Zeit charakteristisch, ist es stark durch Elemente der italienischen Renaissance-Architektur geprägt, die sich bei Geutebrück erstmals an der 1834 bis 1836 erbauten Buchhändlerbörse (Ritterstraße 12, im zweiten Weltkrieg zerstört) zeigen. Das Innere wurde 1886 nach Plänen von Arwed Roßbach umgestaltet. Dabei entstand der repräsentative neubarocke Senatssaal im 1. Obergeschoß. Das Gebäude diente ursprünglich als Unterkunft für den sächsischen König, wenn er – als Landesherr und zugleich oberster Rektor der Universität – in Leipzig war. Im 1. Obergeschoß, an der Front zur Goethestraße, lagen Wohnzimmer, Empfangszimmer und Speisezimmer. Während der Frühjahrsmesse 1919 wurde das Gebäude erstmals als „Porzellan-Palais-Meßhaus" verwendet. Heute wird der Senatssaal von der Universität für repräsentative Veranstaltungen genutzt, während die übrigen Räume verschiedenen Einrichtungen der Universitätsverwaltung dienen. (Abb. S. 115)

79 Kroch-Haus

Goethestraße 2

Das in den Jahren 1927/28 nach Entwürfen des Münchner Architekten German Bestelmeyer errichtete Gebäude ist das erste Hochhaus der Stadt. Der elfgeschossige, kalksteinverkleidete Stahlbetonbau lehnt sich in der Gestaltung an den Uhrturm am Markusplatz in Venedig an. Die Glockenschlägerplastiken von Josef Wackerle bilden den oberen Abschluß. Die Uhr im 10. Obergeschoß wird von zwei reliefierten Löwendarstellungen flankiert. An der Kugel über der Uhr lassen sich die Mondphasen ablesen. Das Giebelfeld trägt die Inschrift „Omnia vincit labor" (Die Arbeit überwindet alles). In der ehemaligen Schalterhalle des Bankhauses Kroch befindet sich das Ausstellungszentrum der Universität Leipzig. Der Raum stellt das bedeutendste Interieur des Art déco in Leipzig dar. Bemerkenswert ist der Neptunbrunnen aus Terrakotta mit der vergoldeten Figur des Meeresgottes.

Beim Bau dieses Hochhauses kam es zum Streit, denn die Vorschriften erlaubten grundsätzlich kein Bauen über die Firstlinie der innerstädtischen Geschäfts- und Wohnhäuser hinaus. Gegen Bestelmeyers Entwurf wurden entschiedene Proteste laut, die einem Privatbau in so exponierter städtebaulicher Lage eine derartige architektonische Bevorzugung nicht gestatten wollten. Die Auseinandersetzung, in der die sächsische Landesregierung hinter Kroch und seinem Architekten stand, wurde auf eine ungewöhnliche Weise entschieden. Als der Bau sieben Geschosse hoch gediehen war, wurden die fehlenden vier Etagen zur besseren Beurteilung als Modell aufgesetzt. Die Entscheidung fiel schließlich für die Lösung Bestelmeyers, der damit eines der Wahrzeichen Leipzigs schuf und den Auftakt für den Hochhausbau in Leipzig gab. Bereits im folgenden Jahr stellte Otto Paul Burghardt das Europahaus schräg gegenüber dem Krochhaus auf der anderen Platzseite fertig.

80 Dresdner Bank

Goethestraße 3–5

Das Gebäude wurde in den Jahren 1910/11 für die Dresdner Bank nach dem Entwurf des Architekten Martin Dülfer erbaut. Betrachtet man Dülfers avantgardistische Jugendstil-Geschäftsbauten seiner Münchner Zeit der Jahrhundertwende mit ihren farbigen, reichdekorierten Putzflächen – Dülfer war auch der erste deutsche Architekt, der unverkleidete Stahlkonstruktionen in der Erdgeschoßgestaltung zeigte –, so ist man von dem Leipziger Bankgebäude zunächst überrascht. Die Blütezeit des Jugendstils war schon mehrere Jahre vorbei, doch bevor das neue Bauen folgte, entfaltete sich bis zum ersten Weltkrieg ein gemäßigter Historismus, für den es allerdings keinen allgemeingültigen Stilbegriff gibt. Die historisierende Sandsteinfassade wirkt durch die kräftigen ionischen Kolossalsäulen über dem rundbogigen, genuteten Erdgeschoß auf den ersten Blick fast klassisch. Doch die Säulen tragen nicht nach antikem Vorbild das Dachgebälk, sondern lediglich ein Gesims mit Figurengruppen. Hier zeigt sich ein wesentlicher Unterschied zum Historimus des 19. Jahrhunderts, der ursprünglich bemüht war, die Stilvorbilder möglichst genau zu „zitieren". Zu Beginn des 20. Jahrhunderts dienen die historischen Details, in freier Art und Weise gehandhabt, lediglich der Gliederung des

Die Dresdner Bank wurde 1910/11 nach Plänen von Martin Dülfer erbaut.

Opernhaus. Front zum Augustusplatz

Bauwerks und bewirken, wie auch die kräftigen Bildhauerarbeiten, die Monumentalisierung der Fassade. Ähnliche Tendenzen zeigen sich z. B. auch an der Fassade der Mädler-Passage und am Hauptbahnhof. Wie der Wiener Kunsthistoriker Dieter Klein in seiner Dülfer-Biographie hervorhebt, scheint dieser in „Leipzig ein Resümee der wichtigsten, jemals von ihm verwendeten Architekturelemente gezogen zu haben". Sowohl die Fassadendisposition als auch einzelne Elemente, wie Dreiecksgiebel, ionische Säulen, der heute wieder rekonstruierte Dachreiter, die Dachgaupenformen und die Rundbogengliederung im Erdgeschoß, finden sich an Dülfers Bauten in anderen deutschen Städten. In der Kassenhalle verwendete Dülfer sogenannte Zackenformen, die auch in der späteren, expressionistischen Architektur in Leipzig, z. B. am neuen Grassimuseum von 1925–1929, bedeutsam wurden. Treppenhaus und Kassenhalle nehmen so bereits um 1910 die spätere Mode des Art déco vorweg. Die architektonisch bemerkenswerte Schalterhalle hat die Form eines zweigeschossigen Umgangschors auf polygonalem Grundriß. Im Obergeschoß ist die Galerie mit Fenstern versehen. Bei der Sanierung 1995/96 wurde die Oberlichtkonstruktion verändert wiederhergestellt. Das Rippennetzgewölbe ist in Stahlbeton ausgeführt. Die Arkadenbögen sind im „Zackenstil" stalaktitenförmig abgetreppt. Der architektonisch in grünem Marmor hervorgehobene Zugang zum Tresorraum wird von einer Uhr als Supraporte bekrönt, die von Figuren begleitet wird. Die kunstgeschmiedeteTresortür ist vergoldet.

81 Opernhaus

Augustusplatz

Das spätklassizistische Neue Theater am Augustusplatz, das Carl Ferdinand Langhans der Jüngere 1864–1868 errichtet hatte, wurde beim amerikanischen Bombenangriff in der Nacht vom 3. zum 4. Dezember 1943 schwer getroffen. Bereits 1950 wurde ein Einladungswettbewerb für einen Neubau durchgeführt, an dem auch Hans Scharoun mit einem vieldiskutierten Entwurf beteiligt war. Nach einem weiteren Wettbewerb erhielt schließlich Kunz Nierade den Planungsauftrag. Nach seinen Entwürfen entstand an Stelle des Neuen Theaters in den Jahren 1956 bis 1960 der erste Theaterneubau der DDR. Es war zugleich der bedeutendste Gesellschaftsbau der 1950er Jahre in Leipzig. In der Gestaltung ist das neue Opernhaus als ein Zeugnis des Übergangs von der politisch verordneten Architektur der Nationalen Bautradition zur wieder funktional bestimmten Haltung anzusehen, wie sie sich infolge der beginnenden Industrialisierung des Bauwesens zwangsläufig durchzusetzen begann. Historisierende Schmuckelemente

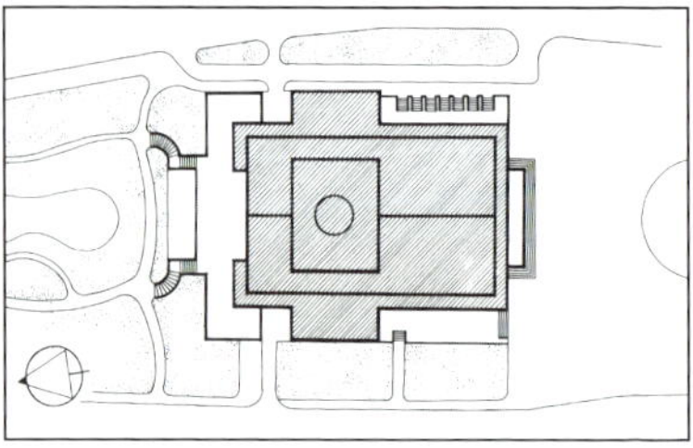

Opernhaus. Lageplan

wurden im Laufe des Planungsprozesses sukzessive zurückgedrängt. Die innere Ordnung ist außen klar ablesbar. Der dreigeschossige Baukörper (ein Geschoß entspricht jeweils einer Foyerebene) wird von dem mit einer Laterne bekrönten Bühnenhaus überragt. Seitlich treten die Nebenbühnen aus der Bauflucht heraus. Die dem Bühnenhaus nördlich vorgelagerte Terrasse nimmt die Räume des früheren Casinos auf und stellt die Verbindung mit dem Schwanenteichgelände her. Durch Verzicht auf kräftige Fassadengliederungselemente erhält der Bau eine geradezu grafische Stringenz und gestalterische Unentschiedenheit. Die vier vergoldeten Tauben auf dem Dach des Zuschauerhauses sollen den Bau symbolisch unter das Thema Frieden stellen. Von bemerkenswerter Klarheit ist die innere Ordnung des Hauses. Von der sachlichen Garderobenhalle im Erdgeschoß führen die seitlichen Treppenanlagen zum festlichen Parkettfoyer im 1. Obergeschoß. Der Fußboden der Garderobenhalle ist in schwarzem Diabas ausgeführt, die Säulen sind mit Riemchen aus Meissener Porzellan belegt. Die gediegen gestalteten Treppengeländer in Messingdekor mit weißen Stäben, die Vorhangsäulen sowie weitere Metallgestaltungen entwarf Fritz Kühn. Die Holzverkleidung der Wände und Pfeiler im Parkettfoyer sind in Schweizer Birnbaum ausgeführt. Die Deckengestaltung und -malerei schuf Hans Kinder, die Musikerbüsten Walter Arnold. Der festlich gestaltete Zuschauerraum besitzt im Parkett 1150 und im Rang 486 Sitzplätze. An den vorderen Seitenwänden sind zwei Sonderlogen mit je drei Plätzen eingefügt. Die Faltwandverkleidung und die Pilaster sind aus Riegelahorn gefertigt und chamois gebelzt. Die Türen wurden mit goldgeprägtem Pergament bespannt. Die Kassettendecke des Saals und die Decke unter dem Rang wurden als große Farbornamente (Rot, Gold, Ocker und Silbergrau) nach Entwürfen von Hans Kinder gestaltet. Die Hauptbühne weist eine Breite von 30 m und eine Tiefe von 23 m auf. Die Innenarchitektur des Baus darf als eine herausragende Schöpfung der späten 1950er Jahre im gesamtdeutschen Maßstab gelten. Die Baukosten beliefen sich auf 44,6 Millionen Mark. Die Front zum Platz wird von einem zweigeschossigen, portikusartigen Vorbau dominiert. Die Fassade bezieht ihre noble Wirkung aus der einheitlichen Fassadenverkleidung in hellem Elbsandstein sowie den goldeloxierten Leichtmetallfenstern und Außentüren. Der bauplastische Schmuck von Walter Arnold beschränkt sich auf Reliefs über dem Erdgeschoß und unterhalb der Traufe des Zuschauerraums.

Mendebrunnen von 1886

82 Mendebrunnen und Neugestaltung des Augustusplatzes

Der Mendebrunnen entstand nach einem Entwurf des Nürnberger Architekten Adolf Gnauth und wurde am 1. September 1886 eingeweiht. Die Plastiken schuf Jacob Ungerer aus München. Der Mendebrunnen ist als eine Allegorie auf die Bedeutung des Wassers für den Menschen aufzufassen. Seine maritimen Darstellungen verkörpern Gestalten der griechischen Mythologie. Zweimal ist Triton, Sohn des Meeresgottes Poseidon, mit menschlichem Oberkörper und doppelschwänzigem Fischleib dargestellt. Hippokampen nennt man die aus Seepferdchen und Welle hervorgegangenen Fabelwesen – halb Pferd, halb Fisch –, die hier sogar geflügelt sind. Im Brunnen ist die gesamte Wasserwelt im kleinen künstlerisch dargestellt. Das äußere, wassergefüllte Becken soll das das Land umgebende Meer zeigen, in welches die acht Delphine auf dem inneren Beckenrand, den Flüssen gleich, Wasser ergießen. Die sich kraftvoll aufbäumenden Hippokampen und die sie zügelnden Tritonen sind als die Beherrschung der Meeresgewalten durch den Menschen zu deuten. Die Nereiden auf den Konsolen des Obelisken, in der zweiten Figurenebene, symbolisieren dagegen den Nutzen, den die Menschen aus dem Umgang mit dem Meer ziehen. Schließlich sind die vier geflügelten Putti im oberen Teil des 18 m hohen Obelisken mit dem vergoldeten Stern als die regenspendenden Wolken anzusehen. Die Figuren der drei Bildebenen folgen in Größe und thematischer Bedeutung dem sich nach oben verjüngenden pyramidenartigen

Aufbau des Brunnens. Dank der glücklichen Materialwahl aus dauerhaftem roten Meißner Granit und den künstlich patinierten hellgrünen Bronzeteilen wird eine gelungene Gesamtwirkung der vielseitigen Komposition erzielt. Sowohl in der Grundkonzeption als auch in der Auswahl und Gestaltung der Plastiken lehnten sich Gnauth und Ungerer an berühmte Vorbilder des italienischen Barock an. Bezüge zu den römischen Brunnen auf der Piazza Navona, der Fontana del Moro oder dem von Bernini entworfenen Vier-Ströme-Brunnen sind unverkennbar. Für die architektonische Gliederung (Becken und Obelisk) scheint die stärkste Anleihe beim Brunnen auf dem Platz vor dem Pantheon in Rom genommen worden zu sein. Von Niccolò Salvis Fontana di Trevi in Rom könnte Ungerer die Anregung für die Gestaltung der zwei sich aufbäumenden Hippokampen haben, die von auf Muscheln trompetenden Tritonen gezügelt werden.
Der Brunnen wurde zum Teil aus dem Vermächtnis der Marianne Pauline Mende errichtet. Von Egon Erwin Kisch stammt die pikante Story, die Stifterin sei die Besitzerin eines gewissen Etablissements gewesen, die mit dieser gemeinnützigen Spende ihr frevelhaftes irdisches Tun sühnen wollte. Obwohl sich die Darstellung des „rasenden Reporters" längst als (vielleicht sogar beabsichtigte) Verwechslung erwiesen hat, kommt die Wahrheit nur schwer gegen die Fama an.
Der Brunnen wurde nach erfolgter Restaurierung am 27. Juni 1982 wieder eingeweiht, nachdem er einige Jahre wegen des Neubaus des Gewandhauses abgebaut und eingelagert war. Im Zuge des Baus der zweigeschossigen Tiefgarage unter dem Augustusplatz 1997/98 und der darauffolgenden Neugestaltung des Platzes wurde er erneut demontiert, restauriert und wiederaufgebaut. Die heutige Gestaltung des Augustusplatzes wurde nach Entwürfen des Starnberger Architekten Bernhard Winkler ausgeführt, der einen vorausgegangenen Wettbewerb gewonnen hatte. Winkler betont nun die architektonische Hauptachse zwischen Gewandhaus und Oper, indem er die West- und die Ostseite mit Bäumen, Pergola sowie durch acht hohe, weiße Glaszylinder (im Volksmund als Milchtöpfe bezeichnet) optisch zurückdrängt. Die gläsernen, nachts beleuchteten Zylinder sind Ausgänge der Tiefgarage. Selten ist eine öffentliche Baumaßnahme auf so entschiedenen Protest eines großen Teils der Bürgerschaft gestoßen. Allerdings muß eingeräumt werden, daß der Verlust der meisten historischen Bauten im zweiten Weltkrieg eine völlig neue stadträumliche Situation geschaffen hatte und die Nachfolgebauten die Platzwände des riesigen Areals kaum noch gültig begrenzen konnten. Mit dem kreisrunden Wasserbecken von etwa 40 m Durchmesser vor dem Opernhaus gelang Winkler auf jeden Fall eine wertvolle Bereicherung der Platzanlage. Die Pylonen an den Straßenbahnhaltestellen in der Mitte des Platzes tragen nicht nur die Oberleitung, sondern auch markante Reflektoren, mit denen dieser Bereich indirekt beleuchtet wird.

Pergola an der Westseite des Augustusplatzes

Das Gewandhaus entstand in den Jahren 1977 bis 1981.

83 Gewandhaus

Augustusplatz

Nach vierjähriger Bauzeit wurde das neue Gewandhaus – der erste und einzige Konzerthallenbau der DDR – am 8. Oktober 1981 seiner Bestimmung übergeben. Das traditionsreiche Leipziger Gewandhausorchester erhielt damit den dritten Konzertsaal in seiner Geschichte. Den ersten schuf Johann Friedrich Carl Dauthe im Jahre 1781 durch einen klassizistischen Einbau im oberen Tuchboden des Gewandhauses an der heutigen Universitätsstraße (s. Messehaus Städtisches Kaufhaus). Nach Entwürfen der Berliner Architekten Martin Gropius und Heino Schmieden war 1884 das „Neue Concerthaus" an der Beethovenstraße fertiggestellt worden. Nach der Zerstörung dieses Baus im zweiten Weltkrieg musizierte das Orchester bis zur Fertigstellung des Neubaus am Augustusplatz in der Kongreßhalle am Zoo.

Durch konsequente Umsetzung der funktionellen Erfordernisse entstand eine moderne Architektur mit minimierten Baumassen, die entwicklungsgeschichtlich nicht mehr in der herkömmlichen Tradition des Theater- und Konzerthausbaus steht. Ganz offensichtlich ist der Bau (vor allem auch der Große Saal) stark durch Scharouns Berliner Philharmonie beeinflußt. Aus dem dreigeschossigen Grundkörper tritt der im Grundriß sechseckige Große Saal wie eine überdimensionale Plastik markant heraus. Die großflächige, transparente Verglasung der Front am Augustusplatz ermöglicht eine ungehinderte optische Kommunikation zwischen den Hauptfoyers mit den frei in den Raum gestellten Treppenanlagen und dem Außenraum. Sighard Gilles 716 qm großes Deckenbild auf dem schräg verlaufenden Saalunterboden steht unter dem Thema „Gesang vom Leben" und ist durch Gustav Mahlers „Lied von der Erde" angeregt. Bei Dunkelheit wirken Foyerräume und Gemälde als interessanter lichtarchitektonischer Effekt in den Raum des Augustusplatzes hinein. Modernen Tendenzen des internationalen Konzerthallenbaus folgend, ist der 1920 Besucher fassende Große Saal in der Form eines Amphitheaters angelegt. Die um das Orchesterpodium herumführenden Emporen schaffen eine enge Verbindung zwischen Musizierenden und Hörern. Die Wände, das Gestühl und das Orgelgehäuse sind mit graugrün gebeiztem Eichenholzfurnier verkleidet. Den oberen Raumabschluß bildet eine weiß gehaltene „Wolkendecke", die in ihren geometrischen Formen, aber auch in der Farbe zu der Wandtäfelung kontrastiert. Durch das Weiß der Emporenbrüstungen und das dunkle Rot der Stuhlbezüge wird die noble Wirkung des Interieurs noch gesteigert. Höhepunkt und Blickfang der Saalgestaltung bildet der 15 m breite und 10 m hohe asymmetrische Orgelprospekt. Die Schuke-Orgel verfügt über 6638 Pfeifen und 89 Register. Sie ist damit das größte Musikinstrument, das in der DDR gebaut wurde. Über dem Spieltisch ist die aus dem ersten Gewandhaussaal herrührende lateinische Inschrift „Res severa verum gaudium" (Wahre Freude ist eine ernste Sache) angebracht. Im Foyer im 2. Obergeschoß, das als Umgang um den Saal angelegt wurde, befindet sich die „Galerie des Gewandhauses", für die zeitgenössische Maler großformatige Bilder schufen. Es handelt sich dabei um Arbeiten von Gudrun Brüne, Dietrich Burger, Ulrich Hachulla, Heidrun Hegewald, Susanne Kandt-Horn, Harald Metzkes, Ronald Paris, Nuria Quevedo, Arno Rink, Willi Sitte, Volker Stelzmann, Walter Womacka, Heinz Zander und Frank Ruddigkeit. Der kleine, 500 Plätze umfassende Kammermusiksaal, der den Namen Mendelssohns trägt, hat ebenfalls einen sechseckigen Grundriß.

Das Erdgeschoßfoyer des Mendelssohn-Saals hat die bronzene Statue Felix Mendelssohn Bartholdys vom Rostocker Künstler Jo Jastram, die bisher vor dem Gewandhaus stand, ihren endgültigen Platz gefunden.
Die Entwürfe für das Gewandhaus führte ein Kollektiv unter Leitung von Rudolf Skoda aus, zu dem die Architekten Eberhard Göschel, Volker Sieg und Winfried Sziegoleit gehörten. Die städtebaulich-architektonische Konzeption wurde leitend vom damaligen Chefarchitekten der Stadt Leipzig Horst Siegel erarbeitet. Entscheidenden Anteil an der Lösung der konstruktiven Aufgaben zur Realisierung dieser Architektur hatte der Leipziger Tragwerksplaner Rolf Seifert.

84 Hauptpost

Augustusplatz

An gleicher Stelle hatte bereits der stattliche Postbau Albert Geutebrücks von 1836–1838 gestanden, der 1881–1884 im Neorenaissancestil umgebaut worden war. Die durch den Bombenangriff am 4. Dezember 1943 ausgebrannte Ruine wurde später abgetragen. In den Jahren 1961 bis 1964 entstand nach Entwürfen eines Architektenkollektivs unter der Leitung von Kurt Nowotny der moderne, siebengeschossige Stahlbetonskelettbau mit einer Aluminium-Vorhangfassade. Durch die differenzierte Gestaltung der verschiedenen Funktionsbereiche gelang es, eine signifikante Architektur zu schaffen, die zu den herausragenden Gesellschaftsbauten in der damaligen DDR zu rechnen war. Das Wandbild von Bert Heller in der Halle der Paketannahme im nördlichen Erdgeschoßbereich erinnerte früher daran, daß Ernst Thälmann am 21. April 1930 auf dem Augustusplatz vor den Teilnehmern des V. Reichsjugendtags des Kommunistischen Jugendverbandes Deutschlands sprach. Es wurde allerdings zu Beginn der 1990er Jahre überstrichen.

85 Europahaus

Augustusplatz

Der 1929 verabschiedete erste Generalbebauungsplan der Stadt sah vor, die Ringstraße um das Zentrum zur „Ring-City" auszubauen und die markanten Punkte durch Hochhausdominanten zu betonen. Bis dahin hatte man in Deutschland dem Hochhaus in innerstädtischen Bereichen mit äußerster Skepsis gegenübergestanden. Das im Mittelteil dreizehngeschossige Turmhaus wird seitlich von zweiachsigen, siebengeschossigen Flügelbauten flankiert. Der 1929 errichtete Stahlskelettbau ist außen mit Muschelkalkstein verkleidet. Dabei vermied der Architekt Otto Paul Burghardt einerseits jeglichen ornamentalen und skulpturalen Schmuck und war andererseits darauf bedacht, keine allzu flächige Wirkung zu erzielen. Er selbst äußerte sich dazu: „Von einer übertriebenen primitiven nur flächigen kubischen Gestalt ist mit vollem Bewußtsein abgesehen worden, um eine brutale Wirkung des Hochhauses im Stadtbild ... zu verhindern." Kräftige, bis in den Dachbereich führende und im Profil spitzwinklige Pfeiler betonen die Vertikale und erinnern an expressionistische Gestaltungstendenzen der 1920er Jahre. Bei der Sanierung des Gebäudes wurde 1965 der obere Abschluß erheblich verändert, im Erdgeschoß wurden Arkaden eingebaut.

86 City-Hochhaus

Augustusplatz

Als das Universitätshochhaus Mitte der 1990er Jahre vom Freistaat an eine private Immobilienfirma verkauft wurde, mutierte Hermann Henselmanns 142 m hoher Turm der Wissenschaften zu einem gewöhnlichen Geschäftshaus. Mitten in der Bauphase im Jahr 2000 unter Denkmalschutz gestellt, kann er nun in neuem Outfit als City-Hochhaus wieder seine wahrzeichenhafte Funktion im Stadtbild wahrnehmen.

Die Hauptpost wurde 1961–1964 nach Entwürfen von Kurt Nowotny und Kollektiv erbaut.

Das 1929 erbaute Europahaus war das zweite Hochhaus der Stadt.

Am Fuße des Hochhauses ist zwischen Gewandhaus und Universitätshauptgebäude ein zweigeschossiger Baukörper mit Probensälen für die Klangkörper des Mitteldeutschen Rundfunks eingeordnet worden. Im Erdgeschoß befindet sich der Chorprobenraum von 20 x 17 m Größe und darüber der Orchesterprobensaal in den Abmessungen 22 x 32 m. Eine 23 m lange, klimatisierte Fußgängerbrücke verbindet in 6 m Höhe diesen Bau mit dem Gewandhaus. Heute besitzt das Hochhaus eine neue Fassade aus chinesischem hellgrauen Granit (Padang hell). Von so weit her wurde in Leipzig noch nie ein Fassadenstein herbeigeschafft. An den schmalen Außenseiten des Gebäudes sind die Brüstungs-

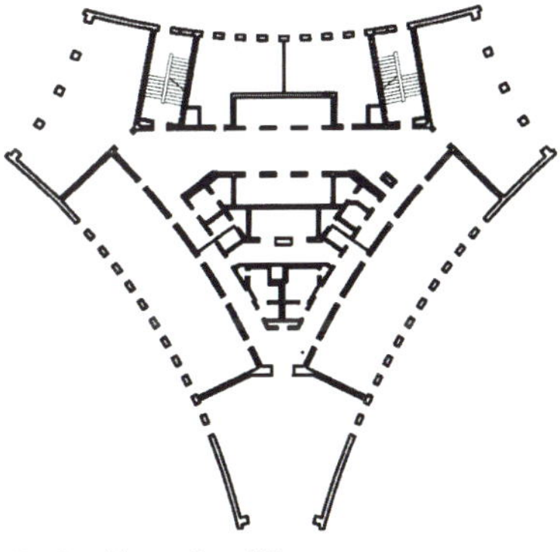

City-Hochhaus. Grundriß

Das 142 m hohe City-Hochhaus wurde 1968–1972 nach Entwürfen von Hermann Henselmann als Sektionsgebäude der Universität errichtet. Bis 2001 wurde es zum privaten Bürogebäude umgebaut. Die neue Fassadengestaltung sowie die zweigeschossige Fußbebauung mit Probenräumen für den Mitteldeutschen Rundfunk entstand nach Plänen von Peter Kulka. Im Vordergrund der Mendebrunnen.

bereiche kontrastierend mit schwarz emaillierten Glaspaneelen verkleidet. Die Fassade wirkt heute überraschend edel, solide und natürlich steinern – ganz anders als die frühere Aluminiumfassade, die aber ebenfalls einen hohen ästhetischen Eigenwert besessen hat. Da die einzelnen Granitplatten Farbnuancierungen aufweisen, entsteht eine leicht changierende, lebhafte Oberflächenwirkung. Mit dem hellen Granit der Fassade wird in der Fernwirkung fast das frühere Erscheinungsbild erreicht. Die Fenster der zehn oberen Geschosse sind vergrößert worden. Dieses neue Öffnungsraster tut dem Bau durchaus gut, konnte aber aus statischen Gründen nicht nach unten fortgesetzt werden. Die MDR-Leuchtwerbung oberhalb des letzten Geschosses ist geschickt eingeordnet.
Das 2002 im 29. Geschoß wiedereröffnete Restaurant Panorama und eine Plattform im Freien ermöglichen eine phantastische Aussicht auf die Stadt. In den übrigen Geschossen sind Büroflächen angeordnet. Die untersten sechs Geschosse sind dem Mitteldeutschen Rundfunk vorbehalten, der hier auf 4000 qm Fläche Stimmzimmer und Dirigentenräume, Ensembleprobenräume, Büros, eine Notenbibliothek und Lagerräume untergebracht hat. Rund 360 Beschäftigte arbeiten im Gesamtkomplex: u. a. der Rundfunkchor, das Sinfonieorchester, der Kinderchor, der künstlerische Leiter und das Management. Der städtebauliche Entwurf für Probensäle und Hochhaus sowie die Genehmigungsplanung wurden vom Büro Peter Kulka Köln/Dresden erarbeitet. Die Tragwerksplanung besorgte das Büro Rolf Seifert aus Leipzig. Geschickt hat Kulka den rechteckigen Baukörper mit den Probenräumen zwischen Gewandhaus und Universität plaziert. Der fensterlose, sehr asketisch wirkende Kubus ist im oberen Bereich, wie die Schmalseiten des Hochhauses, mit schwarzen Glaspaneelen, darunter mit dunklem chinesischen Granit verkleidet. Unter der nördlich im 1. Obergeschoß auskragenden Außenwand ist ein gläserner Laden eingeordnet. Der rechteckige Baukörper wird von einer trapezförmigen Dachscheibe auf schlanken, außenstehenden Säulen überspannt. Im Eingangsbereich zum Hochhaus sind der Dachüberstand größer ausgeführt und die Zahl der Säulen erhöht. In abgewandelter Form wiederholt Kulka hier ein Dachmotiv, wie er es ähnlich am Dresdner Landtag eingesetzt hat. Die Neugestaltung des Hochhauses mit den Probensälen stellt einen gewichtigen Beitrag der neueren Leipziger Architektur dar und macht deutlich, wie dringend der für 2009 geplante Neubau der Universität allein schon aus gestalterischen Gründen ist.

87 Universität

Augustusplatz

Nach Einführung der Reformation übergab Herzog Moritz im Jahre 1544 der 1409 gegründeten Leipziger Universität das säkularisierte Dominikanerkloster südlich des Grimmaischen Tors zur Nutzung. 1836 wurde das nach Entwürfen von Karl Friedrich Schinkel, der die Fassade gestaltete, und Albert Geutebrück erbaute neue Hauptgebäude (Augusteum) eingeweiht, von dem sich heute noch das Eingangsportal erhalten hat (s. Schinkelportal). Nur 60 Jahre später erneuerte Arwed Roßbach das Augusteum und verlieh ihm jene großstädtische Repräsentanz, wie sie dem bürgerlichen Anspruch jener Jahre entsprach. Im zweiten Weltkrieg wurde der gesamte Gebäudekomplex großteils zerstört. Erhalten hatte sich lediglich die spätgotische Klosterkirche, deren Giebelfront zum Augustusplatz von Arwed Roßbach in reichsten neogotischen Formen umgestaltet worden war. In einem Akt von Kulturbarbarei wurde die vollständig erhaltene Universitätskirche am 30. Mai 1968 gesprengt. Damit wurde nicht nur eines der architektur- und kulturgeschichtlich wertvollsten Baudenkmale der Stadt vernichtet, sondern zugleich die Möglichkeit vergeben, geschichtliche Kontinuität durch Einbeziehung in den Neubau erlebbar zu machen.
Der Campus der Universität, die bis 1990 den Namen von Karl Marx trug, besteht aus dem Sektionshochhaus (heute City-Hochhaus), dem Hauptgebäude, dem Mensatrakt, dem

Leibniz-Denkmal des Bildhauers Ernst Julius Hähnel von 1883

Die Moritzbastei wurde 1551–1553 errichtet. Sie ist der letzte Rest des städtischen Fortifikationssystems.

Seminargebäude und dem Hörsaalgebäude mit Bibliothek. Der Uni-Komplex wurde in den Jahren 1968 bis 1975 ausgeführt. Städtebauliche Lösung und architektonisches Grundkonzept stammten von Hermann Henselmann, Horst Siegel, Ambros G. Gross und Helmut Ullmann. Die Entwürfe führten Helmut Ullmann, Eberhard Göschel, Volker Sieg und Rudolf Skoda aus. Das 142 m hohe frühere Sektionshochhaus ist in Gleitbauweise errichtet und bis 1999 mit einer Stahl-Aluminium-Vorhangfassade verkleidet gewesen. Henselmann verwirklichte hier seine semantische Architekturkonzeption der Bedeutungsübertragung durch symbolische Bildhaftigkeit der Gebäude, die das Charakteristische einer Stadt mittels einer quasi überdimensionalen Plastik zum Ausdruck bringen sollten. So sollte das größte Hochhaus der DDR als ein gigantisches, aufgeschlagenes Buch gedeutet werden, die geschwungene Dachspitze konnte zusätzlich auch das Bild einer wehenden Fahne assoziieren. Für das Foyer des Rektoratsgebäudes schuf Werner Tübke 1973 ein fast 13 m breites Wandbild zum Thema „Arbeiterklasse und Intelligenz". Über dem Eingang zu diesem Bau ist 1974 das massige Bronzerelief „Aufbruch" von Klaus Schwabe, Frank Ruddigkeit und Rolf Kurth eingeordnet worden. Das Denkmal für Gottfried Wilhelm Leibniz, der 1646 in der Messestadt geboren wurde und 1661 an der hiesigen Universität sein Studium aufnahm, erhielt südlich des Hörsaalgebäudes, zwischen Moritzbastei und Universitätsstraße, einen neuen Standort. Ursprünglich stand das von Ernst Julius Hähnel 1883 geschaffene überlebensgroße Bronzestandbild des Naturwissenschaftlers und Philosophen im Innenhof der Universität. Seit dem 200. Geburtstag Karl Friedrich Schinkels im Jahre 1981 hat das nach ihm benannte Portal seinen Platz am Universitätsneubau an der Universitätsstraße. Bis zum Jahr 2009, zur 600-Jahr-Feier der Universität, soll der Campus baulich erneuert werden. Der Paulinerverein engagiert sich für den Wiederaufbau der Universitätskirche, ohne allerdings den Freistaat, die Stadt Leipzig oder die Universität hinter sich zu wissen.

88 Moritzbastei

Schillerstraße/Universitätsstraße

Vermutlich schon im Verlauf des 12. Jahrhunderts war der Leipziger Siedlungskern von Erdwällen und Gräben umgeben worden. Nach 1200 bildete sich die etwa 2,5 km lange, ringförmige Stadtbefestigung mit Stadtmauer, Wehrtürmen und Stadtgräben heraus, wie sie bis ins 18. Jahrhundert bestand. Bedenkt man den gewaltigen Bauaufwand für die Errichtung dieser Befestigungsbauwerke, zu denen Bastionen, Stadttore, Tortürme, Brücken und schließlich auch die markgräfliche Burg, die Pleißenburg, gehörten, so wird klar, daß sich über die Jahrhunderte der Verlauf der Stadtbefestigung nur wenig änderte. Den letzten erhaltenen Rest der ehemaligen Stadtbefestigung stellen die Mauern und Gewölbe der Moritzbastei dar, die von 1551 bis 1553 auf Befehl des sächsischen Kurfürsten Moritz durch den Baumeister Hieronymus Lotter errichtet worden ist, nachdem sich die Stadtmauer in diesem Abschnitt 1547 im Schmalkaldischen Krieg als zu schwach erwiesen hatte. Die Basteien waren eine Neuerung im Wehrbau des 16. Jahrhunderts. Die aus der Stadtmauer heraustretenden polygonalen Bauwerke sollten den Feind bereits im Vorfeld aufhalten. Ihre abgeböschten Außenmauern verminderten die Kraft auftreffender Kanonenkugeln. Auf der Moritzbastei stand bis zur Zerstörung im zweiten Weltkrieg die 1796 von Johann Friedrich Carl Dauthe begonnene und nach seinem Tode von August Wilhelm Kanne erst 1834 vollendete Städtische Bürgerschule. An der stadtabgewandten Seite der Bastei ist noch das kurfürstlich-sächsische Wappen aus verwittertem Sandstein zu erkennen. Ein Teil der Kasematten der Moritzbastei ist seit 1974 zum Studentenklub der Universität ausgebaut worden.

89 Schinkelportal

Universitätsstraße

Seit dem 200. Geburtstag Karl Friedrich Schinkels im Jahre 1981 hat das nach ihm benannte Portal seinen Platz im Neubaukomplex der Universität. Es ist bereits der dritte Standort. Ursprünglich bildete es das Türgewände am Haupteingang des klassizistischen Universitätsbaus am Augustusplatz, der am 3. August 1836 eingeweiht worden war. Albert Geutebrück, Leipzigs Stadt- und Universitätsbaudirektor, hatte seine Baupläne Schinkel zur Begutachtung vorgelegt. Dessen Antwort war ein neuer Entwurf der Fassade mit diesem Portal. Nach Schinkels Zeichnung schuf der Dresdner Bildhauer Ernst Rietschel die Reliefplatten sowie zwei bekrönende weibliche Figuren, die nicht erhalten sind. Als Arwed

Das ehemalige Reichsbankgebäude Petersstraße 43 Ecke Schillerstraße entstand 1886–1888.

Roßbach 1897 in Umgestaltung des Geutebrückschen Augusteums einen neuen Universitätsbau errichtete, setzte er das Portal als Hoftor südlich neben das Gebäude, wo es bis 1965 stand. Roßbach verbreiterte die Öffnung, ergänzte die Balustrade und fügte links und rechts die erhaltenen Flügelbauten hinzu. In dieser Roßbachschen Fassung wurde es nach erfolgter Restaurierung 1979–1981 wieder aufgestellt. Von den 24 Reliefplatten aus Cottaer Sandstein sind 23 im Original erhalten. Erneuert wurden im Sturz die zwei Genien, die ehemals den Schriftzug „Augusteum" zu halten hatten. Die Wiederaufstellung der verlorengegangenen Skulpturen war vorgesehen. Sie werden als die griechischen Musen der epischen Dichtung sowie der Lyrik und Musik gedeutet.

90 Schillerstraße

Aus dem sogenannten Moritzdamm, einem schmalen Weg, der zwischen Moritzbastei und Peterstor an der Stadtkante parallel zum Stadtgraben verlief, ist nach der Mitte des 19. Jahrhunderts die heutige Schillerstraße geworden. Bis 1855 brach man die alten Gebäude

Das sogenannte Schinkelportal hat sich vom früheren, klassizistischen Hauptgebäude der Universität erhalten.

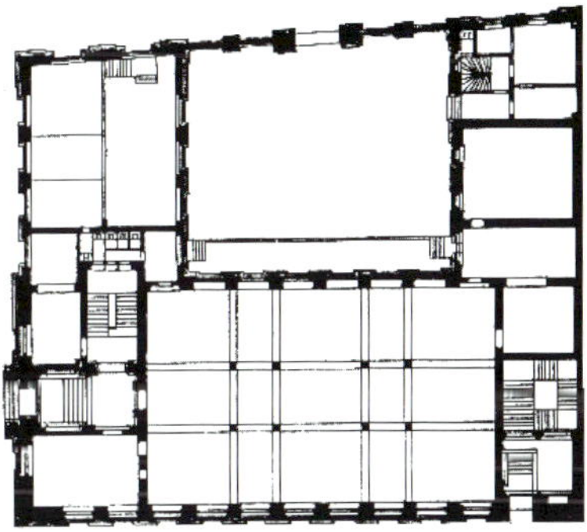

Ehemalige Reichsbank. Grundriß Erdgeschoß

ab und machte aus dem verfüllten Graben die von Lenné entworfene Grünanlage. Zu Schillers 100. Geburtstag, am 10. November 1859, war die Umgestaltung beendet. Um die Petersstraße öffnen zu können, wurde 1860 auch das architektonisch wertvolle Peterstor von Pöppelmann (1722/23) abgebrochen. Zwischen 1860 und 1880 entstand eine der Prachtstraßen des Leipziger Historismus. Mit dem Ausgang des Klassizismus war die Renaissance italienischer Prägung zum bevorzugten Stilvorbild des Bürgertums geworden. Motive der römischen, florentinischen und venezianischen Palazzoarchitektur der Früh- und Hochrenaissance dekorierten nun die noblen Wohn-Geschäftshäuser des Großbürgertums. Charakteristische Details sind kräftige Rustizierungen, Rundbogenfenster oder solche mit einer Ädikularahmung, flächige Natursteinverkleidungen und der typische gerade Dachabschluß, meist mit einem ausladenden Gesims über einem Relieffries. Anstelle der zuvor abgebrochenen alten Peterskirche errichtete der Berliner Architekt Max Hasak in

Schillerstraße 6

den Jahren 1886 bis 1888 das Gebäude für die ehemalige Deutsche Reichsbank (Petersstraße 43). Der nördlich anschließende, flachere Bau mit dem Kaffeespezialgeschäft Richter bewahrt noch eine Originalausstattung aus der Erbauungszeit. Hasak realisierte hier einen bestechend klaren Bau, bei dem in geradezu akademischer Stilreinheit die römische Renaissancearchitektur adaptiert zu sein scheint. Heute wird das Gebäude von der Landesmusikschule genutzt. Bemerkenswert sind im Inneren die Ausmalung der gewölbten Eingangshalle sowie die restaurierte Decke des ehemaligen Kundensaals dahinter.

Das Gebäude Schillerstraße 4/Neumarkt 35 entstand 1859–1862 nach Plänen von Baurat A. Zocher. Vom Erdgeschoßumbau Ende der 1920er Jahre haben sich innen eine Aufzugskonstruktion und die Eingangshalle, mit Onyx-Marmor aus Nordafrika verkleidet, erhalten. Die Schillerstraße 5, 1863 fertiggestellt, entwarf der Leipziger Architekt Gustav Müller.

Die ehemaligen Leipziger Elektrizitätswerke

Im gleichen Jahr entstand nach Plänen des Leipziger Architekten Aeckerlein das Gebäude Schillerstraße 6, in dem 1976 das Ägyptische Museum der Universität eröffnet wurde. Da das Haus im Moment umgebaut wird bezog das Museum ein Interim in der Burgstraße.

91 Ehemalige Leipziger Elektrizitätswerke

Magazingasse 3

Das Gebäude wurde 1894/95 nach Plänen des Leipziger Architekten Paul Möbius errichtet, der zu diesem Zeitpunkt noch im Büro von Händel & Franke (vorher Pfeiffer & Händel) arbeitete. Das Umform- und Verteilerwerk ist ein wichtiges Zeugnis für den Beginn der öffentlichen Leipziger Stromversorgung. Am 28.3.1895 wurde die elektrische Straßenbeleuchtung eingeführt, und Schritt für Schritt konnten auch die Gebäude der Innenstadt an die Elektroversorgung angeschlossen werden. Möbius verwendet für den gelben Klinkerbau einen kräftigen Rundbogenstil, der den Bau burgenhaft, ja durchaus schwerfällig erscheinen läßt. Dennoch verweist er in seiner Stilistik schon auf die späteren plastisch monumentalen Jugendstilarbeiten, mit denen Möbius zu einem herausragenden Architekten Mitteldeutschlands wurde. Bemerkenswert sind die beiden gemächlich ruhenden Löwenplastiken aus Sandstein, die den Schriftzug LEIPZIGER ELEKTRICITAETSWERKE „bewachen". Das Direktionsgebäude an der Eutritzscher Straße 17/19, auch von Händel & Franke in gelber Klinkerbauweise errichtet, hat sich ebenfalls erhalten (heute Stadtwerke).

92 Der Promenadenring und seine Denkmäler

Der sächsische Kurfürst Friedrich August III. hatte nach dem Siebenjährigen Krieg 1756 bis 1763 die Befestigungsanlagen, die sich zuvor als militärisch völlig nutzlos erwiesen hatten, an die Stadt Leipzig übertragen mit der Maßgabe, sie planmäßig gemeinnützigen Zwecken zuzuführen. Man kann sich heute kaum mehr vorstellen, in welchem Umfange Stadtmauern und Bastionen abzutragen und ein riesiger, ehemals wassergefüllter Stadtgraben zu verfüllen waren, um die Grünanlagen in der heutigen, inzwischen aber mehrfach umgestalteten Form anlegen zu können. Dieser landschaftsgärtnerische Prozeß sollte schließlich über hundert Jahre dauern. Im Laufe der Zeit entstanden die Ringstraße und der Grüngürtel um den Altstadtbereich, teils nach Entwürfen von herausragenden Gartenarchitekten. Bereits um 1720 war eine erste Promenade zwischen Thomas- und Barfußpförtchen angelegt worden. Der planmäßig angelegte Grüngürtel um die Innenstadt entwickelte sich im 19. Jahrhundert zum bevorzugten Aufstellungsort für Denkmäler bedeutender Persönlichkeiten aus der Geschichte Leipzigs. Anfang des 19. Jahrhunderts stifteten Leipziger Kaufleute für den kunstsinnigen Bürgermeister Carl Wilhelm Müller einen Gedenkstein. Das Müller-Denkmal, ein würfelförmiges Monument, 1819 gegenüber dem heutigen Hauptbahnhof errichtet, ist an den Ecken durch Rutenbündel gerahmt, die Seiten der massigen Abdeckplatte zieren Akroterien, dazwischen sind Dreiecksgiebel angeordnet. Ein Porträtmedaillon aus weißem Marmor, inzwischen durch eine Kopie ersetzt, schuf der Berliner Bildhauer Johann Gottfried Schadow. In Müllers Amtszeit, er war ab 1778 Bürgermeister, entstanden der erste Konzertsaal, der sogenannte Gewandhaussaal (1781, s. Städtisches Kaufhaus), und nach einem Entwurf von Johann Friedrich Carl Dauthe ab 1784 die Parkanlage im englischen Stil zwischen Hallischem und Grimmaischem Tor, wo der klassizistische Müller-Gedenkstein schließlich aufgestellt wurde. An der Goethestraße, noch in Blickweite zum Hauptbahnhof, erinnert der 1876 aufgestellte sogenannte Eisenbahnobelisk an die 1836–1839 gebaute erste deutsche Ferneisenbahnstrecke Leipzig – Dresden. Der Entwurf zu dem Obelisken aus Rochlitzer Porphyrtuff stammt von dem Leipziger Architekten Aeckerlein.

Auf Höhe der Einmündung der Ritterstraße in die Goethestraße wurde 2003 ein Denkmal zu Ehren der während der Zeit des Nationalsozialismus ermordeten Sinti und Roma errichtet. Hierfür wurde der Abguß einer Bronzeplastik von Wieland Förster, Berlin, „Geschlagener“ (1989), verwendet.

Das Richard-Wagner-Denkmal im Schwanenteichgelände, hinter dem Opernhaus, wurde 1983 aus Anlaß des 100. Todestags des 1813 in Leipzig geborenen Komponisten aufgestellt. Für den Guß der Bronzebüste war ein Gipsmodell von Max Klinger (um 1900) verwendet worden. Den Sockel entwarf der Leipziger Architekt Hubert Maaß. Auf dem sogenannten Musenhügel in der Grünanlage hinter dem Gewandhaus steht seit 1899 das Denkmal für den Bürgermeister Otto Koch. In dessen Amtszeit 1849–1876 entstanden am Augustusplatz das Neue Theater (1864 bis 1868, im zweiten Weltkrieg zerstört) und das Bildermuseum (1856–1858, kriegszerstört) sowie nach Plänen von Peter Joseph Lenné ab 1857 die südliche Promenadenanlage mit dem Musenhügel, wo heute das Denkmal an den Initiator erinnert. Die Marmorbüste Otto Kochs auf einem hohen Postament, 1899 enthüllt, schuf Carl Seffner (1997 durch eine Kopie von Christian Walter ersetzt).

Das Robert-Schumann-Denkmal südlich der Moritzbastei wurde anläßlich des 125. Todestags des Komponisten im Jahre 1981 nach umfassender Renovierung ein zweites Mal eingeweiht. Rolf Nagel fertigte die ausgezeichnete Kopie des alten Medaillonbilds an, das von der Leipziger Bronzebildgießerei Noack neu gegossen wurde. Der graue, obeliskförmige Granitstein wurde 1875 aufgestellt. Der Entwurf stammte von dem Leipziger Architekten Bruno Leopold Grimm, das Medaillon von dem Bildhauer Heinrich Natter.

Blick über das Stadtzentrum von Nordosten. Vorn das Schwanenteichgelände, Teil der Ringpromenade

1

2

3

4

5

6

7

Denkmäler in der Ringpromenade
1. Eisenbahnobelisk, 2. Müller-Denkmal, 3. Sinti/Roma-Gedenkstein mit der Plastik „Geschlagener" von Wieland Förster, 4. Hahnemann-Denkmal, 5. Altes Bach-Denkmal, 6. Plato-Dolz-Denkmal, 7. Märchenbrunnen, 8. Schumann-Denkmal, 9. Koch-Denkmal, 10. Goerdeler-Denkmal, 11. Gellert-Denkmal, 12. Wagner-Denkmal, 13. Schiller-Denkmal

Im Grünbereich an der Schillerstraße wurde 1909 das Gellert-Denkmal aufgestellt. Es ist eine Nachbildung des klassizistischen Oeserschen Denkmals von 1774, das sich zuletzt, bis 1864, auf dem Schneckenberg befunden hat (Standort des heutigen Opernhauses). Das Monument folgt dem Typus des Grabmals. Auf dem kannelierten Säulenstumpf haben sich zwei Grazien wehmütig über die offene Urne geworfen. Sie betrauern ihren Vater und ehren sein Andenken. Unter ihnen beugt sich eine dritte, am Fuß der Urne kniend, zu Gellerts Bildnis und legt als letzte Ehre eine Rose nieder (nach Alphons Dürr, 1879). An der Vorderseite der Säule ist ein Porträtmedaillon Gellerts angebracht, die Tafel auf der Rückseite trägt die Inschrift „Memoriae C. F. Gellert sacrum". Der Leipziger Bildhauer Max Lange schuf das Modell, die Ausführung in Stein besorgten der Bildhauer August Schmiemann und der Steinmetzmeister Carl Laux. Als Material wurde Trienter Marmor gewählt.

Das nur wenige Schritte entfernt gelegene Schiller-Denkmal aus weißem Laaser Marmor von Johannes Hartmann wurde am 9. Mai 1914 eingeweiht. Es zeigt Schillers Porträtbüste auf hohem Sockel, flankiert von einer männlichen und einer weiblichen Figur „Erhabenheit" und „Tragik". Die gelungene Arbeit ist ein gestalterischer Nachklang des Jugendstils und frei vom Denkmalpathos der Wilhelminischen Ära.

Ein in der Gestaltung sehr eindrucksvolles Erinnerungsmal ist das 1999 eingeweihte Goerdeler-Ehrenmal, das an der Südwestecke des Neuen Rathauses in das Ringgrün eingetieft ist. Es besteht aus einem Glockenschacht von 5 m Tiefe und 2,74 m Durchmesser, in dem eine Bronzeglocke hängt. Der Schacht ist mit einem begehbaren Gitter abgedeckt, nachts erleuchtet und verbreitert sich über drei kreisrunde Stufen nach oben bis auf einen Durchmesser von 6,40 m. In die begehbaren Stufen sind chronologisch ausgewählte Zitate aus Briefen, Reden und Texten von Goerdeler eingearbeitet. Die Bronzeglocke mit einem Durchmesser von 1,20 m ertönt viermal täglich: 5.55 Uhr, 11.55 Uhr, 17.55 Uhr und 23.55 Uhr, an bestimmten Gedenktagen stündlich stets mit jeweils fünf Glockenschlägen. Aus einem internationalen Einladungswettbewerb waren die US-amerikanische Künstlerin Jenny Holzer und ihr Mann Michael Glier als Sieger hervorgegangen. Carl Friedrich Goerdeler war von 1930 bis 1937 Oberbürgermeister von Leipzig. Am 25. November 1936 erklärte er aus Protest gegen nationalsozialistische Willkürmaßnahmen seinen Rücktritt. Nach dem erfolglosen Attentat auf Hitler am 20. Juni 1944, das er persönlich ablehnte, wurde er am 2. Februar 1945 in Berlin hingerichtet.

Nach einem Entwurf von Georg Weidenbach entstand am Ausgang der Schulstraße das sogenannte Plato-Dolz-Denkmal. Auf der Rückseite des obeliskartigen Steins erläutert die Inschrift den Anlaß: „Zur Feier des 100jährigen Bestehens der Ratsfreischule zu Leipzig den ersten Direktoren Plato und Dolz von allen Schülern und Schülerinnen errichtet, 16. April 1892". In Höhe der Thomaskirche stößt man auf das 1843 errichtete alte Bach-Denkmal. Initiator und Stifter war Felix Mendelssohn Bartholdy, der für die Finanzierung Benefizkonzerte aufführte. Den Entwurf lieferte der Dresdner Akademieprofessor Eduard Bendemann. Die Ausführung lag in den Händen des Leipziger Bildhauers Hermann Knaur und des Steinmetzmeisters Friedrich Moritz Hiller. Am 23. April 1843 wurde der Gedenkstein in unmittelbarer Nachbarschaft der Thomaskirche und der ehemaligen Kantorenwohnung (Thomasschule) aufgestellt. Das Denkmal ist aus Sandstein in der Form eines Tabernakels, das auf einem Bündelpfeiler steht, gestaltet. In dem Gehäuse über den schlanken, gedrehten äußeren Säulen befindet sich an der Nordseite die Büste des Komponisten. Die Reliefs an den drei anderen Seiten charakterisieren Bach als Orgelspieler (Ostseite), Lehrer (Westseite) und genialen Schöpfer geistlicher Musikwerke. Den oberen Abschluß bildet eine gotisierende Kreuzblume. Einige Schritte entfernt, am Westgiebel der Thomaskirche, befindet sich die Gedenktafel aus Sandstein für Johann Adam Hiller nach einem Entwurf von Hans Veit Schnorr von Carolsfeld. Sie wurde 1832 eingeweiht. Hiller hat sich um die Musikpflege im Leipzig des 18. Jahrhunderts sehr verdient gemacht. Er wirkte als Komponist, Interpret und Musikschriftsteller. 1779 wurde er Universitätsmusikdirektor und leitete am 25. November 1781 das erste Gewandhauskonzert im neuen, von Johann Friedrich Carl Dauthe an der Universitätsstraße geschaffenen Saal. Das sogenannte neue Bach-Denkmal Carl Seffners von 1908 steht vor dem Südportal der Thomaskirche. Den Märchenbrunnen am Dittrichring schuf 1906 Josef Mágr. In der Grotte des Mittelbaus stehen auf einem Sockel die lebensgroßen Bronzefiguren von Hänsel und Gretel, darüber das Steinrelief der „Knusperhexe" mit einem Raben auf dem Kopf. Über den Ruhebänken der beiden Seitenflügel befinden sich zwei Bronzereliefs. Das linke zeigt Hänsel und Gretel, die sich im Wald verirrt haben und das Knusperhäuschen entdecken, während das rechte schildert, wie das heimgekehrte Geschwisterpaar von den Eltern begrüßt wird. Die Bronzeteile wurden 1965 von den Leipziger Künstlerinnen Elfriede Ducke und Hanna Studnitzka neu geschaffen, da die Originale im zweiten Weltkrieg eingeschmolzen worden waren. Westlich des klassizistischen Gebäudes Großer Blumenberg erhielt 1851 der Begründer der Homöopathie Christian Friedrich Samuel Hahnemann ein Denkmal. Das Hahnemann-Denkmal, eine bronzene Sitzfigur auf hohem Marmorsockel, schuf der in Rom tätige Bildhauer Friedrich Wilhelm Steinhäuser. Hahnemann hatte in Leipzig Medizin studiert und war in den Jahren 1812–1821 in Leipzig als praktischer Arzt und von 1816 bis 1822 als Hochschullehrer an der Universität tätig.

93 Hauptbahnhof

Willy-Brandt-Platz

Am 1. Oktober 1915 wurde der Leipziger Hauptbahnhof nach insgesamt 13 Jahren Bauzeit mit allen dazugehörigen Anlagen in Betrieb genommen. Er ersetzte den Dresdner, den Thüringer, den Magdeburger und den Berliner Bahnhof. Bis heute bilden Empfangsgebäude und Bahnsteighalle einen der größten Personenbahnhöfe der Welt. Sein übersichtlicher Aufbau, gepaart mit einer kaum zu überbietenden Großzügigkeit der einzelnen Anlagen, hat sich selbst im dichtesten Messeverkehr stets ausgezeichnet bewährt. Wie kaum ein anderer Bahnhof dieser Größenordnung ist er von einer bezwingenden funktionellen Logik. Aus der 298 m langen Bauflucht des Empfangsgebäudes treten die beiden Eingangshallen markant hervor. Diese Paarigkeit in der Gestaltung erinnert heute daran, daß die Verwaltung des Hauptbahnhofs bis 1934 in eine sächsische und eine preußische geteilt war. Entsprechend waren alle Anlagen doppelt ausgeführt. Von den Eingangshallen führen 10 m breite Freitreppen zur Querbahnsteighalle, die mit 270 m Länge, 33 m Breite und etwa 27 m Höhe enorme Ausmaße hat. Im zweiten Weltkrieg zerstört, wurde sie schon bald nach Kriegsende wiederaufgebaut, dabei allerdings in der Gestaltung vereinfacht. Von der Querbahnsteighalle aus verteilt sich der Strom der Reisenden auf 23 Bahnsteige (früher 26). Hier können aber auch leicht die Fahrgäste mehrerer gleichzeitig ankommender Züge aufgenommen werden. Die Bahnsteige werden von mächtigen, bogenförmigen Stahlbindern überspannt, deren größte Spannweite 45 m

Hauptbahnhofspromenaden unter der Querbahnsteighalle

Hauptbahnhof von Südosten gesehen

beträgt. Sie wurden von den Ingenieuren Eilers und Karig konstruiert. Im Hauptbahnhof verbindet sich kühnes ingenieurtechnisches Denken mit meisterhafter baukünstlerischer Gestaltung. An dem 1906 ausgeschriebenen Wettbewerb für das Empfangsgebäude hatten sich 76 Architekten beteiligt. Der preisgekrönte Entwurf der Dresdner Architekten William Lossow und Max Hans Kühne, der in einigen Details verändert wurde, gelangte schließlich zur Ausführung. Die mit Postaer Sandstein verkleidete Außenfassade des Baus weist eine Reihe interessanter Bauplastiken auf. In den Fensterpfeilern der westlichen Eingangshalle sind Bauberufe, in der östlichen typische Leipziger Berufe dargestellt. Mit dem Einbau der zweigeschossigen Promenaden im Hauptbahnhof wurde die Leipziger Passagenarchitektur um eine weitere Facette bereichert. Nach einem vorangegangenen Architektenwettbewerb mit 30 Teilnehmern bauten die Wettbewerbssieger Werner Sübai und Udo Wittner vom Düsseldorfer Büro HPP 1995 bis 1997 unter die fast 300 m lange Querbahnsteighalle des Empfangsgebäudes etwa 130 Verkaufs- und Dienstleistungseinrichtungen mit einer Gesamtfläche von ca. 20000 qm ein. Der Fußboden des Querbahnsteigs wurde ellipsenförmig geöffnet, um die Rolltreppen und gläsernen Aufzugstürme aufzunehmen. Damit wurde eine großzügige optische Vermittlung zu den tiefer liegenden Verkaufsflächen geschaffen. Das Einkaufszentrum befindet sich in der Erdgeschoßebene und ist von den großen Eingangshallen sowie von den seitlichen Straßeneingängen des Bahnhofs niveaugleich zu erreichen. Zusätzlich wurde eine Kellerebene geschaffen, um das Flächenangebot zu erhöhen. Nach kontrovers geführten Diskussionen im Vorfeld wurde eine ingesamt denkmalverträgliche Lösung erreicht, die vor allem die großartige Raumwirkung der Querbahnsteighalle bewahrt. Auch die filigrane Stahlkonstruktion der Längsbahnsteighallen mit ihren gläsernen Oberlichtern wurde instand gesetzt.

94 Wohnhochhaus

Wintergartenstraße

Mit 95 m ist das Wohnhochhaus Wintergartenstraße nach dem Universitätshochhaus und dem 115 m hohen Turm des Neuen Rathauses das dritthöchste Gebäude der Stadt. Es wurde in den Jahren 1969 bis 1974 nach Entwürfen eines Kollektivs unter Leitung des Leipziger Architekten Frieder Gebhardt errichtet. Durch die gelungene Einbindung des Baus in den nordöstlichen Ringstraßenbereich entstand so an einem der bedeutenden innerstädtischen Verkehrsknotenpunkte eine architektonische Dominante von hoher Wirksamkeit im Stadtbild. Damit folgt das Turmhaus der von Hubert Ritter bereits im 1. Leipziger Generalbebauungsplan des Jahres 1929 entwickelten Idee der „Ringcity", die durch Hochhäuser akzentuiert werden sollte. Über der zweigeschossigen Basiszone mit dem Restaurant „Stadt Dresden", einer Kaufhalle und einer Milchbar (die gesamte Basiszone

Das Wohnhochhaus Wintergartenstraße wurde 1969 bis 1974 erbaut.

Hotel Fürstenhof und Reformierte Kirche

steht heute leer) erhebt sich der dreißiggeschossige, achtseitige Hochhauskörper, der 208 Wohnungen – jede mit einem Balkon oder einer Loggia ausgestattet – beherbergt. Ein Kindergarten im 2. Obergeschoß nutzte das Dach der Basiszone als Spielterrasse. Durch die Anwendung der Gleitbauweise wurde der polygonale Grundriß des Hochhauses möglich. Es ist mit weißen Betonplatten verkleidet, die wirkungsvoll mit den roten, emaillierten Balkonbrüstungen kontrastieren. Durch eine differenzierte Höhenstaffelung entstand eine interessante Gebäudekrone mit einem drehbaren Leuchtwerbeelement als Abschluß – dem Signet der Leipziger Mustermesse. Eine Naturstein-Intarsien-Wandgestaltung betont den unter der Arkade des Basisbaus gelegenen Eingang zu den Wohngeschossen. Diese vom Leipziger Bildhauer Hans-Joachim Förster geschaffene Arbeit steht unter dem Thema „Leipzig als Welthandelsplatz und Brennpunkt des internationalen Verkehrs".

95 Hotel Fürstenhof

Tröndlinring 8

Das Hotel ist durch mehrfachen Umbau aus dem 1770/71 für den Kaufmann und Ratsherrn Eberhard Heinrich Löhr (gest. 1798) erbauten klassizistischen Wohnhaus hervorgegangen. Der einst gegenüber dem Alten Theater gelegene Bau war ein Werk Johann Friedrich Carl Dauthes, mit dem in Leipzig zuerst die Abkehr vom Barock vollzogen wurde. Sein Verlust muß heute aus kunstgeschichtlicher Sicht zutiefst bedauert werden. Zum Haus gehörte auch ein prächtiger Garten im englischen Stil, der sich im Norden bis zur Parthe erstreckte. Im Jahre 1889 wurde Löhrs Haus durch den Leipziger Architekten Franz Hannemann zum Hotel Fürstenhof umgebaut. Sein heutiges Aussehen erhielt das Gebäude durch einen Umbau der Jahre 1911 bis 1913. 1865 entstand nach Entwürfen des Leipziger Architekten Moritz Münch im östlichen Seitenflügel des 1. Obergeschosses ein großer Speisesaal mit Wanddekorationen aus Zöblitzer Serpentin, einem wertvollen, leicht zu bearbeitenden Gestein aus dem mittleren Erzgebirge. Beim Umbau 1911–1913 wurde dieser Speisesaal in den östlichen Seitenflügel des Erdgeschosses eingebaut und ergänzt. Mit seinen Pilastern, Akroterien, einem Prunkkamin mit Spiegelaufsatz und weiteren interessanten Details bildet der Saal einen würdigen Rahmen für festliche Anlässe.

96 Reformierte Kirche

Tröndlinring 9

Der 1896–1899 nach Plänen der Leipziger Architekten Georg Weidenbach und Richard Tschammer ausgeführte Kirchenbau ist ein markantes Zeugnis des Historismus im ausgehenden 19. Jahrhundert. Weidenbach und Tschammer hatten die schwierige Aufgabe zu lösen, Pfarrhaus und Kirchenbau in eine innerstädtische Quartierbebauung einzufügen. Dies gelang ihnen überzeugend, indem sie dem Baukörper eine betont abwechslungsreiche Höhenstaffelung gaben und ihn in die Tiefe des Raums plastisch gliederten. Der Baukörper ist vor allem durch Stilmerkmale von Spätgotik und Renaissance geprägt. Westlich liegt das Pfarrhaus mit Staffelgiebel, dreigeschossigem Erker und zwei rundbogigen Portalen, östlich schließt sich der Kirchentrakt an, der durch einen noch reicheren Staffelgiebel hervorge-

Das Naturkundemuseum am Goerdelerring

hoben wird. Die Ecke zur Löhrstraße wird durch den unten vierseitigen, oben achtseitigen Turm von 67 m Höhe gebildet. Der geschwungene Turmhelm mit einer doppelstöckigen Laterne steht in der Tradition barocker Turmhauben. Nach dem Bombenangriff am 4. Dezember 1943 brannte die Kirche völlig aus. Sie wurde bereits in den Jahren 1946–1950 wieder aufgebaut. Aus dieser Zeit stammt die heutige Raumgestaltung des Architekten Eberhard Werner, die Empore wurde 1959 eingebaut. Seit 1968 verfügt die Kirche über eine Orgel der Gebrüder Jehmlich aus Dresden.

97 Naturkundemuseum

Lortzingstraße 3

Das Gebäude wurde in den Jahren 1837–1839 als zweite Leipziger Bürgerschule errichtet. Der Platz davor wurde fortan Schulplatz genannt, die dahinterliegende Straße (heute Lortzingstraße) führte die Bezeichnung „Alte Burg". Der fünfzehnachsige, viergeschossige, schlichte Putzbau mit dem flachen Walmdach hat in der Leipziger Baugeschichtsforschung bisher kaum Beachtung gefunden. Dabei trifft gerade diese zurückhaltende Architektur die ästhetischen Intentionen des Zeitalters des Biedermeier eher als manch anderer zeitgleiche Bau. Die sparsame Fassadengliederung beschränkt sich auf die Quaderung des Erdgeschosses, begrenzt von einem kräftigen Gesims, sowie auf Fensterrahmungen in Sandstein und die horizontalen Fensterverdachungen im 2. Obergeschoß, ferner auf flache, über Eck laufende Seitenlisenen und ein kräftig ausladendes Traufgesims. Die Fenstergesimsbänder im 1. und 2. Obergeschoß sorgen für eine zusätzliche Horizontalbetonung.

1906 beschloß die Naturwissenschaftliche Vereinigung des Leipziger Lehrervereins die Gründung eines Heimatmuseums in Leipzig. Am 5. Juni 1912 wurde zunächst eine Dauerausstellung im Gebäude der Gewerbeausstellung am Tröndlinring eröffnet (Gebäude nicht erhalten). Im Jahre 1923 zog man in das heutige Museumsgebäude um, das seit 1920 als Mustermessehaus genutzt wurde. 1930 übernahm der Rat der Stadt Leipzig das Museum. In den Jahren 1937 bis 1942 erfolgten Umbauten, wobei auch der Eingang zum heutigen Goerdelerring verlegt wurde. Das Profil der Einrichtung umfaßt die Gebiete Geologie, Zoologie, Geographie, Wissenschaftsgeschichte und Ur- und Frühgeschichte. Zum Bestand gehört auch eine Sammlung von Natursteinen, die an Leipziger Bauten Verwendung fanden. Heute platzt der Bau nicht nur aus allen Nähten, er entspricht auch nicht mehr dem technischen Ausstattungsstandard unserer Zeit.

98 Dresdner Bank Verwaltungsgebäude

Dittrichring 5/7

Seit der zweiten Hälfte des 19. Jahrhunderts entwickelte sich die Ringstraße um das Zentrum zum bevorzugten Standort für repräsentative Kultur- und Geschäftsbauten. Durch den 1887 von Constantin Lipsius zur neogotischen Schauseite gemachten Westgiebel der Thomaskirche erlangte dieser Ringabschnitt zusätzliche stadträumliche Qualität. Die Verluste wertvoller Bausubstanz im zweiten Weltkrieg bieten heute die Chance, wesentliche Ringabschnitte neuzeitlich zu gestalten. Nach einem 1993 stattgefundenen Wettbewerb wurde die Verwaltung der Dresdner Bank in

Verwaltungsgebäude der Dresdner Bank am Dittrichring. Fassadenansicht und Grundriß 3. Obergeschoß

den Jahren 1995/96 auf einem seit dem zweiten Weltkrieg brachliegenden Gelände errichtet. Elegant paßt sich die schräg zum Ring gestellte Glaswand an den wieder freigelegten Flußlauf des Pleißemühlgrabens an. Ein aus der Gebäudeflucht mutig herausspringendes und weit auskragendes „Flugdach" markiert die räumliche Situation am Wasser. So greift der dreieckige Dachüberstand das Motiv des ebenfalls in dieser Geometrie angelegten Vorplatzes seitenverkehrt auf und schafft ein interessantes Spannungsgefüge. Herausragendes Gestaltungsmotiv von großer Nachdrücklichkeit ist die durch ein schachbrettartiges Stahlbetonraster stringent gegliederte Eingangsfront. Die großen, quadratischen Fenster haben Abmessungen von 3,3 x 3,3 m. Die Glasscheiben sind geschickt an die Innenseite der Rahmenkonstruktion gesetzt und erzeugen so eine erstaunliche Plastizität und Tiefenwirkung. Diese markante Schauseite ist aber nicht die eigentliche Gebäudefassade, sondern sie schafft eine dahinterliegende Stadtloggia von 18 m Höhe – einen wintergartenähnlichen, lichtdurchfluteten Verkehrsraum, der nicht nur den nicht vorhandenen Vorplatz vor dem Gebäude zu ersetzen scheint, sondern zugleich eine transparente, auch für Ausstellungen genutzte Halle bildet, die mit dem Stadtraum kommuniziert und die, neu für Leipzig, nur über Brücken zu erreichen ist. Die innere Fassade wirkt durch das Zusammenspiel einzelner Bauelemente unerwartet plastisch und lebhaft. Sie übermittelt dem Betrachter eine Vorahnung auf die daran anschließenden drei Bürotrakte, die sich durch eine gut abgestimmte Farbigkeit, optimale Raumausleuchtung, helle Treppenhäuser und ein freundliches Ambiente auszeichnen. „Die zur Gestaltung des Außenbaues verwendeten Materialien sind in ihrer genuinen Farbigkeit belassen worden. Sie vereinigen sich zu einem Akkord grauer und silbriger Töne, transparenter und undurchsichtig glatter Flächen, der die im ganzen wie in den Detailformen waltende kühle Sachlichkeit der Architektur nachdrücklich unterstreicht" (Thomas Topfstedt, 1998). Die Architekten KPS Engel, Kraemer, Schmiedecke, Zimmermann aus Frankfurt am Main schufen einen innovativen Bürokomplex, der den Anforderungen eines modernen Verwaltungsgebäudes am Ende des 20. Jahrhunderts entspricht. Das Gebäude verfügt über fünf Vollgeschosse, ein zurückgesetztes Dachgeschoß und zwei Tiefgeschosse. Die Grundstücksfläche beträgt 8 900 qm, die Nutzfläche 22100 qm. In der Tiefgarage sind 244 Stellplätze vorhanden.

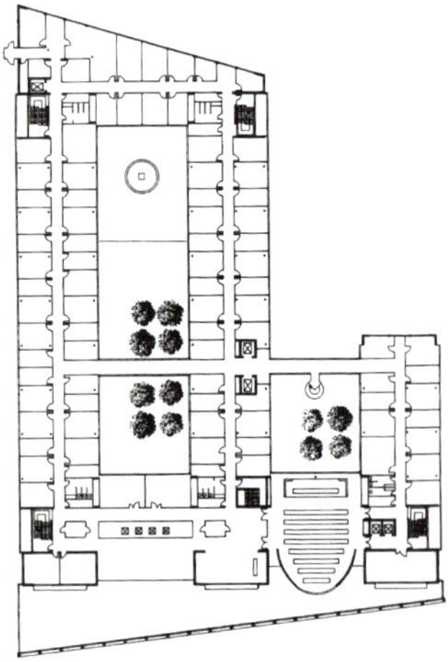

Dittrichring 21

An der Otto-Schill-Straße, im westlichen Nachbargebäude, eröffnete die Sparkasse Leipzig am 23. Februar 2001 eine Kunsthalle mit Werken der sogenannten Leipziger Schule. Hier findet man Arbeiten von Tübke, Heisig, Mattheuer, Ebersbach, Grimmling und vielen anderen Leipziger Künstlern aus der Epoche des geteilten Deutschland.

99 Hochschule für Musik und Theater

Außenstelle Dittrichring 21

Das sandsteinverkleidete Eckgebäude mit seiner kaum zu überbietenden Plastizität der Fassadendurchbildung ist baukünstlerisch ein Ausdruck des Monumentalisierungsdrangs der Architektur in der Zeit vor dem ersten Weltkrieg. Das ehemalige Bankgebäude entstand 1908 nach Entwürfen des Architekten Anton Kaeppler. Über dem kräftig rustizierten Erdgeschoß erheben sich drei Obergeschosse, die durch Kolossal-Säulenpaare, auf gewaltigen Postamenten ruhend, gegliedert werden. Den von einem Segmentgiebelbogen bekrönten Eingang flankieren zwei überdimensionale Atlasfiguren. Im Dachbereich ist die Eingangsachse durch einen massigen Dreieckgiebel betont. Den Seitenrisaliten sowie der Fassadenmitte an der Bosestraße sind in Höhe des 1. Obergeschosses insgesamt fünf Balkone vorgeblendet, die auf großen Löwenköpfen als Konsolen aufgelagert sind. In der Gestaltung erinnert das Gebäude an die klassizistische Richtung des Barock. Durch seine fast schon übertriebene Plastizität will der Bau Respekt einflößen und den Eindruck unternehmerischer Solidität erwecken. Im Inneren hat sich die repräsentative zweiläufige Treppenanlage erhalten. Heute wird der Bau von der Hochschule für Musik und Theater „Felix Mendelssohn Bartholdy" und der Musikschule „Johann Sebastian Bach" genutzt. Im Ergebnis eines Künstlerwettbewerbs wurde im Herbst 2003 eine Lichtinstallation von Arend Zwicker aus Dresden am Mittelrisalit der Fassade angebracht. Die sechs Doppelsäulen über dem Erdgeschoß werden bei Dunkelheit computergesteuert in unterschiedlicher Rhythmik angestrahlt.

100 „Runde Ecke"

Dittrichring 22/24

Dieser Bau diente in der DDR-Zeit der Bezirksverwaltung der Staatssicherheit als Zentrale. Es ist nicht ohne geschichtliche Ironie, daß sich auf dem gleichen Gelände ab 1216 eine markgräfliche Zwingburg befand, die die Leipziger aber nur kurze Zeit duldeten. Auch die Gestapo sowie nach 1945 die amerikanischen und dann die sowjetischen Besatzungstruppen hatten hier zeitweilig ihre Geheimdienste untergebracht. Während der Montagsdemonstrationen im Spätherbst 1989 hatte die Runde Ecke besondere Bedeutung. „Runde Ecke" war der im Volksmund gebräuchliche Begriff für die Leipziger Stasizentrale, der sich aus der Gebäudeform ableitete. Als die Demonstranten vom Augustusplatz her, begleitet von den Sprechchören „Wir sind das Volk", hier vorbeikamen, veschanzte sich die Stasi und machte das Licht aus. Man hatte sich entschieden, es nicht auf einen Konflikt ankommen zu lassen. Die Demonstranten stellten auf den Stufen der Freitreppe, nicht ohne Angst, brennende Kerzen auf, befestigten Transparente und hielten Mahnwache. Dabei wurden sie von Überwachungskameras beobachtet, die auf dem Dach des gegen-

Die Runde Ecke war bis 1989 Sitz der Staatssicherheit.

überliegenden Gebäudes (Nr. 21) installiert waren. Nach der Demonstration am 4. Dezember 1989 wurde die Stasizentrale von Bürgern besetzt und die Einrichtung in der Folgezeit aufgelöst. Vor allem kam es darauf an, das bereits begonnene Vernichten von Geheimdienstakten zu verhindern. Heute befindet sich im Erdgeschoß die Ausstellung „Stasi – Macht und Banalität", die die Praktiken des Überwachungsapparats offenlegt. Das städtebaulich exponierte Gebäude wurde in den Jahren 1912/13 errichtet. Im Jahre 1911 hatte die Leipziger Feuerversicherungs-Anstalt einen beschränkten Wettbewerb unter Leipziger und Dresdner Architekten ausgelobt. Das Preisgericht votierte mehrheitlich für den Entwurf von Weidenbach & Tschammer aus Leipzig. Dennoch entschied sich der Auftraggeber für die knapp unterlegene Arbeit von Hugo Licht, der sich in Arbeitsgemeinschaft mit Carl Poser beteiligt hatte. Schließlich erarbeiteten Weidenbach & Tschammer die Grundrißdisposition und führten die Bauleitung aus, während die nur sparsam dekorierten Sandsteinfassaden nach dem Licht/Poserschen Entwurf realisiert worden sind.

101 Schauspielhaus

Bosestraße 1

Das Schauspielhaus entstand 1955/56 mit einem Kostenaufwand von über 10 Millionen Mark durch Um- und Ausbau des 1943 zerstörten Central-Theaters, das vor dem zweiten Weltkrieg ein Operettentheater war und 1945/46 zunächst provisorisch zum Schauspielhaus ausgebaut wurde. Die Leipziger Architekten Karl Souradny, Rolf Brummer und Franz Herbst gestalteten den stattlichen Bau mit seinen Fassaden zur Bose- und Gottschedstraße sowie zum Dittrichring unter Verwendung traditioneller Architekturelemente. Das fünfgeschossige Gebäude ist in seinen beiden unteren Etagen mit hellen Sandsteinplatten verblendet. Der Eingang in der Bosestraße wird durch einen portikusartigen Vorbau betont, an dem bildkünstlerischer Schmuck auf die Funktion des Hauses hinweist. Über dem Eingang erhebt sich weithin sichtbar das 32 m hohe Bühnenhaus. Die Wandtäfelung des Zuschauerraums aus französischem Nußbaum trägt wesentlich zur guten Raumakustik bei. Im Hauptfoyer erinnern eine Lessing-Büste und eine Gedenktafel für die Neuberin an Leipzigs bedeutende Theatertraditionen. Bereits 1766 hatte sich die Leipziger Bürgerschaft auf der Rannischen Bastei (heute Goerdelerring) ihr erstes Theater errichtet.

Im Inneren bietet der Zuschauerraum nach der denkmalgerechten Sanierung durch Angela Wandelt und der Erneuerung der Bestuhlung noch 684 Zuschauern Platz (vorher 750, ursprünglich 1079).

Schauspielhaus. Blick in den Zuschauersaal

Das Gebäude der Deutschen Bank wurde 1898–1901 nach Plänen von Arwed Roßbach erbaut.

102 Deutsche Bank

Martin-Luther-Ring 2

Auf einem spitzwinkligen Eckgrundstück des Geländes der ehemaligen Pleißenburg erbaute Arwed Roßbach, der neben Hugo Licht einer der führenden Vertreter des Leipziger Historismus war, in den Jahren 1898 bis 1901 das Gebäude für die Leipziger Bank. Das Gebäude wurde schließlich nach Fertigstellung von der Deutschen Bank übernommen, war zwischenzeitlich eine Filiale der Staatsbank der DDR und wird seit 1990 wieder von der Deutschen Bank genutzt. Das Erdgeschoß wird durch eine wehrhaft wirkende, kräftige Rustika und genutete Fenstersäulen an den Längsseiten bestimmt. Der gerundete Eckrisalit mit dem Haupteingang ist in den Obergeschossen durch Pfeiler bzw. Säulen in Kolossalordnung gegliedert. Die Attika bekrönen über dem Eingangsbereich zwei plastische Figurengruppen. Aus dem Türgewände sind im Relief zwei Löwenköpfe herausgearbeitet, die symbolisch als Wächter fungieren. Roßbach verwendete Elemente der italienischen Hochrenaissance und Details des Barock und erreichte damit eine besonders opulente Plastizität. Die Seitenrisalite sind in der Art klassischer antiker Tempelfronten hervorgehoben. Der ganze Bau ist überreich mit bildkünstlerischem Schmuck dekoriert. Beachtung verdienen auch die original erhaltene Eingangs- und Kassenhalle sowie der 1996 nach Befund restaurierte Sitzungssaal im 1. Obergeschoß. Der sandsteinverkleidete Ergänzungsbau am Burgplatz wurde in den Jahren 1993/94 von LTK Architekten Klaus Kafka, Ulrich Roeder, Rolf Knie Dortmund/Hannover ausgeführt. An der Promenadenseite vermerkt eine Tafel „Zur Erinnerung an die Disputation zwischen Luther und Dr. Eck auf der Pleißenburg im Jahre 1519".

103 Geschäftshaus Lipanum

Martin-Luther-Ring 13

Das 1914/15 nach Entwürfen Peter Dybwads errichtete Geschäftshaus gehört zu den bestimmenden Bauwerken am Ring. Die Architektur ist typisch für jene plastisch-monumentalen Gestaltungstendenzen, wie sie in der Zeit um den ersten Weltkrieg allgemein gebräuchlich waren. Der viergeschossige, vierzehnachsige Baukörper ist im Bereich des 1. bis 3. Obergeschosses durch Pfeiler und Säulen gegliedert. Sechs Säulenstellungen betonen den fünfachsigen, etwas zurückgesetzten Mittelteil. Über dem massiv ausgebauten Dachgeschoß (5. Obergeschoß) erhebt sich in diesem Bereich ein fünfachsiger Frontispiz, dessen Steildach von einem kleinen Dachreiter in Form eines Rundtempels bekrönt wird. Zwischen den Fenstern dieses Dachaufbaus stehen Vasen in klassizistischer Manier. Über den Pfeilern bzw. Säulen der Fassade lagert ein kräftiger Architrav mit Reliefdarstellungen. Zwischen Widderköpfen sind hier Festons gespannt. Vor die Fenster des 1. Obergeschosses wurden steinerne Balustraden gesetzt. Auf den eingetieften Brüstungsfeldern im 2./3. Obergeschoß finden sich Darstellungen von Löwenköpfen, Fruchtkörben und weiblichen Masken. Interessante gestalterische Parallelen bestehen zu dem Berliner Verwaltungsgebäude Littenstraße 109, das um 1911 von Ludwig Hoffmann erbaut wurde. Aus diesem Grunde ist anzunehmen, daß die beiden Architekten des Reichsgerichts auch in jenen Jahren noch einen regen künstlerischen Austausch pflegten.

Das Geschäftshaus Lipanum entstand 1914/15 nach Entwürfen von Peter Dybwad (S. 141).

104 Projekt „Neue Ufer"

Öffnung des Pleißemühlgrabens

Eines der interessantesten städtischen Projekte nach der Wende ist die Freilegung des Pleißemühlgrabens in der Innenstadt und im südlichen Vorstadtbereich. Seit der Mitte des 19. Jahrhunderts waren die innerstädtischen Flußbereiche zunächst aus verkehrstechnischen, später bis zu Beginn der 1950er Jahre aus Gründen der Umweltbelastung systematisch unter die Erde verbannt worden. 1990 initiierten Leipziger Künstler und Architekten das Stadt-Kultur-Projekt „Neue Ufer". Zu den vielfältigen Aktivitäten gehörte auch die Aktion „Pleiße ans Licht", in der der Verlauf des Pleißemühlgrabens mit künstlerischen Elementen ins Bewußtsein gerufen wurde. Die Realisierung begann mit dem ersten Spatenstich durch Regierungspräsident Walter Christian Steinbach am 13. November 1996 an dessen Dienstgebäude an der Wundtstraße. Dieser erste Abschnitt von 200 m Länge zwischen Mahlmannstraße und Braustraße wurde bis Ende 1997 fertiggestellt. Es folgten der Abschnitt zwischen Rudolphstraße und Altem Amtshof, der Bereich am Dittrichring vor der Dresdner Bank und das Stück zwischen der ehemaligen Karl-Tauchnitz-Brücke und der Wächterstraße. Im Sommer 2001 wurde mit der Freilegung direkt vor dem ehemaligen Reichsgericht begonnen. Im Bereich der Dorotheenbrücke über die Otto-Schill-Straße und vor der Dresdner Bank kann man nachhaltig erleben, welche Potentiale für die Milieuverbesserung des innerstädtischen Raums vorhanden sind. Den städtebaulichen Rahmenplan erarbeitete 1994 die Arbeitsgemeinschaft Bernd Sikora, Dirk Seelemann und Angela Wandelt im Auftrage der Stadt. Wesentliche Verdienste bei der Realisierung des Projekts haben sich auch die beiden Leipziger Maler und Grafiker Heinz-Jürgen Böhme und Detlef Lieffertz erworben.

Der wieder geöffnete Pleißemühlgraben von der Otto-Schill-Straße aus gesehen. Links die Kunsthalle der Sparkasse

105 Stadtbibliothek

Wilhelm-Leuschner-Platz 10/11

Zu den schönsten Bauten Hugo Lichts gehört das 1895 fertiggestellte ehemalige Völkerkunde- bzw. Kunstgewerbemuseum, erbaut aus

Das alte Grassimuseum beherbergt heute die Stadtbibliothek.

der Stiftung des Leipziger Kaufmanns Franz Dominic Grassi, dessen Namen das Gebäude auch erhielt. Nach dem Bildermuseum am Augustusplatz, das 1856–1858 errichtet worden war und im zweiten Weltkrieg zerstört wurde, war nun ein zweites städtisches Museum entstanden. Die seit 1869 bestehende Völkerkundesammlung und die 1874 gegründete Kunstgewerbesammlung konnten nunmehr angemessene Räumlichkeiten erhalten. Licht gestaltete das elfachsige Gebäude in den Formen der italienischen Spätrenaissance. Über einem kräftig rustizierten Sockelgeschoß sind die beiden Hauptgeschosse durch Kolossal-Säulenstellung mit Kompositkapitellen zusammengefaßt. Über dem ausladenden Hauptgesims ist eine Balustrade ausgebildet, die in der Mitte ehemals einen von Löwen flankierten Frontispiz mit dem Leipziger Wappen besaß. Auf den Reliefs der Säulenpostamente ist noch heute die ursprüngliche Bestimmung des Gebäudes ablesbar (Völkerkunde: Asien, Amerika, Afrika, Australien und Kunsthandwerk: Glasmalerei, Keramik, Gold-schmiedehandwerk und Textilkunst). Die bauplastischen Arbeiten für das alte Grassimuseum schufen die Bildhauer Adolf Lehnert, Carl Seffner und Jacob Ungerer. Als das Gebäude den gewachsenen Raumansprüchen nicht mehr genügte, wurde in den Jahren 1925 bis 1929 am Johannisplatz das neue Grassimuseum errichtet. Der Lichtsche Bau wurde nun mit dem südlich gelegenen Messehaus Härtelstraße 16 (1922–1924 von James Bühring) zum Grassi-Textilmessehaus vereinigt. Das prachtvolle Treppenhaus wurde im zweiten Weltkrieg zerstört. Seit 1990 wird das Gebäude als Stadtbibliothek genutzt. Der heute völlig ungestaltete Platz vor dem Gebäude (Wilhelm-Leuschner-Platz) hieß bis zum Ende des zweiten Weltkriegs Königsplatz. Hier wurde 1780 das Oesersche Standbild Friedrich Augusts III. aufgestellt, das sich seit 1937 ohne den massigen Marmorsockel von Johann Friedrich Carl Dauthe im Garten des Gohliser Schlößchens befindet.

106 Otto-Schill-Straße 1 und 2, Dorotheenplatz und Kolonnadenstraße

In den Jahren 1890/91 wurde vom Architekten Paul Jacobi, der zugleich Besitzer der beiden Eckbauten war, der Durchbruch zum Ring mit der Dorotheenstraße (heute Otto-Schill-Straße) angelegt. Es entstand eine torartige Situation, die durch geschickte Eckbetonung der viergeschossigen Historismusbauten mit gleich gestalteten Fassaden, mit Kuppeln und Eckerkern betont ist. Die Neugestaltung des Dorotheenplatzes (1987–1989) als Mittelpunkt des damaligen Umgestaltungsgebiets innere Westvorstadt stellte den Versuch dar, im innerstädtischen Bereich Neubauten mit den überkommenen Baustrukturen zu verbinden. Soweit vertretbar, wurden Bauten der Jahrhundertwende einbezogen. Die städtebauliche Gesamtplanung des Gebiets lag in den Händen des Chefarchitekten der Stadt Leipzig, Dietmar Fischer, die Projektierung der Wohnhäuser erfolgte durch ein Kollektiv des Baukombinats Leipzig unter Leitung von Frieder Hoffmann. In diesem Wohngebiet wurden ca. 1 230 Wohnungen neu gebaut

Der 1987 bis 1989 neu gestaltete Dorotheenplatz

und 370 saniert. Am Dorotheenplatz entstand das Restaurant Apels Garten. Die beiden Kopien nach den im Original erhaltenen Permoser-Figuren Jupiter und Juno erinnern an den berühmten Barockgarten des Kaufmanns Apel, der sich in diesem Bereich befand und dessen fächerförmige Struktur durch Kolonnadenstraße, Elsterstraße und Reichelstraße heute noch ablesbar ist. Während die städtebauliche Grundanlage überzeugt, trifft gleiches für die Architektur der Neubauten nicht zu. Mit einer Fülle unterschiedlicher, teils unpassender Materialien wurde vergeblich versucht, die monotonen Plattenbauten aufzuwerten. Die den Gebäuden am Dorotheenplatz im Erdgeschoß vorgelegten Arkaden wirken grobschlächtig, schwerfällig und überflüssig. War die Leipziger Architektur in den 60er/70er Jahren noch absolut auf der Höhe der Zeit, so zeigt sich hier ein Verfall an Baukultur, der glücklicherweise 1989 ein Ende fand.

107 Bowlingtreff

Wilhelm-Leuschner-Platz

Für den Bau der 1987 fertiggestellten Bowlinganlage wurden die zweigeschossigen Keller des ehemaligen Unterwerks Mitte genutzt, das 1924–1926 entstand. Diese Umformstation war notwendig, weil man mit eingebauten Akkumulatorenbatterien, vor allem während der Messezeiten, Schwankungen des Überlanddrehstromnetzes ausgleichen mußte. So ist der Bowlingtreff heute auch ein interessantes technisches Denkmal und ein beeindruckendes Beispiel für die neue Nutzung einer alten Versorgungsanlage. In der großen Halle ist auf der Empore das alte Originalmodell (mit der einstigen Technik) im Maßstab 1:50 ausgestellt. Für die Gestaltung der Eingangshalle war 1981 ein interner Wettbewerb unter Leipziger Architekten ausgeschrieben worden, bei dem der Entwurf von Winfried Sziegoleit den 1. Preis erhielt und schließlich realisiert wurde. Eigenen Aussagen zufolge beabsichtigte er, eine Eingangshalle zu schaffen, die nicht bedrückend, sondern befreiend wirken sollte. Die Verbindung zwischen „Oberwelt" und „Unterwelt" sollte kein angsteinflößender „Einstiegsschacht" sein. Die gewölbte, gläserne Dachkonstruktion ist ein Signal in den Straßenraum hinein. Die schwierige städtebauliche Situation am Rand des großen Platzes, dessen Bebauung im zweiten Weltkrieg zerstört wurde, verlangte nach einem richtungslosen Eingangsbauwerk. Die achtseitige Eingangshalle nimmt im Grundriß auf das ebenfalls polygonale (sechzehneckige), 1883/84 errichtete Restaurant Panorama Bezug, das sich bis zu seiner Zerstörung im zweiten Weltkrieg am Roßplatz 4/5 befand. Der Außenbau ist mit Elbsandstein verkleidet. Das an den Seiten heruntergezogene, passagenartige Glasdach bietet nicht nur einen reizvollen Anblick bei Nacht, sondern bildet mit dem Oktogon des Baukörpers eine interessante Komposition sich durchdringender Architekturelemente. Die ausgezeichnete Raumwirkung der Eingangshalle wird dadurch gesteigert, daß mehrere Funktionsebenen vom Parterre her einsehbar sind (Kel-

Bowlingtreff am Wilhelm-Leuschner-Platz, heute ungenutzt

Die Ringbebauung wurde 1953–1955 im Stil der Nationalen Bautradition errichtet.

ler, Erdgeschoß, Brücke, Café). Die vier vom Dachraum bis in den Keller reichenden Säulen der Halle unterstreichen die vertikale Organisation des Eingangsbaus. Der Fußboden der Halle ist in hellem bulgarischen Marmor ausgeführt. Die westliche große Halle besitzt acht, die östliche kleine Halle sechs Bowlingbahnen. Das gesamte Haus verfügt über 310 gastronomische Plätze. Die Gesamtleitung des Projekts hatte Volker Sieg. An der architektonischen Gestaltung war Lothar Schiedt beteiligt. Statik und Konstruktion bearbeitete Rolf Seifert. Leider steht das Gebäude seit Jahren leer und verfällt.

108 Ringbebauung

Roßplatz

Die Architekturkonzeption der Nationalen Bautradition hat in dem 1953–1955 ausgeführten Wohnhausensemble am Roßplatz eine zumindest städtebaulich gelungene Umsetzung gefunden. Diese vielgeschmähte Architekturauffassung wird seit einigen Jahren durchaus freundlicher bewertet. Die sieben- bis neungeschossige Putzfassade mit partieller Travertinverblendung folgt dem geschwungenen Verlauf der Ringstraße. Die langgestreckte Gebäudefront am Roßplatz wird geschickt durch zwei neungeschossige, aus der Flucht heraustretende Hochhauskörper gegliedert. Der erdgeschoßhohe Vorbau des Ring-Cafés im Mitteltrakt trägt einen Terrassenaufbau. Die Ausstattung des Ring-Cafés ist im 1. Obergeschoß im neoklassizistischen Stil gehalten. Über einem intarsierten Edelholzpaneel sind die Wandflächen im Stil des ausgehenden 18. Jahrhunderts gefeldert, ein Triglyphenfries und eine Kassettendecke bilden den oberen Raumabschluß. Im Erdgeschoß und im 1. Obergeschoß verfügt das Ring-Café über insgesamt 800 Plätze. Bezüge zur Leipziger Barockarchitektur klingen in den Erkergestaltungen, den Fensterrahmungen, den Balustraden und dem plastischen Schmuck der Fassade an. Die Plastiken im Bereich des Ring-Cafés wie auch den übrigen Baudekor schufen die Leipziger Bildhauer Alfred Thiele und Rudolf Oelzner. Die 197 Wohnungen des Komplexes werden durch repräsentative Treppenhäuser mit Aufzügen erschlossen und verfügen über den damals höchsten Wohnkomfort. Dem Leipziger Architektenteam um Rudolf Rohrer gelang eine überzeugende, harmonische städtebauliche Einbindung der Wohnanlage in die Ringmagistrale, allerdings auch um den Preis der Ausgrenzung des dahinterliegenden Areals, das zum städtischen Hinterhof wurde. In die Neubebauung wurde der Mägdebrunnen von Werner Stein aus dem Jahre 1906 einbezogen. Die lebensgroße Bronzefigur der Wasserträgerin ist der Brunnenszene aus Goethes „Faust" entlehnt. Dem sechsseitigen Wasserbecken aus hellem Muschelkalkstein sind an drei Seiten kleinere Steinbecken vorgelagert, über denen sich je eine kaum noch lesbare Inschrift befindet, so z. B. „Wasser nimmt alles weg, nur schlechte Reden nit." Abgerundet wird diese stimmungsvolle Anlage durch ein kunstvoll geschmiedetes Gitter, die plastischen Löwenköpfe an der Mittelsäule und die Wasserspeier.

Mägdebrunnen von 1906

1 Handschwengelpumpe „Kleiner Löwe" in der Universitätsstraße vor dem Städtischen Kaufhaus. Der Entwurf entstand im Ergebnis eines Künstlerwettbewerbs von 1908. Kopie von 1996.
2 Der neogotische Brunnen vor dem Thüringer Hof, Burgstraße 19. Brunnentyp seit 1877 in Gebrauch. War bis 1984 am Standort im Original vorhanden. Neuaufstellung einer Kopie 1996.
3 Der Delphinbrunnen, Katharinenstraße 4. Er kann durch eine Zeichnung im Stadtarchiv zu Leipzig auf die Zeit nach 1868 datiert werden. 1993 unter Verwendung alter Teile wiederaufgestellt.
4 Vogelkäfigbrunnen Peterssteinweg Ecke Münzgasse. Für den Entwurf erhielt der Leipziger Bildhauer Bruno Wollstädter im Ergebnis eines städtischen Wettbewerbs den ersten Preis. Um 1985 saniert.
5 Pumpentyp „Großer Löwe", vor Neumarkt 24. Unter Verwendung alter Teile 1993 wiedererrichtet. Die Gestaltung geht auf den o. g. Wettbewerb von 1910 zurück. Der Große Löwe des Architekten Heinrich Quint erhielt den zweiten Preis, die Bildhauermodellarbeiten führte Arthur Kuntzsch aus. 1993 wiederaufgestellt.

109 Handschwengelbrunnen

Die Wasserversorgung ist eines der wichtigsten kommunalen Themen jeder Stadt. Im Mittelalter erfolgte sie durch Schöpf- oder Ziehbrunnen, die, wie der 1826 abgebrochene Goldene Brunnen am Markt, oft von bemerkenswerter künstlerische Gestaltung waren. Im Jahre 1504 führte man in Leipzig die Röhrwasserleitung, die sogenannte Röhrenfahrt, ein, hölzerne Leitungsrohre, die die meisten Bürgerhäuser erreichten und in der Regel in einem Brunnen im Hof endeten. Sie wurden von Schöpfwerken, sogenannten Wasserkünsten, gespeist. In Leipzig befand sich die erste Wasserkunst an der Pleiße zwischen dem heutigen Neuen Rathaus und dem Bundesverwaltungsgericht. Erst im Zuge der Großstadtentwicklung in der zweiten Hälfte des 19. Jahrhunderts erfolgte mit der raschen flächenmäßigen Ausdehnung der Stadt die Trinkwasserversorgung, wie wir sie heute kennen. Nicht zu vergessen auch die dazugehörigen aufwendigen Abwassersysteme mit Kläranlagen sowie den heute nicht mehr benötigten Wassertürmen, die den Leitungsdruck garantierten. Trotzdem konnte man auf stationäre Brunnen, die Handschwengelbrunnen, zunächst noch nicht verzichten. Gegenüber ihren bis ins 16. Jahrhundert zurückgehenden hölzernen Vorläufern waren sie nun in Eisenkunstguß ausgeführt und künstlerisch gestaltet. Mit dem 1865 in Dienst gestellten Wasserwerk Connewitz verfügte die Stadt erstmals über eine moderne Druckwasserleitung. Wenig später folgten die Wasserwerke in Probstheida und in Naunhof.
Um 1900 gab es in Leipzig 282 öffentlich nutzbare Handschwengelbrunnen. Heute sind es im gesamten Stadtgebiet noch etwa 126 Brunnenstandorte, deren Pumpen aber überwiegend nicht mehr intakt sind. Die Handschwengelbrunnen stehen über gemauerten Schächten mit Abdeckplatten aus Granit, deren Sohle oft über 10, 20 m tief liegt. Im Stadtzentrum liegt der Grundwasserspiegel bei 6–8 m. Nach dem zweiten Weltkrieg setzte ein großes Sterben dieser liebenswerten technischen Zeugnisse ein. Zu Beginn der 1980er Jahre gerieten sie in den Blick der Leipziger Denkmalpflege, so daß nun gemeinsam mit den kommunalen Wasserwerken und privaten Förderern eine größere Zahl erhalten oder erneuert werden konnte. Als Elemente der Stadtmöblierung leisten sie zudem einen wirksamen Beitrag zur Stadtgestaltung, und Wasser spenden sie natürlich auch. Fünf Typen haben sich erhalten: die neogotische Pumpe, der Vogelkäfigbrunnen, der Große und der Kleine Löwenbrunnen sowie der Delphinbrunnen.

2

3

4

5

LEIPZIG-NORDWEST

110 Löhrstraße
111 Löhrs Carré
112 Gemeindesynagoge
113 Kongreßhalle und Zoo
114 Schweizerhäuschen
115 Rosental
116 Rosentalgasse
117 Rosentalgasse 1/3
118 Rosentalgasse 4/6
119 Rosentalgasse 7, 9, 13, 14
120 Kath. Gemeindezentrum
121 Industriebau Pfaffendorfer Straße
122 Michaeliskirche/Nordplatz
123 Herder-Institut
124 Kickerlingsberg 15
125 Kickerlingsberg 12
126 Haus Kuhn
127 Uferstraße 21
128 Gosenschenke
129 Ärztehaus
130 Schillerhaus
131 Wohnanlage „Schokoladenpalais“
132 Gohliser Schlößchen
133 Villa Ida
134 Mückenschlößchen
135 Stadtbad
136 Heizkraftwerk Nord
137 Hotel The Westin
138 Straßenbahnhof Möckern
139 Auferstehungskirche
140 Katholische Pfarr- und Klosterkirche St. Albert
141 Gnadenkirche
142 Rathaus Wahren
143 Porsche, Werk Leipzig
144 Schloß und Park Lützschena
145 Krochsiedlung
146 Versöhnungskirche
147 Feuerwache Nord
148 Jugendstilvilla Paul-Michael-Straße 6
149 Verwaltungsgericht
150 Piano-Fabrik Hupfeld
151 Bismarckturm
152 Flughafen Leipzig/Halle

110 Löhrstraße

Unmittelbar an das Stadtzentrum nördlich angrenzend, hat sich mit den Gebäuden der Löhrstraße, benannt nach dem Leipziger Kaufmann Löhr, ein interessantes architektonisches Ensemble der Jahrhundertwende erhalten. An Gestaltungsprinzipien des palladianischen Klassizismus knüpfte Hofbaumeister Otto Brückwald beim Bau der öffentlichen Handelslehranstalt, Löhrstraße 3/5, errichtet 1888 bis 1890, an. Der Italiener Andrea Palladio (1508 bis 1580) war einer der bedeutendsten Architekten des 16. Jahrhunderts. Mit seinen Bauten, aber auch mit seinem theoretischen Werk, „Vier Bücher zur Architektur", beeinflußte er die europäische Architektur des 18. Jahrhunderts, den Klassizismus, und schließlich auch den Historismus des 19. Jahrhunderts. Der palladianische Klassizismus bevorzugte einen blockhaften Baukörper mit flacher Dachneigung, meist zwei Vollgeschosse über einem rustizierten Sockelgeschoß, und blendete der Fassade, vor allem den Risaliten, antike Tempelfronten vor. Besonders kennzeichnend ist die Kolossalordnung der Pilaster, die die beiden Vollgeschosse verbinden. So wird eine würdevolle Monumentalität erreicht, wie sie auch das Gebäude Löhrstraße 5, die heutige Volkshochschule (gegründet 1922), auszeichnet. Als Vorblendmaterial der Fassade wurde heller Elbsandstein gewählt. Die öffentliche Handelslehranstalt war im Jahre 1831 von der Kramerinnung gegründet worden.

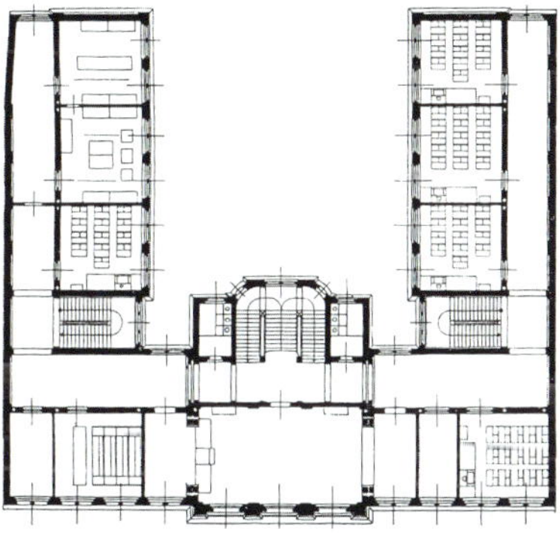

Das anschließende *Gebäude Nr. 7* ist ein roter Klinkerbau, der im Rundbogenstil gegliedert ist. Das warme, leuchtende Ziegelrot verleiht diesem schlichten Bau dennoch einen besonderen Reiz. Das 1888/89 errichtete Gebäude ist von keinem Geringeren als dem „Stararchitekten" der Jahrhundertwende Arwed Roßbach für den Verein für Volkswohl erbaut worden. Dieser 1882 entstandene Verein hatte bereits ähnliche Bildungziele wie die spätere Volkshochschule. Das Gebäude ist heute mit der Volkshochschule (Nr. 3/5) funktional vereinigt.

Das Haus der Inneren Mission, *Marthahaus, Nr. 9*, ist ebenfalls ein klinkerverblendeter Bau, allerdings in gotisierenden Formen. Die Entwürfe stammen von dem Leipziger Architekten Paul Lange, der das Gebäude 1887/88

Die heutige Volkshochschule wurde 1888–1890 nach Plänen von Otto Brückwald erbaut. Grundriß Erdgeschoß und Ansicht Löhrstraße

erbaute. Reizend ist hier neben der Portalgestaltung vor allem der gotische Giebelaufbau über dem rechten Seitenrisalit. Ein in der Gestaltung sehr ähnliches Gebäude schuf Lange 1886/87 in der Gneisenaustraße 2, die sogenannte Herberge zur Heimat, die einst durchreisenden Handwerksburschen als Quartier diente. Schließlich sei noch auf das Wohnhaus Löhrstraße 11 verwiesen, das eine dreigeschossige Putzfassade im Stil der deutschen Neorenaissance aufweist.

111 Löhrs Carré

Löhrstraße/Keilstraße/Nordstraße/Uferstraße

Unter dem Planungstitel „City Nord" wurde das seit dem zweiten Weltkrieg brachliegende Areal nach der Wende schrittweise wieder bebaut. Der in zwei Bauabschnitten von 1992 bis 1996 für die Sparkasse Leipzig und die Landesbank Sachsen errichtete Gebäudekomplex „Löhrs Carré", zwischen Löhrstraße und Nordstraße gelegen, hat seinen Namen von dem früher einmal bis hierhin reichenden klassizistischen Landschaftspark des Kaufmanns Eberhard Heinrich Löhr übernommen. Das dazugehörige Wohnpalais hat sich im umgebauten Zustand als Hotel Fürstenhof am Ring erhalten. Die Entwürfe für den Neubau stammen von der Wörle-Siebig Planungsgesellschaft aus München. Die Architekten nahmen das für Leipzig charakteristische System der Blockrandbebauung auf und führten einen fünfgeschossigen Baukörper mit einem aufgesetzten Dachgeschoß aus. An der Ecke Löhrstraße/ Humboldtstraße „wachsen" ein 18geschossiger und ein kleinerer 14geschossiger Hochhauskörper aus der Basiszone heraus, die sich beide etwas aus der vorgegebenen Straßenflucht herausdrehen. Sie bilden durch ihre gestaffelten Höhen ein maßvolles Pendant zum 29geschossigen Hotel The Westin Leipzig. Der 18geschossige Baukörper wird seitlich von gläsernen, dunklen Fassadenelementen gerahmt, die im Kontrast zu den hellgrauen Natursteinplatten der mittleren Partien stehen. Die anderen Fassaden

Löhrs Carré wurde 1992–1996 erbaut.

Nur die Synagoge in der Keilstraße hat die sogenannte Kristallnacht der Nationalsozialisten 1938 unzerstört überstanden.

zeichnen sich durch eine klare Geometrie aus, die von einer Pfeiler-Riegel-Konstruktion mit farbig differenzierter, heller Granitverkleidung bestimmt wird. Quer über die Humboldtstraße wurde eine aus Stahl und farbigen Glasflächen gefertigte Verbindungsbrücke konstruiert, die auf blaugrünen, vasenartigen Keramikstützen steht und die beiden Gebäudekomplexe in der 2. und 3. Etage verbindet. Die Brücke ist eine Arbeit des aus den USA stammenden Künstlers iranischer Herkunft Siah Armanjani. Den Bereich der Humboldtstraße gestaltete man zu einer begrünten Verweilzone um. Der nördliche Innenhof wird durch differenzierte Baukörperlichkeit, einen viergeschossigen Casino-Rundbau mit vorgelagerten Laubengängen und eine terrassenartige Brunnenanlage bestimmt.

112 Gemeindesynagoge

Keilstraße 4

Lediglich diese eine Synagoge hat in Leipzig die Zerstörungen der faschistischen Pogromnacht vom 10. November 1938 überstanden. Als Zeugnis der von den Nazis fast vollständig ausgelöschten jüdischen Kultur ist uns die Brodyer Synagoge heute trotz ihrer Schlichtheit ein bedeutendes Kulturdenkmal und Ort der Erinnerung. Nach einem Entwurf des Leipziger Architekten Georg Wünschmann wurde in den Jahren 1888/89 das Doppelwohnhaus Keilstraße 4/6 in einer gotisierenden Architekturhaltung erbaut. Das helle Rot der Verblendklinker des Fassadenfonds wird gegliedert durch Putz- und Sandsteindetails. Bestimmende Architekturelemente des verhältnismäßig schlichten Baus sind drei Zwerchgiebel im Dachbereich, zwei dreigeschossige Fassadenerker (der westliche nicht erhalten) sowie Balkone an den äußeren Gebäudeachsen. Am 16. Dezember 1901 wurde der Bauantrag für die Einrichtung eines Betsaals in der Keilstraße 4 gestellt. Die Umbauentwürfe lieferte der Leipziger Architekt Oscar Schade. Im Jahre 1903 erwarb der Talmud-Thora-Verein unter Vorsitz des Kaufmanns Kroch das Haus von dem Eigentümer, dem Holzhändler Gutfreund. Der Umbau der Talmud-Thora-Synagoge, die nach einem Ort in Polen benannt wurde, erfolgte dann vermutlich im Jahre 1904. Dabei wurden die Wohnungen des Erdgeschosses und 1. Obergeschosses zu einem Raum zusammengefaßt. Im Erdgeschoß und auf der dreiseitigen Empore des 1. Obergeschosses erhielt man so mehr als 500 Sitzplätze.

113 Kongreßhalle und Zoo

Pfaffendorfer Straße 29

Am 9. Juni 1878 gründete Ernst Pinkert auf dem Gelände des ehemaligen Pfaffendorfer Gutes, dessen Pächter er war, einen zoologischen Garten. Nachdem der Pinkertsche Privatzoo 1899 in eine Aktiengesellschaft umgewandelt worden war, kam es zu bedeutenden Erweiterungen. So entstand nach Entwürfen des Leipziger Architekten Heinrich Rust in den Jahren 1899/1900 das große Gesell-

Das Gesellschaftshaus Zoo, später Kongreßhalle genannt, wurde 1899–1901 erbaut.

schaftshaus – Kongreßhalle genannt – mit dem städtebaulich dominierenden 50 m hohen Turm. Nach Kriegszerstörungen wurde das Gebäude 1946 zum kulturellen Zentrum der Messestadt ausgebaut. Völlig umgestaltet wurde dabei der große Saal, die Kongreßhalle, mit ihrem ehemals interessanten Jugendstilinterieur. Das Gebäude war in der Folgezeit Ort zahlreicher kultureller Höhepunkte und politischer Großveranstaltungen. Bis zur Eröffnung des neuen Gewandhauses am Augustusplatz im Jahre 1981 musizierte hier das Leipziger Gewandhausorchester. 1992 wurden das Dach und die Turmaufbauten saniert und 2003 die Außensanierung weitgehend abgeschlossen. Durch das reich gestaltete Portal südwestlich des Turms mit der Plastik eines Löwenkopfs betritt der Besucher die Zooanlagen. Das älteste Raubtierhaus stammt von 1878. Um 1900 entstand im neogotischen Stil das Affenhaus und (wenige Schritte entfernt) das große Raubtierhaus. Das Gebäude, in dem sich das Aquarium und das Terrarium befinden, entstand 1913 in seiner für die Zeit typischen Putzarchitektur. Geprägt wird der Zoo noch heute durch die Klinkerbauten der zweiten Hälfte der 1920er Jahre. 1920 war der Zoo in städtischen Besitz übergegangen. In eindrucksvoller Backsteinästhetik schuf James Bühring das Dickhäuterhaus (1926) und die sogenannte Bärenburg (1929). Bemerkenswert am Dickhäuterhaus ist die Gliederung der (nördlichen) Außenfassade mit unterschiedlichen Klinkermustern. In jenen Jahren entstanden auch unter Bührings Leitung die auf das Elefantenhaus zuführende räumliche Hauptachse des Zoos mit dem Entenweiher und die beeindruckend großen Vogelvolieren für Großvögel. Die Affeninsel entstand bis 1936. Die gestalterischen Traditionen des Backsteinhauses der 20er Jahre wurden in der DDR-Zeit wieder aufgegriffen, so bei der 1969 vollendeten Vogelfreiflughalle, die der Leipziger Architekt Reiner Grube entwarf. Unmittelbar daneben wurde nach einer Planung von Rolf Seifert im Herbst 1997 die neue Robbenlage fertiggestellt. In Gestalt der sogenannten Zooschule hatte sich das Café Schweizerhäuschen von 1844 erhalten, das ehemals zum Rosental gehörte und das im Jahr 2001 erneuert wurde. Noch vor der Gründung des Zoologischen Gartens war dieses am ehemaligen Hauptweg des Rosentals gelegene Café ein beliebter Treffpunkt. Hier soll erstmals eine Komposition des jungen Richard Wagner öffentlich aufgeführt worden sein. Derzeit befindet sich der Leipziger Zoo, der zu den traditionsreichsten gehört, in einem weitgehenden Neugestaltungsprozeß. In den kommenden Jahren soll ein Naturerlebnispark der besonderen Art entstehen. Im Frühjahr 2001 wurde der erste neu gestaltete Zoobereich „Pongoland“ fertiggestellt. Im Zentrum steht das neue Primatenhaus, das der Münchner Architekt Herbert Kochta im Auftrag der Max-Planck-Gesellschaft entwarf, die hier vergleichende Verhaltensforschung an Menschenaffen vornimmt. „Die fünf Innengehege der Halle sind eingeteilt in zwei Schimpansengehege und je eine Anlage für Bonobos (Zwergschimpansen), Gorillas und Orang-Utans. Die enorme Raumhöhe [20 m, d. V.] erlaubt es, weitgehend auf eine Gehegeabdeckung zu verzichten und dennoch den Tieren viele Kletter- und Spielmöglichkeiten zu bieten. Die einzelnen Gehege werden nur durch ‚Felswände' und Trockengräben gesichert. Belichtet wird die Halle durch ein transparentes Foliendach.“ (Kochta) Die Anlage verfügt über 12 000 qm Außenfläche und in der Tropenhalle über 1600 qm. Der Masterplan „Zoo Leipzig 21“ sowie die naturnahen Außenanlagen wurden von Rasbach Architekten Oberhausen entwickelt: „Diese anglo-amerikanische Weiterentwicklung des Hagenbeckschen Prinzips versucht eine möglichst detailgenaue Wiedergabe des jeweiligen Lebensraumes der Species zu inszenieren und dabei Tier und Mensch derart einzubeziehen, daß Sympathien und Verständnis geweckt, sowie praktisches Wissen spielerisch vermittelt werden.“

Eine beträchtliche Zahl von Einzelkunstwerken beansprucht auf dem Zoogelände das Interesse. 1910 schuf der Berliner Walter Lenck die gigantische Plastik des Jason, eine Gestalt der griechischen Mythologie, der zwei kräftige Stiere bändigt. Am alten Raubtierhaus steht Hans-Joachim Försters „Schwarzer Panther“. Die Kalksteinplastik einer Mutter mit drei Kindern von Carl Seffner aus dem Jahre 1925 hat in der Nähe der Bärenburg Aufstellung gefunden. Die bedeutendste bildkünstlerische Arbeit ist zweifellos Max Klingers bronzener „Athlet“, der 1901 vollendet wurde und heute zwischen Flamingo-Anlage und Aquarium aufgestellt worden ist. Ein weiterer Bronzeabguß dieser Figur steht auf dem Grab des Künstlers in Großjena. Die Leipziger Statue des ringenden Athleten gehörte ehemals dem Kommerzienrat Max von Bleichert. Rudolf Oelsner schuf die Steinbüste (am Neuen Raubtierhaus, heute Arche) von Prof. Dr. Karl Max Schneider, der den Zoo 1934 als Direktor übernommen hatte und ihn bis zu seinem Tode im Jahre 1955 leitete. Im Jahre 2001 wurde die Eingangssituation hinter dem alten Portal durch Adalbert Haberbeck mit einer halbkreisförmigen Pergola neu gestaltet.

114 Schweizerhäuschen im Zoo

Bereits 1782 war eine kleine Konditorei im Rosental am Eingang des Gohliser Wegs entstanden, die „Eisbude“ oder „Kalte Madame“, später Café Bonorand genannt wurde. Der aus Davos stammende Zuckerbäcker Georg Kintschy ließ 1824 westlich davon die Konditorei „Schweizerhüttchen“ einrichten. 1844/45 erneuerte der Zimmerermeister Carl Liebner das Schweizerhäuschen für den neuen Pächter Kilian Valär. Der Bau bestand aus einem Saal mit zwei kleineren Gesellschaftszimmern, an der Rückseite war ein Küchentrakt angebaut. 1860 wurden eine Kolonnade und ein Musikpavillon ergänzt. Der Saalbau, dem eine Säulenhalle mit Freitreppe vorgelagert war, ist im Inneren im klassizistischen Stil durchaus anspruchsvoll ausgemalt gewesen, wie die restauratorischen Befunde belegten. Bei der

Schweizerhäuschen im Zoo

Die große Rosentalwiese in Blickrichtung Innenstadt

Erweiterung des Zoos 1927 wurde das Schweizerhäuschen diesem zugeschlagen. 1969 machte man es zur Zooschule. Diesem Umstand ist es wohl zu verdanken, daß es überhaupt erhalten blieb. Das Schweizerhäuschen ist das einzige Leipziger Ausflugslokal aus der Zeit des Biedermeier und als solches von herausragender kulturgeschichtlicher Bedeutung. „Bei Kintschy, dessen freundliches Schweizerhüttchen sich inmitten einer schönen Eichenrotunde erhebt, ist das Lokal ziemlich geräumig und äußerst angenehm. Es ist unstreitig der freundlichste öffentliche Ort Leipzigs und wird daher von Besuchern selten leer. Dreimal in der Woche ist mittelmäßiges Konzert. Ein gutes Konzert muß extra bezahlt werden", erfahren wir von einem Zeitgenossen. Das Café war täglich von April bis in den Spätherbst geöffnet. Bei Kintschy verkehrten Dichter, Maler, Musiker und Verleger, darunter Karl Herloßsohn, Ludwig Bechstein, Heinrich Marschner, Albert Lortzing, Friedrich Campe, Friedrich Nietzsche. Im Musikpavillon soll eine der ersten Kompositionen von Richard Wagner uraufgeführt worden sein. Im Jahr 2001 wurde das Gebäude abgetragen und unter Verwendung historischer Details vom Architekten Adalbert Haberbeck auf der Grundlage eines denkmalpflegerischen Konzepts originalgetreu wiederaufgebaut. Dies machte sich nötig, da einerseits der Erhaltungszustand des in Holzbauweise errichteten Kaffeehauses sehr schlecht war und weil andererseits an die Außenwände heute andere technische Anforderungen gestellt werden müssen.

115 Rosental

Die früheste urkundliche Erwähnung des Rosentals stammt aus dem Jahre 1318. Bis heute ist die Herkunft des Namens „Rosental" ungeklärt. Im Jahre 1714 hatte Johann Jacob Vogel in seinem „Leipziger Chronicon" geschrieben: Das Rosental „hat den Namen von anmuthigen, schattichten und lustigen Spaziergängen, gleich wie anderweit lustige und annehmliche Oerter den Namen des Paradieses führen, oder wie Weinberge zu Jena, diesseits des Saalestromes, wegen der Anmuthigkeit, die Rosenberge heißen". Bis zum Jahre 1663 war das Rosental im Besitz der sächsischen Kurfürsten. Dann wollte Kurfürst Johann Georg II., dessen Kassen offenbar immer leer waren, den Leipziger Rat zum Ankauf des Waldes bewegen. Dieser zeigte zunächst wenig Neigung zum Kauf, denn nach dem Dreißigjährigen Krieg stand es mit den Finanzen der Stadt auch noch nicht wieder zum besten. 17142 Gulden, das heißt rund 15 000 Taler, wurden schließlich als Kaufpreis ausgehandelt. Den Ausschlag für den Kauf wird die Tatsache gegeben haben, daß der Kurfürst beim Rat mit 11 312 Gulden verschuldet war und die Aussichten auf die Rückzahlung denkbar gering waren. Da die Schulden vom Kaufpreis abgezogen wurden, erhielt Johann Georg II. nicht einmal 6 000 Gulden ausgezahlt. Doch die Ironie der Geschichte wollte es, daß August der Starke, ab 1694 Kurfürst von Sachsen, den Kaufvertrag anfocht und energisch Ansprüche auf das Rosental anmeldete. Er warf dem bestürzten Rat vor, daß er sich den Kontrakt erschlichen habe, und ließ sogar nachrechnen, daß das Rosental nicht 15 000, sondern mindestens 45 000 Taler wert sei. Als August der Starke Im Jahre 1707 nach einem Besuch der Stadt dem Rat mitteilte, der königliche Überlandvermesser Nienburg werde nächstens das Rosental vermessen, wurden seine Absichten offenbar. Schon Ende November 1707 mußte der Rat mit dem Abstecken und Ausschlagen der großen Wiese und der dreizehn strahlenförmig angelegten Alleen, die auf markante Punkte der Umgebung gerichtet waren, nach

dem Plan des Ingenieurs Major Johann Christoph Naumann beginnen. Der noch heute im Stadtarchiv aufbewahrte Plan zeigt im Schnittpunkt der Schneisen eine elfachsige Schloßanlage und dahinter ein kunstvolles Zierparterre mit verschiedenen Bäumen, Teppichbeeten, Springbrunnen und Pavillons. Da das Geld aus der Stadtkasse kommen sollte, versuchte der Rat den Bau zu verhindern, indem er vorgab, das Rosental werde oft überschwemmt, im Sommer halte sich hier lästiges „Mückengeschmeiß" auf, die Jagd werde eingehen, und „täglich mehr überhandnehmende Räuberrotten" trieben ihr Unwesen. Lediglich ein in Fachwerkkonstruktion ausgeführter, überdachter, hölzerner Aussichtsturm blieb von dem ehrgeizigen Projekt Augusts des Starken übrig. Ihn bestieg der Kurfürst regelmäßig während seiner Leipziger Aufenthalte und genoß die herrliche Fernsicht. Im Jahre 1777 wurde auf Veranlassung von Hofrat Boehme zwischen dem Rosentaltor und Gohlis der sogenannte Dammweg angelegt (heute innerhalb des Zoos). Zwei Cafés, die Kalte Madame von 1782 und das Schweizerhäuschen von 1824 (heute saniert) machten ihn zu einer regelrechten Promenade. Den jetzigen Zustand des Rosentals verdanken wir der – allerdings rücksichtsvollen – Umgestaltung zum englischen Landschaftspark durch den Leipziger Kunstgärtner Rudolph Siebeck im Jahre 1837. Er legte ein unregelmäßiges

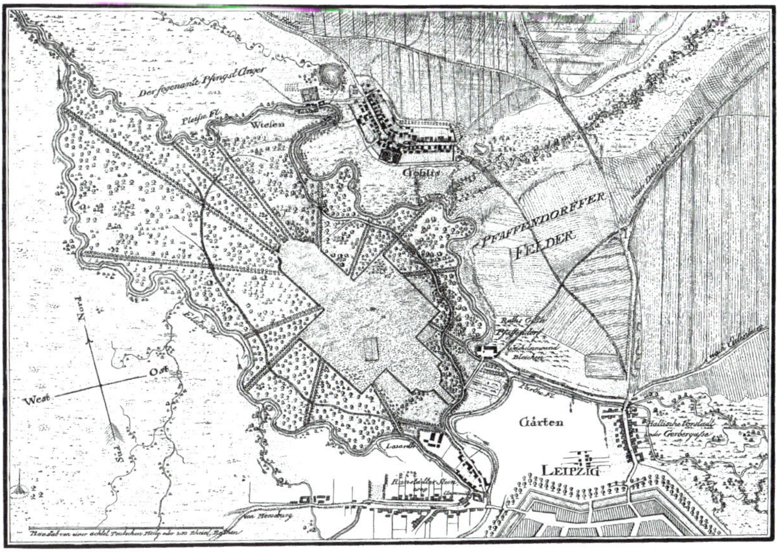

Plan vom Rosental um 1780

Rosentalgasse 1/3

Wegenetz an und nahm dem barocken Grundriß durch gezielte Neubepflanzung die strenge Regelmäßigkeit.
Zum Bestand des Denkmalschutzgebiets Rosental gehören: die im Ursprung erhaltene barocke Landschaftsgestaltung mit der großen Wiese und den sechs erhaltenen Schneisen, die sogenannte Friedenseiche von 1871, der in den 1960er Jahren neu gestaltete vordere Teich, ferner die Denkmale für Leipziger Persönlichkeiten und nicht zuletzt der Bereich um das ehemalige Rosentaltor, eines der früher sieben äußeren Stadttore, mit einem bis 1989 noch erhaltenen Torhaus (Rosentalgasse 14) aus der Zeit um 1850 und dem 12 m hohen Fahnenmast, für den eine Bauzeichnung des Architekten Schmidt von 1892 vorliegt. Durch die Rosentalgasse mit einer Reihe bemerkenswerter klassizistischer Wohngebäude wird der Park mit dem Zentrum verbunden.
Mit der Fertigstellung des sogenannten Zooschaufensters im Jahre 1976 nach dem Projekt der Leipziger Architekten Gerhard Scholz und Eberhard Göschel wurde für den Zoobesucher der Blick in die weite Rosentallandschaft freigegeben und andererseits für den Spaziergänger im Rosental ein reizvoller Einblick zu einem Teil des Tierbestands ermöglicht. Das erste Denkmal im Rosental war das Gellert-Denkmal. Das lebensgroße weiße Marmorstandbild, 1865 von Hermann Knaur geschaffen, stand östlich des vorderen Rosentalteichs (1959 abgetragen). Der schon zu Lebzeiten hochverehrte Christian Fürchtegott Gellert, Professor für Poesie, besaß als einziger Leipziger Bürger das Privileg, seiner Gesundheit wegen im Rosental reiten zu dürfen. Gellert war der meistgelesene deutsche Dichter des 18. Jahrhunderts. Im Jahre 1868 wurde das ebenfalls von Knaur modellierte Zöllner-Denkmal aufgestellt. Die Marmorbüste wurde 1944 durch eine Arbeit von Paul Stuckenbruck ersetzt. Das Denkmal für den Chorleiter und Komponisten Carl Friedrich Zöllner steht am Südrand der großen Wiese. Unweit davon, am Rande des Spielplatzes, befindet sich das Louise-Otto-Peters-Denkmal, das 1900 für die Leipziger Frauenrechtlerin errichtet wurde und ursprünglich auf dem Alten Johannisfriedhof stand. Das Fechner-Denkmal im Zoologischen Garten wurde 1983 rekonstruiert. Der Leipziger Bildhauer Hans-Joachim Förster schuf nach alten Fotos die Kopie der Büste

des Leipziger Physikers, Philosophen und Arztes Gustav Theodor Fechner. Fechner hatte eine Professur an der Leipziger Universität und galt als Begründer der Psycho-Physik. Er war einer der namhaftesten Gelehrten der Stadt und Lehrer von Wilhelm Wundt. Das Denkmal aus rotem schwedischen Granit wurde von Fechners Schülern gestiftet und im Jahre 1897 enthüllt. Es stand ehemals am Rande der großen Rosentalwiese. Durch die Zoo-Erweiterung befindet es sich heute auf dessen Gelände. Die vergoldete Inschrift auf der Rückseite „Die Tagesansicht, Seite I" wird dem Betrachter nicht ohne weiteres verständlich sein. Sie verweist auf Fechners Schrift „Die Tagesansicht gegenüber der Nachtansicht", wo es auf Seite 1 heißt: „Eines Tages saß ich im Leipziger Rosental auf einer Bank in der Nähe des Schweizerhäuschens und blickte ... auf die ... ausgebreitete schöne, große Wiese."
Auch das hintere Rosental ist landschaftlich durchaus reizvoll. Auf dem sogenannten Scherbelberg wurde 1976 ein 20 m hoher Aussichtsturm errichtet, der bereits einen von Hugo Licht 1886 errichteten Vorgänger aus Holz besaß. Dieser Turm war im zweiten Weltkrieg, im Dezember 1943, abgebrannt.

116 Die Rosentalgasse

Am Beginn der Großstadtentwicklung Leipzigs etwa in den Jahren 1840–1870 entstand auch die Rosentalgasse durch Neuordnung der teils noch mittelalterlich geprägten vorstädtischen Strukturen. Am Eingang zur Jacobstraße verweist die 1701 entstandene Angermühlentafel noch heute auf die 1879 abgebrochene Jacobs- oder Angermühle, die sich am hier heute unterirdisch verlaufenden Elstermühlgraben befand. Auch die mittelalterliche Jacobskapelle und westlich davon das Jacobshospital befanden sich in diesem Gebiet. In der Rosentalgasse haben sich einige reizvolle Häuser erhalten. Interessant ist der Vergleich der zwei hier aufeinandertreffenden Architekturtendenzen jener Jahre: zum einen die spätklassizistischen Gebäude, die sich am Antikenideal oder an seiner Brechung durch die italienische Renaissance orientieren, zum anderen Bauten, die im neogotischen Stil ausgeführt sind. Wäre nicht 1964 die völlig überdimensionierte Verkehrslösung am Goerdelerring mit der Fußgängerbrücke von 1973 entstanden, die das Stadtzentrum vom Bereich um die Rosentalgasse geradezu abriegelt und die an diesen Verkehrsknoten angrenzenden Straßen und Plätze zu Randbereichen, ja teils zu Sackgassen macht, dann könnte die Gasse heute als attraktiver Zugang vom Zentrum zum Rosentalspaziergang einladen. Sicher wird man in den nächsten Jahren

Rosentalgasse 4/6, Türdetail

diesen rein verkehrstechnisch gedachten Un-Platz auf ein urbanes, fußgängergerechtes und ökologisches Normalmaß zurückbauen. Wollte man einen kleinen Spaziergang durch den Leipziger Klassizismus unternehmen, so könnte man ihn im Innenraum der Nikolaikirche beginnen, am Schinkelportal in der Universitätsstraße und der „Kaufhalle" am Markt fortsetzen, weitergehen zum Großen Blumenberg, um schließlich am Naturkundemuseum vorbei durch die Rosentalgasse in das zu Beginn des 19. Jahrhunderts im englischen Landschaftsstil überformte Rosental mit dem wiederhergestellten Schweizerhäuschen im Zoo zu kommen.

117 Rosentalgasse 1/3

Das stadtbildprägende Wohnhaus Rosentalgasse 1/3 wurde 1870 vom Zimmerermeister Julius Steib für den Maurermeister Friedrich Ryssel erbaut. Im Volksmund wurde es gelegentlich als italienische Villa bezeichnet. Es gehört zu einer Reihe von erhaltenen wertvollen Bauten des Klassizismus und Spätklassizismus in diesem Gebiet. In der Fassadengestaltung knüpft der dreigeschossige, angenähert quadratische Bau mit dem zeittypischen flachen, schiefergedeckten Walmdach an den Formenkanon der italienischen Renaissance an und markiert städtebaulich wirkungsvoll den Zugang zur Rosentalgasse. Das erhöhte Erdgeschoß wird durch ein horizontal lagerndes Fugenmuster gegliedert. Das erste Geschoß, die Beletage, ist optisch durch Rundbogenfenster mit filigran ornamentierten Ädikularahmungen betont. Dem dreiachsigen Mittelrisalit ist ein Altan auf zwei gußeisernen Stützen vorgesetzt, der aus dem Hauptgeschoß einen Austritt mit Blick auf die Altstadt erlaubt. Die Geschosse sind durch schmale Gesimse voneinander getrennt, die Gebäude-

Rosentalgasse 7, neogotisches Portal und Supraporte

kanten durch Lisenen und Pilaster, im 1. Obergeschoß mit korinthischen Kapitellen, gerahmt. Die Flächen zwischen den Fenstern des Mezzaningeschosses sind mit filigranem Stuckdekor besetzt, darüber ein weit ausladendes Gesims auf Akanthusblattkonsolen. Der Dachfirst wird von einem Ziergitter bekrönt. Den früheren Haupteingang in der Rosentalgasse markiert ein schmuckreiches Rundbogenportal. Damit die repräsentative Bebauung des Areals möglich wurde, schreibt Bernd Sikora, der den Bauten dieser Straße 1995 eine eigene Publikation widmete, mußten umfangreiche Veränderungen am Elstermühlgrabenufer vorgenommen werden. Es entstand die erhaltene hohe, steinerne Ufermauer. So erhielt man einen Platz, der eine breite, bis zum Theaterplatz und zur Promenade weithin sichtbare Schaufassade gestattete. Vor dem Haus wurde ein großzügiger Vorgarten angelegt, der seit der Sanierung 1993/94 allerdings nur noch als Parkplatz genutzt wird. Man erkennt heute nicht mehr sofort, daß die Villa praktisch auf einer „Halbinsel" lag, denn östlich floß außerdem bis 1950 der Pleißemühlgraben vorbei, und beide Mühlgräben, die sich vor dem Haus fast berührten, waren durch einen kurzen Kanal verbunden, über den die Rosentalbrücke in die Rosentalgasse führte. Im Zuge der Revitalisierung des Leipziger Flußnetzes soll auch dieser zugeschüttete Pleißearm wieder geöffnet werden. Er würde dann die Rosentalgasse im hinteren Bereich parallel zur Straße bis zum früheren Rosentaltor, das seit der zweiten Hälfte des 19. Jahrhunderts durch den markanten Fahnenmast markiert ist, begleiten. Hinweistafeln erläutern vor Ort diese etwas verworrene Flußlandschaft, die man sich eigentlich nur anhand von Karten so recht plausibel machen kann.

Rosentalgasse 9

118 Rosentalgasse 4–6

Während die glanzvollen barocken Bürgerhäuser im Inneren der Stadt überwiegend an engen Straßenräumen und Gassen standen, bevorzugte man für die klassizistischen Wohnhäuser die damals noch im Grünen gelegenen Vorstädte. 1842 ließ sich der Hutfabrikant Carl Ernst Friedrich Haugk in der Rosentalgasse vom Maurermeister Heinrich Gottlob Purfürst ein stattliches Wohnhaus errichten. Die eigentliche Hutfabrik befand sich ursprünglich direkt links daneben im Haus Nr. 8/10. Dieses wurde 1893 durch ein dreistöckiges Gründerzeithaus ersetzt. Die Rundbogenfenster und die Fensterrahmung im 1. Obergeschoß zeigen Einflüsse der italienischen Renaissance. Die rundbogige Eingangstür mit den gußeisernen Füllungsgittern in Arabeskenform erinnern an den Dekor der Schinkelschule. Im unteren Türbereich sind stilisierte Greifen, antike Fabelwesen, in der Regel halb Adler, halb Löwe, dargestellt. Die Fassade besitzt keinen Mittelrisalit, statt dessen allerdings zwei dreiachsige Seitenrisalite mit Kolossalpilastern. Die französischen Fenster des 1. Obergeschosses im Bereich der Seitenrisalite sind mit brüstungshohen, wertvollen gußeisernen Schmuckgittern versehen, die übrigen Fenster des 2. und 3. Obergeschosses mit flachen Fensterbankgittern. Alles in allem erweist sich das Haus als eine reiche, vielleicht dabei durchaus etwas biedere Architektur des bürgerlichen Klassizismus in der Mitte des 19. Jahrhunderts. In den an das Stadtzentrum angrenzenden inneren Vor-

Katholisches Gemeindezentrum (S. 160)

städten kann man noch heute eine Vielzahl ähnlicher Häuser finden, so beispielsweise die Querstraße 25, Chopinstraße 11 und 13 oder aber einzelne Häuser am Schillerweg in Gohlis. Von der Kunstgeschichtsforschung bisher kaum zur Kenntnis genommen, sind sie in ihrer architektonischen Qualität, wohl vor allem wegen ihrer schlichten Gestaltung, nur wenig ins öffentliche Bewußtsein gerückt. Sowohl eine geringere Geschoßzahl als auch eine deutlich weniger robuste Bauweise gefährden diese Bauten des Biedermeier zusätzlich.

119 Rosentalgasse 7, 9, 13, 14

Es ist eine interessante Frage, wie es im Klassizismus mit seinem scheinbar so dominanten Antikenideal zur Aufnahme gotischer Formen kam, wie wir sie vom Gotischen Haus in Wörlitz oder aber von Schinkels Friedrichswerderscher Kirche in Berlin kennen. Die Antwort ist sicher komplexer, als hier besprochen werden kann. Man muß sich aber vor Augen führen, daß es kein Geringerer als Johann Wolfgang von Goethe war, der mit seiner 1772 erschienenen Schrift „Von deutscher Baukunst" und später in „Dichtung und Wahrheit" ein Hohelied auf die deutsche Gotik des Erwin von Steinbach und des Straßburger Münsters sang und damit zur Neubewertung dieses Mittelalterstils beitrug. In der Zeit um die Befreiungskriege erlangte die Gotikrezeption als nationaler Bezugspunkt besondere Bedeutung, da man die Gotik fälschlicherweise lange Zeit für eine deutsche „Erfindung" hielt. Einer der führenden Neugotiker war in Leipzig der Architekt und Kunstschriftsteller Oscar Mothes. Das fünfgeschossige Haus Rosentalgasse 7 fällt vor allem durch sein gotisierendes Stabwerkportal auf, das von einem Herold unter einem Baldachin bekrönt wird. Die Schulterbogenfenster mit Stabprofilen im Erdgeschoß sind Adaptionen des frühen 16. Jahrhunderts, ebenso der Zahnschnitt des Traufgesimses. Die gotisierende Dachlandschaft mit spitztürmigen Dachgaupen sowie der Pfeilergiebel sind heute etwas vereinfacht. Im Giebel liest man die Erbauungszeit 1859 sowie die Initialen des Besitzers und Baumeisters H P für Heinrich (Gottlob) Purfürst, seines Zeichens Ratsmaurermeister und Obermeister der Leipziger Maurerinnung. Darunter die Inschrift „Ohn Gottes Gunst all Baun umbsunst".

Rosentalgasse 9: Auch hier kommt, wie bei der Nr. 7, eine romantisch verklärte Mittelalterbegeisterung zum Ausdruck. Entwurf und Ausführung (1854) stammen von Maurermeister

Otto Steib. Ein Schriftzug besagt, daß sich hier seit 1872 Albin Berlepschs Lederwarenfabrik befand. Der dreiachsige Mittelrisalit wird von einem gotischen Treppengiebel mit spitzbogigen Blendarkaden überspannt, gotisierend auch Portal und Fenstergewände.
Das Haus Rosentalgasse 13 stammt ebenfalls von Otto Steib. Es wurde 1863–1854, nun aber wieder in reinem klassizistischen Vokabular errichtet: eine Tür im Schinkel-Stil, gerade Fensterverdachungen mit Akroterien, ein flaches Walmdach usw. Leider sind die beiden klassizistischen Torhäuser des äußeren Rosentaltors aus der Zeit um 1840/1850 heute nicht mehr erhalten, die sich auf Höhe des kunstvollen Fahnenmasts befanden. Für diesen hat sich im Stadtarchiv eine Bauzeichnung des Architeken Schmidt von 1892 erhalten. Vermutlich wird er aber etwa zwei Jahrzehnte älter sein. Das nördliche Torhaus, Rosentalgasse 14 (heute Stützpunkt des Grünflächenamts), war seinerzeit eigentlich für den Wiederaufbau vorgesehen, wurde aber 1989 abgebrochen.

120 Katholisches Gemeindezentrum

Emil-Fuchs-Straße

Das Katholische Gemeindezentrum mit der St.-Trinitatis-Kirche sowie Pfarrhaus, Pfarramt, Gemeindesaal und verschiedenen Kommunikationsbereichen entstand in den Jahren 1978 bis 1982 nach Entwürfen eines Kollektivs der Bauakademie der DDR unter Leitung von Udo Schultz (Berlin). Durch jeweils zwei an der Nord- bzw. Südfassade angeordnete, über Dach geführte Stahlpylonen ist der Saal markant betont. In den Pylonen der Nordseite sind die von Achim Kühn Thema „Weg des Glaubens" gestalteten Kupfertüren (1981). Über den Betonwabenfenstern wurde eine hohe umlaufende Attika aus dunklem Schiefer als oberer Gebäudeabschluß ausgeführt. Der 18 m hohe, Glockenturm aus Stahlbeton ist wirkungsvoll neben den Kirchensaal gestellt. Die ursprünglich vorgesehene Verkleidung des Campanile mit Naturstein ist bisher unterblieben. St. Trinitatis ersetzt die im zweiten Weltkrieg durch Spreng- und Brandbomben zerstörte katholische Kirche zur Heiligen Dreifaltigkeit in der Rudolphstraße, die von dem bedeutenden deutschen Neogotiker Carl Alexander von Heideloff in den Jahren 1845 bis 1847 errichtet worden war.

121 Industriebau

Pfaffendorfer Straße 31

Der Grundstein für diese bemerkenswerte funktionalistische Klinker-Architektur wurde am 15. Mai 1935 gelegt. Ursprünglich diente der Bau der Kammgarnspinnerei AG der Sortierung von Wolle. Wie die Bauakte ausweist, hatte das Dresdner Architekturbüro Schilling & Graebner die Oberleitung des Baus. 1936 war das Haus fertiggestellt. Das an den Zoo angrenzende Gebäude besticht durch sachliche Fassadengestaltung. Der mehrgeschossige, langgestreckte Baukörper ist an der Südseite um ein Geschoß turmartig erhöht und im Dachbereich von einem leichten Metallbrüstungsgitter abgeschlossen. Die anschließende, tiefer liegende Dachzone wird durch ein markantes Scheddach geprägt. Im 3. und 4. Obergeschoß wurden die breiten Fensterbänder um die Gebäudeecken herumgezogen. Die Fassadenflächen sind in roten Verblendklinkern ausgeführt.

Industriebau Pfaffendorfer Straße

Die Michaeliskirche am Nordplatz wurde 1901–1904 unter Jugendstileinfluß erbaut.

122 Michaeliskirche und Nordplatz

Der 70 m hohe Turm der Michaeliskirche bildet als Endpunkt der vom Stadtzentrum herführenden Nordstraße einen wichtigen städtebaulichen Akzent. Aus diesem Grunde ist die Hauptachse des Baus vom Eingangsportal zum Chorraum in Nord-Süd-Richtung gelegen. Am 25. November 1901 erfolgte der erste Spatenstich, die Weihe fand am 12. Juni 1904 statt. Die Leipziger Architekten Heinrich Rust und Alfred Müller schufen unter freier Verwendung unterschiedlichster historischer Formenzitate bei gleichzeitiger Jugendstil-Grundhaltung ein markantes Bauwerk des ausgehenden Historismus. Das Kirchenschiff ist ein quadratischer

Zentralraum, an den vier apsisartige Räume angelagert sind. Sie dienen im Norden als Altarraum, im Süden der Aufnahme der Orgelempore und im Westen und Osten als Seitenschiffe, ebenfalls mit Emporen. Die drei rundbogigen Fenster in der Chorwand (1904, Entwurf Ludwig Otto und Ausführung Bruno Urban, beide Dresden) besitzen farbige Bleiverglasungen mit Darstellungen der Geburt Jesu (links), der Kreuzigung (Mitte) und der Auferstehung (rechts). Die Gewölbe sind mit gotisierenden Rippen versehen. Bemerkenswert sind die kräftig plastischen Holzarbeiten der Ausstattung, vorwiegend mit vegetabilen Jugendstil-Schmuckelementen, von Kanzel, Gestühl, Orgelprospekt und Emporenbrüstungen. Der gesamte Außenbau ist mit Sandstein verkleidet. Durch die unregelmäßige Anordnung von rustizierenden Steinplatten wird eine changierende Fassadenwirkung erzielt. Die fließende Turmumrißform läuft oben in einer schlanken Kupferhaube mit Laterne aus. Über dem rundbogigen Eingangsportal ist der Erzengel Michael als Drachentöter dargestellt. Ein hoher, kupfergedeckter Dachreiter betont den Altarraum im Äußeren. Auch die übrigen den Platz bildenden Gebäude verdienen Beachtung. Das *Wohnhaus Nordplatz 1* wurde 1888–1890 von Clemens Thieme mit neobarocker Fassadengestaltung erbaut. Es bildete den Auftakt zur Bebauung des Platzes. Das in Verfall geratene Gebäude konnte bis 1997 durch die Leipziger Architekten Fischer/Kober gerettet und in seinem äußeren Erscheinungsbild wiederhergestellt werden. Etwa zeitgleich entstand *Nordplatz 2* im Stile der Neorenaissance. Das Eckgebäude zum Kickerlingsberg, Nordplatz 3, in den Jahren 1904/05 erbaut, ist bereits durch einen stark reduzierten Historismus gekennzeichnet. Es bildet gleichsam den Übergang zur Jugendstilfassade des *Gebäudes Nr. 4 (Pfarramt)*, das der Leipziger Architekt Carl Poser in der gleichen Zeit errichtete. Bemerkenswert und wohl für Leipzig einmalig ist das rundbogige Eingangsportal mit der Supraportengestaltung in fließenden vegetabilischen Formen. Das Wohnhaus *Nordplatz 11* des Leipziger Architekten Wilhelm Becker besitzt ein kräftiges, barockisierendes Portal und ist in den Obergeschossen mit teils frühklassizistischem Dekor geschmückt. Die beiden stattlichen Putzbauten mit Gliederungen in rotem Rochlitzer Porphyrtuff an der Ostseite des Platzes entwarf Stadtbaurat Otto Wilhelm Scharenberg noch vor dem ersten Weltkrieg. Das linke Gebäude war ehemals ein *Verwaltungsbau des Mitteldeutschen Braunkohlensyndikats* und diente zuletzt als Schule für Kinder hier stationierter sowjetischer Soldaten. Das anschließende Gebäude, *Nordplatz 13*, beherbergt das Leibniz-Gymnasium. Die Mittelachse des Baus ist durch rote Porphyrgliederungen und einen durch Rundbogen gegliederten Vorbau im Erdgeschoß betont. Darüber sind symbolische Plastiken, die unter dem Thema Lernen und Körperertüchtigung stehen, aufgestellt. Ein kräftiger Dachreiter mit Laterne bildet den oberen Abschluß. Die Seitenrisalite sind erkerartig vorgezogen und werden im Dachbereich von großen Staffelgiebeln bekrönt. Dazwischen beleben kleinere Zwerchhäuser die Dachlandschaft. Diese auffällige Giebelreihung erinnert an das Alte Rathaus am Markt, das Scharenberg in den Jahren 1906/07 restaurierte.

Herder-Institut. Fassadenausschnitt mit Terrakotten von Gudrun Richter-Thiele

In der Grünanlage vor der Kirche erinnert der *Apelstein Nr. 37* an die Leipziger Völkerschlacht vom Oktober 1813. Der Leipziger Bürger und Schriftsteller Dr. Theodor Apel ließ 44 dieser Marksteine auf den Schlachtfeldern in und um Leipzig aufstellen. Wenn die Steine oben einen runden Abschluß aufweisen und mit einem N gekennzeichnet sind, so handelt es sich um die Standortmarkierung für die Truppen Napoleons. Laufen die Steine nach oben spitz aus und tragen sie auf der Vorderseite den Buchstaben V, so weist dies auf einen Standort der Verbündeten hin. Die Nr. 37 bezeichnet die Gefechtsstellung des polnischen Generals Dombrowski, der mit 5 000 polnischen Soldaten das Napoleonische Heer verstärkte.

Das Herder-Institut wurde 1952–1954 erbaut.

Nur wenige hundert Meter entfernt steht am Ende der Gohliser Straße die schlichtere, neogotische *Friedenskirche*, eine dreischiffige gewölbte Hallenkirche, die 1871–1873 von Hugo Altendorff als gelber Backsteinbau errichtet wurde.

123 Herder-Institut

Lumumbastraße 4

Als erster Universitätsneubau nach 1945 entstand in den Jahren 1952 bis 1954 das Gebäude für die damalige Arbeiter-und-Bauern-Fakultät. Der drei- bzw. viergeschossige Putzbau mit Gliederungen in rotem Rochlitzer Porphyrtuff ist ein interessanter architektonischer Beleg für das Suchen nach einem der neuen Epoche gemäßen Ausdruck. Lediglich der Haupteingang wurde in historisierenden Formen gestaltet, dagegen ist der dreigeschossige Klassentrakt mit großen, querrechteckigen Fenstern nach ausschließlich funktionellen Gesichtspunkten ausgebildet. Zwischen den Fenstern sind 15 hohe Terrakottareliefs von Gudrun Richter-Thiele angeordnet, die typische Berufe zeigen. Eine Stele für den 1961 ermordeten kongolesischen Ministerpräsidenten Patrice Lumumba wurde in den Grünanlagen vor dem Gebäude errichtet. Sie trug eine Porträtbüste des afrikanischen Freiheitskämpfers von Rudolf Oelzner (1997 gestohlen).

124 Wohnhaus

Kickerlingsberg 15

1928 nach eigenen Entwürfen des Kunsthändlers und Architekten Willy Richter als dreigeschossiges Wohn-, Atelier- und Ausstellungsgebäude in nobler Wohnlage mit Bezug zum nahen Auewald (Rosental) erbaut. 1933 wurde es zum reinen Wohnhaus umgebaut und in seinem Erscheinungsbild verändert. Trotz der grünen Majolikarahmungen seiner Fenster erscheint uns der zum Garten abgetreppt ausgeführte weiße Kubus als ein hervorragender Vertreter der Klassischen Moderne.

Wohnhaus Kickerlingsberg 15

Kickerlingsberg 12. Im Jugendstil ausgemaltes Treppenhaus

Haus Kuhn, Richterstraße 10. Eingangsgestaltung im Stil des Art déco

125 Wohnhaus

Kickerlingsberg 12

Unmittelbar an den Zoologischen Garten angrenzend schuf Architekt Otto Riehl 1909 ein dreigeschossiges, villenartiges Wohnhaus in repräsentativer Wohnlage. Die erhaltene und 1994 restaurierte Treppenhausausmalung im Stil der Wiener Sezession mit illusionistisch aufgemalten Wanddekorationen, imitierten Mosaikmedaillons und goldfarbigen Treppenunterläufen ist in dieser Art für Leipzig einmalig. Die für die Zeit schon sehr flächig wirkende Kalksteinfassade wird in der Mittelachse durch einen dreigeschossigen Mittelerker betont, der bis ins Dachgeschoß reicht. Fenstergliederung und Fassadenornamentik sind im Jugendstil ausgeführt. Eine Übergangsarchitektur, die den Historismus fast überwunden hat, aber auf den Jugendstil als Dekoration noch nicht verzichten kann.

126 Haus Kuhn

Richterstraße 10

Der Bauantrag für das Doppelwohnhaus wurde am 19. März 1924 durch den Leipziger Architekten Wilhelm Halpaap gestellt. Bauherr war der 1877 in Chemnitz geborene Musikverleger Max Kuhn, dem u. a. das Leipziger Messehaus Drei Könige in der Petersstraße gehörte. Die Baupläne fertigte der Münchner Architekt Uebel. In etwas ungewöhnlicher Weise ist die Eingangsfront des Hauses Kuhn an die Giebelseite gelegt. Hier sind ein eingeschossiger Vorbau mit drei vergitterten Fenstern und eine kunstvoll gestaltete Tür angeordnet, darüber im Obergeschoß vier Fenster mit den für die Zeit typischen Klappläden. An der westlichen Gartenseite ist ein flacherer Baukörper vorgelagert. Hier findet sich u. a. eine durch Säulen gegliederte Loggia. In der Baulücke zum gründerzeitlichen Gebäude Richterstraße 12 ist der Garten angelegt. Auf die Forderung der Bauaufsicht hin wurde der angrenzende Brandgiebel architektonisch behandelt. Wie das Hauptgebäude, so ist auch dieser mit gestalterischen Anleihen an den Stil des Art déco dekoriert. Eine bemerkenswerte handwerkliche Arbeit ist das Eingangsportal mit Kalksteinrahmung und Supraporte und vor allem dem künstlerisch gestalteten hochrechteckigen Türgitter, einer Bronzearbeit des Leipziger Akademieprofessors Georg Alexander Mathéy (1884–1968). Die Innenarchitektur, die in Teilen erhalten ist, stammt von dem namhaften Architekten Bruno Paul (geb. 1874 in Seifhennersdorf, gest. 1968 in Berlin). Die Möbel waren von den Deutschen Werkstätten in Hellerau gefertigt. Im Januar 1926 war das Wohnhaus nach knapp anderthalbjähriger Bauzeit bezugsfertig.

Uferstraße 21. Fassadenansicht sowie islamisch-orientalisch ausgemalter Vorsaal im 1. Obergeschoß (unten)

127 Uferstraße 21

Das an der klassischen Formensprache der italienischen Renaissance orientierte herrschaftliche Wohnhaus wurde 1867 für den Leipziger Industriellen Otto Meißner unmittelbar am Partheufer errichtet. Der dreigeschossige Mittelteil wird von zwei flacheren Seitenflügeln gerahmt. Über dem Haupteingang ist eine Figurennische mit einer Flora eingeordnet. Im ersten Obergeschoß hat sich eine kunstgeschichtlich-handwerkliche Besonderheit erhalten: Zwar ist die Ausmalung des Vorsaals nichts Ungewöhnliches, da Leipzig ja über eine geradezu überreiche Tradition ausgemalter Treppenhäuser verfügt; dennoch überrascht hier die Anwendung islamisch-orientalischer Motive. Im übrigen Treppenhaus hat sich eine spätere, schlichte Jugendstilausmalung erhalten.

128 Gosenschenke Ohne Bedenken

Menckestraße 5

Das der Berliner Weiße ähnliche obergärige Bier wird in Leipzig seit 1738 getrunken. Im Jahre 1899 hatte Heinrich Ernst August Cajeri die Gosenstube in der damaligen Hauptstraße 38 eröffnet. Um 1905 erhielt die Fassade mit dem markanten Runderker ihr heutiges Aussehen. Die im Inneren nach alten Abbildungen originalgetreu rekonstruierte Gosenschenke wurde im Oktober 1986 wiedereröffnet, nachdem diese traditionsreiche Gast-

Jugendstilfassade Menckestraße 19

stätte 1958 ihre Pforten geschlossen hatte. Mit der Rekonstruktion der Gaststube ist ein interessantes Interieur der Jahrhundertwende wiedererstanden. Hier wird Gastlichkeit mit einem Sinn für die Historie des Ortes verbunden. Beliebt ist auch der große Biergarten hinter dem Haus.

129 Ärztehaus

Menckestraße 19

Das 1903/04 von dem Leipziger Architekten Alfons Berger erbaute ehemalige Wohnhaus gehört zu den interessantesten Beispielen des Jugendstils in Leipzig. Die unkonventionell gestaltete, unregelmäßige Fassade mit einer Vielzahl unterschiedlicher Fensterformate setzt sich nachdrücklich von überkommenen ästhetischen Maßstäben ab. In zeittypischer Art und Weise ist die gesamte Fassade in Putztechnik ausgeführt. Das seitlich angeordnete Treppenhaus wird zur Straße erkerartig sichtbar. Die asymmetrisch gegliederte Hauptfront des Gebäudes bekrönt ein Segmentgiebel in barockisierender Linienführung. Im Giebelfeld flankieren schwebende Genien eine Kartusche mit Darstellung eines ruhenden Löwen. Der Balkon im 1. Obergeschoß betont zusätzlich diese Achse. Die zwei erkerartig vorgebauten, korbbogigen Fenster im Erdgeschoß weisen wappengeschmückte Umrahmungen auf. In dem vegetabilen Schmuckwerk vermischen sich Formen des Jugendstils und des Barocks. So wird schließlich die seitlich angeordnete Eingangstür – eine originale Barocktür aus der Mitte des 18. Jahrhunderts mit einem zierlichen Rokoko-Oberlichtgitter – in keiner Weise als Fremdkörper am Bau empfunden. Im Inneren setzen sich die barocken Stilbezüge fort, etwa im Deckenstuck der Vorhalle oder den Balustern der Treppenanlage. Ganz anderen Intentionen folgt der Architekt bei der Gestaltung der Rückseite, die heute allerdings stark vereinfacht ist, indem er hier Elemente des Heimatstils verwendete. Erwähnenswert ist, daß Alfons Berger in den Jahren 1900/01 das benachbarte Gohliser Schlößchen renovierte.

130 Schillerhaus

Menckestraße 42

Die heutige Menckestraße entspricht der Hauptstraße des ehemaligen Dorfes Gohlis, das am Ende des 18. Jahrhunderts aus etwa 45 Häusern mit ungefähr 450 Einwohnern bestand. Der Leipziger Rechtsgelehrte Christian Gottfried Körner hatte Friedrich Schiller in die Handelsstadt eingeladen. In den Sommermonaten des Jahres 1785 weilte der Dichter im Haus des Bauern Schneider in der Menckestraße 42. Diese Sommerfrische vor den Toren der Stadt hatte ihm der junge Leipziger Verleger Georg Joachim Göschen vermittelt. Nach seiner Mannheimer Zeit verlebte Schiller hier einige frohe, ungetrübte Wochen. Die „Schillerstube" befindet sich im 1. Obergeschoß des Vorderhauses, zur Straße gelegen. Hier schrieb Schiller vermutlich seine berühmte Ode „An die Freude". Das Schillerhaus war einst Bestandteil eines fränkischen Dreiseithofs. Das Haus wird dendrochronologisch auf 1717 datiert und ist damit nicht nur das älteste erhaltene Bauernhaus von Gohlis, sondern wohl auch das älteste des gesamten Stadtgebiets. Zum Gehöft gehört das sogenannte Kastellanhaus. Es war ursprünglich ein Stallgebäude und wurde später aufgestockt. Eine hölzerne Scheune im hinteren Bereich blieb nicht erhalten. Das ehemalige bäuerliche Wohnhaus war ein typisches nordwestsächsisches Bauernhaus, im unteren Bereich aus Feldsteinen, im oberen Geschoß in Fachwerk errichtet. Im Inneren haben sich Holzbalkendecken, Türen und weitere Details erhalten. Nachdem 1841 bekannt wurde, daß es sich bei dem Gebäude um das Schillerhaus handelt, richtete der 1842 von Robert Blum (1807–1848) gegründete Schillerverein eine Gedenkstätte ein, die heute zum Stadtgeschichtlichen Museum gehört. Nach der grundlegenden Instandsetzung des Komplexes in den Jahren 1967–1970 erfolgte 1987 bis 1989 abermals eine Sanierung des Schillerhauses. Die letzte, wegen Einsturzgefahr dringend notwendige Sanierung von 1997/98, fachlich betreut von Sabine Schneider, berief sich erstmals auf die historische Befundsitua-

Das Schillerhaus in Gohlis. Ansicht Menckestraße

tion, so daß das Innere heute einen äußerst authentischen Eindruck der Schillerzeit vermittelt. In seiner äußeren Gestalt präsentiert es sich in der durch Abbildungen überlieferten Gestaltung der Mitte des 19. Jahrhunderts. Die ungewöhnliche „Ehrenpforte" entstand 1842 durch Überwölbung der Eingangstür mit einer Supraporte. Sie trug zunächst die später ans Haus versetzte Gedenktafel mit der Inschrift: „Hier wohnte Schiller und schrieb das Lied an die Freude im Jahre 1785". Das heutige Portal war zwischenzeitlich entfernt worden und stammt in der jetzigen Form von 1911.

131 Wohnanlage „Schokoladenpalais"

Poetenweg, Menckestraße

Der Standort an der alten Ortslage Gohlis hat für Leipzig ganz besondere kulturgeschichtliche Bedeutung. Am 26. September 1835 hatte der Konditor Wilhelm Felsche (1798–1867) am Augustusplatz 4 (südliches Eckgebäude zur Grimmaischen Straße) in einem neu errichteten klassizistischen Gebäude (möglicherweise von Albert Geutebrück, 1885 umgebaut) das Café Français eröffnet, das die Zeitgenossen an das Café im Pariser Palais Royal erinnerte und das auch wegen seiner glanzvollen Ausstattung legendäre Bekanntheit erreichte. Aus nationalistischen Gründen wurde es 1914 in Café Felsche umbenannt. Im zweiten Weltkrieg wurde es durch Bomben zerstört. Im Zusammenhang mit dem Neubau des Campus der Universität bis 2009, der das Grundstück Felsche freihält, soll es eventuell wiedererrichtet werden. Grundstein des Unternehmens war die bereits 1821 im Fürstenhaus in der Grimmaischen Straße eingerichtete „Conditorey-Waren-Handlung". Für den Neubau am Augustusplatz erwarb Felsche 1834 von der Universität einen Teil des Paulinergartens und von der Stadt den alten Turm des Grimmaischen Tors. Von Anfang an befaßte er sich mit der Herstellung von Schokolade. Ab 1841 produzierte er auf einem Grundstück in Reudnitz. Sein Schwiegersohn und Teilhaber Hermann Friedrich Adolph Schütte (1832–1908) begründete die erste und einzige Leipziger Schokoladenfabrik in Gohlis. Dazu erwarb man 1872 das Areal des Waldschlößchens (die alte „Wasserschenke")

Wohnanlage „Schokoladenpalais". Entwurfszeichnung für die Sanierung von Fuchshuber und Partner 2003

Das Gohliser Schlößchen wurde 1755/56 erbaut. Ansicht Menckestraße und Untergeschoß-Grundriß

an der Gohliser Hauptstraße 35 (heute Menckestraße). 1873 wurde ein zweistöckiges Fabrikgebäude mit Kesselhaus und Schornstein errichtet (Maurermeister Eduard Steyer). 1885 erwarb man das benachbarte Grundstück Menckestraße 37 hinzu und errichtete die noch heute erhaltene, dreigeschossige Fabrikantenvilla (Architekt Gottlieb (?) Bock). In der Folgezeit wurde das Areal planmäßig erweitert. 1897–1905 entstand das Vordergebäude an der Menckestraße 35/37. Seit 1912 war das renommierte Architekturbüro Händel & Franke für die Erweiterungen zuständig. Sie schufen auch die repräsentative Front zum Poetenweg (fertiggestellt 1921) mit rustiziertem Sokkelgeschoß und kräftiger Pilastergliederung, die nach Maßgaben der Denkmalpflege wiederhergestellt wird. Unter dem Firmennamen VEB Süßwarenfabrik Goldeck wurde die Produktion am Standort bis 1967 fortgeführt.
Die von den Architekten Fuchshuber und Partner geplante Wohnanlage wird auf einem Areal von 13 000 qm 90 Wohnungen, vom Loft bis zum großzügigen Penthouse mit Größen bis 160 qm, umfassen. Alle Wohnungen erhalten Terrassen zum Garten oder große Balkone.

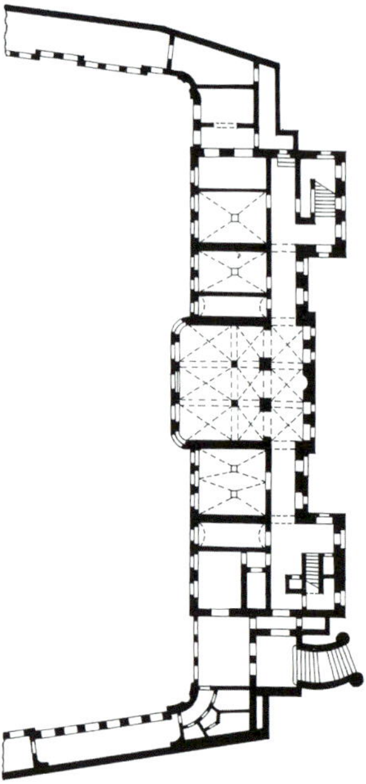

Gohliser Schlößchen. Oesersaal

132 Gohliser Schlößchen

Menckestraße 23

Der spätbarocke Landsitz des Leipziger Handelsherrn und Ratsbaumeisters Johann Caspar Richter am ehemaligen Dorfanger Gohlis wurde in den Jahren 1755/56 erbaut und war einst weit vor den Toren der Stadt gelegen. Heute ist der Standort in der Menckestraße durch die großstädtische Bebauung der Jahrhundertwende überformt und städtebaulich-landschaftlich entscheidend verändert. Der Baumeister des Schlößchens läßt sich archivalisch nicht nachweisen. Durch einen überraschenden Fund (Alberto Schwarz entdeckte 1976 einen diesbezüglichen in einer polnischen Fachzeitschrift publizierten Artikel) kommt heute der Dresdner Hofarchitekt Johann Friedrich Knöbel (1724–1792) in Betracht, denn in einer Sammlung architektonischer Entwürfe, die heute im ukrainischen Lwow, dem früheren polnischen Lemberg, aufbewahrt werden und dem königlich-sächsischen Bauamt in Warschau zuzurechnen sind, fanden sich die Entwürfe für das Gohliser Schlößchen. In diese Sammlung können sie eigentlich nur geraten sein, wenn sie von einem Architekten des königlichen Bauamts verfaßt worden sind. Darüber hinaus ist es auch gut möglich, daß der Bauherr Richter auf die Planung Einfluß nahm, wie es für viele ähnliche Fälle dieser Zeit belegt ist.

Aus dem eingeschossigen, zur Gartenseite hin zweigeschossigen Baukörper mit der zeittypischen Mansardgeschoßausbildung tritt ein fünfachsiger, um ein Geschoß höherer Mitteltrakt hervor. Er besitzt einen markanten Turmaufbau, der an Kirchtürme jener Zeit erinnert. Der Turm war ursprünglich der Point de vue für eine der dreizehn strahlenförmigen Alleen, die von dem Schloß ausgingen, das August der Starke 1707 im Rosental geplant hatte. Den ehemaligen Wirtschaftshof begrenzt zur Menckestraße eine Toranlage, in die 1983 das kostbare kunstgeschmiedete Tor aus Gerhards Garten einbezogen wurde. Der zum Rosental gelegene, relativ kleine Garten wird seitlich von arkadenförmigen Flügelbauten eingefaßt, die Gewächshaus, Billardsaal, Kegelbahn und zeitweilig auch eine Antikensammlung aufzunehmen hatten.

Nach dem Tode Richters im Jahre 1770 heiratete der Geschichtsprofessor Johann Gottlob

Boehme dessen Witwe und gelangte so in den Besitz des Gohliser Schlößchens. Boehme ließ die infolge des Siebenjährigen Krieges nicht ausgeführte Innenausstattung vollenden. Im Festsaal führte Adam Friedrich Oeser Ende der 1770er Jahre ein allegorisches Deckengemälde aus, auf dem der Lebensweg der Psyche dargestellt ist. An den Wänden und der Deckenvoute wurde eine illusionistische Architektur aufgemalt. Nach dem Tode Boehmes und seiner Gattin im Jahre 1780 übernahm deren Bruder Johann Hieronymus Hetzer das Haus und ließ 1781 im Gartensaal, dem sogenannten Steinsaal, einen Gedenkstein für Richter, Boehme und deren Gattin aufstellen. Gemalte Steinimitationen, wie hier vor allem Marmor und Alabaster, kennzeichnen die Gartensaalgestaltung in der zweiten Hälfte des 18. Jahrhunderts. Die gesamte Ausstattung dieses Raums ist ein interessantes Zeugnis für das „Zeitalter der Empfindsamkeit". Der Festsaal, auch Oesersaal genannt, wurde ab 1976 restauriert. In den Jahren 1992 bis 1998 wurde das Kulturdenkmal umfassend saniert und restauriert. Dabei erhielt es im Erdgeschoß der Gartenseite ein Restaurant, zu dem auch der Steinsaal gehört. Im Erdgeschoßsalon wurde die Ausstattung um ein Deckenbild aus dem nicht erhaltenen Gartenhaus Richters (um 1730) ergänzt. Der Garten des Gohliser Schlößchens ist heute der letzte erhaltene Garten der einst berühmten Leipziger Gartenkultur des bürgerlichen Barock.
Zu den im Bereich des Gohliser Schlößchens aufgestellten Plastiken gehören das Gellert-Sulzer-Denkmal und das *Friedrich-August-Denkmal* (1935), beide nach Entwürfen von Adam Friedrich Oeser ausgeführt, sowie die Skulpturen der Pomona und des Vertumnus des Dresdner Bildhauers Pierre Coudray (am Wasserbecken). Im Gohliser Schlößchen finden regelmäßig literarisch-musikalische Veranstaltungen statt sowie das beliebte Sommertheater im Garten. Die Planung der Sanierung erfolgte durch das Büro Ilg, Friebe, Nauber, die denkmalpflegerische Fachberatung durch Sabine Schneider und Alberto Schwarz.

133 Villa Ida

Medienstiftung der Sparkasse Leipzig, Menckestraße 27

Als sich der Buchdruckereibesitzer Otto Fischer von den Maurermeistern Meißner & Miersch 1883 die zweigeschossige Villa Menckestraße im Stil des Historismus erbauen ließ, war die Wandlung vom Dorf- zum Stadtbild bereits im vollen Gange. Westlich der Villa Ida hatte Adolf Schütte-Felsche auf dem Areal der beliebten „Wasserschenke" bereits seine Schokoladenfabrik errichtet, womit dieses traditionsreiche Ausflugslokal aufgehört hatte zu existieren. Die freistehende, von einem Garten umgebene, zweigeschossige Villa Ida ist in historisierender Formensprache erbaut, ohne daß sich der Baumeister mit dem Anspruch akademischer Genauigkeit zu einer bestimmten Stilrezeption bekennt. Die Fensterrahmungen an der Straßen- und Gartenseite entstammen dem Formenrepertoire der italienischen Hochrenaissance, während die Dachausbildung an der Straßenseite eher der alpenländischen Tradition entlehnt zu sein scheint. Das Eingangsportal wird von einem Dreiecksgiebel bekrönt. Darunter ist in einem Rollwerkornament die Widmung des Hauses als „Villa Ida" zu lesen. Der etwas gedrungen wirkende Baukörper vermittelt besonders an der Gartenseite dennoch einen Hauch großzügiger palladianischer Villenarchitektur. An der Straßenfront zur Menckestraße ist der Mittelrisalit durch doppelt gekuppelte Fenster betont, die von einem Dreiecksgiebel überspannt werden, der sich bogenförmig in das Dachgeschoß öffnet. Die mittlere Fensterachse wird im 1. Obergeschoß durch einen Porträtkopf in einem gesprengten Dreiecksgiebel betont. Im Zusammenhang mit der darunter befindlichen Jahresangabe der Erbauung „1883" darf man diese plastische Arbeit wohl als die Darstellung Otto Fischers verstehen. Seit 1879 war er alleiniger Inhaber der Buchdruckerei Fischer & Wittig. C. F. Fischer, der zuvor Faktor in der namhaften Buchdruckerei Otto Wigand war, und F. Wittig, als Maschinenmeister ebenfalls dort beschäftigt, hatten die Buchdruckerei am 1.11.1862 in der Dörrienstraße 5 begründet. Später werden Druckhäuser in der Johannisallee 8 und in der Teubnerstraße 12 genannt. Im hinteren Teil des Grundstücks plant die Stiftung nach Entwurf von Gerd Heise/HPP einen Mediencampus für eine „School of Media" mit Zugang vom Poetenweg. Für die denkmalgerechte Sanierung wurde dem Bauherrn 1996 der „Hieronymus-Lotter-Preis für Denkmalpflege" der Kulturstiftung Leipzig verliehen.

Die Villa Ida wurde 1883 erbaut.

Das Mückenschlößchen in der Waldstraße 86 ist in der Formensprache der deutschen Renaissance gestaltet.

134 Mückenschlößchen

Waldstraße 86

Der in seiner Grundrißdisposition und Fassadengestaltung schloßartig wirkende zweigeschossige Putzbau mit roten Porphyrtuffgliederungen wird im Volksmund seit 1893 als Mückenschlößchen bezeichnet. Ein markant außermittig vor die Fassade gestellter Turm mit laternenbekrönter Haube, Volutengiebel, dazu ein flacherer Turm am südlichen Seiteneingang mit welscher Haube zitieren architektonisch Stimmungswerte des 16. Jahrhunderts, d. h. der deutschen Renaissance. Das Bauland war erst durch Begradigung des Elstermühlgrabens entstanden, so daß der Architekt und Bauherr Gustav Strauß den Bau 1892 durch seinen Architektenkollegen Bruno Richter errichten konnte. Da sich bereits während der Bauzeit an der Wasserseite Bauschäden zeigten, stellte er die Arbeiten ein. Es wird berichtet, Strauß habe sich aus diesem Grunde das Leben genommen. 1893 setzte der neue Besitzer, der Baumeister Otto H. Linker, den Bau fort. Im Erdgeschoß wurde eine Gaststätte eingerichtet, die bis 1915 bestand und über einen beliebten Biergarten verfügte. Im Jahre 1995 konnte sie nach gründlicher Sanierung des gesamten Gebäudes und vor allem Restaurierung des Gaststättensaals mit seiner opulenten Stuckdecke in naturnaher Holzimitation und weiteren Details, z. B. Jugendstilranken an den Pfeilern vielleicht vom Umbau 1898, wieder eröffnet werden. Über der Gaststätte befanden sich ehemals sehr repräsentative Wohnungen. Bemerkenswert ist auch die restaurierte Deckenbemalung im Treppenhaus.

135 Stadtbad

Eutritzscher Straße 21

Es ist erstaunlich, mit welchem architektonischen Aufwand um die Jahrhundertwende selbst weniger bedeutende Gesellschaftsbauten gestaltet wurden. Die Grundsteinlegung für das Stadtbad Leipzig-Nord erfolgte am 15. März 1913. Bereits 1915 wurde das Gebäude seiner Bestimmung übergeben. Die Entwürfe stammen von Stadtbaurat Otto Wilhelm Scharenberg. Der auf angenähert U-förmigem Grundriß angelegte Baukörper

Stadtbad

öffnet sich zur Eutritzscher Straße und bildet so eine Art Ehrenhof. In den Seitenflügeln mit ihren massigen Mansarddächern sind die große und die kleine Schwimmhalle untergebracht. Die zurückgesetzte, mehrgeschossige Eingangsfront wird im Mittelteil von einem Giebelfeld bekrönt. Darin halten zwei große, als Relief ausgeführte Löwen das Leipziger Stadtwappen. Dem durch Kolossalpilaster gegliederten Mittelteil ist ein apsisartiger Anbau vorgelagert, im unteren Bereich mit vier kannelierten dorischen Säulen. Darüber befinden sich Reliefplatten mit symbolischen Darstellungen zum Thema Wasser und Baden. Die vorgezogenen Seitenflügel wurden an den Innenseiten turmartig betont. Die ganze Fassade ist in einer für die Zeit typischen Putz-Beton-Werksteintechnik ausgeführt. Die Gewölbekappen im Eingangsbereich sind in Neorenaissancemanier ausgemalt. Die Wände der anschließenden sogenannten Repräsentationshalle mit den Kassenschaltern werden durch geschoßhohe, kannelierte Säulen mit ionischen Kapitellen gegliedert. Hier verdient ein Zierbrunnen an der Westseite besondere Beachtung. Die bronzene Mädchenskulptur trägt in jeder Hand eine Muschel, aus der das Wasser in die darunterliegende Wasserschale läuft. Drei Löwenköpfe am Sockel zu ihren Füßen spenden Wasser in das größere, halbrunde Wasserbecken. Die Bronzefigur schuf der Bildhauer Josef Mágr im Jahre 1914. Die große und die kleine Schwimmhalle hat Scharenberg gestalterisch ähnlich angelegt: Um die rechteckigen Schwimmbecken ziehen sich Arkaden, darüber sind Emporen mit kannelierten dorischen Säulen angeordnet. Die exotische Farbfassung des im islamisch-maurischen Stil gestalteten Ruheraums der Frauensauna wurde von 1988 an restauriert. In der unmittelbaren Umgebung des Stadt-

Heizkraftwerk Nord

Hotel The Westin Leipzig

bads schuf Scharenberg weitere Bauten, so das Schulgebäude des heutigen Leibniz-Gymnasiums am Nordplatz 13 und das nur wenige Schritte entfernte ehemalige Leihhaus (1912/13) am Erich-Weinert-Platz.

136 Gas- und Dampfturbinen-Heizkraftwerk Nord

Eutritzscher Straße 17/19

Von weitem mutet der Komplex wie eine gut gestaltete Büroanlage an. Erst bei näherer Betrachtung erschließt sich, daß es sich um einen Industriebau, bestehend aus Kesselhaus, Gas- und Dampfturbinenanlagen, Schaltwarten, Trafoanlagen, Übergabestation und Erschließungstürmen, handelt. Die architektonische Gestaltung erfolgte im Ergebnis eines 1993 von den Stadtwerken Leipzig ausgelobten Fassadenwettbewerbs durch den ersten Preisträger, die Architekten Schomers, Schürmann und Stridde aus Bremen. Markant überragen die beiden scheibenförmigen Kesseltreppenhäuser mit ihren dunkelblauen Glasvorhangfassaden den vielteiligen Baukörper. Die südlich und nördlich angelagerten Kuben unterschiedlicher Höhe sind mit silbergrauem Aluminium verkleidet. Die Basiszone ist in zweifarbig gestreiftem Beton gehalten. Den Architekten gelang eine Industriearchitektur von hohem baukulturellen Anspruch und ein signifikantes Bauwerk, das die Stadtlandschaft seit 1995 nachdrücklich bereichert.

137 Hotel The Westin Leipzig

Gerberstraße 15

Das Fünf-Sterne-Hotel wurde in den Jahren 1978 bis 1981 durch die Kajima Corporation Tokio als Hotel Merkur erbaut. Der 29geschos-

Der historische Straßenbahnhof in Möckern

sige Hochhauskörper auf angenähert rechteckigem Grundriß betont eindrucksvoll den nördlichen Zugang zum Stadtzentrum. Die klare, funktionale Gestaltung der Fassade verzichtet auf jegliche Schmuckdetails. Statt dessen lebt die Architektur von der spannungsreichen Zuordnung streng orthogonaler Flächen und Baukörper. Die knappe Oberflächenstruktur wird durch vorgehangene Betongroßplatten mit Keramikvorsatz erzielt, der am Hochhausquader in hellem, an der Basiszone in dunklem Ocker-Farbton gehalten ist. An der Gerberstraße wurde auf künstlich profiliertem Gelände ein japanischer Garten angelegt.

138 Historischer Straßenbahnhof Möckern

Georg-Schumann-Straße 244

Im Zuge der Ausweitung des Straßenbahnnetzes entstanden nach 1900 in den Vorstädten zahlreiche Straßenbahnhöfe, teils mit interessanten, weit gespannten Hallenkonstruktionen. Der Straßenbahnhof Möckern wurde 1905–1909 für die Große Leipziger Straßenbahn angelegt. Er nimmt heute die umfangreiche Sammlung der Leipziger Verkehrbetriebe auf, die über 30 historische Straßenbahnen, darunter auch die erste von 1896, umfaßt. In Möckern wird eine lückenlose Entwicklung der in Leipzig verwendeten Fahrzeugtypen präsentiert. Auf Voranmeldung kann die beachtliche Exposition, die von einem Verein betreut wird, besichtigt werden. Zum Komplex gehört auch das eingeschossige Dienstgebäude mit Mansarddach an der rechten Eingangsseite.

139 Auferstehungskirche Möckern

Georg-Schumann-Straße 198

Was auf den ersten Blick wie eine einfache, mehrfach umgebaute Dorfkirche anmutet, ist in Wirklichkeit eine Notkirche der Gründerzeit. Das Dorf Möckern besaß keine eigene Kirche und war nach Eutritzsch eingepfarrt. Ab 1857 gehörte die Kirchgemeinde zu Wahren. Mit der im Zuge der Großstadtentwicklung anwachsenden Bevölkerung machte sich ein eigener Kirchenbau nötig. Der Bau wurde nach Plänen des hiesigen Architekten Paul Lange errichtet und am 10. November 1901

Die Notkirche von Möckern aus dem Jahre 1901

geweiht. Das Kirchenschiff und der Turmaufsatz sind in Fachwerkbauweise, der Turmunterbau massiv ausgeführt. Im Zuge der Sanierung 1974–1982 mußten die Apsis abgebrochen und die beiden den Eingang flankierenden Türmchen aufgegeben werden. Der schlichte Kirchenraum mit seiner dreiseitig umlaufenden Holzempore ist in seiner Kargheit dennoch nicht ohne architektonischen Reiz. Ja, die Kirche birgt gar eine kulturgeschichtliche Besonderheit, nämlich die älteste Orgel der Stadt. Sie stammt aus der Reformierten Kirche, die sich vor ihrem Neubau am Tröndlinring im Amtshaus an der Ecke Thomaskirchhof/Klostergasse befand. Im Zuge des Abbruchs wurde die Orgel 1901 nach Möckern verkauft. Sie ist 1766 vom Leipziger Universitätsorgelbaumeister Johann Emanuel Schweinefleisch (1720–1771) mit 25 Registern auf zwei Manualen gebaut und im Laufe der Zeit mehrfach verändert worden. Das *Kugeldenkmal* aus Sandstein auf dem Vorplatz erinnert an die Schlacht bei Möckern am 16. Oktober 1813, als Napoleon in der Völkerschlacht von den Verbündeten vernichtend geschlagen wurde.

140 Katholische Pfarr- und Klosterkirche St. Albert

Georg-Schumann-Straße 336

Die schlichte Saalkirche an der Bundesstraße nach Halle wurde 1951/52 im Auftrag der Dominikaner nach Plänen des Leipziger Architekten Andreas Marquardt errichtet. Der seitliche Turm mit paarweise angeordneten, rundbogigen Schallfenstern nach jeder Seite steht in der Tradition heimischer Glockentürme der Romanik. In die Giebelfront mit dem relativ flachen Satteldach ist ein überhöhtes, rundbogiges Portal eingetieft. Über dem Eingang befindet sich das dreibahnige Fenster der Orgelempore. Der schwarze Stein des Gewändes steht in spannungsvollem Gegensatz zum weißen Strukturputz der Fassadenflächen. Die Seiten des Kirchensaals sind durch Wandpfeiler gegliedert. Dazwischen ist je ein Paar rundbogiger Fenster in Stahlrahmenkonstruktion mit einfachen Bleiverglasungen angeordnet. Dort, wo sich traditionellerweise das Querhaus befindet, sind zwei apsisartige Seitenkapellen angefügt. Ein flach gedeckter Wandelgang verbindet Kirchenbau und Konventhaus. Hier findet sich eine Gedenktafel für Pater Aurelius Arkenau, „der in diesem Hause zahlreichen Verfolgten des NS-Regimes, insbesondere jüdischen Bürgern, Schutz und Hilfe gewährt hat". Im Kircheninneren ist der eingezogene, um zwei Stufen erhöhte Chorraum durch einen Rundbogen vom Schiff getrennt. Das Altarbild mit dem gekreuzigten Christus stammt von Georg Nawroth aus Görlitz (1961/62). Der gesamte Bau überzeugt durch seine würdevolle, asketische Grundhaltung. Einziges Gliederungsmotiv ist der Rundbogen. In den Jahren 1996 bis 1998 baute der Berliner Architekt Werner Wöber (Mitarbeit Markus Engel) im Auftrag des Dominikanerordens westlich Klostergebäude an. Der neue Glockenstuhl in konstruktivistischer Stahlbeton-Rahmenkonstruktion stellt allerdings eine wenig glückliche „Konkurrenz" zum Glockenturm des älteren Baus dar.

Kloster St. Albert

Die Gnadenkirche Wahren entstand um 1200.

141 Gnadenkirche Wahren

Rittergutsstraße/Opferweg

Die frühere Dorfkirche gehört zu den architektonisch reizvollsten und geschichtsträchtigsten in der Stadt. Die einzelnen Bauteile dokumentieren eine Entwicklung von der Romanik bis zum Jugendstil. Bereits 1936 war der leicht aus der Elsteraue herausragende Hügel als vermutete slawische Wehranlage unter Denkmalschutz gestellt worden. Es darf angenommen werden, daß der Kirchberg seit dem 10. Jahrhundert durch deutsche Kolonisten besiedelt gewesen ist. Am 8. Februar 1004 stellte König Heinrich II. auf seinem zweiten Polenfeldzug in „Vuarim" (Wahren) eine Urkunde aus. Es wird daher vermutet, daß sich im Bereich des Kirchbergs ein kleiner Königshof, ein „castrum", befunden hat. Dies wäre zuverlässig aber nur durch archäologische Grabungen zu klären. Wahren wird mit 1004 urkundlich sogar früher als Leipzig genannt, das erstmals 1015 in der Chronik Thietmari Erwähnung findet. Die Außenwände des Kirchenschiffs sowie des Chors stammen aus romanischer Zeit. Während der letzten Restaurierung 1990–1993 wurden zwei romanische Rundbogenfenster in der südlichen Chorwand und in der Nordwand des Schiffs freigelegt, womit eine Erbauungszeit um 1200 belegt ist. Ein ähnliches Fenster ist im Chor der Thomaskirche gefunden worden. Auch das kelchförmige Taufebecken aus Granit im Turmbereich stammt aus dieser Periode. Der spätgotischen Zeit gehört der annähernd quadratische Westturm mit einem Kreuzrippengewölbe im Erdgeschoß an. Er wird von einem spitzen Helm bekrönt. Den Turmhelm flankieren vier spitze Giebel sowie ein oktogonaler Dachreiter über dem Kirchensaal. Das hölzerne Tonnengewölbe im Schiff wurde 1844 verputzt und bemalt. Der Chorraum soll bis 1844 einen offenen Dachstuhl besessen haben. Der $^3/_8$-Schluß des Chors mit den Strebepfeilern stammt aus hochgotischer Zeit. Hier hat sich außen ein zierliches, spitzbogiges Fenstergewände erhalten, dessen geformte rote Backsteine – vor dem Brennen – teilweise mit Rosetten gestempelt worden sind, eine recht seltene Verzierung in unserer Region. Stilistisch gleich gestaltet ist ein zweitverwendetes Fenstergewände des südlichen Chorzugangs, das allerdings heute durch einen Leichenhausanbau von 1668 verdeckt wird. Am Südeingang im Schiff wird sich wohl die schöne, eisenbeschlagene romanische Tür befunden haben, die heute im Stadtgeschichtlichen Museum bewundert werden kann. Die gotische Sakristei an der Nordseite wurde im 17. Jahrhundert erhöht und mit einem Renaissancegiebel geschmückt. Der obere Raum diente zunächst als Schülerchor, seit etwa 1700 als Rittergutsloge und ist nur über eine Außentreppe zu erreichen. Von innen ist diese Loge holzverkleidet und verglast. Die schlichte Barockausstattung wird durch die zweigeschossige, dreiseitige Empore bestimmt, die laut Inschrift 1711 entstanden ist (die Doggenbrüstung an der Westseite könnte noch älter sein), ferner durch den Altar von 1736, der 1844 zum Kanzelaltar umgebaut wurde, indem auf höchst originelle Art und Weise die um 1600 entstandene, intarsierte Renaissancekanzel eingefügt wurde. In der Predellenzone ist eine Predella des früheren, spätgotischen Flügelaltars aus der Zeit um 1500 einbezogen worden. Sie stellt Christi Geburt sowie die Anbetung der Heiligen Drei Könige dar. Anstelle der Renaissancekanzel waren bis 1844 im Mittelteil 12 geschnitzte Apostel des spätgotischen Flügelaltars eingefügt. Sie sind, in restauriertem Zustand, heute an der Chorsüdwand zu sehen. Von der umfassenden Restaurierung der Kirche in den Jahren 1901 bis 1903 durch den Leipziger Architekten Fritz Drechsler haben sich u. a. ein Lesepult und die zweite, die hölzerne Taufe in den Formen des Jugendstils erhalten. In dieser Zeit entstanden auch die beiden Treppenanbauten am Turm. Rätselhaft ist dagegen der massige, konstruktiv nicht begründete Pfeiler an der Nordwand. Während der Restaurierung von 1901/02 wurde der Architekt Drechsler vom Nestor der sächsischen Denkmalpflege, von Cornelius Gurlitt, beraten. Es wird kolportiert, Gurlitt habe Drechsler zum behutsamen Umgang mit diesem kunstgeschichtlichen Kleinod gedrängt. Die Gnaden-

Das Wahrener Rathaus wurde 1906/07 erbaut.

kirche ist ein vielgestaltiger, in seiner Außenwirkung geradezu malerisch zu nennender Sakralbau von seltenem architektonischen Charme, ein Bauwerk, an dem es noch so manches Historische zu entdecken gibt.
Das Gutshaus Wahren befindet sich unweit der Kirche in der Rittergutsstraße 23. Es ist ein schlichter, zweigeschossiger barocker Putzbau mit Mansarddach von 1749/50. Von der Innenausstattung hat sich nichts erhalten.

142 Rathaus Wahren

Georg-Schumann-Straße 357

Das Großstadt-Rathaus – dazu zählen auch diejenigen in den eingemeindeten Vorstädten – war eine der herausragenden Bauaufgaben im Wilhelminischen Kaiserreich. In den Jahren 1906/07 entstand nach Entwürfen des Leipziger Architekten Richard Lucht der stattliche, viergeschossige, schiefergedeckte Eckbau an Linkelstraße und Georg-Schumann-Straße. Die Putzfassade mit Sandsteingliederungen ist im Stil der deutschen Neorenaissance gestaltet. Markant überragt der hohe, quadratische Eckturm mit vier Zwerchgiebeln und einem Turmhelm in Renaissancemanier die Umgebung. Die Seitenrisalite sind durch Treppengiebel und unterschiedlich gestaltete Erker betont. Das Hauptportal im Turm erinnert an den Eingang zum Alten Rathaus. Es wird von kräftigen Doppelsäulen gerahmt. Im Schlußstein des Bogens findet sich die Inschrift „Gib jedem sein Ehr, gegen Unrecht dich wehr". Über dem Portal ist ein Sandstein-Altan angeordnet. Den Zugang zum Ratskeller ziert ein Bacchusrelief, von Weinlaub umrankt. Wahren wurde 1922 in das Großstadtgebiet eingemeindet.

Das Kundenzentrum im Porsche-Werk entwarfen die Hamburger Architekten von Gerkan, Marg und Partner

Das 1887 errichtete Rathaus in Reudnitz entwarf der Architekt Fiedler. Vom Architekten Paul Rudert wurde 1903/04 das Leutzscher Rathaus in der Georg-Schwarz-Straße 140 erbaut. Weitere Rathausbauten sind das in Plagwitz an der Alten Straße von Pfeiffer & Händel (1883/84), am Eutritzscher Markt (1887/88) oder aber das Rathaus in Mölkau im Stil des Art déco aus den 1920er Jahren von H. H. Grotjahn.
Der 1905 erbaute, die Georg-Schumann-Straße querende Wahrener Viadukt mit seiner schier endlosen Reihung von 26 gelben Klinkerbögen ist mit 565 m die zweitlängste Eisenbahnbrücke Sachsens. Er entstand als Teil des Eisenbahngüterverkehrsrings um die Stadt.

143 Porsche, Werk Leipzig

Porschestraße 1

Auf mehr als 200 ha Gesamtfläche wurde nach nur zwölfmonatiger Planung und zweijähriger Bauzeit am 20. August 2002 in Anwesenheit des Bundeskanzlers Gerhard Schröder im Norden Leipzigs auf dem Areal des Güterverkehrszentrums, unmittelbar an der Autobahn A 14 gelegen, das Porsche-Werk Leipzig eingeweiht. Das Bauprojekt umfaßte ein finanzielles Volumen von 127 Millionen Euro. Für die Einweihungsfeier hatte der Nikolaikantor Jürgen Wolf eigens ein Hupkonzert für 16 Porsche-Sportwagen komponiert. Am Standort wird mit dem Geländewagen „Cayenne" die dritte Baureihe des Unternehmens produziert, seit Oktober 2003 auch der Supersportwagen Carrera GT. Die Anlage besteht aus Kundenzentrum, Produktionshalle, Integrationszentrum, diverse Verkehrsflächen sowie Prüf-, Einfahr- und Geländestrecke. Das architektonische Signet der Gesamtanlage ist das von der Bauform her ungewöhnliche Kundenzentrum, das Volkwin Marg als einen auf der Spitze stehenden Kegel von 32 m Höhe ausgeführt hat. Die längsgerichtete Basiszone beherbergt die Fahrzeugabholung. Über Rampen gelangt man mit dem Auto in den Empfangsbereich im 1. Obergeschoß. Im 2. Obergeschoß erwarten den Kunden das kleine Auditorium/Kino, der Streckenleitstand und Konferenzräume, darüber das Restaurant und das große Auditorium. Im obersten Geschoß ist eine Ausstellungsgalerie angelegt. Mit dem symbolhaft-futuristischen Kundenzentrum ist Marg eine im flachen Leipziger Land weithin sichtbare Landmarke gelungen, die einen bemerkenswerten Beitrag zur Gegenwartsarchitektur darstellt. Nach der neuen Messe, dem Grünauer Allee-Center und der Media-City neben dem MDR-Gelände gab Marg damit in der Messestadt zum vierten Mal eine Probe seines herausragenden Könnens (s. auch Abb. innere Umschlagseite)

144 Schloß und Park Lützschena

1822 erwarb der Leipziger Kaufmann Maximilian Speck (1776–1856), vom russischen Zaren 1825 als Ritter von Speck und 1829 vom bayrischen König Ludwig I. als Freiherr von Sternburg geadelt, in Lützschena bei Leipzig das in landschaftlich reizvoller Lage in der Elster-Luppe-Aue gelegene frühere Rittergut Üchtritz mit seinem umfangreichen Landbesitz. Vom Rosental her ist das Ensem-

ble über einen schönen Spaziergang entlang der Luppe auch bequem zu Fuß oder mit dem Fahrrad zu erreichen. Das Wohnhaus des Kaufmanns Speck befand sich in der Leipziger Altstadt, an der Ecke Reichsstraße/Schuhmachergäßchen, woran heute noch als Nachfolgebau der Messepalast Specks Hof erinnert. Hatten die Leipziger Bürger sich bis zur Mitte des 18. Jahrhunderts kunstvolle Barockgärten vor der Stadtmauer angelegt, so waren nun im Klassizismus Parks im englischen Landschaftsstil in Mode gekommen. Der größte und landschaftsgärtnerisch bedeutsamste war der von Maximilian Speck, der zwischen 1822 und 1825 entstand. Im Zuge der Bodenreform nach 1945 enteignet, teilweise parzelliert und in Verfall geraten, sind Schloß und Park heute wieder im Besitz der Speckschen Nachfahren und werden schrittweise saniert. Die gesamte, ehemals 19 ha große Anlage ist von höchstem kulturgeschichtlichen Wert und kann im Leipziger Raum lediglich mit dem Park zu Machern verglichen werden. Wie letzterer, so ist

Park Lützschena. Sandstein-Grabanlage, oben links: Kapellenwand Ex voto, oben rechts: Dianentempel

auch er noch den sentimental-romantischen Stimmungsinhalten des ausgehenden 18. Jahrhunderts verpflichtet. Der Park wird im Norden von der Weißen Elster und im Süden vom Hundewasser begrenzt. Heute sind allerdings prägende Parkarchitekturen wie das Entenhäuschen, der Ehrentempel, der Ruhesitz und der Freundschaftstempel gar nicht mehr und andere lediglich in Fragmenten erhalten: so z. B. Ex voto, eine kleine Kapellenwand mit drei gotischen Spitzbögen, ehemals mit einem Marienrelief im Mittelbogen, das Mausoleum, eine sandsteinerne Grabanlage oder aber der Säulenstumpf des Denkmals für Zar Alexander I. von Rußland. Erhalten haben sich die zur Auewaldstation umgebaute frühere Stellmacherei und der erst unter Maximilians Sohn Alexander errichtete Dianen-Tempel (1999 erneuert). Von der Skulpturensammlung existiert noch der Eisenabguß des sogenannten Borghesischen Fechters im Garten hinter dem Schloß. Das Schloß selbst ist an Stelle eines kleineren Barockbaus erst 1864 unter dem Sohn Alexander, vermutlich von Oskar Mothes, erbaut worden. Es besaß früher einen zinnenartigen Dachabschluß der später zum Dachgeschoß ausgebaut wurde. Im Schloß befand sich bis 1945 eine herausragende Gemäldesammlung, die 1945/46 verstaatlicht wurde. Dank dem großzügigen Entgegenkommens der Alteigentümer konnte sie 1996 mit 202 Gemälden in eine „Maximilian Speck von Sternburg Stiftung" überführt werden und bleibt so weiterhin dem Leipziger Museum der bildenden Künste als ein Kernbestand erhalten. Die Sammlung umfaßt Arbeiten von Lucas Cranach d. Ä., Peter Paul Rubens, Caspar David Friedrich u. a. Zum Schloßensemble gehört auch die alte Dorfkirche vom Anfang des 16. Jahrhunderts, die 1855 von Oskar Mothes im Auftrage Specks einen Westturm in rotem Backstein mit einem steilen Pyramidendach erhielt. Auch die Treppengiebel stammen von diesem Umbau. Vermutlich hat es einen romanischen Vorgängerbau gegeben. Beachtenswert ist auch das 1796–1800 entstandene Wohngebäude des Mühlenguts vor dem Schloß, das sich allerdings in einem sehr schlechtem Bauzustand befindet.

Maximilian Speck von Sternburg hatte nach der Übernahme von Lützschena ein Mustergut mit intensiver Tierzucht von Schafen, Schweinen, Ziegen, Rindern und Federvieh aufgebaut. Um 1830 zählte der Bestand an Schafen etwa 250 000 Tiere. Wegen seiner diesbezüglichen Erfahrungen wurde Speck 1825 von Zar Alexander I. zum Aufbau von Musterschäfereien nach Rußland gerufen. Von Anfang an betrieb er in Lützschena auch eine Brauerei, ab 1837 erfolgte der Neubau „an der Chaussee vor dem Dorfe". Die Sternburg-Brauerei, unmittelbar nördlich der B 6 gelegen, steht heute leer und ist dem Verfall preisgegeben. Das Industriedenkmal hebt sich durch das markante Sudhaus von Heinrich Moosdorf aus den Jahren 1927/28 im Stadtbild ab. Parallel zur Straße hat sich der klassizistische Gasthof von 1826 erhalten. Im Obergeschoß waren zeitweilig Teile der Speckschen Gemäldesammlung untergebracht. 1834 wurde ein erhaltenes Gebäude für die Sammlung, die Villa Martha, an der heutigen Straße „Am Bildersaal" erbaut. Die neogotische Villa Sternburg wurde östlich der Brauerei an der Leipziger Straße 1888 von Julius Zeißig errichtet.

Das Wohngebiet Neu-Gohlis entstand 1929/30.

145 Krochsiedlung, Neu-Gohlis

Landsberger Straße

Unter dem Einfluß des Neuen Bauens entwickelte sich in vielen Ländern Europas ein teilweise staatlich subventionierter sozialer Wohnungsbau, der zum Experimentierfeld neuer baukünstlerischer Ideen wurde. Das Wohngebiet Neu-Gohlis, allgemein auch wegen der Mitfinanzierung durch die Kroch-Bank als „Krochsiedlung" bezeichnet, wurde 1929/30 in nur 46 Wochen Bauzeit an der Landsberger Straße errichtet. Die Bebauung erfolgte auf Grundlage des Entwurfs der Wettbewerbssieger Paul Mebes und Paul Emmerich aus Berlin. Man hatte sogar den berühmten Architekten Le Corbusier zur Wettbewerbsteilnahme aufgefordert. Dieser hatte, weil ihm die Aufgabe offenbar doch nicht wichtig genug war, abgesagt. Die drei- und viergeschossigen Wohnblocks in versetzter

Zeilenbauweise mit zum Teil quergestellten Kopfbauten sind in einer betont funktionalen Architekturhaltung durchgebildet. Die Haustypen – von verschiedenen Architekten unterschiedlich gestaltet – waren ehemals farbig differenziert behandelt. Das Wohngebiet besteht aus 1019 in traditioneller Bauweise errichteten Wohnungen. Neben Mebes und Emmerich lieferten auch die Leipziger Architekten Johannes Koppe und Max Fricke sowie der Dresdner Adolf Muesmann Hausentwürfe. Im Zuge der Sanierung in den 1990er Jahren wurde die Außenarchitektur durch Wärmedämmfassaden und Fenster mit Isolierverglasung zum Teil stark verändert.

146 Versöhnungskirche Gohlis

Franz-Mehring-Straße

Das für Leipzig herausragende Bauwerk jenes Stils, den man umgangssprachlich mit dem Begriff des Bauhauses umschreibt, stellt die 1930–1932 von Hans Heinrich Grotjahn auf der Gohliser Geländehöhe erbaute Versöhnungskirche dar. Wirkungsvoll hat der Architekt den schlanken, 39 m hohen Turm, der über eine begehbare Plattform verfügt, neben den breit gelagerten Saalbau gestellt. Durch vertikale Fensterbänder erfährt der Turm eine zusätzliche senkrechte Betonung. Die Vorderfront des Kirchenraums wird am Viertelsweg gestalterisch von einem Betonkreuzfenster beherrscht. Vor diesem ist ein tiefer liegender Ehrenhof ausgebildet. Da der ursprünglich blendend weiße Farbanstrich der Architektur schon längst nicht mehr existiert, hat der Bau

Versöhnungskirche Gohlis

Die Feuerwache Nord wurde 1906 erbaut (S. 182).

viel von seiner ursprünglichen ästhetischen Ausstrahlung verloren. Im Inneren verdient im Altarbereich eine 4 m hohe Christusfigur von Alfred Brumme aus Cottaer Sandstein besondere Beachtung. In der kleinen Feierkirche sind nach Entwürfen des Berliner Künstlers Odo Tattenbach im Stil der damaligen Zeit interessante Bleiglasfenster gestaltet. Das Altarkreuz schuf ebenfalls Alfred Brumme im Jahre 1932.

147 Feuerwache Nord

Matthisonstraße 4

Der dreigeschossige Backsteinbau entstand 1906 nach Entwürfen des Stadtbaurats Otto Wilhelm Scharenberg. Wie sein Amtsvorgänger Hugo Licht schuf auch er eine Reihe bemerkenswerter Kommunalbauten, mit denen er das architektonische Antlitz der Großstadt weiter ausformte. Scharenberg gestaltete den Bau der Feuerwache im Stile der florentinischen Stadtpaläste der Frührenaissance. Dies wird deutlich in dem Rundbogengliederungssystem der Fassade, den festungsartigen Strebepfeilern der Eckausbildungen und dem Schlauchturm an der Südostecke des Baukörpers. Für die Fassaden verwendete Scharenberg rote Rathenower Hand-Verblendziegel. Die Reliefdarstellungen im Bereich der vier Eingangstore schuf der Leipziger Bildhauer Josef Mágr. Dargestellt sind das Leipziger Stadtwappen sowie an den drei Eingangspfeilern allegorische Szenen (Hilfe, Abwendung des Feuers, Bekämpfung des Brandes), die auf die Zweckbestimmung des Baus hinweisen. Wie ehedem sind im Erdgeschoß die Löschfahrzeuge untergebracht, die darüberliegenden Geschosse enthalten Diensträume.

148 Jugendstilvilla

Paul-Michael-Straße 6

An der 1904 erbauten Leutzscher Fabrikantenvilla wird der eigenwillige Stil von Paul Möbius besonders augenfällig: Typisch sind die kräftigen Hohlkehlen der Hauptgesimse, das Wellenbandornament auf der Putzfassade und die sanfte Rundung der Ecken der einzelnen organisch ineinandergreifenden Baukörper. Die Straßenfassade wird markant durch zwei Seitenrisalite betont, zwischen denen eine gerundete Loggia im Erdgeschoß ausgebildet ist. An der Nordseite sind die Fenster in unregelmäßiger Folge angeordnet. Durch die giebelbekrönte Eingangstür gelangt man über eine kleine Marmortreppe in den geräumigen Vorraum zum Treppenhaus. An der Seite zum Garten wird die Fassade in der Mitte durch einen zweigeschossigen Vorbau bestimmt, der die dahinterliegenden Räume halbkreisförmig erweitert. Diese betont plastisch wirkenden Formen dürfen als eine besonders kreative Variante des Jugendstils angesehen werden. Die Innenausstattung ist weitgehend erhalten und restauriert.

Die schönste Leipziger Jugendstilvilla entstand 1904 nach Plänen von Paul Möbius.

149 Verwaltungsgericht Leipzig

Ehemalige Pelzhändlervilla Thorer
Rathenaustraße 40

Am 20. März 1897 stellte der Leipziger Architekt Gottlieb Bock, der sein Atelier in der Marschnerstraße 16 hatte, für den Pelzhändler Curt Thorer den Bauantrag für eine Villa in der damaligen Bahnhofsstraße 40. Bereits im November 1892 hatte Curt Thorer die Pläne zu einem Landhaus (dem heutigen Nebengebäude an der Rathenaustraße) eingereicht. Dieses vom Leipziger Architekten Bruno Richter entworfene Gebäude diente vor dem Bau des Hauptgebäudes als eine Art Landsitz. Die Thorers waren eine der ältesten und angesehensten Pelzfirmen am Leipziger Brühl, ihr Geschäftshaus war das Eckgebäude Brühl 70/ Ritterstraße 31–33. Die Rauchwarenhandlung Thorer wurde beim Bombenangriff auf Leipzig am 4. Dezember 1943 zerstört. Das noch heute unbebaute Grundstück befindet sich direkt neben Oelßners Hof. Im Jahre 1952 mußte die Villa von der Familie Thorer geräumt werden. Sie diente nun bis in die 1980er Jahre der Fachschule für Bibliothekare „Erich Weinert" als Domizil. Die denkmalgeschützte Villa Thorer ist ein absichtsvoll auf malerische, schloßartige Gesamtwirkung konzipierter Bau. Nicht die auf antiken Idealen basierende italienische Renaissance, sondern die deutsche Architektur des 16. Jahrhunderts wurde hier als Stilvorbild gewählt. Gravitätisch ist die repräsentative zweigeschossige Villa hinter dem geschmiedeten Zaun in einer parkartigen Gartenlandschaft zurückgesetzt und distanziert sich so betont vom urbanen Umfeld. Das äußere Erscheinungsbild wird markant durch ockergefaßte Putzflächen und üppige rote Gliederungselemente in Rochlitzer Porphyrtuff geprägt, der so typisch ist für die heimische Architektur. In den dekorativen Baudetails vermischen sich romanische und spätgotische Elemente mit denen der deutschen Renaissance.

150 Piano-Fabrik Hupfeld

Ludwig-Hupfeld-Straße 16

Die von Ludwig Hupfeld gegründete Klavierfabrik war die erste in Europa. Die quadratische Fabrikanlage mit Seitenlängen von fast 270 m umschließt den Hof mit einem innen stehenden Turm, der sich im Böhlitz-Ehrenberger Industriegebiet markant abhebt. Die Fassaden des fünfgeschossigen Baus sind stringent durch weiße Klinkerpfeiler gegliedert. Die Brüstungselemente sind in Betonwerkstein gefertigt. Das massige, lastende Mansarddach, das etwas an dasjenige von Specks Hof in der Innenstadt erinnert, faßt den Baukörper zu einer eindeutigen Bauplastik zusammen. Die Schlankheit des verputzten Turms wird durch die vertikalen Fensterschlitze zusätzlich betont. Das steile, quadratische, kupfergedeckte Mansarddach verleiht dem Turm wahrzeichenhafte Qualität. Es pointiert die Dachgestaltung des Fünfgeschossers. Künstlerisch hervorgehoben ist der an der Südfront gelegene Haupteingang (ähnlich die Hauptzufahrt an der Hupfeldstraße) in Kalkstein mit einer messingbeschlagenen Tür. Bemerkenswert sind die in den Türsturz integrierten Lampen. Dahinter liegt die ins Erdgeschoß führende Treppe mit einem kassettierten Deckengewölbe. Davor sind im Fußwegpflaster die Initialen L H sowie das Jahr der Fertigstellung des Komplexes 1911 eingelassen. Der Bau wurde vom Ingenieur Paul Ranft und dem Architekten Emil Franz Hänsel entworfen. Er gehört zu den schönsten Beispielen Leipziger Industriearchitektur.

Die Pianofabrik Hupfeld wurde nach Plänen von Paul Ranft und Emil Franz Hänsel 1911 fertiggestellt.

Bismarckturm in Lützschena, 1914/15 errichtet

151 Bismarckturm Lützschena

Otto von Bismarck (1815–1898) gilt als der Gründer des Deutschen Kaiserreichs im Jahre 1871 und war bis 1890 sein erster Kanzler. Ihm wurde in der Folgezeit eine geradezu kulthafte Verehrung zuteil. In der Zeit bis zum ersten Weltkrieg entstanden in Deutschland eine unübersehbare Zahl von Bismarckdenkmalen in den Städten und weithin sichtbare Bismarcktürme in der Landschaft. Der Bismarckturm in Lützschena wurde am 1. April 1914 begonnen und am 1. April 1915 der Stadt Leipzig übergeben. Er wurde nach dem preisgekrönten Wettbewerbsentwurf des Leipziger Architekten Hermann Kunze von der Betonfirma Max Pommer durch den Ingenieur Emanuel Haimovici als Stahlbetonkonstruktion mit Sichtbetonvorsatz errichtet. Der quadratische Turm (unten 11,4 x 11,4 m) erreicht eine Höhe von 31 m und wird oben von einer Flammenschale bekrönt. Die Gestaltung der Gedächtnishalle mit einer Büste von Bismarck führte Stadtbaudirektor Otto Wilhelm Scharenberg aus, die landschaftsgärtnerische Planung Gartendirektor Hampel.

152 Flughafen Leipzig/Halle

an der Autobahn A 14

Der Flughafen Leipzig/Halle bei Schkeuditz wurde bereits 1927 angelegt und gehörte damals zu den größten in Deutschland. Im zweiten Weltkrieg wurden wesentliche Ein-

Der Großflughafen Leipzig/Halle. Die Mall im Zentralterminal

Flughafenbahnhof mit Tower im Hintergrund

richtungen zerstört. Erst 1963 konnte der Flugbetrieb durch die Interflug der DDR, zunächst aber nur zu den Leipziger Messen, wiederaufgenommen werden. 1984/85 entstand ein neues Abfertigungsgebäude (heute Flughafen-Besucherzentrum). Die Kapazität wurde auf jährlich 600 000 Fluggäste erhöht. Alles in allem erreichte der Airport bestenfalls regionale Bedeutung. 1997 begann der Neubau des Flughafens Leipzig/Halle auf einem Areal von 400000 qm nach der Generalplanung der AP Brunnert Plan GmbH, Stuttgart. Masterplan und Architektur stammen von AP Brunnert und Partner zusammen mit H.-G. Brunnert, U. Breiderhoff und H. Schiefer, ebenfalls aus Stuttgart. Zunächst wurde der Terminal B südlich der Autobahn A 14 errichtet. Es folgte die neue, 3600 m lange und 60 m breite Start- und Landebahn Nord (seit dem 24. März 2000 in Betrieb), so daß sich der neue Flughafen nun zu beiden Seiten der Autobahn erstreckt. Sinnfälligen Ausdruck findet dies in zwei Flugzeug-Rollbrücken über die A 14, eine im Osten und eine im Westen, die eine Tragfähigkeit von je 700 Tonnen haben und den Autofahrern das ungewöhnliche Schauspiel der die Autobahn kreuzenden Jumbos bieten. Direkt an der Autobahn ist der 73 m hohe Tower auf der Nordseite so plaziert, daß man von der Fluglotsenkanzel beide Rollbahnen übersehen kann. Herzstück der Anlage ist der Zentrale Check-In, der sich über dem neuen ICE-Bahnhof, unmittelbar südlich der A 14, etwa in der Mitte des Geländes befindet. Spangenartig führt von hier eine Geschäftsstraße, einem Laufband und dem Koffertransport zum vorhandenen Terminal B im Süden und in einer späteren Bauphase zum Nordterminal. Die brückenartige Mall wird parallel von einem ebenfalls aufgeständerten, sechsgeschossigen Parkhaus von 350 m Länge begleitet. Die Anlage ist auf zunächst 5,5 Millionen Fluggäste jährlich ausgelegt.

153 Stadteingangssymbole

An fünf Zufahrtsstraßen der Stadt wurden nach einem Wettbewerbssiegerentwurf von Wolfgang Müller (1983) im Jahre 1985 die fünf Sandsteinstelen mit je einer Löwenplastik und dem Leipziger Stadtwappen aufgestellt. Die Standorte sind die Torgauer, Delitzscher, Merseburger (derzeit abgebaut und eingelagert) und Prager Straße sowie die Bundesstraße 2 in Connewitz. Die Löwenplastiken wurden nach einem im Original erhaltenen Gipsmodell des Dresdner Bildhauers Georg Wrba gefertigt, das noch vom Bau des Neuen Rathauses 1899/1905 stammt. Wrba hatte das Leipziger Wappentier für den Südwestgiebel modelliert, wo er, in Kalkstein ausgeführt, auch heute noch zu sehen ist.

Stadteingangssymbol von 1985 in der Prager Straße

LEIPZIG-SÜDWEST

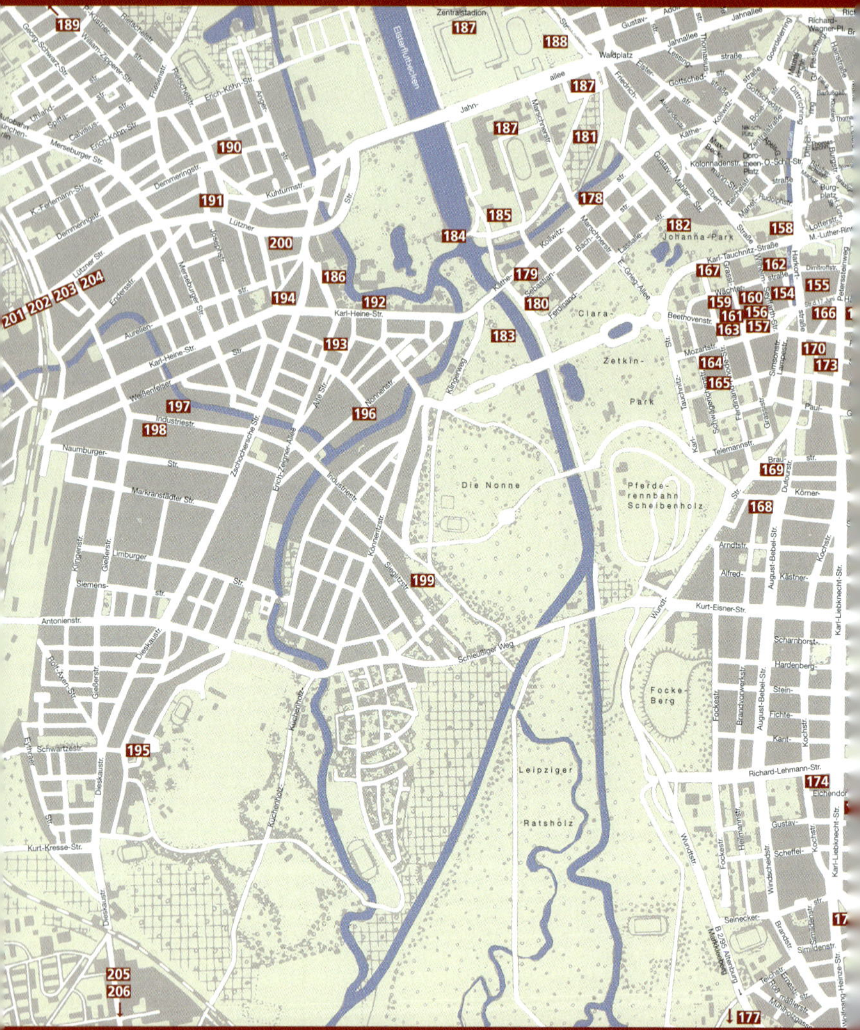

154 Bundesverwaltungsgericht
155 Justizblock
156 Universitätsbibliothek
157 Geisteswiss. Fakultäten
158 Villa Karl-Tauchnitz-Str. 2
159, 174, 175 Hochschule für Technik, Wirtschaft und Kultur
160 Hochschule für Grafik und Buchkunst
161 Roßbachhaus
162 Villen in der Wächterstraße
163 Hochschule für Musik und Theater
164 Wohnhäuser im Musikviertel
165 Schwägrichenstraße 11
166 KPMG-Verwaltung
167 Galerie für Zeitgenössische Kunst
168 Café Grundmann
169 Regierungspräsidium
170 Ehem. Kraftstation
171 Peterskirche
172 Leipziger Volkszeitung
173 Leipziger Verkehrsbetriebe
176 Weichbildzeichen
177 Torhaus Dölitz
178 Käthe-Kollwitz-Straße 70
179 Käthe-Kollwitz-Straße 115
180 Sebastian-Bach-Straße 53
181 Kleingartenanlage Dr. Schreber
182 Johannapark, Lutherkirche
183 Pavillon aus Gerhards Garten
184 Palmengartenwehr
185 Tennisclubhaus
186 Palais am Palmengarten
187 AOK, Sportforum und ehemalige DHfK
188 Arena Leipzig
189 Laurentiuskirche
190 Grüne Eiche
191 Westbad
192 Ehem. Max-Klinger-Schule
193 Holzhaus
194 Felsenkeller
195 Taborkirche
196, 197 Industriearchitektur und Stadtteilpark Plagwitz
198 Konsumzentrale
199 Bethanienkirche
200 Ferdinand-Goetz-Haus
201 Sport- und Freizeitbad
202 Wohngebiet Grünau
203 Allee-Center
204 Bischöfliches Maria-Montessori-Schulzentrum
205 Schloß Knauthain
206 Andreaskap. Knautnaundorf

Das ehemalige Reichsgericht wurde 1888–1895 nach Entwürfen von Ludwig Hoffmann und Peter Dybwad erbaut.

154 Bundesverwaltungsgericht

Simsonplatz

Das ehemalige Reichsgericht war nach Errichtung des Reichstagsgebäudes in Berlin (1884 bis 1894, Entwurf von Paul Wallot) der zweite Monumentalbau des Wilhelminischen Kaiserreichs. Während sich am Reichstag und dem später ausgeführten Berliner Dom (1894 bis 1904, Entwurf von Julius Raschdorff) weit stärker barocke Gestaltungsprinzipien durchsetzten, nahm Architekt Ludwig Hoffmann, der gemeinsam mit Peter Dybwad den 1884 ausgeschriebenen Wettbewerb gewonnen hatte, beim Reichsgericht nachdrücklich Bezug auf die italienische Spätrenaissance Architektur. 1888 wurde der Bau begonnen, 1895 beendet. Für die endgültige Gestaltung der Hauptfassade unternahm Hoffmann 1887 eigens eine Reise nach Italien und studierte dort die Bauten von Palladio, Vignola, Scamozzi und Serlio, deren Schriften er sich auch übersetzen ließ. Der um zwei große Innenhöfe angelegte Bau mit einer Frontlänge von 126 m und 76 m Breite weist eine dem Reichstag ähnliche Grundkonzeption auf. Dies wird besonders an dem signifikanten Zentralkuppelmotiv augenfällig, das über der großen Eingangshalle, die ähnlich einer spätrömischen Thermenarchitektur angelegt ist, konzipiert wurde.

Der Anwendung klassischer Architekturprinzipien bei gleichzeitiger Beschränkung in den bauplastischen Details verdankt der Bau seine noble Wirkung. Dies wurde auch in der zeitgenössischen Bewertung bei Fertigstellung im Jahre 1895 so empfunden: „Was ihn besonders auszeichnet, was ihn weit erhebt über die neuesten Erscheinungen der Architektur ist in erster Linie die selten einheitliche Durchführung des Baues im Äußeren und im Inneren, die ungewöhnlich klare und zweckmäßige Disposition der Räume, die charakteristische Sprache, mit welcher der Architekt in den verschiedenen Räumen in verschiedener, der jeweiligen Gebrauchsart derselben entsprechender Weise, aber immer mit der gleichen vornehmen Zurückhaltung zu dem Beschauer des monumentalen Werkes spricht." (Volkmer Müller, 1895)

Die den Architekten gestellte Aufgabe, neben der Erfüllung der Funktionen eines Verwaltungsbaus vor allem „ein Denkmal zur Ehrung der Rechtstätigkeit" und ein Monument des Kaiserreichs zu errichten, konnten Hoffmann und sein Mitarbeiter Dybwad lösen, ohne in übertriebenes Pathos zu verfallen.

Aus der zweigeschossigen, sandsteinverkleideten Hauptfassade tritt ein breiter Mittelrisalit heraus, dem ein massiger korinthischer Säulenportikus (Säulen 13,15 m hoch und

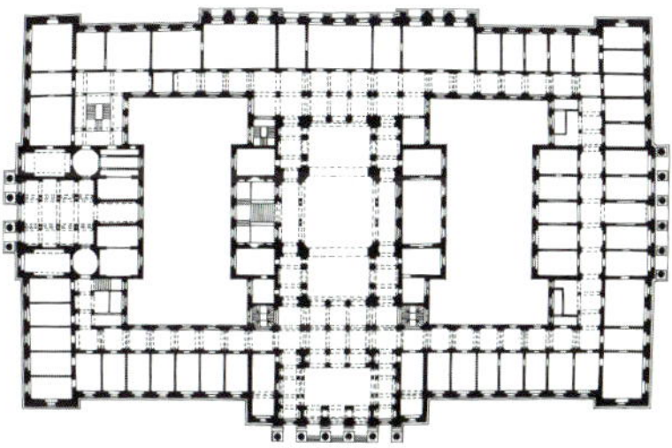

Ehemaliges Reichsgericht. Grundriß Erdgeschoß

1,42 m im Durchmesser) mit einem Dreiecksgiebel vorgelagert ist. Im Giebelfeld ist die Justitia dargestellt, von zwei Knabengestalten (mit Liktorenbündel bzw. Gesetzbuch) flankiert. Links wird die befreiende Tätigkeit der Justiz, rechts Strafe und Verdammnis versinnbildlicht. Das Modell der Giebelgruppe schuf der Berliner Bildhauer Otto Lessing. Seitlich vom Portikus ragen die beiden „Kaisertürme" in die Dachlandschaft hinein. In den Nischen des Obergeschosses waren ehemals Statuen der Kaiser Wilhelm I. und Wilhelm II. aufgestellt. Oberhalb der beiden Nischen ist ein kräftiger Adlerfries ausgebildet, darüber sind 4 m hohe Kartuschen angebracht, die früher die Signets der Kaiser trugen.
Den oberen Abschluß der beiden Turmhelme bilden große in Kupfer getriebene Kissen mit je einer Kaiserkrone. Die Zentralkuppel über der Halle erreicht eine Höhe von 68,5 m. Sie wird von der Figur der Wahrheit, die eine Fackel trägt, bekrönt (Modell Otto Lessing). Laterne und Skulptur sind allein 15 m hoch. An den vier Ecken des Unterhauses der Kuppel stehen vier Adler mit ausgebreiteten Schwingen, darauf weibliche Figuren mit Fackeln (Sandstein), die symbolisch den Richterspruch in die vier Himmelsrichtungen tragen.
An den einachsigen Seitenrisaliten der Hauptfassade sind die beiden Fenster des Obergeschosses gestalterisch durch eine kräftige Ädikula-Rahmung ausgezeichnet. Im Architrav sind Schriftrolle und Lorbeerzweig, im Giebelfeld darüber Gesetzbuch und Eule als Symbol der Weisheit dargestellt. Den Giebelaufbau bekrönen zwei weibliche Gewandfiguren, die, um eine Feuerschale gruppiert, die richterlichen Tugenden symbolisieren sollen (Modell Otto Lessing). Auf der Attika des Dachs stehen in diesem Bereich massige

Der Gartenhof im ehemaligen Reichsgerichtsgebäude

Kartuschen mit dem Reichsadler im Wappenfeld. Auch die anderen Gebäudefassaden sind ikonographisch unter das Thema Recht gestellt. Von der Attika des Mittelrisalits der Front an der Wächterstraße, der durch sechs Dreiviertelsäulen in Kolossalstellung gebildet wird, stehen Statuen berühmter Rechtsvertreter: Eyke von Repgow, Schwarzenberg, Moser, Suarez, Feuerbach und Savigny. Die Attika der Rückseite des Baus ist mit Richtschwertern und Schwurhänden, dazwischen gebändigte Löwenköpfe, geschmückt. Hinter dem Eingangsportikus der Vorderfront liegt im Obergeschoß der fünfachsige ehemalige Plenarsaal, der für Landesverrats- und Hochverratsprozesse vorgesehen war. Hier fanden 1907 der Hochverratsprozeß gegen Karl Liebknecht wegen der Verbreitung seiner Schrift „Militarismus und Antimilitarismus" und 1933 der Reichstagsbrandprozeß statt, in dem der bulgarische Kommunist Georgi Dimitroff das Naziregime vor den Augen der Weltöffentlichkeit bloßstellte. Der Saal war bis 1991 Bestandteil des 1952 eingerichteten Georgi-Dimitroff-Museums. Die Wand- und Deckentäfelung besteht aus Eichenholz. Die Schmuckdetails sind in Stuck gearbeitet und vergoldet. In den vier mittleren Deckenfeldern befinden sich die Wappen der damaligen Königreiche Preußen, Bayern, Sachsen und Württemberg. Die fünf hohen Fenster der Ostseite besitzen interessante Bleiglasgestaltungen mit den insgeamt 25 Wappen jener deutschen Städte, in denen sich ein Oberlandgericht befand (2001 erneuert). Die zwei Emporen an den Stirnseiten des Raums waren für Zuhörer bestimmt. Besonderes Augenmerk widmete Ludwig Hoffmann den Kunstschmiedearbeiten, wie man an der gediegenen Gestaltung vieler Gitter, Leuchter usw. erkennen kann. Im Jahre 1893 reiste er deshalb nach Süddeutschland und Österreich, um sich dort mit den handwerklichen Traditionen der Metallgestaltung vertraut zu machen. Barocke Innenräume studierte er 1889 in der Würzburger und Münchner Residenz und im Schloß Schleißheim, 1894/95 romanische Kronleuchter in den Kirchen von Goslar und Hildesheim. Die im zweiten Weltkrieg zerstörten vier großen, bogenförmigen, bemalten Oberlichtfenster in den Seitenarmen der Kuppelhalle, die rekonstruiert worden sind, waren mit symbolischen Darstellungen der deutschen Landschaften versehen, in deren Richtung sie weisen (Süden: Kunst, Norden: Handel und Schiffahrt, Osten: Landwirtschaft, Westen: Industrie). Von 1952 bis 1995 befand sich im Erdgeschoß des Gebäudes das Museum der bildenden Künste zu Leipzig mit seinem bedeutenden Bestand an Malerei, Grafik und

Ehemaliges Reichsgerichtsgebäude. Neobarocker Festsaal der früheren Präsidentenwohnung

Plastik, da das Bildermuseum (1856–1858) am Augustusplatz im zweiten Weltkrieg ausgebrannt war. Seine zunächst für den Wiederaufbau vorgesehene Ruine wurde 1963 abgebrochen. Im Nordflügel des Gebäudes war seit 1954 das Staatsarchiv Leipzig – als Endarchiv für den Bezirk – untergebracht. Im Zuge der Wiedervereinigung entschied der Bundestag, das Bundesverwaltungsgericht von Berlin nach Leipzig zu verlegen. Das Gebäude wurde freigelenkt und in den Jahren 1998 bis 2002 saniert. Dabei entstanden auch die vier hinter der Dachbalustrade verborgenen L-förmigen Büroaufbauten, mit denen der Platzbedarf des Gerichts nun vollständig gedeckt werden kann. Im Zuge der Sanierung konnte auch der im zweiten Weltkrieg zerstörte neobarocke Festsaal der ehemaligen Präsidentenwohnung im Südflügel wiederhergestellt werden. Die Öffnung des Pleißemühlgrabens vor dem Gebäude, der um 1896 überwölbt worden war, erfolgte ab 2001 nach der Planung des Büros Ullrich Coersmeier, das zuvor Sieger eines beschränkten Architekten-

wettbewerbs gewesen war. Der nördlich anschließende Mühlgrabenbereich vor der im Jahr 2000 neugestalteten Fritz-von-Harck-Anlage wurde von Angela Wandelt geplant. Von ihr stammen auch die nachts leuchtenden Stelen, die den Uferrand optisch wirkungsvoll begleiten.

155 Justizblock

Harkortstraße 9, Beethovenstraße 2, 2a, 2b, Peterssteinweg 8, Dimitroffstraße 1,3 und 5
Der harmonische spätklassizistische Bau gegenüber dem heutigen Bundesverwaltungsgericht mit dem im Süden anschließenden Gebäude der Staatsanwaltschaft wurde in den Jahren 1876–1878 als 3geschossiger Putzbau mit Sandsteingliederungen vom Landbaumeister Emil Anton Buschick als Königlich-Sächsisches Landgericht erbaut. Das Dach war ursprünglich mit englischem Schiefer eingedeckt, über dem Eingang gab es einen Dachaufbau mit dem königlich-sächsischen Wappen. Bemerkenswert sind das zentrale Treppenhaus hinter dem Mittelrisalit sowie der große, über zwei Geschosse reichende Verhandlungssaal im 1. und 2. Obergeschoß. Dies war ursprünglich der Schwurgerichtssaal. Heute wird er auch vom Sächsischen Verfassungsgericht genutzt. Der Saal wurde 1996/97 restauriert. Dabei wurden auch die Holztäfelungen in unterschiedlichen nuancenreichen Hölzern aufgefrischt. Das durch einen Verbindungsgang

Justizblock: Das zentrale Polizeigebäude von Hugo Licht 1888 bis 1890 (links) und das 1876 bis 1878 von Emil Anton Buschick erbaute Landgerichtsgebäude (Mitte) sowie die Staatsanwaltschaft (rechts).

Plastische Arbeit „Eigennutz" vom Dresdner Bildhauer Otto Rost im Eingangsbereich Beethovenstraße

mit dem Landgerichtsgebäude verbundene Gebäude der Staatsanwaltschaft war bereits 1874 bis 1876 vom gleichen Baumeister errichtet worden.
Buschick errichtet in den Jahren 1877 bis 1881, gemeinsam mit dem Baurat Nauck, auch das Königlich Sächsische Amtsgerichtsgebäude am Peterssteinweg 8, erweitert 1890, das heute allerdings durch die Leipziger Universität genutzt wird. Eine Gedenktafel an der Ecke zur Beethovenstraße erläutert, daß sich hier das „königlich-sächsische Bezirksgericht" (1860 erbaut, bestand es nur bis 1877) befand, „vor dem Wilhelm Liebknecht und August Bebel im Hochverratsprozeß von 1872 die Ideen des Sozialismus verteidigten". Ein opulent gestalteter Eckbau (Dimitroffstraße 1) mit Säulen in Kolossalordnung und einer heute nicht mehr vorhandenen Dachkuppel zeigt, wie sich das architektonische Selbstbewußtsein in nur wenigen Jahren gesteigert hat. Der kraftvolle Eckbau wurde erst 1902–1906 (?) von Theodor Kösser nach Ideenskizzen von Arwed Roßbach errichtet. In der heutigen Dimitroffstraße 5 erbaute Stadtbaurat Hugo Licht 1888–1890 das zentrale Polizeigebäude der Stadt. Nach Westen wird der gelbe Klinkerbau durch einen quadratischen, turmartigen Aufsatz städtebaulich markant herausgehoben. Das Turmdach ist mit farbigen, glasierten Ziegeln gedeckt und wird von einem Pinienzapfen bekrönt. In Höhe des 2. Obergeschosses ist ein Stadtwappen aus Sandstein eingeordnet. Im Hof hat sich auch der Arrestbau, ein typischer Gefängnisbau der Zeit, erhalten, der als „Stasiknast" in der DDR-Zeit traurige Berühmtheit erlangte. Östlich schließt sich mit Nr. 3 ein 1929–1932 errichteter Erweiterungsbau mit roter, expressiver Klinkerfassade an (heute Behördenzentrum Mitte).

Der Justizerweiterungsbau Beethovenstraße 2/2a/2b, 1932–1935 nach Plänen von Oskar Kramer errichtet

Zuletzt entstand in den Jahren 1932–1935 nach Plänen von Oskar Kramer das Gebäude an der Beethovenstraße 2, 2a, 2b als Erweiterung der Justizbauten. Vom fünfgeschossigen Mitteltrakt leiten zwei betont flacher gehaltene Seitentrakte zu den älteren Gerichtsgebäuden über. Hinter dem durch sieben zweigeschossige Bogenöffnungen gebildeten Eingangsportikus liegt eine architektonisch bemerkenswerte Eingangshalle. Die beiden Plastiken „Gemeinnutz" und „Eigennutz" über den Zugängen stammen von dem Dresdner Künstler Otto Rost (geb.1887), einem Schüler Georg Wrbas. Mit den beiden Spruchtafeln an den Stirnseiten, den teilvergoldeten Fenstergittern, der ehemals ornamental farbig gefaßten Decke sowie der markanten Fußbodenpflasterung hat sich eine interessante Raumfassung der Neuen Sachlichkeit erhalten. Ein 2,60 m hoher, in Kupfer getriebener Adler mit Hakenkreuz in der Mittelachse des 3. Obergeschosses ist heute nicht mehr erhalten.

156 Universitätsbibliothek

Beethovenstraße 6

Auf der Grundlage eines Bebauungsplans von 1880 entstand mit dem sogenannten Musikviertel ein repräsentativer neuer Stadtteil mit Wohnungen für das Großbürgertum sowie Kultur- und Justizbauten. Die Universitätsbibliothek stand in Konkurrenz zum ehemals gegenüberliegenden (kriegszerstörten) neuen Konzerthaus (1882–1884), einem Werk des Berliner Architektenbüros Gropius & Schmieden, zur Hochschule für Musik und Theater in der Grassistraße 8 von Hugo Licht und zum Reichsgerichtsbau von Ludwig Hoffmann und Peter Dybwad. Arwed Roßbach war mit seinem Entwurf „Philadelphos" als Sieger aus dem im Juni 1885 ausgeschriebenen Universitätsbibliotheks-Wettbewerb hervorgegangen, zu dem 34 Arbeiten eingegangen waren. Die Bibliothek wurde nach vierjähriger Bauzeit am 24. Oktober 1891 ihrer Bestimmung übergeben. Ihr Name „Bibliotheca Albertina", eine Referenz an den sächsischen König, ist noch heute in großen Lettern am Architrav über dem Eingangsportikus zu lesen. Sie gilt zu Recht als das schönste Werk Arwed Roßbachs. Ein rustiziertes Sockelgeschoß faßt Souterrain und Erdgeschoß zusammen. Das darüberliegende Haupt- bzw. Mezzaningeschoß wird durch Kolossalpilaster und -säulen gegliedert. Der fünfachsige Mittelrisalit wird von einer figurengeschmückten Attika bekrönt. Wie für Historismusbauten jener Zeit typisch, vereinigen sich hier eine Reihe unterschiedlicher architektonischer Einflüsse. So ist die 107 m lange Fassade in der Art französischer Schlösser des 17. Jahrhunderts durch Mittel- und Seitenrisalite gegliedert. In der Fassadenausbildung vermischen sich Elemente der italienischen Hochrenaissance mit barocken Details. An der reichen bildkünstlerischen Ausgestaltung der Sandsteinfassade waren namhafte Bildhauer beteiligt. Der Berliner Josef Kaffsack schuf die Kartusche über der Attika mit dem Wappen der Universität und zwei flankierenden Genien sowie die drei Köpfe in den Schlußsteinen der Eingangsbögen, die die Schönheit, die Weisheit und die Stärke

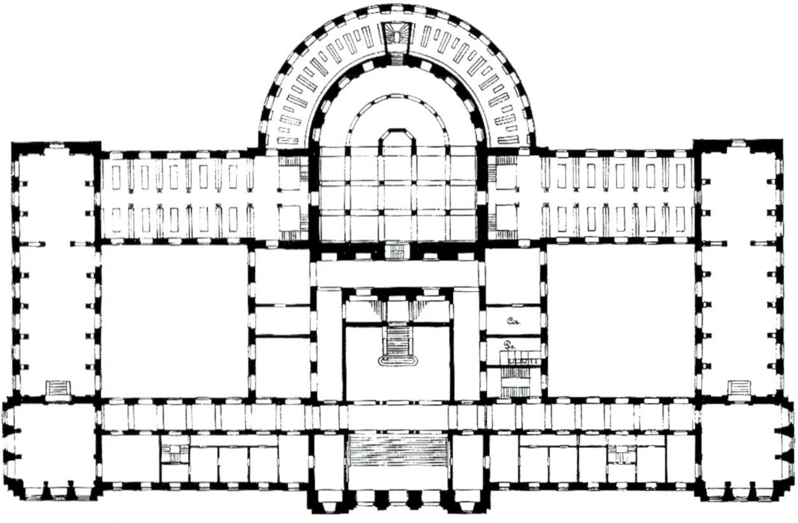

Universitätsbibliothek. Erdgeschoß-Grundriß der Erbauungszeit

Die Universitätsbibliothek wurde 1887–1891 nach Plänen von Arwed Roßbach erbaut.

versinnbildlichen. Arthur Trebs aus Leipzig fertigte die vier weiblichen Gewandfiguren an der Attika, die die vier Fakultäten Medizin, Rechtswissenschaft, Philosophie und Theologie symbolisieren. Die beiden Reliefs zwischen diesen Figuren stammen von Adolf Lehnert. Er schuf auch die acht Porträtmedaillons an den Seitenrisaliten, von denen die vier westlichen noch erhalten sind. Sie stellen von links nach rechts Michelangelo, Albrecht Dürer, Johannes Otto aus Münsterberg und Caspar Borner, den Gründer der Bibliothek, dar. Unter diesen waren acht überlebensgroße Statuen aufgestellt, die von Melchior zur Strassen und Werner Stein stammten. Erhalten haben sich die Standbilder der Kurfürsten Moritz und Friedrich des Streitbaren von Melchior zur Strassen am linken Seitenrisalit. In den Frühstücksraum des Erdgeschosses wurde 1930 aus dem Fürstenhaus in der Grimmaischen Straße (im zweiten Weltkrieg zerstört, s. Fürstenhauserker) eine Renaissance-Kassettendecke aus Holz eingebaut, die heute eine neue Einordnung in einem Versammlungsraum ebenfalls im Erdgeschoß gefunden hat. Verloren gingen dagegen die sogenannten Preller-Fresken, die 1905 nachträglich im Treppenhausumgang eingefügt worden waren. Diese Malereien von Friedrich Preller stammten aus dem 1902 abgebrochenen Römischen Haus in der Härtelstraße in Leipzig. Sie stellten sieben Szenen der Odyssee dar. Noch kurz vor Kriegsende, am 6. April 1945, wurde das Gebäude schwer zerstört. Betroffen waren die östliche Vorderfront, das Treppenhaus und der große Lesesaal. 1992 begann bei laufendem Betrieb die Sanierung des Baus. Bis zum Jahr 2000 konnten die

Universitätsbibliothek. Neuer Lesesaal im östlichen Lichthof

Südostecke sowie der Lesesaal und das Marmortreppenhaus wiederhergestellt werden. Das „repräsentative Marmortreppenhaus mit Säulenumgang [ist] neben dem des Opernhauses in Dresden wohl die bedeutendste derartige Raumschöpfung des 19. Jahrhunderts in Sachsen" (Alberto Schwarz). Von der historischen Ausmalung ist derzeit lediglich eine Probeachse am ehemaligen mittleren Eingang zum Lesesaal angelegt. Die Sanierung und Rekonstruktion des Gebäudes lag in den Händen der Architekten HJW und Partner (Herwig, Jaemisch, Wittig) Hannover/Leipzig.

157 Geisteswissenschaftliche Fakultäten

Institutsgebäude Beethovenstraße

An der Stelle des im zweiten Weltkrieg zerstörten und 1968 abgebrochenen Konzerthauses (des zweiten Konzertsaals des Gewandhausorchesters) von Martin Gropius und Heino Schmiedenwurde in den Jahren 1999 bis 2002 in Umsetzung des Wettbewerbssiegerentwurfs von den Architekten Dietrich und Dietrich aus Stuttgart das neue Institutsgebäude für Geisteswissenschaften der Universität errichtet. Der Bau besteht aus fünf Kuben, die alternierend einer Längsachse zugeordnet sind und so einen spannungsvollen Wechsel zwischen Baukörpern und gleich großen Hofvolumina schaffen. Der Mittelhof an der Beethovenstraße, gegenüber dem Eingang zur Universitätsbibliothek, ist als verglaste Eingangshalle ausgelegt. Die Fassade des Betonkörpers wurde mit rötlichen Klinkern verblendet.

158 Villa Karl-Tauchnitz-Straße 2

In städtebaulich exponierter Lage ließ sich der Buchhändler Otto Nauhardt von dem Münchner Architekten Emanuel von Seidl 1904–1906 eine Villa errichten, die dank ihrem Stil in Leipzig für Aufsehen sorgte. Der Kunstphilosoph Julius Zeidler lobte die Architektur im Leipziger Kalender des Jahrgangs 1906 in den höchsten Tönen: „Ist es nicht ein Wunder, eine reizende Ironie des sühnenden Schicksals, daß jetzt, nachdem das Tauchnitzviertel mit Butterkisten, Renaissance-Attrappen, Tafelaufsatz-Villen nahezu ausgebaut ist (die Dybwadschen Villen im südlichen Teil sind in ihrer Schönheit völlig einsam), an die bevorzugte Stelle des neupatrizischen Korsos, gerade um den Gegensatz recht zu markieren, dieses köstliche Biedermeierhäuschen hingebaut ist." Der auf den Jugendstil folgende gemäßigte Traditionalismus galt Zeidler als eine befreiende Abkehr vom „Luxus der Bauformen und Stilprotzerei" früherer Jahre. Das zweigeschossige, fünfachsige Haus ist auf angenähert quadratischem Grundriß errichtet. Das Mansarddach wird in der Mitte von einem kleinen Dachreiter bekrönt. Gebänderte Lisenen gliedern die Fassade. Dem Mittelteil der Straßenfront ist ein gerundeter Vorbau mit einem Balkonaustritt vorgelagert. Der Frontispiz im Dachbereich trägt über dem Giebeldreieck

Das Gebäude für die Geisteswissenschaftlichen Fakultäten der Universität entstand in den Jahren 1999 bis 2002 nach Plänen von Dietrich & Dietrich, Stuttgart

Die Villa Karl-Tauchnitz-Straße 2 wurde 1904–1906 nach Plänen des Münchner Architekten Emanuel von Seidl erbaut.

einen Vasenaufsatz. Seitlich sind zwei kupferne kleinere Dachgaupen angeordnet. Die Fenster der Seitenrisalite sind mit kräftigen Natursteingewänden gerahmt und im Brüstungsfeld des 1. Obergeschosses durch Festons geschmückt. Ein kräftiger Zahnschnitt betont das Hauptgesims. Das restaurierte Interieur weist Bezüge zu unterschiedlichen Stilformen auf.

159 Hochschule für Technik, Wirtschaft und Kultur (FH)

Wächterstraße 13

Der an die Hochschule für Musik und Theater angrenzende Bau wurde 1889–1896 nach Plänen und unter der Leitung von Hugo Licht als Städtische Gewerbeschule ausgeführt. Das achtzehnachsige Gebäude wurde später zur Ferdinand-Rhode-Straße auf 27 Achsen in der gleichen Gestaltung erweitert. Den Gesamteindruck der Fassade bestimmen gelbe Verblendklinkern, im Wechsel mit hellen Architekturgliedern aus Cottaer Sandstein. Ein einachsiger Mittelrisalit mit dem Haupteingang und zwei einachsige Seitenrisalite unterbrechen die Horizontalreihung der Fenster. Eine Steigerung von unten nach oben erreichte Hugo Licht durch die unterschiedliche Ausbildung der Fensterrahmungen. Während die Erdgeschoßfenster von einem sehr flachen, fast geraden Bogen abgeschlossen werden, besitzen die Fenster im 1. Obergeschoß Rundbögen und im 2. Obergeschoß eine Verdachung auf Konsolen. Auffälligstes Fassadendetail ist der Seitenrisalit an der Ecke zur Grassistraße. In Höhe des 2. Obergeschosses ist eine Kartusche mit einem Leipziger Wappen dargestellt, die von zwei riesigen Löwenplastiken aus Sandstein flankiert wird. Die Figur auf dem Postament über dem Rundgiebel darüber (eine Nike?) ist nicht erhalten. Das Treppenhaus ist 2001 auf der Grundlage eines Künstlerwettbewerbs durch Michael Fischer-Art ausgemalt worden.

160 Hochschule für Grafik und Buchkunst

Wächterstraße 11

Für die 1764 gegründete und seit 1766 in der Pleißenburg untergebrachte Kunstakademie, die im Jahre 1876 zur Kunstgewerbeschule umgewandelt wurde, entstand in den Jahren 1887 bis 1890 ein stattlicher Neubau, der die Kunstgewerbeschule, die Baugewerkeschule und die Geschäftsräume der Amtshauptmannschaft aufnahm. 1885 war ein Wettbewerb ausgeschrieben worden, bei dem der Karlsruher Architekt Warth den 1. Preis erhielt. Zur Ausführung gelangte das durch den königlichen Oberbaurat Otto Wankel (Dresden) wesentlich überarbeitete Projekt, das vom Leipziger Landbaumeister Nauck ausgeführt wurde. Der neunundzwanzigachsige Baukörper besteht aus Kellergeschoß, Erdgeschoß und drei Obergeschossen. In das ausgebaute Dachgeschoß wurden nachträglich große Atelierfenster eingebaut. Dem fünfachsigen Mittelrisalit ist ein auf vier Säulen ruhender Portikus vorgelagert, der im 1. Obergeschoß einen Balkon trägt. Durch die Anordnung der beiden dreiachsigen Seitenrisalite erhielt die Fassade einen schloßartigen Charakter. Eine interessante Steigerung im Fassadenaufbau wird dadurch erreicht, daß vom Sockelgeschoß mit den Kellerfenstern über das Erd- und die beiden Obergeschosse der gestalterische Aufwand nach oben hin zunimmt. Während das gesamte Erdgeschoß eine Sandsteinquade-

Wächterstraße 13. Das Leipziger Wappen aus Sandstein wird von zwei Löwenplastiken flankiert.

Hochschule für Grafik und Buchkunst. Eingangsfront

mit Rundbogenarkaden angelegt. Hier wird der Bezug zur italienischen Hochrenaissance, dem sich die Architektur verpflichtet fühlt, besonders sinnfällig. In der anschließenden ehemaligen Aula, vom Erdgeschoß her zugänglich, werden Ausstellungen veranstaltet.

161 Roßbachhaus

Beethovenstraße 8

Das auffällig gestaltete, viergeschossige Eckgebäude gehört zum Œuvre des Leipziger Architekten Arwed Roßbach. 1881 hatte der Rat der Stadt das Gelände für die Bebauung freigegeben, 1882 entstanden die Entwürfe für das Wohnhaus, und im folgenden Jahr wurde der Bau vollendet. Die Fassade ist überreich durch helle Sandsteinelemente gegliedert, die recht unterschiedlicher stilistischer Herkunft sind. Neben antikisierenden Elementen finden sich vor allem Motive der Renaissance und des Barock. Der Fassadenfond ist in weißen Verblendklinkern gehalten. Über dem säulenflankierten, rundbogigen Portal

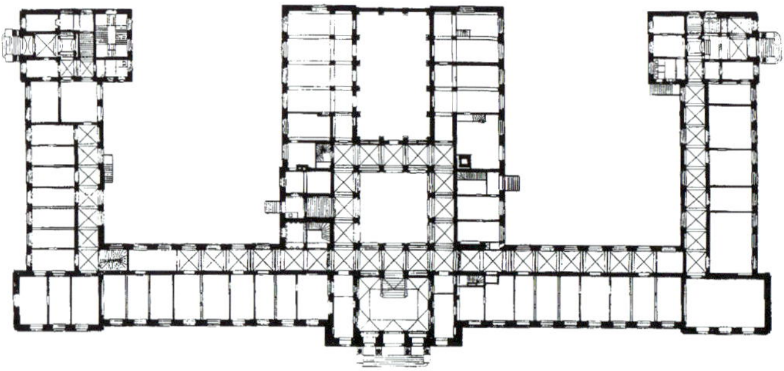

Hochschule für Grafik und Buchkunst. Grundriß aus der Erbauungszeit

rung erhielt, weisen die beiden Obergeschosse Klinkerfonds auf, die durch Sandsteinelemente gegliedert sind. Der Mittelteil wird von einem Segmentgiebel mit dem sächsischen Wappen, das von zwei Löwen flankiert wird, bekrönt. Die bildkünstlerischen Arbeiten der Fassade stellen den ikonographischen Bezug zur Zweckbestimmung her, so etwa die beiden allegorischen Gewandfiguren im 2. Obergeschoß des Mittelrisalits, die mit Schrifttafeln und Amphora ausgestattet sind, darüber je ein Medaillon mit einer Pegasusdarstellung. Die freistehenden drei (früher vier) Figuren über dem Architrav stellen bedeutende Künstlerpersönlichkeiten dar. Im Inneren verdient die an das Vestibül anschließende Lichthofhalle besondere Beachtung. Auch ohne die historische Farbigkeit und Dekoration überzeugt sie allein durch ihre Gliederung. Um den fast quadratischen Hof sind die drei Geschosse

Wohnhaus Beethovenstraße 8, 1882/83 nach Plänen von Arwed Roßbach erbaut

Die Villa Tillmanns wurde 1898/99 von Bruno Eelbo, die Villa Seemann 1909/10 von Fritz Drechsler erbaut.

sind in gleicher Breite geschoßweise Balkons angeordnet, die die Schauseite in der Mittelachse betonen. Die Säulen des Erdgeschosses setzen sich im 1. Obergeschoß als Karyatiden fort, die den darüberliegenden Balkon tragen. In den Zwickelfeldern des Portals finden sich zwei allegorische weibliche Gewandfiguren aus Sandstein. Der Schlußstein des Rundbogens ist als Löwenkopf ausgebildet. In der Dachzone halten zwei Putti eine Kartusche. Die Schlußsteine der rundbogigen Fenster des Erdgeschosses sind als plastische Maskendarstellungen ausgeführt.

162 Villen in der Wächterstraße

Dort, wo die städtische Bebauung an den Auewald grenzt, hat sich das Großbürgertum in der Zeit des Wilhelminischen Kaiserreichs regelmäßig die schönsten Villenbauten errichtet. So auch in der Wächterstraße, die in Nachbarschaft des Johannaparks liegt. Sie bildet in ihrem vorderen Teil die Rückseite der „Villenachse" Karl-Tauchnitz-Straße, die unmittelbar die Parkkante begleitet. Die 1898/99 von Bruno Eelbo für den Medizinprofessor Tillmanns in Anlehnung an den italienischen Landhausstil erbaute Villa Nr. 30 überzeugt durch ihren ruhigen, wohlproportionierten Fassadenaufbau mit dem überhöhten Mittelbau in der geschickt abgetreppten Dachlandschaft, den vier Eckaltanen, einer halbrunden Veranda etc. Zusammen mit der Verwendung weißer Verblendklinker für den Fassadenfonds sowie den rundbogigen Fenstern, teils mit neoromanischen Würfelkapitellen, entsteht eine noble Wirkung, die sich wohltuend vom sonst überwiegend üblichen historistischen Dekorationsvokabular italienischer oder deutscher Renaissancevorbilder abhebt. Eine besondere Originalität stellt der dreieckförmige Fenstererker im 1. Obergeschoß der Straßenfront dar. Professor Dr. Robert Hermann Tillmanns (1844–1927) war ein sehr bekannter Kinderchirurg und Mitbegründer der Kinderklinik Oststraße.

1909/10 erbaute Fritz Drechsler für den namhaften Kunstverleger Ernst Arthur Seemann die benachbarte Villa Wächterstraße 32 (heute Gästehaus der Stadt Leipzig). In der Grundgliederung des Baukörpers orientierte er sich an den Gestaltungsgrundsätzen der Wiener Sezession, indem er die Ecken mit vier blockhaften Baukörpern betonte und in der Mitte eine flache Tambourkuppel anordnete, die den quadratischen Mansarddachkörper markant überragt.

Die Villa Wächterstraße 34 entstand 1907/08 nach Entwürfen von Zweck und Walther für den Druckereibesitzer Johannes Giesecke. In seiner gekurvten plastischen Formensprache drückt sich der Drang zur Monumentalisierung der Baukörper aus, wie er für die Architektur vor dem ersten Weltkrieg typisch ist. Seit 1995 befindet sich das Deutsche Literaturinstitut im Gebäude.

163 Hochschule für Musik und Theater „Felix Mendelssohn Bartholdy"

Grassistraße 8

Am 2. April 1843 wurde das auf Initiative Mendelssohns gegründete „Königliche Conservatorium der Musik" im Hof des Gewandhauses (s. Städtisches Kaufhaus) eröffnet. Den notwendig gewordenen repräsentativen Neubau errichtete Hugo Licht 1885–1887 in der Grassistraße 8. Der fünfzehnachsige Bau besteht aus Souterrain, Erdgeschoß und zwei Obergeschossen. Ein fünfachsiger Mittelrisalit mit drei rundbogigen Eingängen tritt markant hervor. Nach den Zerstörungen im zweiten Weltkrieg wurde die Fassade etwas vereinfacht. Sechs Karyatiden, welche die Fensterverdachungen im 2. Obergeschoß trugen, fehlen heute. Auch die ehemals als Balustrade ausgebildete Attika erfuhr Veränderungen. In der Mittelachse der Attika ist ein Leipziger Wappen aus Kalkstein, das von zwei weiblichen Gewandfiguren gerahmt wird, ange-

Hochschule für Musik und Theater, 1885–1887 nach Plänen von Hugo Licht ausgeführt

bracht. Der heute nicht mehr vollständige Bauschmuck wurde ehemals nach Modellen des Münchner Bildhauers Jacob Ungerer, des Schöpfers der Plastiken des Mendebrunnens, ausgeführt. Die geschoßhohen Karyatiden zwischen den Fenstern des 2. Obergeschosses stammten dagegen von Ferdinand von Miller und waren in Cottaer Sandstein gefertigt. Ein über die gesamte Fassadenbreite durchgehender Fries über den Fenstern des 2. Obergeschosses weist auf die Zweckbestimmung des Baus hin. Zwischen Girlanden sind Widderköpfe, Masken, Lyren, Panflöten, Hörner und Tamburins zu sehen. Der Sgraffito-Fries unterhalb der Traufe ist 1997 wiederhergestellt worden. Das Erdgeschoß besitzt eine Rustikagliederung, die darüberliegenden Obergeschosse sind gequadert. Die Fassadenarchitektur stellt eine freie Verwendung von Formen der italienischen Renaissance dar.

Der geometrisch klare, rechteckige Konzertsaalanbau im Hof mit seiner rötlichen Holzplattenverkleidung setzt sich entschieden von der historistischen Architektur ab und ergänzt den Bau spannungsvoll in zeitgemäßer funktionaler Ästhetik. 1995 hatten Gerber Architekten Dortmund einen internationalen Wett-

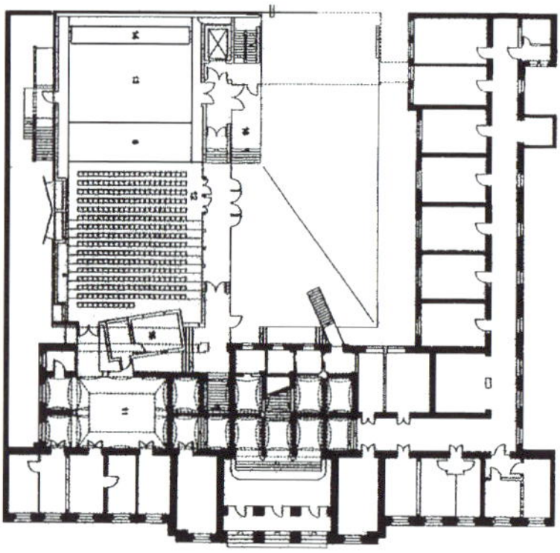

Hochschule für Musik und Theater. Der neue Konzertsaal wurde 1999–2001 nach Entwürfen des Architekturbüros Gerber und Partner/Dortmund erbaut. Blick in den Hof, Grundriß Erdgeschoß

bewerb gewonnen und realisierten den Bau in den Jahren1999 bis 2001. Der Konzertsaal mit maximal 521 Plätzen öffnet sich auf seiner Längsseite nach Norden über Glasfassaden in den Hofraum hinein und gibt diesem eine neue Raumqualität. Dazu trägt auch der im rechten Winkel angeschlossene viergeschossige Querriegel mit Künstlergarderoben etc. bei, der den Hof rückwärtig zur Ferdinand-Rhode-Straße abschließt.

164 Wohnhäuser im Musikviertel

Ferdinand-Rhode-Straße 14, 16 und 18

Die beiden 1906/07 vom Leipziger Architekten Max Fricke errichteten freistehenden, viergeschossigen Wohnhäuser Nr. 16 und 18 weisen interessante gestalterische Parallelen auf. Einmalig für Leipzig ist eine derartige Verwendung von Majolikaschmuck an den Fassaden. Beide Gebäude verfügen über Putzfassaden im Stile eines gemäßigten Historismus mit Anklängen an den Jugendstil. Beide besitzen hochwertige gleich gestaltete Treppenhäuser mit kunstvoll geschmiedeten eisernen Treppenläufen, wie sie für Leipzig eher untypisch sind (es dominieren hier die Holztreppen). Außerdem sind die technisch modernisierten Aufzüge in der Gestaltung der Erbauungszeit erhalten. An den beiden Straßenfassaden sind dreigeschossige, breite Kastenerker über dem Erdgeschoß angeordnet. Bei Haus Nr. 18 fallen neben den Fenstern des 3. Obergeschosses fünf fensterhohe Majolikaarbeiten auf. Sie zeigen weibliche und männliche Figuren auf blauem Grund. Die weißen Figuren sind von grünen Akanthusornamenten gerahmt. Dreimal ist ein männlicher unbekleideter Körper dargestellt, der in der rechten Hand einen Lorbeerkranz hält und sich mit der linken auf ein Denkmalpostament stützt. Die als Motiv zweimal verwendete Frauenfigur hat ihren Unterleib mit einem Tuch verhüllt und hält in der rechten Hand eine Kanne. Man könnte in ihnen eine allegorische Darstellung des Männlichen und des Weiblichen sehen. Die Arbeiten sind mit JH 07 signiert, was auf den namhaften Leipziger Bildhauer Johannes Hartmann schließen läßt. Die fünf aus kleinformatigen Platten bestehenden Reliefs sind wie überdimensionale Kapitelle als Abschluß von schmalen Putzpilastern auf einem quer gerichteten Kammzugputz aufgefaßt. Die Pilaster stehen in Brüstungshöhe des 1. Obergeschosses auf basenähnlichen Putzfeldern, die durch drei funktionell eigentlich unbegründete Brüstungsgitter zusätzlich betont werden. In der Putzrustika von Souterrain und Erdgeschoß „bewachen" paarweise angeordnete Löwenköpfe in Höhe der Erdgeschoßsohlbänke die

Wohngebäude Ferdinand-Rhode-Straße 18. Majolikaarbeit von 1907 unterhalb der Traufe, vermutlich von Johannes Hartmann

breiten Fensteröffnungen. In Haus Nr. 18 ist die Wandsockelzone im Eingangsbereich mit edlem grau-schwarzen Marmor verkleidet und oberhalb von einer vergoldeten plastischen Jugendstil-Bordüre abgeschlossen. Aufwendige silberfarbene Jugendstil-Gußelemente bilden das Treppengeländer. Auch Haus Nr. 16 besitzt Majolikaschmuck. Über acht dreigeschossigen, flachen Pilastern befinden sich kleinere Kapitelle als bei Nr. 18. Die Ornamentik dieser Kapitelle verwendet eine Tiersymbolik. Anders als bei Nr. 18 ist der ornamentale Fassadenschmuck reicher. In seiner vegetabilischen Putzgestaltung wirkt er stärker barockisierend. Unter dem dreigeschossigen Erker ist im Erdgeschoß in Breite von zwei Souterrainfenstern eine querrechteckige Majolikaarbeit eingeordnet. Darin sind noch einmal drei hochrechteckige Reliefplatten mit Flötenspieler, Blumenpflückerin und Mann mit Hund zu sehen, darüber zwei grimmig dreinschauende Maskarons, die als Basen jeweils zwei Säulenpaare tragen, die wiederum den Erker stützen. Das rustizierte Erdgeschoß ist in einer differenzierten Kammzugputztechnik, wie sie für die Jugendstilzeit typisch ist, ausgeführt. Die beiden Gebäude sind charakteristische Vertreter jener unentschiedenen Architekturhaltung der Zeit nach 1900, die sich nicht so recht zwischen Jugendstil, Historismus und Reformansätzen zu entscheiden vermag. Auch das Eckhaus Ferdinand-Rhode-Straße 14 ist, wie Nr. 16 und 18, vom Leipziger Architekten Max Fricke 1907/08 erbaut worden. Bauherren waren bei Nr. 14 der Verlagsbuchhändler Waldemar Malende, bei. Nr. 16 Max Fricke selbst, und Nr. 18 erwarb der ausführende Baumeister Max Müller. Während das Eckgebäude zur Mozartstraße (Nr. 14) noch am stärksten historisierend wirkt, darf die Gestaltung von Nr. 18 als die für die Zeit reifste und baugeschichtlich interessanteste angesehen werden. Gegenüber den überlieferten Bauplänen gibt es allerdings in der Ausführung Abänderungen. Die großen Etagenwohnungen hatten zwischen 225 und 450 qm Wohnfläche. Max Fricke ist der Fachwelt heute vor allem auch als Industriebauarchitekt in Erinnerung geblieben. Von ihm stammen die sogenannten Kekstürme in Wurzen, die heute die Stadtsilhouette ganz entscheidend prägen (1918–1924), sowie Getreidespeicher in der Dresdner Straße im gleichen Ort. 1911 erbaute er das Pressenhaus der Brikettfabrik Neukirchen (heute Diskothek) und 1912 die Brikettfabrik Borna/Witznitz.

165 Wohnhaus

Schwägrichenstraße 11

Das 1894/95 vom Leipziger Architekten und Hofbaumeister Otto Brückwald erbaute, fünfgeschossige Historismus-Wohnhaus ist für die Leipziger Kulturgeschichte von ganz besonderem Interesse. Neben Brückwald, der im Souterrain seine Arbeits- und Zeichenräume hatte, wohnten hier Nikolaus Pevsner, Elsa Asenijeff (geb. 3.1.1867 in Wien) und Günter Raphael (1903–1960). Pevsner (Gedenktafel links vom Eingang), der am 30.1.1902 in Leipzig als Sohn einer Pelzhändlerfamilie geboren wurde und am 18.8.1983 in London als Sir Nikolaus Pevsner verstarb, gehörte zu den herausragenden Kunsthistorikern des 20. Jahrhunderts. Noch heute gilt seine 1928 im Druck erschienene Dissertation „Leipziger Barock" als ein Standardwerk der Leipziger Baugeschichte. Pevsner besuchte die Thomasschule und studierte Kunstgeschichte an den Universitäten von Leipzig, München, Berlin und Frankfurt am Main. Infolge seiner jüdischen Abstammung mußte er vor dem nationalsozialistischen Regime Hitlers 1934 nach England emigrieren, wo er später an der Londoner Universität eine Professur erhielt. Von 1949 bis 1955 wirkte er daneben als Professor für Kunstgeschichte in Cambrigde und ab 1968 in Oxford. Viele seiner Veröffentlichungen wurden Klassiker, die Generationen von Studenten in vielen Ländern bis zum heutigen Tag prägten; so beispielsweise seine „Europäische Architektur" (1943, deutsch 1963) und das „Lexikon der Weltarchitektur" zusammen mit Honour und Fleming (Erstauflage 1966), das auch heute noch zum Handwerkszeug jedes Architekten gehört. Pevsner schuf für England, was für Deutschland der „Dehio", das „Handbuch der deutschen Kunstdenkmäler", ist. Das 47 Bände umfassende Werk

Wohnhaus Schwägrichenstraße 11. Eingangshalle von 1895

Das Wohnhaus Schwägrichenstraße 11 wurde 1894/95 von Otto Brückwald erbaut.

„The Buildings of England" erschien in den Jahren 1951 bis 1972. Anläßlich einer Vorlesung an der Leipziger Karl-Marx-Universität im Jahre 1977 hielt sich Pevsner letztmalig in Leipzig auf.

Im gleichen Haus, im Hochparterre, hatte der bekannte Leipziger Maler und Plastiker Max Klinger seiner attraktiven Freundin, der faszinierenden Schriftstellerin Elsa Asenijeff, eine Etagenwohnung gemietet. Die Asenijeff wohnte hier bis zu ihrer Trennung von Klinger, d. h. bis in die Zeit um den ersten Weltkrieg herum, und mußte die Wohnung schließlich aufgeben. Verarmt und menschlich gescheitert verstarb sie am 5. April 1941 in der Psychiatrischen Klinik in Breunsdorf bei Freiberg. Schließlich wird die Reihe herausragender Hausbewohner durch den in seiner Zeit sehr geschätzten Kirchenmusiker Günter Raphael komplettiert, der von 1926 bis 1934 im Haus wohnte (Gedenktafel rechts vom Eingang). Architektonisch sehenswert ist die quer zur Laufrichtung orientierte Eingangshalle im Souterrain mit ihrer bemerkenswerten Ausmalung. Ein illusionistisches Deckenbild gibt den Blick in den Himmel frei, während seitlich, vergoldete dorische Säulenpaare die Eingänge zu den Souterrainräumen prachtvoll rahmen. Ein Wandbild in der oberen Halle zeigt eine allegorische weibliche Gewandfigur mit Attributen der Baukunst und der Malerei. Im Jahr 2002 erhielt der Bauherr für die vorbildliche Sanierung den Hieronymus-Lotter-Preis für Denkmalpflege der Kulturstiftung Leipzig.

166 KPMG-Verwaltungsgebäude

Beethovenstraße 1

Mit der 1995 errichteten roten Info-Box am Potsdamer Platz in Berlin haben die Frankfurter Architekten Schneider+Schumacher Architekturgeschichte geschrieben. Auch in der

Treppenhaus im KPMG-Verwaltungsgebäude (s. auch Abb. in der hinteren Umschlagklappe)

Beethovenstraße Ecke Münzgasse gelang ihnen eine verblüffend unkonventionelle Lösung. Auf dem spitzwinkligen Eckgrundstück plazierten sie einen gläsernen Baukörper, der im spannungsvollen Gegensatz zu den umgebenden Steinfassaden der Gründerzeit steht. Dennoch wirkt die gläserne Ecke unaufdringlich, ja selbstverständlich, wozu die klare Betonung der horizontalen Geschoßgliederung beiträgt. Unprätentiös ziehen Schneider + Schumacher ihre Glasfassade wie eine hauchdünne Plastikfolie um den eigentlichen Baukörper herum. Dadurch erfährt dieser 1996/97 errichtete Verwaltungsbau eine unerwartete Schwerelosigkeit und Transparenz, die in der Nachtwirkung durch die lichtdurchfluteten Etagen noch gesteigert wird. An der Münzgasse ist ein ebenfalls gläserner, scheibenförmiger Baukörper mit der Treppenanlage angelagert. Die Anbindung an die Steinbauten der Münzgasse erfolgte durch eine Übergangszone mit halbtransparenten Paneelen und verschließbaren Sonnenschutzelementen. Das Zentrum des Gebäudes bildet ein dreiseitiges, durch alle Geschosse reichendes Atrium, das sich in der Detailbehandlung von Laufebenen, Treppen, Geländern usw. durch Transparenz und Geradlinigkeit, asketische Strenge und Klarheit auszeichnet. Das Bürohaus gehört zu den herausragenden Architekturbeiträgen der 1990er Jahre mit Wirkung weit über die Stadt Leipzig hinaus.

167 Galerie für Zeitgenössische Kunst

Karl-Tauchnitz-Straße 11

Der bekannte Geologe Hermann Credner, Professor an der hiesigen Universität, ließ sich 1893 durch den Architekten Bruno Eelbo die stattliche Villa am Johannapark im Stile der italienischen Renaissance errichten. Nach seinem Tode übernahm sie im Jahre 1914 der Verleger der Leipziger Neuesten Nachrichten Edgar Herfurth. Bis heute ist der Name Herfurthsche Villa in Gebrauch. 1994, dreieinhalb Jahre nach Gründung des Fördervereins, gewann der 1937 in Dresden geborene Architekt Peter Kulka den Wettbewerb für den Neubau der Galerie, der an der Wächterstraße vorgesehen war. Die Herfurthsche Villa sollte lediglich der Verwaltung, Bibliothek usw. dienen. Finanzielle Schwierigkeiten zwangen den Verein schließlich, die eigentlich für diesen Zweck völlig ungeeignete Gründerzeitvilla zur Galerie umzubauen. Für die Kultur der Stadt war die Frage zu entscheiden, ob man das komplett erhaltene wertvolle historische Interieur bewahren oder das Innere radikal für einen Ausstellungsort der modernen Kunst umgestalten sollte. Die Entscheidung für das Zurückstellen denkmalpflegerischer Argumente begründete sich zum einen durch die Tatsache, daß Leipzig noch über eine Reihe ähnlicher Inneneinrichtungen der Jahrhundertwende verfügt, und zum anderen durch

Der Umbau der Villa Credner zur Galerie für Zeitgenössische Kunst erfolgte nach Entwürfen von Peter Kulka.

das Vertrauen in die Fähigkeit des Architekten, eine neue Innenraumqualität zu schaffen, die der ursprünglichen ebenbürtig sein würde. Lediglich im Erdgeschoß ist ein Rokokoraum ungestört erhalten. Wertvolle Ausstattungselemente wurden geborgen. Zwei Öfen wurden beispielsweise ins Gohliser Schlößchen umgesetzt. Kulka schuf ein völlig neues Raumkonzept, das der Galerie, gemessen an den Voraussetzungen, günstige Ausstellungsbedingungen gibt. Geometrisch klare Räume mit weiß gefaßten Wänden und hellem Stabholzparkett sind im Erdgeschoß und im 1. Obergeschoß rundgangartig erschlossen. Die frühere, durch zwei Geschosse reichende Haushalle ist heute der zentrale Raum der Ausstellung. Er ist durch eine transparente, abnehmbare Gitterrostdecke in zwei Ebenen geteilt. Der mit querrechteckigen, grauen Eternitplatten verkleidete Anbau auf der Rückseite ermöglichte eine vom Bürogeschoß aus zugängliche Dachterrasse. Das Galeriecafé im Erdgeschoß öffnet sich zur halbrunden Straßenterrasse. Ein farbiges Mosaik im zurückgesetzten Rundgiebel darüber stellt eine Allegorie auf die Geologie dar. Der Innenraum wird von wechselnden Künstlern in bestimmten Abständen umgestaltet. Das Kutscherhaus beherbergt eine Hausmeisterwohnung und auf der Rückseite ein dem Villenanbau stilistisch gleich gestaltetes Studiohaus mit zwei Wohnateliers. Die Galerie wurde am 16. Mai 1998 eröffnet. Bauherr und Architekt erhielten 1999 den Architekturpreis der Stadt Leipzig.

168 Café Grundmann

August-Bebel-Straße 2 / Mahlmannstraße 16

Das 1880 errichtete Wohngebäude bildet den Auftakt der noblen Bauten in der August-Bebel-Straße, die zu den schönsten Ensembles des Historismus und des Jugendstils in Leipzig gehört. Hier befindet sich das interessanteste historische Café-Interieur der Stadt Leipzig. Die im Original erhaltene Art-déco-Ausstattung stammt aus dem Jahre 1930.

Der damalige Besitzer des typischen Wiener Cafés, der Konditormeister Alfred Lutze, ließ in diesem Jahr die edle hölzerne Wandverkleidung und die Stuckdecke einbauen sowie das heute noch im wesentlichen erhaltene Mobiliar aufstellen. Seit dem Jahre 1919 wird das Café ununterbrochen von Konditormeistern bewirtschaftet. Sowohl die immobile Ausstattung, d. h.: Decke, Wände etc., als auch die Möblierung wurden nach denkmalpflegerischen Gesichtspunkten restauriert. Besonderen Reiz bezieht das Interieur aus der Verwendung der Satin-Holz-Verkleidung der Wandflächen, die horizontalen Gliederungen sind dagegen aus Mahagoni gearbeitet.

Das Café Grundmann wurde 1930 im Art-déco-Stil umgestaltet.

Satin-Holz ist eine ältere Modebezeichnung für eine Gruppe tropischer Hölzer, die in den 1920er Jahren gern verwandt wurden. Das Café ist seit dem Jahr 2000 nach seinem neuen Besitzer Eckehart Grundmann benannt. Bemerkenswert feinfühlig sind die neuen Radleuchter im Restaurantraum durch den Leipziger Künstler Stefan Francik (geb. 30.10.1961) als gelungene Art-déco-Adaption gestaltet.

169 Regierungspräsidium Leipzig

Braustraße 2

Der Neubau für das Regierungspräsidium wurde in den Jahren 1993 bis 1996 nach Plänen der Architekten Bartolitius und Partner aus Gerlingen und Dresden errichtet. Das Gebäude verfügt über 460 Büroarbeitsplätze und 153 Tiefgaragenplätze. Der zentrale Eingangsbereich an der Braustraße ist durch einen teilweise verglasten Baukörper auf keilförmigem Grundriß markant betont. Die vielschichtig und differenziert strukturierte Eingangsfront mit ihren unterschiedlichen Durchdringungsfiguren bildet einen Kontrast zu den flächig gestalteten benachbarten Steinfassaden. Im Erdgeschoß ist das klassische Portalmotiv des Säulenportikus, hier mit sieben Stahlsäulen, darüber ein kräftiger, grauer Stahlträger als Architrav, postmodern interpretiert. Im Dachbereich definiert ein offener Dreieckgiebel den Hauseingang zusätzlich weit in den Stadtraum hinein. Hinter dieser gläsernen Eingangsfront ist das Haupttreppenhaus großzügig und transparent entwickelt. Die links und rechts anschließenden Büro-

Das Regierungspräsidium Leipzig wurde nach Plänen der Architekten Bartolitius und Partner in den Jahren 1993 bis 1996 erbaut.

trakte haben eine dezente Verkleidung aus hellgrauem sardinischen Granit erhalten. Der konvex zur Wundtstraße hin ausschwingende Bürotrakt ist im Erdgeschoßbereich durch graue Säulen gegliedert, die die Dynamik des Fassadenschwungs noch steigern. Der aufgestelzte, verglaste Kopfbau am Pleißemühlgraben nimmt in der Fassadenansicht noch einmal das Prinzip von Eckturm und Mittelrisalit auf. Das zurückgesetzte 5. Obergeschoß wird von einem Tonnendach überspannt. Zwischen den unterschiedlich gestalteten Fassaden an Brau- bzw. Dufourstraße vermittelt ein sechsgeschossiger Eckturm. Die Braustraße führt seit 1858 ihren Namen nach der Vereinsbrauerei, die sich an der Ecke zur heutigen Karl-Liebknecht-Straße befand. Ein späteres, spätklassizistisches Brauereigebäude von 1872/73 ist, wenn auch in ruinösem Zustand, erhalten. Im Haus Braustraße 15 wurde 1871 Karl Liebknecht geboren.

Die aus farbigen Stäben bestehende Kunstinstallation „Signum 21" vor dem Gebäude schuf Saskia Richter aus Halle.

170 Ehemalige Kraftstation der Straßenbahn

Floßplatz 2–5

Ein roter Klinkerbau, der auf den ersten Blick wie eine kleine gotische Kapelle wirkt, ist ein besonderes verkehrsgeschichtliches Zeugnis der Stadt. Am 17. April 1896 fuhr zwischen Königsplatz und Connewitz in Leipzig die erste elektrische Straßenbahn. Zuvor gab es von 1881 bis 1895 englische Pferdebahnwagen, die bereits Schienen benutzten, aber noch von Pferden gezogen wurden. Da es nicht wie heute ein leistungsfähiges Stromnetz gab, beantragte die Große Leipziger Straßenbahn beim Rat der Stadt im November 1895 die Einrichtung einer Kraftstation am Floßplatz. Nach einem Provisorium entstand, wohl bis Ende 1896, nach Plänen des Ingenieurs Otto Hahn die erste Stromversorgung der Straßenbahn. Die Anlage bestand aus dem höheren Maschinenhaus, dem nördlich angrenzenden Kesselhaus und einem im unteren teil erhaltenen, früher 55 m hohen Schornstein. Südlich schloß sich ein Beamtenwohnhaus mit zwei Wohnungen an, das ebenfalls noch vorhanden ist. Im Kesselhaus waren fünf Dampfkessel, im Maschinenhaus vier Generatoren aufgestellt. Schon 1897 wurde die Anlage erweitert und dabei auch eine Akkumulatorenbatterie mit 250 Elementen eingebaut. Bereits 1914 hatte die Stadt Leipzig das für den Straßenbahnbetrieb nicht mehr benötigte Maschinenhaus erworben und baute hier eine Umformerstation der städtischen Elektrizitätswerke ein. Fortan sprach man vom Unterwerk Floßplatz. Später siedelte sich auf dem Gelände u. a. ein Eisenlager und später eine Autowerkstatt an. Das Maschinenhaus von 1896 ist architektonisch hervorgehoben. Die rote Ziegelarchitektur mit Sandsteingliederungen ruht auf einem mannshohen Zyklopenmauerwerksockel aus Granit. Blendbögen gliedern den oberen Bereich unter dem Treppengiebel. In der Mitte ist eine Fensterrose angeordnet. Die seitlichen Erdgeschoßfenster erinnern an Fenstergruppen der Gotik. Dem zweigeschossigen Wohnhaus ist im 1. Obergeschoß ein Erker vorgeblendet, der mit zwei spitzbogigen Fenstern bis ins Dachgeschoß reicht und das Treppengiebelmotiv des Maschinenhauses aufgreift. In den Jahren 2000/01 erfolgte eine Umnutzung der vorhandenen Gebäude durch die Architektin Grit Haake von der Planungsgruppe 27. Aus der Maschinenhalle wurde ein dreigeschossiges Bürohaus. Im Eingangsbereich wurde über die erste Hallenachse hinweg die ursprüngliche Höhe mit dem alten Brückenkran belassen. Im benachbarten früheren Kesselhaus ist heute eine Probebühne des Leipziger Schauspiels untergebracht. Sie verfügt über 150 bis 250 Plätze. Der etwa quadratische Raum ist mit einer umlaufenden Beleuchtergalerie und einer Regieloge ausgestattet. Die Funktionsräume sind dem Bühnenraum östlich zugeordnet.

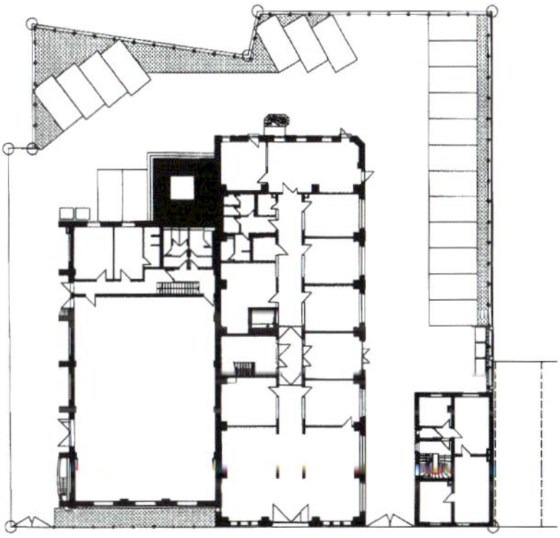

Die ehemalige E-Station der ersten Leipziger Straßenbahn wurde 1896 erbaut. Ansicht vom Floßplatz und aktueller Erdgeschoßgrundriß. Umnutzung 2000/01 durch die Planungsgruppe 27

Peterskirche, 1882–1885 nach Plänen der Architekten August Hartel und Constantin Lipsius erbaut

171 Peterskirche

Schletterplatz

Als die alte, spätgotische Peterskirche am Ausgang der Petersstraße (heute Grundstück Petersstraße 43) im Zuge der Großstadtentwicklung der schnell anwachsenden Kirchgemeinde nicht mehr genügte, machte sich der Neubau am Schletterplatz notwendig. Im Jahre 1877 wurde ein Wettbewerb ausgeschrieben, an dem sich etwa 80 deutsche und österreichische Architekten beteiligten. Den 1. Preis errangen die Dresdner Giese und Weidner. Zweifel daran, ob man deren großartiges Projekt mit der festgesetzten Bausumme von 900 000 Mark würde realisieren können, führten dazu, den mit dem 2. Preis ausgezeichneten August Hartel aus Krefeld und den dritten Preisträger, Constantin Lipsius, mit dem Ausführungsentwurf zu betrauen. Ihnen gelang es, eines der bedeutendsten Werke des mitteldeutschen Historismus zu schaffen. Die äußere Gestaltung nimmt Bezug auf Traditionen nordfranzösischer Kathedralgotik. Anregungen des Wiener Dombaumeisters Schmidt folgend,

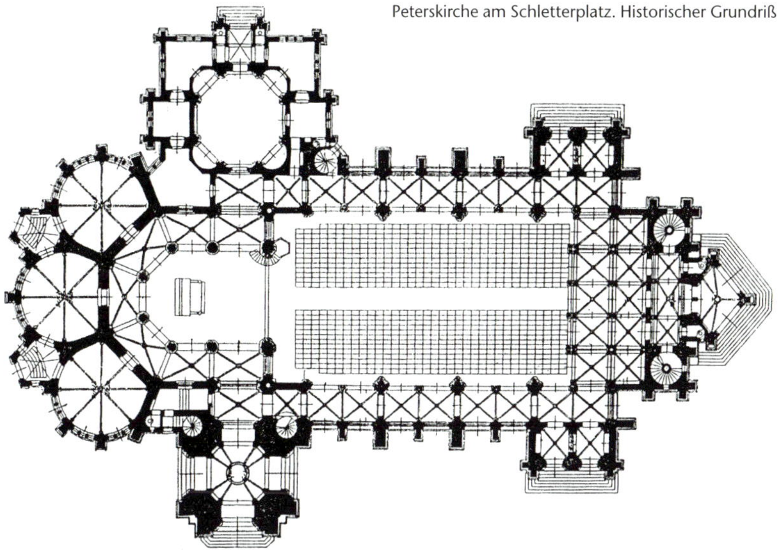

Peterskirche am Schletterplatz. Historischer Grundriß

ging man von der ursprünglich geplanten Zentralhalle ab und wählte die Form des Langhauses. Das Mittelschiff hat die enorme Spannweite von 17 m. Der zweitürmigen Westfront ist ein Triangel-Portal vorgelagert. Vor diesem steht auf einem Sockel eine Sandsteinskulptur von Alfred Brumme (Denkmal für die Gefallenen des ersten Weltkriegs). Sie stellt eine Christusfigur dar, vor der ein auf Knien ruhender Krieger flehend zum Himmel schaut. Die Seitenwände des Langhauses gliedern jeweils acht hohe, gotisierende Fenster, darüber eine Zwerchgalerie und jeweils vier massige, spitze Zwerchgiebel. Der Chorraum ist von einem Kapellenkranz umgeben. Wirkungsvoll haben die Architekten den 88 m hohen Turm nördlich neben das Kirchenschiff gestellt. Der schlanke, steinerne Turmhelm wird im unteren Viertel von vier Fialen begleitet. Die von unten winzig erscheinende Turmkreuzblume hat eine Höhe von über 5 m. Als Natursteinverblendmaterial für das Äußere wählte man Postaer Sandstein. Profile und Ornamente sind aus Postelwitzer Sandstein gearbeitet und die figürlichen Arbeiten aus Brühler Tuffstein. Der in den Jahren 1882 bis 1885 entstandene Kirchenbau ist noch heute ein beherrschender städtebaulicher Akzent im Süden der Stadt. Die bedeutende Dimension des Bauwerks wird daran sichtbar, daß in ihm 2500 Menschen Platz finden. Im Zuge der laufenden Sanierungsarbeiten konnte bisher wenigstens die südliche Taufkapelle ihre historische Innengestaltung zurückerhalten, so daß sie einen Eindruck vom glanzvollen früheren historistischen Interieur zu vermitteln vermag.

172 LVZ-Verlagshaus Peterssteinweg und Druckereigebäude Stahmeln

In Leipzig erschien 1650 die erste Tageszeitung der Welt, „Einkommende Zeitungen" genannt. Sie wurde in der Druckerei von Timotheus Ritzsch in der Ritterstraße gedruckt. Das Gelände am Peterssteinweg ist ein traditioneller Ort der Zeitungsherstellung. 1892 etablierten sich hier die Leipziger Neuesten Nachrichten mit Verlag, Redaktion, Druckerei und Vertrieb. Die 1894 gegründete Leipziger Volkszeitung, die 1933 von den Nationalsozialisten verboten wurde, befand sich ab 1900 in der heutigen Rosa-Luxemburg-Straße. Am 4. Dezember 1943 versanken die Gebäude in Schutt und Asche. Aus den Trümmern des zweiten Weltkriegs entstanden hier ab 1946 die Gebäude für die neue Leipziger Volkszeitung als Blatt der SED. Am 16. Juni 1999 konnte das sanierte, neue LVZ-Gebäude übergeben werden. Seitdem präsentiert sich die Front zum Peterssteinweg mit einer signifikanten, hellen Natursteinfassade. Kräftige, senkrechte Fassadenpfeiler werden lediglich in Höhe der Geschoßdecken von schmalen, etwas zurückgesetzten Horizontalriegeln unterteilt. So entstehen tiefe, loggienartige Öffnungen. Die geschoßhohen, weit hinten angeordneten Fenster verleihen der Fassade eine verblüffende Tiefenstruktur sowie die gewünschte Plastizität und Offenheit einer Solitärarchitektur. Eine baugeschichtliche Besonderheit stellt die Dachkonstruktion dar, die erst im Zuge der Bautätigkeit wieder-

Verlagshaus der Leipziger Volkszeitung mit der im Jahre 2001 realisierten Vorplatzgestaltung

entdeckt wurde, nachdem Dacheindeckung und Innenverkleidung entfernt worden waren. Zum Vorschein kam ein höchst originelles, vielleicht gar einmaliges Junkers-Lamellen-Dach, 33 m lang und 15,5 m breit. Das Dach stammt von einer um 1930 errichteten Reithalle an der Meusdorfer Straße 2, die im zweiten Weltkrieg schwer beschädigt wurde. Es wurde geborgen und für das kleinere LVZ-Gebäude angepaßt. Durch die bemerkenswerte Diagonalstruktur der sich kreuzenden Träger der Tragkonstruktion entsteht ein ungewöhnlicher Raumeindruck der heute verglasten Dachgeschoßhalle für maximal 200 Personen (Architekten Heiken und Partner, Frankfurt am Main). Nach dem umstrittenen Abbruch des denkmalgeschützten Eckgebäudes Emilienstraße 1 (von 1859), das als einziges von der alten Blockrandstruktur vor dem LVZ-Gebäude noch geblieben war, wurde ein Wettbewerb für Landschaftsgestalter im Team mit Künstlern ausgelobt, um einerseits den Vorplatz zu gestalten und andererseits die städtebaulich-räumliche Situation neu zu fassen. Bis August 2001 wurde der Siegerentwurf der Planergemeinschaft Lützow 7 (Cornelia Müller und Jan Wehberg) / Rolf Lieberknecht und Sophie an der Brügge umgesetzt. Im Mittelpunkt der Platzgestaltung steht ein 10 m hoher Wandelgang aus unregelmäßig schräg gestellten 2 x 14-Stahlpfeilern (nachts computergesteuert beleuchtet) mit einem massigen Steinarchitrav, der direkt auf den Haupteingang zuläuft. Die aufgerissene Blockrandstruktur zur Härtelstraße wird damit geschickt kaschiert. Der benachbarte Brandgiebel soll noch eine Loggienfassade erhalten. Das abfallende Areal von der Emilienstraße her wird durch ein Taxusbanquette originell überbrückt. Große Ahornbäume beleben den Platz zusätzlich. Die Pflasterung des Platzes in Form von Zeitungszeilen, die durch den Wechsel von großformatigen Sandsteinbändern und kleinformatigem Pflaster erreicht werden soll, wirkt sehr edel, freilich etwas bemüht. Das *LVZ-Druckereigebäude* in Leipzig-Stahmeln (Architekten Heiken und Partner) erhielt 1994 den erstmals vergebenen Sächsischen Staatspreis für Architektur und Bauwesen. Das Büro hatte sich unter 29 eingereichten Arbeiten behaupten können, weil es gelungen war, bei klarer funktioneller Gliederung ein signifikantes Gebäude mit einer effizienten Baustruktur zu schaffen, das überzeugend in die Landschaft eingebettet ist.

Die LVZ-Druckerei der Architekten Heiken und Partner in Leipzig-Stahmeln

Das frühere Gewerkschaftshaus des Verbands der deutschen Handlungsgehilfen wurde 1914–1917 nach Plänen von Georg Wünschmann erbaut.

173 Haus der Leipziger Verkehrsbetriebe

Karl-Liebknecht-Straße 8–14

Das architektonisch auffälligste Gebäude in der vorderen Karl-Liebknecht-Straße ist das 1914–1917 nach Plänen des Leipziger Architekten Georg Wünschmann errichtete Gewerkschaftshaus für den Verband deutscher Handlungsgehilfen. Der Drang zur Monumentalisierung, kennzeichnend für die Zeit vor dem ersten Weltkrieg, wird hier besonders deutlich. Die Fassade ist mit Travertin verkleidet. Stadtbaudirektor Max Reimann charakterisierte das Gebäude 1923 als „eindrucksvolle, gut durchgebildete und selbstständig empfundene" Lösung. „Die wohlgeformte Kuppel" sei „für das Leipziger Stadtbild eine Bereicherung und städtebaulich ein glücklicher Akzent." Über dem portikusartigen Mittelteil mit drei rundbogigen Eingängen stehen sechs massige, kannelierte Säulen, die über vier Obergeschosse reichen. Darüber folgen ein Architrav, ein Attikageschoß mit sechs vollplastischen Köpfen (mit Merkurhelm) und darüber ein Dreiecksgiebel. Die zurückgesetzte, 47 m hohe Kuppel besitzt einen Umgang. In der Eingangshalle verdienen die sechs mit farbigen Mosaikdarstellungen versehenen, kassettierten Deckenfelder besondere Beachtung. Die Hauseingänge und die drei Treppenhäuser sind mit Majoliken reich ausgestattet. Der um mehrere Innenhöfe angelegte Bürokomplex von 5000 qm reicht in westlicher Richtung bis zum Floßplatz mit dem früheren Druckereitrakt. Wenig bekannt ist heute, daß in diesem Haus 1919 ein sogenanntes Reichs-Wirtschaftsmuseum eingerichtet wurde, das aus dem Kriegswirtschaftsmuseum von 1917 hervorgegangen war. Erwähnenswert ist ferner, daß sich auf dem Areal bis 1861 die orthopädische Praxis des Leipziger Arztes Dr. Moritz Schreber befand.

174 Hochschule für Technik, Wirtschaft und Kultur

Hauptsitz: Karl-Liebknecht-Straße 132

Der auf den Jugendstil folgende gemäßigte Historismus vor dem ersten Weltkrieg bediente sich der Stilrezeptionen in recht freier Art und Weise. Der 1913 für die Königlich-Sächsische Bauschule ausgeführte Neubau an der Ecke zur heutigen Richard-Lehmann-Straße weist in der Fassadendisposition barocke Züge auf. Die Risalite an Karl-Liebknecht- und Richard-Lehmann-Straße sind durch Lisenen gegliedert, deren Kapitelle als bildkünstlerische Reliefs gestaltet sind (Putti mit Attributen des Bauberufs). Die Straßenecke ist turmartig betont und besitzt eine an Barock und Jugendstil angelehnte Haube. An dem östlich angeordneten, zweigeschossigen Erker ist eine Reliefdarstellung angebracht, die an die 1838 gegründete Baugewerkeschule erinnert und deren erstes Domizil, die Pleißenburg, zeigt. Das Eingangsportal an der Nordseite wird von zwei Figuren aus Sandstein flankiert, die links das Baugewerbe und rechts den Bauauftraggeber symbolisieren. Die Gänge zu den Seminarräumen und Hörsälen besitzen Kreuzgratgewölbe, ebenso das Treppenhaus. Hier finden sich an den Zugängen vier Baumeisterbüsten von dem Bildhauer P. Pöppelmann, die Hieronymus Lotter, Erwin von Steinbach, Gottfried Semper und Matthäus Daniel Pöppelmann darstellen. Die Eingangshalle an der Richard-Lehmann-Straße ist farbig gefaßt und durch ein kassettiertes Tonnengewölbe hervorgehoben. Die flachen, ornamental im Grünton ausgemalten Seitennischen sind mit schlußsteinartigen Gaffköpfen – unter reliefierten Kämpferfriesen – dekoriert. Die innere, feingliedrige Windfangtür ist im Goldton eingefärbt. Dies ist der einzige Raum, der nach der Restaurierung von 1995 noch das Kolorit der Erbauungszeit vermittelt. Die Pläne entwarf laut Bauakte Richard Thiele im Jahre 1909. Die Ausführung lag vermutlich in den Händen des Oberbaurats Seidel, der am Königlich-Sächsischen Landbauamt zu Leipzig tätig war. Albert Geutebrück war der Initiator und erste Direktor der 1838 gegründeten Baugewerkeschule, die sich zunächst mit Räumlichkeiten in der alten Pleißenburg (s. Neues Rathaus) begnügen mußte. 1890–1913 war sie im Westflügel des Neubaus der Akademie für grafische Künste und Buchgewerbe (Hochschule für Grafik und Buchkunst) untergebracht. Nach dem zweiten Weltkrieg befand sich 1947–1954 die Ingenieurschule für Bau-

Das Eckgebäude der Königlich-Sächsischen Bauschule wurde 1913 nach Entwurf von Richard Thiele fertiggestellt. Es beherbert heute die Hochschule für Technik, Wirtschaft und Kultur (FH).

wesen im Gebäude, die später ihren Sitz in der Raschwitzer Straße hatte. Ab 1954 diente das Gebäude der neuen Hochschule für Bauwesen Leipzig. Mit der Bildung der Technischen Hochschule Leipzig wurde das Haus 1977 zum Hauptgebäude dieser Bildungseinrichtung. Heute trägt es die Bezeichnung Hochschule für Technik, Wirtschaft und Kultur (FH). In den Jahren 1958 bis 1961 gelangte der fünfgeschossige Erweiterungsbau an der Karl-Liebknecht-Straße nach Entwürfen des Architekten Hermann Pape zur Ausführung. Er zählt zu den bemerkenswerten Leipziger Architekturleistungen jener Jahre. Der Baukörper wird durch sandsteinverkleidete, pfeilerartige Lisenen vertikal gegliedert. Den oberen Abschluß bildet ein stilisierter Triglyphenfries. Die Achse des Haupteingangs wird in den darüberliegenden Geschossen durch zurückgesetzte Loggien hervorgehoben. Zur Eingangstür führt eine Freitreppe mit sieben Stufen. Rechts vom Eingang ist eine farbige Mosaikarbeit von Gerhard Eichhorn im Stile des sozialistischen Realismus eingeordnet, die den werktätigen Menschen in der Gesellschaft zum Thema hat. Die jüngere, großflächige Mosaikgestaltung in der Eingangshalle dahinter trägt die stilistisch typische Handschrift des Leipziger Malers Peter Sylvester. Die auf vier Pfeiler gestellte südliche Giebelwand wurde vollständig als kassettenartige Fensterkonstruktion zu dem dahinterliegenden Nebentreppenhaus ausgebildet und stellt eine ausgesprochen originelle bauliche Lösung dar. Den straßenseitigen Zugang schmückt ein Sandsteinrelief von Waldemar Grzimek, das die Beziehung Lehrer Schüler darstellt.

In den Jahren 2000–2002 wurde nach Plänen von Gehrmann Consult an der Kochstraße ein viergeschossiges Laborgebäude errichtet, das in seiner asketischen, klaren Gestaltung mit durchgehenden Fensterbändern und weißen Brüstungen an die funktionale Ästhetik des Bauhauses erinnert.

175 Hochschule für Technik, Wirtschaft und Kultur

Karl-Liebknecht-Straße 145

Das 1926 nach fast vierjähriger Bauzeit als Oberpostdirektion errichtete Verwaltungsgebäude gehört zu den wenigen Beispielen expressionistischer Geschäftshausarchitektur in Leipzig. Der Entwurf stammt von Postbaurat Willibald Seckt. An der einunddreißigachsigen, viergeschossigen Fassadenfront tritt ein siebenachsiger, massiger Mittelrisalit hervor, der als überdimensionaler Säulenportikus ausgebildet ist. Sechs Säulen reichen durch alle vier

Das Gebäude für die frühere Oberpostdirektion wurde 1923–1926 nach Plänen von Willibald Seckt ausgeführt. Sanierung und Dachgeschoß durch die Architekten Nieper und Partner 2000/01. Es gehört heute zur Hochschule für Technik, Wirtschaft und Kultur (FH).

Hauptgeschosse und tragen Kapitelle mit einem eigenwilligen Zackendekor, darüber ein breiter Architrav mit zehn flachen Mezzaninfenstern unter einem Konsolgesims. Eine Freitreppe führt zu den drei Eingangstüren mit eisernen Gittertoren. Über den Eingängen sind drei expressive Reliefplastiken aus Werkstein nach Modellen von Wilhelm Andreas angebracht, die als Allegorien auf den Kampf der Energien und Kräfte zu deuten sind. Die Fensterachsen der zurückgesetzten Fassadenbereiche sind vom Erdgeschoß bis zum 2. Obergeschoß erkerartig zusammengefaßt. Im Inneren verdient die gewendelte Treppenanlage aus Sichtbeton besondere Beachtung. Bei der Sanierung durch das Büro Nieper und Partner 2000/01 wurde das im zweiten Weltkrieg teilweise zerstörte Dach der Seitenflügel modern ausgebaut. An der Hofseite bauten B. & C. Lampert Architekten aus Ratingen in den Jahren 2000/2002 eine Mensa mit 400 Plätzen an den Altbau an, die aus zwei um je ein rundes Atrium angeordneten Speisesälen besteht.

176 Weichbildzeichen

am Connewitzer Kreuz

Das Wort Weichbild ist ein aus dem Mittelalter herrührender Begriff, der das Gebiet bezeichnete, in dem die vom Landesherrn verliehenen Stadtrechte galten. Welcher Art diese Rechte sein konnten, darüber gibt der Leipziger Stadtbrief Auskunft (s. Kapitel Zur Entwicklung von Städtebau und Architektur Leipzig). Beispielsweise gestattete Markgraf Otto der Reiche den Leipziger Bürgern mit der Stadtrechtsverleihung um 1165 den Erwerb und Verkauf von Grundbesitz zu marktrechtlichen Bedingungen und gewährte ihnen das Nutzungsrecht des nahen Auenwalds. Auch Gerichtsbarkeit und verschiedene Rechte gegenüber dem Landesherrn waren für das Weichbild festgelegt. Seine Markierung erfolgte durch Weichbildzeichen, die außerhalb der Stadtmauern in den vier Himmelsrichtungen aufgestellt waren. Dazu heißt es in der Übersetzung des Leipziger Stadtbriefs: „Ferner setzte er ihnen, als sie ihn [den Markgrafen] um ein Zeichen ihres Rechtsgebiets, das Weichbild genannt wird, baten, ein solches inmitten der Elster, ein zweites in der Mitte der Parthe, ein drittes bei dem Steine, der in der Nähe des Galgens liegt, ein viertes jenseits der Grube, wo die Steine gegraben werden." Die genauen Standorte der Weichbildzeichen zur Zeit der Stadtrechtsverleihung sind nicht überliefert. Aber ein letztes derartiges, wenngleich wesentlich jüngeres Objekt ist das etwa 5 m hohe Weichbildzeichen am Connewitzer Kreuz. Es besteht aus einer Säule aus Rochlitzer Porphyrtuff, die eine rechteckige Sandsteintafel trägt. Auf der stadtabgewandten Seite ist über einem Andreaskreuz die Jahreszahl 1536 zu lesen. Die stadtzugewandte Relieftafel zeigt ein Kruzifix, an dessen Fuße das Leipziger Wappen und ein Totenkopf zu sehen sind. Dieses heute kaum beachtete, doch stadtgeschichtlich überaus wertvolle Rechtsdenkmal wurde vom damaligen Ratssteinmetzen Hans Pfretzschner geschaffen. Wegen des starken Verwitterungsgrades wurde es 1994 durch eine Kopie von Markus Gläser ersetzt. Das Original befindet sich heute im Stadtgeschichtlichen Museum im Alten Rathaus.

Weichbildzeichen Connewitzer Kreuz von 1536 (Kopie von 1994)

Das Torhaus vom ehemaligen Wasserschloß Dölitz wurde 1672 errichtet.

177 Torhaus Dölitz

Helenenstraße

Vom ehemaligen Wasserschloß Dölitz hat sich lediglich das Torhaus am Pleißemühlgraben erhalten. Das Renaissance-Schloß brannte am 4. Dezember 1943 völlig aus und wurde später abgetragen. Der zweigeschossige Frontispiz des Torhauses gehört in die Übergangszeit von der Renaissance zum Barock und wird auf 1672 datiert. Da sich nur wenige Zeugnisse aus dieser Zeit erhalten haben, darf dieser Giebel als eine kunstgeschichtliche Kostbarkeit angesehen werden. Er ist unten durch drei ionische, oben durch zwei korinthische Halbsäulen gegliedert. In den zwei Reliefs der unteren Fensterbrüstungen ist jeweils die Figur eines Tritonen mit einem Delphin dargestellt (heute in rekonstruierter Form). In dem besonders in Deutschland und in den Niederlanden verwendeten Ohrmuschelwerk des Sandsteinschmucks ist bereits der Übergang zu barokken Formen spürbar. Während der Völkerschlacht im Oktober 1813 war das Schloß ein hart umkämpfter Ort. Zunächst von polnischen Truppen besetzt, die auf der Seite Napoleons kämpften, nahmen es im Morgengrauen des 16. Oktober die Österreicher im Handstreich und behaupteten es gegen den heftig anrennenden Gegner bis zum Ende der Kämpfe am 18. Oktober. Das Torhaus gehört heute zu den wenigen erhaltenen originalen Geschichtszeugnissen aus der Zeit der Befreiungskriege. Seit dem 7. Oktober 1960 befindet sich in ihm eine sehenswerte Zinnfigurenausstellung.

178 Käthe-Kollwitz-Straße 70

In den Jahren 1873/74 erbaute sich der Architekt Oscar Mothes die Villa Zur Julburg als Wohnsitz. Daß der Neogotiker Mothes für sein eigenes Wohnhaus neogotische Formen bevorzugte, erscheint heute durchaus selbstverständlich. Andererseits war aber in jenen Jahren die italienische Renaissance das beliebteste Stilvorbild für die deutsche Villenarchitektur.

Die Villa Zur Julburg erbaute sich der Neogotiker und Begründer des Leipziger Geschichtsvereins Oscar Mothes in den Jahren 1873/74 als eigenes Wohnhaus. Oben Fassadenansicht, unten Erdgeschoß-Grundriß

Vielgliedriger Fassadenaufbau und malerische Silhouettenwirkung zeichnen den dreigeschossigen Bau aus. Mothes verwendete die unterschiedlichsten Materialien, wie Rochlitzer Porphyrtuff, Sandstein, keramische Ziegel, Holz und Schiefer. Auf der Rückseite befindet sich ein Treppenturm mit einem überdachten, sternförmigen Umgang aus Holz. Zu diesem gesellt sich ein kleinerer runder Turm mit kegelförmigem Dach, der ebenfalls eine Treppenspindel enthält. An der Hauptfassade ragen zwei gotisierende Blendgiebel markant in die Dachzone hinein. In der Fassadenmitte ist ein zweigeschossiger, drei Fensterachsen zusammenfassender Holzkastenerker angeordnet. Die immobile Ausstattung im neogotischen Stil und teilweise im Stil der Neorenaissance hat sich nahezu vollständig erhalten. In der sogenannten Trinkhalle im Kellergeschoß ruhen die Deckengewölbe auf mittelalterlichen Säulen, die offenbar aus dem Abbruch von Dorfkirchen der Umgebung stammen. Als hervorragendes Beispiel für Villenarchitektur im neogotischen Stil und als Wohnhaus eines bedeutenden Leipziger Architekten des Historismus ist die Julburg ein Denkmal von hohem baugeschichtlichen Rang. Seit 1977 beherbergt das Gebäude die Fachschule für Museologen, heute Teil der Hochschule für Technik, Wirtschaft und Kultur.

179 Käthe-Kollwitz-Straße 115

Von den Formen der italienischen Hochrenaissance ließ sich der Leipziger Architekt Max Pommer anregen, als er 1885 für den Verlagsbuchhändler Herrmann Julius Meyer eine zweigeschossige Villa unmittelbar am Elsterflutbett errichtete. Der Fassadenfond besteht aus roten Klinkern; gliedernde Bauteile, wie Eckquaderung, Gesimse, Fensterrahmungen, Portale und Säulen, sind in Sandstein ausgeführt. An der Ferdinand-Lassalle-Straße ist ein Risalit ausgebildet, dem ein Anbau mit Loggia (Erdgeschoß) und Balkon (Obergeschoß) mit einer Pergola vorlagert ist. Der antikisierende

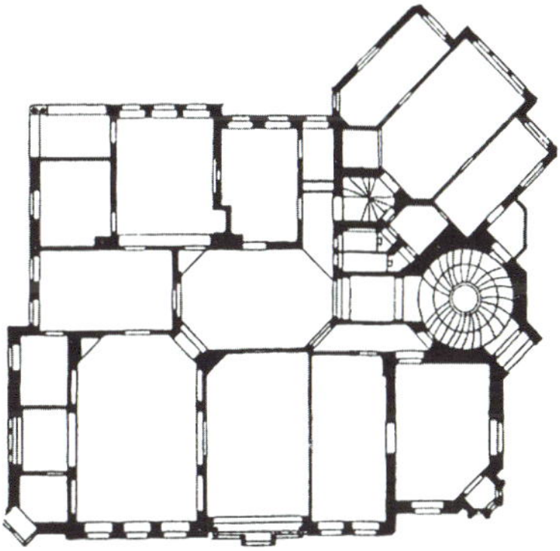

Erdgeschoßgrundriß

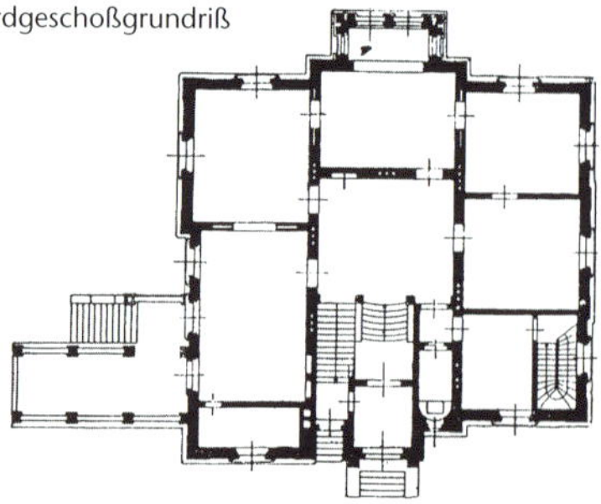

Die Villa Käthe-Kollwitz-Straße 115 wurde 1885 von Max Pommer für den berühmten Verleger Herrmann Julius Meyer errichtet.

Portikus vor dem Eingang wird von einem Dreieckgiebel bekrönt. Die Fenster besitzen teilweise eine Ädikularahmung. Unter dem kräftig ausladenden Hauptgesims des Flachdachs ist ein Fries in Sgraffitotechnik gestaltet. Besonderes Interesse verdient die aufwendig ausgemalte zweigeschossige Haushalle, um die sich die übrigen Räume gruppieren. Im Bereich des Windfangs sind die Wände im Stil der Neorenaissance holzgetäfelt. Der Treppenantritt wird von Wänden mit Marmorinkrustationen im pompejanischen Stil begrenzt. Eine zweiarmige repräsentative Treppe mit kunstgeschmiedeten neobarocken Brüstungsgittern (Bandelwerkmotive) führt ins Obergeschoß.

Die Villa Sebastian-Bach-Straße 53 wurde 1880/81 nach Plänen von Arwed Roßbach erbaut.

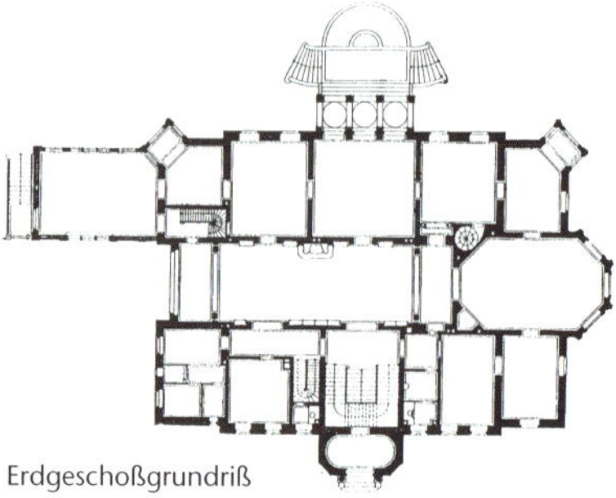

Erdgeschoßgrundriß

180 Sebastian-Bach-Straße 53

In den Jahren 1880/81 erbaute Arwed Roßbach die stattliche Villa für den Leipziger Verlagsbuchhändler Leopold Gebhardt, Herausgeber der Zeitschrift „Die Gartenlaube". Der breit gelagerte, neunachsige Bau greift auf Motive der italienischen Stadtpaläste der Hochrenaissance zurück. An der Straßenachse sind einachsige, etwas zurückgesetzte, flachere Flügelbauten ausgeführt. Der Eingangsvorbau trägt im 1. Obergeschoß einen Balkon. Das antikisierende Portal mit ionischen Säulen wird von einem Dreieckgiebel bekrönt. Reicher ist die Gartenfront gestaltet. Der Mittelteil wird durch einen portikusartigen Balkonvorbau mit Balustrade auf dorischen Säulen, zu dem eine Freitreppe führt, betont. Im Erdgeschoß sind die Fenster rundbogig ausgeführt, im 1. Obergeschoß weisen sie eine Ädikularahmung auf. Den geraden Dachabschluß bildet eine Natursteinbalustrade, die, wie die gesamte Fassadenverkleidung, in hellem Sandstein ausgeführt ist. Unter dem kräftig ausladenden Hauptgesims befindet sich ein Fries mit vegetabilem Schmuckwerk. Über dem Segmentgiebel der mittleren Fenstergruppe im 2. Obergeschoß lagern zwei weibliche Gewandfiguren, die vermutlich Wissenschaft und Kunst symbolisieren sollen.

181 Kleingartenanlage Dr. Schreber

Aachener Straße 7

Obwohl der erste deutsche Kleingärtnerverein im Jahre 1814 in Kappeln an der Schlei in Schleswig-Holstein gegründet wurde, gilt Leipzig als die Hauptstadt der Kleingärtner. Hartnäckig hält sich der Irrtum, der Leipziger Arzt Dr. Moritz Schreber sei der Begründer der Gartenvereine gewesen. Mit 227000 Kleingärten hat Sachsen den größten Anteil aller Bundesländer. 31500 Gartenparzellen gibt es allein in Leipzig. Das Vereinshaus an der Aachener Straße wurde 1896 im historisie-

Das Vereinshaus des Schrebervereins, 1896 erbaut

renden Fachwerkstil errichtet. Markant überragt der spitzbehelmte Uhrturm den zweigeschossigen Bau. Nach der Sanierung in den Jahren 1992 bis 1994 wurde 1996 im Obergeschoß das erste deutsche Kleingartenmuseum eingerichtet. Ein Museumsgarten aus der Zeit um 1900 mit einer Laube von 1880 ist zu sehen, ebenso die kläglichen Reste des Schreber-Hauschild-Denkmals von 1901 im Biergarten neben der großen, zentralen Kinderspielwiese, die typisch für die Gartenvereine ist. Die Behebung des Mangels an Kinderspielplätzen hatte der Leipziger Arzt Dr. Innocenz Hauschild im Sinn, als er am 10. Mai 1864 die konstituierende Sitzung des Schrebervereins leitete. Zum Gedenken an den „Kämpfer für wahre Volkserziehung" und den „Pionier der Jugendpflege" gab man dem Verein den Namen des Leipziger Arztes Schreber. Dies ist der Vorläufer des Vereins, der sich ab 1874 „Schreberverein der Westvorstadt" nannte und an den heutigen Standort ging. Hauschild sah die ungesunden sozialhygienischen Folgen der großstädtischen Überbauung voraus und wollte, solange Grund und Boden „noch verhältnismäßig wohlteil zu erlangen" war, für die IV. Bürgerschule im westlichen Vorstadtbereich einen Kinderspielplatz anlegen, zu dem auch ein Kleinkindergarten und ein botanischer Garten gehören sollten. Am 25. Mai 1865 wurde in der Nähe der heutigen Lutherkirche auf einer gepachteten Wiese westlich vom Johannaparkteich die erste Spielwiese, genannt Schreberplatz, eingeweiht. Nur vier Jahre später, 1869, ordnete man ihr „Familienbeete" zu, aus denen bereits 1870 Kleingärten mit Lauben geworden waren. 1875 kündigte die Stadt Leipzig das Areal, und der Verein siedelte an seinen heutigen Standort um. Am 6. August 1866 verstarb der Gründer des Schrebervereins und wurde auf dem Alten Johannisfriedhof beigesetzt. Es kann kaum bezweifelt werden, daß mit der nun auf ganz Deutschland übergreifenden Kleingartenbewegung, bei der die Kinderbetreuung langsam in den Hintergrund trat, Hauschilds progressive Intentionen zu einer kleinbürgerlichen Laubenpieperromantik umgeformt wurden. Für die Arbeiter und kleinen Angestellten bedeutete der Schrebergarten dennoch die vielfach einzige Möglichkeit der naturverbundenen Naherholung und wurde zum Regulativ in einer teils ungesunden Arbeitsumwelt. Die ersten Kleingärten entstanden in Leipzig allerdings schon 1832 im Johannistal, das zuvor eine Kiesgrube gewesen war. Diese Gartenanlage, ursprünglich für die armen Bevölkerungsschichten gedacht, ist noch heute erhalten.

182 Clara-Zetkin-Park und Lutherkirche

Für den Zentralen Kulturpark Clara Zetkin, wie er damals genannt wurde, erfolgte am 8. Januar 1955 der erste Spatenstich. Am 30. April des gleichen Jahres konnte bereits die Parkbühne eingeweiht werden. Mit 120 ha Fläche, einer großzügigen Ausstattung und etwa 4000 Veranstaltungen pro Jahr war er der erste Kulturpark dieses Umfangs in der früheren DDR. Bedeutende Leistungen wurden im sogenannten Nationalen Aufbauwerk geplant und ausgeführt. Zum Park gehörten Sport- und Spielplätze, Liegewiesen, ein Zentrum für aktive Erholung, Rodelberge, Sitzterrassen an zwei Teichen, Gaststätten,

Die neogotische Lutherkirche wurde 1883 bis 1886 nach Plänen von Julius Zeißig errichtet.

Blick vom Johannapark auf das Stadtzentrum

Dahliengarten und Schachzentrum. Gartenarchitekt Gerhard Scholz hatte verschiedene historische Leipziger Parkanlagen in den neuen Kulturpark einzubeziehen, so den Johannapark, 1858 von Peter Joseph Lenné entworfen, südlich davon den König-Albert-Park, angelegt für die Sächsisch-Thüringische Industrie- und Gewerbeausstellung von 1897, sowie den 1893–1899 geschaffenen Palmengarten, der einst mit seinem Palmenhaus eine besondere Attraktion darstellte. Ebenso wurden der Richard-Wagner-Hain, der Klinger-Hain, das Scheibenholz (mit der Rennbahntribüne von Otto Paul Burghardt, 1907) und die Nonne (ein Gebiet, das mit der Säkularisierung des Georgenklosters 1543 an die Stadt kam) eingegliedert. Der Clara-Zetkin-Park ist Teil des Leipziger Auenwalds, der das Stadtgebiet von Nordwesten nach Süden auf ca. 20 km durchzieht und dann in die Seenlandschaft des Südraums übergeht.

Das Clara-Zetkin-Denkmal von Walter Arnold wurde 1967 aufgestellt.

Zum 110. Geburtstag Clara Zetkins wurde der Führerin der Arbeiter- und Frauenbewegung 1967 an der Karl-Tauchnitz-Straße das von Walter Arnold geschaffene Denkmal gewidmet.

Die neogotische Lutherkirche in der Ferdinand-Lassalle-Straße wurde 1883–1886 nach einem Entwurf von Julius Zeißig auf kreuzförmigem Grundriß errichtet. Die Außenhaut ist mit Klinkern verblendet und mit Sandsteinelementen gegliedert. Die Höhe des Turms, der in der Achse der Schreberstraße steht, beträgt 65 m. Das Portal wird markant von einem Wimperg mit Lutherrose im Dreipaß überspannt. Den Tympanon schmückt eine Gotteslammdarstellung in Mosaikarbeit. Die kopierten Skulpturen in den seitlichen Nischen, die Apostel Petrus und Paulus, stammen im Original von dem Dresdner Bildhauer Hermann Christian Möller.

183 Pavillon aus Gerhards Garten

Clara-Zetkin-Park

Im Jahre 1872 erwarb der Legationsrat Wilhelm Gerhard einen Garten vor den Toren der Stadt im Bereich der heutigen Lessingstraße. Es war der einzige der traditionsreichen Leipziger Gärten, der sich in Teilen bis zu Beginn unseres Jahrhunderts erhalten hatte. 1908 wurde der Pavillon an seinen heutigen Standort in der Nähe des Elsterflutbeckens,

Klassizistischer Pavillon aus Gerhards Garten

zwischen Sachsen- und Klingerbrücke, versetzt. Der achtseitige Tempel ist durch Rundbögen zwischen kräftigen Pilastern rhythmisch gegliedert. Zu den typischen antikisierenden Dekorationen der Erbauungszeit um 1830 gehören ein kräftiges Hauptgesims auf Konsolen, darunter ein Architrav mit einem Mäanderfries und Blattkränze mit vergoldeten Schleifen über den Bogenöffnungen. Die von einem Pinienzapfen bekrönte Kuppel ist innen mit einem illusionistischen Himmelsgewölbe ausgemalt. Aus Gerhards Garten hat sich ein zweites kunstgeschichtlich interessantes Detail erhalten: das kunstvoll geschmiedete barocke Eingangstor zum Gohliser Schlößchen in der Menckestraße.

184 Palmengartenwehr Oberes Elsterwehr

Das brückenartige Palmengartenwehr entstand 1913–1917. Es ist ein kombiniertes Walzen-Schützen-Wehr mit zwei rundbogigen Öffnungen von je 17 m Breite, die durch Walzen verschlossen werden. Die Wehrbrücke ist etwa 50 m lang und ca. 5 m breit. Die Ansichtsflächen sind mit Granitsteinen verblendet. In der Mitte des Wehrs ist das Schützenhäuschen angeordnet, in dem die Windwerke beider Walzen untergebracht sind. Das Palmengartenwehr war Bestandteil des 1913 ausgearbeiteten Projekts zur Hochwasserregulierung im Westen der Stadt. Es ist auch heute noch funktionstüchtig. Bauleitung und Gestaltung wurden dem Leipziger Architekten Georg Wünschmann übertragen. Der Name des Wehrs verweist auf den Palmengarten, die benachbarte Grünanlage, in der sich bis 1939 ein großes Gesellschaftshaus befand (s. Clara-Zetkin-Park).

185 Tennisclubhaus

Ziegeleiweg 5

Im Herbst 1932 wurde das nach Plänen des Leipziger Architekten Otto Hellriegel erbaute Tennisclubhaus am Ziegeleiweg eingeweiht. Es galt seinerzeit als das größte und komfortabelste Tennisclubhaus Deutschlands. Für die Leipziger Baugeschichte ist es als einer der

Das Palmengartenwehr wurde 1913–1917 errichtet.

Der Tennisclub am Ziegeleiweg entstand 1932 nach Plänen von Otto Hellriegel.

herausragenden Bauten der klassischen Moderne von Bedeutung. Der langgestreckte, zweigeschossige Baukörper wirkt ein wenig wie ein Elbdampfer, der am Spielfeldrand angelegt hat. Der Baukörper ist in zeittypischer Weise turmartig überhöht und verfügt mit Fahnenstange, Eckverglasung und weit auskragendem Betondach über dem Haupteingang über charakteristische Merkmale des sogenannten Bauhausstils, der sich über klare geometrische Grundformen wie Quadrat, Rechteck und Kreis definiert. Das Treppenhausinnere ist als einziges Bauteil im wesentlichen noch im Zustand der Erbauungszeit erhalten, während das Terrassengeschoß heute stark verändert ist. Auch die ehemals glatt geputzten und strahlend weiß gefaßten Fassadenflächen sowie die nicht architekturgerecht erneuerten Fenster im Hauptgeschoß etc. lassen heute die einst asketische funktionale Fassadenästhetik kaum noch erkennen.

186 Palais am Palmengarten

Erich-Zeigner-Allee 13

Das 1995 fertiggestellte, viergeschossige Wohn- und Geschäftshaus befindet sich am Rand des alten Leipziger Industriegebiets Plagwitz. Der Architekt Gunnar Volkmann in Suter + Suter GmbH, Leipzig/Lörrach, konzipierte das Haupthaus als neuzeitliche Stadtvilla, die sich in die traditionelle Stadtlandschaft einfügt. Über einen flachen, gläsernen Verbindungsbau ist ein langgestreckter, zweigeschossiger Pavillon zu erreichen, der sich parallel zur Kleinen Luppe erstreckt und sich mit geschoßhohen Fenstern in das Grün der Auenlandschaft öffnet. Schmale, hochformatige Fensterflächen mit Klappläden aus Metall-Lamellen, ein vertikal verglastes Treppenhaus und ein nur wenig vortretender Eingangsbereich gliedern die ansonsten sehr asketisch gehaltene straßenseitige weiße Putzfassade des Hauptgebäudes. Die Seiten der Straßenfront sind durch zweigeschossige Eckerker in Stahlkonstruktion mit Balkonen im 3. Obergeschoß betont. Die Eckgestaltung wurde durch eine großflächigere Wiederaufnahme der Metall-Lamellen und Fensterflächen gelöst. Separate Eingänge führen zu den Büros und Wohnungen. Die disziplinierte funktionale Haltung, verbunden mit einer verhaltenen Material- und Farbdisposition, verleiht dem Ensemble eine ansprechende Eleganz im Geist der klassischen Moderne.

Das Palais am Palmengarten. Ansicht von der Gartenseite und Erdgeschoß-Grundriß

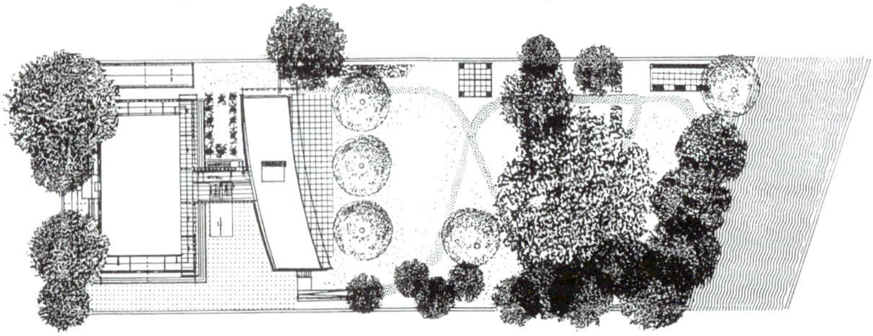

Das Gebäude der Allgemeinen Ortskrankenkasse (AOK) wurde 1922–1925 von Otto Droge in einer Mischung aus Neoklassizismus und Art déco erbaut. Während der DDR-Zeit wurde es von der DHfK genutzt.

187 AOK, Sportforum und ehemalige DHfK-Gebäude

Jahnallee

Bereits im Generalbebauungsplan von 1929 war der Gedanke einer Sportarena auf den Frankfurter Wiesen östlich des 1912–1922 angelegten Elsterflutbeckens enthalten. Aber erst nach 1945 konnte dieses Projekt mit dem 1954–1956 unter Leitung des Architekten Karl Souradny erbauten „Stadions der Hunderttausend" verwirklicht werden. Der 23 m hohe Stadionwall wurde aus den Trümmern der im zweiten Weltkrieg zerstörten Gebäude der Innenstadt aufgeschüttet. Dem fünfgeschossigen Hauptgebäude an der Friedrich-Ebert-Straße ist der Haupteingang mit einer repräsentativen Freitreppenanlage und den Kassen vorgelagert, in die sandsteinerne Sportlerfiguren des Leipziger Bildhauers Rudolf Oelzner eingeordnet sind. 1977 wurde im Hauptgebäude ein von der Dammkrone zugängliches Sportmuseum eröffnet, das zu Beginn der 1990er Jahre geschlossen wurde. Ebenfalls 1977 entstanden Gittermastkonstruktionen für die neue Flutlichtanlage. Der 40 m hohe Glockenturm an der Südseite des Stadionwalls ist dem Gedenken des Arbeitersportlers Werner Seelenbinder gewidmet. Er trägt als oberen Abschluß eine Flammenschale. Bereits 1952 wurde das 9 000 Zuschauer fassende Schwimmstadion fertiggestellt, das von einem Architektenkollektiv unter der Leitung von Karl Souradny entworfen worden ist. Seit 1956 fanden im Leipziger Zentralstadion die Turn- und Sportfeste der DDR statt. 1953 hatte Walter Ulbricht den Grundstein für den Neubaukomplex der Deutschen Hochschule für Körperkultur und Sport (DHfK) gelegt. Südlich der Jahnallee entstanden nach Entwürfen von Hanns Hopp und Kunz Nierade als erster Bauabschnitt bis 1957 in traditionellen neoklassizistischen Bauformen entlang dem Hochflutbecken die ersten Hörsäle und Sporthal-

Gebäude der AOK. Treppenhaus

Blick über die Festwiese des Sportforums zum Glockenturm

Sportlerfiguren von Rudolf Oelzner aus Sandstein am Haupteingang zum Stadion, um 1957

len und an der Jahnallee ein dreigeschossiger Bibliotheks- und Institutstrakt. Mittelpunkt des heute kaum noch zu überschauenden baulichen Ensembles ist das etwas zurückgesetzte, fünfgeschossige Gebäude für das frühere Sportmedizinische Institut, das nach Entwürfen von Wolfgang Aßmann und Eitel Jackowski 1964 fertiggestellt wurde. Der vertikal gegliederte Montagebau mit dem originellen Stahlbeton-Wellendach über dem Haupteingang zum Hochschulkomplex nimmt die Hauptachse des Sportforums auf und steht so mit diesem in sinnfälliger Korrespondenz. Im Jahre 2000 begann man das Zentralstadion abzubrechen, um nach den Entwürfen der Architekten Wirt+Wirth aus Basel innerhalb der alten Stadionwälle ein neues, überdachtes reines Fußballstadion für 45000 Zuschauer zu errichten. Die Projektidee besteht in der Integration des neuen Stadions in den Bestand. Der gewaltige Wall bietet die Kulisse für den

Das neue Zentralstadion, Computersimulation

Die Arena Leipzig entstand in den Jahren 1999 bis 2001 nach Plänen von Arat - Siegel & Partner aus Stuttgart. Giebelansicht von Süden und Blick in die Halle (unten)

Neubau, die Schüssel in der Schüssel. Die Fertigstellung erfolgte im Herbst 2003. Das Tragwerk der Überdachung besteht im wesentlichen aus einem seilunterspannten Bogenbinder, Quer- und Längsträgern sowie Diagonalstäben in der Dachfläche. Von der denkmalgeschützten Substanz des Vorgängers sollen insbesondere der Glockenturm, das Hauptgebäude, die Eingangssituation sowie die platzbildende Front der ehemaligen Stadionkassen vor dem Schwimmstadion, das abgebrochen wird, erhalten werden.

188 Arena Leipzig

Jahnallee/Friedrich-Ebert-Straße

Die Sporthalle entstand auf der Grundlage eines beschränkten Realisierungswettbewerbs, den die Stadt Leipzig 1995 ausgelobt hatte. Die Wettbewerbssieger, die Stuttgarter Architekten asp Arat-Siegel & Partner übernahmen auch die Ausführungsplanung. Der Bau wurde 1999 begonnen und am 30. 3. 2001 eröffnet. Die Grundfläche der Halle beträgt 145 x 82 qm, die Scheitelhöhe 16,5 m. Die Haupthalle, der zentrale Teil des Gebäudes, ist eine multifunktionale Halle für Sport- und Kulturveranstaltungen. Sie bietet auf fest installierten Bühnen 3 000 bis 7 000 Zuschauern Platz. Bei Großveranstaltungen können 12 000 Besucher aufgenommen werden. Die Halle verfügt über eine 200-m-Rundlaufbaubahn, deren überhöhte Kurvenbereiche sich in Bodengruben absenken lassen. Die in Nordwestrichtung verlaufende, passagenartige Eingangshalle ist städtebaulich geschickt in der Verlängerung der Gustav-Adolf-Straße angeordnet. Nördlich von dieser befindet sich die Haupthalle, südlich davon die Nebenhallen. Im Kellergeschoß ist eine gerade 100-m-Laufbahn für Übungszwecke angelegt. Die Dachkonstruktion der Halle ist eine Stahlbinderkonstruktion von 68 m Spannweite. Das Dach hat die Form

eines flachen Segmentbogens. Die Dachhaut besteht aus Aluprofiltafeln auf Trapezblech mit 6 aufgesetzten, satteldachförmigen Oberlichtkonstruktionen. Die stützenfreie Halle bietet ein großartiges Raumerlebnis. Sie wirkt durch die assoziierten Innendimensionen größer, als die äußeren Abmessungen vermuten lassen. Unterhalb der Traufe des Dachs befindet sich jeweils auf den Längsseiten der Halle ein breites Lichtband zur optimalen Hallenausleuchtung. Darunter sind seitlich die Funktionsräume angeordnet, die die Hauptdachform wiederaufgreifen. Damit erhält Leipzig erstmals eine Sporthalle, die für größere Zuschauerzahlen geeignet ist. Gleichzeitig erfährt der Bereich des Sportforums eine sinnvolle funktionale und städtebaulich-architektonische Ergänzung. An der Südseite der Halle ist eine Cafeteria angeordnet. Die Gesamtkosten beliefen sich auf ca. 42 Millionen Euro.

189 Laurentiuskirche Leutzsch

William-Zipperer-Straße

Die alte Ortsanlage des ehemaligen Dorfes Leutzsch wird noch heute markant durch den barocken, laternenbekrönten Turmhelm aus dem Jahre 1689 gekennzeichnet. Das ehemalige Wasserschloß aus dem 16. Jahrhundert, das sich schräg gegenüber in den Grünanlagen befand, wurde leider in den 1960er Jahren abgebrochen. Einige ältere erhaltene Gebäude am Tanzplatz verweisen noch heute auf die ursprüngliche dörfliche Siedlungskultur. Bereits für das 14. Jahrhundert ist ein Kirchenbau an gleicher Stelle belegt. Die älteste Substanz der heutigen St.-Laurentius-Kirche, das Sternrippengewölbe des Chorraums im Turmuntergeschoß, stammt vom Ende des 15. Jahrhunderts. Der annähernd quadratische Turmunterbau ist im Bereich des Glockengeschosses achtseitig und erreicht mit dem hohen, geschwungenen Turmhelm eine Höhe von 30 m. 1852 baute der Maurermeister Purfürst das Kirchenschiff um. Im Jahre 1890 wurde es durch Hugo Altendorff um eine Achse verlängert, die polygonale Apsis und die südliche Sakristei wurden angebaut. Die Erneuerung der Orgel (durch die Dresdner Firma Jehmlich) führte schon 1900 zu einem weiteren Umbau durch die Architekten Schmidt und Johlige. Dabei wurde das Schiff mittels einer flachen, gedrückten Rapitz-Tonnendecke erhöht, die mit einer Netzgewölbe-Imitation versehen ist. Außerdem erfolgte der westliche Anbau an das Schiff, der von zwei polygonalen Treppentürmen begleitet wird. In der kleinen, fünfseitigen Chorapsis (1890) ist das wertvollste Ausstattungsstück, ein Flügelaltar vom Anfang des 16. Jahrhunderts, aufgestellt – im Schrein die Schnitzfiguren des Rochus, Sebastian und des Antonius. Die Darstellung des Rochus mit den Pestheiligen Sebastian und Antonius verweist darauf, daß es sich hier um einen Pestaltar handelt. Im linken Flügel sind die Heiligen Wolfgang und Laurentius und im rechten Flügel Maria und Elisabeth (Heimsuchung) dargestellt. In der Predella findet sich eine gemalte Darstellung des Schweißtuchs mit den Gesichtszügen Jesu Christi, das von zwei Engelgestalten gehalten wird (1933). Die beiden Bleiglasfenster im Chor wurden nach Entwürfen von Paula Jordan aus Leipzig 1949 geschaffen. Die restaurierte Orgelempore stammt vermutlich aus der Zeit des barocken Umbaus. Die Längsemporen wurden 1961 entfernt. An der spitzgiebligen Eingangsfront, die beidseitig von den Treppenhausanbauten flankiert wird, sind zwei wertvolle Barockgrabsteine in die Wand eingelassen. Sie stammen von dem Friedhof, der sich einst um die Kirche erstreckte. Von 1978 bis 1987 wurde das Gebäude unter der Leitung von Gerhart Pasch einer umfassenden Instandsetzung unterzogen. Mit dem hellen Ocker des Fassadenfonds und den weiß-grauen Gliederungen wurde, ausgehend vom barocken Erscheinungsbild des signifikanten Ostturms, eine Farbigkeit des 18. Jahrhunderts gewählt. Im Garten verdient eine große Linde mit Gedenkstein „Luther-Linde, 1483–1883" Beachtung.

Laurentiuskirche in Leutzsch

190 Grüne Eiche

Demmeringstraße 22

In der für Paul Möbius charakteristischen Gestaltung entstand 1905/06 als Bestandteil der Eckbebauung Rietschel-/Demmeringstraße der dreigeschossige Putzbau für das Restaurant Grüne Eiche. Die Fassade ist durch verschieden breite Lisenen betont vertikal gegliedert. Der seitlich angeordnete Hauptrisalit ist konvex gewölbt und wird oben von einer geschwungenen Verdachung über einer kräftigen Hohlkehle abgeschlossen. Eine analoge Ausbildung weist der schmalere Eingangsrisalit auf. Die wellenförmige, fließende Behandlung aller Details verleiht der Fassade eine äußerst plastische, ja geradezu skulpturale Wirkung. Der Gastraum im Erdgeschoß mit einer einseitigen Empore ist ebenfalls in diesem Möbiusschen Jugendstil gestaltet.

Der Jugendstilbau Grüne Eiche entstand 1905/06 nach Entwürfen von Paul Möbius.

191 Westbad

Marktstraße 2-6

Zu den eindrucksvollsten Bauten der Moderne in Leipzig gehört zweifellos das 1925/26 von Hubert Ritter in Leipzig-Lindenau erbaute Westbad. Die fünfgeschossige rot-gelbe Klinkerfassade an der Marktstraßenseite ist markant durch einen Fassadenturm mit Uhr und Fahnenstange betont, wie es für diese Zeit ausgesprochen typisch ist. Die fensterlose gelbe Klinkerrückfront an der Odermannstraße wird im Volksmund Klagemauer genannt. Seit Mitte der 1990er Jahre wurde das städtische Bad nicht mehr genutzt und war so dem Verfall preisgegeben. Seit 2001 erfolgt nach denkmalpflegerischen Gesichtspunkten durch einen privaten Bauherrn ein schrittweiser Umbau zu einem Zentrum für medizinische Rehabilitation und Freizeitsport. Dabei werden das kleine untere Schwimmbecken im Erdgeschoß und das darüberliegende große aufgegeben. Die große Schwimmhalle mit der dreiseitig umlaufenden Empore soll, allerdings ohne das Schwimmbecken, erhalten und wegen ihrer imposanten Raumwirkung bewahrt werden. Wie die Straßenfassaden, so erfährt auch die eindrucksvolle Treppenhalle eine denkmalgerechte Sanierung.

Westbad

192 Ehem. Max-Klinger-Schule

Karl-Heine-Straße 22b

Ein Vertreter des Neuen Bauens ist dieses 1927/28 errichtete Schulgebäude. Schon das betont sachliche, auf jeden Schmuck verzichtende Eisentor mit einer an den Leipziger Bildhauer Max Klinger erinnernden Inschrift weist auf die zu erwartende Architektur hin. Drei parallele, in Kammstellung zur Luppe angeordnete dreigeschossige Klassentrakte (Mittelfluranlagen) werden auf der Hofseite durch einen Verbindungsbau zusammengefaßt, der im Erdgeschoß als Arkadengang ausgebildet

Die ehemalige Max-Klinger-Schule wurde 1927/28 von Hubert Ritter erbaut.

ist. Mit dem seitlichen Turnhallenkomplex und dem gegenüberliegenden Mehrzweckgebäude entsteht ein zum Park geöffneter, hufeisenförmiger Hof. Die ursprüngliche Planung sah allerdings vor, auch die offene Seite mit drei Klassentrakten spiegelbildlich zu bebauen. Die Fassaden sind in hellem Putz gehalten. Lediglich einzelne Bauglieder, wie Fensterbänder, Arkadenpfeiler und Kranzgesimse, sind durch Klinker hervorgehoben.
Ihre Schönheit bezieht diese Architektur vor allem aus der funktionell gelungenen Umsetzung der Lern- und Arbeitsbedingungen. In bemerkenswerter Weise gelang den Architekten Hubert Ritter und Fritz Baumeister die organische Einbindung des Baukörperensembles in die Landschaft. Dieser von Ritter entwickelte „Leipziger Schultyp" ist auch an anderen Standorten eingesetzt worden, beispielsweise in der Nikolai-Rumjanzew-Straße im Westen der Stadt.

Das Holzhaus von Weiß & Volkmann entstand 1997.

193 Holzhaus

Alte Straße 4

Im Jahr 1997 erbaute das Architekturbüro Weis & Volkmann mitten in die Gründerzeitbebauung des Leipziger Westens ein in Form und Material völlig aus dem Rahmen fallendes dreigeschossiges Wohnhaus mit 260 qm Nutzfläche. Es wurde 1999 mit dem Architekturpreis der Stadt Leipzig ausgezeichnet. In der Jurybeurteilung heißt es: „Für den Stadtteil Plagwitz ist das Wohngebäude an der Alten Straße eine gelungene Arrondierung des vorhandenen Ensembles mit Kutscherhaus. Die Proportionen und die Geometrie des Gebäudes sind dem Vorhandenen entnommen, bewahrt und in eine neue Sprache übersetzt worden. Gleichzeitig behält sich das Gebäude eine Eigenständigkeit in der Formensprache und Selbstbewußtsein vor. Die Materialität und die Konstruktion in Holz unterstützen diesen Charakter, der ‚Alt' und ‚Neu' thematisiert und traditionelle Bauweisen aufzeigt und fördert. Die Einfachheit, ja der Mut zur Schlichtheit in der eindeutigen Formensprache verleiht dem Ort eine neue, starke Ausstrahlung."

194 Felsenkeller

Karl-Heine-Straße 32

Von der großen Zahl an Vergnügungslokalen, wie sie in Leipzig um die Jahrhundertwende errichtet wurden, haben sich nur wenige erhalten. Um so wertvoller als Bautyp ist demzufolge der einschließlich des Biergartens wiederhergestellte Gaststättenkomplex Felsenkeller. Der Name geht auf einen Bierkeller der Brauerei W. C. Naumann (1848 errichtet) zurück. Die Architekten Schmidt & Johlige wählten für den 1890 ausgeführten Bau barocke Formen und knüpften damit an die sinnenfreudige Kunst des 18. Jahrhunderts an. Ein turmartiger, kuppelbekrönter Eckbau vermittelt geschickt zwischen Saal- und Restauranttrakt. Wie bei vielen Bauten jener Zeit, so wurde auch hier bewußt die Ecklage genutzt, um eine besondere Dominante auszubilden. Der Felsenkeller war vor allem auch ein Veranstaltungsort der Leipziger Arbeiterbewegung. Am 12. Februar 1905 sprach hier Karl Liebknecht vor 2 500 Arbeitern über den Bergarbeiterstreik an der Ruhr und über die russische Revolution. Am 14. Mai 1920 trat Clara Zetkin in Vorbereitung der bevorstehenden Reichstagswahlen auf. Am 25. Oktober 1926 und am 19. Juni 1930 sprach Ernst Thälmann auf Wahlkundgebungen der KPD.

1890 entstand das Gesellschaftshaus Felsenkeller nach Entwürfen von Schmidt & Johlige. Ansicht und Erdgeschoß-Grundriß

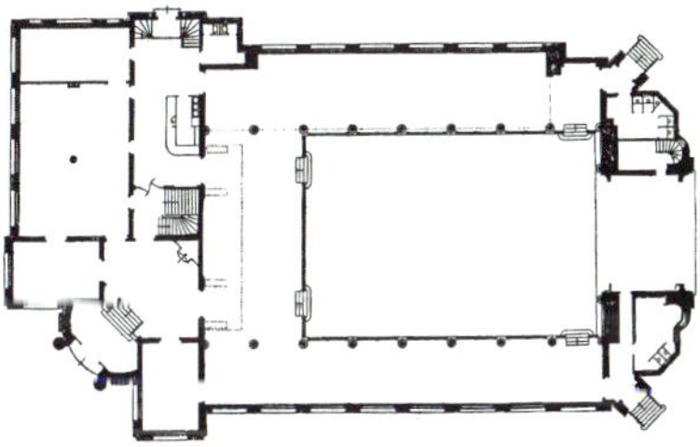

195 Taborkirche

Windorfer Straße Abb. S. 226

Die im Stile einer dreischiffigen romanischen Basilika ohne Querhaus errichtete Taborkirche, das letzte Werk Arwed Roßbachs, wurde erst 1904, zwei Jahre nach seinem Tode, fertiggestellt. Der Grundstein war am 11. Mai 1902 gelegt worden. Das gewaltige Doppelturmpaar (50 m hoch) der Eingangsfront ist im Landschaftsraum weithin sichtbar. Die Neoromanik wurde als letzte Stilübernahme in der historisierenden Architektur des 19. Jahrhunderts eingeführt. Kaiser Wilhelm II. hatte sie sozusagen zum Staatsstil erhoben, indem er verlangte, daß Kirchen, die nach Mitgliedern seines Hauses benannt werden sollten, in neoromanischen Formen erbaut würden. Die gleiche Bedeutung wie Neogotik, Neorenaissance oder Neobarock erlangte dieser Stil in der Kirchenbaukunst Sachsens jedoch nicht. Neben der Taborkirche entstanden in Leipzig zu jener Zeit lediglich zwei weitere bedeutende neoromanische Bauwerke: die Kapellenanlage auf dem Südfriedhof 1905–1910 nach dem Entwurf von Otto Wilhelm Scharenberg und die Liebfrauenkirche in Plagwitz 1905–1908 von Anton Kaeppler.

Der in einem Arbeitervorort gelegene neoromanische Bau verstand sich, wie ähnliche Kirchenbauten in anderen Städten, auch als ideologisches Bollwerk gegen die geistigen Positionen der Sozialdemokratie. Der Bau ist außen großzügig mit bauplastischem Dekor geschmückt, die Details sind in gediegener Handwerksarbeit ausgeführt. Nach Fertigstellung des Baus durch den Architekten Richard Lucht wurde die bis dahin unmittelbar vor der Turmfront erhaltene Dorfkirche abgetragen. Dies war ein Bau, der in seinem Typus an die Dorfkirche in Leutzsch erinnerte. Die Kriegsschäden an der Taborkirche wurden unmittelbar nach 1945 beseitigt, die Innengestaltung 1947 abgeschlossen. Dabei vereinfachte man die dekorative Innenausmalung. Die 1904 eingebaute Eule-Orgel war ebenfalls stark beschädigt worden. 1966/67 wurde sie klanglich vollständig neugestaltet.

In unmittelbarer Nachbarschaft der Taborkirche, am Schloßweg 31, erinnert eine Gedenktafel am löwengeschmückten Eingangsportal des ehemaligen Gutskomplexes Kleinzschocher daran, daß Johann Sebastian Bach hier am 30. August 1742 seine Bauernkantate aufführte. Vom Gutskomplex sind heute allerdings nur noch Wirtschaftsgebäude erhalten.

196 Industriearchitektur in Plagwitz

Ehemalige Buntgarnwerke, Nonnenstraße 17–21; ehem. Maschinenfabrik Unruh & Liebig, Naumburger Straße 28; Jugendamt, Naumburger Straße 26; Schlothof, Naumburger Straße 44; ehem. Mey & Edlich, Nonnenstraße 5; Technikcenter Leipzig Garage, Karl-Heine-Straße 97; Technikcafé da capo, Karl-Heine-Straße 105; Stelzenhaus, Weißenfelser Straße 65; ehemalige Maschinenfabrik

Die neoromanische Taborkirche wurde 1902–1904 nach Entwurf von Arwed Roßbach erbaut (s. S. 225).

Swiderski, Zschochersche Straße 78, ehem. Baumwollspinnerei, Spinnereistraße 7.
Was für Hamburg die Speicherstadt, das ist für Leipzig – industriearchitektonisch gesehen – der Stadtteil Plagwitz mit seinen Fabriken der Jahrhundertwende. 1989, im Jahr der Wende, hatte Plagwitz 37 000 Bewohner. Von den etwa 800 hier vorhandenen Betrieben waren rund 40 Großbetriebe. Der Leipziger Unternehmer Dr. Carl Erdmann Heine (1819 bis 1888) hatte seit der Mitte des 19. Jahrhunderts äußerst umsichtig und erfolgreich die Entwicklung dieses westlich von Leipzig gelegenen Areals betrieben. Auch wenn sein ehrgeizigstes Vorhaben, Saale und Elster über einen Kanal zu verbinden, um so Leipzig an das Binnenschiffahrtsnetz anzuschließen, letztlich unvollendet blieb, so ist es dennoch vor allem sein Verdienst, wichtige Voraussetzungen für die industrielle Entwicklung der Stadt geschaffen zu haben. Der von ihm ab 1856 angelegte Karl-Heine-Kanal bildet heute eine wichtige ökologische Entwicklungsachse in diesem Gebiet. Ab 1993 wurde an dieser nicht benutzten Wasserstraße ein Rad- und Wanderweg angelegt, der auf einer Länge von 7,5 km Plagwitz mit Leipzig-Grünau verbindet. Der Niedergang der Industrie, der Verfall der Stadt, eine extreme Umweltbelastung – dies alles waren Indizien für das Ende des Sozialismus. In Plagwitz wurden sie auf besonders deprimierende Art erlebbar. Mit dem fast völligen Wegbrechen der Industrie nach 1990 entstand eine städtebauliche Situation,

Ehemalige Buntgarnwerke. Teil des Komplexes in der Nonnenstraße und Blick über die Weiße Elster (unten)

die kaum Zukunftschancen in sich zu bergen schien. Auch die heruntergekommene Wohnbebauung schien in dieser unwirtlichen Umgebung wenig Sanierungsaussichten zu haben. Wer heute Plagwitz durchstreift, wird verblüfft sein. Nicht nur viele Wohnhäuser, sondern auch eine große Zahl von Industriebauten ist heute schon instand gesetzt und neu genutzt. Konturen einer verblüffenden und vor allem in dieser Geschwindigkeit wohl von den wenigsten erwarteten Entwicklung sind sichtbar geworden. Diese Entwicklung ist geprägt von modernisierten Wohnungen der Wilhelminischen Epoche, von umgenutzten Industriearchitekturen und künftig auch von neuem Großgrün auf den von Karl Heine weitsichtig angelegten, künftig aber nicht mehr benötigten Gleisschneisen, deren Schienenstränge das Gebiet kammartig erschließen. Insbesondere die teils großartigen Industriebauten prägen das architektonische Milieu dieses Stadtteils. Angeführt wird diese stolze Flotte von dem imposanten, malerisch am Ufer der Elster gelegenen **Komplex der Buntgarnwerke**, 1879–1888 als Sächsische Wollgarnfabrik Tittel & Krüger erbaut, sowie durch Fritz Hogers subtile Konsumzentrale in der Industriestraße 85–95. Der Fabrikkomplex der ehemaligen Buntgarnwerke gilt als eines der größten Industriedenkmäler der Gründerzeit in Deutschland. Er ist derzeit bereits in großen Teilen saniert und mit Lofts, Büros, Praxen, Behörden usw. vielseitig genutzt. Die ursprüngliche Anlage wurde in ihren Anfängen von

Ottomar Jummel, später von den Architekten Händel & Franke geplant. Die Front an der Elsterseite der Nonnenstraße ist etwa 250 m lang und wird von mehrgeschossigen Spinnereigebäuden gebildet. Bemerkenswert ist der markante, kuppelbekrönte Turm am Haupteingang. Die kräftige Gliederung der Klinkerarchitektur durch helle, horizontale Putzstreifen und Natursteinelemente läßt den Bau ungewöhnlich gewaltig erscheinen. Die Anlage wirkt trotz der zeitlich weit auseinanderliegenden Bauabschnitte insgesamt dennoch sehr einheitlich. Auch das 1922/23 gebaute Kesselhaus paßt sich dem vorgegebenen Gründerzeitstil an. Der linke, östliche Eingang der Nonnenstraße ist von einem Vordach auf hohen, schlanken Pfeilern betont. Die Reliefs Schafschur, Wollhandel und Spinnerin stammen vermutlich von Alfred Brumme und wurden 1940 geschaffen. Die westliche Bebauung der Nonnenstraße (Nr. 14) beherbergte früher Fabrikwohnungen. Die Atrium-Anlage an der Holbeinstraße (erbaut um 1905), vom Büro Fuchshuber in den Jahren 1998 bis 2000 umgebaut, darf mit dem neu geschaffenen Innenhof, der Dachterrasse und dem großzügigen Entree als äußerst gelungenes, ja vorbildhaftes Wohnprojekt angesehen werden. Wohnen am Wasser ist in Leipzig zur attraktiven Wirklichkeit geworden.

Ehemalige Buntgarnwerke. Innenhof der Elster-Lofts Nonnenstraße 21 und 21a

Ehemalige Buntgarnwerke. Der Flügel an der Holbeinstraße wurde durch das Büro Fuchshuber 1998–2000 zum Wohnhaus „Atrium" mit attraktiven Lofts umgebaut.

Elster-Lofts (Nonnenstraße 21 und 21 a)
Die Wohnanlage mit insgesamt 187 Wohnungen auf 16 300 qm Nutzfläche wurde durch die JUS AG Anfang 2002 fertiggestellt. Die architektonische Umsetzung realisierte die Planungsgruppe 7 aus Schwäbisch-Hall. Das ehemalige Heizhaus folgt 2003. Insgesamt sind dort 49 Wohnungen auf 3 900 qm vorgesehen. Damit wird diese große Industrieanlage dann bis auf die Stahlfachwerkbrücke über die Elster fertiggestellt sein. Das frühere und auch noch heute so genutzte Bootshaus Nr. 23 ist an einen Kanuverein verpachtet. Die markante, zweigeschossige Klinkerbrücke, die in den Obergeschossen die zu beiden Seiten des Ufers liegende Textilfabrik technologisch verband, soll für zwei Gewerbeeinheiten genutzt werden (Büros, Ateliers etc.). Im Dachbereich oberhalb des 4. Obergeschosses ist etwas zurückgesetzt ein weiteres Wohngeschoß angeordnet. In den drei Hauptgeschossen sind die großen Fenster als Schiebefensterelemente ausgebildet, so daß man im geöffneten Zustand das Gefühl hat, wie auf einem Balkon im Freien zu sitzen. Die Dachwohnungen verfügen über Terrassen. An der Ufermauer ist ein Bootsanlegesteg angeordnet. Das Treppenhaus von Nr. 21 ist mit den originalen Stahltreppen erhalten. Im Treppenauge ist ein quadratischer moderner Aufzug eingebaut. Die Treppenhauswände sind von Michael Fischer-Art ausgemalt. Die einzelnen dargestellten Comicfiguren sind durch ein Garn, beginnend an der Eingangstür im Erdgeschoß nach oben, miteinander verbunden. Der üppig begrünte

Innenhof besitzt umlaufend Laubengänge. Als besondere Attraktion ist eine venezianische Gondel aufgestellt. Der „Gondoliere" wird durch eine künstlerische Drahtplastik von Fischer-Art dargestellt.
Die exotisch bepflanzte Grünanlage im Hof ist nach Beratung des Leipziger Botanikers Prof. Wilfried Morawetz angelegt worden. Im Gebäude sind 37 möblierte Wohnungen vorhanden, die in der Art eines Boarding-Hauses angeboten werden. Alle Wohnungen haben, bis auf die Penthouse-Ebene, ein Galeriegeschoß. Zum Innenhof ist die Geschossigkeit optisch verdoppelt, weil auch die Galeriengeschosse der Wohnungen balkonartige Austritte, wie die Hauptgeschosse, zum Innenhof haben. Dadurch entsteht der Eindruck von neun Geschossen.
Weitere bemerkenswerte Industriebauten sollen kurz erwähnt werden.
1896 errichtete die **Maschinenfabrik für Aufzüge, Kräne, Förderanlagen usw. Unruh & Liebig** einen dreigeschossigen Verwaltungsbau in der Naumburger Straße 28. Der Entwurf stammt vermutlich von Robert Röthig. Ab 1994 wurde eine dazugehörige Werkhalle zu einem Gründer- und Gewerbehof umgebaut. Der Mittelteil der Straßenfassade wird von einem rundbogigen Giebelfeld mit dem Firmennamen überspannt. Ungewöhnlich ist die Zusammenfassung von Fensterachsen durch Segmentgiebel im 3. bzw. 4. Obergeschoß, die an Gestaltungselemente der Revolutionsarchitektur erinnern. Gelbe Klinker und Elbsandstein werden zurückhaltend gliedernd eingesetzt. An diesen Bau schließt sich unmittelbar südlich ein heute als **Jugendamt der Stadt** genutztes Fabrikgebäude (Nr. 26) an, ein sachlicher, dreigeschossiger roter Klinkerbau mit gelben Backsteingliederungen. An der Hofseite wird die Durchfahrt durch einen quadratischen Eckturm wirkungsvoll betont. Die Grundrißdisposition im Inneren ist von der erwarteten Großzügigkeit.
Der **Schlothof in der Naumburger Straße 44**, eine im Jahre 1900 errichtete Seifenfabrik, bezieht seinen neuen Namen aus der markanten Schornsteinsilhouette. Der Hof mit den beiden torartig angeordneten Wohnhäusern ist ausgesprochen einfühlsam, ohne übertriebenen finanziellen Aufwand, einer neuen Nutzung zugeführt worden.
Außer dem Jugendamt hat auch das Grünflächenamt der Stadt seinen Sitz nach Plagwitz verlegt: 1906/07 errichteten die Leipziger Architekten Händel und Franke für das Bekleidungsunternehmen **Mey & Edlich an der Nonnenstraße 5** ein viergeschossiges Fabrikgebäude. Die Fassade folgt an der Wasserseite dem Verlauf der Elster. Sie ist von klassischer Schlichtheit und verzichtet auf historistische Reminiszenzen. Das Gebäude wurde Mitte der 1990er Jahre durch einen neuzeitlichen Wohnpark ergänzt. Das Restaurant verfügt über einen bootsstegartigen Freisitz unmittelbar über dem Wasser. Die benachbarte Könneritzbrücke entstand 1899 als Stahlbogenkonstruktion. Unmittelbar östlich an die Brücke angrenzend steht am Beginn der Könneritzstraße die stattliche Villa Karl Heines, des Begründers des Gebiets. Sie wurde

Erich-Zeigner-Allee 45. Auf einer ausgedienten Eisenbahnbrücke über den Karl-Heine-Kanal wurde 2003 nach Plänen von Manfred Denda das neue Domizil für die MDR-Talkshow „Riverboat" fertiggestellt.

Ehemalige Maschinenfabrik Unruh & Liebig, heute Gründerzentrum

Der Stadtteilpark Plagwitz entstand zur EXPO 2000.

1874 von R. Hercher im Stil des Historismus errichtet und von Heine bis zu seinem Tode 1888 bewohnt. Das Gebäude **Karl-Heine-Straße 97**, ehemals Teil der Sackschen Fabrik für Bodenbearbeitungsgeräte aus der Zeit vor 1918, wurde 2000/01 durch Weis und Volkmann zum Technikcenter Leipzig umgebaut. Die technikgeschichtliche Sammlung des 1991 gegründeten Museums für Industrie und Arbeit Leipzig-Plagwitz e. V. bietet vor allem Freizeitangebote für Kinder und Jugendliche. Das **Gebäudeensemble Nr. 105** daneben beherbergt ein privates Automobilmuseum sowie ein Technikcafé „da capo", markant durch eine ausgediente IL-18 der früheren Interflug auf dem Dach hervorgehoben. Eine besonders originelle Industriearchitektur ist das sogenannte **Stelzenhaus** in der Weißenfelser Straße 65, ein 1937–1939 für die Wellblechfabrik Grohmann & Frosch errichtetes Gebäude. Seinen Namen verdankt es der Tatsache, daß es mit Betonstelzen direkt am Wasser in einer Biegung des Karl-Heine-Kanals gegründet ist. Die Front am Kanal kragt weit über das Wasser aus, so daß es mit seinen über 100 Pfeilern geradezu über dem Wasser zu schweben scheint. Seit der Umnutzung 2001/02 beherbergt es die Funktionen Wohnen, Atelier, Büro und Gastronomie. Die Entwurfsplanung stammt von den Architekten Weiß und Volkmann. Schließlich sei noch ein zinnenbekrönter roter Klinkerbau von geradezu burgenhafter Romantik erwähnt: die 1888 errichtete **Maschinenfabrik Swiderski** in der Zschocherschen Straße 78.

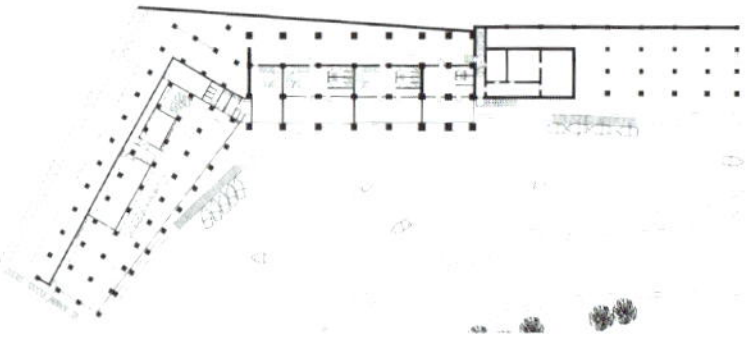

Das Stelzenhaus am Karl-Heine-Kanal. Grundriß und Ansicht von der Kanalseite

Die ehemalige **Baumwollspinnerei** in der Spinnereistraße 7 wurde 1884 als Aktiengesellschaft gegründet. Das Areal zwischen Spinnereistraße und Alter Salzstraße umfaßt eine Fläche von 6 ha. Um 1921 hatte die Industrieanlage ihre heutigen Ausmaße erreicht. Das sogenannte neue Kontorhaus, rechts vom Eingang, wurde als zweigeschossiger Putzbau 1906 unter Jugendstileinfluß erbaut. Das etwas schlichtere alte Kontorhaus links davon ist ebenfalls erhalten. An der nördlichen Spitze

des Areals sind auch noch die ursprünglichen mehrgeschossigen Arbeiterwohnhäuser sowie jenseits der Spinnereistraße in Relikten die alten Erholungsgärten mit hölzernen Gartenlauben erhalten. Die Produktionsgebäude sind als mehrgeschossige rote Klinkerbauten ausgeführt. Da die Betreiber auf eine perfektionistische Gesamtsanierung der einzelnen Bauten verzichtet haben, konnte sich seit 1992 schrittweise eine bezahlbare, unkonventionelle Nutzungsvielfalt mit Künstlerateliers, Handwerksbetrieben, Bildungseinrichtungen, Büros, Dienstleistungsgewerbe und Designerwerkstätten entwickeln, die der historischen Substanz ihren Alterscharme belässt.

197 Stadteilpark Plagwitz

Im Rahmen der Beteiligung an der Weltausstellung EXPO 2000 in Hannover wurde im Jahre 2000 auf einem früheren Industrieareal der Stadtteilpark Plagwitz fertiggestellt, der unmittelbar an den Karl-Heine-Kanal grenzt. Die landschaftsgärtnerische Gestaltung der Architekten Lützow 7, Cornelia Müller & Jan Wehberg aus Berlin wurde im Jahre 2001 mit dem „Architekturpreis der Stadt Leipzig zur Förderung der Baukultur" gewürdigt. In der Jurybeurteilung heißt es: „Die Parkplanung auf einem alten, brach gefallenen Bahngelände im Stadtteil Plagwitz gibt eine beispielhafte Antwort auf die Probleme, die in vielen ehemaligen Industriearealen von Leipzig auftreten. Dabei wird die prosaische Nutzungsgeschichte des Ortes – insbesondere seine Gliederung durch alte Gleisanlagen und übrig gebliebene Bahnschuppen – nicht durch die ‚heile Welt' einer reinen Park- oder Spiellandschaft überdeckt."

198 Konsumzentrale Plagwitz

Industriestraße 85–95

Seit Mitte des 19. Jahrhunderts wurden Konsumgenossenschaften mit dem Ziel gegründet, durch gemeinschaftlich organisierten Handel und Produktion das Lebensniveau der einfachen Leute, insbesondere der Arbeiter, verbessern zu helfen. Wenn man bedenkt, daß es in Leipzig 1932 im April 105 000 Arbeitslose gab, so wird klar, welche Erwartungen an die Eröffnung der Konsumzentrale und an die weitere Entwicklung des Genossenschaftswesens geknüpft wurden. Sofort nach dem Machtantritt 1933 schlossen die Nazis die gerade erst fertiggestellte Konsumzentrale. In gleicher Weise wurden überall in Deutschland die Konsumgenossenschaften liquidiert und ihres Eigentums beraubt. Die Plagwitzer Konsumzentrale, ein bemerkenswerter Industriebau im Westen Leipzigs, entstand 1929 bis 1932 nach Entwürfen von Fritz Höger. Sie wurde aus Genossenschaftsmitteln errichtet und erfüllt noch heute eine ähnliche Funktion. Der Gebäudekomplex ist ein klinkerverkleideter Stahlbetonskelettbau und umfaßt Verwaltungs-, Lager- und Werkstattgebäude auf einem Gebiet von etwa 180 x 65 m. Der Hof ist dreigeschossig unterkellert. Eine betont horizontale Wirkung entsteht durch die Fensterbänder mit Schlüsselscheiben. In vollendeter Art und Weise wurden funktionelle Anforderungen mit einer sachlichen und zugleich baukünstlerisch überzeugenden Gestaltung verbunden. Bis zur EXPO 2000 wurde

Konsumzentrale, Detail vom Haupteingang

Die Konsumzentrale wurde 1929–1932 nach Plänen von Fritz Höger erbaut.

Konsumzentrale. Treppenhaus

durch den Leipziger Architekten Winfried Sziegoleit der zentrale Bereich mit Außenfassade, Treppenhaus, Konferenzzimmer und Saal im obersten Geschoß als Modellachse für die noch ausstehende Gesamtinstandsetzung saniert. Im Inneren ist die originale Ausstattung weitgehend erhalten.

199 Bethanienkirche

Stieglitzstraße

Der heutige Ortsteil Schleußig hat sich aus einem kleinen mittelalterlichen Gutshof entwickelt, der von 1527 bis 1542 dem Nonnenkloster St. Georg zu Leipzig und später verschiedenen Leipziger Bürgern gehörte. Als „slizzig“ wurde er 1346 erstmals urkundlich erwähnt. Als Dorf blieb er bis ins 19. Jahrhundert nahezu bedeutungslos. 1630 hatte er 20, 120 Jahre später 50 und 1834 erst 101 Einwohner. Nach der Eingemeindung des Ortes in das Großstadtgebiet im Jahre 1891 wuchs die Einwohnerzahl rasch an und betrug im Jahre 1925 bereits 16788. Dieses Ansteigen der Einwohnerzahl ist in engem Zusammenhang mit der industriellen Entwicklung des Leipziger Westens um die Jahrhundertwende zu sehen. Bis zum 30. September 1906 gehörte Schleußig zu Kleinzschocher, so daß bis dahin auch kein eigener Kirchenbau vonnöten war. Eine in der Schnorrstraße gelegene Notkirche – ein Fachwerkbau in der Grundform einer mittelalterlichen Basilika – wurde von der Gemeinde in den Jahren 1905 bis 1933 genutzt. Die 1931–1933 errichtete Bethanienkirche gehört zu den interessantesten Bauwerken der Zeit zwischen den beiden Weltkriegen. Aus dem 1928 ausgeschriebenen Wettbewerb, an dem sich 59 Architekten beteiligten, gingen die Leipziger Carl William Zweck und Hans Voigt als Sieger hervor. Das Preisgericht, dem Stadtbaurat Hubert Ritter angehörte, traf eine einstimmige Entscheidung. Damit hatten die Erbauer des neuen Grassimuseums (1925–1929) die Möglichkeit, eine weitere große Bauaufgabe zu realisieren. Während der Museumsbau eindeutig dem Stil des Art déco zuzuordnen ist, gingen die Architekten hier andere Wege, indem sie die unterschiedlichen architektonischen Strömungen jener Jahre zusammenfaßten. Heimatstil, funktionelles Bauen, Neue Sachlichkeit und Art déco werden zu einer überzeugenden gestalterischen Einheit verschmolzen. Der runde Mittelturm mit spitzem Dachkegel erinnert an mittelalterliche Burgen des Saalegebiets (z. B. Burg Saaleck). Klassisch muten die beiden seitlichen Pfeilergänge an, deren Treppen in den 2,5 m oberhalb des Terrains angelegten Kirchensaal führen. Sie umschließen einen tiefer gelegenen Ehrenhof, von dem aus der Gemeindesaal (unter dem Kirchenschiff) zu erreichen ist. Spannungsvoll und ausgewogen und dabei von überzeugender Klarheit, die Bestimmung des Baus in idealer Weise durch den Baukörper ausdrückend, zeigt sich die Front zur Stieglitzstraße. Der Turm mag als Symbol für das Lutherwort „Eine feste Burg ist unser Gott" gedacht sein. Gleichzeitig wird diesem „Bergfried" aber seine gestalterische Schwere durch die Balkonaustritte unterhalb des Gesimses und das fast die gesamte Turmlänge einnehmende Betonkreuz (bei Nacht beleuchtbar) wieder genommen. Die differenzierte Baumassengruppierung, wie sie für jene Zeit typisch ist, und der kräftige Strukturputz verfehlen ihre Wirkung auf den Betrachter nicht. Der große Kirchensaal ist im Mittelteil überhöht, so daß der Eindruck von Haupt- und Nebenschiffen entsteht. Über dem Eingang schiebt sich die große, gerundete Sängerempore weit in den Raum hinein. An der Brüstung hat der Bildhauer Konstantin Göldel eine Porträtbüste von J. S. Bach geschaffen. Die Orgel der Gebrüder Jehmlich aus Dresden ist in eine Öffnung von parabolischer Form

Die Bethanienkirche wurde 1931–1933 nach Plänen der Architekten Zweck und Voigt erbaut.

eingefügt. Emporen sind auf den Bereich der Stirnseite, neben der Sängerempore, beschränkt worden, um die Belichtung des Kirchensaals durch die vierzehn hohen Fenster nicht zu behindern. Die Stirnwand des höher gelegenen östlichen Chorraums beherrscht ein hohes Altarfenster mit der Darstellung „Der eintretende Christus" des Malers Emil Block, das bei Abendgottesdiensten von außen angestrahlt werden kann. Zu beiden Seiten des Chors schuf der gleiche Maler die Gemälde „Maria und Martha" und „Die Auferweckung des Lazarus". Eine ausgezeichnete Raumakustik erreichten die Architekten durch spezielle Plattenverkleidungen für Wände und Decken. Im Foyer des Gemeindesaals im Souterrain verdient eine mittelalterliche, farbig glasierte Christusplastik aus dem Jahre 1482 besondere Beachtung, die über dem symbolischen Grundstein mit der Jahreszahl 1931 eingelassen worden ist. Sie stammt von einem Gewölbepfeiler im Keller des Schleußiger Gutshauses. Die letzte Besitzerin des Gutes, Frau Stieglitz, hat diese überaus interessante und wertvolle mittelalterliche Plastik der Gemeinde zum Geschenk gemacht.

Das Wohngebiet Leipzig-Grünau wurde ab 1976 in Plattenbauweise errichtet.

200 Ferdinand-Goetz-Haus

Lützner Straße 11

Eine kupfergetriebene Tafel an der Vorderseite des schlichten, zweigeschossigen Biedermeierhauses, das 1823 errichtet wurde, erläutert: „... Ferdinand Goetz ... Mitbegründer der deutschen Turnerschaft – 55 Jahre ihr Geschäftsführer und Vorsitzender – wohnte in diesem Hause von 1855 bis 1915." Der am 24. Mai 1826 in Leipzig geborene Goetz mußte wegen seiner Teilnahme an der 48er Revolution die Messestadt vorübergehend verlassen. Erst 1855 ließ er sich als Arzt in Leipzig-Lindenau nieder. Von 1867 bis 1870 und von 1887 bis 1890 saß er als nationalliberaler Abgeordneter im Deutschen Reichstag. Goetz war die bedeutendste Persönlichkeit der bürgerlichen deutschen Turnbewegung von der Mitte des 19. Jahrhunderts bis zu seinem Tode am 13. Oktober 1915. Er verfaßte Schriften wie das „Handbuch der deutschen Turnerschaft" und die „Anleitung für den Bau ... von Turnhallen". Goetz' Auffassung von einer klassenindifferenten, überparteilichen Turnbewegung war allerdings nur ein Wunschtraum. Insbesondere in der Zeit vor dem ersten Weltkrieg geriet seine Auffassung in den Sog nationalistischer Tendenzen und diente nun vor allem der Wehrertüchtigung. Schon im Jahre 1893 hatte sich die Arbeiterklasse mit dem Arbeiterbund, der später mehr als eine Million Mitglieder zählte, eine eigene Sportorganisation geschaffen.

Ferdinand-Goetz-Haus

Ferdinand-Goetz-Denkmal: Im Garten des Hauses befindet sich eine von dem Leipziger Bildhauer Carl Seffner 1925 geschaffene bronzene Büste Ferdinand Goetz'.

2001 begann der Goetz-Haus-Verein mit der Sanierung des in Verfall geratenen Bauwerks. Seit 2002 wird es als sporthistorisches Dokumentations- und Stadtteil-Begegnungszentrum genutzt. Außerdem wurde eine Turnergaststätte eingerichtet.

201 Sport- und Freizeitbad

Stuttgarter Allee/Alte Salzstraße

Für das in den Jahren 1997 und 1998 errichtete Sport- und Freizeitbad „Grünauer Welle" wurde eigens eine parkähnliche Landschaft angelegt, in die sich das Gebäude mit seiner dekonstruktivistischen Dachkonstruktion – große, tektonisch gegeneinander verschobene Platten – einpaßt. Unter dieser differenzierten Dachform haben die Architekten Behnisch, Behnisch & Partner ein großes Schwimmbecken mit abgetrennten Bahnen,

eine Sauna, ein Restaurant sowie kleinere, runde Bademöglichkeiten mit unterschiedlichen Wassertiefen, eine Whirlpoolanlage und eine Rutsche untergebracht.

202 Wohngebiet Grünau

Mit Plattenbausiedlungen wie Leipzig-Grünau gedachte die Parteiführung die sich permanent verschärfende Wohnungsnot in der ehemaligen DDR zu bewältigen. Da man aber gleichzeitig die Sanierung der historisch gewachsenen Altstadtstrukturen sträflich vernachlässigte, nahm die Wohnungsnot trotz exorbitanter Neubauzahlen zu und hatte schließlich 1989 ihren Höhepunkt erreicht. Am 1. Juni 1976 hatte der damalige Leipziger Oberbürgermeister Karl-Heinz Müller den Grundstein für das größte Wohnungsbaugebiet der Stadt nach 1945 gelegt. Aus acht Wohnkomplexen bestehend, umfaßt Leipzig-

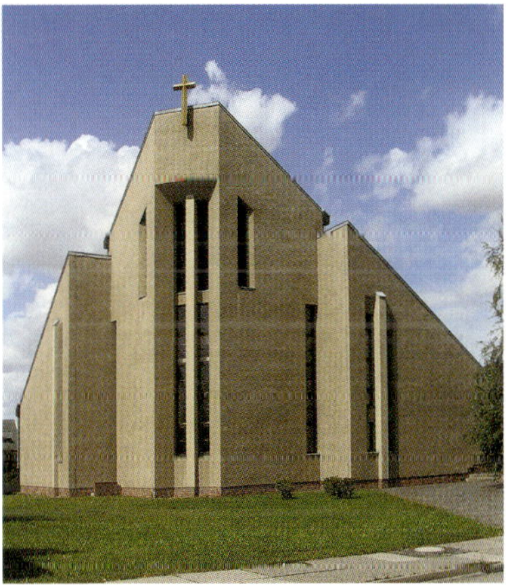

Die katholische St.-Martins-Kirche in Leipzig-Grünau, 1982–1984 nach Entwurf von Manfred Fasold erbaut.

Das Sport- und Freizeitbad „Grünauer Welle" wurde 1997/98 erbaut.

Allee-Center in Grünau

Grünau ein Gebiet von etwa 10 qkm. In seiner letzten Ausbaustufe waren hier bis 1987 rund 37000 Wohnungen für ca. 100 000 Einwohner gebaut worden. An der Alten Salzstraße entstanden zwei interessante Kirchenbauten. Die evangelische Pauluskirche wurde nach Entwürfen des Leipziger Architektenkollektivs Rainer Ilg unter Leitung von Gerhart Pasch 1981–1983 erbaut. Der eingeschossige Baukörper mit dem kunstschiefergedeckten Satteldach ist um einen begrünten Innenhof angelegt. Der Kirchensaal wird durch eine überhöhte, spitze Dachkonstruktion im Außenbau betont. In dem freistehenden Glockenturm ist ein Geläut aus der ehemaligen Dorfkirche von Magdeborn, das der Braunkohleerschließung weichen mußte, aufgehängt. Die größere, katholische St.-Martins-Kirche ist nach Entwürfen des Dresdner Architekten Manfred Fasold in den Jahren 1982 bis 1984 errichtet worden. Wie der Bug eines Schiffes ragt die Kirchensaalwand auf. Durch die unkonventionelle Gliederung der Baumassen entstand ein spannungsreiches Bauwerk, das sich architektonisch im Kontrast gegen die monotonen Baublöcke der Wohnhäuser zu behaupten vermag. Heute gewinnt das Gebiet durchaus an Akzeptanz, weil zum einen die Durchgrünung sehr weit gediehen ist und zum anderen viele Häuser durch Sanierung optisch aufgewertet und gebäudetechnisch modernisiert wurden. Auch die Infrastruktur wurde deutlich verbessert. So entstanden 1995/95 das Allee-Center und 1997/98 das Freizeitbad „Grünauer Welle".

203 Allee-Center

Leipzig-Grünau, Stuttgarter Allee

Für das Einkaufscenter im Stadtteil Grünau wählte der Architekt Volkwin Marg den Bautyp einer T-förmigen Passage, die mit ihrer breiten Seite unmittelbar an die S-Bahn grenzt. Hier am Haltepukt Stuttgarter Allee befindet sich auch der Haupteingang. Drei dreigeschossige Passagenarme treffen sich in einer Rotunde mit einer Glaskuppel von 39 m Spannweite. Die Passagenarme sind mit flachen, gläsernen Tonnen überwölbt. Die unteren beiden Geschosse sind mit Läden und Service-Einrichtungen bestückt. Das 1. Obergeschoß ist galerieartig ausgebildet und mit gläsernen Brüstungen versehen. Brücken verbinden die gegenüberliegenden Passagenarme. Die Wandpfeiler des Passagenraums sind mit hellem polierten Werkstein verkleidet. Hellblaue Kunststeinplatten unterstreichen im Fußboden die Laufrichtung. In der Rotunde ist eine Windrose in den Boden eingelegt. Der großzügige Bau stellt einen gültigen Architekturbeitrag zum Thema der Leipziger Passage dar. Das Center übertrifft alle anderen Leipziger Passagen in der Dimension und in der konstruktiven Klarheit. Die fast schwerelos wirkende Glaskuppel ist überdies ein originärer Beitrag zur Leipziger Baukultur. Das Allee-Center entstand in den Jahren 1995/96. Zur Eröffnung im September 1996 wurde der Architekt in einer Leipziger Zeitung mit den Worten zitiert, Marg verstehe „Architektur als eine angewandte Kunst für die räumliche Inszenierung des individuellen sozialen Lebens in Verantwortung vor der Gesellschaft". Mit dem Allee-Center hat die Plattenbausiedlung Leipzig-Grünau endlich eine architektonisch anspruchsvolle urbane Mitte bekommen.

204 Bischöfliches Maria-Montessori-Schulzentrum

Leipzig-Grünau, Alte Salzstraße 65

Noch kämpft der Stadtteil Leipzig-Grünau gegen sein durch Plattenbautristesse gekennzeichnetes Negativ-Image an. Um so erfreulicher war es, daß sich das Bistum Dresden-Meißen entschloß, hier einen Schul-Plattenbau aus DDR-Zeiten durch Umbau und Neugestaltung aufzuwerten. Für die sowohl funktionell als auch ästhetisch überzeugende Neuinterpretation wurde das Leipziger Architekturbüro Ilg, Friebe, Nauber im Jahre 2003 mit dem „Architekturpreis der Stadt Leipzig zur Förderung der Baukultur" ausgezeichnet.

Das im Jahre 2002 vollendete „Schulhaus ist ein Teil einer aus mehreren Bauteilen bestehenden Schulanlage und beherbergt die Grund- und Mittelschule. Es handelt sich um einen Umbau ehemaliger Plattenbauoberschulen der Serie 2 MP.

Die notwendige Modifikation der vorgegebenen Gebäudestruktur gelingt den Verfassern auf exemplarische Art und Weise. Durch das ‚Ansetzen' einer neuen Erschließungsstruktur werden die für den pädagogischen Zweck benötigten Raumtiefen erzielt. Diese neue Erschließung wird komplettiert durch zusätzliche Funktionsräume in farblich abgesetzten Kuben. In dieser Logik ist ebenfalls eine neue gläserne Eingangshalle angesetzt. Es handelt sich hier gleichermaßen um eine konsequente und vor allen Dingen kohärente Transformation eines bestehenden Gebäudes wie auch um eine couragierte Setzung neuer Akzente, der es auch gelingt, die Teile wieder zu einem Ganzen zu fügen" (aus der Jury-Beurteilung).

Das katholisch-bischöfliche Maria-Montessori-Schulzentrum der Architekten Ilg, Friebe, Nauber entstand bis 2002 in Grünau durch Umbau von Plattenbauten.

Das Barockschloß Knauthain wurde vermutlich 1700–1705 erbaut. Es beherbergte zuletzt eine Schule.

205 Knauthainer Schloß

Ritter-Pflugk-Straße 24

Der Chronist Gretschel berichtet im Jahre 1836 über jenen kleinen Ort in der Nähe von Leipzig, der heute zum Großstadtgebiet gehört: „Dieses am Elster-Mühlgraben gelegene Dorf mit 12 Hufen Landes, 77 Häusern und 505 Einwohnern und einer Pfarrkirche besitzt eines der schönsten und ältesten altschriftsässigen Rittergüter in hiesiger Gegend. Der Ursprung des Ortes und Namens scheint zweifelhaft; doch schreiben ihn einige der Familie der Knaute (Knute) zu, welche im 13ten und 14ten Jahrhundert unter die mächtigsten und reichsten des thüringischen und meißnischen Adels gezählt wurde. Seit dem 15ten Jahrhundert treffen wir auf hiesigem Rittersitze eine Linie der Pflugke, deren letztes Glied Valentin Pflugk es an seinen Schwiegersohn, Wolf von Schönberg, jedoch nur auf kurze Zeit seit der Mitte des 16ten Jahrhunderts überließ. Denn schon 1592 treffen wir hier die Herrn von Dieskau, welche sich dem Pflugkschen Geschlechts durch heiradten verschwägert hatten. In der Mitte des 18ten Jahrhunderts kam es an die Grafen von Hohenthal. Vorzüglich zeichnet sich Knauthain durch das 1700 erbaute schöne Schloß aus, dessen Lage durch die reizende, mit Holz umgebene Gegend nur noch anmuthiger wird. Ein hübscher Garten verdient nicht ungesehen zu bleiben, doch muß man sich die besondere Erlaubnis dazu erbitten. Die Kirche ist wegen ihrer altertümlichen Bauart bemerkenswert..." Das auf leicht erhöhtem Gelände errichtete Schloß weist einen H-förmigen Grundriß auf. Über dem hohen Sockelgeschoß erheben sich zwei Vollgeschosse und ein Mezzaningeschoß, darüber ein gewalmtes Mansarddach. „Die Architektur ist ernst und schlicht", urteilte Cornelius Gurlitt 1894. Es wird vermutet, daß das Knauthainer Schloß ein Frühwerk des Leipziger Baumeisters David Schatz ist. Das Schloß ordnet sich stilistisch in die Übergangszeit von Renaissance zu Barock ein. Blockhaftigkeit, additive Fassadenkomposition und einfache Fensterrahmungen sind typische Gestaltungsmerkmale für die Schloßarchitektur jener Jahre, die noch stark von holländischen Auffassungen geprägt ist. An den vier Fassadenseiten finden sich flache, dreiachsige Mittelrisalite, die seitlich von Lisenen gefaßt sind und von einem Dreiecksgiebel bekrönt werden. Zum Hof ist dem Bau eine große Terrasse vorgelagert, die heute allerdings in der Gestaltung wesentlich verändert ist. Die erhöhte Anlage des Schloßbaus sichert ihm besonders zur Parkseite hin eine fast monumentale Wirkung. Hier sind in der Mittelachse der Fassade zwei Wappendarstellungen eingefügt. Das obere Wappen in der Fensterbrüstung des Mezzaningeschosses stammt noch von einem Renaissance-Vorgängerbau. Einer Reliefdarstellung der Heiligen Dreifaltigkeit (Gottvater, Jesus Christus und die Taube als Symbol des Heiligen Geistes) sind links und rechts die Wappen der Familien Pflugk und Schönberg zugeordnet; darunter befindet sich eine erläuternde Inschrift. Das untere Wappen, in dem unter einem Baldachin zwei Löwen als Wappenhalter zu sehen sind, ist eine Arbeit des Historismus und dürfte erst vom Ende des 19. Jahrhunderts stammen, ebenso der Balkonbau. Es handelt sich hierbei um das gräflich Hohenthalsche Wappen. Im Jahre 1937 ist das Schloß zur Schule umgebaut worden, so daß sich im Inneren wenig architektonische Details aus der Erbauungszeit erhalten haben. Lediglich das Treppenhaus erinnert noch an das 18. Jahrhundert. Über dem Eingang ist eine Tafel aus Rochlitzer Porphyrtuff mit einer längeren lateinischen Inschrift eingelassen, die heute kaum noch zu lesen ist: DOMINVS CAROLVS HILDEBRANDVS DE DIESKAV, CNAVTHAINIAE SICVTI ET MINORIS TSCHOCHERAE AT QUE COSPVDI ETIAM DOMINVS E HAEREDITATIS PER ANAGRAMMA OMNIO ISTHIG DILANTANDVS EST QUI HASAEDES CVRAVIT, HAS RECTE ADORNAVIT DOMINUS HAEC FIAT AVCTIOR, SIT PER MVNDVM IN DIES HAEC CELEBRIOR. VIVAT! SIT FELIX! VIREAT FUNDATOR! ET AEDES. HAS SERVET NEC NON PROTEGAT VSQVE DEVS. (Zitiert nach Cornelius Gurlitt, 1894) In freier Übersetzung bedeutet dies: Karl Hildebrand, Herr von Dieskau, infolge Erbschaft auch Herr von Knauthain, Kleinzschocher und Cospuden, muß vor der Welt besonders gerühmt werden; er, der dieses Haus erbaute und gehörig ausgeziert hat, ist der Begründer dieses Besitzes gewesen. Ihm sei täglich gehuldigt. Er möge leben. Er soll glücklich sein. Den Ahnherrn mögen seine Kräfte nicht verlassen. Er möge sein Haus bewahren, und auch Gott möge es stets beschützen.

Das Chronogramm am Schluß nennt in verschlüsselter Form als Erbauungsjahr des Schlosses 1698. Die Jahreszahl ergibt sich aus der Addition der fett hervorgehobenen lateinischen Buchstaben. Als Erbauungszeitraum wird heute allerdings im allgemeinen die Zeit um 1700/1705 angenommen.

An diesem Bau ist noch nichts von der barokken Kraft und Üppigkeit zu spüren, die David Schatz an seinem Hauptwerk, dem Schloß Burgscheidungen (1724–1732), erreichte. Allerdings ist die Wirkung des Schlosses heute durch die undifferenzierte und sicher vereinfachte Farbigkeit sowie eine Reihe nicht mehr erhaltener Details stark eingeschränkt. In den letzten Jahren wurde mit der landschaftsgärtnerischen Rekonstruktion des kleinen Parks begonnen.

206 Andreaskapelle Knautnaundorf

Man sieht es dem schlichten Bau im äußersten Südwesten von Leipzig nicht gleich an, daß man es mit dem ältesten Kirchenraum von Sachsen zu tun hat. Unter dem achtseitigen Turmaufsatz von 1721 hat sich eine romanische Rundkapelle des 11. Jahrhunderts erhalten, wie sie auf dem Burgberg in Groitzsch ergraben und durch Herbert Küas bekannt gemacht wurde. Durch die notwendig gewordene Sanierung der von einem Friedhof umgebenen Dorfkirche bekam Küas 1972 die Gelegenheit, eine eingehende archäologische Untersuchung durchzuführen. Schon Cornelius Gurlitt hatte hier eine Rundkapelle vermutet. Aufgrund der von Küas nachgewiesenen großen Ähnlichkeit zwischen der Groitzscher und der Knautnaundorfer Kapelle darf angenommen werden, daß auch sie von Wiprecht von Groitzsch errichtet wurde, denn der sehr spezifische, aus Böhmen stammende Bautyp ist hier nicht bodenständig. Es ist zu vermuten, daß sie zu einem frühen Adelshof gehört hat. Nach den Vorgaben von Herbert Küas konnten die Apsis sowie die hölzerne Herrscherloge im Inneren rekonstruiert werden. Damit bietet der Raum heute wieder den geometrisch klaren Eindruck der Romanik und präsentiert sich seit seiner Fertigstellung im Jahre 1994, unter Leitung des Architekten Gerhart Pasch, als der älteste Kirchenraum Sachsens und als ein unschätzbares historisches Zeugnis aus der frühen Zeit der deutschen Besiedlung im Leipziger Gebiet. In der zweiten Hälfte des 15. Jahrhunderts wurde die romanische Apsis abgebrochen und ein gotisches Kirchenschiff mit Chor im $^3/_8$-Schluß an den bewahrten, kleinen Rundkapellensaal angebaut. Beide Räume bildeten nun eine Einheit. Die Rundkapelle selbst wurde wohl auch turmartig erhöht. Der gotisierende Turmaufsatz von 1889 wurde 1972 bei einem Blitzeinschlag stark beschädigt und später abgetragen. Seitdem hat das barocke Oktogon ein kegelförmiges Dach. Durch die Rekonstruktion der Apsis der romanischen Rundkapelle ist diese heute von dem schlichten Kirchensaal getrennt.

Andreaskapelle Knauthain. Im unteren, zylindrischen Teil hat sich der Rest einer wiederhergestellten romanischen Rundkapelle vom Ende des 11. Jahrhunderts erhalten. Sie ist damit wohl der älteste erhaltene Sakralbau Sachsens.

LEIPZIG-NORDOST

207 Christuskirche Eutritzsch
208 Meyersche Häuser
209 Geibelbrücke
210 Städtisches Klinikum Sankt Georg
211 Neue Messe
212 Ehem. Flughafen Leipzig-Mockau
213 Businesspark
214 Rathaus, Schloß und Gedächtniskirche Schönefeld
215 Weidenhofsiedlung
216 Verbundnetz Gas AG, Hauptverwaltung
217 Center Torgauer Platz
218 Emmauskirche
219 Stadtreinigung
220 Wissenschaftspark Permoserstraße
221 Listbogen
222 Postbank
223 Brandenburger Brücke
224 BMW-Werk
225 Kirche Hohen Thekla

207 Christuskirche Eutritzsch

Gräfestraße

Das 1335 erstmals urkundlich erwähnte Dorf Eutritzsch gelangte im Jahre 1381 in den Besitz des Rates der Stadt. 1890 erfolgte zusammen mit anderen Vororten die Eingemeindung in das Stadtgebiet.

Die von einem Friedhof umgebene, recht stattliche Dorfkirche ist das Ergebnis mehrerer gotischer Umbauten. Das Kirchenschiff der Christuskirche wird außen von Strebepfeilern gegliedert, dazwischen befinden sich hohe, einpfostige Maßwerkfenster (die nördlichen stammen erst von 1847). An dem dreiseitigen Ostchor wurde 1847 eine fast quadratische Sakristei angebaut. Den Stucktympanon über dem Eingang zur Sakristei schuf der Bildhauer Hermann Knaur 1847. Der dreigeschossige Westturm erhebt sich auf annähernd quadratischem Grundriß. Sein steiles, aber schmales Walmdach wird durch zwei vergoldete Kugeln bekrönt. Im Kern stammt der Turm wohl aus dem 13. Jahrhundert. Die zierlichen gotischen Staffelgiebel an der Nord- und Südseite oberhalb der Traufe werden dem durchgreifenden Umbau der Kirche um 1500 zugeschrieben. Eine heute nicht mehr erhaltene Inschrift am Turm mit der Jahreszahl 1489 könnte gut als Baudatum angesehen werden. Ein spitzbogiges, profiliertes Portal führt in die kreuzgewölbte Turmhalle. Im Schlußstein findet sich hier ein Steinmetzzeichen mit den Initialen BE, was auf den Leipziger Ratsmaurermeister Benedikt Eisenberg hinweisen könnte. Der Chorraum ist um eine Stufe gegenüber dem Kirchenschiff erhöht und von diesem durch einen Triumphbogen abgesetzt. Die Gewölbezwickel des rot gefaßten spätgotischen Netzrippengewölbes sind mit Blumen- und Strahlenmotiven ausgemalt (teilweise im Original erhalten). Die einst U-förmige Empore aus dem 18. Jahrhundert wurde bis auf die Orgelempore gekürzt. Als zeitgleich zu dieser ist das Kirchengestühl anzusehen. Der dreiflügelige Schnitzaltar entstand um 1480 und stammt aus Machern im Muldentalkreis (seit 1960 hier aufgestellt). Er zeigt im Schrein Maria auf der Mondsichel, das Jesuskind auf dem Arm. Zu beiden Seiten der Madonna sind in je zwei Reihen übereinander Heilige angeordnet. In den Flügeln findet sich die Darstellung der zwölf Apostel. Die Bemalung an den Rückseiten der Außenflügel ist heute kaum noch erkennbar. Fragmente der ehemaligen Schnitzaltäre, die sich in der Eutritzscher Kirche befanden, sind heute im Stadtgeschichtlichen Museum im Alten Rathaus zu sehen. Ferner verdienen die Grabplatte des Eutritzscher Pfarrers Jenichen (gest. 1718), das Sandstein-Taufbecken aus dem 15. Jahrhundert (ein

Christuskirche Eutritzsch. Blick zum Chorraum

zwölfseitiger Kelch mit einer Schmuckkante aus Vierpässen) besondere Erwähnung. Das Äußere des Baus wurde 1987/88 unter der Bauleitung von Gerhart Pasch instand gesetzt. Dem strahlenden Weiß der Rauhputzflächen steht das kräftige Rot der gliedernden Architekturelemente gegenüber. An der Chorwand unterhalb der Traufe ist die Jahreszahl 1503 zu lesen. Im Friedhof haben sich einige interessante Grabsteine aus der ersten Hälfte des 19. Jahrhunderts erhalten.

208 Meyersche Häuser

Hamburger Straße

Trotz umfangreicher Bautätigkeit war der Aufstieg Leipzigs zur Industriestadt in der zweiten Hälfte des 19. Jahrhunderts begleitet von permanenter Wohnungsnot für die Arbeiterklasse. Der Verlagsbuchhändler Herrmann Julius Meyer rief am 3. April 1900 eine „Stiftung für die Erbauung billiger Wohnungen in Leipzig" ins Leben. Ausgehend von der tatsächlichen Einkommenslage der Arbeiter sollten Wohnensembles errichtet werden, bei denen die zu erwartenden Mieteinnahmen die Amortisation des eingesetzten Kapitals gewährleisten. Mit einem Siebentel des Einkommens waren die Mieten so bemessen, daß sie von den Arbeiterfamilien aufgebracht werden konnten. Durch die Stiftung wurden in der Regel zusammenhängende Häuserreihen oder Quartiere errichtet, die große Gärten oder parkähnliche Anlagen umschließen. Der erste derartige gemeinnützige Wohnkomplex Meyers entstand aber bereits 1888–1898 in Leipzig-Lindenau an der Roßmarktstraße mit

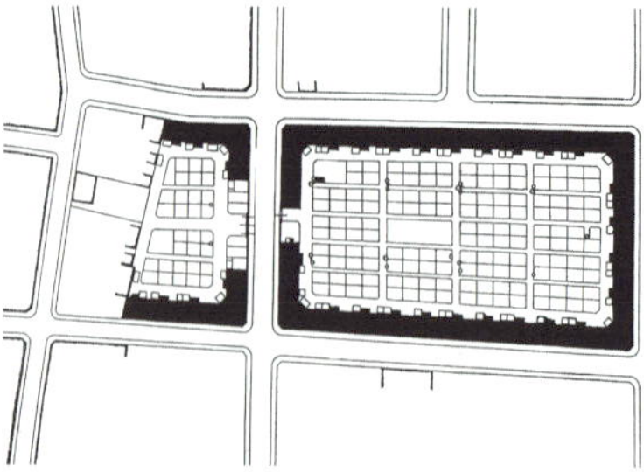

Die ersten Meyerschen Häuser in Lindenau an der Roßmarktstraße. Ursprünglicher Lageplan mit Darstellung der Mietergärten

insgeamt 53 Reihenhäusern. Die 1899 bis 1901 errichteten 39 Reihenhäuser in Leipzig-Eutritzsch sind im Karree angeordnet und umschließen eine parkartige Hofgestaltung, die nicht wie in Lindenau völlig in kleine Gartenparzellen aufgeteilt ist. Interessant ist, wie es dem Architekten Max Pommer mit minimalem architektonischen Aufwand gelang, die viergeschossigen Putzfassaden unter Verwendung von Klinkerdetails ausgesprochen gefällig zu gliedern. Die Ecken des Karrees sind durch turmartige Dachausbauten städtebaulich besonders hervorgehoben. Durch äußerst rationelles typisiertes Bauen wurden Wohnbedingungen geschaffen, die für die damaligen Verhältnisse durchaus als fortschrittlich angesehen werden dürfen. Während die Anhänger der sozial utopischen Gartenstadtbewegung glaubten, außerhalb der Städte auf billigem Bauland Einfamilienhäuser preiswert errichten zu können, wies Max Pommer, der Vorsitzende der Stiftung, nach, daß wirtschaftlicher Wohnraum nur durch die Errichtung mehrgeschossiger Reihenmiethäuser zu schaffen war. Mit den Meyerschen Häusern wurde in Leipzig erstmals ein Prinzip gemeinschaftlichen Wohnens verwirklicht, wie es durchaus den Vorstellungen der Arbeiterklasse jener Zeit entsprach. Eine noch größere Anlage, die 60 Häuser umfaßt, entstand in der Hofer Straße in Leipzig-Reudnitz in den Jahren 1903 bis 1908.
Die Stiftungsurkunde von 1900 legte fest, daß die politische, konfessionelle oder soziale Stellung des Wohnungssuchenden keine Rolle bei der Vergabe spielen dürfe. Ausdrücklich ordnete Meyer ferner an, daß „kirchlicher und geistlicher Einfluß ... ausgeschlossen bleiben" soll. Im Jahre 1928 verfügte die Stiftung in 261 Häusern über 2 456 Wohnungen für 9 423 Bewohner. Nicht übersehen werden darf dabei, daß die kleinen Wohnungen oft entschieden überbelegt waren.
Die zuletzt fertiggestellten Meyerschen Häuser mit einem betont großzügigen städtebaulichen Zuschnitt entstanden in Kleinzschocher um die Herrmann-Meyer-Straße (seit 1928 so benannt) zwischen 1907 und 1938. Nach dem Tode von Max Pommer im Jahre 1915 waren hier die Architekten Straumer, Walter Gruner und Anton Käppler tätig. Heute beträgt der denkmalgeschützte Bestand etwa 2 700 Wohnungen.

Die Meyerschen Häuser an der Hamburger Straße wurden 1899–1901 erbaut. Ihre typisierten Putzfassaden sind schlicht, aber durchaus anspruchsvoll gestaltet.

209 Geibelbrücke

Geibelstraße in Gohlis

Vier Stahlträgerbogenpaare sind auf den seitlichen Widerlagern punktförmig gelenkig aufgelegt. Die seitlichen Durchfahrtsbegrenzungen sind in Sandstein ausgeführt und in traditioneller Art gegliedert. Von der Konstruktion her handelt es sich um einen genieteten Zweigelenkbogen mit obenliegender Fahrbahn.

Die Geibelbrücke wurde 1905/06 erbaut.

210 Städtisches Klinikum Sankt Georg

Delitzscher Straße 141

In den Jahren 1908 bis 1913 entstand nach Entwürfen des Leipziger Stadtbaudirektors Otto Wilhelm Scharenberg das auch heute noch wegen seiner großzügigen städtebaulichen Grundanlage geschätzte Architekturensemble des ausgehenden Historismus, das Städtische Klinikum Sankt Georg.

Das Krankenhaus hat eine lange Tradition aufzuweisen. Im Jahre 1213 wurde bereits ein zum Thomaskloster gehörendes „Spital sente Jorgen" im Bereich der heutigen Rosentalgasse erwähnt. Nachdem es 1439 durch die Stadt übernommen wurde, erhielt es in der Folgezeit drei Neubauten an unterschiedlichen Standorten: 1440/41 am Ranstadter Tor, 1668 vor dem Grimmaischen Tor und 1701/02 einen stattlichen Barockbau innerhalb der Stadtmauern am Ostende des Brühls, der 1872 abgebrochen wurde. 1913 verfügte das Krankenhaus über sieben Bettenhäuser mit 980 Betten. Architektonisch besonders bemerkenswert ist das um einen rechteckigen Innenhof angelegte Verwaltungsgebäude im Stile des Späthistorismus, das zugleich den Haupteingang bildet. Der u-förmige, zweigeschossige Baukörper wird zur Straße hin durch eine flachere, eingeschossige Arkadenarchitektur geschlossen. Das Torgebäude wird durch vier dorische Säulen gegliedert. Mit einer rundbogigen, höheren Durchfahrt zwischen zwei niedrigeren Eingangstüren, dem Mansarddach und dem Giebelfeld erinnert es an die barocke Portalfront des früheren Georgenhospitals am Brühl. Im Giebel ist St. Georg zu Pferde, den Drachen tötend, vom Leipziger Bildhauer Carl Seffner im Sandstein-Hochrelief dargestellt. Auch am Georgenhospital am Brühl war seinerzeit schon eine solche Sandsteinplastik vorhanden. Der Ritter Georg gehört seit dem Mittelalter zu den Vierzehn Nothelfern, auf deren Fürbitte hin Gott, nach christlichem Verständnis, Schutzbedürftigen Hilfe gewährt. Im begrünten Innenhof sind links und rechts des Durchgangs zwei Schmuckbrunnen angeordnet. Beide bestehen aus Betonwerkstein und sind vermutlich von Scharenberg entworfen worden. Aus den runden Wasserbecken erhebt sich je ein Pfeiler, auf dem eine Schale ruht. Den oberen Abschluß bildet die Darstellung des schlangenumwundenen Äskulapstabs, des Symbols der Medizin. Im Jahre 2002 wurde mit Haus 20 das neue Zentralgebäude fertiggestellt. Der Entwurf stammt von Wolfgang Vögele und

Städtisches Klinikum Sankt Georg, Eingangsportikus

Zentralgebäude, Haus 20

Michael G. Herwarth, HPP Laage & Partner. In zweieinhalb Jahren entstand für 51 Millionen Euro ein Gebäude mit einer Geschoßfläche von 23 500 qm und einer Kapazität von 246 Betten.
Ein in bezug auf seine Entstehungsgeschichte wohl einmaliges Zeugnis erinnert an die Leiden ausländischer Kriegsgefangener im zweiten Weltkrieg: die sogenannte Findlingspyramide im hinteren Geländebereich. Sie wurde 1945 von sowjetischen Kriegsgefangenen als Dank für Prof. Dr. Carly Seyfarth errichtet, der sie vor Verfolgung und Tod durch die Nationalsozialisten schützte.
Unter den Innenräumen verdient die Ruhehalle im Badehaus, ein tonnengewölbter Saal mit umlaufenden Rundbogenarkaden in der Erdgeschoßebene und einer nach Befund wiederhergestellten Deckenbemalung, besondere Beachtung. Den bronzenen Mädchenakt auf dem Zierbrunnen an der Westseite schuf Josef Mágr um 1912.

211 Neue Messe Leipzig

Messeallee 1

In einem hochkarätig besetzten internationalen Einladungswettbewerb mit 18 Teilnehmern errangen die Architekten gmp von Gerkan, Marg & Partner 1992 den 1. Preis. Bei der Gestaltung der großen Glashalle haben, wie der leitende Architekt Professor Marg gern einräumt, die monumentalen Bögen der Längsbahnsteighallen des Leipziger Hauptbahnhofs Pate gestanden. Die tonnengewölbte Eingangshalle West ist das Herzstück der Gesamtanlage. Mit einer Länge von fast 250 m, einer Breite von 80 m und einer Höhe von bis zu 30 m stellt sie eine in dieser Dimension einzigartige Stahl-Glas-Konstruktion in Europa dar. Mit der Glashalle gelang eine Eingangsarchitektur von atemberaubender Großzügigkeit, Klarheit und Leichtigkeit. Das Prinzip der klassischen Moderne „Licht, Luft und Sonne" findet hier im Innenraum einen kongenialen architektonischen Ausdruck. Beeindruckend ist auch die konstruktive Ästhetik der Tragkonstruktion. Die Tragwerksplanung realisierte das Kölner Ingenieurbüro für Bauwesen Polónyi und Partner nach einer Gestaltungsidee des Büros Ian Ritchies Architects (London), das zuvor bereits am Bau der Glaspyramide des Louvre beteiligt war. Auch hier war eine Stabnetzwerkkonstruktion von kristalliner Schönheit entstanden. An zehn außenliegenden, bogenförmigen Edelstahlbindern hängt das tonnenförmige Gitternetz in schachbrettartiger Geometrie, von welchem die kleinen Greifarme abgehen, die die Glasscheiben halten. Die fast 20 000 qm große Eingangshalle West (Glashalle) dient als Haupteingang und beherbergt unterschiedliche Serviceeinrichtungen sowie großzügige Räume für Erholung und Entspannung. Immergrüne Bäume erinnern an die Palmengärten der Zeit um 1900. Im Winter wird durch eine Fußbodenheizung ein mediterranes Klima aufrechterhalten, während die Halle im Sommer durch einen Wasserschleier über der südlichen Glashaut gekühlt werden kann. Das Wasser wird bereits wieder verdunstet sein, bevor es den Erdboden erreicht. Über verglaste, röhrenförmige Brücken ist die westliche Eingangshalle mit den vorderen Ausstellungshallen und dem Konferenzzentrum verbunden. Jede der fünf Ausstellungshallen hat eine Nutzfläche von 20 500 qm bei Abmessungen von 150 x 150 m. Die Halle 1, die sogenannte Hochhalle, mißt im stützenfreien Mittelteil 75 x 75 m. Sie ist 16 m hoch und kann für Großveranstaltungen mit bis zu 15 000 Sitzplätzen bestuhlt werden. Zwischen den Hallen sind Restaurants mit einer Platzkapazität für jeweils 250 Gäste angeordnet. Alle Hallen sind ebenerdig angelegt und klimatisiert. Sie sind durch eine außen umlaufende Ringstraße erschlossen. So wird eine strikte Trennung vom Besucherverkehr erreicht. Das Congress Center Leipzig (CCL) bietet 19 voneinander unabhängige, aber miteinander kombinierbare größere und kleinere Räume an. Im größten der 7 Säle sind Veranstaltungen mit bis zu 1000 Personen möglich. Im Mittelteil des viergeschossigen Gebäudes ist ein großzügiges, lichtdurchflutetes und begrüntes Atrium angelegt, das Platz für Entspannung und Gespräche bietet. Das neue Messegelände ist ein Ort der kurzen Wege. Die axiale Anlage der Hallen zu beiden Seiten der sogenannten Messemulde verbindet leichte Orientierbarkeit mit der Erschließung von einem Zentrum her. Messen müssen nach der Auffassung von Volkwin Marg auch heute noch im Schnittpunkt des Verkehrs liegen. Als wichtiger Vorzug des neuen Geländes erweist sich daher die optimale Anbindung an alle wichtigen Verkehrssysteme. In nur zehn Minuten ist es vom Flughafen Leipzig-Halle über die Autobahn A 9, Halle – Dresden, erreichbar. Zwei Autobahnabfahrten und eine direkte Anbindung an die Bundesstraße B 2 sorgen für eine gute Erreichbarkeit über das Straßennetz. Die Straßenbahnlinie 16 wurde über Wiederitzsch direkt bis an das Messegelände geführt. Außerdem wurde für die S-Bahn vom Leipziger Hauptbahnhof her am 16. März 1996 durch die Bahn AG ein neuer, 60 Millionen Mark teurer Bahnhof Neuwiederitzsch/Leipziger Messe in Betrieb genommen. Hier können auch ICE-Züge halten. Der neue Bahnhof liegt vis-à-vis vom Haupteingang des Messegelän-

Neue Messe. Blick in die Glashalle des Architekten Volkwin Marg

des. Schon von weitem wird der Messebesucher vom 85 m hohen Messeturm begrüßt, der zum neuen Wahrzeichen der Leipziger Messe zu werden verspricht. Als ein „filigranes mit Seilen verspanntes Tragwerk" charakterisierte Architekt Volkwin Marg den markanten Heizschornstein (Tragwerksplanung Schlaich & Partner, Stuttgart). Innerhalb der vier Schornsteinrohre wendelt sich eine Stahltreppe für die Ausführung von Wartungsarbeiten elegant bis in 75 m Höhe. Im November 1995 bereits wurden die vier 6 m hohen doppelten M an den vier Turmseiten in 80 m Höhe montiert. Dieses 1917 von dem Leipziger Maler und Grafiker Erich Gruner entworfene Muster-Messe-Signet wird heute von der Messegesellschaft als „Messe und mehr" interpretiert. Die Messe ist umgeben von einem „einladenden, natürlich angelegten Landschaftspark", heißt es in einer Werbeschrift der Messegesellschaft. „Eine idyllische Wasserfläche mit einem als Blickfang aus dem Wasser ragenden Baum lädt zum Energietanken ein. Spaziergänge um Wasserbecken und Teiche, durch schattige Alleen und über Brücken, Stege und durch Wintergärten versprechen Entspannung und Erholung." In der unglaublich kurzen Bauzeit von der Grundsteinlegung durch Bundeskanzler Helmut Kohl am 25. August 1993 bis zur Einweihung durch Bundespräsident Roman Herzog am 12. April 1996 haben die Architekten von Gerkan, Marg & Partner eines der modernsten Messegelände Europas geschaffen. Innerhalb des Bauzauns wurden allein 1,35 Milliarden Mark verbaut. Die Gesamtfläche des neuen Messegeländes beträgt 986 221 qm, davon sind 273 000 qm bebaut. Bei Bedarf kann die Aus-

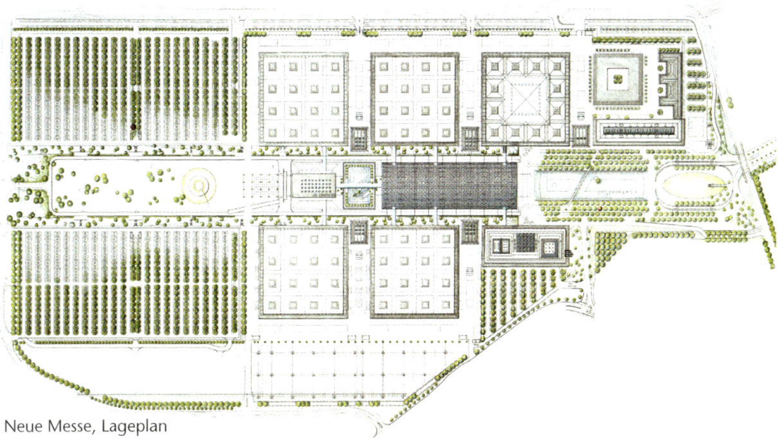

Neue Messe, Lageplan

Neue Messe. Blick von Westen auf das Gesamtareal. Es wurde in den Jahren 1993 bis 1996 nach Plänen des Hamburger Architekturbüros von Gerkan, Marg & Partner bebaut.

stellungsfläche später durch vier weitere Hallen in östlicher Richtung ergänzt werden. Die derzeit nutzbare Hallenausstellungsfläche beträgt 102500 qm. Das Angebot an Freiflächen umfaßt 30000 qm. Mit dem Bau der neuen Messe erhält die Stadt im Norden ein völlig neues städtebauliches Gepräge, denn außerhalb des Geländes sieht der Bebauungsplan weitere Bauten und infrastrukturelle Maßnahmen vor.

Die Kunst am Bau der neuen Messe folgt einem eigenen, äußerst vielfältigen Konzept. Der „Wald“ von Künstlerfahnen am Eingang zum Verwaltungsgebäude z. B. hat Autoren wie Za Fryki, Martin Kippenberg, Rosemarie Trockel, Sol LeWitt, Günther Förg u. a. Von Isa Genzken stammt die Metallrose vor der Glashalle, von Daniel Buren „Das Auf und Ab der Farbe“ an den Rolltreppen, von Olaf Nicolai die Terrazzo-Bodenarbeit „Pflanze/Konstrukt“ in der Glashalle.

212 Ehemaliger Flughafen Leipzig-Mockau

Graf-Zeppelin-Ring

Am 22. Juni 1913 wurde der „Luftschiff- und Flughafen Mockau“ dem Verkehr übergeben. Er galt zu seiner Zeit als vorbildlich und zukunftsweisend. Die seinerzeit beeindruckende 193 m lange, 70 m breite und 32 m hohe Luftschiffhalle ist heute allerdings nicht mehr erhalten. Dagegen existiert noch ein markanter zweigeschossiger Bau, der als Versorgungszentrum und Fliegerheim dient. Dieses Funktionsgebäude wurde nach Entwurf des Leipziger Stadtbaurats Otto Wilhelm Scharenberg 1912/13 im Stile eines gemäßigten Historismus mit neobarocken Bezügen errichtet. Zu diesem Fliegerheim gehörte auch ein heute noch vorhandener Gastwirtschaftssaal. Im Jahre 1928 wurde durch den Leipziger Architekten Georg Wünschmann ein neues Verwaltungsgebäude errichtet, das heute wegen des späteren gläsernen Leitstandes im Dach-

Der Tower des ehemaligen Flughafens Leipzig-Mockau von der Flugfeldseite aus gesehen

bereich als Tower bezeichnet wird und in diesem umgebauten Zustand von 1956/57 erhalten ist. Der Flugplatz Leipzig-Mockau diente zunächst als Zeppelinflughafen, später als Ausbildungsflugplatz, nach dem zweiten Weltkrieg zeitweilig als Messeflugplatz und zuletzt bis zu seiner Schließung im Jahre 1991 als Agrarflughafen der Interflug. Die Rollbahn, die 1964 auf 1500 m Länge gebracht wurde, ist heute nicht mehr vorhanden. Auf diesem Areal befindet sich das Quelle-Versandhaus. Im Zuge der Planung für die neue Messe Leipzig wurde auch das Gebiet Tower/Fliegerheim neu beplant. Durch diesen B-Plan wurde der westliche Vorplatz vor dem Tower festgeschrieben und die städtebauliche Ordnung auf die Reste der Flugplatzarchitektur bezogen. Der 1992 aufgestellte und später genehmigte Teilbebauungsplan trägt die Bezeichnung „Mockau: Alter Flughafen – West" und ist Bestandteil des Bebauungsplans „Neues Messegelände". Das Fliegerheim des Flughafens Leipzig-Mockau von 1912/13 ist eines der ältesten Flughafengebäude Deutschlands und daher von besonderer verkehrsgeschichtlicher Bedeutung.

213 Businesspark Leipzig

Maximilianallee 2/4

Im Zuge des Neubaus des Messegeländes wurde die Maximilianallee als Verbindung zwischen der Berliner Brücke und dem Ausstellungsgelände angelegt. Den architektonischen Auftakt bildet das Büro- und Geschäftshaus der Planer Rudolf Geray und Alajos Vonnak, Stuttgart/Leipzig, die den langgestreckten Bau 1993–1995 auf einem ehemaligen Werksgelände errichteten. Der Baukörper ist vom Grundriß her kammartig angelegt. Die Architekten entwickelten eine funktionale Ordnung, in der sowohl abgeschlossene Bereiche zur betriebsinternen Nutzung, das heißt Bürokomplexe mit eigenen Pausen- und Sanitärräumen, als auch Räume für Konferenzen u. ä. zur Verfügung stehen, die von allen Mietern genutzt werden können. An der Südseite wird ein verglaster, aufgestelzter Kopfbau markant von einem Flugdach betont. Ein durch fünf Geschosse reichender Zugang in der Mitte der Hauptfassade erinnert ein wenig an die Grande Arche in Paris La Défense. Erd- und Zwischengeschoß der Vorderfront sind vollständig verglast, während die darüberliegenden fünf Geschosse als Lochfassade ausgebildet sind. Das zurückgesetzte 8. Geschoß besitzt einen glasüberdachten Austritt. Auf der Rückseite bilden die Quergebäude gut gegliederte und begrünte Höfe. Das Innere des Gebäudes ist von großer Transparenz und gediegener funktionaler Materialität bestimmt.

Der Businesspark an der Maximilianallee entstand 1993–1995.

Schloß Schönefeld in der Zeumerstraße 1/2 wurde 1871–1876 nach Entwurf von Bruno Leopold Grimm errichtet.

214 Rathaus, Schloß und Gedächtniskirche Schönefeld

Unter den Leipziger Vorort-Rathäusern der Jahrhundertwende verdient das Rathaus Schönefeld besondere baugeschichtliche Beachtung. Es entstand 1904/05 nach Entwürfen des Leipziger Architekten Fritz Drechsler. An ihm finden sich Stilmerkmale des Historismus, besonders der deutschen Renaissance (Hauptportal und Erker), des Jugendstils (vor allem in der Ornamentik) und der sogenannten Heimatkunst. Der stolz aus dem Baukörper herausragende Turm mit seinem für Türme ungewöhnlichen Satteldach erinnert an mittelalterliche Wehrkirchen der Region. Das sorgfältig in die alte Ortslage eingeordnete Rathaus bildet gemeinsam mit Kirche, Pfarrhaus und den ehemaligen Gutsgebäuden ein markantes Bauensemble. Im Inneren verdienen der gut erhaltene, reich ausgestattete Ratssaal und das ebenfalls weitgehend im Originalzustand

Das Rathaus Schönefeld in der Ossietzkystraße 37 entstand 1904–1906 nach Plänen von Fritz Drechsler.

Die evangelische Gedächtniskirche Schönefeld in der Zeumerstraße 4 wurde 1816–1820 erbaut.

erhaltene Hochzeitszimmer besondere Beachtung. Letzteres besitzt eine handwerklich solide gearbeitete Wand- und Deckenverkleidung aus Eichenholz. Die Tür, durch die das Brautpaar den Raum betritt, ist im Inneren portalartig gestaltet. Auf zwei Säulen stehen Gewandfiguren, die ein junges Paar symbolisieren, das sich die Ringe reicht. Schnitzereien in den Türfüllungen und an der Wandtäfelung greifen Themen wie Glück, Treue und Fruchtbarkeit auf. Der Bildhauer Johannes Hartmann schuf die Modelle für den ornamentalen und figürlichen Schmuck des Gebäudes. Das zweigeschossige, neobarocke Schloß Schönefeld (Zeumerstr. 1/2) wurde 1871–1876 anstelle eines während der Völkerschlacht zerstörten Vorgängerbaus nach Entwürfen des Architekten Bruno Leopold Grimm errichtet. Die Mittelachse des Baus wird markant von einem quadratischen Uhrturm mit spitzem Helm überragt. Teile der alten Gutshofanlage mit Bausubstanz aus dem 18. und 19. Jahrhundert haben sich erhalten. Die evangelische Gedächtniskirche (Zeumerstr. 4) war ebenfalls während der Völkerschlacht zerstört worden. In den Jahren 1816 bis 1820 wurde sie neu erbaut. Der Kirchturm folgt der barocken Tradition des Leipziger Landes während der Kirchensaal im klassizistischen Stil ausgeführt ist. Am 12. September 1840 haben hier Clara Wieck und Robert Schumann geheiratet.

215 Weidenhofsiedlung in Mockau

Schaut man sich am Erkerhof, Weidenhof oder Pappelhof um, so glaubt man, sich auf dem Lande zu befinden, so romantisch, ja malerisch muten die niedrigen, ziegelgedeckten Häuschen an. Von Ideen der Gartenstadt- und Heimatschutzbewegung angeregt, wurde nach Entwürfen von Stadtbaurat James Bühring westlich der Parthewiesen zu Beginn der 1920er Jahre eine reizvolle Wohnsiedlung mitten im Grünen geschaffen. Errichtet wurden insgesamt 163 zweigeschossige Reihenhäuser aus Backstein, teils mit Ziegelornamentik geschmückt. Zu jedem Haus gehört eine kleine Gartenparzelle. Stadtbaudirektor Max Reimann stellte 1923 geradezu verzückt fest: „Wer sich aber ein unvergeßliches baukünstlerisch-städtebauliches Erlebnis verschaffen will, der mache 'naus nach Mocke. In Mockau hat unser Stadtbaurat Bühring ein gar lustiges kleines Städtlein gebaut." Reimann galt diese Anlage geradezu als Modell für naturnahes Wohnen in der Großstadt. Heute ist die Klinkerromantik allerdings durch eine weitgehend ungezügelte, individuelle Sanierungstätigkeit der Bewohner bis zur Unkenntlichkeit entstellt.

Weidenhofsiedlung

Mit Bauvorhaben wie dieser „Siedlung Leipzig-Mockau“ konnte allerdings der katastrophalen Wohnungsnot in Leipzig nach dem ersten Weltkrieg nicht wirksam begegnet werden. 1927 wurden bei der Reichswohnungszählung in Leipzig 26000 Familien ohne eigene Wohnung registriert.

216 Hauptverwaltung der Verbundnetz Gas AG

Braunstraße 7

„Im Niemandsland des Gewerbegebietes, wo sich die Inspiration des Architekten totläuft, wirkt die transparente Skulptur der Hauptverwaltung wie das Architektur-Versprechen einer besseren Zukunft“ (Ingeborg Flagge, 1999). Das faszinierende Gebäude entstand im Ergebnis eines 1992 durchgeführten Wettbewerbs. Die Architekten Becker, Gewers, Kühn & Kühn aus Berlin schufen bis 1997 unter einer Glashaut einen einmaligen Verwaltungsbau für 500 Mitarbeiter mit einem dazugehörigen Rechenzentrum. Vom überglasten Atrium zwischen den beiden parallelen, unterschiedlich hohen Bürotrakten werden die Obergeschosse über eine langgestreckte Rolltreppe erschlossen. Diese Halle dient zudem als Zone der Begegnung und Kommunikation. Ein Windkanal am Dachfirst saugt die verbrauchte Luft aus den Büroräumen ab, die sich größtenteils zum Atrium hin öffnen lassen und auch auf natürliche Weise be- und entlüftet werden können. Ein Becken mit ebenerdiger Wasserfläche grenzt an die nördliche Stirnseite des Bauwerks und verleiht dem Glasbau zusätzliche Eleganz, aber auch eine gewisse Unnahbarkeit. Die Hauptattraktion aber bildet ein raffiniert entwickeltes Lichtkonzept von James Turrell, das abwechselnd, stufenweise oder gleichzeitig alle sechs Etagen des Kopfbaus an der Nordseite des Gebäudes mit zunehmender atmosphärischer Dunkelheit wie einen Kristall in den Farben von Zartrosa über warme Rot-Orange-Töne und Grün-Türkis bis hin zu einem kalten Blau schimmern läßt. „Ein technisches Gebäude von poetischer Ästhetik hat hier zu einer Form gefunden; selten haben sich in Leipzig Natur und Technik, Funktion und Form, Kunst und Architektur so überzeugend artikuliert wie in diesem innovativen Haus“ (Flagge).

Das Gebäude der Verbundnetz Gas AG wurde 1997 fertiggestellt. Ein bemerkenswertes Lichtkonzept von James Turell macht es auch nachts zur Attraktion.

Das Center am Torgauer Platz entstand 1992–1994 nach Plänen von Gerd Heise (Büro HPP), Ansicht von West.

217 Center Torgauer Platz

Torgauer Straße 43/Bennigsenstraße

Gerd Heise vom Leipziger Büro HPP Hentrich, Petschnigg & Partner hatte bei dem 1992 bis 1994 erbauten Gebäudekomplex ein riesiges, dreieckiges Industrieareal zur Verfügung, auf dessen Spitze – an der Ecke Torgauer Straße/ Bennigsenstraße – ein zehngeschossiger, gedrungener Turm mit gläserner Laterne gestellt wurde. Zuvor hatte hier der volkseigene Maschinenbaubetrieb „Mikrosa" produziert. Lediglich der dreigeschossige, gelbe Kuppelbau an der Torgauer Straße blieb erhalten. Markant ragt das aluminiumfarbene „Spitzenhaus" in den Platzraum. Es ist wie auch die anderen Fassaden mit einer High-Tech-Haut aus Glas und beschichtetem Metall überzogen. Gleich neben dem Turm wurde nördlich ein gläserner Panoramaaufzug angeordnet, der das Erreichen der Büroetagen zur Attraktion macht. Zum Gebäudeensemble gehören Wohn- und Ladenflächen sowie ein Restaurant in einem markthallenähnlichen Gebäude mit gewölbtem Dach. Dieser etwas zurückgesetzte, flache Bau gibt sich im Inneren noch als eine alte Werkhalle des Maschinenbaus der Jahrhundertwende zu erkennen. Insgesamt entstand ein interessanter Komplex, der in seiner neuzeitlichen Funktionalität und Ästhetik in erfrischendem Gegensatz zum steinernen Eklektizismus des ehemaligen Arbeiterwohngebiets steht. Zwischen Turm und „Spitzenhaus" wurde eine kleine Piazza angelegt, auf der u. a. regelmäßig Wochenmärkte stattfinden.

Die Emmauskirche wurde 1900 nach Plänen von Paul Lange fertiggestellt.

218 Emmauskirche in Leipzig-Sellerhausen

Wurzner Straße 160

Die am 25. März 1900 geweihte evangelische Pfarrkirche setzt in ihrer gelben Klinkerästhetik einen stimmungsvollen städtebaulichen Akzent im Leipziger Osten. Besonders der 66 m hohe Turm, im oberen Teil mit barockisierender Haube, ragt zeichenhaft aus dem Häusermeer heraus. Ende des Jahres 1896 hatte der Kirchenvorstand den Leipziger Architekten Paul Lange mit der Entwurfsplanung beauftragt. In den architektonischen Details werden die verschiedensten mittelalterlichen Motive zitiert. Besonders bemerkenswert ist das Mosaikbild im Tympanon über dem doppeltürigen Hauptportal. Es bezieht sich auf

die Emmaus-Geschichte (Lukas 24, 13–35), darunter die Inschrift „Bleibe bei uns, denn es will Abend werden und der Tag hat sich geneiget". Im Inneren verdienen drei Bleiglasfenster des Chorraums Beachtung. Links Weihnachten mit der Geburt Christi, in der Mitte Ostern mit der Auferstehung Christi, rechts Pfingsten mit Petrus. Die Orgel wurde im Jahr 1900 von der Firma Kreutzbach in Borna gebaut. Dieses romantische Orgelwerk wurde allerdings in der Folgezeit mehrfach verändert. Zwischen 1971 und 1981 wurde die Kirche zum Gemeindezentrum umgebaut. Den Vorraum erweiterte man zum Gemeindesaal, die Seitenschiffe wurden vom Hauptschiff getrennt, so daß der Nordraum als Gesprächs- und Übungsraum und die Südseite für das Pfarramt genutzt werden konnten. In die Nordsakristei wurde eine Küche, auf der Südseite wurden Sanitäranlagen eingebaut.
Der neugotische Altaraufbau im Chor wurde von dem Bildhauer Rudolph Cöllen geschaffen. Das Alabasterrelief im Spitzbogen mit der Darstellung der Kreuzigung entstand nach Entwurf des Leipziger Künstlers Walther Zickmantel. Der ursprüngliche Altartisch unter dem Altaraufbau ist beim Umbau 1971 bis 1981 durch einen freistehenden hölzernen Altartisch ersetzt worden. Bemerkenswert auch der Taufstein über einem achteckigen Sockel auf vier Säulenstümpfen aus rotem Meißner Granit; der Kupferdeckel ist eine Arbeit des Leipziger Ziseleurs Louis Scheele.

219 Zentraler Betriebshof der Stadtreinigung

Geithainer Straße 60

Erfreulicherweise nimmt die Tendenz zu, auch Gewerbebauten auf hohem architektonischen Niveau zu realisieren. Dies trifft in besonderem Maße für den Zentralen Betriebshof der Stadtreinigung zu, der von den Siegern des 1997 durchgeführten Architektenwettbewerbs Schulz & Schulz Architekten aus Leipzig realisiert wurde. Die Anlage besteht aus einem Info-Garten, der von der Straße her gut sichtbaren Zentralwerkstatt und der dahinterliegenden kleineren Recyclingwerkstatt. Die Architektur ist mehrfach prämiert worden, z. B. mit dem Sächsischen Umweltpreis für solares Bauen, mit einem Ankauf beim Europäischen Kalksandstein-Architekturpreis sowie mit einer Anerkennung beim Sächsischen Staatspreis für Architektur und Bauwesen (2001).
„Die Stadt Leipzig nutzte den teilweise kontaminierten Altstandort des ehemaligen VEB Kraftverkehr für die Errichtung eines modernen Betriebshofes der Stadtreinigung. Die an den Funktionen orientierte Gebäudestruktur ist klar gegliedert und will einem Bereich des gesellschaftlichen Lebens durch Transparenz ein verbessertes Image vermitteln. Die funktionale und nutzungsgerechte Gestaltung und Medienführung zeigt beispielhafte Qualität. Bei der farblichen Gestaltung werden die allgegenwärtigen Farben der Branche einbezogen und setzen wohltuende Akzente am Baukörper. Das Projekt zeichnet sich in besonderer Weise durch die gezielte Anwendung innovativer Technologien wie Fotovoltaik und Solar ... und ökologische Orientierung aus. Das Unternehmen ist in drei Zonen gegliedert und beabsichtigt mit der Gestaltung eines öffentlichen Info-Gartens die Vermittlung von Informationen über das betriebliche Geschehen und ökologische Bildung im Allgemeinen. Damit wird das oft verdrängte Thema der Abfallwirtschaft entsprechend zukünftiger Kreislaufwirtschaft der städtischen Bevölkerung nahe gebracht." (Jury-Beurteilung beim Sächsischen Staatspreis)

Der zentrale Betriebshof der Stadtreinigung wurde nach Plänen des Leipziger Architekturbüros Schulz & Schulz erbaut.

220 Wissenschaftspark

Umweltforschungszentrum Leipzig-Halle
Permoserstraße 15

Das am 12. Dezember 1991 gegründete Umweltforschungszentrum Leipzig-Halle befindet sich auf einem Standort mit einer vielschichtigen Vergangenheit. Das UFZ belegt heute den südwestlichen Teil des seinerzeit größeren Firmengeländes der Hasag, der Hugo Schneider Aktiengesellschaft. Das Unternehmen war um 1900 ein führender Hersteller von Petroleumlampen. Infolge der rasch steigenden Nachfrage war 1898 ein neues Firmengelände an der Permoserstraße und der Torgauer Straße angelegt worden. In der Folgezeit hat sich das Unternehmen dann allerdings einen traurigen Ruf als Rüstungsbetrieb erworben. Im ersten Weltkrieg fertigte man Infanteriemunition und stellte die Produktion schließlich fast vollständig auf Rüstungsgüter um. Im zweiten Weltkrieg produzierte man u. a. ab 1943 Panzerfäuste. Das Unternehmen hatte verschiedene Niederlassungen in anderen Städten. Vor dem zweiten Weltkrieg beschäftigte man insgesamt 45 000 Menschen. Bei den alliierten Luftangriffen 1943–1945 wurden die Werksanlagen weitgehend verschont. Bis auf das Zentralgebäude wurden die übrigen Werksanlagen 1947 schließlich gesprengt. In einem Pförtnerhäuschen an der Permoserstraße wurde im Jahr 2001 eine Gedenkstätte für die ehemaligen Zwangsarbeiter und Zwangsarbeiterinnen in der Zeit des Nationalsozialismus eingerichtet. In Leipzig waren 1944 Außenkommandos des Konzentrationslagers Buchenwald eingerichtet worden. Mehr als 50 000 Menschen aus vielen Ländern Europas mußten als zivile Zwangsarbeiter bzw. als Kriegsgefangene in der Rüstungsindustrie arbeiten. Derartige Außenlager entstanden in Leipzig in den Erla-Werken, den Junkers-Flugzeugwerken und in der Hasag. Nach dem zweiten Weltkrieg wurde das südliche Areal an der Permoserstraße zu einem der bedeutendsten Wissenschaftsstandorte der ehemaligen DDR. 1958 wurden die hier angesiedelten Leipziger Institute der Forschungsgemeinschaft der Deutschen Akademie der Wissenschaften zu Berlin unterstellt. 1990 existierten hier das Institut für Biotechnologie, das Zentralinstitut für Isotopen- und Strahlenforschung, die Forschungsstelle für chemische Toxikologie sowie der Bereich organische Grundstoffe des Zentralinstituts für organische Chemie. Insgesamt waren damals 1 740 Personen am Standort beschäftigt. Ende 1991 wurden die Institute aufgelöst und entsprechend dem Einigungsvertrag zum 31. Dezember geschlossen.

Das heutige UFZ betreibt sowohl anwendungs- als auch grundlagenorientierte Umweltforschung. Diese Forschungsarbeit ist auf 12 wissenschaftliche Sektionen aufgeteilt.

Vier Gebäude sind am Standort von besonderem architektonischen Interesse. Zum einen das frühere Verwaltungsgebäude der Hasag aus den 1930er Jahren, das Kultur- und Sozialgebäude sowie die Gebäude der ehemaligen Institute für angewandte Radioaktivität und für stabile Isotope. Das viergeschossige, in den Seitenflügeln dreigeschossige Verwaltungsgebäude war im zweiten Weltkrieg im Mittelteil stark geschädigt worden und wurde 1951–1953 wiederaufgebaut. Dabei entstand der markante Vorbau mit der großen Balkonterrasse im 1. Obergeschoß. Die Klinkerfassade ist durch Lisenen gegliedert, die über den Fenstern der Obergeschosse gesimsartig zusammengefaßt werden. Bemerkenswert ist das in weiten Teilen erhaltene Interieur der 1950er Jahre. Die repräsentative Eingangshalle im Erdgeschoß besitzt noch zwei großformatige Wandbilder von Bert Heller (geb. 1912, gest. 1970), furnierte Türen, Trep-

pengeländer aus Aluminium etc. Auch der Versammlungsraum im 1. Obergeschoß ist noch im Stil der 1950er Jahre erhalten. Das Kultur- und Sozialgebäude entstand um 1954. Das Institut für angewandte Radioaktivität wurde in den Jahren 1956–1959 in Stahlskelettbauweise errichtet. Der „aktive" Teil ist fünfgeschossig mit markanten außenliegenden Fluchtbalkonen angelegt. Der „nicht aktive" Teil weist ein Geschoß weniger auf. Die versetzt zueinander angeordneten Baukörper erzeugen eine interessante geometrische Spannung. Die Brüstungsfelder der Fenster sowie die Giebelflächen sind mit braunen Spaltklinkern verkleidet. Hinter dem Eingang mit den mehrgeschossigen Treppenhausfenstern erwartet den Besucher eine überraschend transparente Eingangshalle mit einer Mosaik-Wandgestaltung von Bert Heller zum Thema Kernspaltung. Die um ein großes, offenes Treppenauge angelegte Treppe ist ungemein großzügig und elegant. Geradezu wahrzeichenhafte Bedeutung für den Stadtteil hat das Gebäude des Instituts für stabile Isotope, das 1959 begonnen und in zwei Abschnitten bis 1964 fertiggestellt wurde. Die Entwürfe stammen hier wieder von Schneider und Mothes. Der zwölfgeschossige Isotopenturm in seiner rotbraunen Klinkerarchitektur mit Horizontalbetonung der Geschosse durch Betonbänder und dem weit ausladenden „Flugdach", einer beliebten architektonischen Mode der Zeit, ist ein beeindruckender Bau, der auch in sanierter Form die Wirkung auf den Betrachter nicht verfehlt. Um den 43 m hohen Turm weiter nutzen zu können, war es nötig, an drei Seiten Fenster einzufügen. Außerdem erhielt er eine Wärmedämmfassade. Beides ist vergleichsweise geschickt gelöst worden, so daß eine architektonische Signifikanz im wesentlichen erhalten werden konnte. Heute befinden sich im Turm Gästewohnungen und ein neues Rechenzentrum. Ein dreigeschossiger Verbinder leitet zum fünfgeschossigen Labortrakt über. Der Fassadenaufbau entspricht dem des ehemaligen Instituts für stabile Isotope. „Aufgrund ihrer zeitlichen Datierung können [die beiden Institutsbauten] als Leitbauten der Nachkriegsmoderne für den Leipziger Raum angesehen werden" (Christoph Kühn). Am Eingang zum Gelände entsteht derzeit nach Entwürfen der Architekten Planteam West aus Berlin ein viergeschossiges Konferenz- und Bildungszentrum. Kernstück wird der Vortragssaal mit 450 Plätzen sein.

221 Dienst- und Geschäftszentrum Listbogen

Rosa-Luxemburg-Straße/Reudnitzer Straße/ Ludwig-Erhard-Straße

Der in den Jahren 1992 bis 1996 entstandene Komplex beeindruckt vor allem durch seine spannungsvolle, abwechslungsreiche Hauptfront, die sich zum Friedrich-List-Platz hin einladend öffnet. Der Architekt Manfred Denda aus Markkleeberg hat dies durch einen abge-

Der Listbogen wurde 1992–1996 nach Plänen von Manfred Denda erbaut.

Das Verwaltungsgebäude der Postbank wurde 1992 bis 1995 errichtet. Architektonisch bemerkenswert ist besonders die Glashalle im Inneren.

Die Brandenburger Brücke wurde 1910 dem Verkehr übergeben.

stuften Aufbau der Hauptfassade mit sich gegenseitig durchdringenden Baukörpern unterschiedlicher Geometrie erreicht. Zwei seitlich heraustretende, spitzwinklige Baukörper markieren den zentralen, platzartigen Zugangsbereich und schließen, wie das Hauptdach, mit einem weit auskragenden Dach ab. Durch diese Flügel sowie den verglasten Erker wirkt der höhere Baukörper der Hauptfront zurückgesetzt, und es entsteht eine ungewöhnlich bewegter Fassadeneindruck. Die spitzwinkligen Ecken der Eingangsflügel sind auf zweigeschossige, hohe Säulen gestellt. Der Eingang wird durch ein auskragendes Glasdach in Lochstahlkonstruktion betont, dem eine Brunnenanlage mit zwei Wasserbecken mit je einem Granitfelsen vorgelagert ist. Die Vorhangfassaden des gesamten Ensembles sind aus hellem Granit in verschiedenen Farbnuancen gefertigt. Die querliegenden Fenster mit blauen Aluminiumrahmen setzen einen angenehmen farblichen Akzent. Die Ecksituation Ludwig-Erhard-Straße/Reudnitzer Straße wird durch einen turmartig ausgebildeten Glaskörper städtebaulich nachdrücklich definiert. Zur Reudnitzer Straße öffnet sich ein begrünter Hof. Denda schuf einen Gebäudekomplex von hoher Stadtbildwirksamkeit, der durch seine plastisch-bewegte Fassadenstruktur mit gefälligen Nachklängen der Postmoderne die gestalterische Eintönigkeit so manches nach 1990 entstandene Wohn- und Geschäftshauses bloßstellt.

222 Verwaltungsgebäude Postbank

Rohrteichstraße 16–20

Der imposante Bau steigert seine Attraktivität von außen nach innen. Er entstand im Ergebnis eines 1991 durchgeführten Wettbewerbs und wurde von 1992 bis 1995 direkt an der Bahnstrecke Leipzig – Dresden errichtet. Die Architekten Koch + Partner, Koch, Drohn, Schneider, Voigt aus München und Leipzig entwarfen einen viergeschossigen Stahlbetonskelettbau mit einer gelben Klinkerplattenverkleidung. Alle verglasten Öffnungen wurden mit graugrünen Aluminiumrahmen eingefaßt. Die zwei aufgesetzten, zurückspringenden Dachgeschosse erhielten eine Aluminium-Glas-Fassade. Durch eine breite Fassadenöffnung an der Rohrteichstraße oder einen passagenartigen Durchgang vom Stannebeinplatz aus gelangt man in einen atriumähnlichen Vorhof, der mit einer flachen, kreisrunden Brunnenanlage ausgestattet wurde. Das Hauptgestaltungsmotiv aber bildet eine triumphbogenartige Glasfassade mit halbrund vorspringendem Glasdach, die den Eingang in einen rechteckigen, glasüberdachten Innenhof markiert, der weiter oben mit einer unerwarteten Großzügigkeit überrascht. Diese terrassenförmig bis zur zweiten Geschoßebene ansteigende, mit Grünpflanzen dekorierte Halle wird durch eine flache, tonnenförmige, filigrane Stahl-Glas-Konstruktion überspannt. Gläserne Verbindungsgänge, die sich an der Halleninnenseite vor der Glaswand über dem Eingang entlangziehen, verbinden die Seitentrakte und betonen das Horizontale des Bauwerks. Gediegener Materialeinsatz, durchgehaltene Details und verblüffende Raumwirkungen bestimmen dieses bemerkenswerte Ensemble, das außer der Postbankverwaltung auch noch Läden, ein Restaurant und ein Fitneßstudio beherbergt.

223 Brandenburger Brücke

Die Brandenburger Brücke ist die auffälligste Brücke im Leipziger Stadtbild. Sie überquert als Stahlfachwerk-Bogenbrücke mit untenliegender Fahrbahn seit dem 1. 9. 1910 die Gleisanlagen des Hauptbahnhofs mit einer Spannweite von 87 m. Sie wurde bis 2003 saniert. Südöstlich davon wurde 2000/01 eine parallele zweite, moderne Stahlbetonverbundbrücke von 98 m Spannweite über einem Mittelpfeiler angeordnet, wodurch der Straßenverkehr hier nun vierspurig geführt werden kann. Diese neue Brücke ist Teil des sogenannten Tangentenvierecks, des neuen äußeren Rings um das Zentrum, und dient insbesondere auch der Anbindung der Bundesstraße 2 in nördlicher Richtung. Die Planung besorgte Iproplan Chemnitz.

224 BMW Werk Leipzig

Seit 2002 baut BMW im Leipziger Norden, zwischen Seehausen, Göbschelwitz, Hohenheida, Gottscheina, Merkwitz und Plaußig, eine der modernsten Autofabriken der Welt mit 5500 Arbeitsplätzen. Die Fertigstellung ist für 2005 vorgesehen. Zur Erlangung von Entwürfen für das Zentralgebäude wurde 2001 ein internationaler Wettbewerb durchgeführt, den die Londoner Architektin Zaha Hadid gemeinsam mit Patrick Schumacher und den Landschaftsarchitekten Gross. Max (Edinburgh) gewannen. Die Wettbewerbsaufgabe wurde vom Bauherrn wie folgt umschrieben: „Die primäre Aufgabe des Wettbewerbs war die Organisation und die Gestaltung des Zentralgebäudes, welches die drei Kernfertigungsbereiche Karosserierohbau, Lackiererei und Montage verbinden soll. Das Zentralgebäude wird die Kommunikationsdrehscheibe für das gesamte Werk darstellen, den Produktionsprozeß für Mitarbeiter und Besucher durchsichtig machen. Vier weitere Elemente waren Teil der Wettbewerbsaufgabe: die Außenanlagen vor dem Zentralgebäude (30 ha), die städtebauliche Lage der BMW Niederlassung Leipzig, die Gestaltung einer weithin sichtbaren Landmarke sowie ein Gestaltungskonzept für die Fassaden der Werkhallen, deren Lage, Konstruktion und innere Organisation bereits feststanden. Damit thematisiert der Wettbewerb in einer einzigartigen Komplexität die Gesamtgestaltung eines Automobilwerkes."
Im Erläuterungsbericht von Zaha Hadit Architects heißt es: „Das Zentralgebäude ist aktives Nervenzentrum bzw. Schaltstelle des gesamten Werkes. Alle Aktivitäten des Gebäudes führen hier zusammen und beginnen von hier. Die Bewegungslinien der Mitarbeiter und der Produktionsabläufe spiegeln sich in der Architektur des Gebäudes wider." Über drei Videokameras können interessierte den Baufortschritt auf dem Gelände im Internet verfolgen.

225 Kirche Hohen Thekla

Obwohl sehr viele Kirchen im Leipziger Land romanische Substanz besitzen, sind durch die im Laufe der Jahrhunderte vorgenommenen Um- und Ergänzungsbauten reine romanische Gotteshäuser recht selten geworden. Die Theklaer Kirche in der Neutzscher Straße, auf einer kleinen Anhöhe gelegen und vom Friedhof mit einer Reihe interessanter barocker und klassizistischer Grabsteine umgeben, übt daher auf den Betrachter einen besonderen Reiz aus. Der wohl Mitte des 12. Jahrhunderts als Wehrkirche errichtete Bau besitzt einen Westturm auf rechteckigem Grundriß mit einem Zeltdach. Der ganze Baukörper ist aus unterschiedlich großen Granitfindlingen errichtet und in der Fassade unverputzt belassen, was ihm ein besonders archaisches Aussehen verleiht. An das rechteckige Kirchenschiff mit Satteldach schließt sich ein kleinerer Chor gleicher Form an. An der Vorderseite des Turms ist 1898 im Zusammenhang mit einer Sanierung durch Julius Zeißig ein völlig schmuckloses Rundbogenportal mit tiefer Laibung eingelassen worden. Bis dahin hatte der Turm keinen eigenen äußeren Eingang. Unterhalb der Traufe finden sich drei rundbogige Schallöffnungen für den Glockenstuhl. Drei nach Westen, Süden und Norden gerichtete Schleppgaupen sind mit Uhren versehen. Eine bemalte, gefelderte Bretterdecke im Inneren von 1670 sowie zeitgleiche Emporen mit bemalter Brüstung gingen bei einem Brand 1959 verloren. Der Wiederaufbau erfolgte bis 1962 unter Leitung des Architekten Fritz Ziel. Dabei erhielten Turm, Kirchensaal und Chor neue Dachstühle. Die Turmöffnung im Westen wurde wieder geschlossen und das Südportal erneut geöffnet. Die Tür mit Eisenbeschlägen, die auf 1660 datiert wird, kehrte an ihren alten Platz zurück.

Die romanische Dorfkirche Hohen Thekla entstand im 12. Jahrhundert.

LEIPZIG-SÜDOST

226 Mendelssohn-Haus
227 Schumann-Haus
228 Reclam-Karree
229 Gutenbergschule
230 Max-Planck-Institut
231 Wohnhaus Stephanstraße
232 Fakultät für Biowissenschaften, Pharmazie und Psychologie; Laboratorium für Chemie
233 Ehem. Sternwarte
234 Gartenpavillon
235 Wohnbauten Windmühlenstraße, Straße des 18. Oktober
236 Fakultät für Chemie und Mineralogie
237 Bayrischer Bahnhof
238 Anatomisches Institut
239 Edition Peters
240 Haus des Handwerks
241 Grassimuseum
242 Alter Johannisfriedhof
243 Alte Messe und MM-Signet
244 Haus des Buches
245 Landeszentralbank
246 Völkerschlachtdenkmal
247 Gletschersteinpyramide
248 Memorialmuseum Südliches Schlachtfeld
249 Südfriedhof
250 Deutsche Bücherei
251 Russische Gedächtniskirche
252 Bio-City
253 Ehem. Großmarkthalle
254 Wohnhaus Köhler
255 Wohnensemble Alt-Lößnig
256 Rundling
257 Förderturm Dölitz
258 Mitteldeutscher Rundfunk
259 Betriebsbereich Strom/Gas der Stadtwerke
260 Marienbrunn
261 Bonifatiuskirche
262 Marienkirche Stötteritz

226 Mendelssohn-Haus

Goldschmidtstraße 12

Das in den Jahren 1844/45 auf einem Teil des Geländes des ehemaligen Großboseschen Gartens errichtete viergeschossige spätklassizistische Wohnhaus wurde von Maurermeister Johann Heinrich Walther junior errichtet. Die Architektur ist typisch für die nach 1830 einsetzende Neorenaissance italienischer Prägung. Felix Mendelssohn Bartholdy bewohnte ab 1845 bis zu seinem Tode mit seiner Familie im 1. Stock eine 9-Zimmer-Wohnung. Er war 1835 Gewandhauskapellmeister geworden und übte dieses Amt bis zu seinem Tode am 4. November 1847 aus. Im Jahre 1843 hatte er in Leipzig das erste Konservatorium Deutschlands auf dem Gelände des heutigen Städtischen Kaufhauses gegründet. In seiner Wohnung waren Robert und Clara Schumann, Richard Wagner und andere berühmte Künstler, Verleger und Kaufleute zu Gast.

Das Gebäude wurde in den Jahren 1996/97 durch die Internationale Mendelssohn-Stiftung e. V., deren Präsident Kurt Masur ist, vorbildlich saniert. Auf Grundlage restauratorischer Voruntersuchungen wurde die Mendelssohn-Wohnung im Detail authentisch wiederhergestellt. Sie ist heute Gedenkstätte und Kulturzentrum zugleich. Die Einweihung erfolgte zum 150. Todestag Mendelssohns am 4. November 1997. Bemerkenswert ist die Wiederherstellung der historischen Raum-

Das 1844/45 erbaute Mendelssohn-Haus beherbergt die restaurierte Wohnung Felix Mendelssohn Bartholdys.

In dem 1838 errichteten klassizistischen Gebäude Inselstraße 18 wohnten Robert und Clara Schumann in den Jahren 1840–1844.

fassung mit Ausmalung, Dielen, Decken, Türen usw. Hinzu kommen Möbel aus dem Nachlaß Mendelssohns, die sich zuvor im Stadtgeschichtlichen Museum befanden. So ist heute nicht nur das Wohnmilieu des Komponisten, sondern auch ein wertvolles Interieur des späten Klassizismus von höchstem kulturgeschichtlichen Rang zurückgewonnen. Interessant ist die Tatsache, daß Mendelssohn die Räume in einem malermäßig fertiggestellten Zustand bezog. Die darüberliegenden Wohnungen waren in gleicher Weise ausgemalt. Die denkmalpflegerische Konzeption und Fachberatung lag in den Händen von Sabine Schneider.

227 Schumann-Haus

Inselstraße 18

Das Schumann-Haus ist ein interessanter Sachzeuge für die in den 1830er Jahren im Osten Leipzigs einsetzende Stadterweiterung. Die Inselstraße könnte man als eine Hauptachse der neuen Friedrichstadt ansehen. Hier siedelte sich vor allem das mittlere Bürgertum an. Nach den Bauakten zu urteilen, wurde das Haus 1838 „vor dem Grimmaischen Thore" von dem Maurermeister Friedrich August Scheidel errichtet, der hier auch bis 1846 wohnte. Das fünfzehnachsige, dreigeschossige, freistehende Gebäude gehört zu den bedeutenden erhaltenen Bauschöpfungen des Klassizismus in Leipzig. Es ist das vielleicht schönste Wohnhaus dieser Epoche. Den markant aus der Fassade heraustretenden fünfachsigen Mittelrisalit gliedern in den Obergeschossen sechs kannelierte Pilaster in Kolossalstellung mit korinthischen Kapitellen. Zwischen den Kapitellen sind Reliefplatten mit szenischen Darstellungen eingeordnet. Darüber liegen ein kräftiger Architrav mit Girlandenschmuck und ein weit ausladendes Gesims. Über dem Mitteleingang ist die Beletage durch einen dreiachsigen Balkon auf Konsolen mit einem zeittypischen Rautengitter betont. Die besondere Würde der Architektur entsteht durch den überhöhten Mittelrisalit, dessen Architrav die Traufkante unterbricht und von einem belvedereartigen Aufsatz bekrönt wird. Der Leipziger Denkmalschützer Jens Müller hat vermutet, daß der damalige Stadtbaudirektor Albert Geutebrück Einfluß auf die Gestaltung genommen haben könnte, da dieser u. a. eine Bauinspektion durchgeführt hat.
In diesem Hause wohnten Robert und Clara Schumann von 1840 bis 1844, vermutlich im 1. Obergeschoß rechts. Das junge Paar, das sich am 12. September 1840 in der Kirche von Schönefeld (heute Stadtteil von Leipzig) trauen ließ, verbrachte hier die ersten glücklichen Jahre, bevor es Ende 1844 nach Dresden übersiedelte. Das Schaffen von Clara Wieck und Robert Schumann ist eng mit Leipzig verbunden. Im Jahre 1833 stellte Clara Wieck in einem eigenen Konzert im Gewandhaus erstmals ein Werk von Robert Schumann (1. Satz der 1. Sinfonie) der Öffentlichkeit vor. Im folgenden Jahr gründete Schumann die Neue Zeitschrift für Musik. Im Jahre 1843

Reclam-Karree. Das frühere Reclam-Verlagshaus wurde 1887–1905 von Max Bösenberg erbaut.

berief ihn Felix Mendelssohn Bartholdy an das neu gegründete Konservatorium für Musik in Leipzig (s. Hochschule für Musik). In der Schumann-Wohnung waren u. a. Franz Liszt, Hector Berlioz, Richard Wagner und Felix Mendelssohn Bartholdy zu Gast. Eine kleine Gedenkstätte in den teilweise authentisch restaurierten Räumen der ersten Etage wird von einem Schumann-Verein betrieben.

228 Reclam-Karree

Inselstraße 22

Seit dem 19. Jahrhundert war das Graphische Viertel im Osten Standort von Verlagen und Druckereien. Die imposante Dreiflügelanlage ließ der Verleger Anton Philipp Reclam durch Max Bösenberg von 1887 bis 1905 errichten. Der Haupteingang an der Inselstraße ist durch einen repräsentativen Mittelrisalit aus Sandstein mit plastischem Schmuck betont. Über dem mittleren Tor befindet sich im Rundbogenfeld ein Relief, das die missionarische Funktion des Buches versinnbildlicht. Die Medaillons links und rechts über den Seiteneingängen stehen unter dem Thema Buchdruck und Buchhandel. Den oberen Abschluß der Mittelachse bildet eine von zwei Löwen flankierte Uhr. Der rechte Seitenrisalit ist mit einem Goethe/Schiller-Medaillon zwischen Lorbeerzweigen geschmückt. Im Segmentgiebel darüber steht das Monogramm „R" für den Verlagsnamen. Es wird von Sphinxen gerahmt. Beim wiederaufgebauten Risalit an der linken Seite wurde auf den plastischen Schmuck verzichtet. Die Fassaden aus gelben Klinkern mit roten Gliederungen, den Sandsteinrisaliten der Hauptfront, Gesimsen und Treppenhäusern bilden ein äußerst beeindruckendes städtebauliches Ensemble. Nach einer Bombardierung im zweiten Weltkrieg, bei der ein Teil der Fassade sowie das Dachgeschoß zerstört wurden, zog der Verlag nach Stuttgart, produzierte aber auf dem alten Gelände in Leipzig die berühmten, preiswerten Reclam-Bücher weiter. In den 1960er Jahren wurde dieser Gebäudekomplex dann dem Graphischen Großbetrieb Interdruck angegliedert. Nach der Wende im Herbst 1989 wurde das Haus verkauft und saniert. Außerdem wurde das weiträumige Areal durch eine stadtvillenartige Bebauung mit Wohn- und Geschäftshäusern ergänzt. Von 1993 bis 1995 waren die Architekten Bunk-Hartung-Partner aus Bad Homburg mit der Wiederherstellung des ursprünglichen Reclam-Ensembles betraut. Auch das alte Heizhaus im Hof wurde saniert. Die neu errichteten Gebäude greifen mit ihrem gelb geklinkerten Sockelbereich die traditionelle Farb- und Materialgebung auf und erzielen mit ihren weißen Putzfassaden ein ausgewogenes Erscheinungsbild. 1996 wurde das Reclam-Karree mit dem Hieronymus-Lotter-Preis für Denkmalpflege der Kulturstiftung Leipzig ausgezeichnet. Eine Gedenktafel in der Grünanlage zur Kreuzstraße erläutert: „In diesem Gebäude wirkte und arbeitete Anton Philipp Reclam / geboren 28.6.1807 / gestorben 5.1.1896 / Begründer der weltberühmten Reclambibliothek".

Die beiden Universitätsinstitute Stephanstraße 34 und Talstraße 34 (rechts) wurden 1878/79 im spätklassizistischen Stil erbaut.

Die beiden Gebäude sind charakteristische Bauten des Leipziger Spätklassizismus. Sie sind Teil des ausgedehnten Universitätskomplexes an Liebigstraße und Johannisallee, einem Areal, das sich derzeit in einer städtebaulichen Umbruchphase befindet.

233 Sternwarte und Johannistal

Stephanstraße 3

Von 1790 bis 1861 befand sich die Universitätssternwarte im Turm der Pleißenburg (dieser ist im Turm des Neuen Rathauses aufgegangen). 1860/61 wurde eine neue Universitätssternwarte in der Stephanstraße 3 erbaut, die bis 1956 betrieben wurde. Das markante Gebäude mit dem höheren Turm und dem flacheren, dreigeschossigen Dienstgebäude hat der Sternwartenstraße 1864 ihren Namen gegeben. Heute befindet sich im Gebäude das Institut für Meteorologie der Universität. Die ehemalige Sternwarte grenzt unmittelbar westlich an das Johannistal an. Dieses ist die älteste Kleingartenanlage der Stadt. Erstmals im Jahre 1833 wurden hier von der Stadtverwaltung kleine Gärten vermietet. Das Johannistal wurde am Johannistage 1833 eingeweiht. Um die Schaffung dieser Gartenanlage in einer alten Sandgrube hat sich insbesondere der Leipziger Rechtsanwalt, Stadtrat und Vorsteher des Johannishospitals Dr. Moritz Seeburg (geb. 1794 in Torgau, gest. 1851 in Leipzig) verdient gemacht. Über das Johannisfest am Johannistage berichtet der Chronist Gretschel 1836: „An diesem Tage wandeln Tausende auf den Plätzen und in den Gärten des Johannisthales, dessen Gärten, Lauben, Brunnen usw. mit Blumengewinden und Kränzen geschmückt sind, während Wimpel, die Sachsenfarben tragend, weithin die Freude verkünden, und fröhlich die Musik die Gemüther zur Heiterkeit stimmt." Am Rande des Johannistals befand sich damals noch ein jüdischer Friedhof.

Die ehemalige Sternwarte in der Stephanstraße

234 Gartenpavillon

Seeburgstraße 45

Der bis 1996 sanierte und in Teilen rekonstruierte Gartenpavillon liegt heute mitten in einem großstädtischen Umgestaltungsgebiet. Das im Jahr 1757 errichtete Gartenhaus gehört zu den Kostbarkeiten der Leipziger Baugeschichte, denn es ist das letzte erhaltene Bauwerk der so zahlreichen Leipziger Gärten des 18. Jahrhunderts, die einst die Stadt umsäumten. Bauherr war der Besitzer der Löwen-Apotheke Johann Heinrich Lincke, dem es als Sommerhaus diente. Sein Grundstück war dem berühmten Großboseschen Garten benachbart. Den eingeschossigen, neunachsigen Bau mit Mansarddach und einem gerundeten, zweigeschossigen Mittelrisalit hat der Leipziger Denkmalpfleger Jens Müller wiederentdeckt. Erbaut wurde der Pavillon von dem Maurermeister Johann Gottfried Döring, Sohn des bekannten Barockbaumeisters Christian Döring, und dem Zimmerermeister Leopold Müller. Im Frontispiz des hervortretenden, gerundeten Mittelteils findet sich die Darstellung eines Löwenkopfs,

Der 1757 errichtete Gartenpavillon Seeburgstraße 45 erinnert an die glanzvolle Bürgerkultur des 18. Jahrhunderts mit ihren barocken Gärten vor der Stadt.

was auf den ehemaligen Besitzer des Gartenhauses und der Löwen-Apotheke hinweist. Im 1. Obergeschoß hat sich eine wertvolle barocke Stuckdecke (als Kopie) erhalten. Sorgfältige bauarchäologische Untersuchungen waren die Voraussetzung für die authentische Restaurierung und Rekonstruktion dieses unverzichtbaren Baudenkmals. Eine baugeschichtliche Kuriosität war die neogotische Gestaltung der ehemals schmucklosen Rückwand des Gebäudes, die leider aufgegeben werden mußte.

235 Wohnbauten

Windmühlenstraße und Straße des 18. Oktober

In den 1960er und 70er Jahren knüpfte der innerstädtische Leipziger Wohnungsbau nach Aufgabe des Konzepts der Nationalen Bautradition, wieder an die Vorkriegsmoderne an und erreichte dabei zeitweilig ein hohes qualitatives Niveau. Ein Spaziergang von der Grünewaldstraße durch die Windmühlenstraße über den Bayrischen Platz bis hin zur Straße des 18. Oktober kann dies belegen. Einschränkend muß allerdings gesagt werden, daß heute die meisten Gebäude im Zuge der Sanierung ihre ursprüngliche Fassadengestaltung eingebüßt haben, was fast immer mit einer architektonischen Verschlechterung verbunden war. 1952 wurde begonnen, einen Teil der Verbindung zwischen Zentrum und Messegelände, die Windmühlenstraße, wieder zu bebauen. Der erste, südliche Abschnitt zwischen Wilhelm-Leuschner-Platz und Emilienstraße, Windmühlenstraße 2–20, entstand in den Jahren 1952–1954 nach Entwürfen von Adam Bugner in historisierenden Formen als Putzbau mit roten Porphyrtuffgliederungen noch im auslaufenden Stil der Nationalen Bautradition (da unter Denkmal-

Blick in die Windmühlenstraße Richtung Neues Rathaus vom Bayrischen Platz aus gesehen (unten) sowie elfgeschossige Wohnbauten in der Straße des 18. Oktober (Mitte oben) und Studenteninternate (Mitte unten)

schutz stehend authentisch erhalten). Um eine befriedigende Anbindung an das alte Grassimuseum von Hugo Licht zu erzielen, wurde das Gebäude Wilhelm-Leuschner-Platz 9 als Kalksteinfassade mit klarer geometrischer Bezugnahme auf den älteren Bau errichtet. Aus diesem Grunde wurde ein traditioneller Fassadenaufbau gewählt. Die über drei Geschosse reichenden Kolossalpilaster stehen auf flachen Postamenten mit vier zeittypischen Bildhauerarbeiten von Hellmut Chemnitz aus Leipzig. Symbolhaft dokumentieren Gießer, Bäuerin, Spinnereiarbeiterin und Bergmann den politischen Anspruch des Arbeiter-und-Bauern-Staats. Diese sehr ausgewogene Architektur hat bisher kaum Beachtung gefunden. An den traditionellen Wohnkomplex Bugners schließen sich südöstlich drei quer zur Straße gestellte, siebengeschossige Zeilenbauten (2-Mp-Plattenbauten) mit je 160 Wohnungseinheiten an, die 1961 bis 1965 entstanden. Am Bayrischen Platz waren im Erdgeschoß ein Postamt sowie in einem flachen Vorbau das Café Windmühlenstraße eingeordnet. Zweigeschossige Trakte parallel zur Windmühlenstraße fassen die offene Struktur in zeittypischer Art und Weise zur Windmühlenstraße hin zusammen. Die Entwürfe stammten von Horst Krantz und Kollektiv. Nach Plänen des Kollektivs Rohrer, das auch die Bebauung am Roßplatz entwarf, wurden die schlichteren Wohnbauten an der Grünewaldstraße in den Jahren 1956/57 erbaut. In ihrer gefälligen städtebaulichen Ordnung leiten sie in die deutlich verbreiterte Windmühlenstraße über. Die anschließenden Bauten an der Nordostseite der Windmühlenstraße entstanden in den Jahren 1963–1966 nach Plänen von Edgar Hofmann, Erich Böhme und Hans-Hermann Oehring. Es entstand ein achtgeschossiges Mittelganghaus in 5-Megapond-Plattenbauweise mit Loggienfassade zur Straße bei insgesamt 352 Wohnungseinheiten. Es schließt sich ein sechsgeschossiges Seitenganghaus, ebenfalls mit Loggien und 60 Wohnungen, an. Das Wohnhaus ist, einer damaligen Mode folgend, auf Stahlbetonpfeilern über dem Erdgeschoß aufgeständert. Darunter schiebt sich ein Flachtrakt mit Imbiß und einer Apotheke. Die Bebauung der Straße des 18. Oktober verwirklicht die 1913 von Hans Strobel als Radialstraße zwischen Neuem Rathaus und Völkerschlachtdenkmal geplante Achse. 1967/68 war die Bauleitplanung im Büro des Chefarchitekten entwickelt worden. Voraus gingen städtebauliche Studien sowie ein Ideenwettbewerb. Ab 1968 erfolgte der Ausbau als Messemagistrale. Die städtebauliche Lösung wurde von den Architekten Horst Siegel, Wolfgang Müller und Kollektiv erarbeitet. Als Komplexarchitekt war Wolfgang Scheibe zuständig. Freiflächenanlagen entstanden unter Leitung von Gerhard Scholz. Es entstanden 2 288 Wohnungen in elfgeschossigen Wohnscheiben und 16geschossigen Punkthochhäusern, auf der östlichen Seite achtgeschossige Studenteninternate mit 3 386 Plätzen. Die elfgeschossigen Wohnscheiben wurden in den Jahren 1968–1971 nach Entwürfen von Erich Böhme und Th. Oechelhäuser als Varianten „Leipzig" des Wohnungstyps P 2/11 mit 88, 132 oder 176 Wohnungseinheiten je Gebäude erbaut, insgesamt 1 232 Wohnungen in 2-Megapond-Plattenbauweise. Die Loggien erhielten Farbglasbrüstungen, die Fassaden teilweise Keramikvorsatz, an den Giebeln und vor Verteilergängen wurden großformatige Betonformelemente angebracht. Die acht Punkthochhäuser entstanden ab 1972 nach Entwürfen des Architekten Walter Havlicek als Variante „Leipzig" des 16geschossigen Punkthauses „Erfurt" des Architekten Joachim Stahr in 5-Megapond-Plattenbauweise. In ihnen befinden sich jeweils132 Wohnungen. Die Fassaden waren in Waschbeton mit farbigen Keramikbrüstun-

Fakultät für Chemie und Mineralogie der Universität Leipzig

Der Bayrische Bahnhof wurde 1842 in Betrieb genommen.

gen gestaltet. 1968/69 entstanden die achtgeschossigen Studentenwohnheime der Universität, die in Messezeiten als Messehotels genutzt wurden. Sie sind in ihrem äußeren Erscheinungsbild heute stark verändert. Durch die vertikal versetzte Parallelbebauung und die Betonung durch Dachterrassen entstand eine interessante Baukörperrhythmisierung. Gegenüber den Wohnbauten in der Windmühlenstraße oder aber an Einzelstandorten, wie am Georgiring oder dem Johannisplatz, ist in der Straße des 18. Oktober schon ein qualitativer Abfall in der architektonischen Gestaltung zu bemerken. Es begann die Zeit, in der die Architekten sich verstärkt nach dem Erzeugnisangebot der volkseigenen Baukombinate zu richten hatten. Bei ihren Versuchen, die Wohngebäude dennoch mit einem hohen Gestaltungsanspruch zu realisieren, gerieten sie zunehmend ins Hintertreffen.

236 Fakultät für Chemie und Mineralogie der Universität

Johannisallee 29

Der 1999 fertiggestellte Eckbau Johannisallee/Philipp-Rosenthal-Straße des München-Leipziger Architekturbüro Koch + Partner stellt einen interessanten Beitrag zur neueren Leipziger Architektur dar. Zwei parallel angeordnete viergeschossige Laborgebäude und der viertelkreisförmige Experimentierhörsaal (200 Plätze) werden durch einen zweigeschossigen Bau verbunden. Durch die außenliegenden, laubengangartigen Fluchtwege mit den gewendelten Fluchttreppen an den Giebelseiten sowie den farbigen Fassadenelementen (blaugrau und gelb) strahlt der Bau Transparenz, Leichtigkeit und Heiterkeit aus. Auf 6116 qm Hauptnutzfläche sind 3900 qm Laborfläche, und 2200 qm für Lehre und Forschung untergebracht. Der angrenzende ältere Internatsblock wurde geschickt in das Konzept einbezogen. Er bildet mit dem zweigeschossigen Verbinder eine interne Erschließungsstraße.

237 Bayrischer Bahnhof

Bayrischer Platz

Der Bahnhof wurde am 19. September 1842 mit einer Teilstrecke nach Altenburg in Betrieb genommen, aber erst 1844 völlig fertiggestellt. Die Entwürfe stammen von dem bedeutenden Leipziger Architekten Christian August Eduard Pötzsch. Als eines der wenigen erhaltenen baulichen Zeugnisse aus der Frühzeit des Eisenbahnwesens ist der Bayrische Bahnhof ein verkehrsgeschichtliches Denkmal von europäischem Rang. Hinzu kommt eine beeindruckende klassizistische Architektur. In größeren Städten entstanden derartige Bahnhöfe verschiedener eigenständiger Eisenbahngesellschaften oft unmittelbar nebeneinander. Der Bayrische Bahnhof blieb auch nach der Vereinigung des Berliner, Dresdner, Magdeburger und Thüringer Bahnhofs zum heutigen Hauptbahnhof weiter bestehen und wird noch heute genutzt. Pötzsch, der bereits 1839 in Leipzig den Dresdner Bahnhof der Leipzig-Dresdner Eisenbahn erbaut hatte, wählte auch

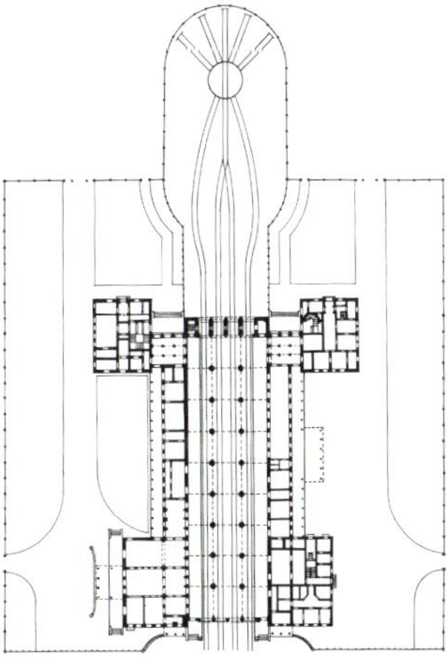
Bayrischer Bahnhof. Historischer Lageplan

für diesen Kopfbahnhof eine funktionelle Konzeption, die für die späteren deutschen Bahnhofsanlagen richtungweisend wurde. „An eine viergleisige Bahnsteighalle schließen sich seitlich die für die abfahrenden und ankommenden Reisenden bzw. Wartenden erforderlichen Räumlichkeiten an. Zur Stadt hin und an der Ausfahrseite wird die Halle von zweigeschossigen Flügelbauten mit Abfertigungs-, Verwaltungs- und Wohnfunktionen flankiert. ... Die Halle wird stadtseitig mit einem triumphbogenartigen, vierbogigen Portikus für die zur Drehscheibe führenden vier Gleise abgeschlossen, dessen seitliche Turmaufbauten mittelalterlichen Fortifikationsmotiven entlehnt sind, wie sie sich bei vielen späten Bahnhofsbauten finden. Überspannt wurde die basilikale Personenhalle von einer schweren hölzernen Dachkonstruktion. ... Die architektonische Gestaltung der Baukörper zeigt Elemente der italienischen Renaissance, des Barock und Klassizismus. Komposition und Gliederung der Baukörper, ihre Fassadenstruktur mit Buckel- und Putzquaderung sowie barocke Details, Kapitellen, Wappen usw., am Bau harmonisch verschmolzen, verleihen der Bahnhofsanlage einen klassizistisch repräsentativen Charakter." (Manfred Berger, 1980) Beim Luftangriff am 4. Dezember 1943 wurde insbesondere die östliche Ankunftsseite zerstört. Zwar hatte sich die große Bahnsteighalle mit ihren eichenen Stützen erhalten, sie wurde jedoch nach 1945 demontiert und als Wiederaufbauhilfe nach Berlin geschafft. Trotz intensivster Bemühungen des Denkmalschutzes und der Bemühungen, hier ein Verkehrsmuseum zu installieren, geriet der Bahnhofstorso bis 1989 immer mehr in Verfall. Initiiert durch einen von München aus agierenden Verein zur Rettung des Bayrischen Bahnhofs, konnte zunächst 1992 der Portikus saniert werden. Bis Ende der 1990er Jahre erfolgte die weitgehende Umnutzung der verbliebenen Substanz zu einem Großrestaurant und die Sanierung nach denkmalpflegerischen Gesichtspunkten. Insbesondere das Treppenhaus des Beamtenwohnhauses zeigt noch etwas von den einst sehr anspruchsvoll gestalteten Innenräumen. Der geplante S-Bahn-Tunnel vom Hauptbahnhof her soll am Bayrischen Bahnhof einen Haltepunkt nach einem Wettbewerbsentwurf von Peter Kulka bekommen. Durch diesen Tunnel könnten dann auch Fernzüge verkehren, so daß der Nachteil des Leipziger Hauptbahnhofs, der ja ebenfalls ein Kopfbahnhof ist, für bestimmte Zugverbindungen in Nord-Süd-Richtung aufgehoben würde. Geschichtlich interessant ist ferner, daß Karl Marx am 22. September 1874 hier mit seiner Tochter, aus Karlsbad kommend, zu einem Besuch der Familie Liebknecht (Braustraße 15) eintraf und gegenüber dem Bayrischen Bahnhof im Hotel Hochstein, das sich in umgebauter, baulich vereinfachter Form erhalten hat, Quartier nahm.

Anatomisches Institut der Universität, 1951–1956 nach Plänen von Wolfgang Geißler und Hans Rauschenbach erbaut

238 Anatomisches Institut

Liebigstraße 13

Beim Bombenangriff auf Leipzig am 4. Dezember 1943 wurde der größte Teil der Universitätsbauten vernichtet. Der Neubau des Anatomischen Instituts nach Entwürfen der Architekten Wolfgang Geißler und Heinz Rauschenbach von 1951 bis 1956 stand am Anfang eines umfangreichen Wiederaufbauprogramms, das in DDR-Zeiten mit dem Neubaukomplex am Augustusplatz seinen Höhepunkt fand. Am Eingang zur Liebigstraße wurde der halbkreisförmige Bau des großen Hörsaals mit 500 Plätzen errichtet, von dem die schlichten, flach gedeckten Bauten (der geplante vorgelagerte Arkadengang kam nicht zur Ausführung) mit den Präpariersälen auf das sechsgeschossige Hauptgebäude überleiten. In dessen oberstem Geschoß wurde der seinerzeit größte Mikroskopiersaal Europas untergebracht. Die acht Porträtmedaillons an der Ostseite des Hauptgebäudes stammen von dem Leipziger Bildhauer Alfred Thiele und stellen bedeutende Mediziner dar. Zwei Steintafeln über den Eingängen zum Hörsaal verkünden Leitsätze der Anatomie. Die zwei Fresken im großen Hörsaal, von Schubert & Uhlig ausgeführt, und die Plastik des Anatomen Wilhelm His vom Hallenser Künstler Weidanz sind allerdings für die Öffentlichkeit nicht zugänglich.

239 Edition Peters

Talstraße 10

Das dreigeschossige Gebäude mit seinen zeittypischen Rundbogenfenstern wurde 1873/74 vom Hofbaumeister Otto Brückwald für Dr. Max Abraham erbaut. Im August 1874 zog der Verlag, der zuvor in der Königstraße 12

Das heutige Haus des Handwerks wurde 1906/07 von Curt Nebel erbaut. Seine Fassadenreliefs machen es zu einem Bilderbuch der Geschichte der Polygraphie.

(heute Goldschmidtstraße) angesiedelt war, in den Neubau in der Talstraße um. An dem im Neorenaissancestil erbauten Haus „finden sich Formenzitate aus der venezianischen Architekturgeschichte" (Brunhild Gonschor, 1979). Als um 1906 das zweigeschossige Lagergebäude angefügt wurde, entstand nach einem Entwurf von Carl Poser auch die interessante Jugendstiltür des Haupteingangs. Ein beliebtes barockes Motiv liegt dieser bemerkenswerten Kunstschmiedearbeit zugrunde: Ein beidseitig gefaßter Gartenweg führt auf eine Vase zu, aus der üppige Pflanzen in Jugendstil-Manier herauswuchern. Die Bedeutung des Gebäudes ergibt sich einerseits aus dem baukünstlerischen Wert als beachtliche Geschäftshausarchitektur des Historismus, aber vor allem auch aus der Bedeutung des weltbekannten, zweihundertjährigen Musikverlags Edition Peters. Er gehört zu den Publikationshäusern, in denen die Werke von Ludwig van Beethoven zum ersten Mal erschienen. Das Gebäude ist seit Anfang der 1980er Jahre in Verfall geraten. Mit der Sanierung wurde begonnen.

Das Gebäude Talstraße 10 wurde 1873/74 von Otto Brückwald errichtet. Zeichnung Roland Keil

240 Haus des Handwerks

Dresdner Straße 11/13

Das 1906/07 errichtete Druckhaus Oscar Brandstetter ist eine Sehenswürdigkeit von Rang, denn der ausführende Architekt Curt Nebel dekorierte die Betonwerksteinfassade des fünfgeschossigen Stahlbetonbaus überreich mit plastischen Darstellungen zum Buchgewerbe und machte sie so zum einmaligen steinernen Bilderbuch der Polygraphiegeschichte der Stadt. Die im Original erhaltene Fassade ist durch ein feines Fugennetz gegliedert. Der tektonische Aufbau dieser Reformarchitektur mit Nachklängen des Jugendstils erschließt sich dem Betrachter nicht auf den ersten Blick. Die Hauptfassade wird durch einen vierachsigen Mittelrisalit und durch zwei einachsige Seitenrisalite vertikal betont. Dies steht in einem gewissen Gegensatz zu den querliegenden großflächigen Fensteröffnungen der früheren Produktionsgeschosse. Dabei ist der zur Scherlstraße gelegene Fassadenvorsprung als ein turmartiger Eckrisalit ausgebildet, der im Dachbereich von einem markanten Belvedere, einer Aussichtsplattform mit Balustrade, bekrönt wird. Die Fassadenvorsprünge werden in der Dachzone markant von spitzwinkligen Giebeln abgeschlossen. Mittel- und Seitenrisalite sind durch Lisenen, die über dem 1. und 4. Obergeschoß durch Bögen zusammengefaßt werden, gegliedert und durch bildhauerischen Schmuck üppig dekoriert. So finden sich plastische Darstellungen als Schlußsteine in den Scheiteln der Fensterbögen. Am Mittelteil sind über dem 4. Obergeschoß Johannes Gutenberg, der Erfinder des Buchdrucks mit beweglichen Lettern um 1440, und Beethoven stellvertretend für den Notendruck dargestellt. Sie werden beidseitig von liegen-

Das Grassimuseum wurde 1925–1929 nach Plänen von Zweck & Voigt erbaut. Treppenturm im zweiten Innenhof

den Jünglingen, schreibend und lesend, flankiert. Kaum ein Schmuckelement ist ohne ikonographische Bedeutung. Besonders erwähnenswert sind die Reliefplatten über den Erdgeschoßfenstern mit bildlichen Darstellungen aus der Arbeitswelt des Buchdruckers und Buchbinders. Nicht ohne weiteres erschließt sich dagegen die Arbeit im Giebel über dem linken Seiteneingang. Im Flachrelief ist ein Jüngling auf einem aufgeschlagenen Buch stehend dargestellt. Er hält einen überdimensionalen Federkiel wie eine Lanze in den Händen und scheint einen Krebs zu bekämpfen. Als Krebs bezeichnet die Fachsprache des Buchgewerbes ein nicht einwandfreies Buch, das zurück in die Herstellung muß. 1995/96 erfolgte die behutsame, denkmalgerechte Sanierung des Gebäudes. Verlorengegangene Details hat der Berliner Bildhauer Gerhard Thieme (geb. 1928) nachgestaltet. Einfühlsam erfolgte die Einordnung des neuen Haupteingangs an der Vorderseite, so daß nun die Dresdner Straße auch für den Besucher zur eigentlichen Hauptseite wird. In einem heute nicht mehr erhaltenen Seitengebäude in der Inselstraße 10 wurde im Jahre 1901 die Erstausgabe von Thomas Manns „Buddenbrooks", damals noch zweibändig, gedruckt.

241 Grassimuseum

Johannisplatz

Weil das 1895 nach Entwürfen von Hugo Licht am damaligen Königsplatz (heute Wilhelm-Leuschner-Platz) errichtete Grassimuseum dem gewachsenen Raumbedarf nicht mehr entsprach, wurde 1925–1929 der Neubau am Johannisplatz durchgeführt. Der städtebauliche Entwurf stammt von Stadtbaurat Hubert Ritter, die architektonische Bearbeitung lag in den Händen von Carl William Zweck und Hans Voigt. Das Gebäude gehört zu den bedeutendsten Museumsbauten vor dem zweiten Weltkrieg. Das Innere ist ganz nach den funktionalen Anforderungen der verschiedenen darin untergebrachten Sammlungen gestaltet worden. Die Hauptachse des rötlich/ockerfarbenen verputzten Baus, die Portale und Treppenhäuser sind unter Verwendung von Rochlitzer Porphyrtuff architektonisch hervorgehoben worden. Beachtung verdienen die im Art-déco-Stil gestalteten Details, wie Pfeiler, Dachaufbauten, Putzgliederungen und Leuchten, die für die Zeit zwischen 1925 und 1930 charakteristisch waren. Beim Wiederaufbau des im zweiten Weltkrieg völlig ausgebrannten Hauses mußte leider auf eine Reihe dieser Details verzichtet werden. „Der Neubau des Grassimuseums", schrieben die Architekten Carl William Zweck und Hans Voigt, „bildet im engeren Sinne den Kopfbau einer den alten Johannisfriedhof umschließenden ... zwingerartigen Gesamtanlage. Die Achse Johannisfriedhof – Museum bildet zugleich den Zugang zum alten Johanniskirchhof, als beabsichtigtem Volkspark, inmitten niedriger Randbebauung [allerdings kamen nur Begrenzungsmauern zur Ausführung, d. V.]. Dieses Moment war bestimmend für die gesamte Grundrissgestaltung. Auf Erhaltung alten Baumbestandes wurde großer Wert gelegt. ... Wenn später die Aufstellung der wegen Geldmangels fehlenden Figuren auf der Mittelpartie des Hauptbaues und die aus dem gleichen Grunde nicht ausgeführte Bildhauerarbeit, Vasenaufsätze und plastische Schrift über den Eingangsarkaden, nachgeholt sein werden, wenn nach Jahren die Kupferdächer ihre schöne grüne Patina zeigen, wenn zartes Grün an den dunklen Putzflächen emporrankt und die Grünanlagen sich in voller Entfaltung präsentieren werden, dann erst wird der Bau des neuen Grassimuseums voll und ganz erfüllen, was beabsichtigt worden ist." Die Eingangsfront am Johannisplatz war wegen der Johanniskirche betont niedrig gehalten worden. Heute fehlt die 1943 zerstörte Johanniskirche als raumgliedernder Akzent des Platzes, was sich städtebaulich sichtbar negativ auswirkt. Den Südflügel des Baus bildete das Messehaus Grassimuseum, in dem seit 1929 die Kunstgewerbemesse untergebracht war. Der Komplex beherbergt heute das Völkerkundemuseum, das Museum für Kunsthandwerk und das Musikinstrumentenmuseum der Universität. Vor dem Bau des neuen Grassimuseums wurde das alte Johannishospital abgebrochen, das Jahrhunderte diesen Standort einnahm. Erhalten blieb nur ein Renaissance-Sitznischenportal. Es ist in Rochlitzer Porphyrtuff ausgeführt. Über den kelchförmigen Sitzflächen sind muschelförmige Baldachine ausgebildet. Der Rundbogen des Kämpfers ist mit Beschlagwerk verziert, in das vier Rosetten eingelassen sind. Die Kartusche des Scheitels nennt die Jahreszahl: 1668. Das Portal ist links neben dem Haupteingang zum Grassimuseum eingeordnet. Die in der Renaissance so häufig anzutreffende Form des Sitznischenportals hat sich in Leipzig in nur wenigen Exemplaren erhalten. Seit 2001 wird das Museumsgebäude durch die Leipziger Architekten Ilg, Friebe, Nauber saniert. Die Rekonstruktion der Bleiverglasung des Bauhäuslers Josef Albers im Treppenhaus, die ein Opfer des zweiten Weltkriegs wurde, wird erwogen.

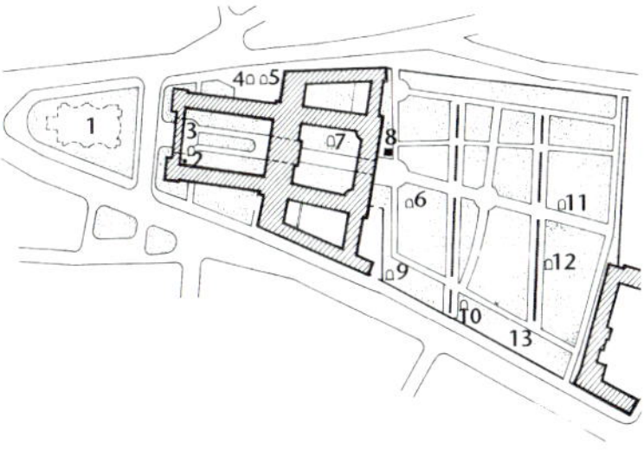

Der Alte Johannisfriedhof und das Grassimuseum. Lageplan

1. Ehemalige Johanniskirche mit Bach-Gellert-Gruft, im zweiten Weltkrieg zerstört
   Grabmale:
2. Christian Fürchtegott Gellert, 1769 (seit 2001 auf dem Südfriedhof)
3. Haubold Ludewig Wergen, von Adam Friedrich Oeser, 1769
4. John Motherby, 1813
5. Major Friccius, Völkerschlachtgedenkstein, 1863
6. Spohn-Säule, 1824 (Kopie)
7. Familie Crusius, 1838
8. Baumgärtnersche Gruft, vermutlich 1726
9. Ehemaliges Grab Adam Friedrich Oesers, 1799
10. Käthchen Schönkopf, 1810
11. Richard Wagners Mutter und Schwester, 1910
12. Ernst Innocenz Hauschild, 1866
13. Lapidarium mit Grabmalen vom Neuen Johannisfriedhof, u. a. Brockhaus, Reclam, Credner, Wustmann und Tröndlin

Alter Johannisfriedhof

242 Alter Johannisfriedhof

Täubchenweg

Am 21. Juni 1995 wurde der Alte Johannisfriedhof hinter dem Grassimuseum nach 15jähriger Instandsetzungsdauer vom Grünflächenamt der Öffentlichkeit wieder zur Nutzung übergeben. Der Alte Johannisfriedhof ist vor allem eine Stätte der Ehrung bedeutender Persönlichkeiten aus der älteren Geschichte Leipzigs. Namen wie Käthchen Schönkopf, die Jugendfreundin Goethes, Richard Wagners Mutter und Schwester, Dr. Schreber, Dr. Hauschild, der Initiator unserer Schrebergärten, und der Direktor der Leipziger Zeichenakademie Adam Friedrich Oeser sind zu nennen. Auch Johann Sebastian Bach und Christian Fürchtegott Gellert waren hier begraben, bevor sie umgebettet wurden. In Vorbereitung der Instandsetzung des Alten Johannisfriedhofs erfolgte 1979/80 eine wissenschaftliche Inventarisation des Bestands, wobei die Gräber vieler namhafter Leipziger wiederentdeckt, zugeordnet und restauriert wurden. Von den gegenwärtig noch vorhandenen mehr als 400 Grabsteinen besitzt eine große Zahl beachtlichen künstlerischen Wert. Ein Kleinod ist das barocke Grufthaus der Familie Baumgärtner. Der Bau wurde von Christian Döring wohl im Jahre 1726 errichtet.

Der noch vorhandene Grabsteinbestand der ehemaligen Friedhofsabteilungen III bis V bietet eine beeindruckende Abfolge der Grabmalkunst in Leipzig zwischen 1661 und 1883 – also vom Barock über klassizistische Gestaltungen bis hin zum Biedermeier und Historismus. Der Alte Johannisfriedhof ist ein kulturhistorischer Museumspark. Der Friedhofszugang erfolgt über die Innenhöfe des Grassimuseums, wie es durch den Museumsbau von 1925–1927 bereits vorgegeben ist. Dadurch werden die ehemaligen Abteilungen I und II, auf denen heute teilweise der Museumskomplex steht, mit den darin befindlichen Grabmalen in den Besichtigungsrundgang einbezogen.

Die Geschichte des Alten Johannisfriedhofs beginnt im Jahre 1278, als die Genossenschaft der Leprakranken vier Morgen Land vor dem Grimmaischen Tor erwarb. Kurz darauf wird ein Hospital errichtet worden sein. Eine Johannes dem Täufer geweihte Kapelle wurde erstmals im Jahre 1305 urkundlich erwähnt. Der Friedhof um diese Johanniskirche herum wurde zuerst vom Johannishospital belegt. Im Jahre 1476 vergrößerte man den Hospitalfriedhof, weil, auf kurfürstliche Weisung hin, hier nun auch Leipziger ohne Bürgerrecht beigesetzt wurden. Hygienische Gründe und insbesondere das häufige Auftreten der Pest waren ausschlaggebend dafür, daß durch eine Verordnung Herzog Georgs aus dem Jahre 1536 der Gottesacker zum alleinigen Begräbnisplatz der Stadt bestimmt wurde. Bis dahin erfolgten die Begräbnisse in oder um die Kirchen der inneren Stadt. Nur ungern werden diese Kirchen auf die Einnahmen aus den Begräbnissen verzichtet haben. Zwischen 1484 und 1834 erfolgten auf dem Johannisfriedhof 257 273 Beerdigungen. Die letzte fand am 24. Dezember 1883 statt. Schon im Jahre 1883 wurden die ältesten Teile, die I. und II. Abteilung, planiert und zu einer Grünanlage umgestaltet. Auf der heutigen Grüninsel vor dem Grassimuseum stand die im zweiten Weltkrieg zerstörte und später abgetragene Johanniskirche. In einer Gruft unter dem Altarraum waren Johann Sebastian Bach und Christian Fürchtegott Gellert beigesetzt. Das Grab Gellerts befindet sich heute auf dem Südfriedhof. Bachs Gebeine wurden 1950 in die Thomaskirche überführt.

Von den vielen erhaltenen Grabmalen seien hier genannt:

- das Denkmal für Haubold Ludewig Wergen nach einem Entwuf von Adam Friedrich Oeser, eine auf einem Säulenstumpf ruhende, verschleierte weibliche Büste (bis 2001 am Eingang rechts, im ersten Innenhof des Grassimuseums),
- Die Grabplatte des Gellert-Grabes (seit 2001 auf dem Südfriedhof),
- zwei Denkmale, die mit der Völkerschlacht von 1813 in Zusammenhang stehen: das eiserne Kreuz für John Motherby am Täubchenweg und unmittelbar daneben der stattliche Gedenkstein für Major Friccius, der 1863, zunächst auf der gegenüberliegenden Straßenseite, aufgestellt wurde. Die Inschrift erläutert: „Hier erstürmte die Königsberger Landwehr unter Führung des Major Friccius am 19. Oktober 1813 das äußere Grimmaische Tor".

Besonderes Interesse beansprucht die spezifische Grabmalikonographie. An der Baumgärtnerschen Gruft finden sich Totenkopf und Gebein. Weitere Motive sind nach unten gerichtete Fackeln, Genien mit dem Stundenglas, Grabgeräte, Schmetterlinge, Sterne, Kruzifixe, Urnendarstellungen, Lorbeer- und Palmenzweige, trauernde Frauengestalten und anderes. Bei einigen Grabsteinen wird die Stellung des Verstorbenen im öffentlichen Leben deutlich. Das Grabmal Goernes von 1813 zeigt Helm und Schwert sowie Lorbeerkranz als Attribute des Krieges. Für den Philosophieprofessor Traugott Krug, der 1842 starb, wurde der würfelförmige Biedermeierstein mit einer Schriftrolle (Inschrift: Wahrheit, Freiheit, Recht) und einem Federkiel geschmückt (Grabstein heute im hinteren Friedhofsbereich). Vom Neuen Johannisfriedhof, der in den 1970er Jahren säkularisiert wurde, sind eine Reihe wertvoller Grabsteine in den Bestand des Alten Johannisfriedhofs übernommen worden. Sie sind im sogenannten Lapidarium im südlichen hinteren Bereich eingeordnet. Stellvertretend seien hier genannt: die Verleger Friedrich Arnold Brockhaus und Philipp Reclam, der Geologe Hermann Credner, der Stadthistoriker Gustav Wustmann sowie Oberbürgermeister Bruno Tröndlin.

Das Symbol der Leipziger Mustermesse, Prager Straße

243 Alte Messe und MM-Signet

Seit 1996 wird die Messe auf dem neuen Gelände im Norden der Stadt abgehalten. Neben der baugeschichtlich bedeutsamen Halle 16 sind noch die Halle 11 von Carl Crämer (1925 erbaut) mit den charakteristischen spitzbogigen Eingangsportalen und die Halle 12 (Werkzeugmaschinenhalle von Oskar Pusch 1923/25) erhalten. Letztere wurde seit 1950 als sowjetische Messehalle genutzt. Aus diesem Grunde wurde der vorhandene Pfeilerportikus mehrmals umgebaut. Um 1977 bekam er die heutige Form mit der erhaltenen weißen Keramikverkleidung und der Gestaltung des 63 m hohen Turmaufsatzes mit dem roten Sowjetstern. Die gegenüberliegende Messehalle 7 entstand 1977 und wird noch heute für Großveranstaltungen genutzt. Die Hallen 1 und 4 unmittelbar am Nordtor entstanden nach Plänen von Curt Schiemichen Ende der 1920er Jahre. Bei der Neugestaltung des Areals ist es wichtig, daß die Querachse zur Straße des 18. Oktober, die alleeartige Nordstraße zwischen dem MM-Signet am Nordtor und der Wilhelm-Kreis-Halle 16, erhalten bleibt, ebenso die denkmalgeschützten Hallen 11, 12 und 16. Die Umwidmung der alten Messe soll auf der Grundlage eines Rahmenplans des Büros dt 8 Ulrich Coersmeier (1993) erfolgen.

Die Portalgestaltungen in Form des Messe-Signets wurden aus Anlaß der Jubiläumsmesse im Frühjahr 1965 an den drei Eingängen zum Gelände der Technischen Messe an der damaligen Leninstraße (heute Prager Straße), an der Zwickauer Straße und am Deutschen

Das Haus des Buches wurde 1995/96 nach Plänen der Architekten Angela Wandelt und Gerd Heise erbaut.

Platz errichtet. Dieses weltbekannte Symbol hatte der Leipziger Maler und Grafiker Erich Gruner im Auftrage des 1917 gegründeten Messeamts geschaffen. Das doppelte M steht für den Begriff Muster-Messe. Die 27 m hohen Stahlskelettkonstruktionen sind mit Aluminiumblech verkleidet. Der Entwurf für diese Eingangsgestaltung stammt von den Leipziger Architekten M. Weigend und M. Lehmann, die Ausführungsplanung von K. Kruppke. Das Portal am Deutschen Platz ist durch das 1980 fertiggestellte Eingangsbauwerk ersetzt. Die Technische Messe fand hier seit 1920 statt. Das Ausstellungsgelände war 1912/13 nach Entwürfen von Georg Weidenbach und Richard Tschammer für die Internationale Baufach-Ausstellung (IBA) 1913 angelegt worden. Aus dieser Zeit stammt noch die neoklassizistische „Betonhalle" des Architekten Wilhelm Kreis, heute Messehalle 16. Nur das doppelte „M" an der Prager Straße ist heute erhalten und unter Denkmalschutz gestellt worden.

244 Haus des Buches

Gerichtsweg 28/Prager Straße

Anstelle des im zweiten Weltkrieg zerstörten Buchhändlerhauses entstand im Auftrag des Börsenvereins des Deutschen Buchhandels nach Entwürfen der Planungsgemeinschaft Angela Wandelt und HPP Leipzig (Gerd Heise) in den Jahren 1995/96 das neue Haus des Buches. Drei in Höhe und Grundriß unterschiedliche Baukörper werden im Erdgeschoß durch eine dreieckige flache Foyerzone zusammengefaßt. Hinter dem Eingang am Gerichtsweg befinden sich ein großzügiger Empfangsbereich und ein etwas höher gelegtes Literaturcafé. Ein siebengeschossiger, turmartiger Baukörper betont den Zugang an der Prager Straße. Er ist bewußt etwas aus der Bauflucht gerückt. Westlich anschließend, parallel zur Prager Straße, öffnet sich der langgestreckte, kammartige Baukörper mit zwei Innenhöfen zur Straße. Dies ist eine für Leipzig neuartige, ungewöhnliche Lösung. Die beiden begrünten Höfe sind an der offenen Straßenseite durch riesige Glaswände wieder geschlossen, so daß sich ein dynamischer Wechsel von Klinker- und Glasfassaden ergibt. Für den östlichen Hof schufen Heinz-Jürgen Böhme und Detlef Lieffertz die Metallinstallation „Buchstabenfeld". Das Gebäude beherbergt das Kulturamt der Stadt und Büros der Buchbranche. Das rote Klinkerensemble gehört zu den bemerkenswerten Neubauten der letzten Jahre. Die Architekten wurden 1998 mit dem BDA-Preis Sachsen geehrt.

245 Landeszentralbank für Sachsen und Thüringen

Prager Straße 200 (altes Messegelände)

Unter Verwendung eines vorhandenen Baukörpers entstand nach Entwürfen der Architekten Hans Kollhoff und Helga Timmermann, Berlin, in den Jahren 1993 bis 1995 ein traditionell gegliederter, fünfgeschossiger Baukörper von 52 x 42 x 22 m, der um einen rechteckigen Innenhof angelegt ist. Seine noble Wirkung verdankt er der beherrschten flachen Gliederungsgeometrie in edlem graugrünen Naturstein. Ein balkonartiger Umgang um-

Die Landeszentralbank für Sachsen und Thüringen wurde 1993–1996 auf dem alten Messegelände nach Plänen der Architekten Kollhoff und Timmermann errichtet.

spannt das Gebäude in Höhe des 1. Obergeschosses. Es verdient Beachtung, daß die geflammte grüne Granitplattenverkleidung schon im Werk auf geschoßhohen Aluminiumrahmen computergesteuert vorgefertigt und auf der Baustelle nur noch an den dafür vorgesehenen Konsolen befestigt wurde. Während sich der Bau an der Hauptachse der alten Messe durchaus zurückhaltend gibt, präsentiert er sich um so prachtvoller im Inneren. Hervorzuheben ist die Fußbodengestaltung des überglasten Hofs durch den amerikanischen Künstler Joseph Kosuth mit in den Terrazzo eingelegten Aluminiumbuchstaben, die eine Textstelle aus Gotthold Ephraim Lessings „Laokoon" zitieren und von geschichtsträchtigen Daten aus Leipzigs Vergangenheit überlagert werden. Bauherr und Architekten erhielten 1999 den Architekturpreis der Stadt Leipzig.

246 Völkerschlachtdenkmal

Prager Straße

Zur Erinnerung an die siegreiche Schlacht bei Leipzig, die vom 16. bis zum 19. Oktober 1813 dauerte und in der die vereinigten österreichischen, russischen, preußischen, schwedischen und englischen Truppen die Armee Napoleons vernichtend schlugen, entstand in der Folgezeit ein ganzer Komplex von über 100 Denkmälern. Im Mittelpunkt steht das 91 m hohe Völkerschlachtdenkmal – der größte Denkmalbau Europas. Bereits unmittelbar nach der Niederlage Napoleons war die Idee eines gewaltigen Nationaldenkmals entstanden. 1814 publizierte der Karlsruher Architekt Friedrich Weinbrenner seinen Entwurf zu einem Völkerschlacht-National-Denkmal. Aber auch die 1863 vom Leipziger Bürgermeister Otto Koch vollzogene Grundsteinlegung führte noch nicht zu dem erhofften Denkmalbau. Am 26. April 1894 gründete der Leipziger Architekt Clemens Thieme den „Deutschen Patriotenbund zur Errichtung eines Völkerschlachtdenkmals bei Leipzig". Dieser schrieb im August 1895 eine Vorkonkurrenz zur Erlangung von Ideen und Entwürfen aus. Da keiner der eingereichten 32 Entwürfe den Vorstellungen Thiemes entsprach, wurde im August 1896 eine Hauptkonkurrenz ausgeschrieben. Am 21./22. Dezember 1896 befand die Jury über die 71 eingereichten Entwürfe. Den 1. Preis errang Wilhelm Kreis, vierter Preisträger wurde der berühmteste Denkmalschöpfer seiner Zeit, der Berliner Architekt Bruno Schmitz. Letzterer erhielt schließlich den Auftrag, einen Ausführungsentwurf zu erarbeiten. Clemens Thieme nahm auf die Entwurfsarbeit Schmitz' entscheiden-

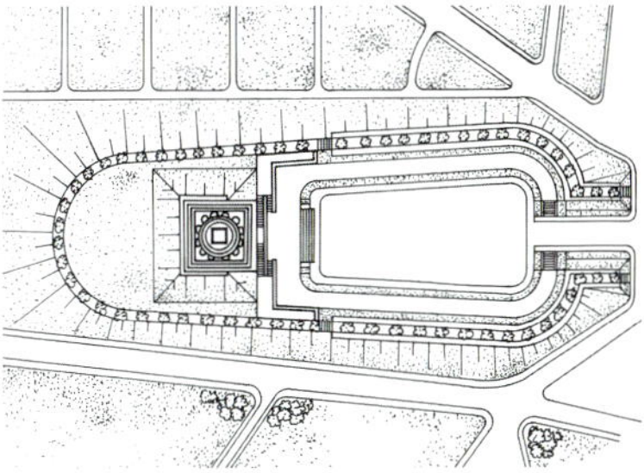

Völkerschlachtdenkmal. Lageplan

Das Völkerschlachtdenkmal wurde 1898–1913 zur Erinnerung an den Sieg über die Truppen Napoleons im Jahre 1813 errichtet.

Schicksalsmasken in der Krypta

den Einfluß. Am 18. Oktober 1898 erfolgte der symbolische erste Spatenstich, und am 18. Oktober 1900 konnte der Grundstein gelegt werden. Das Denkmal ruht auf 65 Gründungspfeilern aus Stampfbeton mit einer Höhe von 26 m, an die später ein Erdhügel angeschüttet wurde. Darüber baut sich der monumentale, dreigeteilte Kuppelbau auf. Der Besucher betritt zunächst die Krypta, die zur Ehrung der gefallenen Soldaten angelegt wurde. Acht mächtige Pfeiler mit Schicksalsmasken und je zwei auf ihren Schild gestützte Krieger, die Totenwache halten, bestimmen den feierlich-ernsten Zentralraum. Darüber liegt die Ruhmeshalle, der Hauptraum des Denkmals, der durch vier große, rundbogige Fenster belichtet wird. Die 9,60 m hohen Kolossalsitzfiguren stellen die Volkstugenden

Tapferkeit, Selbstvertrauen, Volkskraft und Opferbereitschaft dar. Die Kuppel darüber ist in elf übereinanderliegenden Ringen durch eine Schar von 324 lebensgroßen reliefierten Reiterfiguren ausgestattet. Außen sind um die Kuppel zwölf 13 m hohe, geharnischte Freiheitswächterfiguren aufgestellt. An der Stirnseite des Unterbaus, von dem die beiden Treppenanlagen ausgehen, ist in einem riesigen Steinrelief das Leipziger Schlachtfeld symbolisch dargestellt. In der Mitte erhebt sich die 12 m hohe Figur des gewappneten Erzengels Michael, seitlich von fackelschwingenden Kriegsfurien flankiert, darüber ein Siegesadler und die Inschrift „Gott mit uns". Die Bildhauerarbeiten wurden von dem Breslauer Bildhauer Christian Behrens begonnen und nach dessen Tode von Franz Metzner vollendet. Die gesamten Außenflächen des Denkmals sind mit Granitporphyr verkleidet, der in Beucha bei Leipzig gebrochen wurde. Die Einweihung des Monuments erfolgte am 18. Oktober 1913, dem 100. Jahrestag der Völkerschlacht, in Anwesenheit des deutschen Kaisers, des sächsischen Königs, aller Fürsten der deutschen Staaten sowie der Vertreter der Herrscher von Österreich, Rußland und Schweden. Obwohl sich Clemens Thieme in seiner Ansprache um eine sachliche Würdigung der Befreiungskriege von 1813 bemühte, geriet die Eröffnungsveranstaltung letztlich zu einer nationalistischen Manifestation ohnegleichen. So wurde das Denkmal am Vorabend des ersten Weltkriegs zum Symbol des deutschen Weltherrschaftsanspruchs. Die ideologische Vereinnahmung des Denkmals durch das militaristische deutsche Kaiserreich und später durch die nationalsozialistischen Machthaber des sogenannten Dritten Reichs erwies sich in der Folgezeit als eine schwere Hypothek bei der Rezeption dieses Baus. Auch in der DDR-Zeit wurde es als Monument der deutsch-russischen Waffenbrüderschaft wieder einseitig politisch interpretiert und diente der Nationalen Volksarmee als Ort der Vereidigungen. In der ehemaligen Bauhütte gegenüber den Kassen wurde 1998 das Forum 1813, ein kleines Museum zur Geschichte der Schlacht und der Befreiungskriege, eingerichtet.

In den Grünanlagen rechts vor dem Zugang zum Gelände des Völkerschlachtdenkmals befindet sich der 1857 aufgestellte *Napoleonstein*. Die Inschrift an der Ostseite lautet: „Hier weilte Napoleon am 18. Oktober 1813 die Kämpfe der Völkerschlacht beobachtend". Auf dem Denkmal liegen auf einem Kissen symbolische Nachbildungen von Hut, Degen und Fernrohr des französischen Kaisers.

247 Gletschersteinpyramide Stötteritz

Gustav-Schwabe-Platz

Das ungewöhnliche, 6 m hohe Bauwerk wurde 1903 aus ca. 700 Findlingssteinen errichtet, die die Gletscher in der Eiszeit vorwiegend aus Skandinavien bis in unsere Gegend transportiert hatten. Es handelt sich um Granite, Diabase, Quarzite, Gneise, Porphyr etc. Eine gußeiserne Inschriftentafel an der Vorderseite trägt folgenden Text: „In der Jahrtausende zurückliegenden Eiszeit haben die gewaltigen Gletscher Skandinaviens ihre südlichen Ausläufer bis in diese Gegend erstreckt und zahlreiche Steine aus Schweden mit sich geführt und hier abgelagert. Aus solchen Steinen ist im Jahre 1903 von der Allgemeinen Deutschen Credit Anstalt und der Leipziger Immobilien in Leipzig in deren Felder sie verstreut eingebettet lagen dies Denkmal hier am Fundort errichtet worden. Das Denkmal steht im Schutze edler Menschen". Die An-

Napoleonstein

Gletschersteinpyramide

regung zu diesem naturwissenschaftlichen „Lehrobjekt" ging von dem Universitätstheologen Caspar René Gregory aus, der in der Umgebung seines Hauses derartige Gletschersteine gefunden hatte. Realisiert wurde die Idee schließlich durch den Geologen und namhaften Leipziger Universitätsprofessor Hermann Credner. Unterstützt wurde das Anliegen vom Präsidenten der Leipziger Immobiliengesellschaft Ludolf Colditz. Im Jahre 2000 wurde die Gletschersteinpyramide auf Initiative von Professor Klaus Bente vom Institut für Mineralogie, Kristallographie und Materialwissenschaft der Universität Leipzig restauriert.

248 Memorialmuseum Südliches Schlachtfeld

Alte Tauchaer Straße 1 in Liebertwolkwitz

Das typisch fränkische Fachwerkhaus, wie es für das Leipziger Land charakteristisch ist, wurde 1808 nach einem Brand errichtet. Während der Völkerschlacht wurde das sogenannte Hintersässergut beschädigt. Seit 1980 bemühten sich die Freunde der Interessengemeinschaft Südliches Schlachtfeld um die Rettung und Erhaltung des zweigeschossigen Gebäudes. Seit 1995 befindet sich hier eine Ausstellung zur Völkerschlacht bei Leipzig im Oktober 1813, die sich besonders den Ereignissen um Liebertwolkwitz widmet. Das Areal zwischen Liebertwolkwitz und Störmthal sowie Wachau und Großpösna ist als Südliches Schlachtfeld unter Denkmalschutz gestellt. Eine Reihe von Gedenksteinen markieren die Situation vor Ort, so z. B. die Apelsteine Nr. 1, 2, 3, 5, 6, 7, 8, 9, 10, 32 das Galgenberg-Denkmal, das Monarchehügel-Denkmal und das Kolmberg-Denkmal. Außerdem erläutern Informationstafeln die Situation im Gelände.

Memorialmuseum Südliches Schlachtfeld

249 Südfriedhof

Prager Straße 212

Südwestlich des Völkerschlachtdenkmals erstreckt sich das ausgedehnte Areal des parkartigen Leipziger Südfriedhofs, der wegen der Vielzahl von Gräbern bedeutender Persönlichkeiten, aber auch von künstlerisch herausragenden Grabdenkmalen einen Besuch lohnt. Die Anlage wurde auf der Grundlage einer Vorplanung von Stadtbaudirektor Hugo Licht und dem späteren Gartenbaudirektor Carl Otto Wittenberg begonnen und durch letzteren ausgeführt. Die Eröffnung des Friedhofs fand am 1. Juni 1886 statt. In den Jahren 1905 bis 1910 wurde nach Plänen von Stadtbaudirektor Otto Wilhelm Scharenberg die monumentale, symmetrische Kapellenanlage mit dem Krematorium im neoromanischen Stil errichtet, die auf die Sichtachse vom Nordtor bezogen ist. Der Mittelbau mit der dahinterliegenden zentralen Hauptkapelle im Stile einer Säulenbasilika wird über den drei rundbogigen Portalen, die reich mit Bauplastik geschmückt sind, durch eine malerisch gestaffelte Turmgruppe betont, die ihre Steigerung in dem 60 m hohen Glockenturm hat. Sie erinnert an

Die Kapellenanlage auf dem Südfriedhof wurde 1905–1910 von Stadtbaurat Scharenberg erbaut.

bedeutende hochromanische Kirchen, wie etwa Maria Laach in Rheinland-Pfalz u. a. Die ganze Anlage umschließt ein äußerer Umgang, die Gruftarkaden. Die Außenfronten sind als Putzfassaden mit Sandsteingliederungen ausgeführt. Haupt- und Seitenkapellen waren aufwendig ausgemalt. 1996/97 erfolgte die Neuausmalung des Chorraumes der Hauptkapelle als Rekonstruktion nach historischem Befund durch den Restaurator im Handwerk Rainer Haselbach. Die Ausmalung „stellt sich als eine an den Goldenen Stil der Wiener Sezession erinnernde Übertragung spätantiker bzw. byzantinischer Raumdekorationen dar" (Alberto Schwarz, 2000). Vor dem Haupteingang steht im sogenannten Sozialistischen Ehrenhain eine Bronzeplastik von Walter Arnold, die an die Opfer des zweiten Weltkriegs erinnert. Diese Anlage war bis 1989 am Nordtor platzartig erweitert worden. Sie blieb allerdings unvollendet. Wegen ihrer betont politischen Programmatik wurde sie inzwischen teilweise zurückgebaut.

250 Deutsche Bücherei

Deutscher Platz 1

Als Nationalbibliothek konzipiert, hat die Deutsche Bücherei seit 1913 die Aufgabe, das gesamte in- und ausländische deutschsprachige Schrifttum zu sammeln. Das Gebäude wurde in den Jahren 1914 bis 1916 nach Entwürfen des Dresdner Architekten Oskar Pusch errichtet und gehört zu den herausragenden architektonischen Leistungen dieser Jahre. Der konkav geschwungene Baukörper mit den beiden markant aus der Front heraustretenden Fassadentürmchen weist eine Länge von 120 m auf. Die Türme sind im Bereich des 1. Obergeschosses durch massige, barockisierende Fenstererker betont. Der linke Turm trägt als Bekrönung das sächsische Wappen mit einer Krone, der rechte das Wappen des deutschen Kaiserreichs mit dem Reichsadler. Beide Wappen werden jeweils von zwei Putti mit Füllhörnern flankiert. Zum Haupteingang führt eine breite Freitreppe. Über den drei kunstvollen Eingangstüren sind die skulptierten Porträts von Otto von Bismarck, Johannes Gutenberg und Johann Wolfgang von Goethe angebracht. Sie stammen von dem Dresdner Bildhauer Fritz Kretzschmar. Durch zehn erdgeschoßhohe, kannelierte Pilaster wird der Eingangsbereich gestalterisch betont. Darüber liegt ein Architrav, auf dem sechs allegorische Gewandfiguren stehen (von links: Technik, Kunst, Justitia, Philosophie, Theologie,

Die Deutsche Bücherei wurde 1914–1916 nach Plänen von Oskar Pusch ausgeführt.

Deutsche Bücherei. Eingangsbereich

Medizin). Links und rechts ist je ein Wappenhalterpaar angeordnet. Einem bestimmten Stilvorbild folgt diese Architektur nicht, vielmehr werden die unterschiedlichen Details im Sinne von Adaptionen völlig frei gehandhabt und zu einer Fassadengestaltung zusammengefügt, die sich von Vorbildern jeder Art absetzen will. Insofern ist der Bau ein charakteristisch für die Reformbestrebungen der Zeit. Durch reiche Stiftungen konnte für die Innenausstattung des Gebäudes eine große Zahl von Kunstwerken in Auftrag gegeben werden. Genannt seien die vier Wandmosaiken in der Eingangshalle von Max Seeliger (1865–1920), zahlreiche Büsten von Persönlichkeiten der deutschen Geschichte und die Wandgemälde im Treppen- und Foyerbereich. Das großformatige Ölgemälde im Zugangsbereich zu den Katalogsälen schuf Hugo Vogel. Es zeigt den ersten geschäftsführenden Ausschuß der Deutschen Bücherei. Das Wandbild im Großen Lesesaal „Brunnen des Lebens" schuf Ludwig von Hoffmann (1920). Sein zweites, früher gegenüberliegendes Wandbild „Quelle der Kraft" ging im zweiten Weltkrieg verloren. Dem Zeitgeschmack entsprechend, wurde im Vestibül des Erdgeschosses ein Zierbrunnen eingefügt. Das halbkreisförmige Wasserbecken ruht optisch auf einem kannelierten Säulenstumpf. Der Unterbau ist in Marmor ausgeführt. Die Bronzeplastik des Mädchens mit einem Frosch in beiden Händen schuf der Bildhauer Felix Georg Pfeifer, von dem auch drei Fassadenfiguren (Technik, Philosohie, Medizin, die anderen Plastiken stammen von Johannes Hartmann und Adolf Lehnert) sowie einige der Monumentalbüsten in den Gängen stammen. Das Gebäude wurde 1934–1936 und 1959–1963 erweitert. Das 1884 vom Deutschen Buchgewerbeverein gegründete Deutsche Buch- und Schriftmuseum befindet sich seit 1950 in Räumen der Deutschen Bücherei. In den Jahren 1977 bis 1982 entstanden nach Plänen des Dresdner Architekten Dieter Seidlitz die sogenannten Büchertürme, die über eine 55 m lange Bandbrücke mit dem Hauptgebäude verbunden sind. Dieser moderne, aber etwas ungeschlachte Magazinbau vermag sechs Millionen bibliographische Einheiten aufzunehmen. Der Turm ist in Stahlbetongleitbauweise mit oberflächenfertigen Außenwandplatten aus Betonwerkstein ausgeführt und ist in unterschiedlich hohe Turmsegmente unterteilt.

251 Russische Gedächtniskirche

Philipp-Rosenthal-Straße

1910 wurde in St. Petersburg ein Baukomitee gegründet, das sich zur Aufgabe stellte, für die 22 000 in der Völkerschlacht bei Leipzig gefallenen russischen Soldaten in Leipzig eine Gedächtniskirche zu errichten. Die Grundsteinlegung erfolgte am 28. Dezember 1912, die Weihe am 17. Oktober 1913. Der Entwurf für den Kirchenbau stammt von dem Petersburger Architekten Wladimir A. Pokrowski, Ausführung und Bauleitung lagen in den Händen der Leipziger Architekten Georg Weidenbach und Richard Tschammer. Während

Der 4. Erweiterungsbau der Deutschen Bücherei soll nach dem Wettbewerbssiegerentwurf von Gabriele Glöckler / Stuttgart aus dem Jahre 2002 ausgeführt werden. Er versteht sich in seiner anspruchsvollen zeitgenössischen Architektur als prägnantes und eigenständiges Element im Verhältnis zum Hauptgebäude und den Büchertürmen. Der Neubau wird Magazine und Räume für das Buch- und Schriftmuseum enthalten.

Die Russische Gedächtniskirche entstand 1912/13 zum Andenken an die während der Völkerschlacht bei Leipzig 1813 gefallenen russischen Soldaten.

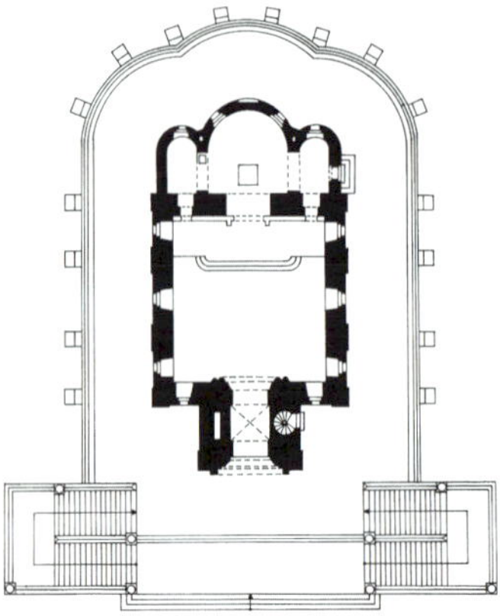

Russische Gedächtniskirche. Lageplan

die Baukosten in Höhe von einer Million Mark von russischer Seite aufgebracht wurden, hatte der Rat der Stadt das Baugelände unentgeltlich zur Verfügung gestellt. Der 55 m hohe Stahlbetonturm in Zeltdachkonstruktion wird von einer vergoldeten Zwiebelkuppel bekrönt. Im Untergeschoß, das von einem Arkadengang umgeben wird, befand sich eine Bibliothek, die 1927 zur Winterkirche umfunktioniert wurde. Von der Rückseite des Baus gelangt man in die Gruftkapelle. Hier sind die Särge hoher russischer Offiziere sowie ein Sarkophag mit Gebeinen unbekannter russischer Soldaten aufgestellt. Ins Erdgeschoß führt ein reich ornamentiertes Rundbogenportal aus Sandstein, das von zwei Gedächtnisplatten in russischer und deutscher Sprache begleitet wird. Zwei gegenüberliegende Freitreppen bilden den Aufgang zur Oberkirche mit einem äußeren Prozessionsumgang. Ihr Innenraum wird von einem 18 m hohen, in Moskau gefertigten Ikonostas nach altrussischem Vorbild beherrscht. Die Architektur des zweigeschossigen Kirchenbaus lehnt sich an die Christi-Himmelfahrts-Kirche in Moskau-Kolomenskoje an, die 1530–1532 errichtet wurde. Neben dem Völkerschlachtdenkmal nimmt die Russische Kirche im Komplex der vielen Erinnerungsstätten zur Völkerschlacht einen zentralen Platz ein.

252 Bio-City Leipzig

Deutscher Platz 4

Mit dem 2003 fertiggestellten Gebäude gelingt es, den Deutschen Platz, der nach Eröffnung der Deutschen Bücherei im Jahre 1916 fast ein Jahrhundert ein städtebaulicher Torso geblieben war, weiter Gestalt zu geben.
„Die städtebauliche Figur des Laborgebäudes Bio-City ist eigenwillig und kontextuell. Sie reagiert auf die beiden öffentlichen Seiten des Ortes, eine Platz- und eine Straßenseite. Dazwischen wird eine sich durchdringende Raumfigur entwickelt, die beide Bereiche, den universitären und den privatwirtschaftlichen, spezifisch unterscheidet und dennoch verbindet. Der Eigenständigkeit der Raumfigur entspricht die Fassadenoberfläche des Gebäudes, der Verschränkung im Räumlichen entspricht die Verschränkung der flächigen Elemente: Fenster- und Oberlichtbänder, die miteinander eine kompositorische Einheit ergeben. Die Dauerhaftigkeit des zeitgenössisch eingebundenen Fassadenspiels wird durch das solide Material des Ziegels unterstrichen, die Öffentlichkeit des Gebäudes durch Gleichbehandlung der oben verglasten ‚Piazza' und des Hofs. Wegen der hohen kompositorischen Komplexität, aber auch städtebaulichen Bestimmtheit des Projekts" (aus der Jurybeurteilung) erhielten die Architekten Spengler – Wiescholek

Die Bio-City am Deutschen Platz. Hoffassade

Die ehemalige Großmarkthalle wurde 1928/29 von Hubert Ritter und Franz Dischinger erbaut.

aus Hamburg im Jahre 2003 den „Architekturpreis der Stadt Leipzig zur Förderung der Baukultur". Das benachbarte *Max-Planck-Institut* für evolutionäre Anthropologie, Deutscher Platz 6, wurde ebenfalls im Jahre 2003 nach Entwürfen der Architekten Schmidt – Schicketanz und Partner aus München fertiggestellt.

253 Ehemalige Großmarkthalle

Zwickauer Straße 40

Gewaltige Kuppelkonstruktionen, die große Flächen stützenlos überspannen, gehören seit der antiken römischen Architektur zu den beeindruckendsten Leistungen der Baukunst. Abgesehen von der bautechnischen Kompliziertheit der Ausführung sind es vor allem das städtebauliche Erscheinungsbild und die faszinierende Raumwirkung im Inneren, die den Betrachter gefangennehmen. Seit der Erfindung des Stahlbetons durch den Franzosen Monier im Jahre 1867 ergaben sich auch für den Gewölbebau neue Perspektiven. Auf Beschluß der Stadtverordnetenversammlung vom 13. Juli 1927 entstand in zweijähriger Bauzeit 1928/29 unter Leitung von Stadtbaurat Hubert Ritter und dem Statiker Franz Dischinger die Großmarkthalle in der Zwickauer Straße mit den beiden Stahlbetonrippenkuppeln von je 75 m Durchmesser. Zwar kamen von ursprünglich drei geplanten Kuppeln und einem Hochhaus nur diese zwei Kuppeln mit einem Kostenaufwand von 12 Millionen Mark zur Ausführung, doch gelten sie bezüglich ihrer Abmessungen und konstruktiven Kühnheit als Meisterleistung des Stahlbetonbaus. Die beiden Achteckkuppeln von 30 m Höhe überdachen eine Hallenfläche von ungefähr 12 000 qm. Im Inneren erschlossen drei parallele Fahrstraßen von 160 m Länge die Halle für den LKW-Verkehr. Mehr noch als von außen erhält man im Innenraum einen Eindruck von der Weite und Dynamik der Betonkonstruktion. Die strahlenförmig zum Gewölbescheitel nach oben strebenden Stahlbetonrippen münden in kreisförmige Oberlichtkonstruktionen von beachtlichem Durchmesser. Die Kuppeln sind auf je acht Eckpfeilern und dazwischengespannten Stahlbetonbögen von 30 m Breite und 13 m Höhe aufgelagert. In der nur 9 cm starken Betonschale zwischen den Rippen liegen vier Lagen Stahlbewehrung. Die „Leipziger Kuppel [ist] der Höhepunkt aller Bestrebungen der Architekten des Neuen Bauens um eine leichte, unrepräsentative Architektur, und schon deshalb gebührt ihr ein Ehrenplatz in der Architekturgeschichte der Moderne" (Winfried Nerdinger, 1992). Die Halle wird heute z. B. in den Wintermonaten als Eisbahn genutzt.

254 Wohnhaus Köhler

Holzhäuser Straße 26

Gelegentlich entsteht der Eindruck, als wäre die Gestaltung von Eigenheimen heute keine Aufgabe der Architektur mehr, so trist und einförmig präsentieren sich die zumeist im ländlichen Raum auf billigem Baugrund errichteten Einfamilienhäuser dem Betrachter. Das Haus Köhler hingegen konnte im Jahr 2001 mit dem „Architekturpreis der Stadt Leipzig

Das Wohnhaus Köhler

zur Förderung der Baukultur" ausgezeichnet werden. In der Jurybeurteilung heißt es: „Dieses Wohnhaus thematisiert auf intelligente Weise ‚das Haus am Stadtrand'. Als eine Art von Transformation einer Stadtidee wird ein urbanes Haus entwickelt und präzis umgesetzt. Die Ausrichtungen Straße – Hofseite werden durch zwei unterschiedliche Haustypologien herausgearbeitet. Zur Straße hin das Massive mit niedrigen Geschoßhöhen, zum Hof hin ein ‚Gartenhaus' aus Holz mit größeren Geschoßhöhen und großzügigen Öffnungen. Aus dieser konsequenten konzeptionellen Haltung sowie den eingesetzten Materialien entsteht ein sinnlich wahrnehmbares, städtisches Haus. Die Verfasser leisten mit diesem Stadthaus exemplarisch einen wichtigen Beitrag für den Themenbereich Stadt – Stadtrand – Landschaft." Die Planer Hobusch + Kupphardt Architekten aus Leipzig stellten das Haus im Jahre 2001 fertig.

255 Wohnensemble Alt-Lößnig

Bornaische Straße

Die in den Jahren 1902 bis 1913 für die Gemeinnützige Baugesellschaft nach Entwürfen der Leipziger Architekten Max Pommer und Anton Kaeppler errichtete Wohnanlage Alt-Lößnig stellt eine reizvolle städtebauliche Besonderheit dar. Während die Wohnensembles der Gründerzeit ansonsten üblicherweise in strenger, regelmäßiger Blockrandbebauung mit innen liegenden Höfen angelegt worden sind, findet man hier eine offene, aufgelokkerte Bebauung mit sehr viel Grün. Für den Massenwohnungsbau dieser Zeit ist dies eine ausgesprochen fortschrittliche Lösung, wie sie unter dem Slogan „Licht, Luft, Sonne" eigentlich erst die städtebaulichen Konzepte der klassischen Moderne der 1920er Jahre und danach auszeichnet. In 81 Gebäuden befan-

Die Wohnanlage Alt-Lößnig entstand in den Jahren 1902–1913.

den sich ursprünglich 1100 Wohnungen. Die Gebäude variieren sowohl in der Grundform der Baublöcke als auch in der Gestaltung. Kein Haus gleicht dem anderen, was dem Ensemble seinen unverwechselbaren Reiz verleiht. Jede Fassade hat ihr eigenes Gesicht. Es ist besonders anzumerken, daß bei der notwendigen Verbesserung des Wohnkomforts dennoch im Inneren wichtige Ausstattungselemente wie Türen, Treppenanlagen usw. bei der Sanierung erhalten wurden. Teilweise mußten recht kleine Wohnungen vergrößert werden. Die Detailvielfalt der Fassadengestaltung äußert sich im lebendigen Wechsel von Putz- und Klinkerflächen, eisernen Balkongittern, Türmchen und Erkern sowie in Giebeln und Dachgaupen verschiedener Ausführungsvarianten. Teilweise sind Giebelflächen verschiefert. Bei der Sanierung erlagen die Architekten Dischereit und Gehring nicht der Versuchung, die Gestaltungsvielfalt dieser früheren Arbeitersiedlung aus Kostengründen zu vereinheitlichen. Die Leipziger Wohnungs- und Baugesellschaft wurde hierfür 1999 mit dem Hieronymus-Lotter-Preis für Denkmalpflege der Kulturstiftung Leipzig ausgezeichnet.

Der Rundling in Lößnig wurde 1929/30 nach Entwürfen von Hubert Ritter erbaut. Er gehört zu den herausragenden städtebaulichen Leistungen der Moderne in Deutschland.

256 Rundling in Lößnig

In den Jahren 1929/30 entstand nach Entwurf des damaligen Stadtbaurats Hubert Ritter der städtebaulich-architektonisch eindrucksvolle Rundling mit 624 Wohnungen. Er gehört zweifellos zu den herausragenden stadtplanerischen Leistungen der Moderne in Deutschland. Geschickt hat Ritter den Reiz der Bodenbewegung ausgenutzt, um auf dem leicht ansteigenden Gelände die Wohnungen in drei parallelen Kreisen anzuordnen. Das Anschwellen des Bodens wird unterstrichen, indem die tiefer liegenden äußeren Ringe dreigeschossig ausgeführt sind, der innere Ring jedoch viergeschossig. Es scheint, als markierten die Hausringe die unsichtbaren Höhenlinien. Zwei rechtwinklig zur Hauptachse angeordnete Kopfbauten mit Verkaufseinrichtungen in den Erdgeschoßbereichen definieren den westlichen Zugang zur Wohnanlage. In einem Vorentwurf von 1926 hatte Ritter auf den zentralen Platz in der Mitte gar noch eine Kirche gestellt. Differenzierte Wohnungsgrundrisse sicherten, daß alle Wohnungen günstig besonnt wurden. Nach schweren Zerstörungen im zweiten Weltkrieg erfolgte in den Jahren 1965/66 ein teilweiser Wiederaufbau. Bei der komplexen Sanierung in den Jahren 1993 bis 1997 durch die Büros Schmitz und Gerlach, Krings, Bohning aus Aachen wurden fünf im Krieg zerstörte Blöcke denkmalgerecht ergänzt. Der Münchner Architekturhistoriker Winfried Nerdinger sieht im Rundling ein „Symbol für die Ideale des Neuen Bauens der Weimarer Republik" und findet, er sollte „in Zukunft in allen Architekturgeschichten zumindest gleichberechtigt neben der Hufeisensiedlung [von Bruno Taut in Berlin-Britz, d. V.] und der Jarre-Stadt" in Hamburg von Karl Schneider stehen.

Rundling. Vogelperspektive

257 Förderturm Dölitz

Friederikenstraße 97

Der Förderturm in Dölitz bietet einen für den Leipziger Raum einmaligen Anblick. Denn in der Regel konnte im Leipziger Südraum die Braunkohle im Tagebau abgebaut werden, da die Flöze in verhältnismäßig geringer Tiefe lagen. Hier in Dölitz jedoch fand Braunkohlentiefbau statt, woraus sich der ganz besondere technikgeschichtliche Wert der Schachtanlage ableitet. Aus ca. 75 m Tiefe wurde die Kohle heraufgeschafft. Die Anlage wurde 1894 begonnen und mehrfach verändert. Die erste Kohleförderung fällt in das Jahr 1902. 1925 bis 1930 entstanden der markante obere Abschluß des Förderturms in Stahlfachwerkkonstruktion mit der großen Umlenkscheibe und den charakteristischen Schrägstützen, das überkragende Hängebankgeschoß und das über die Förderbrücke angeschlossene Sortiergebäude. Zeitweilig arbeiteten hier 50 Arbeitskräfte über und 100 unter Tage. Über eine 1500 m lange Seilbahn wurde zeitweilig auch das 1908–1910 errichtete Elektrizitätswerk Süd beschickt. Auch für die Versorgung der Leipziger Bürger mit Brennmaterial spielte die Förderanlage eine Rolle. Nach der letzten Schicht am 13. Juni 1959 wurde die Grube bald geschlossen. Die Nebengebäude erhielten eine andere Nutzung und sind daher zum Teil erhalten. In Mitteldeutschland ist nur noch ein weiterer Förderschacht des Braunkohlentiefbaus, die Anlage Paul II in Theißen bei Zeitz, erhalten, die aber in einem schlechteren Erhaltungszustand ist und keine Nebenlagen mehr besitzt. Seit Ende der 1990er Jahre wird der Förderturm als Kulturdenkmal des Bergbaus im Rahmen der Mitteldeutschen Straße der Braunkohle schrittweise saniert.

Der Förderschacht Dölitz in der Friederikenstraße. Ansicht und Schaubild von Hartmut Kauschke

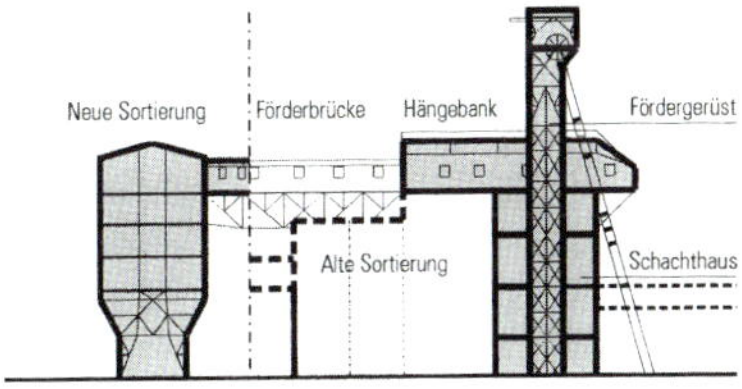

Auf dem ehemaligen Schlachthof wurde 1997–2000 der Neubau des Verwaltungszentrums des Mitteldeutschen Rundfunks errichtet.

Das Luftbild zeigt das MDR-Gelände sowie das Mediencenter im Jahr 1999 während der Bautätigkeit. Über dem MDR-Gelände die Großmarkthalle und das alte Messegelände. Rechts unten die beiden Gasometer Süd. Blick aus Richtung Süden zum Stadtzentrum

258 Mitteldeutscher Rundfunk / Ehemaliger Schlachthof

Kantstraße 71/73

In den Jahren 1886 bis 1888 entstand nach Plänen des Stadtbaurats Hugo Licht der in der Folgezeit mehrfach erweiterte Städtische Schlachthof mit zuletzt fast 30 Gebäuden in gelber Klinkerbauweise. 1991 erwarb der Mitteldeutsche Rundfunk das Areal, um hier seine Verwaltung und die Fernsehzentrale zu errichten. Ein knappes Drittel der historischen Substanz, vornehmlich im zentralen Bereich, konnten, erhalten und umgenutzt werden. 1992 wurde die Alte Schlachthofbörse zum Sitz des Intendanten umgebaut. Im Inneren hat sich der alte Börsensaal, der im Stile eines Hofs der italienischen Renaissance angelegt ist, erhalten. Seine historische Polychromie wurde nach Befund wiederhergestellt. Erhalten und restauriert wurden auch die oberen 12 illusionistischen „Fensterbilder", die mit Blumen und Zweigen geschmückte Ausblicke in den Himmel darstellen (um 1906 entstanden). Eine bemerkenswerte Umnutzung gelang Gerd Heise vom Architekturbüro HPP Leipzig bei der Halle 16 (1993–1996). Durch die großflächige Verglasung der Dachfläche konnten im Obergeschoß (vorher als Speicher genutzt) attraktive Büros untergebracht werden. Die gewölbte Erdgeschoßdecke (früher Viehställe) mit den markanten Eisengußsäulen beherbergt heute die Kantine und besitzt ein ganz besonderes Ambiente. Bemerkenswert ist auch das sandsteinere Wappen am ehemaligen Pförtnerhäuschen zum Schlachthofbereich von Jacob Ungerer aus dem Jahre 1887, das von Putti mit Attributen des Schlachterhandwerks gerahmt wird. 1994 führte der MDR einen Architektenwettbewerb für den Neubau des Fernseh- und Verwaltungszentrums durch. Der zweite Preisträger, die Architektengruppe Gondesen, Piachnow und Staack (GPS) in Arbeitsgemeinschaft mit den Architekten Struhk & Partner, erhielt den Zuschlag für die Realisierung. In den Jahren 1997 bis 2000 entstand der Neubau mit dem markanten, dreizehngeschossigen Hochhauskörper, der in der gewölbten Form eines Fernsehbildschirms ausgeführt ist und die umgebende Bebauung im Süden der Stadt deutlich überragt. Nördlich, noch auf dem Areal des Schlachthofs, wurde durch die Architekten von Gerkan, Marg & Partner aus Hamburg in den Jahren 1998 bis 2000 auf 36000 qm das Mediencenter mit Büros, Werkstätten und Studios erbaut. An der Richard-Lehmann-Straße, am höchsten Punkt des Geländes stehen die beiden *Gasometer Süd* der Stadtwerke. Von diesen beiden baulich faszinierenden Rundbauten mit den gelben Klinkerfassaden entstand der kleinere 1895 und der größere im Jahre 1900. Letzterer wurde 2003 saniert

Neubau Betriebsbereich Strom/Gas der Stadtwerke Leipzig

und am 23.5.2003 mit einem temporären Himalaja-Großfoto-Panorama als multifunktionale Rundhalle mit neuer Nutzung wieder in Betrieb genommen. Bemerkenswert ist die Kuppelkonstruktion, eine sogenannte Schwedlerkuppel des namhaften Ingenieurs Johann Wilhelm Schwedler (1823–1894), der besonders als Konstrukteur von Eisenbahnbrücken bekannt wurde. Sein Prinzip der Fachwerkkuppeln besteht darin, daß alle Kräfte in der Ebene der Kuppelschale selbst aufgefangen werden, die dadurch äußerst leicht, wenig materialaufwendig und daher kostengünstig ist. Außer an Gasbehältern in Berlin findet sich das Prinzip auch bei der Kuppel der dortigen Synagoge an der Oranienburger Straße.
Ein weiterer Leipziger Gasometer befindet sich in der Roscherstraße. Er wurde 1904 errichtet und harrt ebenfalls noch der Umnutzung.

259 Neubau Betriebsbereich Strom/Gas der Stadtwerke

Richard-Lehmann-Straße 114

Die Architekten HPP Hentrich-Petschnigg & Partner KG erhielten für die Planung des Gebäudes im Jahr 2001 den Architekturpreis der Stadt Leipzig zur Förderung der Baukultur. „Der Autor fügt den Neubau sorgfältig in die stadträumliche Logik des Ortes ein. Dabei respektieren Anordnung und Höhenentwicklung der Bauteile den Maßstab der Umgebung und suchen in Typus und Materialität einen Bezug zu den historischen Bauten. Besonders hervorzuheben ist die städtebauliche Struktur mit der Ausbildung eines Grünzugs und dessen überzeugende Einbindung in das Entree des Komplexes, wie auch die sinnvollen Erweiterungsmöglichkeiten für künftige Baukörper unter Beibehaltung der typologischen Grundformen. Die zwei- bis dreigeschossige Anlage ist konsequent aus den funktionalen Inhalten entwickelt. Das Kantinengebäude faßt den Eingangsbereich und orientiert sich zum Park. Anschließend werden vier Bürospangen mit zwei Längsriegeln so gefaßt, daß drei begrünte Innenhöfe entstehen. Die Gliederung der Funktionen ist einfach und übersichtlich und wird trotz der Introvertiertheit der Anlage durch eine Reihe von Außenbezügen zusätzlich erleichtert. Das Gebäudeensemble erlaubt verschiedene Sichtweisen: ein Ganzes aus Teilen oder die Teile eines Ganzen. Dementsprechend wird die Baufigur entsprechend den Inhalten und den konzeptuellen Anlagen differenziert. Klinker, Stahl und Glas sind die Materialien, mit denen den Autoren eine vorbildliche Einpassung eines modernen Gewerbegebäudes an diesen Ort gelingt. Trotz einiger ‚grammatikalischer' Schwächen im Detail stellt dieses Projekt einen hervorragenden Beitrag zu einer – im weitesten Sinne – neuen Gewerbekultur dar" (Jurybeurteilung).

260 Gartenvorstadt Marienbrunn

Das stürmische Wachstum der Industrie führte im ausgehenden 19. Jahrhundert in den Großstädten zu extremer Bebauungsdichte mit Bevölkerungsballungen, die zunehmend schlechtere Wohnbedingungen für die unteren Schichten der Bevölkerung zur Folge hatten. Zwangsläufig richtete sich der Blick der Stadtplaner auf die Randgebiete der Stadt. Sozialreformerische Tendenzen des Städtebaus vertrat der Engländer Ebenezer Howard in seiner 1898 zuerst erschienenen Schrift „Garden Cities of Tomorrow". 1902 wurde die Deutsche Gartenstadtgesellschaft gegründet. Howards Schrift erschien in deutscher Sprache erstmals 1907 unter dem Titel „Gartenstädte in Sicht". Nun wurde auch in Deutschland der Gedanke aufgegriffen, die Stadt zu dezentralisieren und an den Stadträndern auf billigem Baugrund durchgrünte Stadttrabanten mit eigener Infrastruktur anzulegen. In den Jahren 1912/13 entstand der Kern der heutigen Gartenvorstadt Marienbrunn, gruppiert um die Straßenachse Turmweg und Denkmalsblick. Als Modell einer Gartenstadt war Marienbrunn Bestandteil der Internationalen Baufach-Ausstellung (IBA) 1913 in Leipzig. Der städtebauliche Entwurf für die Anlage stammte von Stadtbauinspektor Hans Strobel. An der Planung der Wohnhäuser waren Leipziger Architekten beteiligt, darunter Hans Böhme, Peter Dybwad, Kurt Herrmann, Carl Poser, Fritz Schade sowie das Architekturbüro Weidenbach & Tschammer. Insgesamt wurden 48 Einfamilienhäuser, 14 Zweifamilienhäuser und 10 Mehrfamilienhäuser errichtet. Beeindruckend an der kleinstädtisch anmutenden zweigeschossigen Reihenhausbebauung ist die abwechslungsreiche architektonische Gliederung der Gebäude im Heimatstil im Zusammenspiel mit der gärtnerischen Gestaltung des Bebauungskomplexes. Im Gegensatz zur ersten deutschen Gartenstadt Dresden-Hellerau (1907) ist Marienbrunn allerdings nur eine reine Wohnsiedlung ohne gesellschaftliches Zentrum und ohne Arbeitsstätten. Die Gartenstadtbewegung vermochte jedoch nur einem sehr begrenzten Bevölkerungsanteil bessere Wohnbedingungen zu bringen. Unabhängig davon stellte sie einen anerkennenswerten Versuch zur Verbesserung der gründerzeitlichen Stadtstruktur dar.

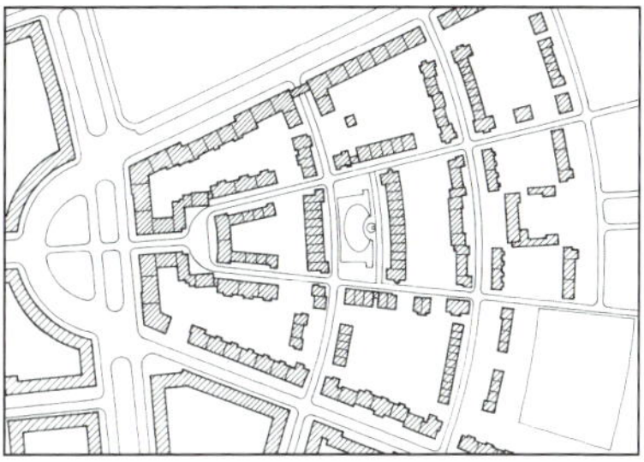

Die Gartenstadt Marienbrunn wurde anläßlich der Internationalen Baufach-Ausstellung 1913 erbaut.

261 Bonifatiuskirche

Biedermannstraße 86

In den Jahren 1929/30 wurde die römisch-katholische Kirche mit einer zweifachen Funktion, nämlich als Pfarrkirche und als Kriegerdenkmal zur Erinnerung an die im ersten Weltkrieg gefallenen 1500 katholischen Kaufleute, errichtet. Im Frühjahr 1928 hatte der Verband katholischer kaufmännischer Vereinigungen einen Architektenwettbewerb ausgeschrieben. Es gingen insgesamt 240 Arbeiten ein. Den 1. Preis errang Adolf Muesmann aus Dresden, den 2. Michael Kurz, Augsburg, und Hans Döllgast, München. Schließlich wurde der drittplazierte Entwurf von Theo Berlage aus Osnabrück zur Ausführung bestimmt. Burlage gliederte den Baukörper betont geometrisch in einen kreisförmigen, flachgedeckten Rundbau mit niedrigerem Umgang, ein rechteckiges Eingangsbauwerk und den seitlich angeordneten, vierseitigen Gedächtnisturm von 27 m Höhe. Der Gedächtnisraum im Turm ist vom runden Kirchensaal durch eine 12 m hohe, rechteckige Öffnung getrennt. Im Durchgang stehen vorn vier hohe Klinkerpfeiler mit insgesamt 12 Terrakottafiguren (in drei Reihen übereinander), die von den Frankfurter Künstlern Alfred Burges und Wolfdietrich Stein stammen. 1968/69 wurden der Altarbereich und der Boden des Gedächtnisraums im Turm umgestaltet. Das 22 m hohe Glasfenster im Turm nach Entwurf von Burges wurde im zweiten Weltkrieg zerstört. Als einzige farbige Verglasung hat sich das Rundfenster im Eingangsportikus mit einem Durchmesser von 4 m nach Entwurf von Theo M. Landmann erhalten, das den heiligen Bonifatius darstellt. Rechts vom Altar ist der Durchgang zur Taufkapelle durch Klinkerpfeiler portalartig betont. Die vier Evangelistenfiguren aus Terrakotta auf dem Architrav stammen ebenfalls von Burges und Stein. Die ursprüngliche Farbigkeit des Innenraums bestand in der golden gehaltenen fla-

Die katholische Bonifatiuskirche wurde 1929/30 nach Entwürfen von Theo Berlage erbaut.

Die barocke Stötteritzer Marienkirche wurde zwischen 1702 und 1713 erbaut.

chen Kuppel und blaugrauen Wänden, die zu dem Rot der Klinkerelemente kontrastierten. Die hellen Außenputzflächen sind in Münchner Rauhputz gefaßt. Die Bonifatiuskirche ist ein herausragender Kirchenbau der Periode zwischen erstem und zweitem Weltkrieg in Mitteldeutschland. Sie verbindet Elemente des Funktionalismus in der Baukörperbehandlung mit Stilmitteln des Expressionismus bei der künstlerischen Ausgestaltung. 1935 wurde über dem Eingang die Orgel der Firma Jehmlich eingebaut, die ursprünglich für die Dresdner Andreaskirche vorgesehen war.

Von Anfang an sah das Bebauungskonzept auch die Errichtung des nördlich benachbarten Elisabeth-Krankenhauses vor. Das Gebäude wurde in den Jahren 1930 nach Entwürfen von Paul Fischer aus Halle begonnen und 1931 von Stadtbaurat Hubert Ritter in modifizierter Form fertiggestellt.

262 Marienkirche Stötteritz

Lochmannstraße

Die stattliche frühbarocke Dorfkirche wurde anstelle eines älteren Vorgängerbaus in den Jahren 1702/03 errichtet. 1712/13 erfolgten eine Erweiterung nach Westen und der Bau des Turms. Die Turmknopfurkunde nennt Johann Christian Senckeisen, den Leipzig Ratszimmerermeister, als Baumeister. Die Marienkirche stellt insofern eine Besonderheit dar, als sie der einzige vollständige barocke Kirchenbau Leipzigs geblieben ist. Der quadratische Westturm wird von einer gedrungenen Zwiebelkuppel mit einem Laternenaufbau bekrönt. Auf den kräftigen Pilastern des Hauptportals ruht ein geschwungener Giebel, über dem Eingang eine sandsteinerne Christusplastik von 1911, nach einem Modell von Oscar Rassau von Adolf Schwarz (beide Dresden) gefertigt. Das rechteckige Kirchenschiff mit dem dreiseitig geschlossenen, etwas schmaleren und niedrigeren Chorraum wurde später durch zweigeschossige Logenbauten im Norden und Süden erweitert. Eine U-förmige Empore (1899 entstanden) ist in den flach gedeckten Kirchensaal eingestellt. Das bemerkenswerteste Ausstattungsstück ist der 1702/03 entstandene zweigeschossige Kanzelaltar. Im unteren Bereich wird er von ionischen Säulen, im oberen Geschoß von korinthischen Pilastern gerahmt. Den Abschluß bildet ein Segmentbogengiebel mit den Wappen der Stifter, an den Seiten eingefaßt von schwebenden Engeln. Die dreiseitige Kanzel wird links und rechts von fast lebensgroßen Skulpturen der Apostel Petrus (mit Schlüssel und Buch) und Paulus (mit Schwert und Buch) flankiert. Der hölzerne Altar ist in den Farben Grau, Rot und Schwarz marmoriert, die Schmuckdetails, wie Girlanden, sind vergoldet. Ein sehr ähnlicher Kanzelaltar ist in Johann Christian Senckeisens „Leipziger Architektur-, Kunst- und Säulenbuch", das um 1700 erschien, abgebildet. Insofern geht man wohl auch nicht fehl, ihm die Autorschaft für den hölzernen Aufbau zuzuerkennen. Die Schmuckdetails hat die Kunstgeschichtsforschung dem Leipziger Bildhauer Johann Jacob Löbelt zugeschrieben. In den Altaraufbau wurde ein wertvoller spätgotischer Flügelaltar aus der Zeit um 1480 einbezogen. Das Mittelbild stellt die Kreuzigung Christi dar, der linke Flügel das Gebet am Ölberg und der rechte die Auferstehung Christi. Aufgrund stilistischer Vergleiche wurden die drei Altarbilder einem Nachfolger aus der Werkstatt des Nürnberger Malers Hans Pleydenwurff zugeschrieben. Es ist die qualitätsvollste spätgotische Arbeit in einer Leipziger Kirche. Unter Leitung des Instituts für Denkmalpflege Dresden erfolgte 1970/71 die Restaurierung des spätgotischen Bildwerks. Zuvor war bereits in den Jahren 1966 bis 1968 der gesamte Bau unter Leitung von Gerhart Pasch renoviert worden.

Nördlich der Kirche, in der Oberdorfstraße 15, hat sich das alte, untere Gutshaus aus der zweiten Hälfte des 18. Jahrhunderts erhalten. Bekanntester Gutsherr war der Dichter Christian Felix Weiße, der es 1788 erwarb. Hier traf er mit bedeutenden zeitgenössischen Schriftstellern zusammen, wie Christoph Martin Wieland und Jean Paul. Ferner ist überliefert, daß sich im Gutshaus am 18. Oktober 1813 Napoleon während der Völkerschlacht bei Leipzig aufgehalten hat. Seit 1910 gehört Stötteritz zu Leipzig.

Baumeister
Architekten
Städteplaner

Hugo Altendorff

Altendorff, Hugo Alfred (geb. 20.4.1843 Leipzig – gest. 22.3.1933 Leipzig). Altendorff erlernte hier das Zimmererhandwerk und studierte an der Königlichen Bauschule in Leipzig, danach an den Bauakademien in Berlin, Wien, München und Nürnberg. Im Jahre 1866 ließ er sich als Architekt in Leipzig nieder. Auf Studienreisen in Süddeutschland war sein Interesse für die mittelalterliche Baukunst gereift. In der Folgezeit wurde er zu einem fast ausschließlichen Kirchenbaumeister, der besonders im gotischen Stil baute, sich dabei aber einer maßvollen, wenig spektakulären Formensprache bediente. Sein erstes Werk war der Neubau der Erlöserkirche in Thonberg, für die er 1868 bereits als Fünfundzwanzigjähriger

Die Friedenskirche in Gohlis wurde 1871–1873 von Altendorff errichtet.

den Auftrag erhielt. Der 1869 vollendete Bau wurde im zweiten Weltkrieg vernichtet. Sein wohl bekanntestes Leipziger Werk ist die 1871 bis 1873 errichtete Friedenskirche in Gohlis, ein neogotischer, gelber Klinkerbau. Die Gethsemanekirche in Lößnig errichtete er 1877 in romanischen Formen und setzte hier einen turmartigen Dachreiter über den Ostgiebel der Eingangsfront, eine eigenwillige, aber durchaus sehr originelle Lösung. Die Kirche in Markkleeberg-Großstädteln stellte er 1880 fertig, und 1880/81 folgte die Gottesackerkirche in Liebertwolkwitz. Auch außerhalb von Leipzig hat er Kirchen errichtet: so die Kirche in Ottendorf bei Dresden (1874/75), die Stadtkirche in Berggießhübel (1875/76) oder aber die zweite protestantische Kirche in Elberfeld (1879); letztere darf wohl zu seinen bedeutendsten Arbeiten gerechnet werden. Im Grundkonzept hat sie Ähnlichkeit mit seiner Leipziger Friedenskirche, ist aber durch eine Steigerung des gotischen Zierats dekorativer ausgefallen.
Weitere Kirchenneubauten realisierte er in Dresden-Neustadt (1875/76) und in Altenberg (1876–1878). Kirchenumbauten führte er in ganz Sachsen aus, u. a. auch in Fuchshain bei Grimma (1884). Insgesamt hat er bis zum ersten Weltkrieg etwa 100 kirchliche Bauwerke neu errichtet oder umgebaut.

Bestelmeyer, German (geb. 8.6.1874 Nürnberg – gest. 30.6.1942 Wiessee). Er erhielt seine Ausbildung bei Friedrich von Thiersch an der Technischen Hochschule München und bei Friedrich von Schmidt an der Technischen Hochschule Wien. Seine erfolgreiche Laufbahn als Hochschullehrer begann er als Professor an der Technischen Hochschule in Dresden, wo er nach Schumachers Weggang 1909 den Lehrstuhl für Formenlehre übernahm. Außerdem lehrte er ab 1911 auch an der Dresdner Kunstakademie. Ab 1915 leitete Bestelmeyer ein Meisteratelier an der Berliner Akademie der Künste. 1919 übernahm er eine Professur an der Technischen Hochschule Charlottenburg, 1922 eine Professur an der Technischen Hochschule München. 1924 wurde er Präsident der dortigen Akademie der Künste.
Mit dem Gebäude für die ehemalige Krochbank (Kroch-Haus) schuf Bestelmeyer 1927/28 eines der Wahrzeichen der Stadt. Das seinerzeit heftig umstrittene erste Hochhaus Leipzigs gestaltete er in Anlehnung an den Uhrturm auf dem Markusplatz in Venedig. Obwohl Bestelmeyer Mitglied des 1907 gegründeten Deutschen Werkbunds war, führte ihn die Abkehr vom Historismus des 19. Jahrhunderts eher zu einem konservativ-gemäßigten Tra-

ditionalismus, der in deutlichem Gegensatz zur Kunst der Avantgardisten um Bruno Taut, Walter Gropius und Hans Poelzig stand. 1916 errang er den 1. Preis im Wettbewerb für das Haus der Freundschaft in Konstantinopel. Der Wettbewerb war unter zwölf prominenten Werkbundmitgliedern, darunter Theodor Fischer, Paul Bonatz, Richard Riemerschmid, August Endell, Hans Poelzig und Bruno Taut, ausgeschrieben worden. Mit seinem neoklassizistischen Entwurf verwies Bestelmeyer Peter Behrens auf den 2. Platz. Der Bau wurde jedoch nicht fertiggestellt.
Weitere Hauptwerke: Erweiterungsbau der Universität München (1906–1909), Arminia-Bank München (1913), Erweiterung des Germanischen Nationalmuseums Nürnberg (ab 1917) und Erweiterungsbauten für die Technische Hochschule München (ab 1922).

Bösenberg, Max (geb. 3.7.1847 Leipzig – gest. 23.5.1918 Leipzig). Erhielt eine Ausbildung an der Baugewerbeschule zu Holzminden und absolvierte anschließend die Dresdner Kunstakademie. Mehrere Studienreisen führten ihn nach Italien, bevor er sich 1874 in seiner Heimatstadt Leipzig als selbständiger Architekt niederließ. Sein wohl bekanntestes Gebäude war der Sitz der Freimaurerloge „Minerva zu den drei Palmen", 1884–1886 errichtet (im zweiten Weltkrieg zerstört). Hier verarbeitete er Eindrücke seiner Italienreisen. In „Leipzig und seine Bauten" hieß es 1892: „Die Fassade ist in Florentiner Renaissancearchitektur aus reinem Sandstein ausgeführt." Von den Bauten Max Bösenbergs haben sich erhalten: die Villensiedlung in der Mörikestraße in Leipzig-Eutritzsch, das heutige Evangelische Schulzentrum in der Schletterstraße (1876/77 gemeinsam mit Georg Häckel), das

Das Evangelische Schulzentrum entstand 1876/77 nach Entwurf von Max Bösenberg.

Das Wohnhaus Harkortstraße 10 wurde 1880–1883 von Otto Brückwald erbaut.

Pfarrhaus der Peterskirche in der Riemannstraße 38 (1877 gemeinsam Georg Häckel) und die außerordentlich repräsentativen Wohnhäuser in der Stephanstraße 10/12 und 16/18 (1881/82).
Nicht erhalten sind dagegen sein Geschäftshausbau Grimmaische Straße 27 (1888 erbaut), das Hotel Palmbaum in der Gerberstraße (wohl 1890/91) und nur als Ruine die Villa Mühlholzgasse 2.

Brückwald, Otto (geb. 6.5.1841 Leipzig – gest. 15.2.1917 Leipzig). Hofbaumeister Brückwald leitete am Beginn seiner Laufbahn 1864–1867 den Bau des Neuen Theaters am Augustusplatz, der nach Entwürfen des Berliner Architekten Carl Ferdinand Langhans ausgeführt wurde. Nach Brückwalds Plänen entstanden 1869–1871 das Altenburger Hoftheater mit Anklängen an den Stil Gottfried Sempers und 1872–1875 das Festspielhaus in Bayreuth. 1871 beteiligte er sich an einer begrenzten Konkurrenz für das Opernhaus in Frankfurt am Main, das jedoch 1872–1880 nach Plänen von Richard Lucae ausgeführt wurde. In Leipzig haben sich von seinen Bauten erhalten: das Gebäude des Musikverlags Edition Peters Talstraße 10, das Wohngebäude Harkortstraße 10 (1880–1883, mit erhaltener Ausmalung des Eingangsbereichs im Neorenaissancestil), das Wohnhaus Schwägrichenstraße 11 (1894–1896), das Wohnhaus Beethovenstraße 9 (1875, Fassade) und die ausgezeichnet proportionierte ehemalige öffentliche Handelslehranstalt, heute Volkshochschule, die 1888–1890 entstand (s. Löhrstraße).

James Bühring

Wohnanlage Lößniger Straße, 1924/25 von Bühring erbaut, und Bärenburg im Zoo von 1929 (darunter)

Bühring, Carl James (geb. 11.5.1871 Berlin – gest. 2.1.1936 Leipzig). Studierte von 1892 bis 1896 zuerst an der TH Charlottenburg und anschließend an der TH Braunschweig. Die Tätigkeit von Stadtbaurat Bühring in Leipzig (berufen am 10.3.1915) lag vorwiegend in der wirtschaftlich schwierigen Zeit nach dem ersten Weltkrieg. Es war eine Periode gigantischer, unausgeführter Projekte für die gedachte Entwicklung Leipzigs als Weltmessestadt. Dazu gehören Bührings Entwurf für ein großes Messe- und Bürohaus auf den Frankfurter Wiesen (1920), ein dreißigstöckiger Messeturm des Ingenieurs Emanuel Haimovici und des Architekten Richard Tschammer, dem die Leipziger Stadtverordneten allerdings am 5. 4. 1922 durch Verweigerung des Baugeländes am ehemaligen Fleischerplatz (Nähe Goerdelerring) die Zustimmung versagten, und ein riesiger Welthandelspalast, der durch Überbauung des gesamten Schwanenteichgeländes entstehen sollte und mehr Messefläche geboten hätte als alle bis zu diesem Zeitpunkt gebauten Messehäuser zusammen. Auch wenn die illustrierte Wochenschrift „Der Leipziger" in ihrem Heft 6/1921 euphorisch feststellte, daß „ein Meßpalast dieser Art, der neben dem Meßbetrieb auch Vergnügungsstätten aller Art in sich birgt, eine Sehenswürdigkeit darstellt, die in Europa noch nicht bekannt ist", war dieses Bauwerk in jenen Jahren eine reine Utopie. Verdienste erwarb sich Bühring bei der Ausgestaltung des Leipziger Zoos. 1925/26 wurde nach seinem Entwurf das Dickhäuterhaus errichtet und im Jahre 1929 die Bärenburg. Von Ideen der Gartenstadt- und Heimatschutzbewegung angeregt, entstand nach seinen Plänen zu Beginn der 1920er Jahre westlich der Parthewiesen die sogenannte Weidenhofsiedlung. Ferner sind von ihm die Wohnbauten an der Lößniger Straße, Fichte- und

Die Rennbahntribüne entstand 1907 nach Plänen von Otto Paul Burghardt.

Steinstraße aus den Jahren 1924/25 sowie das Messehaus Härtelstraße 16 von 1922 bis 1924 erhalten.
14 unter seiner Leitung aufgestellte und vom Rat der Stadt und der sächsischen Landesregierung angenommene Bebauungspläne zeigen, daß er seine Aufmerksamkeit vorrangig auf die städtebauliche Entwicklung der Stadt richtete. Bühring war Stadtbaurat in den Jahren 1915 bis 1924. Aus seiner Berliner Zeit vor dem ersten Weltkrieg – ab 1906 war er Gemeindebaurat in Weißensee – hat sich eine Reihe von Bauten erhalten, z. B. in Heinersdorf das Pfarrhaus (1909) an der Romain-Rolland-Straße 56 und mehrere Wohn- und Kommunalbauten in Weißensee, so die Bebauung für das Gemeindeforum (1908–1912) und das Gymnasium (1908–1912), beide an der Woelkpromenade.

Burghardt, Otto Paul (geb. 1873 Leipzig). Ihm wird im Leipziger Kalender des Jahres 1908 bescheinigt, er gestalte aus einer Barockstimmung heraus. Seine Bauten würden sich durch vornehme Ruhe und das Bestreben, die Aufgabe als Ganzes zu erfassen, auszeichnen. Dem Ornament lasse er besondere Pflege zuteil werden, und er sei dabei zu einer Selbständigkeit gelangt, die ihn selbst in kleinen Einzelheiten charakterisiere. Dies und seine Studien an Leipziger Barockbauten führten sicher dazu, daß ihm 1906/07 die Sanierung des Romanushauses übertragen wurde. 1909/10 wurde nach seinem Entwurf das Geschäftshaus Glöcks Haus am Brühl 52 erbaut. So wie es für die Leipziger Architektur vor dem ersten Weltkrieg charakteristisch war, verband er moderne Bauweise mit einer dem Stadtbild angemessenen historisierenden Gestaltung. Im Scheibenholz schuf er vor 1907 die Rennbahntribüne, die durch zwei markant über das Dach hinausragende Türme geprägt wird. Von seinen Wohnhäusern haben sich in der Springerstraße erhalten: die Villa Nr. 6 und die Wohnhäuser Nr. 11, 13 und 15. Sein bekanntestes Werk ist das „Europahaus" genannte Hochhaus am Augustusplatz, das 1928/29 als natursteinverkleideter Stahlbetonskelettbau entstand. Das dreizehngeschossige Gebäude (auf dem Dach befand sich ehemals ein Café) folgte bereits dem ersten Generalbebauungsplan von 1929, das heißt der Ritterschen Konzeption, dem zufolge die Ring-City durch Turmhäuser akzentuiert werden sollte. 1910/11 errichtete er eine im zweiten Weltkrieg zerstörte Fabrikantenvilla in der heutigen Richard-Lehmann-Straße 19 (Portale der Umzäunung erhalten). Das Wohnhaus Hardenbergstraße 18 hat sich dagegen erhalten.

Das Löhrsche Haus schuf Dauthe 1770/71. Straßenansicht und Gartenseite

Dauthe, Johann Friedrich Carl (geb. 1749 Großzschocher – gest. 13.7.1816 Bad Flinsberg, Schlesien). War der wichtigste Vertreter des Frühklassizismus in Leipzig und arbeitete als Architekt und Kupferstecher zugleich. Durch die 1764 gegründete Leipziger Kunstakademie, deren erster Direktor Adam Friedrich Oeser war, wurde Leipzig zu einem Zentrum frühklassizistischer Kunst. Die Lehrstelle des Architekten erhielt der in Leipzig geborene Johann Paul Habersang, mit dem Oeser jedoch nicht zufrieden war. Vergeblich suchte er 1770 dessen Abberufung beim Kurfürsten zu erwirken. So konnte der von Oeser hochgeschätzte Dauthe lediglich die zweite Lehrerstelle im Baufach besetzen. Als Dauthes Erstlingswerk gilt das 1770–1771 erbaute Haus mit Garten für den Kaufmann und Ratsherrn Eberhard Heinrich Löhr (heute zum Hotel Fürstenhof umgebaut), das in den typischen Formen des Zopfstils errichtet worden war. Seine rasche Karriere verdankte er besonders der Gunst des kunstsinnigen Bürgermeisters Carl Wilhelm Müller, der ihm bedeutende Bauaufgaben verschaffte. 1780/81 baute er den oberen Tuchboden im Gewandhaus an der heutigen Universitätsstraße zum Konzertsaal

Die drei barocken Döringschen Häuser Katharinenstraße 12, 14, 16 sind nicht erhalten.

um (s. Städtisches Kaufhaus) 1781 wurde er zum ersten städtischen Baudirektor berufen. Zu seinen frühesten Aufgaben in dieser Funktion gehörte die Modernisierung der Nikolaikirche in den Jahren 1784 bis 1797, die eine der bedeutenden Bauschöpfungen des deutschen Klassizismus ist. Stadtbildprägend war die 1785 begonnene Umgestaltung der ehemaligen Befestigungsanlagen zur englischen Parkanlage im Bereich zwischen Grimmaischem und Hallischem Tor (Promenadenring). Ein in Holz ausgeführtes gotisches Pförtchen diente als Hauptzugang. Gegen Ende des 18. Jahrhunderts errichtete er die zur östlichen Ringpromenade weisende klassizistische Säulenfront des Zucht- und Waisenhauses zu St. Georg (nicht erhalten). Im Jahre 1796 begann nach seinem Projekt auf dem polygonalen Grundriß der ehemaligen Moritzbastei der Bau der Bürgerschule, die aber erst 1834 vollendet wurde (im zweiten Weltkrieg zerstört). Nach seinen Plänen wurde im Jahre 1783 der Neubau des Kirchenschiffs der Paunsdorfer Genezareth-Kirche ausgeführt. Der Napoleonische Krieg beendete Dauthes berufliche Entwicklung. Noch zu erwähnen ist der Entwurf für den Sockel des 1780 eingeweihten Denkmals Friedrich Augusts III. von Sachsen, das auf dem ehemaligen Königsplatz, heute Wilhelm-Leuschner-Platz, aufgestellt war. Die Figur, geschaffen von Adam Friedrich Oeser, kam später ins Gohliser Schlößchen. Dauthes Arbeiten als Kupferstecher sind heute weitgehend unbekannt.

Döring, Christian (geb. 18.9.1677 Leipzig – gest. 24.12.1750 Leipzig). War nach dem Tode von Johann Gregor Fuchs über zehn Jahre der führende Barockbaumeister der Messestadt. 1699 wurde er Geselle bei George Rotzsch. Ab 1705 war er selbst Maurermeister. 1715 trat er in die Schützengesellschaft ein. Ab 1740 bekleidete Döring das Amt des Ratsmaurers. In den Jahren 1700 bis 1727 gebar seine Frau 16 Kinder, von denen zwei Bauhandwerker wurden: Christoph, der spätere Ratszimmerermeister, und Johann Gottfried, der als Maurer arbeitete. Zwischen 1715 und 1725 fielen Döring die wichtigsten Bauaufträge zu. Berühmt wurden die sogenannten Döringschen Häuser in der Katharinenstraße 12, 14 und 16, die er zwischen 1715 und 1717 für die Großkaufleute Schacher, Schellhafer und Hohmann errichtete. Die Katharinenstraße 16, das Hohmannsche Haus, war bereits von Gregor Fuchs begonnen worden und im Rohbau fertiggestellt, doch während des Baus verstarb Fuchs am 16.8.1715, und Döring führte den Bau zu Ende. Wie fast alle seine glänzenden Bürgerhausschöpfungen wurden auch diese im zweiten Weltkrieg zerstört. „Denkt man an die Reihe seiner Bauten, ...

dann wird man gewahr, daß man sie alle nicht vergessen wird, weil sie – jedes ein künstlerisches Wesen für sich – doch alle Geschöpfe einer reichen und blühenden Persönlichkeit sind, eines Künstlers, dem niemand eine bodenständige und im besten Sinne bürgerliche Genialität absprechen kann" (Nikolaus Pevsner, 1928).
Erhaltene Werke: die barocke Turmhaube des Alten Rathauses von 1744 und die vermutlich von ihm geschaffene Baumgärtnersche Gruft (um 1725) auf dem Alten Johannisfriedhof.

Drechsler, Fritz (geb. 24.10.1861 Leipzig – gest. 29.10.1922 Leipzig). Gehörte zu den avantgardistischen Architekten Leipzigs zur Zeit der Jahrhundertwende. Er absolvierte die Leipziger Baugewerkeschule und die Kunstakademie. Zehn Jahre war er im Atelier Arwed Roßbachs beschäftigt. Für die Sächsisch-Thüringische Industrie- und Gewerbeausstellung 1897 entwarf er das Thüringer Dorf (s. Clara-Zetkin-Park). Mit dem sogenannten Künstlerhaus am Nikischplatz (im zweiten Weltkrieg zerstört) gelang ihm einer der interessantesten Jugendstilbauten der Stadt. Im März 1899 hatte der Bauausschuß des 1858 gegründeten Leipziger Kunstvereins unter hiesigen Architekten einen Wettbewerb für das Vereinshaus am Nikischplatz ausgeschrieben. Fritz Drechsler erhielt für seine Arbeit „Frühling" den 1. Preis zuerkannt. An der Ausgestaltung des Baus waren eine Reihe Leipziger Künstler beteiligt, wie die Bildhauer Adolf Lehnert, Werner Stein, Carl Seffner und nicht zuletzt die überragende Künstlerpersönlichkeit jener Jahre, der Maler, Grafiker und Bildhauer Max Klinger. Der ehemalige Klubraum, der in den schwingenden Linien des Jugendstils gestaltet war, verdient besonders herausgehoben zu werden. Bis zu seiner Zerstörung am 4.12.1943 hatten hier auch die Leipziger Architekten ihr Domizil. Für das Leipziger Musikzimmer erhielt Drechsler auf der Weltausstellung in St. Louis (USA) im Jahre 1904 einen Grand Prix.
1904/05 wurde nach seinem Entwurf das Rathaus Schönefeld errichtet. Auch das Rathaus in Paunsdorf gehört zu seinem Werk. 1909/10 errichtete er die Villa Seemann in der Wächterstraße 32 (heute Gästehaus der Stadt Leipzig). Im Leipziger Süden haben sich das Wohnhaus Kurt-Eisner-Straße 73/75 (1903/04) und die Turnhalle Leplaystraße (1913) erhalten. Für die Internationale Baufach-Ausstellung in Leipzig 1913 entwarf er den historischen Ausstellungsbereich Alt-Leipzig um 1800, dessen Bauten von großem Verständnis für überkommene Architekturwerte zeugten.

Ein Meisterwerk des Jugendstils war Drechslers Künstlerhaus am Nikischplatz, im zweiten Weltkrieg zerstört.

Droge, Otto (geb. 7.9.1885 Leipzig – gest. 25.2.1970 Leipzig). Mit einigen bemerkenswerten, das Stadtbild prägenden Bauten stellte sich Otto Droge in den 1920er Jahren in die erste Reihe der Leipziger Architekten. Er studierte an der Technischen Hochschule Braunschweig und in Hannover, ohne jedoch einen Studienabschluß zu erlangen. In den Jahren 1919 bis 1951 war er in Leipzig als freischaffender Architekt tätig. 1920 wurde

Den schönen Vorhof der AOK schuf Otto Droge, die Plastik des Brunnens „Genesung" stammt von Felix Pfeifer (heute durch Kopie ersetzt).

nach seinem Entwurf in der Petersstraße 26 der Messepalast Concentra-Haus erbaut, 1922–1925 das Gebäude für die Ortskrankenkasse in der Jahnallee. Den ockerfarbenen Putzflächen stellte Droge hier das helle Rot des Rochlitzer Porphyrtuffs der Fassadengliederungselemente gegenüber. Am bekanntesten von Droges Bauten ist zweifellos seine Gestaltung des Eingangsbereichs zur Untergrundmessehalle geworden, die 1924 erbaut wurde. Man muß Droge bescheinigen, daß er die schwierige Anpassung an das historische Marktensemble einfühlsam und dennoch eigenständig und überzeugend gelöst hat. Das Gebäude der Ingenieurschule für Polygraphie am Gutenbergplatz entstand im Jahre 1929 in einer eher funktionalistischen Haltung. Auch hier gliederte Droge den Bau markant mit dem ortstypischen roten Porphyrtuff. Im Leipziger Süden entstand 1929 nach seinen Plänen in der Kantstraße 3 ein Zweifamilienhaus.

Dülfer, Martin (geb. 1.1.1859 Breslau – gest. 21.12.1942 Dresden). Ist in Leipzig lediglich mit dem Gebäude der Dresdner Bank in der Goethestraße 3/5, dem heutigen Franz-Mehring-Haus, von 1910/11 vertreten. Dies ist jedoch zu seinen Hauptwerken aus der Spätzeit seiner baukünstlerischen Entwicklung zu rechnen. Dülfer gilt als einer der Wegbereiter der Jugendstilarchitektur in Deutschland. Er studierte 1877–1880 in Hannover und Stuttgart. 1892 ließ er sich in München als selbständiger Architekt nieder. Ab 1906 war er in Dresden tätig, wo er an der Technischen Hochschule den Lehrstuhl für Entwerfen innehatte. Für die Leipziger Baugeschichte ist auch Dülfers 1895 in München erbauter Kaim-Saal von Interesse. Unter der Bezeichnung Tonhalle war dieser jahrelang Heimstätte der Münchner Philharmoniker, die dort bis zu seiner Zerstörung im zweiten Weltkrieg 1944 spielten. Der junge, aus München gekommene Fritz Schumacher nahm 1896 bei der Gestaltung des Konzert- und Ausstellungssaals des Städtischen Kaufhauses an der Kupfergasse deutlichen Bezug auf Dülfers Entwurf.
Weitere Werke Dülfers: der Beyerbau der Technischen Universität Dresden (1910–1913), außerdem Villen und Wohnbauten, besonders zu nennen die Theater in Dortmund (1903/04), Lübeck (1907/08) und in Sofia (1925–1929).

Dybwad, Peter (geb. 17.2.1859 Oslo – gest. 13.10.1921). Der Kaiserliche Baurat Peter Dybwad erhielt seine Ausbildung 1878–1882 an der Königlichen Bauakademie zu Berlin. Als 1884 ein Wettbewerb für den Bau des Reichsgerichts in Leipzig ausgeschrieben

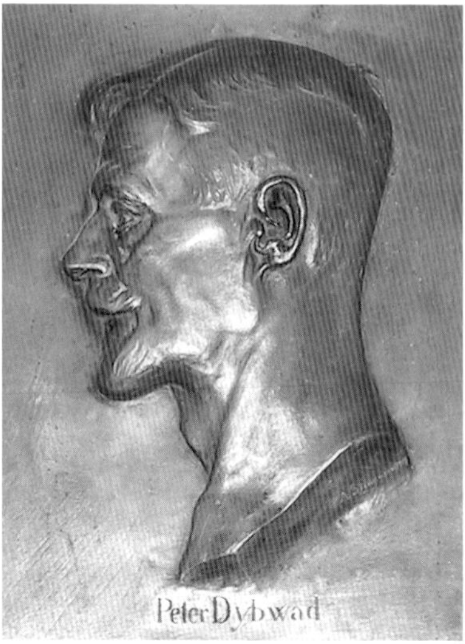

Peter Dybwad. Relief im Haus Thomaskirchhof 20

wurde, errangen Regierungsbaumeister Ludwig Hoffmann (Darmstadt) und sein Studienfreund Dybwad (Berlin) mit ihrem Entwurf „Severus" den 1. Preis. Dieser Entwurf wurde dann Grundlage für die weitere Bearbeitung. Eine gemeinsame Studienreise hatte beide 1884 nach Italien geführt. Zeitgenössischen Darstellungen zufolge entstand dabei in einem Münchner Gasthaus die Entwurfsidee für das geplante Justizgebäude. Bis zur Fertigstellung 1895 war Dybwad an der Planung und Bauleitung des Reichsgerichts beteiligt. Im gleichen Jahr ließ er sich in Leipzig als Privatarchitekt nieder. Zu seinen Bauten gehören die Villen Karl-Tauchnitz-Straße 10 (1896 bis 1898), Schwägrichenstraße 23, Robert-Schumann-Straße 9 (beide 1898/99) und sein eigenes Wohnhaus Ferdinand-Rhode-Straße 32 (1902). Die zeitgenössische Architekturkritik hatte sein Bankhaus Meyer & Co. am Thomaskirchhof 20 im Auge, wenn sie ihm bescheinigte, er gestalte „in Stilformen, die sich bedeutsam aus der allgemeinen, gleichzeitigen Baumanier herausheben". Das Schloß Leipzig-Abtnaundorf entstand nach seinen Plänen 1892. Ein interessanter, platzbestimmender Bau gelang ihm mit dem Geschäftshaus Burgstraße 1–5, das im Stile der deutschen Neorenaissance 1911 fertiggestellt wurde. Dieses Haus am Thomaskirchhof ersetzt drei aus dem 16. Jahrhundert stammende Predigerhäuser der Thomaskirche. 1914/15 wurde nach seinen Entwürfen das monumentale Geschäftshaus „Lipanum" Martin-Luther-Ring 13 errichtet; ferner das Wohnhaus Grassistraße 20/22 (1910/11), einzelne Wohnhäuser in der Gartenstadt Marienbrunn (1912/13) sowie im Stile englischer Landhäuser die Villa Prinz-Eugen-Straße 40 (1906). Alle genannten Bauten haben sich bis heute erhalten. Von seinen auswärtigen Werken soll das Berliner Wohnhaus in der Margaretenstraße 19 (1902/03) erwähnt werden.

Benedikt Eisenberg (geb. um 1460/70 in Leipzig, gest. um 1530) Wie bei den meisten Baumeistern der Gotik sind wir auch über sein Leben kaum informiert. Er wurde vermutlich als Sohn des Georg Eisenberg geboren. 1506 erwarb er das Leipziger Bürgerrecht. Von 1489 bis 1503 führte er wohl den durchgreifenden Umbau der Eutritzscher Christuskirche aus. Im Gewölbeschlußstein des Turmgewölbes finden sich seine Initialen BE. Sein wichtigstes Werk ist aber der Bau der spätgotischen Halle der Nikolaikirche 1513 bis 1525. Hier wird er als „artifex cementarius", was soviel wie Maurermeister bedeutet, genannt. Im Gewölbeanfänger an der Westturmwand (heute hinter der Orgel verborgen) hat sich eine Porträtdarstellung erhalten, die einen bärtigen Mann mit langen Haaren zeigt, den man infolge des Meisterzeichens in dem rechten Wappen darüber als Benedikt Eisenberg deuten kann. Eine Kopie dieses Gewölbeanfängers ist seit 1902 im Südtreppenhaus des Turms sehen. Es war in jener Zeit keineswegs ungewöhnlich, daß sich der leitende Baumeister bei großen Kirchenbauten an untergeordneter Stelle verewigte. Infolge des Bauernkriegs blieb der Kirchenumbau von 1525 unvollendet und wurde in dem Bauzustand belassen, wie er sich im wesentlichen noch heute präsentiert. Es war damals beabsichtigt, den Kirchensaal in östlicher Richtung noch weiterzuführen. Damit wäre eine für die dama-

Die Christuskirche in Eutritzsch

Benedikt Eisenberg, Porträt in der Nikolaikirche

lige Zeit ungewöhnlich große Stadtpfarrkirche entstanden. Aber auch so ist St. Nikolai bis heute der Kirchenraum der Stadt mit dem größten Fassungsvermögen geblieben, wenn auch die neogotische Peterskirche in der Südvorstadt von ihren Außenmaßen her länger ist.

Fischer, Dietmar (geb. 15.3.1950 in Niederlichtenau, Kreis Flöha) studierte von 1970 bis 1974 Architektur an der TU Dresden. Anschließend war er dort wissenschaftlicher Assistent im Lehrbereich Theorie und Geschichte der Architektur bei Professor Kurt Milde. 1980 promovierte er ebenda mit einer Arbeit zum Erhalt des baulichen Erbes zum Dr. Ing. Von 1979 bis 1985 war er Mitarbeiter im Büro des Chefarchitekten der Stadt Leipzig und arbeite hier an den Problemen des innerstädtischen Bauens. Von 1985 bis 1990 war er Chefarchitekt bzw. zuletzt Leiter des Planungsamts der Stadt Leipzig. Fischer war beteiligt an den städtebaulichen Planungen für die innere Westvorstadt einschließlich Kolonnadenstraße (Realisierung ab 1987) sowie die Kreuzstraße und den Volkmarsdorfer Markt. 1988/89 initiierte er federführend die Durchführung von Wettbewerben zur städtebaulichen Perspektive des Stadtzentrums und der Vorstädte. Seit 1991 ist er freiberuflich tätig (bis 2000 mit Siegfried Kober). Er erarbeitete im Team die Rahmenpläne für die Gebiete Rosa-Luxemburg-Straße und innere Westvorstadt, Bereich Rudolphstraße. Zu seinen wichtigsten architektonischen Arbeiten der zurückliegenden zehn Jahre gehören

Fassadenbemalung von Fischer-Art, Karl-Liebknecht-Straße 43

der Neubau der Wohnbebauung Ferdinand-Lassalle- Ecke Gustav-Mahler-Straße, der Wiederaufbau des Gründerzeitwohnhauses Nordplatz 1 (1997) und der Umbau des Altenpflegeheims Goldener Herbst, ein Plattenbau in Leipzig-Grünau mit 120 Plätzen.

Michael Fischer-Art (geb. am 13. 3.1969 in Leipzig) studierte an der Hochschule für Grafik und Buchkunst in Leipzig. Nach der Wende gelang es ihm mit seinen gemalten Feuerwerken skurriler, phantastischer Comicwelten von grellster Farbigkeit und scheinbar beliebiger Vielfalt schnell, die Aufmerksamkeit der Kunstöffentlichkeit auf sich zu ziehen. In nur wenigen Jahren hat er in und außerhalb von Leipzig spektakuläre Arbeiten realisiert, die erfrischend unkonventionell sind und zugleich angefeindet. Fischer-Art bezeichnet seinen Pop-art-Stil selbst als „marktwirtschaftlichen Realismus". Seine Wand- und Hausbemalungen benutzen die Architektur nur als Maluntergrund. Beim Haus in der Karl-Liebknecht-Straße z. B. negiert seine flächenfüllende Bemalung die klassische Tektonik des Gebäudes und definiert es als Kunstobjekt neu. Vergleichbares hat zuvor mit anderen künstlerischen Mitteln sehr erfolgreich der Wiener Künstler Hundertwasser getan. Die Arbeiten Fischer-Arts sind sicher die originellsten und beachtetsten Beiträge zur architekturbezogenen Kunst in Leipzig ab 1995. Fischer-Art polarisiert dabei mit seinen Arbeiten, wie wohl kein anderer Künstler in Leipzig es zuvor im öffentlichen Raum getan hat. Seine realisierten Arbeiten: Brückenbauwerk B 2 Leipzig, Essener Straße, dekorative Tafeln, 1996; Stahlgitterplastik, Gutenberggalerie Leipzig, 1996; Gestaltung des Hörsaal-Kubus TU Dresden, Neues Hörsaalgebäude, 1998; Stadtsparkasse Pegau, Säulenbemalung, 1997; Brühl-Arcaden Leipzig, Giebelwandbemalung, 1998; Steinmetzhof in Mönchengladbach, 1999; Giebelwandbemalung in Chemnitz, 1999; Berufsbildungswerk Leipzig-Knautnaundorf, 1999; Café Paul Leipzig, Kochstraße, 2000; Stadtbrunnen Frankfurt/Oder, 2000; Lintec-Computer AG, Taucha, Wandbemalung 2000; Berufsbildungswerk Staßfurt, Wandbemalung, 2000; Hartmannstraße in Dresden, Wandbemalung, 2000; Treppenhausausmalung HTWK Leipzig, Wächterstraße, 2001; Fischer-Art-Haus, Sebnitz, Hausbemalung, 2001; Pfalz-Center, Bad Dürkheim, Wandbemalung, 2001; Karl-Liebknecht-Straße 43, Leipzig, Fassadenbemalung, 2002.

Fuchs, Johann Gregor (geb. 1650 Ortrand – gest. 16.8.1715 Leipzig). Mit seinem Wirken begann die Blütezeit des bürgerlichen Barock in Leipzig. Seine Ausbildung hatte er vermutlich in Dresden erhalten. Hier war er bereits 21 Jahre lang als selbständiger Maurermeister tätig, bevor ihn der junge Bürgermeister Franz Conrad Romanus als Ratsmaurer nach Leipzig holte. 1701–1703 erbaute er für seinen ehrgeizigen Auftraggeber das maßstabsetzende Wohnpalais Katharinenstraße 23 (Romanushaus). Unter einem Kupferstich des Gebäudes vom Ende des 18. Jahrhunderts (im Stadtgeschichtlichen Museum / s. Altes Rathaus) findet sich folgende Bildunterschrift: „Der Bau- und Maurermeister dieses schönen Hauses, nannte sich Fuchs, und wurde zu diesem Bau von Dresden berufen. Man wollte ihn ohne

Johann Gregor Fuchs, Fensterschlußstein im Hof des Romanushauses

vorhero gemachten Riß oder Meisterstück, wie es bei den Handwerkern gebräuchlich, nicht in die Innung nehmen, er ließ sich aber darauf nicht ein, wollte weder Riß noch Modell verfertigen, sondern machte sich anheischig, ein Meisterstück in natura darzustellen, brachte es auch durch seine hohen Gönner zu Stande und baute dieses Haus, wodurch er alle seine collegialischen Feinde stumm machte ..." Von Romanus als Ratsmaurer eingesetzt, aber noch nicht in die Innung aufgenommen, wurde er bereits am 17.11.1705 Leipziger Bürger und brachte es schließlich in der Maurerinnung bis zum Obermeister. Im Jahre 1702 schuf er den barocken Turmabschluß der Thomaskirche, 1706/07 baute er das Fregehaus, Katharinenstraße 11, und 1706/07 das Königshaus, Markt 17, um. Im Jahre 1710 führte er die Erneuerung der Peterskirche (1885 abgebrochen) durch. Mit Äckerleins Hof am Markt 11 (nicht erhalten) gelang ihm 1709–1711 ein bedeutendes Bürgerhaus, das „den Prototyp der für die Handels- und Messestadt bezeichnenden, von einer Straße zur anderen führenden Durchgangshäuser" darstellt (Hellmut Bethe, 1955). Außerhalb von Leipzig werden ihm das Schloß Wiederau im Kreis Borna (1705), das Schloß Langenleuba/Niederhain im Kreis Altenburg (1707) und die Dorfkirche in Hof im Kreis Torgau-Oschatz zugeschrieben. Über seine Dresdner Bauten ist wenig bekannt geworden, vermutlich stammten die Häuser Hauptstraße 22 (um 1696) und Kleine Meißner Gasse 6 (um 1700) von ihm. Fuchs gehört zu den großen sächsischen Baumeistern des Barock und schuf die Grundlage für die glanzvolle Bürgerhausarchitektur Leipzigs in der ersten Hälfte des 18. Jahrhunderts.

Geißler, Wolfgang (geb. 1930 Zscheben bei Delitzsch). Geißlers Schuljahre fielen in die Zeit des zweiten Weltkriegs. Von 1945 bis 1947 absolvierte er eine Zimmererlehre und studierte von 1948 bis 1951 an der Ingenieurschule für Bauwesen in Leipzig. Von 1951 bis 1956 war er Entwurfsarchitekt im VEB Hochbauprojektierung I Leipzig. In dieser Zeit beteiligte er sich im Kollektiv an einer Reihe bemerkenswerter Universitätsbauten, darunter das Anatomische Institut in der Liebigstraße (1951–1956), das Physiologische Institut in der Liebigstraße, das Physikalische Institut an der Linnéstraße (1951–1957) sowie das Studentenwohnheim Nürnberger Straße. In den Jahren 1956 bis 1960 finden wir ihn als wissenschaftlichen Mitarbeiter an der Hochschule für Architektur und Bauwesen in Weimar, wo er gleichzeitig ein externes Studium absolviert. Ab 1961 war er wissenschaftlicher Mitarbei-

Physikalisches Institut in der Linnéstraße von Geißler, 1951–1957 errichtet

ter an der Hochschule für Bauwesen in Leipzig (heute Hochschule für Technik, Wirtschaft und Kultur) und promovierte hier im Jahre 1967. Anschließend leitete er das Projektierungsbüro des Ministeriums für Hoch- und Fachschulwesen an der hiesigen Hochschule für Bauwesen. 1971 ging er an die Hochschule für industrielle Formgestaltung Halle-Burg Giebichenstein, wo er 1979 zum Professor für ästhetische Umweltgestaltung berufen wurde. Außerhalb von Leipzig verdient sein Entwurf für den Hörsaalkomplex der Technischen Hochschule für Chemie in Merseburg (Entwurf und Ausführung 1967–1972) Beachtung. Geißlers Schaffen steht heute für den hohen Qualitätsanspruch, den hiesige Architekten beim Wiederaufbau nach dem zweiten Weltkrieg vertraten.

Geutebrück, Albert (geb. 6.1.1801 Gotha – gest. 1868 Graz). War Schüler von Carl August Benjamin Siegel, von dem er nach dessen Berufung nach Dresden im Jahre 1823 die Leitung der Abteilung für Baukunst an der Leipziger Kunstakademie übernahm. Ebenfalls von Siegel übernahm er das Amt des Leipziger Universitätsbaumeisters, zu dem schließlich auch noch das des Stadtbaudirektors kam. Mit Gründung der Baugewerkeschule im Jahre 1838 wurde Geutebrück ihr erster Schulleiter und übte dieses Amt bis zu seiner Pensionierung im Jahre 1863 aus. Geutebrück setzte sich für die Einführung der technisch-bauwissenschaftlichen Fächer ein und forderte eine enge Verbindung mit der Praxis. Als 1830 der Beschluß gefaßt wurde, am Augustusplatz ein neues Hauptgebäude für die Universität zu errichten, legte Geute-

Die Deutsche Buchhändlerbörse in der Ritterstraße 12 errichtete Albert Geutebrück 1834/36 (im zweiten Weltkrieg zerstört).

brück seine Entwürfe Karl Friedrich Schinkel zur Begutachtung vor. Dieser fertigte für die Fassade einen Gegenentwurf an, der der Ausführung zugrunde gelegt wurde. Der Universitätsneubau wurde am 3.8.1836 eingeweiht. Die Innengestaltung ist jedoch eine selbständige Arbeit Geutebrücks gewesen. Von den Räumlichkeiten erfuhr die Universitätsaula besonderes Lob. Im Anschluß an dieses Vorhaben erbaute er 1836–1838 auf dem schräg gegenüberliegenden Terrain das Postamt, so daß dieser Platz nun städtebauliche Konturen annahm. Die Hauptpost war ein langgestreckter Bau mit einem klassizistischen Säulenportikus. In den Jahren 1834 bis 1836 entstand nach Geutebrücks Entwürfen die Deutsche Buchhändlerbörse in der Ritterstraße 12. Bei diesem Bau sind die Einflüsse aus seiner italienischen Studienreise nachdrücklich zu erkennen. Mit den Rundbogenfenstern und weiteren charakteristischen Details wird der Bau beispielhaft für die nun einsetzende Neorenaissance. An der Ecke Karlstraße/Schützenstraße schuf Geutebrück 1846 das Gebäude für die Lebensversicherungsanstalt Teutonia. All diese genannten Gebäude haben sich nicht erhalten. Auf uns gekommen sind dagegen sein klassizistisches Wohnhaus Großer Blumenberg am Richard-Wagner-Platz und das sogenannte Königliche Palais in der Ritterstraße 26.

Niels Gormsen

Gormsen, Niels (geb. 1927). Studierte von 1951 bis 1958 Architektur an der TH Stuttgart und an der KTH in Stockholm. Von 1962 bis 1972 leitete er das Stadtplanungsamt in Bietigheim, von 1973 bis 1988 war er Baubürgermeister der Stadt Mannheim. 1990 wurde er zum ersten Beigeordneten für Planung und Bau (Stadtbaurat) der Stadt Leipzig nach der Wiedervereinigung gewählt. Er erwarb sich in den schwierigen Übergangsjahren große Verdienste um den Wiederaufbau der Stadt und hatte großen Anteil daran, daß in Leipzig von Anfang an eine geordnete städtebauliche Entwicklung möglich war. Gormsen bediente sich mit Vorliebe des Instruments der Planungswerkstätten, das waren Architekten-Workshops für städtebauliche Teilaufgaben, um unter dem enormen Zeit- und Veränderungsdruck möglichst rasch zu tragfähigen stadtgestalterischen Ansätzen und Lösungen zu kommen. In seiner Amtszeit konnten wichtige Großvorhaben realisiert bzw. eingeleitet werden. An erster Stelle ist der Bau der neuen Messe im Norden der Stadt zu nennen, die 1994 übergeben wurde, oder aber die City Nord an der Löhrstraße. Auch nach seiner Versetzung in den Ruhestand im Jahre 1995 ist er in wichtigen Ehrenämtern tätig geblieben. So steht er dem Förderverein Neue Ufer in Leipzig sowie dem Verein zur Rettung der Abraumförderbrücke im Tagebau Zwenkau vor. Gormsen ist ferner Landesgruppenvorsitzender der Deutschen Akademie für Städtebau und Landesplanung. Für sein Schaffen ist er mehrfach mit hohen Auszeichnungen geehrt wurden, darunter mit der Wolfgang-Hirsch-Auszeichnung der Architektenkammer Rheinland-Pfalz, dem Fritz-Schumacher-Preis für Städtebau, dem Bundesverdienstkreuz sowie dem Verdienstkreuz des Freistaats Sachsen.

Hänsel, Emil Franz (geb. 6.4.1870 Döbeln – gest. 21.10.1943 Leipzig). War Mitglied des Deutschen Werkbunds und gehörte zu den originellsten und deshalb wohl auch meistbeschäftigten Architekten Leipzigs vor dem ersten Weltkrieg. Er vermochte, sich hervorragend auf die jeweiligen Standortbedingungen einzustellen und überraschte dabei stets

Die Villa des Klavierfabrikanten Ludwig Hupfeld entstand nach Plänen von Emil Franz Hänsel 1910 in der heutigen Lumumbastraße 11/13.

mit neuen Lösungen. Bei Hänsel wiederholt sich im Grunde nichts. Sein besonderes Verdienst liegt auf dem Gebiet des Geschäftshausbaus. Seine Ausbildung erhielt er an der Leipziger Baugewerkeschule. Anschließend arbeitete er unter Hugo Licht. In den Jahren 1908/09 (erweitert 1911 und 1928/29) errichtete er den Messepalast Specks Hof, der vielleicht der qualitätvollste, sicher aber der vielgestaltigste Messehausbau in Leipzig ist. 1912 entstand nach seinen Plänen in Dresden das im zweiten Weltkrieg zerstörte Residenzkaufhaus. „Der erste bedeutende Kaufhausbau Dresdens in Glas und Beton, ausgezeichnet durch geschickte Einbindung in die beiden Straßenfronten (Prager Straße Ecke Waisen-

Das ehemalige MDR-Funkhaus in der Springerstraße 24 entstand 1929 nach Plänen von Emil Franz Hänsel

hausstraße) unter Verzicht auf historisierende Reminiszenzen, klare Gliederung durch Betonung der Senkrechten, Abgrenzung der Schaufenstergeschosse ..." (Fritz Löffler, 1981) Zu seinen wichtigen erhaltenen Gebäuden in Leipzig zählen das König-Albert-Haus genannte Gebäude Markt 9 von 1913, das Hotel Continental (1911) Georgiring 13, das Geschäftshaus Neumarkt 31/33 (1912/13), das Messehaus Zentralmessepalast von 1912 bis 1914 am Neumarkt, das Wohn- und Geschäftshaus Jahnallee 42/44, die Villa Springerstraße 2 sowie die Geschäftshäuser Nikolaistraße 55/57 (1913/14) und Nikolaistraße 57/59 (1913/14), außerdem im Westen die städtebaulich signifikante Pianofabrik Hupfeld (1910/11) sowie die dazugehörige Unternehmervilla Hupfeld in der heutigen Lumumbastraße 11/13 (1910). Das nach seinen Entwürfen 1908 errichtete Kaufhaus Brühl ist im zweiten Weltkrieg schwer beschädigt und 1966–1968 völlig um- und ausgebaut worden. Ebenfalls erhalten haben sich das von ihm für den eigenen Bedarf errichtete Wohnhaus Christianstraße 9 sowie das mehrgeschossige Wohngebäude Kurt-Eisner-Straße 5/5a (1911). Das ehemalige MDR-Funkhaus in der Springerstraße 24, ein expressiver, origineller Klinkerbau, entstand 1929. Im Wettbewerb für die Internationale Baufach-Ausstellung in Leipzig 1913 (heute Messegelände Technische Messe) hatte er im Jahre 1911 nach Weidenbach & Tschammer den 2. Preis zugesprochen bekommen.

Haller, Wilhelm (geb. 11.6.1884 Gleiwitz – gest. 1956 vermutlich Tel Aviv). Von Hallers Werken interessieren uns heute vor allem seine Entwürfe für jüdische Sakralbauten. Er erhielt seine Ausbildung in der Gewerbeschule in Dresden, der Bauschule in Zittau und an der Hochschule in Darmstadt. Seine praktische Betätigung begann er in Breslau und Frankfurt am Main als Bauführer und in Büros namhafter Architektenfirmen. Seit 1911 wirkte er in Leipzig, zunächst als Mitarbeiter Emil Franz Hänsels, anschließend im Büro von Weidenbach & Tschammer. 1914 ließ er sich als selbständiger Architekt in der Messestadt nieder (bis 1933). Im Wettbewerb für die Bebauung der Straße des 18. Oktober (um 1913) wurde ihm der 1. Preis zuerkannt. In der Konkurrenz zur Errichtung einer Hamburger Synagoge um 1928 erfuhr sein Entwurf hohe Anerkennung. Nach dem ersten Weltkrieg schuf er verschiedene Wohnsiedlungen für Coburg, Stendal und Weißenfels. Seine bemerkenswerteste Leistung war die Feierhalle auf dem Neuen Israelitischen Friedhof in Leipzig, die 1926–1928 entstand und in der nationalsozialistischen Pogromnacht vom 9. zum 10. November 1938 in Brand gesteckt wurde. Der Gebäudekomplex hatte hellblaue Putzfassaden und rote Dächer. Die Haupthalle mit dem in eine Stahlbetonkuppel eingefügten Stalaktitengewölbe bot eine großartige Raumwirkung. 1929 wurde nach Hallers Entwurf ein Friedhofsbau in Halle (Saale) fertiggestellt (erhalten). Zu seinen weiteren Bauten gehört das 1927 im Stil des Art déco errichtete Geschäftshaus Frank in Offenbach. Der Leipziger Stadtbaudirektor Max Reimann schrieb 1930 in einer Monographie über den Architekten: „Eins kennzeichnete Haller vor allem: er hegt eine tiefe Ehrfurcht gegen die Vergangenheit, und er faßt die Gegenwart fest mit beiden Händen ..." In seinen jüdischen Sakralbauten weicht Haller vom bis dahin weitgehend

Die Feierhalle auf dem Neuen Israelitischen Friedhof entstand nach Plänen von Wilhelm Haller 1926–1928 (zerstört).

üblichen maurischen Stilvorbild ab und verwendet Formen des Zeitgeschmacks der 1920er Jahre. Über das weitere Wirken des Architekten jüdischer Abstammung ist wenig bekannt. 1933 emigrierte er nach Palästina und eröffnete hier ein eigenes Büro. Sein Vorname ist nun Ze´ev (Wilhelm). In Tel Aviv haben sich einige interessante Wohnhäuser von ihm erhalten. Die viergeschossigen Wohnhäuser Ehrlich (1933/34), Delfinger-Picker (1934), Mittelmann (1934/35) und Hornstein (1936/37) sind interessante Beiträge zur Architektur der Moderne. 1956 wird er als Direktor einer Architekturabteilung der Regierung Israels genannt. In seiner Persönlichkeit und seinem Werk ehren wir auch die von den Nationalsozialisten so gründlich ausgelöschte Kultur jüdischer Mitbürger.

Heise, Gerd (geb. 1953 Oberhausen). Er erlernte 1970 den Beruf des Bauzeichners und studierte ab 1975 Architektur an der Fachhochschule in Köln. Seit 1980 ist Heise mit dem Büro HPP Hentrich, Petschnigg & Partner beruflich verbunden. Von 1991 an war er Projektpartner und Leiter des HPP-Büros in Leipzig. Seit 1994 ist er Partner und Kommanditist der HPP Hentrich, Petschnigg & Partner KG Leipzig. Für das Haus des Buches (1994–1996) Leipzig erhielt er 1998 den BDA-Preis Sachsen. Seine wichtigsten Arbeiten in Leipzig sind weiter das Center am Torgauer Platz (1992 bis 1994), der Umbau der Halle 16 auf dem Schlachthof zur Kantine des MDR (1993–1996), das Bauwenshaus am Burgplatz (1991–1994), das Wohnhaus Schade Am Wolfswinkel 45 (1997/98) und das Passagen-Geschäftshaus Petersbogen in der Petersstraße (1999–2001). Im Jahre 2001 erhielt er mit seinem Büro den „Architekturpreis der Stadt Leipzig zur Förderung der Baukultur" für den im Jahr 2000 ausgeführten Verwaltungsneubau des Betriebsbereichs Strom/Gas der Stadtwerke Leipzig in der Richard-Lehmann-Straße 114.

Gerd Heise und der von ihm entworfene Thomasshop, 2003

Höger, Johann Friedrich (Fritz) (geb. 12.6.1877 Beckenreihe/Holstein – gest. 21.6.1949 Bad Segeberg/Holstein). Höger studierte an der Hamburger Baugewerbeschule (1897–1899) und ließ sich hier 1905 als selbständiger Architekt nieder. Er gehörte zeitweilig zu den Vorstandsmitgliedern des 1907 gegründeten Deutschen Werkbunds. Er leistete Bedeutendes vor allem auf dem Gebiet des Geschäftshausbaus. Sein Hamburger Chilehaus (1922–1924) ist als eine herausragende Schöpfung expressionistischer Architektur der frühen 1920er Jahre zu bewerten. Er bemühte sich wie Fritz Schumacher, der damalige Hamburger Stadtbaudirektor, besonders um die Revitalisierung der norddeutschen Backsteinarchitektur, was sich 1929–1932 auch beim Bau der Leipziger Konsumzentrale in der Industriestraße 85–95 in der Wahl einer unverputzten Klinkerfassade äußerte. Zu seinen Hauptwerken sind zu zählen: das Klöpperhaus (1912/13) sowie das Bürohaus Sprinkenhof (1927; fertiggestellt 1943) in Hamburg, das Gebäude für den „Hannoverschen Anzeiger" (1927/28) und das Planetarium in Hannover, die Parfümerie-Fabrik Scherk in Berlin, Kelchstraße 31 (1926), die Kirche am Hohenzollerndamm in Berlin (1931/32) und der Erweiterungsbau der Berliner Zigarettenfabrik Garbaty in der Hadlichstraße 44 (1930/31).

Ludwig Hoffmann

Hoffmann, Ludwig (geb. 30.7.1852 Darmstadt – gest. 11.11.1932 Berlin). Studierte an der Königlichen Kunstakademie in Kassel und ab 1874 an der Bauakademie zu Berlin. Ein Hauptwerk ist das 1888–1895 errichtete ehemalige Reichsgericht in Leipzig. 1884 hatte die ehemalige Reichsregierung einen diesbezüglichen Wettbewerb ausgeschrieben, bei dem der Entwurf von Ludwig Hoffmann und Peter Dybwad unter 119 Bewerbern den 1. Preis erhielt. Anschließend wurde Hoffmann die Projektplanung übertragen. Nach Fertigstellung dieses Hauses erfolgte 1896 seine Berufung zum Stadtbaurat von Berlin, eine Funktion, die er bis 1924 ausübte. Studienreisen führten ihn u. a. nach Italien (1884, 1887, 1892), Belgien und Holland (1890). „Man darf sich Hoffmann nicht als einen phantastischen Künstler mit überschwenglichen Neigungen vorstellen", urteilte Volkmer Müller 1895, „er hat viel mehr ein überaus ruhig bedenkendes Wesen, das jedoch nach reiflicher Überlegung sein Ziel mit größter Energie verfolgt." Seine wichtigsten Berliner Bauten: das Stadthaus in der Klosterstraße (1902–1911), das Märkische Museum (1901–1907) und der Märchenbrunnen im Friedrichshain (1902 bis 1913). Auf die städtebaulich-architektonische Entwicklung Berlins nahm Hoffmann in jenen Jahren entscheidenden Einfluß. Sein Leipziger Reichsgericht (heute Bundesverwaltungsgericht) gehörte zusammen mit Raschdorffs Berliner Dom und Wallots Reichstag in Berlin zu den staatlichen Repräsentationsbauten, mit denen sich das deutsche Kaiserreich manifestiert hat. Der noble Neorenaissancebau des ehemaligen Reichsgerichts ist ein Leitbau deutscher Historismusarchitektur, dessen ästhetische Qualität heute zunehmend deutlicher ins Bewußtsein tritt.

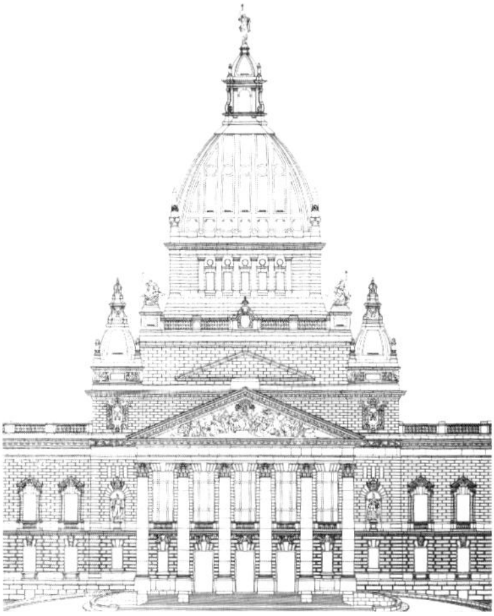

Ehemaliges Reichsgericht. Fassadenzeichnung von Ludwig Hoffmann

Die Kuppelhalle im Reichsgericht nach einer Zeichnung Hoffmanns

Ilg, Friebe, Nauber, Architekten. Rainer Ilg (geb. 1942 Leipzig) studierte von 1962 bis 1968 an der Hochschule für Architektur und Bauwesen in Weimar mit Diplomabschluß als Architekt und war anschließend bis 1970 dort als wissenschaftlicher Mitarbeiter tätig. Von 1970 bis 1976 war er bei Messeprojekt Leipzig, von 1977 bis 1983 bei DEWAG Leipzig und von 1983 bis 1990 beim VEB Denkmalpflege Leipzig beschäftigt. Juli 1990 Gründung des Architekturbüros Ilg, Friebe und

Gerhard Nauber, Rainer Ilg und Wolfgang Friebe

Partner. Seit 1.1.1992 Architekturbüro Ilg/Friebe/Nauber Architekten. Wolfgang Friebe (geb. 1944 Frankfurt/Oder) studierte von 1964 bis 1970 an der Hochschule für Architektur und Bauwesen in Weimar mit Diplomabschluß als Architekt. Von 1970 bis 1977 war er bei Messeprojekt Leipzig, von 1977 bis 1983 bei DEWAG Leipzig, 1983/84 beim Baukombinat Leipzig und von 1985 bis 1990 beim VEB Denkmalpflege Leipzig tätig. Gerhard Nauber (geb. 1943 Sorau) absolvierte von 1962 bis 1968 die TU Dresden mit Diplomabschluß als Architekt. Von 1968 bis 1970 arbeitete er bei WTZ Sportbauten, von 1970 bis 1976 bei Messeprojekt Leipzig und von 1977 bis 1990 bei DEWAG Leipzig. Zu ihren Arbeiten seit 1990 gehören: die Sanierung des Museumsgebäudes in Taucha (1992), des Gohliser Schlößchens in Leipzig (1991–1999), der Umbau der Nikolaikirche in Freiberg zu einem Konzertsaal (1996–2002), Sanierung und Neubau des Evangelischen Schulzentrums in Leipzig, Riemannstraße (2001), Neubau und Sanierung des Botanischen Gartens in Leipzig (1999–2001), Neubau Einkaufszentrum in Probstheida (1999) und seit 2000 die Komplexsanierung des Grassimuseums. Für die Gestaltung des Montessori-Schulzentrums erhielten sie 2003 den Architekturpreis der Stadt Leipzig.

Johlige, Arthur s. Schmidt, August Hermann

Kösser, Theodor (geb. 2.1.1854 Nerchau – gest. 29.6.1929 Leipzig). Hat sich durch den Bau der Mädler-Passage in den Jahren 1912 bis 1914 bleibendes Verdienst erworben. Er studierte an den Technischen Hochschulen in Stuttgart und Dresden. 1881–1885 war er Bürochef im Atelier Arwed Roßbachs und beteiligte sich an dessen Entwürfen für das Augusteum und für die Universitätsbibliothek. Gemeinsam mit Roßbach war er 1884 Preisträger beim Wettbewerb für das Rathaus in Elberfeld. Im folgenden Jahr ließ er sich in der Messestadt als selbständiger Architekt nieder. Er errang Preise bei der Teilnahme an Wettbewerben für Rathäuser in Stuttgart und Hannover. Etwa 1902–1906 erbaute er nach Ideenskizzen von Arwed Roßbach den Eckbau des früheren Amtsgerichts, Dimitroffstraße 1. Das Messehaus Mädler-Passage markiert den Höhepunkt der Messehausentwicklung vor dem ersten Weltkrieg. Es gehört zu den bedeutenden erhaltenen deutschen Passagebauten aus der Spätzeit dieses Bautyps. Weitere Bauten in Leipzig: Geschäftshaus Berndt (1886), Pathologisches Institut in der Liebigstraße 26, Veterinärmedizinisches Institut der Universität (um 1905), die Wohnhäuser Ludolf-Colditz-Straße 42 (1912/13), Fockestraße 5 (1910/11), Kurt-Eisner-Straße 45 (1901), die Villa Schomburgk, Prinz-Eugen-Straße (1899), die Wohnanlage Selneckerstraße 4–18 (1910/11 mit Hans Böhme) sowie das Pfarr- und Gemeindehaus Kurt-Eisner-Straße 22 (1926/27 gemeinsam mit seinem Sohn Fritz Kösser).

Kreis, Wilhelm (geb. 17.3.1873 Eltville/Rhein – gest. 13.8.1955 Bad Honnef am Rhein). War nach seinem Studium an der Technischen Hochschule in Dresden Assistent von Paul Wallot. In dem 1896 vom Deutschen Patriotenbund ausgeschriebenen Wettbewerb für das Völkerschlachtdenkmal errang er unter

Die Betonhalle der IBA auf dem alten Messegelände entstand 1912/13 nach Entwürfen von Wilhelm Kreis.

Peter Kulka

den 72 Teilnehmern mit seinem Entwurf „Walküre" den 1. Preis. 1902–1908 lehrte er als Professor an der Kunstgewerbeschule in Dresden. 1909–1920 war er Nachfolger von Peter Behrens an der Kunstgewerbeschule Düsseldorf. In dieser Zeit schuf er 1912/13 die sogenannte Betonhalle für die Internationale Baufach-Ausstellung in Leipzig 1913 (Messehalle 16 auf dem alten Messegelände). Dieser neoklassizistische Bau mit einer Stahlbetonkuppel von 32 m Durchmesser und einer Ausstellungsfläche von 7500 qm ist von besonderem baugeschichtlichen Interesse. Die Kuppel lehnt sich bewußt an die Gestaltung des römischen Pantheon bzw. an Schinkels Rotunde im Alten Museum zu Berlin an, um so die Eignung modernster Stahlbetonkonstruktionen und -technologien auch für differenzierteste Ansprüche zu belegen. 1926 bis 1936 lehrte er in der Nachfolge von Bestelmeyer und Tessenow als Professor für Architektur an der Kunstakademie in Dresden. 1927 wurde Kreis Präsident des Bundes Deutscher Architekten, ab 1943 war er Präsident der berüchtigten nationalsozialistischen Reichskammer der bildenden Künstler. Weitere Werke: etwa 50 Bismarck-Denkmale, Warenhaus Tietz in Köln (1912–1914), Wilhelm-Marx-Haus in Düsseldorf (1922–1924), Warenhaus in Chemnitz (1912/13), Museum für Vor- und Frühgeschichte Halle (1911/12), Hygienemuseum Dresden (1927–1930).

Kulka, Peter (geb. 1937 in Dresden). Kulka erlebte den Untergang Dresdens am 13. Februar 1945 im Luftschutzkeller mit. 1954 schloß er eine Maurerlehre ab. Er studierte von 1959 bis 1964 Architektur an der Hochschule der bildenden Künste in Berlin-Weißensee. Er war Mitarbeiter im Büro für Typenprojektierung bei Hermann Henselmann in Ost-Berlin und von 1965 bis 1968 Mitarbeiter von Hans Scharoun in West-Berlin. Seit 1969 ist er als freier Architekt selbstständig (Arbeitsgemeinschaft mit Herzog, Köpke, Siepmann und Töpper Bielefeld). Seit 1979 unterhält er ein eigenes Büro in Köln. 1986 wurde er zum Professor für konstruktives Entwerfen an die

Der Lennésche Park an der Schillerstraße

RWTH nach Aachen berufen (bis 1992). Nach der Wiedervereinigung gründete er 1991 ein Zweigbüro in Dresden. 1996 war er Gründungsmitglied der Sächsischen Akademie der Künste in Dresden. Er ist weiterhin Mitglied der Akademie der Künste Berlin. Kulka hat vor allem mit den Entwürfen für den Sächsischen Landtag in Dresden (realisiert 1992–1994) einen gültigen Beitrag zur deutschen Gegenwartsarchitektur geleistet. In Leipzig baute er bis 1998 die Villa Karl-Tauchnitz-Straße 11 zur Galerie für Zeitgenössische Kunst um. Bis 2001 gestaltete er die Fassade des früheren Universitätshochhauses (heute City-Hochhaus) um und war zugleich für die Außenarchitektur des Baukörpers der MDR-Probenräume zu dessen Füßen verantwortlich. Neben dem amerikanischen Architekten Peter Eisenmann lieferte er für die nationale Kandidatur der Leipziger Olympiabewerbung 2003 einen Stadionentwurf, der auf einem früheren Entwurf für Chemnitz basierte (Wettbewerbssiegerentwurf 1994). Außerhalb von Leipzig erbaute er u. a. das Fakultätsgebäude für die Otto-von-Guericke-Universität in Magdeburg (1996–1998) und das Vertriebsgebäude der Siemens AG in Düsseldorf (1994–1996). Sein Entwurf für die U-Bahn-Station Bayrischer Bahnhof soll noch realisiert werden.

Lenné, Peter Joseph (geb. 29.9.1789 Bonn – gest. 23.1.1866 Potsdam). Der führende deutsche Landschaftsgestalter seiner Zeit hat in der Messestadt zwei Werke geschaffen. Für den Industriellen und Förderer des Eisenbahnwesens Wilhelm Seyfferth entwarf er an der Ferdinand-Lassalle-Straße den etwa 6,3 ha großen Johannapark (heute Teil des Clara-Zetkin-Parks), der im englischen Landschaftsstil 1858–1861 angelegt worden ist. Ebenfalls nach seinen Plänen wurde 1859 aus Anlaß des 100. Geburtstages von Friedrich Schiller der Promenadenbereich zwischen dem Augustusplatz und der Petersstraße fertiggestellt (s. Promenadenring). Lenné erwarb sich ab 1811 erste Kenntnisse als Gärtner im Botanischen Garten zu Paris. Lehr- und Wanderjahre führten ihn über Süddeutschland und die Schweiz nach Österreich, wo er 1815 den Park von Laxenburg bei Wien entwarf. 1816 wurde er nach Potsdam berufen und avancierte hier 1824 zum Gartendirektor, 1854 zum Generaldirektor der königlichen Gärten. Aus seinem überaus reichen Schaffen seien genannt: die Parkanlagen von Sanssouci, insbesondere der Park Charlottenhof (1826), die russische Kolonie (1826/27) in Potsdam, der Park Babelsberg (1833) und die Umgestaltung des Schloßparks Friedrichsfelde bei Berlin (heute Tierpark Berlin).

Hugo Licht

Licht, Hugo (geb. 21.2.1841 Nieder-Zedlitz bei Fraustadt/Posen – gest. 28.2.1923 Leipzig). Recht umfangreich ist das Schaffen von Hugo Licht, der die überragende Architektenpersönlichkeit der Zeit um 1900 in Leipzig war. Seine im städtischen Auftrag ausgeführten Bauten bestimmen das Bild der Großstadt noch heute wesentlich mit. Die Ausbildung erhielt er in Berlin im Atelier bei Ende & Böckmann (1862/63), an der Bauakademie (1864) und im Atelier von Richard Lucae sowie in Wien. Reisen führten ihn nach Italien (1869/70), nach Paris und London (1871–1879). In seiner Berliner Tätigkeit von 1871–1879 als selbständiger Architekt entwarf er Wohnhäuser und die um 1880 errichtete Trauerhalle des Jüdischen Friedhofs in der Herbert-Baum-Straße (erhalten). Anschließend wurde er zum Leiter des Leipziger Hochbauamts berufen, wo er bis 1906 als Stadtbaurat tätig war. 1901 bis 1914 gab Licht die Zeitschrift „Die Architektur des XX. Jahrhunderts" und 1906–1920 die Zeitschrift „Der Profanbau" heraus. Als sein Hauptwerk ist der Bau des Neuen Rathauses von 1899 bis 1905 mit dem anschließenden Stadthaus (1908–1912) anzusehen, das zugleich einen Höhepunkt und den Endpunkt des Leipziger Historismus darstellt. Eine Auswahl seiner Bauten in Leipzig: 1881–1884 Kapelle und Leichenhalle des Neuen Johannisfriedhofs, 1883–1886 Erweiterung und Umbau des Bildermuseums am Augustusplatz, 1885–1887 Konservatorium in der Grassistraße 8, 1886/87 Predigerhaus am Nikolaikirchhof 3/4, 1886–1888 Gebäude des Städtischen Vieh- und Schlachthofs im Süden der Stadt, 1887–1889 Klinik Rotes Haus, Philipp-Rosenthal-Straße 27, 1889/90 Polizeipräsidium in der heutigen Dimitroffstraße, 1890/91 die Markthalle auf dem heutigen

Wilhelm-Leuschner-Platz, 1892–1895 das Grassimuseum am heutigen Wilhelm-Leuschner-Platz 10/11 (heute Stadtbibliothek) und 1894–1897 der Neubau des Schiffs der Johanniskirche als Ergänzung zu dem barocken Kirchturm von George Werner. Außerhalb Leipzigs: 1896 das Kaiser-Wilhelm-Denkmal in Breslau mit dem Skulpturenschmuck von Christian Behrens und 1910 das Rathaus in Döbeln zusammen mit Otto Richter. Bis auf das Bildermuseum, die Markthalle und die Johanniskirche, die im zweiten Weltkrieg zerstört wurden, haben sich die seine Bauwerke bis heute erhalten. Es spricht für die Künstlerpersönlichkeit Hugo Lichts, daß er den unter ihm arbeitenden, weniger bekannten Architekten in der Regel durchaus freie Hand gelassen zu haben scheint. So erinnerte sich Fritz Schumacher, der als junger Absolvent Mitte der 1890er Jahre bei Licht arbeitete und an der Johanniskirche, an der Innengestaltung des Neuen Rathauses und an der Saalgestaltung im Städtischen Kaufhaus beteiligt war: „Die Arbeiten, die Licht mir damals übertrug, hat er mir fast selbständig überlassen. Er kam ab und an, sie zu begutachten, gab aber weder Skizzen noch Korrekturen, sondern nur Anregungen mit Worten." Ein verbreiteter Irrtum ist, daß Hugo Licht der Autor des Entwurfs für das 1893–1901 erbaute Städtische Kaufhaus am Neumarkt sei. Der Bau ist, wie die Originalpläne im Stadtarchiv ausweisen, ein Werk seines Mitarbeiters Emil Friedrich Rayher. In diesem Zusammenhang ist ferner von Interesse, daß Hugo Licht das Hochbauamt nur bis zum Oktober 1896 leitete. Danach war er für den Bau des Neuen Rathauses von dieser Funktion freigestellt. Seine Nachfolge übernahm Otto Wilhelm Scharenberg. Eine Porträtbüste Hugo Lichts von Georg Wrba steht in der Unteren Wandelhalle des Neuen Rathauses.

Liebig, Alfred (geb. 12.7.1878 – gest. 11.2.1952 Leipzig). Ausgebildet an der Kunstakademie und der Technischen Hochschule Dresden, gehörte er zu jenen fortschrittlichen deutschen Architekten, die – vom Historismus herkommend – sich insbesondere in der Zeit nach dem ersten Weltkrieg besondere Verdienste um die Erneuerung der Baukunst erwarben. Liebig, ein Schüler von Paul Wallot, dem Erbauer des Berliner Reichstags, entwarf Hotels, Theater, Geschäftshäuser und Villen. 1907 erhielt er den Großen Sächsischen Staatspreis für Architektur. Für die Internationale Baufach-Ausstellung 1913 in Leipzig gestaltete er eine Maschinenhalle. 1912–1915 wurde nach seinen Plänen das Theater in Döbeln errichtet. Bedauerlich für ihn ist, daß ein wesentlicher Teil seiner Hauptschaffensperiode

Alfred Liebig, Plastik am Petershof

in die wirtschaftlich ungünstige Zeit zwischen den beiden Weltkriegen fiel, die ihm nur die Ausführung weniger seiner Entwürfe ermöglichte. So ist der 1927–1929 errichtete Messepalast Petershof in der Petersstraße 20 sein Hauptwerk geblieben. Als Mitte der 1920er Jahre die Petershof AG einen Wettbewerb für den Neubau dieses Messehauses ausschrieb, konnte Liebig unter 50 Leipziger und drei auswärtigen Konkurrenten den 1. und den 3. Preis erringen. Der preisgekrönte Entwurf zeigt eine Fassadengestaltung mit streng vertikaler Pfeilergliederung und hochhausartig überhöhtem Mittelteil. Einer solchen kühnen Gestaltung verweigerte allerdings das Leipziger Hochbauamt die Zustimmung. Auch bei dem letztlich zur Ausführung vorgesehenen Projekt mußte Liebig Eingriffe in die Gesamtkonzeption hinnehmen. Eine von ihm vorgesehene attraktive Passage, welche Petersstraße und Burgstraße miteinander verbinden sollte, konnte ebenfalls nicht ausgeführt werden. In der monumentalen Lichthofhalle schließlich gelangte Liebigs Können zur vollen Entfaltung. Interessante Entwürfe lieferte er 1926 im Wettbewerb für die Errichtung des Bankhauses Kroch am Augustusplatz, 1928 für das Europa-Hochhaus Augustusplatz/Roßplatz und in der gleichen Zeit für den Handelshof in Gera. Obwohl die drei genannten Vorhaben schließlich anderen Architekten zufielen, standen Liebigs Entwürfe denen seiner Konkurrenten in nichts nach. Eine höchst moderne Innenraumgestaltung, die mit den fortschrittlichsten Bauhausschöpfungen jener Zeit verglichen werden kann, gelang ihm mit dem Umbau der Treppenhalle der Leipziger Filiale der Sächsischen Bank zu Dresden in der Markgrafenstraße (im zweiten Weltkrieg zerstört). Ausgeführt wurden von ihm ferner eine Hotelhalle in Seefeld (Tirol) (Entwurf 1927) und Wohnhausensembles in Leipzig-Wahren und Leipzig-Eutritzsch. Um 1929 errichtete er sein eigenes Wohnhaus in der Marienbrunnenstraße 8b (erhalten). Aus dem Jahre 1935 ist schließlich noch sein Umbau des Thüringer Hofs zu erwähnen.

Lipsius, Johann Wilhelm Constantin (geb. 20.10.1832 Leipzig – gest. 10.4.1894 Dresden). War Sohn einer gutbürgerlichen Familie und erhielt eine gediegene Ausbildung. Sein Architekturstudium begann er an der Leipziger Baugewerkeschule, die von Albert Geutebrück geleitet wurde, und setzte es von 1851 bis 1854 an der Dresdner Kunstakademie bei Georg Hermann Nicolai, dem Nachfolger Gottfried Sempers, fort. Nach dem Studium kehrte er in seine Heimatstadt zurück. Längere Reisen führten ihn nach Italien und Frankreich. In den Jahren 1856 bis 1881 entwickelte er sich in Leipzig zu einem angesehenen Architekten. 1861 erbaute Lipsius in der heutigen Goldschmidtstraße 33 eine großzügige Villa, die stilistisch eine Mischung aus Tudorgotik und italienischer Renaissance darstellte, sowie 1870–1872 den weitläufigen Gebäudekomplex des Johannishospitals an der Prager Straße (beide nicht erhalten). Nach dem Tode Nicolais im Jahre 1881 wurde er als dessen Nachfolger nach Dresden berufen. Auch danach übernahm er Leipziger Bauaufträge. 1882–1885 erbaute er gemeinsam mit dem Krefelder Architekten August Hartel die Peterskirche am Schletterplatz. Fast gleichzeitig entstand 1881–1884 von denselben Architekten die Nathanaelkirche in Leipzig-Lindenau.
Unter der Leitung von Lipsius wurde in den Jahren 1885–1888 die Thomaskirche sowohl im Inneren als auch am Außenbau einer umfassenden neogotischen Umgestaltung unterzogen. Es entstand u. a. das bemerkenswerte, zum Promenadenring weisende Portal der Westfassade, das zum Haupteingang der Kirche wurde. 1888 erfolgten nach seinen Entwürfen Umbaumaßnahmen am Schloß Püchau im Kreis Wurzen. Sein fraglos bekanntestes Werk ist die Hochschule für bildende Künste in Dresden, die 1887–1893 entstand. Gerade dieser Bau hat ihm aber wenig Nachruhm eingebracht. So schrieb Fritz Löffler: „An völlig verfehlter Stelle, auf der Brühlschen Terrasse, baute ... Lipsius ... die Kunstakademie mit dem anschließenden Kunstverein. Er

Die Nathanaelkirche in Lindenau entstand 1881 bis 1884 nach Entwürfen von Hartel und Lipsius.

degradierte mit ihr die Festungsmauern zum Sockel für sein Vorhaben. Nur mit tiefem Bedauern kann man an den Verlust der noblen Kleinbauten Knöffels denken, die dieser für Brühl geschaffen hatte, und die im 19. Jahrhundert nach und nach gefallen waren. Die Glaskuppel der Akademie, von der Bevölkerung Zitronenpresse genannt, bildete, gegen die Frauenkirche gesehen, ein dauerndes Ärgernis. Seit deren Verlust bedeutet die bekrönende Nike Robert Henzes ein liebgewordenes Requisit." 1883/84 leitete er schließlich die Restaurierung des Goldenen Reiters auf dem Dresdner Neustädter Markt und schuf dabei den heutigen Sockel für dieses Reiterstandbild Augusts des Starken.

Lossow, William (geb. 21.7.1852 – gest. 24.5.1914) und **Max Hans Kühne** (geb. 1874 – gest. 1942). Sie waren führende Vertreter des Dresdner Neobarock. Kühne war Schüler von Paul Wallot, dem Erbauer des Berliner Reichstags. Mit ihrem Entwurf „Licht und Luft" hatten sie einen 1. Preis im 1906 ausgeschriebenen Architekturwettbewerb für die Gestaltung des Empfangsgebäudes des Leipziger Hauptbahnhofs gewonnen. Durch dieses grandiose Projekt für den wohl größten Kopf-

Das Hotel Astoria, nach Kriegsschäden 1948 bis 1952 und 1954 bis 1957 instand gesetzt und erweitert

bahnhof Europas gingen sie in die deutsche Baugeschichte ein. Auch das Hotel Astoria (1913–1915) westlich des Leipziger Hauptbahnhofs wurde nach ihren Plänen errichtet. Lossow gründete 1907 mit seinem Schwiegersohn Kühne ein Architekturbüro. Die beiden Dresdner Professoren schufen gemeinsam für die Elbestadt eine Reihe weiterer Bauten, so das Gebäude für die Handelskammer (1910), das Hotel Weber am Postplatz (1911), das Große Haus (1912/13) und die Bienertsche Hafenmühle (1912/13). Das Dresdner Staatsarchiv bewahrt den Nachlaß des Architekten Rudolf Bitzan, der in jenen Jahren im Architekturbüro von Lossow & Kühne arbeitete. Bitzan bestritt die Autorschaft beider am Hauptbahnhofsentwurf und bezeichnete sich als den eigentlichen Schöpfer des Gebäudes. Ob künftig im Zusammenhang mit dem Hauptbahnhofsprojekt auch der Name jenes Architekten mit zu nennen ist, bedarf noch der näheren baugeschichtlichen Klärung.

Lotter, Hieronymus (geb. 1497 Nürnberg – gest. 22.7.1580 Geyer/Erzgebirge). Lotter war als kurfürstlicher Baumeister (seit 1551), als achtmaliger Bürgermeister (1555, 1556, 1558, 1561, 1564, 1567, 1570 und 1573), als Kaufmann und als Unternehmer im erzgebirgischen Bergbau von außergewöhnlicher Schaffenskraft und hat die Messestadt in der Mitte des 16. Jahrhunderts in besonderem Maße mit geformt. Die Familie Lotter siedelte 1509 von Nürnberg nach Annaberg im Erzgebirge über. Sein Vater Michael kam im dortigen Silberbergbau schnell zu Reichtum und Ansehen und wurde 1536 sogar Annaberger Bürgermeister. Die damals im Bau befindliche Annenkirche (1525 vollendet) hat auf den jungen Hieronymus einen nachhaltigen Eindruck gemacht. Im Jahre 1522 ist er vermutlich mit seinem jüngeren Bruder Anton nach Leipzig gekommen. Aus einem überlieferten Streit mit Dr. Heinrich Stromer von Auerbach wissen wir, daß sich Hieronymus Lotter im Jahre 1532 ein Haus neben dem gerade im Bau befindlichen Komplex Auerbachs Hof erbaute (s. Auerbachs Keller). Das Bürgerrecht erhielt Lotter im Jahre 1533. 1541 heiratete er Katharina Bauer und erwarb für 625 Gulden Garten, Haus und Hof bei St. Johannis vor dem Grimmaischen Tore. Dieses Anwesen wurde 1546 wieder beseitigt, als Herzog Moritz von Sachsen angesichts der bevorstehenden Belagerung Leipzigs im Schmalkaldischen Krieg die Vorstädte niederbrennen ließ. Offenbar als Entschädigung für den Verlust erhielt Lotter später das Grundstück an der Ecke Brühl/Katharinenstraße vom Rat zugewiesen (gegenüber dem Romanushaus) und errichtete hier 1550 ein Wohnhaus, in dem er bis 1570 wohnte (im zweiten Weltkrieg zerstört). Bereits 1542 hatte er ein Gebäude an der Westseite des Markts erworben. Als Herzog Moritz im Jahre 1551 beim Bau der Moritzbastei von Lotter forderte, er solle den Stadtgraben innerhalb von zehn Tagen bis zu seiner Rückkehr aus Wittenberg vom Schutt befreien, löste Lotter diese schier unmöglich erscheinende Aufgabe mit Hilfe von 1200 Bauern der umliegenden Ämter. Gerade als hervorragender Bauorganisator war er anderen überlegen. 1545 errichtete er ein Kornhaus am Brühl, 1554 das Amtshaus an der Ecke Thomaskirchhof/Klostergasse (beide Gebäude nicht erhalten), 1555 die Alte Waage am Markt und im gleichen Jahr den Mittelturm der Nikolaikirche. 1556/57 entstand sein Leipziger Hauptwerk, das Alte Rathaus, das zu den Höhepunkten deutscher

Renaissancebaukunst gezählt werden darf. Im kurfürstlichen Auftrag hatte er von 1550 bis 1567 die Bauleitung für den Neubau der Pleißenburg inne (s. Neues Rathaus). 1570 baute er die Renaissanceemporen in der Thomaskirche ein. Von Lotters auswärtigen Bauten verdienen das Pegauer Rathaus, das 1559 nach seinen Plänen unter der Bauleitung von Paul Wiedemann errichtet wurde, und die Augustusburg auf dem Schellenberg im Kreis Flöha besondere Beachtung. Dieser großartige Schloßbau, den der fast 70jährige Lotter auf Wunsch des Kurfürsten im Jahre 1567 übernahm, brachte ihm nur Undank ein. Im Frühjahr 1568 legte er den Grundstein zum Bau, und kurz darauf beschäftigte er bereits 1000 Arbeiter, um die hochgespannten Erwartungen seines ungeduldigen Bauherrn erfüllen zu können. Der Bau der Augustusburg gewährt interessante Einblicke in die sozialökonomischen Verhältnisse in dieser Zeit. Er zeigt, mit welchen Methoden diese uns heute beeindruckenden Bauleistungen realisiert worden sind. Meister, Gesellen und Hilfskräfte der einzelnen Gewerke wurden durch kurfürstlichen Befehl zur Arbeit am Schloß gezwungen, sofern Lotter ihrer Dienste bedurfte. Die Arbeitszeit betrug zwölf Stunden am Tag. Hinzu kam für die meisten ein langer täglicher Fußmarsch zum Arbeitsort. Meutereien und Lohnkämpfe waren an der Tagesordnung. Besonders widerspenstige Arbeiter sperrte man kurzerhand ins Gefängnis. Schließlich zog Lotter sogar Frauen und Mädchen zu schweren Transportarbeiten heran und versuchte, als die Mittel des Bauherrn immer spärlicher flossen, die ohnehin niedrigen Löhne noch weiter zu drücken. Bereits zu Baubeginn hatte der Kurfürst verordnet, daß alle im Land gefaßten Wilddiebe zur Zwangsarbeit auf die Augustusburg zu bringen waren. Dort mußten sie bei schmaler Kost die härtesten Arbeiten, wie beispielsweise den Brunnenbau, ausführen. Lotters wirtschaftlicher Erfolg setzte die kompromißlose Ausbeutung der Arbeitskraft voraus. Schließlich aber war Lotter selbst der Willkür seines kurfürstlichen Bauherrn ausgesetzt, der ihm, mit Baufortschritt und Kosten unzufrieden, kurz vor der Fertigstellung des Schlosses im Jahre 1572 die Bauleitung entzog, ihm sogar das Betreten des Baus untersagte und ihm die 15 000 Gulden, die Lotter aus eigener Tasche zur Vollendung des Baus vorgestreckt hatte, schuldig blieb. Vergleicht man den Preis für das Leipziger Rathaus, das 18 000 Gulden gekostet hatte und das der stattlichste unter den Leipziger städtischen Bauten war, mit dieser Summe, so wird klar, daß dies auch für einen so wohlhabenden Baumeister und Kaufmann wie Lotter nicht ohne Folgen bleiben konnte und seinen wirtschaftlichen Niedergang einleitete, der durch Mißerfolg im Bergbau noch beschleunigt wurde. Lotter hatte Anfang der 60er Jahre des 16. Jahrhunderts seine Aufmerksamkeit dem Zinn- und Kupferbergbau in der Nähe des Städtchens Geyer im Erzgebirge zugewandt. Allerdings geschah das zu einer Zeit, als hier der Höhepunkt der Erträge schon überschritten war. Im Jahre 1564 beschäftigte er 300 Arbeiter in einem Stollen bei Greifenbach. Schließlich erbaute er sich im Jahre 1566 am Hang des Geyersbergs in Geyer auf einem ehemaligen Lehenshof ein ansehnliches, zweistöckiges Herrenhaus, Lotterhof genannt, das heute noch erhalten ist. 1573 wurde er nochmals zum Leipziger Bürgermeister gewählt, was sicher als ein Vertrauensbeweis in seine alles in allem zu diesem Zeitpunkt doch noch weitgehend intakten Vermögensverhältnisse gelten kann. Doch als ab 1574 ein Gläubiger nach dem anderen seine Forderungen vorbrachte, verschlechterte sich seine finanzielle Situation zusehends. Im Jahre 1576 mußte Lotter sein Haus am Markt für 7000 Gulden verkaufen, um seine Schulden begleichen zu können. Nun kehrte er Leipzig endgültig den Rücken. Auch das Bergwerk am Geyersberg wurde schließlich im Jahre 1579 verpfändet. Vielleicht nicht völlig verarmt, aber doch im Vergleich zum

Hieronymus Lotter. Ausschitt aus einem Ölgemälde von 1569 im Alten Rathaus

früheren Wohlstand in bescheidenen Verhältnissen lebend, verbrachte er seine letzten Tage auf dem Lotterhof. In den Kirchenbüchern der Stadt Geyer heißt es in der Todesnachricht Nummer 37 von 1580: „Der Ehrenveste und hochweisse Herr Hieronymus Lotther ... starb auf seinem Geyersbergischen Hofe dem 22. Juli gegen Mitternacht, seines Alters im 83. Jahre und ward in der Kirchen den 27. Juli honorifice begraben." Seit 1988 wird in Leipzig im Abstand von zwei Jahren der Hieronymus-Lotter-Preis für Denkmalpflege vergeben.

Turmknopfurkunde Lotters von 1573:

Es hat mich Churfürst Moritz die Zeit seiner Regierung zu einem Baumeister alhie zu Leipzigk über das Schloß Pleißenburg gemacht. Da hab ich mit meiner eignen Hand als ein verordneter Baumeister den ersten Stein in Gründen gelegt, und das ohn einigen Beistand, außerhalb der Werkleut gar auferbauet. Darnach hab ich die Henkersbasteien gleichergestalt auch aus dem Grunde bis in die Höhe aufgebauet und an der Festung vor allen Thoren viel Mauerwerks vorbracht, das alte Rathaus lassen einreißen und zum Teil die alten Gründe und etzlich Mauerwerk zu Hülf genommen und aus habenden Befehl eines Erbarn Rats solch Rathaus, wie es itzt stehet, in neun Monat, daß solches wieder zu bewohnen gewest, gar auserbauet, daß also mir zwei Jahre aneinander das Bürgmeisteramt zu verwalten auferlegt worden ist. Zudem so hab ich zu Beförderung gemeiner Stadt ein alt eingefallen steinern Gebäude, im Brühl gelegen, die Gründe und das alte Mauerwerk zu Hülfe genommen und ein stattliches Kornhaus, wie vor Augen stehet, erbauet, auf den zweien Türmen an S. Niklaskirchen zu einer Wache ein Stück Turms in die Höhe aufbauen lassen, mit Wohnung, daß sich ein Wächter zu behelfen, und noch bei dem Rannischen Thor eine gemeine steinerne Badstuben innerhalb der Stadt gebaut, und dieselbe lassen gewelben, daß solch Gewelb kein Treupen oder Feuchtigkeit von sich gegeben; dergleichen andere Städt umbher dermaßen gebauet, daß zuvorn nit gewest, und hab nach meinem Vermögen also gemeiner Stadt mit solchen Gebäuden zu Notdurft helfen zieren. Und über das alles, so hat Churfürst Augustus die Zeit seiner Regierung mir auferlegt, daß ich das großmächtige Haus und Schloß Augustusburg, so zuvor der Schellenberg genennt worden, einreißen und wieder aufbauen solle, und ob ich mich meines hohen obliegenden Alters halber des in Untertänigkeit entschuldigt, und daß es in meinem Vermögen nit wäre, so hab ich doch damit nit können verschont bleiben und daselb, außerhalb der Werkleut, ohne einigen Beistand mit großer, unerträglicher Mühe und Bestellung in vier Jahren, welches sich der minder Zahl im einundsiebzigsten geendet, verbracht und das zu bewohnen gar ausgebaut. Darob ich in meinem Alter, als ich sechsundsiebzig Jahr alt worden, gar unvermöglich worden und gleichwohl das Burgmeisteramt anno dreiundsiebenzigk wieder annehmen und verwalten müssen. Das zeig ich nicht um Ruhms willen an, sondern das solches nach meinem Tode meinen Kindern um ihres Vaters willen zu Ehren und gutem gereichen möchte. Das hab ich also in diesen Knopf, neben anderen Schriften und Gedächtnissen, verwahrlich bringen wollen. Das geschehen ist den 14. Septembris des fünfzehnhundertunddreiundsiebenzigsten Jahres.

Jeronimus Lotter der Ältere, Bürgmeister.

Als im Jahre 1573 eine Reparatur der Turmhaube am Alten Rathaus notwendig wurde, legte Lotter diese Urkunde als eine Art Rechenschaftsbericht hinein. Die Sprache wurde aus Gründen der besseren Verständlichkeit etwas modernisiert.

Lucas, Walter (geb. 22.7.1902 Dresden – gest. 14.9.1968 Leipzig) war im sogenannten Dritten Reich in unterschiedlichen Funktionen für die Nationalsozialisten tätig, so z. B. ab 1933 als Leiter der Bezirksleitung des Kampfbundes der Architekten und Ingenieure. Auf Grund seines Engagements in den Organisationen der NSDAP war er von 1945 bis 1950 in der sowjetischen Haftanstalt in Bautzen interniert. Dennoch übertrug man ihm, wohl vor allem wegen seiner besonderen Erfahrung als Städtebauer und Architekt, beim Wiederaufbau der kriegszerstörten Stadt wichtige Funktionen im kommunalen Bauwesen. 1954 wurde er Chefarchitekt, 1958 Stadtarchitekt und Leiter der Abt. Städtebau und Entwurf beim Stadtbauamt, und ab 1961 hatte er zusätzlich das Amt des Stadtbaudirektors inne. Ab 1964 war er im Entwurfsbüro von Leipzig-Projekt tätig, wo er die Planungen für den Wiederaufbau des Stadtzentrums und der Straße des 18. Oktober zur Messemagistrale leitete. Trotz der Zwiespältigkeit seines politischen Engagements darf sein Beitrag beim Wiederaufbau der Messestadt nicht geringgeschätzt werden. Lucas studierte an der Technischen Hochschule in Dresden und war zunächst freischaffend tätig. In den Jahren 1933 bis 1936 entstand nach seinem Entwurf eine zweigeschossige Reihenhaussiedlung in Kitzscher im Kreis Borna. Der erste größere volkseigene Wohnungsbaustandort in Leipzig wurde nach seiner Planung in den Jahren 1951/52 in der heutigen Jahnallee realisiert. Ebenfalls beteiligt war er 1950 am Bau der sowjetischen Ausstellungshalle auf dem Gelände der Technischen Messe, die in Anlehnung an altrussische Architekturtraditionen gestaltet wurde. Unter Bezug auf die Wohnblocks in der Jahnallee beschrieb Lucas 1951 die politisch verordnete Kehrtwendung in der Architekturkonzeption dieser Zeit: „Das Jahr 1951 zeichnet sich durch das Bemühen der führenden Stellen der Deutschen Demokratischen Republik, der politischen und Massenorganisationen aus, unter Abkehr von allen formalistischen und konstruktivistischen Bestrebungen eine neue deutsche Architektur zu entwickeln. Die Regierung der Deutschen Demokratischen Republik hatte hierzu am 27. Juli 1950 die ... ‚16 Grundsätze des Städtebaus' entwickelt, die den projektierenden Stellen den Weg für ihre weitere Arbeit wiesen. In diesen Grundsätzen ist festgehalten, daß die Architektur ‚dem Inhalt nach demokratisch und der Form nach national' sein muß, wobei sie ‚die in den fortschrittlichen Traditionen in der Vergangenheit verkörperte Erfahrung des Volkes' verwendet." In der Ringbebauung am Roßplatz fand diese ideologische Position 1953–1955 für Leipzig ihren gültigen architektonischen Ausdruck.

Engelbert Lütke Daldrup

Lütke Daldrup, Engelbert (geb. 31.10.1956 Kranenburg bei Kleve). Lütke Daldrup ist seit Juni 1995 Beigeordneter für Planung und Bau (Stadtbaurat) in Leipzig. Er studierte von 1976 bis 1982 Stadt- und Regionalplanung an der Universität Dortmund. 1988 promovierte er zum Dr.-Ing. Von 1986 bis 1989 war er Mitarbeiter der Senatsverwaltung für Bau- und Wohnungswesen in Berlin, seit 1991 Hauptstadtreferent und seit 1992 Leiter des Referats Hauptstadtgestaltung und Baudirektor. Lütke Daldrup vertritt nachdrucklich die städtebauliche Position der europäischen Stadt. Insofern wendet er sich auch immer wieder gegen die Zersiedlung des Umlands durch Einkaufs-, Wohn- und Gewerbeparks vor den Toren der Stadt. Nachdrücklich setzte er sich für die Bebauung des Sachsenplatzes mit dem Neubau des Bildermuseums ein, was seinem Verständnis von kritischer Stadtreparatur entspricht. Er ist seit 1997 Mitglied der Deutschen Akademie für Städtebau und Landesplanung.

Marg, Volkwin (geb. 15.10.1936 in Königsberg) wuchs in Danzig auf und lebte nach der Flucht am Ende des zweiten Weltkriegs 1945 zunächst in Thüringen. 1955 machte er das Abitur in Mecklenburg-Vorpommern. 1956 verließ er die DDR und ging nach West-Berlin. Ab 1958 studierte er Architektur in Berlin und Braunschweig, wo er 1964 an der dortigen TU sein Examen machte. Seit 1965 ist er freiberuflich gemeinsam mit Meinhard von Gerkan tätig. 1972 wurde er in die Freie Akademie der Künste in Hamburg berufen. Von 1975 bis 1979 war er Vizepräsident und von 1979 bis 1983 Präsident des BDA. 1986 erhielt er eine Berufung an die RWTH in Aachen, wo er Inhaber des Lehrstuhls für Stadtbereichs-

Volkwin Marg

planung und Werklehre ist. Mit der neuen Messe, dem Allee-Center in Grünau und dem Porsche-Werk hat er drei herausragende Bauten zur Leipziger Gegenwartsarchitektur beigetragen. Das Büro gmp, von Gerkan Marg und Partner aus Hamburg, gehört zu den erfolgreichsten in Deutschland.
Aus ihrem umfangreichen Schaffen sollen hier lediglich der Flughafen Hamburg-Fuhlsbüttel erwähnt werden, den sie 1990–1993 realisierten, sowie die Planung für den Lehrter Bahnhof in Berlin.

Möbius, Paul Otto Hermann (geb. 20.3. 1866 Leipzig – gest. 9.4.1907 Leipzig). Gehörte zu den eigenwilligsten Architekten Leipzigs um 1900. Sein Formenrepertoire kann als eine spezifische Leipziger Variante des Jugendstils bezeichnet werden, die überdies von den plastisch-monumentalen Tendenzen jener Zeit beeinflußt ist. Sein Werk ist durchaus von überregionalem Interesse. Der unverheiratet gebliebene Möbius wohnte bis zu seinem Tode in der Wohnung seiner Eltern in der Lessingstraße 21. Er war Absolvent der Leipziger Kunstakademie und als Architekt Autodidakt. Durch seine Mitarbeit im Architektenbüro von Pfeiffer & Händel erwarb er sich die notwendige Fachkenntnis. In der Münchner Kunstzeitschrift „Dekorative Kunst" erfuhr sein Schaffen im Jahre 1897 erstmals öffentliche Würdigung. Gemeinsam mit Arthur Starke gründete er 1899 ein eigenes Architektenbüro in der Frankfurter Straße, der heutigen Jahnallee 46, in einem von ihm selbst erbauten Haus. Möbius wurde bereits zu Lebzeiten hoch geschätzt. So schrieb der Leipziger Kunstpublizist Julius Zeidler 1908 in einem Nachruf im Leipziger Kalender, Möbius besäße unter allen Leipziger Architekten den größten Sondergeschmack, die bedeutsamste Eigenart, die individuellste Note. Gelobt wurden seine Materialtreue, seine raumbildende Phantasie und der monumentale Gesamteindruck seiner Bauten. Möbius hatte sich in der Gestaltung seiner Fassaden völlig von historistischen Architekturtendenzen freigemacht. Auffällig ist die stets wiederkehrende Verwendung eines Stab- bzw. Bandornaments, das zum Teil an barocke Wellenschränke erinnert. Von den Bauten Möbius' haben sich u. a. erhalten: die Mietshäuser Dittrichring 10 (1905/06), Johannisallee 11 (1899/1900), Roßlauer Straße 10 (1902/03) und die repräsentativen Wohnhäuser Tschaikowskistraße 31 (1900/01) und Waldstraße 4 (1895/96) im Waldstraßenviertel. Ferner schuf er Villenbauten in Leutzsch am Langen Felde 7 (1901/02), in der Laurentiusstraße 1 (1901/02), in der Paul-Michael-Straße 6 und in der Rathausstraße 34 (1901/02). Gemeinsam mit Arthur Starke schuf er die Mietshäuser Kurt-Eisner-Straße 68 (1900) und Härtelstraße 23 (1906). Besonders charakteristisch für sein Werk ist das Restaurant Grüne Eiche in der Demmeringstraße 22. Sämtliche Bauten von Paul Otto Hermann Möbius stehen heute unter Denkmalschutz.

Das Wohnhaus Johannisallee 11 entstand 1899/00 nach Plänen von Paul Möbius.

Mothes, Oscar (geb. 27.12.1828 Leipzig – gest. 4.10.1903 Dresden). Der Neogotiker Mothes gehört zu den herausragenden Erscheinungen der Leipziger Baugeschichte. Sein Lebenswerk ist allerdings bis heute kaum erforscht. Er war Architekt, Baurat und promovierter Kunstschriftsteller. In Dresden hatte er bei Gottfried Semper studiert. 1851 führten ihn Reisen nach Italien und Spanien. Seit 1853 war er in Leipzig, später in Zwickau ansässig. Sein Erstlingswerk ist die kleine Dorfkirche in Rüdigsdorf (Ortsteil von Kohren-Sahlis), die er bereits als Zwanzigjähriger im Jahre 1848 erbaute. Seinem Werk werden zugeschrieben: die Kirchen in Karlsbad, Lemsel, Krostewitz, Lützschena (Westturm von 1855) und Neukirchen sowie die Schlösser Wiesenburg in Altenhaim, Gaudlitz, Großzschocher, Liebau, Schönfels und Schweinsburg. In welchem Verhältnis Neu- und Umbau zueinander standen, muß für diese Objekte offenbleiben. Große Verdienste erwarb er sich als Denkmalpfleger. Er beteiligte sich am Ausbau der Rudelsburg bei Bad Kösen und erneuerte 1879/80 die Matthäikirche in Leipzig (im zweiten Weltkrieg zerstört), den Innenraum der Annenkirche in Annaberg (1875–1884)

Oscar Mothes, Schlußstein am Portal des Schlosses Wiesenburg

sowie in den Jahren 1885 bis 1891 die Zwikkauer Marienkirche, die Heinrich Magirius als sein „konservatorisches Hauptwerk" bezeichnete. Folgerichtig erbaute er sich 1873/74 sein eigenes Wohnhaus in der heutigen Käthe-Kollwitz-Straße 70 im neogotischen Stil. Nicht weit entfernt an der Schreberstraße Ecke Sebastian-Bach-Straße entstand 1884/85 nach seinen Plänen die im zweiten Weltkrieg zerstörte anglo-amerikanische Kirche.
Von seinen Schriften seien genannt: „Geschichte der Baukunst und Bildhauerei Venedigs" (1859), „Das Allgemeine Deutsche Bauwörterbuch" (1857/58) sowie sein „Illustriertes Baulexikon" von 1884. Ende des Jahres 1867 gründete Mothes den Verein für die Geschichte der Stadt Leipzig. Von 1869 bis 1882 war er dessen erster Vorsitzender. Auf ihn geht auch die Gründung der Vereinssammlung zurück, die den Grundstock des heutigen Stadtgeschichtlichen Museums in Leipzig (im Alten Rathaus) darstellte.

Müller, Wolfgang (geb. 31.1.1932 Leipzig – gest. 1992 Leipzig). Studierte nach Abitur und Maurerlehre 1952–1957 an der Hochschule für Architektur und Bauwesen in Weimar, u. a. bei Englberger und Schmidt (Architektur), Weidhaas (Kunstgeschichte) und Herbig (Malen und Zeichnen). In den Jahren 1957 bis 1960 arbeitete Müller bei Kunz Nierade am Projekt für das Leipziger Opernhaus und war anschließend bis 1964 beim Leitarchitekten für den Aufbau des Stadtzentrums Leipzig tätig. Es folgten städtebauliche Planungen für Leipzig und andere Städte des Bezirks. Von 1967 an war er im Büro des Chefarchitekten der Stadt Leipzig mit der städtebaulichen und architektonischen Bearbeitung von Vorhaben im zentralen Bereich der Stadt Leipzig betraut.
Wolfgang Müller war beteiligt an der Gestaltung des Marktplatzes (Alte Waage), des Messehauses am Markt, der Ost- und Südseite des damaligen Karl-Marx-Platzes (bis 1965 und 1981/82), des Ensembles Brühl/Richard-Wagner-Straße (1966–1968) sowie an der Leitplanung für den Wohnkomplex Straße des 18. Oktober (ab 1967). Als Komplexarchitekt hatte er wesentlichen Anteil an der Wiederherstellung des historischen Thomaskirchhofs mit dem Schwerpunkt Bosehaus (1982 bis 1985). Bei zahlreichen Wettbewerben errang er u. a. erste Preise, so z. B. für den Stadtverordnetensaal im Neuen Rathaus (gemeinsam mit Johannes Schulze, 1962), für Baulückenschließungen in der Grimmaischen Straße 17 (1982) und für das Leipziger Stadteingangssymbol mit der Löwenplastik (1982).
Wolfgang Müller trat überdies mit architekturbezogenen Publikationen an die Öffentlichkeit.

Nierade, Kunz (geb. 1901 – gest. 2.12.1976). Studierte in Chemnitz und in Braunschweig. In den Jahren 1952 bis 1957 errichtete er mit Hans Hopp den ersten Bauabschnitt des Gebäudekomplexes der Deutschen Hochschule für Körperkultur (DHfK) am Elsterflutbecken unter Zugrundelegung des damaligen architektonischen Gestaltungskonzepts der nationalen Bautraditionen. Einem Übergangsstadium in der Architekturentwicklung der ehemaligen DDR gehört sein Opernhaus am Augustusplatz an (1956–1960), das der erste große Theaterneubau der DDR war. Für diese Leistung erhielt er 1960 den Nationalpreis. Nierade schuf auch das Projekt für den Umbau der Komischen Oper in Berlin (1966/67). Während der neobarocke Zuschauerraum unverändert erhalten blieb, erfuhr das Äußere der Komischen Oper eine völlige Neugestaltung. An der flächigen, schmucklosen Natursteinfassade ist lediglich der Eingangsrisalit durch eine großflächige Verglasung und die Verwendung von Kupferplatten besonders hervorgehoben. Für das Grab Johann Sebastian Bachs, das 1950 in den Chorraum der Thomaskirche verlegt wurde, entwarf er die Bronzeplatte.

Gerhart Pasch

Pasch, Gerhart Helmut Walter (geb. 11.9.1939 Dresden). Machte 1957 das Abitur an der Kreuzschule in Dresden und studierte anschließend an der dortigen Technischen Universität Architektur, Denkmalpflege und Ingenieurpädagogik mit dem Abschluß als Diplomingenieur. Seit 1965 ist er als Architekt und Kirchenbaurat für die kirchliche Bau-, Kunst- und Denkmalpflege im evangelischen Amtsbereich Leipzig zuständig. In dieser Funktion hat er sich unschätzbare Verdienste bei der Bewahrung und Sanierung des umfangreichen Bestands an kirchlichen Baudenkmälern von der Romanik bis zur Gegenwart im Leipziger Land erworben. 1972 promovierte er zum Dr. Ing. an der Technischen Hochschule Leipzig. Pasch ist durch eine umfangreiche Vortrags- und Lehrtätigkeit auf dem Gebiet der Architektur, Denkmalpflege, Altbausanierung und Baustilkunde hervorgetreten. Er ist zudem Autor zahlreicher Veröffentlichungen, insbesondere zum Kirchenbestand der Region (u. a. „Kirchen in Leipzig und Umgebung, 1996). Zu seinen Neubauten gehören das Evangelische Gemeindezentrum in Leipzig-Grünau, mehrere Wohnbauten und Friedhofskapellen. 1990 wurde er für die Gesamtrestaurierung der Nikolaikirche Leipzig mit dem Hieronymus-Lotter-Preis des Rates des Bezirks ausgezeichnet. Er war federführend an der Generalsanierung der Leipziger Thomaskirche beteiligt, die nach mehrjährigen Arbeiten im Bachjahr 2000 beendet wurde. Er ist seit 1992 stellvertretender Vorsitzender des Landesvereins Sächsischer Heimatschutz.

Pflüger, Conrad (gest. nach 1506). Zählte zu den führenden obersächsischen Baumeistern am Ende des 15. Jahrhunderts. Er stammte aus der Schule des Arnold von Westfalen und führte dessen Hauptwerk, die 1471 begonnene Meißner Albrechtsburg, nach dem Tode Meister Arnolds (gest. 1480) zu Ende. Pflüger war Stadtbaumeister zu Görlitz und zugleich herzoglich sächsischer Werkmeister. „In den Jahren 1490 bis 1497 ist Pflüger die höchste künstlerische Instanz und Autorität in Görlitz", urteilte Ernst-Heinz Lemper. Neben Claus Roder war er am Bau des 1480–1503 für Kurfürst Friedrich den Weisen errichteten Wittenberger Schlosses beteiligt. Pflüger war ein Meister des Gewölbebaus. Mit Hilfe seiner Parliere Blasius Börer und Urban Laubanisch wölbte er von 1490 bis 1497 die Görlitzer Peterskirche ein.
Als sich der Rat der Stadt Leipzig 1489 zur Einwölbung der im Bau befindlichen Thomaskirche eines erfahrenen Baumeisters versichern wollte, wandte man sich an den berühmten Erhard Bauer aus Eger. Dieser empfahl Pflüger, unter dessen Leitung die Einwölbung schließlich in den Jahren 1494 bis 1497 erfolgte. Bei der Planung des Umbaus der Nikolaikirche, der 1513–1525 realisiert wurde, zog man Pflüger im Jahre 1505 zu Rate. Vermutlich geht auch die 1507 begonnene Leipziger Peterskirche (1885 abgebrochen) auf seine Entwürfe zurück. Weitere Werke: in Görlitz das Heilige Grab (1481–1505), in Annaberg die Annenkirche (1499 begonnen) und Beteiligung am Albrechtsbau des Torgauer Schlosses (1470 begonnen).

Pöppelmann, Matthäus Daniel (geb. 3.5.1662 Herford – gest. 17.1.1736 Dresden). Beim Neubau des Peterstors in den Jahren

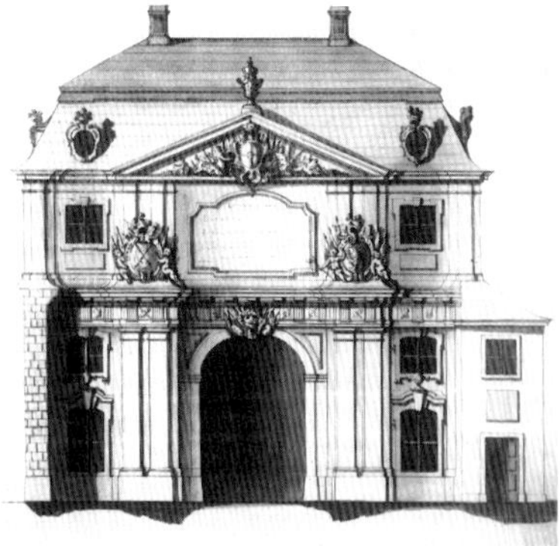

Das Peterstor, Stadtseite, 1722/23 nach Entwürfen von Pöppelmann erbaut, 1860 abgebrochen. Zeichnung des Architekten

1722/23 griff sogar der Baumeister des Dresdner Zwingers in das Leipziger Baugeschehen ein. Da die vorgelegten Entwürfe des Leipziger Stadtrats für den Neubau eines Tors am Ausgang der Petersstraße nicht die Zustimmung Augusts des Starken gefunden hatten, beauftragte er Pöppelmann, einen neuen Entwurf anzufertigen. Dieser versuchte mit dem Peterstor einen Abglanz der höfischen Dresdner Architektur in die sächsische Handelsmetropole zu bringen. Als das Tor im Jahre 1860 aus verkehrstechnischen Gründen abgebrochen wurde, verlor Leipzig ein Kleinod barocker Profanbaukunst. An Pöppelmanns Beziehung zu Leipzig ist eine interessante Episode geknüpft. Als sich beim Bau von Äckerleins Hof am Markt (s. Messeamt), der zwischen 1709 und 1714 von Gregor Fuchs errichtet wurde, Risse zeigten, gaben sich Fuchs und der ausführende Zimmermann Johann Christian Schmidt gegenseitig die Schuld. Fuchs holte Pöppelmann als Gutachter, der am 22.1.1711 den Bau inspizierte und, wie es heißt, Fuchs unterstützte. Doch zu einem schriftlichen Gutachten wollte Pöppelmann sich offensichtlich nicht bequemen. Schließlich kam es im Jahre 1714 zu einem Vergleich zwischen den streitenden Parteien. Pöppelmann war seit etwa 1668 in Dresden ansässig. Seine Laufbahn führte ihn über das Amt des Baukondukteurs (1691) und des Landbaumeisters (1705) bis zum Oberlandbaumeister im Jahre 1718. Er bereiste Italien, Böhmen, Österreich, Polen und Frankreich. Zu seinen Hauptwerken gehören das Taschenberg-Palais (1705–1711) und der Zwinger (1711/28) in Dresden, Schloß Pillnitz (1720–1723), das Gestüt Graditz bei Torgau (ab 1722), der Umbau des Schlosses Moritzburg (1723–1733) sowie Brücken, Kirchen und Bürgerhäuser in verschiedenen Orten Sachsens.

Pötzsch, Christian August Eduard (geb. 6.6.1803 Leipzig – gest. 21.11.1889 Leipzig). Gehört zu den großen Baumeistern des Leipziger Spätklassizismus. Sein Vater war Obermeister der Leipziger Maurerinnung. Ab 1820 besuchte Pötzsch die Kunstgewerbeschule in Leipzig. 1832/33 bereiste er italienische Städte. Erhaltene Skizzenbücher geben interessante Einblicke in seine Auseinandersetzung mit der dortigen Architektur. 1839 lieferte er den Entwurf für den Dresdner Bahnhof in Leipzig, der für die erste deutsche Ferneisenbahn errichtet wurde (s. Hauptbahnhof). Nach seinen Plänen wurde 1842–1844 auch der Bayrische Bahnhof erbaut. Dieser ist nicht nur ein interessantes technisches Denkmal, sondern überzeugt auch durch seine beeindruckende Architektur. In den 1830er Jahren

Christian August Eduard Pötzsch

gestaltete Pötzsch den vielgerühmten Festsaal im Hôtel de Pologne (später Messeamtsgebäude, Hainstraße), der schon 1846 einem Großbrand zum Opfer fiel. Die sogenannte Kaufhalle, Markt 10 , entstand 1845/46 vermutlich nach seinen Plänen. Ein stadtgeschichtlich wichtiges Gebäude schuf er 1845 für den Stadtrat Lurgenstein mit der sogenannten Centralhalle gegenüber der Thomaskirche an der Ringpromenade. Dies war ein Mehrzweckbau mit Läden, Wohnungen, einem Restaurant und im 1. Obergeschoß mit Festsälen für Konzerte und Ausstellungen (Gebäude nicht erhalten). Ferner entwarf er das Gebäude der Freimaurerloge „Apollo und Balduin zur Linde" (1847) in der Elsterstraße sowie Wohnhäuser und Bauten für die Landwirtschaft. 1849 lieferte er den Entwurf für den neogotischen Umbau des Pfarrhauses in Püchau. Das umfangreiche Werk Pötzschs erschließt sich überwiegend nur noch anhand historischer Pläne, da die meisten seiner Bauten nicht erhalten sind. Pötzsch war gegen Ende seines Lebens Ehrenpräsident des Leipziger Architektenvereins. Aus dem Stiftungsbuch der Stadt Leipzig geht hervor, daß er für soziale Belange einen Teil seines Vermögens dem Rat der Stadt hinterließ. Unter anderem stiftete er ein Stipendium, das seinen Namen tragen und zunächst für die Ausbildung eines Architekten, dann eines Bildhauers und zuletzt eines Malers verwendet werden sollte.

Pommer, Max (geb. 4.4.1847 Chemnitz – gest. 5.7.1915 Leipzig). Pommer studierte wahrscheinlich ab 1864 am Polytechnikum

Max Pommer

in Hannover, u. a. bei Conrad Wilhelm Hase. Seine Laufbahn als Architekt begann er in Leipzig im Büro von Gustav Müller. Seine erste Aufgabe war 1873 die Bauleitung an der Villa für den Verlagsbuchhändler Herrmann Julius Meyer (Käthe-Kollwitz-Straße 82). Die Begegnung mit Meyer wurde für Pommers Leben prägend, denn er wurde in der Folgezeit zum Architekten der Meyerschen „Stiftung für die Erbauung billiger Wohnungen in Leipzig". Nach seinen Entwürfen wurden die ersten „Meyerschen Häuser" 1892 an der Roßmarktstraße in Lindenau errichtet. Schließlich war Max Pommer der erste sächsische Unternehmer, der sich die Lizenz zur Anwendung von Eisenbetonkonstruktionen nach dem System des französischen Ingenieurs François Hennebique (1823–1906) erteilen ließ. Anfang 1901 wurden die Pläne für die Stahlbetonkonstruktionen noch in Paris ausgeführt. Da sich die Leipziger Baupolizei mit den Genehmigungen der neuen Konstruktionen anfangs sehr schwertat, ließ Pommer auf eigene Kosten zwei Beamte zum Studium ins Pariser Büro von Hennebique schicken. Es ist das unbestreitbare Verdienst von Max Pommer, den Stahlbetonbau in Leipzig und Sachsen eingeführt zu haben. In der Person Pommers vereinigen sich die Künstlerpersönlichkeit des Architekten mit der des erfolgreichen Bauunternehmers. Das 1898 errichtete Druckereigebäude der Firma C. G. Röder am Gerichtsweg mit dem Schnellpressen-Maschinensaal war der erste Stahlbetonbau Sachsens. Das erste in Stahlbetonbauweise errichtete Gebäude in der Leipziger Innenstadt war 1899/1900 das neobarocke Geschäftshaus Brühl 4 Ecke Hainstraße, das Max Pommer auch selbst entwarf. Es wurde 1993 bis 1995 saniert und erhielt seine Fassadendekorationen und die Dachaufbauten einschließlich Eckturmaufsatz zurück. Weitere Bauten Max Pommers sind Oelßners Hof in der Nikolaistraße (1907/08), die Meyersche Villa in der Käthe-Kollwitz-Straße 115 (1885) und sein eigenes viergeschossiges Wohnhaus von 1885/86 an der Hillerstraße Ecke Käthe-Kollwitz-Straße. Alle genannten Bauten sind erhalten. Mit seiner Betonbaufirma realisierte Pommer z. B. im Jahre 1900 in Markersdorf die erste Eisenbahnbrücke Sachsens in Stahlbetonbauweise. 1914/15 wurde der 31 m hohe Bismarckturm in Lützschena nach Entwurf von Hermann Kunze aus Leipzig als Stahlbetonkonstruktion durch Emanuel Haimovici, der als Oberingenieur und Prokurist bei Pommer beschäftigt war, errichtet.

Richter, Christian (geb. um 1625 – gest. 1684). Der Name Christian Richters ist verbunden mit dem Beginn der Leipziger Barockarchitektur. Er wurde 1650 Geselle, war seit 1660 Meister und wurde 1668 zum Leipziger Ratsmaurermeister berufen. Richters Entwürfe sind noch dem Renaissancestil verpflichtet, zeigen aber das Bemühen, neue architektonische Tendenzen aus der Residenzstadt Dresden zu übernehmen. Nach seinem Entwurf wurde im Jahre 1662 unter Verwendung

Titelbild des Skizzenbuchs von Christian Richter, 1660 begonnen

älterer Bausubstanz Webers Hof in der Hainstraße 3 neu erbaut. Webers Hof mit seinem säulengegliederten Frontispiz und dem mittigen Kastenerker war für Leipzig der bestimmende Bautyp im Bürgerhausbau bis um 1700. Erst mit dem genialen, aus Dresden gekommenen Johann Gregor Fuchs begannen sich barocke Gestaltungsmerkmale in vollem Umfang durchzusetzen.
In den Jahren 1677 bis 1679 führte Richter für den Bergrat Haubold von Einsiedel das Herrenhaus des Ritterguts Hopfgarten bei Borna aus. Lange Zeit hat Richter als Architekt der Alten Handelsbörse am Naschmarkt gegolten. Walter Hentschel hat diesen Bau 1964 erstmals dem Dresdner Oberlandbaumeister Johann Georg Starcke zugeschrieben. Richters Mitarbeit an diesem Bau beschränkte sich danach auf die Bauausführung. Von Christian Richter ist sein kultur- und architekturgeschichtlich höchst bedeutsames „Skizzenbuch" erhalten, das Entwürfe der Zeit um 1660 bis 1666 enthält. Hierbei handelt es sich vermutlich um ein von Hand gezeichnetes Lehrbuch.

Hubert Ritter

Ritter, Hubert (geb. 17.3.1886 Nürnberg – gest. 25.5.1967 München). Er studierte Architektur an der TH München, u. a. bei Friedrich Thiersch. Er war Stadtbaurat in Leipzig in den Jahren 1924 bis 1930. Unter seiner Leitung wurde der erste Generalbebauungsplan der Stadt als „baupolitisches Programm auf lange Sicht" verabschiedet und 1929 auszugsweise veröffentlicht. Darin wurde vorgeschlagen, den historischen Stadtkern zu erhalten. Der Tendenz zur verstärkten City-Bildung sollte durch eine achtgeschossige und durch Turmhäuser betonte Bebauung am Ring entsprochen werden. Im Südosten der Stadt plante Ritter einen durchgehenden Grünzug von der Ringpromenade über den Johannisplatz, den Alten Johannisfriedhof, das Johannistal, den Neuen Johannisfriedhof, den Bereich Russische Kirche und Deutscher Platz bis zum Gelände des Völkerschlachtdenkmals. In diesem Bereich war eine Konzentration von Kultur- und Bildungseinrichtungen vorgesehen. Das nach seinem städtebaulichen Entwurf 1925–1929 errichtete neue Grassimuseum folgte diesem Plan. Gemeinsam mit dem Statiker Dischinger entwarf er die beiden Kuppeln der Großmarkthalle, die 1927–1929 errichtet wurden. Eine städtebauliche Meisterleistung ist die Anordnung der Wohnanlage „Rundling" in Lößnig, die er 1929/30 ausführte. Zu seinen Bauten gehören ferner das Westbad in Lindenau (1925/26), die Max-Klinger-Schule (1928) in der Karl-Heine-Straße, beide gemeinsam mit Fritz Baumeister, die Hauptfeuerwache und das im zweiten Weltkrieg zerstörte Planetarium (um 1930) am Eingang zum Kickerlingsberg Ecke Pfaffendorfer Straße. Von den unter seiner Federführung entstandenen Wohnanlagen seien weiterhin genannt die Faradaystraße (1931), die Thaerstraße (1929) und die Oberläuterstraße (1928). Hubert Ritter war ein besonders experimentierfreudiger Architekt und Städtebauer, dem die Einführung vieler neuer Ideen, auch des industriellen Bauens, zu verdanken ist. Ritter beschäftigte sich besonders auch mit dem Krankenhausbau und promovierte 1932 mit der Arbeit „Der Krankenhausbau der Gegenwart" an der TH Hannover zum Doktor-Ingenieur. Nach dem zweiten Weltkrieg hat man in Leipzig, offenbar aus politischen Gründen, auf die angebotene Mitarbeit Ritters beim Wiederaufbau verzichtet, so daß dieser schließlich 1952 zurück in seine alte Heimat nach München ging.

Die Wohngebäude in der Faradaystraße entstanden 1931 nach Plänen von Hubert Ritter.

Wojtek Grabianowski, RKW

Norbert Hippler, RKW

RKW Rhode Kellermann Wawrowsky, Büro Leipzig. Seit 1992 ist die Dependance von RKW Düsseldorf unter Leitung von Norbert Hippler in Leipzig tätig. Ihre wichtigsten realisierten Projekte sind: Die Sanierung von Specks Hof, Reichsstraße 4/6, 1992–1995, der Neubau des Hansa-Hauses, Grimmaische Straße 13/15, 1993–1997, der Neubau des Kaufhauses Peek & Cloppenburg in der Petersstraße Ecke Preußergäßchen, gemeinsam mit Moore, Ruble, Yudell aus Santa Monica/Kalifornien, Fertigstellung 1994, die Sanierung von Barthels Hof, Markt 8, 1994–1996, die Sanierung und Ergänzung des Zeppelinhauses, Nikolaistraße 27/29, 1996, das Parkhaus Otto-Schill-Straße (Sächsischer Staatspreis 1999), 1996/97; das Wohnhaus City 7b mit 67 Wohneinheiten in der Hopfenbergstraße in Leipzig, 1994/95, das Wohn- und Geschäftshaus Neumarkt 8/12, 2002/03. Erste Preise errang sie u.a. bei Wettbewerben für die Erweiterung des Kaufhauses Karstadt in der Petersstraße 1991 sowie für die Zentrale des Mitteldeutschen Rundfunks in Leipzig 1996. Im Jahr 2000 begann der Bau der BMW-Niederlassung Leipzig an der Richard-Lehmann-Straße Ecke Zwickauer Straße, der 2003 beendet wurde.

Roßbach, Arwed (geb. 24.11.1844 Plauen – gest. 31.12.1902 Leipzig). War neben Hugo Licht im letzten Viertel des 19. Jahrhunderts eine überragende Architektenpersönlichkeit in Leipzig. Mit seinen Bauten prägte er ganz entschieden das Bild der wilhelminischen Großstadt der Jahrhundertwende. Als Sohn des Direktors der Plauener Bauschule wird er schon zeitig mit der Arbeit des Baumeisters in Kontakt gekommen sein. Seine Ausbildung erhielt er an der königlichen Akademie in Dresden, die seit 1850 von Georg Hermann Nicolai, dem Nachfolger Gottfried Sempers, geleitet wurde. Nicolai sah die italienische Renaissance als die entscheidende Quelle für die neue Architektur an. In Dresden hatte Roßbach Gelegenheit, die Bauten Gottfried Sempers zu studieren. Studienreisen nach Italien gaben seinem Interesse an der italienischen Renaissance zusätzliche Impulse. Nach Abschluß seines Studiums in Dresden war Roßbach in Berlin tätig und arbeitete zunächst unter dem königlich-preußischen Oberbaurat Carl Ferdinand Langhans dem Jüngeren. Unter dessen Leitung war Roßbach zweiter Bauführer beim Neubau des Leipziger Stadttheaters 1864–1867 (s. Opernhaus) am Augustusplatz. Bei Langhans wurde er mit dem Stil der Architekten der Schinkel-Nach-

Arwed Roßbach

Treppenhaus im unteren Vestibül der Universitätsbibliothek

folge vertraut, was sich aber kaum auf sein späteres Schaffen ausgewirkt hat. 1870 siedelte er nach Leipzig über und ließ sich hier als selbständiger Architekt nieder. Nach seinen Entwürfen wurden 1887/88 das Geschäftshaus Klinger in der Petersstraße Ecke Schloßgasse mit Bezügen zur deutschen Renaissance und 1898–1901 das Gebäude für die Deutsche Bank am Martin-Luther-Ring 2 errichtet, das sich wieder stärker an den Formen der italienischen Hochrenaissance orientiert, aber auch barockes Formengut einbezieht. Ruhm brachten Roßbach vor allem seine Universitätsbauten ein. Sein schönstes Werk ist die 1888–1891 errichtete Universitätsbibliothek in der Beethovenstraße. Das Augusteum errichtete er als neues Hauptgebäude für die Universität 1891–1897 am Augustusplatz (s. Universität). Zu seinen Leipziger Bauten gehören ferner das Haus für die Harmonie-Gesellschaft am Roßplatz (1885, Kriegsverlust), die Alberthalle des Kristallpalasts (1886/87, Kriegsverlust) und die beeindrukkende neoromanische zweitürmige Taborkirche in Kleinzschocher (1902–1904), die erst nach seinem Tode fertiggestellt wurde. Im Jahre 1891 verlieh ihm der sächsische König den Titel eines Königlich-Sächsischen Baurats, und aus Anlaß der Einweihung der neuen Universität am Augustusplatz im Jahre 1897 wurde er von der Philosophischen Fakultät zum Ehrendoktor ernannt. Roßbach war lange Jahre Stadtverordneter und führte von 1891 bis zu seinem Tode den Titel eines Leipziger Stadtrats. Er darf zu Recht zu den großen Architekten des deutschen Historismus gezählt werden. Während Augusteum, Harmonie und Alberthalle im zweiten Weltkrieg zerstört wurden, haben sich die anderen genannten Leipziger Bauten erhalten, ebenso verschiedene Wohnhäuser, wie der Komplex Ostheimstraße (1900–1910) oder die Eckbebauung Beethoven- Ecke Grassistraße und Dittrichring Ecke Schulstraße (1875). Von seinen zahlreichen Villen sei das Gebäude Sebastian-Bach-Straße 53 erwähnt.
Unter seinen auswärtigen Bauten sollen hervorgehoben werden das Neue Königliche Amtsgericht in Dresden (1890–1892), das Theater in Plauen (1889–1899), das Museum in Freiberg/Sachsen (1902), die Volkslesehalle in Jena (1898–1902) sowie das dortige Volkshaus (1903).

Scharenberg, Otto Wilhelm (geb. 29.5.1851 Kiel – gest. 11.12.1920 Leipzig). War der Nachfolger Hugo Lichts als Leiter des Hochbauamts. Er wurde 1897 in dieses Amt berufen, als Hugo Licht den Rathausneubau übernahm. 1906 wurde Scharenberg zum Stadtbaurat ernannt. Zuvor hatte er sich in den Jahren 1887 bis 1895 bei der Bauleitung des Reichsgerichts verdient gemacht. In der Stadtentwicklung bis zum ersten Weltkrieg vermochte er mit markanten Bauwerken entscheidende Akzente zu setzen. Zu seinem umfangreichen Schaffen gehören: 1906/07 die Sanierung des Alten Rathauses, 1906–1908 die Sanierung der Alten Handelsbörse am Naschmarkt, 1906 der Neubau der Feuerwache Nord in der Matthisonstraße, 1905–1910 der Bau der neoromanischen Kapellenanlage mit dem Krematorium auf dem Südfriedhof, 1908–1913 der Krankenhauskomplex St. Georg, 1913–1915 das Stadtbad in der Eutritzscher Straße, hinzu kommen eine Reihe weiterer städtischer Bauten, wie Schulen, das ehemalige Städtische Leihhaus (1912/13) am Erich-Weinert-Platz, Kasernen und vieles andere. 1915 trat er in den Ruhestand. Im Treppenaufgang des Alten Rathauses befindet sich eine Erinnerungstafel mit Scharenbergs Porträt.

Das Städtische Leihhaus erbaute Otto Wilhelm Scharenberg 1912/13.

Barockschloß Brandis von David Schatz

Schatz, David (geb. 1667 Leipzig – gest. 15.3.1750 Leipzig). Gehörte zu den führenden Leipziger Architekten im Barock, ohne allerdings, wie Döring, Werner oder Seltendorff, der Leipziger Maurerinnung angehört zu haben. Sein Schaffen erstreckte sich vor allem auf Bauten außerhalb Leipzigs. In Dresden erlernte er den Beruf eines Gärtners und wurde hier schon frühzeitig mit Matthäus Daniel Pöppelmann bekannt. Um 1700 siedelte er nach Leipzig über. Zwischen 1700 und 1705 wurde das Schloß Knauthain bei Leipzig unter der Leitung von Schatz errichtet. Im Jahre 1711 wurde er zum Umbau des Palais Kötteritz nach Dresden geholt. Selbst wenn man bedenkt, daß Leipzig im Barock über eine Vielzahl guter Baumeister verfügt hat, ist dies doch ein ungewöhnliches Verfahren, und es spricht dafür, daß man die Fähigkeiten eines David Schatz in Dresden hoch eingeschätzt hat. Auf sein Ersuchen hin erhielt er im Jahre 1713 den Titel eines Landbaumeisters, ohne allerdings dem Dresdner Oberbauamt direkt unterstellt zu werden. 1712 erbaute er sein eigenes Wohnhaus am Leipziger Naschmarkt 13 auf dem Gelände des heutigen Messehauses Handelshof. 1717 lieferte er einen Entwurf zur Ausgestaltung von Apels Garten. Sein Hauptwerk ist zweifellos das Schloß Burgscheidungen im Unstruttal, das 1724–1732 entstand. Es gehört zu den herausragenden Leistungen barocker Schloßbaukunst in Mitteldeutschland. 1738 wurde Schatz ein weiteres Mal nach Dresden gerufen. Er sollte ein Gutachten darüber abgeben, ob die von George Bähr an der Frauenkirche ausgeführte Kuppel die erforderliche Standsicherheit aufweise. Zuvor hatte bereits der berühmteste Statiker seiner Zeit, Gaetano Chiaveri, eine Stellungnahme abgegeben, in der er riet, die steinerne Kuppel abzutragen und durch eine leichtere aus Holz zu ersetzen. Wir wissen heute, daß Chiaveri mit seinem Urteil recht hatte und sich die Last nicht, wie Bähr annahm, auch auf die Außenwände verteilte, sondern über die acht Innenpfeiler abgeleitet wurde, die damit völlig überbeansprucht waren. David Schatz gab mit seinem Urteil den Ausschlag für das Festhalten an der von George Bähr gewählten Lösung. Zum umfangreichen Werk von David Schatz gehören ferner die Martin-Luther-Kirche in Markkleeberg-Gautzsch (1718), die Geraer Salvatorkirche (1717–1720), das Seckendorffsche Palais in Altenburg (ab 1721) und das Schloß Brandis im Kreis Wurzen (vermutlich 1727). Noch 1738 übernahm er im Alter von 71 Jahren im Auftrage Johann Christoph Knöffels die Bauleitung für die Neueinrichtung der Hofkapelle in der Leipziger Pleißenburg (1897 abgebrochen).

Curt Schiemichen (geb. am 23.11.1889 in Leipzig Lindenau – gest. am 14.4.1957 in Böhlitz-Ehrenberg). Der Sohn eines Zimmermanns erlernte den Maurerberuf und besuchte danach die Baugewerkeschule in Leipzig. Bis 1914 arbeitete er im Architekturbüro Hessling. Sein letztes Atelier befand sich bis 1945 in der Gottschedstraße 44. Curt Schiemichen gehörte zu den begabtesten Leipziger Architekten des Neuen Bauens. Der Schwerpunkt seiner Tätigkeit lag in den 1920er/1930er Jahren. Bedeutendes leistete er insbesondere auch im ländlichen Siedlungsbau. Seine wichtigsten Arbeiten sind in Leipzig: der Innenausbau (Saal) des Volkshauses in der Karl-Liebknecht-Straße (1927), die Baumessehalle 19, (1928/29, heute Halle 6), die Messehalle 10 (heute Halle 1) gemeinsam mit Hans Hertlein, die Messehallen 21 (heute Halle 4) und 21 A, das Süßwarenmessehaus Grimmaische Straße 26 (1928/29), das Geschäftshaus Goldene Eule (1928), der Einbau der Königshauspassage am Markt 17 (1932), das Messehaus Bugra, Gutenbergplatz 3–7 (1936–1938). Zu Beginn der 1930er Jahre gründete Schiemichen für den Eigenheimbau die Heimbau GmbH, deren alleiniger Gesellschafter er war. Die Heimbau realisierte Häuser an der Sophienhöhe bei Holzhausen, am Scheibenholz in Schleußig, in Leutzsch und auch in unmittelbarer Umgebung seines eigenen Wohnhauses in Böhlitz-Ehrenberg. Dazu kommen ein Wettbewerbsentwurf für ein Messehotel am Schulplatz (1928), der Wettbewerbssieg für den Plan zur Ausgestaltung des Messegeländes (1929) sowie die Teilnahme (Ankauf) am Wettbewerb Augustusplatz (1926). Sein Entwurf von 1938 für eine Stadthalle im Rahmen der „Reichs-Gutenberg-Ausstellung" auf dem vormaligen Palmengartengelände kam infolge des Ausbruchs des zweiten Weltkriegs nicht mehr zur Ausführung. Außerhalb von

Leipzig realisierte er die Wohnsiedlung Bahnhof Kieritzsch (1921/22), eine Schule in Kieritzsch (1928), eine Schule in Neukirchen-Wyhra (1927), die Wohnsiedlung Borna mit 522 verschiedenen Wohnungen (1927–1929) sowie 1938–1942 die Bergmannssiedlung in Kitzscher für das Werk Espenhain gemeinsam mit Adolf Muesmann aus Dresden für die Bergmanns-Wohnstättengesellschaft mbH. Erste Preise errang er ferner 1929 bei Wettbewerben für die Museumserweiterung und Ausgestaltung des Kornmarkts in Bautzen sowie eine Berufsschule in Wurzen.

Schinkel, Karl Friedrich (geb. 13.3.1781 Neuruppin – gest. 9.10.1841 Berlin). Hatte die Leipziger Architektur durch zwei heute nicht mehr erhaltene Bauten bereichert: das Hauptgebäude der Universität (Augusteum), das Albert Geutebrück 1831–1836 unter Verwendung von Schinkels Fassadenentwurf ausführte, und den dreigeschossigen, fünfzehnachsigen Bau des ehemaligen Schützenhauses (heute Wintergartenstraße), welcher 1833/34 errichtet wurde. Vom Augusteum am Augustusplatz hat sich das Eingangsportal, das sogenannte Schinkelportal erhalten, das seit 1981 im Neubaukomplex der Universität in der Universitätsstraße aufgestellt ist. Schinkel ist der bedeutendste deutsche Baumeister des Klassizismus. Er war Schüler von David und Friedrich Gilly an der 1799 gegründeten Bauakademie zu Berlin, an der er später selbst lehrte

Portal der alten Universität von 1836. Entwurfszeichnung von Karl Friedrich Schinkel

und für die er das 1853 errichtete Gebäude am Werderschen Markt entworfen hatte. 1810 trat Schinkel in den preußischen Staatsdienst. Hauptwerke: die Neue Wache in Berlin Unter den Linden (1816–1818), das Berliner Schauspielhaus (1818–1821), das Alte Museum zu Berlin (1824–1830), die Werdersche Kirche (1824–1831) in Berlin, die Nikolaikirche in Potsdam (1830/49), Schloß Neuhardenberg (1820/23) im Kreis Fürstenwalde. Schinkel, dessen umfangreiches Werk hier keine umfassende Würdigung erfahren kann, gilt auch als der Begründer der neueren Denkmalpflege. Auf sein Betreiben hin verordnete der preußische König am 4.10.1815 die Genehmigungspflicht für Veränderungen an öffentlichen Gebäuden und Denkmälern. Nach Schinkels Tod wurde am 1.7.1843 in Preußen erstmals ein „Konservator der Kunstdenkmäler" eingesetzt.

Schmidt, August Hermann (13.11.1858 Colditz – gest. 11.6.1942 Leipzig), und Arthur Johlige (geb. 25.10.1857 – gest. 26.10.1937 Leipzig). Der nach der Reichsgründung im Jahre 1871 einsetzende Bauboom, der bis zum ersten Weltkrieg anhielt, bot einer schier unübersehbaren Zahl von Architekten in Großstädten wie Leipzig ein reiches Betätigungsfeld. Das Architektenbüro Schmidt & Johlige (seit 1895) schuf in diesem Zeitraum eine Reihe bemerkenswerter Bauten, die in der Gestaltung der jeweiligen Architekturmode entsprachen. 1887 errichteten sie in der Beethovenstraße 19 ein repräsentatives Wohnhaus, 1897/98 die Villa Grassistraße 1, 1888/89 das Gesellschaftshaus im Palmengarten, das 1939 gesprengt wurde, sowie 1909 die Villa Thorer in der Paul-Michael-Straße 9. Das neobarocke Gesellschaftshaus Felsenkeller an der Ecke Zschochersche/Karl-Heine-Straße, das mit einer Kuppelkonstruktion wirkungsvoll die Ecklage betont, entstand 1890. Im gleichen Jahr erbauten sie im Barfußgäßchen das Geschäftshaus mit der inzwischen traditionsreichen Gaststätte Zills Tunnel für den Brauereibesitzer Naumann. Der 1895 errichtete Messehausbau Silberner Bär (Universitätsstraße 18–24) wurde im zweiten Weltkrieg zerstört. Den Bauantrag für dieses Neorenaissancegebäude mit seinen charakteristischen Zwerchgiebeln nach Leipziger Bautradition genehmigte Hugo Licht am 7. 6. 1895 mit dem Kommentar: „Gegen die Fassadengestaltung des vorliegenden Projektes habe ich keine Bedenken zu erheben." 1901 wurde nach ihren Entwürfen das Central-Theater in der Bosestraße errichtet (heute Schauspielhaus). Erhalten hat sich auch das Rudervereinshaus „Sturmvogel" am Klingerweg 2 aus dem Jahr 1904, außerdem die Sacksche Villa in der

Das Gesellschaftshaus im Palmengarten wurde 1888/89 von Schmidt & Johlige erbaut

Karl-Heine-Straße 12 (erbaut 1909) und die Villa im Sackschen Park in Grünau (1911/12). An Gestaltungstendenzen, wie sie Peter Behrens mit seiner 1909 fertiggestellten AEG-Turbinenhalle in Berlin vertrat, fühlt man sich bei dem Industriebau der Leipziger Metallfadenlampenfabrik in Leutzsch erinnert, der um 1910 entstand (heute Georg-Schwarz-Straße 185, zuletzt Kombinat Polygraph). Im Stadtzentrum verdient das ehemalige Kaufhaus Ebert (heute Commerzbank), Thomaskirchhof 22, besondere Beachtung, das sie 1903/04 unter Jugendstileinfluß erbauten. Das ehemalige Konfektionshaus Bamberger & Hertz, Goethestraße 1, wurde nach ihren Entwürfen 1911 fertiggestellt. Das Büro bestand unter diesem Namen bis etwa 1952.

Bruno Schmitz, Reliefporträt am Kyffhäuserdenkmal

Schmitz, Bruno (geb. 21.11.1858 Düsseldorf – gest. 27.4.1916 Berlin). Ist vor allem durch seine großen Denkmalbauten bekannt geworden. Seine Ausbildung erhielt er 1874–1878 an der Kunstakademie in Düsseldorf. Seit 1886 in Berlin ansässig, gehörte er zu den bekanntesten Architekten am Ende des 19. Jahrhunderts. Im Wettbewerb für das Leipziger Völkerschlachtdenkmal, der 1896 ausgeschrieben worden war, erhielt Schmitz zwar nur den 4. Preis zuerkannt. Da jedoch keiner der Entwürfe den Vorstellungen des Deutschen Patriotenbunds entsprach, wurde er als bedeutendster Denkmalschöpfer des Wilhelminischen Kaiserreichs mit einem neuen Entwurf nach den Vorstellungen von Clemens Thieme beauftragt.
Hauptwerke: das Kyffhäuserdenkmal (1896), das Denkmal an der Porta Westfalica (1896), das Denkmal am Deutschen Eck in Koblenz (1897) und gemeinsam mit dem Leipziger Architekten Clemens Thieme 1898 bis 1913 das Völkerschlachtdenkmal in Leipzig.
Weitere Bauten: 1892–1895 Tonhalle in Zürich, die Anlage der Berliner Gewerbeausstellung, 1902/03 Palais Stollwerck in Köln, 1899–1903 Städtische Festhalle Mannheim, 1904 bis 1906 Geschäftshaus Friedrichstraße 167 in Berlin.

Schneider, Sabine (geb. 21.2.1950 Waltershausen/Thüringen). 1973 Abschluß des Studiums der klassischen Altertumswissenschaften und Archäologie an der Friedrich-Schiller-Universität Jena mit dem Diplom. Im Anschluß Studium der Kunstgeschichte an der Martin-Luther-Universität Halle. Seit 1977 freiberuflich als Denkmalpflegerin tätig. Zunächst in Weimar Beteiligung an den Voruntersuchungen und am Restaurierungskon-

Sabine Schneider

zept für das Goethe-Wohnhaus und Schloß Tiefurt. 1988 Promotion mit einer Arbeit zur Raumgestaltung um 1800. Seit 1980 freiberuflich in Leipzig tätig. Beteiligung an den Projekten Bosehaus (1983–1985) und Gohliser Schlößchen. Nach 1990 Bauforschung, denkmalpflegerische Fachplanung und Ausführungsbegleitung in Leipzig für: Alte Nikolaischule (1992–1994), Gohliser Schlößchen (1995–1998), Mendelssohn-Haus (1996/97), Schillerhaus in Gohlis (1997/98), Wohnhaus von Robert und Clara Schumann in der Inselstraße 18, Neues Rathaus und Stadthaus (seit 1995). Seit 1994 zusammen mit Manfred Küster Büro für Denkmalpflege in Markkleeberg. Außerhalb von Leipzig Mitarbeit an einer Reihe von Schloßanlagen in Sachsen, z. B. Schloß Machern. In Bernburg Innenraumrestaurierungskonzepte für Stadttheater, Rathaus und Marienkirche. In zahlreichen Publikationen widmete sie sich vor allem dem Thema der Innenraumrestaurierung und Farbigkeit profaner Architektur.

Schumacher, Fritz (geb. 4.11.1869 Bremen – gest. 5.11.1947 Hamburg). War als Architekt, Städtebauer und Fachschriftsteller eine überragende Persönlichkeit seiner Zeit und gehörte 1907 zu den Gründungsmitgliedern des Deutschen Werkbunds. Nach dem Studium an der Technischen Hochschule Berlin-Charlottenburg und in München war er Assistent bei Gabriel von Seidl. Danach arbeitete er 1895–1899 unter Hugo Licht in Leipzig. Schumacher war 1894–1897 beteiligt an der Innengestaltung des neobarocken Kirchenschiffs der Johanniskirche (kriegszerstört), entwarf den neobarocken Konzert- und Ausstellungssaal des Städtischen Kaufhauses – unter Bezug auf Martin Dülfers Münchner Kaim-Saal von 1895 – und war 1899–1905 an der Innengestaltung des Neuen Rathauses beteiligt. Zu diesem Zeitpunkt lehrte Schumacher schon als Professor für Baugeschichte an der Technischen Hochschule in Dresden, wohin er 1899 berufen wurde. Von 1909 bis 1933 war er Stadtbaudirektor in Hamburg. Von seinen Leipziger Werken hat sich das Gebäude Ritterstraße 8/10 erhalten, das nach seinem Entwurf im Jahre 1910 für die Handelshochschule errichtet wurde. 1913 erhielt er den Staatspreis der Internationalen Baufach-Ausstellung in Leipzig.

Seifert, Rolf (geb. 19.1.1939 Leipzig). Seifert ist das, was man wohl am ehesten einen Kreativ-Statiker nennen könnte. Mit seiner statisch-konstruktiven Phantasie hat er nicht nur bei Neubauten innovative Architektur ermöglicht, sondern hat auch im Bereich der Denkmalpflege immer wieder Lösungen gefunden, die zur Rettung der Kulturdenkmale beitrugen. Nach einer Maurerlehre in den Jahren 1953 bis 1956 schloß sich das Ingenieurstudium in Glauchau/Sachsen an. Das Diplom in der Fachrichtung konstruktiver Ingenieurbau erwarb er 1966 nach einem Fernstudium an der TU Dresden. Von 1978 bis 1991 war er bei Ipro Dresden mit Sitz in Leipzig Chefingenieur für Statik. Seit 1991 betreibt er hier ein eigenes Planungs- und Ingenieurbüro. Die wichtigsten Tragwerksplanungen für Neubauten waren das Universitätshochhaus sowie dessen Umbau zum City-Hochhaus (1968 bis 1972 und 1999/2000), das Gewandhaus (1978–1981),

Rolf Seifert

der Bowlingtreff am Wilhelm-Leuschner-Platz (1981), der Saal der Hochschule für Musik in der Grassistraße 8 (1998), der Bürobau Rosa-Luxemburg-Straße 12/14. Unter den Planungen für Denkmalobjekte sollen stellvertretend genannt sein die Sanierung des historischen Kaffeebaums in der Kleinen Fleischergasse (1994–1998), die baulich-konstruktive Sicherung von Schloß Wiederau, Schloß Zöbigker, das mit einer sehr unkonventionellen Fundamentsicherung vor dem Einsturz bewahrt wurde, und Arbeiten an den Schlössern in Machern, Hubertusburg in Wermsdorf, Trebsen und Delitzsch (alle im Regierungsbezirk Leipzig). Um 1995 realisierte er den neuen Turmhelm für die Nikolaikirche in Eilenburg. Von Seifert stammt auch die Bauwerksplanung für die Nikolaisäule (1999) auf dem Nikolaikirchhof sowie für die kühne Seilkonstruktion der temporären Kunstinstallation „Bach über Leipzig" im Bachjahr 2000.

Seltendorff, Friedrich (geb. um 1700 – gest. 4.2.1778 Leipzig). Nur wenig Sicheres ist uns über Friedrich Seltendorff überliefert. Der aus Halle stammende Baumeister wurde 1729 Meister der Leipziger Maurerinnung. In der Vergangenheit wurde seine Bedeutung möglicherweise überschätzt, weil ihm zahlreiche Bauten seines Berufskollegen George Werner zugeschrieben wurden, so z. B. das Haus Zum Grönländer (1749/50), Petersstraße 24, Barthels Hof am Markt 8, das Alte Kloster, Klostergasse 5, und nicht zuletzt das Gohliser Schlößchen in der Menckestraße 23. Eindeutig zugeschrieben werden kann ihm dagegen das 1743/44 erbaute zweigeschossige Gartenhaus in der Gerberstraße 2/4, das jedoch bereits 1895 der Spitzhacke zum Opfer gefallen ist. Mit dem Bau der Stadtbibliothek im Gewandgäßchen in den Jahren 1740 bis 1744 gelang ihm der stattlichste Bau des Leipziger Barock. Mit 21 Fensterachsen nahm dieses Gebäude, das nach dem Vorbild barocker Schloßbauten durch Mittel- und Seitenrisalite gegliedert war, die gesamte Breite des Gewandgäßchens ein (s. Städtisches Kaufhaus). 1744 führte Seltendorff den Neubau eines Wohnhauses in der Burgstraße 14 (nicht erhalten) aus. Dagegen hat sich das von ihm 1750 in der Katharinenstraße 21 errichtete prachtvolle Rokokowohnhaus bis heute erhalten.

Senckeisen, Johann Michael (geb. 1652 Leipzig – gest. 1742 Leipzig). Die meisten Werke des Obervogts Johann Michael Senckeisen gingen verloren. Der Vogt war im Leipziger Bauwesen der oberste Baubeamte, 1504 erstmalig in den Stadtrechnungen erwähnt. Zum Verständnis dieses Amtes ist es nötig, die Struktur des Leipziger Rats jener Zeit zu kennen. Er bestand aus zwölf Mitgliedern, davon war einer der Bürgermeister und zwei waren sogenannte Baumeister, während die übrigen bloße Ratsherren waren. Diese sogenannten Baumeister hatten sich aber um die Erhaltung der Stadt in einem ziemlich allgemeinen Sinne zu kümmern. Die eigentlichen Bauaufgaben wurden dem Vogt, später dem Obervogt, anvertraut. 1781 wurde der erste Leipziger Stadtbaudirektor berufen. Senckeisen war der Sohn eines Leipziger Tischlermeisters. Mit einem Röhrwasserplan (1693) und einem Entwurf für den Neubau der Barfüßerkirche (der späteren, 1943 zerstörten Matthäikirche) hatte er sich für das Amt des Obervogts empfohlen. Von ihm stammen der Brunnen am Neumarkt (1712) und die Kapelle des Jacobshospitals vor dem Ranstädter Tor (beide nicht erhalten). Ein bleibendes Wahrzeichen hat er sich jedoch mit dem Entwurf für den barocken Abschluß des Mittelturms der Nikolaikirche geschaffen – den schönsten und zugleich höchsten Kirchturm der Altstadt. 1730–1734 wurde dieses Werk für 11000 Taler in der noch heute erhaltenen Form ausgeführt.

Stadtbibliothek, 1740 bis 1744 erbaut. Entwurfszeichnung von Friedrich Seltendorff

Eid des Vogts aus dem Eidbuch des Leipziger Rats um 1590:
Den Dienst, den ich übernommen habe, will ich gewissenhaft und fleißig ausüben. Auf den Besitz des Rates, das Bauholz, die Bretter, Latten, Steine, den Kalk und anderes, werde ich gut aufpassen, damit nichts veruntreut, sondern zum besten Nutzen verwendet wird. Ich will auch ohne Wollen und Wissen der Baumeister nichts verleihen, verkaufen oder Geld dafür einnehmen. Auch werde ich die Arbeiter des Rates eifrig beaufsichtigen und keine Arbeiter oder Tagelöhner ohne das Wissen der Baumeister einstellen. Wenn sich aber eine solche Notlage ereignete, die keine Verzögerung zuließe, und ich müßte Tagelöhner annehmen, will ich das so bald wie möglich den Baumeistern mitteilen. Und wenn ich Schaden für den Rat erfahre, will ich ihn ohne zu zögern offenbaren. Auch will ich dem Rat getreu und gegenwärtig sein, so wahr, als mir Gott helfe.

Horst Siegel

Siegel, Horst (geb. 1934 Lampersdorf/Riesengebirge). Nach einer Ausbildung als Maurer besuchte er 1951–1953 die ABF in Weimar. 1953–1959 studierte er an der Hochschule für Architektur und Bauwesen in Weimar Architektur, anschließend war er Assistent/wissenschaftlicher Mitarbeiter am Lehrstuhl für Industriebau und Entwerfen. 1964/65 wirkte Siegel als Hauptarchitekt beim Hauptplanträger des Rates des Bezirks Halle und bis 1967 als Stellvertreter des Chefarchitekten für Halle-Neustadt (bei Richard Paulick). Von 1967 bis Ende 1985 übte er in Leipzig die Funktion des Chefarchitekten aus und war ab 1969 zugleich Honorarprofessor an der Technischen Universität Dresden (Sektion Architektur). Seit 1986 lehrt er als ordentlicher Professor und Direktor der Sektion Architektur an seiner einstigen Weimarer Ausbildungsstätte. Siegel ist Nationalpreisträger und war Vizepräsident des BdA/DDR. Seine Nachfolge als Chefarchitekt in Leipzig übernahm. Dietmar Fischer. Zu seinem Schaffen zählen Entwürfe für Sozialbauten in Kairo (1963) und Bauvorhaben der Nahrungsgüterwirtschaft (1963/64), die Mitarbeit an der städtebaulichen Gesamtplanung für Halle-Neustadt und die Baukonzeption für den Thälmannplatz (heute wieder Riebeckplatz) in Halle (1964/65), Städtebauentwürfe für Zentrum, Wohnkomplex 111, Experimentalkomplex IV und Arbeitsstättengebiet Halle-Neustadt (1965–1967), Beteiligung am Wettbewerb zur Umgestaltung der Innenstadt Erfurt (1967). Arbeiten für Leipzig: städtebauliche Konzeption Straße des 18. Oktober (1967), 1968 städtebaulich-architektonischer Entwurf Karl-Marx-Universität mit Hermann Henselmann, Ambros G. Gross, Helmut Ullmann und 1975/76 Neues Gewandhaus mit Rudolf Skoda, Entwicklungskonzeption Leipziger Messe (1971), Gestaltung des nördlichen Promenadenrings und von Fußgängerbereichen im Stadtzentrum, Generalbebauungsplan für die Stadt (1968–1970) mit Wolfgang Geißler und die Region Leipzig (1973–1976), 1974/75 städtebauliche Planung des Wohngebiets Grünau sowie 1974–1981 Städtebauentwürfe für Wohnkomplexe, Arbeitsstätten und Erholungsgebiete. In seiner Amtszeit wurde mit der Umgestaltung der Altbaugebiete in Leipzig begonnen. Außerdem wirkte Siegel in Bamako/Mali und Brno/Tschechien. Von 1991 bis 1999 wirkte er als freier Architekt in Weimar. Hier führte er u. a. die Planung für die Umnutzung einer ehemaligen Brauerei zur Bauhaus-Universitätsbibliothek und als Ausbildungsstätte für die Fakultät Gestaltung in Weimar aus.

Sikora, Bernd (geb. 18.8.1940 Stollberg/Erzgebirge). Als Architekt, Grafiker, Autor und Hochschullehrer hat sich Sikora ausgesprochen vielseitig engagiert. Er studierte ab 1956 an der Ingenieurschule für Bauwesen in Leipzig in der Fachrichtung Architektur/Hochbau. Von 1960 bis 1965 war er als Architekt bei Hochbau-Messeprojekt Leipzig tätig. Als junger Berufseinsteiger hatte er hier die Möglichkeit, an den letzten Bauten der DHfK im auslaufenden Stile der Nationalen Bautraditionen mitzuwirken. Ab 1965 studierte er angewandte Grafik an der Hochschule für Grafik und Buchkunst in Leipzig. Anschließend realisierte er verschiedene Entwürfe für Kunst im öffentlichen Raum. Die Aktion zur Leipziger Giebelgestaltung in den 1980er Jahren war

Bernd Sikora

ganz wesentlich von ihm initiiert (eigene Arbeit: „Hund und Katze" 1987/88 mit J. Hellgrewe). Er gehört zu den Initiatoren des Kulturprojekts Waldstraßenviertel (1989) sowie des sehr erfolgreichen Projekts „Pleiße ans Licht". Beide Projekte waren von ganz besonderer Ausstrahlung bei der städtebaulichen Entwicklung der Stadt. Gerade bei der Entwicklung des Waldstraßenviertels hat sich Sikora in der Folgezeit in besonderem Maße eingebracht. 1995 erhielt die Stadt Leipzig hierfür die Goldmedaille im Bundeswettbewerb Städtebaulicher Denkmalschutz. 1990 war Sikora Mitinitiator der Leipziger Volksbaukonferenz. 1991 gründete er sein eigenes Architekturbüro. Seine Neubauten: Trauerhalle Leipzig-Knauthain (1993–1995), Wohnungsbau Am Mückenschlößchen 7a (1995/96), Aussichtsturm auf der Deutschlandschachthalde in Oelsnitz/Erzgebirge (2000), zentraler Platz des Justizzentrums Stendal mit Kunstobjekten (1996–1999). 1995 erhielt er zusammen mit der Gruppe „Neue Ufer" Wandelt, Böhme und Lieffertz den Hannover-Preis. Sikora ist Gründungsvorsitzender des Deutschen Werkbunds Sachsen (1992).

Rudolf Skoda

Skoda, Rudolf (geb. 26.9.1931 Leipzig). Durch den Bau des Neuen Gewandhauses ging Rudolf Skoda in die Leipziger Baugeschichte ein. Seine Ausbildung als Architekt erhielt er an der Hochschule für Architektur und Bauwesen Weimar in den Jahren 1952 bis 1957. Anschließend war er 1958–1960 als wissenschaftlicher Assistent an den Bauhochschulen Weimar und Cottbus tätig. 1960–1975 arbeitete er als Entwurfsprojektant in Leipziger Projektierungsbüros. Mit einem Thema zum Berliner Wohnhausbau des 19. Jahrhunderts promovierte er 1968 zum Dr.-Ing. 1976 wurde er Chefarchitekt beim Aufbaustab des Rates des Bezirkes Leipzig, eine Tätigkeit, die er bis 1981 ausübte. Im gleichen Zeitraum lehrte er als Honorardozent an der Technischen Hochschule Leipzig, an die er 1981 als ordentlicher Professor für Wohnungs- und Gesellschaftsbauten berufen wurde. Seine wichtigsten Arbeiten bis 1989 sind: 1963–1965 das Messeamtsgebäude am Markt (2001 abgebrochen) mit Rudolf Rohrer, 1968/69 das Robotron-Betriebsgebäude in der Gerberstraße mit Ulrich Quester, 1969–1972 der Hörsaalkomplex der Karl-Marx-Universität mit Quester und 1977 bis 1981 das Neue Gewandhaus am Augustusplatz mit Eberhard Göschel, Volker Sieg und Winfried Sziegoleit. Rudolf Skoda erhielt 1981 den Nationalpreis der DDR und wurde 1982 mit dem Preis für Städtebau und Architektur des Bezirks Leipzig ausgezeichnet. In zahlreichen Publikationen widmete er sich besonders dem Thema des Konzerthallenbaus. 1996 baute er den Kleinen Saal des Gewandhauses zum Mendelssohn-Saal um. 1998 wurde nach seinen Plänen das Wohnhaus Inselstraße 13/15 ausgeführt.

Souradny, Karl (geb. 27.9.1904 Saaz/Tschechien – gest. 11.11.1973). War Maurer und Zimmermann. Er absolvierte die Staatliche Gewerbeschule in Pilsen und studierte an der Technischen Hochschule in Prag. Er war maßgeblich an der Gestaltung des Leipziger Sportforums beteiligt. 1950/51 schuf er mit seinem Projektierungskollektiv die Pläne für das

Das Schauspielhaus in der Bosestraße entstand nach Plänen von Souradny, Herbst und Brummer 1955/56.

Schwimmstadion, 1954–1956 für das 100 000 Besucher fassende Zentralstadion, dessen Erdwall aus 3 Millionen cbm Trümmerschutt aufgeschüttet wurde. Gemeinsam mit den Leipziger Architekten Rolf Brummer und Franz Herbst entwarf Souradny das Schauspielhaus in der Bosestraße 1, das anstelle des kriegszerstörten Central-Theaters in den Jahren 1955/56 neu erbaut wurde.

Starcke, Johann Georg (geb. um 1640 – gest. um 1695). Ist mit der Leipziger Baugeschichte durch ein einziges, aber überaus wertvolles Bauwerk, die Alte Handelsbörse am Naschmarkt, verbunden. In Dresden seit 1663 nachweisbar, wurde Starcke im Jahre 1672 Oberlandbaumeister in der Nachfolge von Wolf Caspar von Klengel. 1678 begann nach seinem Entwurf der Bau der Leipziger Alten Handelsbörse, den er einerseits aus dem Typ des Gartenpavillons und andererseits aus der Palazzoarchitektur der italienischen Renaissance entwickelte. Es ist das Verdienst des Dresdner Architekturhistorikers Walter Hentschel, dieses architekturgeschichtlich wichtige Gebäude 1963 erstmals Starcke zugeschrieben zu haben. Besonders enge Bezüge zum Dresdner Palais im Großen Garten (1678 bis 1683), das ebenfalls von Starcke errichtet wurde, begründeten diese Zuschreibung. Die Börse markiert in Leipzig den Übergang von der Renaissance- zur Barockarchitektur und ist eines der frühesten Bauwerke in Sachsen, an denen sich die neuen Architekturtendenzen weitgehend durchgesetzt haben.
Als Ausführender darf der Ratsmaurermeister Christian Richter angesehen werden, der früher auch als Architekt des Baus genannt wurde. Während die Dresdner Baumeister des Landbauamts immer dann auf den Plan traten, wenn in Leipzig die Interessen des Landesherrn gewahrt werden mußten, liegt hier der vielleicht einmalige Fall in der älteren Leipziger Baugeschichte vor, daß eine rein städtische Bauaufgabe von einem kurfürstlichen Baumeister ausgeführt wurde.

Hans Strobel (geb. 1881 – gest. 1953) ist uns heute durch seine bedeutsame städtebauliche Planungsarbeit in der Zeit vor dem ersten Weltkrieg in Erinnerung. Er hatte vom 1. April 1910 an die Funktion des Stadtinspektors für die Koordinierung der Stadterweiterung inne. Auf sein Betreiben hin wurde daraus ab 1. Juni 1912 der Leiter des Stadterweiterungsamts. Strobel hatte die sehr wichtige Aufgabe, für die durch Eingemeindungen sich rasch vergrößernde Stadt Verkehrs- und andere übergreifende Planungsfragen zu bearbeiten, um für eine geordnete städtebauliche Großstadtentwicklung zu sorgen. Es gehörte zu Strobels Verdienst „die Gründung einer längst überfälligen Behörde für Stadtplanung in einer verhältnismäßig kurzen Zeit durchgesetzt zu haben" (Christoph Kuhn, 2000). Unter Strobels Leitung entstanden die Bebauungspläne für Möckern (1910), für die äußere Südvorstadt mit der Anlage der Achse zwischen Neuem Rathaus und Völkerschlachtdenkmal (1911), für die Gohliser Schloßwiesen (1911) sowie die Gartenvorstadt Marienbrunn (1912). Strobel lieferte für diese Bebauungsgebiete auch vedoutenartige Entwürfe, die man im heutigen Verständnis als Masterpläne bezeichnen könnte. 1914 folgte er einem Ruf nach Düsseldorf, wo er Stadtbaurat wurde.

Sturm, Leonard Christoph (geb. 1669 Altdorf bei Erlangen – gest. 1719 Blankenburg/Harz). Beeinflußte das Bauen durch seine theoretischen Arbeiten über den protestantischen Kirchenbau und seine Lehrbücher zur Zivilbaukunst. Sturm studierte 1689 an der Jenaer Universität Mathematik und Baukunst. Christian Thomasius holte den Einundzwanzigjährigen im Winter 1689/90 nach Leipzig, wo er sein Studium fortsetzte. Dabei wohnte er im Hause von Thomasius. Als dieser die Universität verlassen mußte und nach Halle ging, empfahl er Sturm dem Kaufmann Georg Heinrich Bose. Im Jahre 1691 trat Sturm in Boses Dienste, um in den folgenden drei Jahren das bis zu diesem Zeitpunkt unveröffentlichte Manuskript der Goldmannschen „Zivilbaukunst" zu bearbeiten, das sein neuer Gönner auf eigene Kosten herauszugeben gedachte. Für dieses Werk, das bisher nur in Handschriften verbreitet war, hatte Sturm Zeichnungen, Tabellen usw. anzufertigen. Die erste Auflage des Lehrbuchs erschien 1696 in Wolfenbüttel unter dem Titel „NIK. Goldmanns, Vollständige Anweisung in der Civil-

Baukunst. Vermehrt von L. C. Sturm". Gustav Wustmann bezeichnet das Werk, das in den folgenden Jahren mehrere Neuauflagen und Überarbeitungen erfuhr, als das „Grundbuch der deutschen Architekten am Anfang des 18. Jahrhunderts". Sturm verließ Leipzig 1694 und ging an die Ritterakademie nach Wolfenbüttel. 1697 unternahm er eine Hollandreise. 1699 hielt er sich mehrere Wochen in Frankreich auf. Im gleichen Jahr war er bereits in Berlin tätig. 1702 lehrte er als Professor für Mathematik an der Universität Frankfurt/ Oder, und im Jahre 1710 nahm er eine Stelle als Baudirektor in Schwerin an. Seine weiteren Stationen: 1716 Rostock, 1718 Hamburg und 1719 Blankenburg (Harz). In der Literatur sind Sturm immer wieder Entwürfe für die Boseschen Gärten in Leipzig zugeschrieben worden. Diese Ansicht konnte durch Forschungen nicht belegt werden, vielmehr scheint es, daß der Groß- und der Kleinbosesche Garten von ihren Besitzern Caspar und Georg Heinrich Bose nach eigenen Vorstellungen selbst gestaltet wurden. Dies überrascht nicht, denn von Bose ist überliefert, daß er sich mit Erfolg als Architekt versuchte. Beispielsweise stammte von ihm der Entwurf für das staatliche Georgenhaus am Brühl, das 1701 fertiggestellt war (nicht erhalten).

Die uns erheiternde Textstelle aus der „Vollständigen Anweisung alle Arten von bürgerlichen Wohnhäusern wohl anzugeben" von Leonard Christoph Sturm (Augsburg, 1715) belegt, auf welch geringem Niveau noch im 18. Jahrhundert Fragen der sanitärtechnischen Ausstattung der Wohnhäuser behandelt wurden, und dies bei gleichzeitig höchsten Ansprüchen an die ästhetische Gestaltung der Gebäude einschließlich ihrer noblen Interieure: *„Von Secreten oder heimlichen Gemächern / dem allerverdrießlichsten und verachtesten / jedenoch unentbehrlichsten Stück eines Wohnhauses habe ich noch nirgends hauptsächlich gehandelt, weil nun in Bürgerlichen Wohnhäusern sie wohl anzubringen gar sehr erfordert wird / und unser Goldmann uns gute Gelegenheit hier an die Hand giebet / will ich hier das nothwendigste davon erinnern. Unsers Goldmanns Rath sie in die Höhe zulegen wäre gut / wenn es sonst nicht möglich wäre den Gestank zu benehmen. Sonst ist es bey demselben dieses wiederum verdrießlich / daß denn die Röhren sehr hoch müssen heruntergeführet werden. Darum wenn man den Gestank so weit benehmen kann / daß er nicht gar mercklich ist, halte ich vor besser die hohen Röhren zu erspahren / daß man sie so weit unten in dem Hause anlege als es die Bequemlichkeit zulässet. Der Bequemlichkeit nach aber haben unsere Vorfahren sie am allerbesten angelegt / in dem sie sie gleich in die Schlafkammer außer der Mauer aufgehänget / und den Koth in der freyen Lufft auf den Boden des Hofes fallen lassen. Allein der Mißstand / der dadurch erweckt wird / ist allzu groß. Müssen wir demnach forschen / wie weit der Gestank benommen werden könne / ohne Mißstand und unbequemen Gebrauch zu verursachen. Es stinken diese Orther theils von dem Kot der hinunter fället / theils von dem der sich an der Röhr derselben anhänget. Ist demnach dahin zusehen / daß das Anhängen ganz venmieden werde / der Koth auf dem Grunde nicht lange liegen bleibe / sein Geruch hingegen sich bald und anderstwohin als auffwärts gegen den Sitz oder gar nach den Zimmern verziehen könne. Das erste zu erhalten müssen die Röhren zu oberst drey Fuß ins gevierte weit seyn / drey Seiten gerade abwärts gehen / oder besser unterwärts nur ein wenig weiter auseinander. Die vierdte und hinterste Seite aber muß unterwärts um ein merckliches weiter auslauffen / also daß das unterste Viereck der Röhre gegen das obere zum Exempel auf eine Höhe von 36. Fuß also stehe / wie beistehende Figur anweiset. Das andere wird erhalten / wenn man einen Brunnen darunter gräbet / der zum wenigsten drei Fuß hoch Quell-Wasser hat / wo zu sich doch an den meisten Orten Gelegenheit findet / daß ein solcher Brunnen / mit 10. höchstens 50. Rthl. kan gemacht werden / welches gegen den Nutzen den er bringet nicht zu viel ist. Man muß aber / wenn zuvor ein Schöpf- oder Quell-Brunnen in dem Hause ist, daran erkundigen wo der Quell sich hinziehe / damit das Wasser nicht von dem Secret-Brunnen nachdem Schöpff-Brunnen / sondern von diesem nach jenem ziehe. Wo es die Gelegenheit und deß Bauherrn Vermögen leidet daß man in das Haus einen wohlstandigen Aerker gegen den Hofe baue / und die Secrete darin legen kann ist sehr gut denn darinnen kann der unterste Raum an dem Boden Geschoß gantz frey bleiben / die Secret-Röhren gehen nur durch die oberen Geschoß hinab / und der Koth fället nur gleich auf die Erde. Da muß nun der Aerker an dem untern Geschoß mit räumlichen Bögen an allen drei Seiten eröffnet werden. Und damit man doch auch da nicht hineinsehe / und also einen unannehmlichen Prospect bekomme / wird eine geschnittene Hecke oder ein Staket umher gezogen. Als denn lässet man entweder alle Nacht Schweine hinein / welche bald auffräumen / oder man wirfft alle Tage Stroh darauf / und macht einen guten Mist den man hernach mit dem andern Mist von Pferden / Kühen / u. wie es in der Haußhaltung fället zu gelegener Zeit ohne sonderliche Incommodität der Innwohner hinweg führen kan / so wird man in einen solchen*

Hause von stinckenden Secreten nicht sagen können. Selten aber wird bey angesehener wohlhabender Leute Häuser alle Gelegenheit und Möglichkeit ermangeln das eine oder das andere Remedium an zubringen. Das dritte wird auch auf zweierley Weiß erhalten. Entweder lässet man aus den Seiten der Secret-Röhre unterschiedliche kleinere Röhren durch die Mauer an den Freylufft gehen / die entweder von Brettern gemacht / oder von Dohn gebrannt werden / und aussen nach der Lufft zu weiter seyn müssen / als innen nach der Secret-Rohr zu / und dabey muß oben der Sitz fleissig und wohlgeschlossen oder verdecket bleiben. Wo dieses nicht angehet / muß man über den Sitz eine Röhre in die Höhe / und zu dem Dach hinaus führen / als ein Schornstein gestaltet auch oben weiter als unten / und denn muß der Sitz gantz unbedecket seyn. Dabey ist gut / wenn solch Ort durch Fenster wohl erleuchtet werden kan / die aber den übrigen Fenstern des Hauses gleich seyn müssen / damit man von aussen desto weniger mercke / was vor ein Orth dahinter lieget. Zum Überfluß kann man diese Zimmergen / denen man sonst auch als den verachtesten Theil / am meisten Zierde und Ehre geben solte / auch mit doppelten Thüren desto fester verschließen."

Sziegoleit, Winfried (geb. 2.10.1939 Insterburg/Ostpreußen). Er studierte von 1959 bis 1965 Architektur an der TU Dresden. Anschließend war er Mitarbeiter im Entwurfsinstitut Professor Göpfert an der TU Dresden. Von 1969 bis 1975 arbeitete er als Architekt im Baukombinat Leipzig, von 1976 bis 1990 beim Aufbaustab des Rates des Bezirkes Leipzig. Nach seinem 1967er Wettbewerbsentwurf (gemeinsam mit Manfred Fasold) wurde 1970 bis 1972 das Dresdner Rundkino in der Prager Straße ausgeführt. 1990 gründete er mit Eberhard Göschel ein eigenes Architektur- und Planungsbüro, seit 1997 Architekturbüro Sziegoleit. Wesentliche Planungen vor 1990 waren das Gewandhaus zu Leipzig (1977 bis 1981 mit Rudolf Skoda, Volker Sieg und Eberhard Göschel), der Bowlingtreff am Wilhelm-Leuschner-Platz (bis 1987 mit Volker Sieg) und die Wildparkgaststätte Leipzig-Connewitz (mit Volker Sieg). Seine wichtigsten Arbeiten seit 1990 sind: das Wohn- und Geschäftshaus Ferdinand-Rhode-Straße 3, das Wohn- und Geschäftshaus Brühl 6 (1992), das Studentenheim Mainzer Straße (1997) sowie das Geschäfts- und Wohnhaus Selliner Passagen Grünau (1997), alles in Leipzig. Außerdem realisierte er das Finanzamt in Eilenburg (2001) und das Polizeirevier in Wurzen (2001). Von seinen Sanierungsaufgaben seien die Univer-

Winfried Sziegoleit

sitätsgebäude Ritterstraße 8–26 (1992–2001) sowie der erste Bauabschnitt der Konsumzentrale von Fritz Höger in der Industriestraße 85–95 in Leipzig genannt (1999). Sziegoleit war von 1991 bis 1993 Präsident der Architektenkammer Sachsens und ist seitdem ihr Ehrenpräsident. Seit 1997 gehört er der Sächsischen Akademie der Künste an. Seit 1997 ist er Vizepräsident der Bundesarchitektenkammer.

Taut, Bruno (geb. 4.5.1880 Königsberg – gest. 24.12.1938 Istanbul). Bedeutende Impulse für die Entwicklung von Städtebau und Architektur der Messestadt lieferte die vom 5.5. bis zum 31.10.1913 auf einem Gelände am Fuße des Völkerschlachtdenkmals abgehaltene Internationale Baufach-Ausstellung

Das Monument des Eisens auf der Leipziger IBA 1913 entstand nach Plänen von Bruno Taut.

(IBA), an der sich viele namhafte deutsche Architekten beteiligten. Neben der neoklassizistischen „Betonhalle" von Wilhelm Kreis – heute Messehalle 16 – verdient vor allem die von Bruno Taut entworfene Halle des Stahlwerksverbands, das „Monument des Eisens", besonderes baugeschichtliches Interesse. Ja, man kann sagen, daß dieser leider nicht erhaltene avantgardistische Ausstellungsbau zu den aufsehenerregendsten Werken der Moderne vor dem ersten Weltkrieg gehörte und seine Architekten schlagartig bekannt machte. Durch die weitgehende Verwendung von Stahl sollte dessen wachsende Bedeutung als Baumaterial zum Ausdruck gebracht werden. Der dreigeschossige Baukörper, ein Stahlskelettbau der Berliner Firma Breest & Co., hatte die Form einer achtseitigen, abgetreppten Pyramide, die von einer 9 m hohen, vergoldeten Kugel bekrönt wurde. Im Jahre 1903 war Taut Mitarbeiter von Friedrich Thiersch in Stuttgart. 1909 eröffnete er in Berlin ein eigenes Atelier. Seit 1912 bildeten Bruno und Max Taut gemeinsam mit Franz Hoffmann das Architekturbüro Gebrüder Taut und Hoffmann. 1921–1924 war Taut als Stadtbaurat in Magdeburg tätig. 1931 erhielt er eine Berufung als Professor für Wohnungsbau und Siedlungswesen an die Technische Hochschule in Berlin-Charlottenburg und im Jahre 1932 eine Berufung nach Moskau. 1933 emigrierte er nach Japan. Bruno Taut leistete Bedeutendes auf dem Gebiet des sozialen Wohnungsbaus und schuf als Vertreter des Neuen

Das Wohnhaus Nordplatz 1 entstand 1888–1890 nach Entwürfen von Clemens Thieme.

Gedenktafel in Borna, Roßmarktstraße 13

Bauens eine Reihe bemerkenswerter Siedlungen, so z. B. in Berlin die Wohnanlagen Erich-Weinert-Straße (1929/30), Grellstraße (1927/28), Trierer Straße 8–18 (1926–1928), die Großsiedlung „Onkel Toms Hütte" (1926 bis 1931 mit Martin Wagner, Hugo Häring u. a.), die Hufeisensiedlung in Briz (1925–1930 mit Martin Wagner) und die unvollendete Gartenstadt Falkenberg in Altglienicke (1912/13). Auch in der Weißenhofsiedlung in Stuttgart ist er 1927 mit einem Wohnhaus vertreten.

Thieme, Clemens (geb. 13.5.1861 Borna – gest. 11.11.1945 Leipzig). Studierte an der Leipziger Baugewerkeschule und am Polytechnikum in Dresden. Sein Name ist im Zusammenhang mit dem Bau des Völkerschlachtdenkmals in die Baugeschichte eingegangen. Am 27.4.1894 gründete Clemens Thieme den „Deutschen Patriotenbund zur Errichtung eines Völkerschlacht-Nationaldenkmals bei Leipzig", dem Ende des gleichen Jahres bereits 42 000 Mitglieder angehörten und der zwei Jahre später über Mittel von über 100 000 Mark verfügte, die durch Spenden und Sammlungen aufgebracht worden waren. Clemens Thieme hatte wesentlichen Einfluß auf die Weiterentwicklung des Entwurfs von Bruno Schmitz. In einem Schreiben an den Bund Deutscher Architekten stellte Thieme seinen Anteil an der Gestaltung klar. Darin heißt es: „Schmitz mußte sich meinem künstlerischen Gestaltungswillen unterordnen, so daß er

August Viehweger

schließlich zugab, nur noch Zeichner zu sein." Thieme sorgte beispielsweise für den Einbau der Krypta, wodurch das Ehrenmal für die gefallenen Helden entstehen konnte. Er setzte seine Vorstellungen von der Gestaltung des oberen Abschlusses durch und erreichte dadurch eine wesentliche Verbesserung des Schmitzschen Entwurfs. So darf man neben dem Architekten Schmitz Thieme als den Mitgestalter des Völkerschlachtdenkmals ansehen. Von Thieme stammen einige erhaltene Wohnhäuser: so Körnerplatz 7 (1890), Paul-Gruner-Straße 16 (1888–1890), Beethovenstraße 31 (1895), Nordplatz 1 (1888–1890) und Tschaikowskistraße 4.

Viehweger, August Friedrich (geb. 9.9.1836 – gest. 1.1.1919). Der Architekt des Alumnats in der Hillerstraße war Prof. August Friedrich Viehweger. Er war in Leipzig bekannt und geschätzt und hatte 1876/77 bereits die neue Thomasschule in der Schreberstraße erbaut. Viehweger ist auch als Erbauer der neuen Nikolaischule (1870/71 und 1879/80) und einiger anderer Schulen hervorgetreten. Er entwarf auch sein Wohnhaus in der Zentralstraße 8 sowie das Haus Gute Quelle, das sich am Brühl 42 befand. Es war 1867 erbaut worden und fiel den Bombennächten im Dezember 1943 zum Opfer, wie alle anderen Bauten Viehwegers in Leipzig auch. Einzig das Alumnat ist bis auf den heutigen Tag erhalten geblieben. Es wurde 1880/81, d. h. fünf Jahre

Thomasalumnat

nach der Thomasschule, auf demselben Karree der Thomaswiese vor der Stadt errichtet. Die bebaute Fläche des Alumnats beträgt 874 qm, das Gesamtareal umfaßt 1928 qm.
Viehweger starb am 1. 1. 1919 in Leipzig, er wurde auf dem Neuen Johannisfriedhof begraben, der 1973 liquidiert wurde.
Viehweger hatte bedeutende Schüler, einer davon war Clemens Thieme, der Initiator und Miterbauer des Völkerschlachtdenkmals.

Wandelt, Angela (geb. 1959 Leipzig). Wandelt absolvierte 1977/78 eine Maurerlehre. Sie studierte von 1978 bis 1983 an der Hochschule für Architektur und Bauwesen in Weimar. Von 1983 bis 1990 war sie in verschiedenen Büros tätig. Seit 1990 arbeitet sie als freie Architektin in Leipzig. Angela Wandelt gehört zu den jüngeren Architektinnen und Archi-

Angela Wandelt

Preisgekrönter Wettbewerbsentwurf von Weidenbach & Tschammer für das IBA-Gelände, 1913

tekten, denen es gelang, nach der deutschen Wiedervereinigung mit wesentlichen Architekturbeiträgen hervorzutreten. Gleichzeitig wirkt sie in verschiedenen ehrenamtlichen Gremien für die Durchsetzung einer hohen Baukultur bei der städtebaulich-architektonischen Entwicklung Leipzigs. Ihre wichtigsten Neubauten in Leipzig sind: Wohn- und Geschäftshaus Schloßgasse 6/8 (1994), Sparkasse Karl-Liebknecht-Straße 153/155 (1994), Haus des Buches, Gerichtsweg 28 / Prager Straße gemeinsam mit HPP – Architekten Hentrich, Petschnigg & Partner (1996), Wohnhaus Zsitva in Wiederitzsch, Rietzschkegrund, und die künstlerische Oberleitung sowie die Ausführungsplanung für die Öffnung des Pleißemühlgrabens (1998/99). Wichtige Sanierungsplanungen waren: eigenes Wohnhaus Lenaustraße 3 (1998), Saal und Foyers Schauspielhaus Leipzig (ab 2002/03). Angela Wandelt hat sich an vielen Architekturwettbewerben als Autorin oder als Jurymitglied beteiligt. Sie nahm in zahlreichen Artikeln in Fachzeitschriften zu Architekturfragen Stellung. Im Jahr 2000 wirkte sie als Gastprofessorin an der Fachhochschule Lausitz in Cottbus. Sie erhielt u. a. 1998 den BDA-Preis Sachsen für das Haus des Buches und im Jahr 2000 einen Sonderpreis des Deutschen Städtbaupreises (Walter-Hesselbach-Preis der BfG-Bank) für die Öffnung des Pleißemühlgrabens.

Weidenbach, Hermann Georg Carl (geb. 1.10.1853 Dresden – gest. 30.9.1928 Leipzig) **und Richard Tschammer** (geb. 6.1.1860 – gest. 6.12.1929 Leipzig). Betrieben gemeinsam bis 1916 das seinerzeit bedeutende Leipziger Architekturbüro Weidenbach & Tschammer. Sie schufen eine Reihe von Bauten, die noch heute das Stadtbild wesentlich mitbestimmen. 1896–1899 entstand die Reformierte Kirche am Tröndlinring, im Jahre 1903 in den Formen der deutschen Neorenaissance die Superintendentur an der Thomaskirche (anstelle der alten Thomasschule), 1904 in der Schenkendorfstraße 34 die Comeniusbücherei, und 1906–1909 erneuerten und erweiterten sie das historische Rathaus in Zeitz. Auf dem Gelände eines ganzen ehemaligen Altstadtgevierts errichteten sie 1908/09 das Messehaus Handelshof als zweiten städtischen Messepalast. Ebenfalls erhalten ist das Geschäftshaus Pfaffendorfer Straße 2 (1911/12). Die ehemalige Leipziger Feuerversicherungsanstalt am Dittrichring (das spätere Stasi-Gebäude, heute u. a. Stasi-Museum) ist eine Gemeinschaftsarbeit mit Hugo Licht. Im Jahre 1913, zum 100. Jahrestag der Völkerschlacht bei Leipzig, erbauten sie nach Entwürfen des russischen Architekten Wladimir A. Pokrowski die Russische Gedächtniskirche. 1911 gingen sie als Sieger aus einem Wettbewerb für die Gestaltung des Geländes der Internationalen Baufach-Ausstellung in Leipzig 1913 hervor. Dieses Areal ist später zum Messegelände ausgebaut worden. Bereits Weidenbach & Tschammer hatten die Anlage der Hauptstraßenachse, die auf das Völkerschlachtdenkmal gerichtet ist, vorgesehen.
Für die Gartenstadt Marienbrunn lieferten sie Hausentwürfe. Hermann Georg Carl Weidenbach studierte an der Lehranstalt für Architektur und gewerbliche Kunst in Dresden. In Leipzig, wo er als Architekt freischaffend tätig war, arbeitete er zunächst mit Anton Kaeppler, dann bis 1916 mit Richard Tschammer. Er war Stadtverordneter und Vorsitzender des Vereins für öffentliche Kunstpflege. Er führte den Titel Königlich-Sächsischer Baurat und Geheimer Hofrat. Ab 1920 baute er mit A. Caroli verschiedene Bankgebäude um. Richard Tschammer entwarf gemeinsam mit dem

Das Alte Theater von 1766 auf der Rannischen Bastei, 1817 umgebaut von Johann Jacob Friedrich Weinbrenner, im zweiten Weltkrieg zerstört

Ingenieur Emanuel Haimovici 1920 ein dreigeschossiges Messeausstellungshochhaus, das allerdings nicht ausgeführt wurde. Über Richard Tschammer sind bisher keine weiteren Angaben zum Lebenslauf bekannt.

Weinbrenner, Johann Jacob Friedrich (geb. 24.11.1766 Karlsruhe – gest. 1.3.1826 Karlsruhe). Bereits im Jahre 1814 publizierte der berühmte badische Architekt des Hochklassizismus Johann Jacob Friedrich Weinbrenner seinen bekannten Entwurf zu einem Völkerschlacht-Nationaldenkmal bei Leipzig, das Patrioten wie Ernst Moritz Arndt schon unmittelbar nach dem Sieg über Napoleon anregten. Seine für Leipzig bedeutendste architektonische Leistung war im Jahre 1817 der Umbau des 1766 auf der Rannischen Bastei erbauten Theaters, das im zweiten Weltkrieg zerstört wurde. Weinbrenner gestaltete die bis dahin verhältnismäßig schmucklose Westseite zur repräsentativen klassizistischen Eingangsfront um. An das Alte Theater erinnert heute noch ein 1962–1964 gefertigtes Modell im Stadtgeschichtlichen Museum. Ebenfalls 1817 dürfte nach seinen Plänen der Bau einer neuen Treppenanlage vor der Alten Handelsbörse am Naschmarkt erfolgt sein, die so gestaltet war, daß sie im Erdgeschoß Raum für die städtischen Sänften, genannt Porte-Chaisen, enthielt. Mit der Sanierung der Börse in den Jahren 1906 bis 1908 wurde dieser terrassenartige Vorbau wieder entfernt und die Freitreppe des frühbarocken Baus von Johann Georg Starcke wiederhergestellt. Weinbrenner studierte in seiner Heimatstadt Karlsruhe und 1790 an der Wiener Akademie. Nach der Rückkehr von seinem mehrjährigen Italienaufenthalt 1792–1797 ließ er sich zunächst in Straßburg nieder und wurde später als Baudirektor nach Karlsruhe berufen. Sein Hauptwirken erstreckte sich auf den planmäßigen städtebaulich-architektonischen Ausbau Karlsruhes zur Stadt des Klassizismus. Das Kurhaus in Baden-Baden wurde nach seinen Entwürfen 1825 vollendet.

Weis & Volkmann. Gabriele Weis (geb. 9.3.1960 in Kippenheim) studierte ab 1981 Architektur an der Fachhochschule in Karlsruhe (Diplom 1987) und war ab 1987 freiberuflich tätig. Gunnar Volkmann (geb. 19.5.1958) erwarb 1977 sein Vordiplom an der Universität Dortmund. Studierte anschließend an der ETH in Zürich und an der RWTH in Aachen, wo er 1985 bei Gottfried Böhm als Architekt diplomierte. Von 1986 bis 1993 arbeitete er für die Büros Suter + Suter in Duisburg, Basel und Lörrach. Seit 1995 betreibt er gemeinsam mit Gabriele Weis ein eigenes Büro in Leipzig. Für ihr Holzhaus in der Alten Straße 4 in Leipzig-Plagwitz erhielten sie 1999 den Architekturpreis der Stadt Leipzig. Diesen ungewöhnlichen Bau in der steinernen Stadtland-

Gabriele Weis und Gunnar Volkmann

schaft hielt die Jury „für eine gelungene Arrondierung des vorhandenen Ensembles mit Kutscherhaus. ... Die Einfachheit, ja der Mut zur Schlichtheit in der eindeutigen Formensprache verleiht dem Ort eine neue starke Ausstrahlung." Weitere Neubauten sind das Büro- und Wohnhaus Erich-Zeigner-Allee 13, ein markanter Bau von asketischer Disziplin und besonderer funktionaler Ästhetik (Volkmann in Suter + Suter, 1995), das Wohn- und Geschäftshaus am ehemaligen Westplatz (1997), das Wohnhaus Hohe Straße 7 (1997), das Wohnhaus Wiese in Brandis (1997), Sparkassengebäude in Delitzsch, Eilenburger Straße 72 (1996), Zschortau (1998), Krostitz (1998) sowie in Radefeld. Zu den bemerkenswerten Sanierungen denkmalgeschützter Gebäude gehören das Wohnhaus Ferdinand-Lassalle-Straße 16, das König-Albert-Haus am Markt 9 mit der Gestaltung der Szene-Kneipe „Markt 9", das Renaissancegebäude Hainstraße 8, die Umnutzung des Industriebaus Karl-Heine-Straße 97 zum Technik-Center Leipzig sowie die Modernisierung des 1977 entstandenen Wohngebäudes Kleine Fleischergasse 6 mit der Einrichtung eines zweigeschossigen Restaurants. Unausgeführt blieb ihr siegreicher Wettbewerbsentwurf – gemeinsam mit solitaire FACTORY – für einen Brunnen auf dem Nikolaikirchhof (1999).

Werner, George (geb. 1682 Graßdorf bei Leipzig – gest. 19.5.1758 Leipzig). War der bedeutendste Baumeister des Leipziger Spätbarock. Zwischen 1725 und dem Beginn des Siebenjährigen Kriegs fielen ihm, wie die Baubesichtigungsakten jener Jahre belegen, die meisten Bauaufgaben zu. In der Vergangenheit blieb er etwas unterbewertet, weil eine Reihe seiner wichtigen Bauten dem jüngeren Maurermeister Friedrich Seltendorff zuge-

Thomasschule von 1731/32. Entwurfszeichnung von George Werner

1746–1748 baute George Werner den barocken Johanniskirchturm an die ältere Hospitalkirche an. Nach der Zerstörung des neobarocken Kirchenschiffes im zweiten Weltkrieg blieb der baulich gesicherte Turm zunächst als Mahnmal stehen, wurde jedoch 1963 gesprengt.

schrieben worden sind. Werner war ab 1703 Geselle bei Matthäus Röthig in Taucha und ab 1723 selbst Maurermeister. Sein Name taucht in der Leipziger Baugeschichte erstmals beim Bau eines Seitengebäudes in der Hainstraße 6 im Jahre 1723 auf. Seine erste bedeutende Bauaufgabe, mit der er sich glanzvoll einführte, war das dritte Hohmannsche Haus (Hohmanns Hof in der Petersstraße 15), das in den Jahren 1728/29 entstand. 1731/32 baute er die Thomasschule (von 1723 bis 1750 Wohn- und Wirkungsstätte Johann Sebastian Bachs) umfassend um. Zu ihrer Einweihung am 5.6.1732 hatte Bach die Kantate „Froher Tag, verlangte Stunden" komponiert. Mit der verhältnismäßig schlichten, aber nichtsdestoweniger eindrucksvollen Fassadengestaltung erwies sich Werner bereits hier als ein Vertreter jener nach Formberuhigung strebenden Tendenz des sächsischen Rokoko, wie sie in Dresden durch den nur wenig älteren Pöppelmann-Nachfolger Johann Christoph Knöffel repräsentiert wurde. Zu Werners herausragenden Leistungen gehörte Kochs Hof (1735–1738) am Markt 3, das wohl größte Leipziger Handelshaus mit zwei hintereinanderliegenden Höfen. Für den Verleger Breitkopf entstand 1735–1737 in der Universitätsstraße 11 der Goldene Bär, in dem auch Johann Christoph Gottsched wohnte. 1746–1748 schuf er mit dem Turm der Johanniskirche den einzigen barocken Kirchturm der Stadt. Alle genannten Bauten wurden im zweiten Weltkrieg zerstört. Erhalten blieben das Haus des Kaufmanns Johann Martin Haugk Zum

Das Fürstenhaus in der Grimmaischen Straße erbaute Paul Wiedemann 1558; im zweiten Weltkrieg zerstört

Grönländer in der Petersstraße 24 (1749/50), die Hintergebäude von Barthels Hof von 1747–1750 – der letzte erhaltene Durchgangshof der Warenmesse –, das palaisartige Wohnhaus Klostergasse 5 von 1753–1755 sowie der prächtige Bau Katharinenstraße 19 von 1748/49. Auch das weniger repräsentative barocke Bürgerhaus Hainstraße 13 sowie das Herrenhaus Großdeuben im Landkreis sind Werner zuzuschreiben. Aus Werners Ehe mit Johanna Magdalena Hasert gingen ein Sohn und zwei Töchter hervor, deren eine mit dem für die Leipziger Baugeschichte nicht unbedeutenden Maurermeister Christian Hornice verheiratet war, der teilweise mit seinem Schwiegervater zusammenarbeitete. 1743 erwarb Werner sein letztes Wohnhaus in der Gerberstraße 30, das er selbst auf 3100 Taler schätzte. Es war ein für Vorstadtverhältnisse durchaus stattliches, dreigeschossiges Haus von sieben Fensterachsen mit einem Mansarddach. Ab 1837 wurde es offiziell Weißer Schwan genannt. Das erhaltene Hauszeichen ist im Komplex der Wohnungsneubauten am Brühl (Rückseite von Richard-Wagner-Straße 12) eingeordnet. Kulturgeschichtlich nicht uninteressant ist, daß Werner bei seinem Tode eine kleine Bibliothek hinterließ, die, wie das Hinterlassenschaftsverzeichnis im Stadtarchiv ausweist, einen Wert von 32 Talern und 32 Groschen ausmachte. Es überwogen Bücher mit religiösem Inhalt, darunter verschiedene Bibelausgaben. An spezieller Fachliteratur fanden sich hingegen nur drei Bücher über antike Architektur.

Wiedemann, Paul (1556–1568 nachweisbar). Gehörte zu den engsten Mitarbeitern Hieronymus Lotters. Lotter, der vor allem Bauorganisator war, stützte sich bei seinen Bauten in erster Linie auf das Können erfahrener Steinmetz-, Maurer- und Zimmerermeister. Wiedemann ist in Leipzig zwischen 1556 und 1568 nachweisbar, ab 1558 war er Ratsmaurermeister. Zunächst war er 1556/57 als Steinmetz unter Lotter am Rathausbau beteiligt und schuf hier vermutlich den sogenannten Pfeiferstuhl (die Musikerempore im Festsaal) und zwei Portale. Nachweislich nach seinem Entwurf wurde das schönste Leipziger Bürgerhaus der Renaissance, das sogenannte Fürstenhaus in der Grimmaischen Straße, 1558 für den Ratsherrn Georg Roth erbaut (im zweiten Weltkrieg zerstört).

Besonderer Schmuck des dreigeschossigen Baus waren zwei Runderker, die seitlich das Gebäude einfaßten. Im Dachbereich besaß das Haus drei Zwerchgiebel in der Art, wie sie zuvor Lotter am Alten Rathaus angewendet hatte. Einer der beiden Runderker ist seit 1986 am gegenüberliegenden Wohnungsneubau Grimmaische Straße 17 als Kopie eingefügt. Im unteren Teil des Erkers sind die Initialen PW zu lesen. Wesentlich beteiligt war Paul Wiedemann am Bau des Komplexes Fleischbänke, Burgkeller, Brotbänke und Garküche (um 1560–1570) auf dem Terrain des heutigen Messehauses Handelshof. Im Jahre 1559 leitete er den Bau des Pegauer Rathauses, für das sich Lotter selbst als Architekt bezeichnet hat. In den Jahren 1565/66 bereiste er im

Auftrage des Leipziger Rats die Niederlande, um dort das Bauhandwerk zu studieren.

Wünschmann, Georg (geb. 11.2.1868 – gest. 12.10.1937 Leipzig). Studierte an den Technischen Lehranstalten Chemnitz und war anschließend dort bauleitend tätig. Später war er künstlerischer Mitarbeiter in verschiedenen Leipziger Ateliers. Im Jahre 1895 unternahm Wünschmann seine erste Studienreise nach Italien. Danach gründete er ein eigenes Atelier für Architektur und Kunstgewerbe in Leipzig. Das Schaffen Wünschmanns ist gekennzeichnet durch eine Abkehr von den künstlerischen Positionen des Historismus unter dem Einfluß der Wiener und Darmstädter Sezession. Sein 1914–1917 erbautes Gebäude für den Verband deutscher Handlungsgehilfen in der Karl-Liebknecht-Straße 8–14 (heute Sitz der Leipziger Verkehrsbetriebe) ist durch den zeittypischen Drang zu Monumentalisierung geprägt. Weitere Bauten von ihm sind die Wohnhäuser Chopinstraße 11a, Scharnhorststraße 2 (1903), Bosestraße 3 (zerstört), die Villa August-Bebel-Straße 26 (1905), Alfred-Kästner-Straße 11 (1907/08), Keilstraße 4, die Villa Prinz-Eugen-Straße 38, das Geschäftshaus Dittrichring 28 (umgebaut), die Wohnhausgruppe Hildebrandstraße 39–45 und das Tauchaer Fabrikgebäude Aristophot. In der Wiener Mondscheingasse 3 erbaute er 1898 ein in der Fassadengestaltung ungewöhnliches Mietshaus. Bei einem Wettbewerb zur Gestaltung des Messegeländes erhielt er 1928 den 2. Preis.

Anzeige im Leipziger Kalender, 1910

Zeittafel
Literaturverzeichnis
Personenregister
Objektregister

Zeittafel zur Leipziger Bau- und Kulturgeschichte

Mitte 10. Jh. Integration des Gebiets zwischen Saale und mittlerer Elbe in den deutschen Königsstaat. Anlage der urbs Lipsk im Zuge der ersten Etappe der Ostexpansion. Diese Hauptburg wird zum Mittelpunkt eines Burgwardbezirks. Ihre ehemalige Lage entspricht heute dem früheren Stasigebäude zwischen der Großen Fleischergasse und dem Ring.

1015. Erste Erwähnung der Leipziger Burg (urbs Lipsk) in der Chronik des Merseburger Bischofs Thietmar.

Um 1165. Markgraf Otto der Reiche verleiht Leipzig das Stadtrecht.

1212, 20. März. Kaiser Otto IV. bestätigt das vom Markgrafen Dietrich gestiftete Thomaskloster der Augustiner-Chorherren.

1215/16. Leipziger Bürgeraufstand gegen den Meißner Markgrafen Dietrich von Wettin. In seiner Regierungszeit ab 1195 wird die Stadt endgültig der Landesherrschaft unterworfen.

1216/17. Markgraf Dietrich bricht den Vertrag mit den Leipziger Bürgern vom 20. Juni 1216, bemächtigt sich mit Unterstützung des Kaisers Friedrich I. der Stadt, zerstört die Stadtmauer und errichtet drei Zwingburgen (am Ort der späteren Pleißenburg, der urbs Lipsk und des späteren Dominikanerklosters St. Pauli).

Um 1230. Gründung des Dominikanerklosters St. Pauli am heutigen Augustusplatz. 1544 schenkt Herzog Moritz die Gebäude der Universität, nachdem das Kloster im Zuge der Reformation aufgelöst worden war.

1230. Erste Erwähnung des Georgennonnenklosters in der Petersvorstadt. Es wird 1539 säkularisiert und 1543 an die Stadt verkauft.

1253. Ersterwähnung des Barfüßerklosters (Franziskaner) am Standort der ehemaligen urbs Lipsk.

1254. Ersterwähnung der Thomasschule im Thomaskloster.

1268, 1. März. Schutzbrief Markgraf Dietrichs von Landsberg für die zu den Leipziger Messen reisenden Kaufleute.

1270. Erstmalige Erwähnung eines aus zwölf Ratsmannen bestehenden Ratskollegiums, das einem markgräflichen Schultheißen unterstellt war.

1278. Die Bruderschaft zur Pflege der Leprakranken erwirbt vier Morgen Land vor dem Grimmaischen Tor, um ein Hospital zu errichten (Johannishospital).

1291. Erste Erwähnung eines Bürgermeisters.

1305. Die Johanniskapelle vor dem Grimmaischen Tor wird erstmals erwähnt, Vorgängerbau der Johanniskirche von 1582–1584.

1341. Die Tuchmacher erwerben ein eigenes Haus am Markt.

1349. Die Kramerinnung wird erstmals erwähnt.

1352, 25. Februar. Markgraf Friedrich bestätigt die schon bestehende Innung der Schuster und Gerber.
1368. Ersterwähnung der Bäckerinnung.
1381, 3. August. Der Rat kauft das Dorf Eutritzsch.
1386, 23. Mai. Die Markgrafen Friedrich und Wilhelm bestätigen die Schneiderinnung.
1391, 28. August. Älteste Bäckerordnung.
1394, 30. Juli. Einweihung einer Kapelle im Rathaus am Markt (im Vorgängerbau des 1556/57 errichteten Rathauses).
1395, 11. März. Papst Bonifatius IX. genehmigt dem Rat die Einrichtung einer Knabenschule bei der Nikolaikirche.
1409, Juni. 46 Lehrer und 369 Studenten kommen aus Prag nach Leipzig und gründen am 2. Dezember die Universität, die Alma mater Lipsiensis.
1423, 24. Juni. Kurfürst Friedrich I. verkauft der Stadt die Gerichtsbarkeit.
1458, 1. November. Kurfürst Friedrich II. verleiht der Stadt zusätzlich zu den bestehenden zwei Märkten den Neujahrsmarkt.
1466. In Leipzig existieren 27 Zünfte.
1471. Älteste erhaltene Stadtrechnungen, eine wichtige Quelle der Baugeschichtsforschung.
1476. Der Hospitalfriedhof von St. Johannis wird als Stadtgottesacker geweiht.
1477. Baubeginn des ersten Abschnitts des Gewandhauses am Gewandgäßchen, der 1482 beendet wird. 1498 ist auch der Flügel an der Universitätsstraße fertiggestellt (s. Städtisches Kaufhaus).
1479, 10. Juli. Der Rat verpflichtet mit Hans Nagl einen Stadtpfeifer in ständiger Anstellung.
1482 (bis 1496). Neubau des Hallenschiffs der Thomaskirche.
1482/83. Johann Tetzel, der spätere Ablaßprediger, studiert in Leipzig und gehört dem hiesigen Dominikanerkloster an.
1485. Bei der sogenannten Leipziger Teilung zwischen Kurfürst Ernst und Herzog Albrecht fällt Leipzig dem albertinischen Sachsen zu.
1485. In der Druckerei des Kunz Kachelofen erscheint der erste Leipziger Druck. Um 1500 hat Leipzig bereits elf Druckereien.
1492. Erstmalig sind auswärtige Buchhändler auf den Leipziger Messen nachweisbar.
1494 (bis 1504). Neubau der Barfüßerkirche (Franziskaner) auf dem Matthäikirchhof (im zweiten Weltkrieg zerstört).
1496, 10. April. Der Merseburger Bischof Thilo von Trotha weiht die Thomaskirche.
1497, 20. Juli. Messeprivileg Kaiser Maximilians I., das die drei Leipziger Märkte bestätigt und ihre Dauer auf acht Tage festlegt. Es verbietet die Errichtung neuer Märkte in den Bistümern Magdeburg, Halberstadt, Meißen, Naumburg und Merseburg.
1498. Erste Wasserleitung für die Stadt vom Marienborn und von Stötteritz.
Um 1500. Leipzig hat etwa 8000 Einwohner.
1504. Die sogenannte Röhrenfahrt, ein Wasserleitungssystem aus Holzröhren, wird errichtet, das u. a. von der 1500 in Betrieb genommenen Wasserkunst an der Pleiße bei der Nonnenmühle gespeist wird.
1504. Im Februar weiht Bischof Thilo von Trotha die Barfüßerkirche.
1507. Der Neubau der Peterskirche am Ausgang der Petersstraße wird begonnen (1886 abgebrochen).
1507, 23. Juni. Zweites großes Messeprivileg Kaiser Maximilians I. Das Stapelprivileg verbietet, in einem Umkreis von fünfzehn Meilen (etwa 112 km) Jahrmarkt zu halten, Märkte einzurichten oder Ware zu stapeln.
1512. Die Nikolaischule am Nikolaikirchhof wird erbaut.
1513 (bis 1526). Neubau des Hallenlanghauses der Nikolaikirche.
1517. Johann Tetzel tritt zum wiederholten Male als Ablaßprediger in Leipzig auf.
1519, 27. Juni. Beginn der Leipziger Disputation zwischen Andreas Bodenstein, Martin Luther und Johann Mayr von Eck in der Hofstube der Pleißenburg (s. Neues Rathaus).
1519. Der Rat kauft von Johannes Wolf von Lindenau einen Teil des Dorfs Lindenau und erwirbt 1536 den restlichen Teil. Aufgrund dieser Entwicklung wird Machern ständiger Wohnsitz der Adelsfamilie von Lindenau.
1523. Hieronymus Walther läßt das Haus Zur Goldenen Schlange am Markt erbauen. Älteste erhaltene Bürgerhausfassade und erster Renaissancebau in Leipzig (heute Hoffassade von Barthels Hof).
1523 (bis 1529). Erbauung des Kornhauses neben der Peterskirche. Der Name Magazingasse erinnert an dieses Gebäude.
1525, 2. März. Der Rat kauft das Dorf Reudnitz.
1527, 20. Mai. Der Nürnberger Buchdrucker Hans Hergot wird wegen Verbreitung seiner sozialutopischen Schrift „Von der neuen Wandlung des christlichen Lebens" auf dem Marktplatz enthauptet.
1530 (bis 1538). Erbauung von Auerbachs Hof durch Dr. Heinrich Stromer von Auerbach.
1533, Mai. Herzog Georg vertreibt die lutherisch gesinnten Bürger aus der Stadt. Martin Luther verfaßt einen Trostbrief.
1536. Der Johannisfriedhof wird auf Verordnung Herzog Georgs alleiniger Begräbnisplatz der Stadt.
1537. Aufstockung des Thomaskirchturms.
1538. Der Rat kauft die Dörfer Leutzsch, Barneck und Schönau.
1539, 25. Mai. Martin Luther predigt zur Ein-

führung der Reformation in Leipzig in der Thomaskirche.
1539. Der „Groschengießer" Hans Reinhardt läßt sich in Leipzig nieder und schafft hier bedeutende Schaumünzen.
1543, 6. August. Herzog Moritz verkauft dem Rat das Barfüßerkloster (mit späterer Neukirche am Matthäikirchhof, im zweiten Weltkrieg zerstört), das Thomaskloster (Thomaskirche erhalten) einschließlich Connewitz und Probstheida sowie das Georgennonnenkloster (nicht erhalten).
1544, 22. April. Herzog Moritz schenkt der Universität das Dominikanerkloster St. Pauli. Die Paulinerkirche wird zur Universitätskirche (1968 gesprengt).
1545 (bis 1552). Der Teppichweber Seger Bombeck wohnt in Leipzig und arbeitet im städtischen Auftrag.
1547, 8.–27. Januar. Belagerung der Stadt im Schmalkaldischen Krieg durch Kurfürst Johann Friedrich. Die Pleißenburg und weitere Teile der Stadtbefestigung werden zerstört.
1547. Der Ratsmaurer Paul Speck gestaltet das vier Meter hohe Sandsteinepitaph für den verstorbenen Rektor der Universität Caspar Borner.
1549. Der Neubau der Pleißenburg unter der Bauleitung Hieronymus Lotters beginnt (1897 abgebrochen, s. Neues Rathaus).
1555. Neubau der Alten Waage am Markt durch Hieronymus Lotter, der in diesem Jahr erstmalig zum Bürgermeister gewählt wird.
1556/57. Hieronymus Lotter erbaut das Rathaus am Markt.
1559. Die Überhänge, d. h. Auskragungen der oberen Geschosse, der Bürgerhäuser werden verboten.
1569, 30. September. Der Rat kauft Taucha.
1582 (bis 1584). Neubau der Johanniskirche (Nachfolgebau im zweiten Weltkrieg gestört).
1593, Mai. Der sogenannte Calvinistensturm wütet in Leipzig. Vier Anführer werden auf dem Marktplatz hingerichtet.
1631, September. Erste Belagerung der Stadt im Dreißigjährigen Krieg durch den kaiserlichen General Tilly. Übergabe der Stadt und der Pleißenburg.
1642, Oktober. Belagerung der Stadt durch die Schweden. Am 26. November wird ihnen die Stadt übergeben. Leipzig verbleibt bis zum 30. Juni 1650 unter deren Regiment.
1646, 21. Juni. Gottfried Wilhelm Leibniz wird in Leipzig geboren.
1655, 1. Januar. Christian Thomasius wird in Leipzig geboren.
1659. Erstmaliges Erscheinen einer Leipziger Tageszeitung.
1663, 1. September. Der Rat kauft von Kurfürst Johann Georg II. das Rosental.
1678 (bis 1682). Die Handelsbörse am Naschmarkt wird erbaut.
1680. Durch die von August bis Dezember andauernde Pest sterben in Leipzig 2300 Menschen.
1682. Mit der Acta eruditorum erscheint die erste wissenschaftliche Zeitschrift Deutschlands.
1687, 24. Oktober. Christian Thomasius kündigt an der Universität als erster Vorlesungen in deutscher Sprache an und muß nach scharfen Auseinandersetzungen mit der Universität Leipzig verlassen.
1693. Bau eines Opernhauses am Brühl, 1729 wegen Baufälligkeit abgerissen.
1699. Wiederherstellung der Barfüßerkirche (Neukirche) auf dem Matthäikirchhof (im zweiten Weltkrieg zerstört).
1701 (bis 1703). Mit dem Bau des Romanushauses in der Katharinenstraße 23 durch den Ratsmaurer Johann Gregor Fuchs beginnt die Blütezeit des bürgerlichen Leipziger Barock.
1701, 24. Dezember. Einführung der Straßenbeleuchtung.
1702/03. Anlage der ersten Promenadenanlagen zwischen Thomas- und Barfüßerpförtchen.
1705, 6. Januar. Bürgermeister Dr. Franz Conrad Romanus wird wegen Veruntreuung städtischer Gelder verhaftet.
1707. August der Starke läßt das Rosental umgestalten.
1709 (bis 1714). Johann Gregor Fuchs erbaut mit Äckerleins Hof am Markt 11 den Prototyp des barocken Durchhauses (im zweiten Weltkrieg zerstört).
1710. Erstmalig wird Meissener Porzellan auf der Ostermesse gezeigt.
1711, 4. August. Die Ratsbibliothek wird im Zeughaus an der heutigen Universitätsstraße der Öffentlichkeit zugänglich gemacht (s. Städtisches Kaufhaus).
1714. Der Pfarrer Johann Jakob Vogel veröffentlicht seine Leipziger Annalen, die heute zu den bedeutendsten Chroniken der Stadt gehören.
1714, 12. Mai. Die Leipziger Fischerinnung veranstaltet für August den Starken ein Fischerstechen. Dieses wird eine alljährliche Volksbelustigung.
1717/18. Am Rannischen Tor wird von Johann Christoph Naumann ein Reithaus erbaut, eine stattliche Reithalle mit Reitbahn (1868 abgebrochen).
1722/23. Nach Entwurf von Matthäus Daniel Pöppelmann wird das Peterstor errichtet (1860 abgebrochen).
1723, 30. Mai. Johann Sebastian Bach wird Kantor an der Thomasschule (bis 1750).
1729. Bach übernimmt das von Georg Philipp

Telemann gegründete Collegium musicum.
1732, 5. Juni. Die von George Werner erbaute neue Thomasschule wird eingeweiht (1901/02 abgebrochen).
1727, Ostern. Caroline Neuber tritt zum ersten Male mit ihrer Schauspielertruppe in Leipzig zur Messe auf. Sie spielt über den Fleischbänken an der Reichsstraße (s. Handelshof).
1734, 1. September. Christian Fürchtegott Gellert läßt sich als Student an der Universität immatrikulieren.
1734/35. Johann Sebastian Bach komponiert das Weihnachtsoratorium.
1737, Oktober. Die Neuberin verbannt symbolisch den Hanswurst vom Theater.
1739. Christian Gottlob Frege gründet sein Handelshaus.
1740. Friedrich Seltendorff beginnt mit dem durchgreifenden Umbau des Gewandhauses am Gewandgäßchen zur Stadtbibliothek (s. Städtisches Kaufhaus).
1743. Gründung des „Großen Concerts" als Vorläufer der Gewandhauskonzerte, ab 1744 im Gasthaus Drey Schwanen am Brühl (nicht erhalten).
1745, 30. November – 31. Dezember. Besetzung Leipzigs durch Leopold von Dessau im Zweiten Schlesischen Krieg.
1746 (bis 1748). George Werner erbaut den barocken Turm der Johanniskirche (im zweiten Weltkrieg zerstört).
1747. Die unterirdischen Schleusen für das Abwasser sind in weiten Teilen der Stadt ausgeführt. Der Kurfürst hatte dazu 1743 den Befehl erteilt.
1750, 28. Juli. Johann Sebastian Bach verstirbt und wird auf dem Johannisfriedhof beigesetzt (1950 Überführung seiner Gebeine in die Thomaskirche).
1746. Friedrich Gottlieb Klopstock und Gotthold Ephraim Lessing werden an der Leipziger Universität immatrikuliert.
1755/56. Der Kaufmann Johann Caspar Richter läßt sich im Dorfe Gohlis einen schloßartigen Landsitz errichten.
1756, 29. August. Ausbruch des Siebenjährigen Kriegs. Die Preußen besetzen die Stadt.
1760, 8. Dezember bis 17. März. Friedrich II. von Preußen nimmt sein Winterquartier in Leipzig. Am 11. Dezember kommt es im Königshaus am Markt zu einer Unterredung mit Christian Fürchtegott Gellert.
1763, 15. Februar. Der Frieden zu Hubertusburg wird in der Stadt verkündet.
1764. Gründung der Leipziger Kunstakademie, die später in der Pleißenburg untergebracht wird. Adam Friedrich Oeser wird ihr erster Direktor.
1764. Johann Thomas Richter macht seine Kunstsammlung im Thomaskirchhof 16 der Öffentlichkeit zugänglich. Zwischen 1763 und 1773 ist das heutige Bosehaus Treffpunkt des künstlerischen Leipzigs.
1766, 10. Oktober. Eröffnung des von dem Kaufherrn Zehmisch erbauten Theaters auf der Rannischen Bastei; es wird 1817 von Johann Jacob Friedrich Weinbrenner umgebaut.
1770. Mit der Niederlegung der Stadtbefestigungsanlagen wird begonnen. Die Stadtgräben werden verfüllt.
1781, 25. November. Eröffnung der Gewandhauskonzerte in dem von Johann Friedrich Carl Dauthe neuerbauten Musiksaal im oberen Tuchboden des Gewandhauses an der heutigen Universitätsstraße (s. Städtisches Kaufhaus).
1784 (bis 1797). Klassizistische Umgestaltung des Inneren der Nikolaikirche durch Johann Friedrich Carl Dauthe und Adam Friedrich Oeser.
1785. Die Parkanlage im englischen Stil nach Entwurf von Dauthe mit Schwanenteich und Schneckenberg zwischen Hallischem und Grimmaischem Tor wird vollendet.
1789. Wolfgang Amadeus Mozart tritt mit eigenen Kompositionen im Gewandhaus auf.
1796. Die Erbauung der ersten Bürgerschule auf der Moritzbastei beginnt (im zweiten Weltkrieg zerstört).
1800. Leipzig hat 32146 Einwohner.
Um 1800. Anton Graff, der sein Atelier in Dresden hat, malt eine Reihe Porträts von Leipziger Persönlichkeiten.
1806, 18. Oktober. Die Truppen Napoleons unter Marschall Davoust rücken mit 42000 Mann in Leipzig ein.
1806, 21. November. Beginn der Kontinentalsperre.
1806, 11. Dezember. Sachsen tritt dem Rheinbund bei. Kurfürst Friedrich August III. wird als Friedrich August I. zum ersten König von Sachsen gekrönt.
1807, 1. Juli. Erstmals erscheint das Leipziger Tageblatt.
1811, 21. Februar. Benedikt Gotthelf Teubner gründet eine Buchhandlung.
1813, 22. Mai. Richard Wagner wird im Haus Zum Roten und Weißen Löwen am Brühl geboren (Vorgängerbau des Warenhauses).
1813, März. Leipzig wird zum Hauptquartier der französischen Armee.
1813, 16.– 19. Oktober. Völkerschlacht bei Leipzig. Napoleon verläßt nach der Niederlage am 19. Oktober fluchtartig die Stadt. Fürst Poniatowski ertrinkt in der Elster. Die Verbündeten ziehen in die Stadt ein. Der russische Oberst Prendel wird Stadtkommandant.
1815, 7. Februar. Teilung Sachsens auf dem Wiener Kongreß.

1817. Das Theater von 1766 auf der Ranischen Bastei wird von Johann Jacob Friedrich Weinbrenner umgestaltet (im zweiten Weltkrieg zerstört).
1817. Die Brockhaussche Buchhandlung zieht von Altenburg nach Leipzig um.
1824, 30. August. Die Entrichtung des Torgroschens wird abgeschafft.
1825, 30. April. Gründung des Börsenvereins der Deutschen Buchhändler.
1828. Gründung der Reclamschen Verlagsbuchhandlung.
1833. Friedrich List kommt nach Leipzig und initiiert den Eisenbahnbau Leipzig–Dresden.
1834. Gründung der Neuen Zeitschrift für Musik durch Robert Schumann.
1835. Felix Mendelssohn Bartholdy wird Gewandhauskapellmeister.
1836, 3. August. Einweihung des Hauptgebäudes der Universität am späteren Augustusplatz. Der Fassadenentwurf stammt von Karl Friedrich Schinkel. Die Universität wird 1897 von Arwed Roßbach umgebaut.
1836, 26. April. Die von Albert Geutebrück in der Ritterstraße erbaute Buchhändlerbörse wird eingeweiht (im zweiten Weltkrieg zerstört).
1837, 24. April. Der erste Abschnitt der Leipzig–Dresdner Eisenbahn zwischen Leipzig und Althen wird in Betrieb genommen. Erste Eisenbahnstrecke Deutschlands.
1843, 2. April. Gründung des „Königlichen Conservatoriums der Musik". Das Gebäude befand sich im Hof des Gewandhauses an der heutigen Universitätsstraße (s. Städtisches Kaufhaus). Erste Musikhochschule Deutschlands (s. Konservatorium).
1843, 23. April. Das von Felix Mendelssohn Bartholdy initiierte Bach-Denkmal in der Promenadenanlage nahe der Thomaskirche wird enthüllt.
1847, 6. Juli. Gründung der Königlich-Sächsischen Gesellschaft der Wissenschaften.
1847, 19. September. Einweihung der von Carl Alexander von Heideloff erbauten katholischen Kirche in der Rudolphstraße (im zweiten Weltkrieg zerstört).
1848. Leipzig wird zum Ausgangspunkt der sächsischen Märzrevolution. Robert Blum wird im Mai als Abgeordneter in die Frankfurter Nationalversammlung gewählt.
1850. Die Bach-Gesellschaft wird gegründet. Bei Breitkopf & Härtel wird mit der Edition der Bach-Gesamtausgabe begonnen.
1852, Dezember. Die Zeitschrift „Gartenlaube" erscheint zum ersten Mal.
1853, 19. Dezember. Der Kaufmann Adolf Heinrich Schletter verstirbt und hinterläßt der Stadt seine Gemäldesammlung und ein beträchtliches Vermögen unter der Bedingung, daß innerhalb von fünf Jahren ein Museumsgebäude zu errichten ist.
1857, 18. Februar. Max Klinger wird als Sohn eines reichen Seifenfabrikanten in Leipzig geboren.
1858. Gründung des Buch- und Kunstverlags E. A. Seemann.
1858, 18. Dezember. Einweihung des von Ludwig Lange erbauten städtischen Museums (Bildermuseum) am Augustusplatz (im zweiten Weltkrieg zerstört).
1863, 23. Mai. Unter Leitung von Ferdinand Lassalle wird im ehemaligen „Pantheon" der Allgemeine Deutsche Arbeiterverein (ADAV) gegründet. Saalbau 1933 durch die Nazis zerstört. Vorderhaus um 1980 abgebrochen (ehemals Dresdner Straße 20).
1867, 17. Dezember. Gründung des Vereins für die Geschichte der Stadt Leipzig.
1868, 28. Januar. Eröffnung des von Carl Ferdinand Langhans erbauten Neuen Theaters am Augustusplatz (im zweiten Weltkrieg zerstört).
1869, 2. Oktober. In der Druckerei Thiele erscheint das von Wilhelm Liebknecht redigierte Organ der Sozialistischen Arbeiterpartei Deutschlands „Der Volksstaat".
1871, 13. August. Karl Liebknecht wird in der Braustraße 15 geboren.
1872, 18. Mai. Die ersten Pferdestraßenbahnlinien werden eröffnet.
1872. Im ehemaligen Königlich-Sächsischen Bezirksgericht (1874 abgerissen) findet der Hochverratsprozeß gegen August Bebel und Wilhelm Liebknecht statt, die sich gegen die Fortführung des Deutsch-Französischen Kriegs ausgesprochen hatten (Gedenktafel Ecke Beethovenstraße / Peterssteinweg).
1874, 22.–24. September. Karl Marx besucht die Familie Liebknecht in Leipzig und wohnt während des Aufenthalts mit seiner Tochter Eleanor im Hotel Hochstein am Bayrischen Platz.
1879. Hugo Licht wird als Stadtbaurat nach Leipzig berufen.
1884, 1. Dezember. Einweihung des nach Entwürfen von Martin Gropius und Heino Schmieden errichteten Konzerthauses im Musikviertel (im zweiten Weltkrieg zerstört).
1885, 27. Dezember. Einweihung der von Constantin Lipsius und August Hartel erbauten neuen Peterskirche am Schletterplatz.
1887, 5. Dezember. Das von Hugo Licht erbaute neue Konservatorium der Musik in der Grassistraße wird eingeweiht.
1888, 23. April. Einweihung des von Karl Großheim und Heinrich Joseph Kayser erbauten Buchhändlerhauses an der heutigen Prager Straße (im zweiten Weltkrieg zerstört).
1889, 1. Januar. Eingemeindung der Vororte Reudnitz und Anger-Crottendorf.

1890, 1. Januar. Eingemeindung der Vororte Thonberg, Neureudnitz, Volkmarsdorf, Neuschönfeld, Neustadt, Sellerhausen, Gohlis und Eutritzsch.
1890, 1. Dezember. Die Einwohnerzahl Leipzigs wird nach einer Volkszählung mit 357 122 angegeben.
1891, 2. Januar. Eröffnung der von Hugo Licht erbauten Markthalle am heutigen Wilhelm-Leuschner-Platz (im zweiten Weltkrieg zerstört).
1891, 2. Januar. Die von Arwed Roßbach erbaute Universitätsbibliothek in der Beethovenstraße wird eingeweiht.
1893. In Berlin wird eine „Vereinigung für internationale Messen" gegründet, die das Ziel verfolgt, die Reichsmesse in die Hauptstadt zu verlegen.
1893, 18. Oktober. Der Rat beschließt den Umbau des Gewandhauses am Gewandgäßchen für die Zwecke der Mustermesse und leitet damit die Entwicklung zur Mustermessemetropole ein. Bis 1901 entsteht in drei Bauabschnitten das Städtische Kaufhaus.
1894, 2. Juni. Durch die „Bekanntmachung, die Leipziger Messe betreffend" erklärte der Rat der Stadt die Mustermesse ab 1895 zur offiziellen Einrichtung.
1895, 28. März. Erste städtische elektrische Straßenbeleuchtung.
1896, 5. Februar. Eröffnung des von Hugo Licht erbauten Grassimuseums für Kunstgewerbe und Völkerkunde.
1896, 20. Mai. Erstmalig verkehrt eine elektrische Straßenbahn.
1896, 22. Juni. Einweihung des Aussichtsturms auf dem Scherbelberg im Rosental.
1897, 28. März. Weihe der von Hugo Licht durchgreifend unter Neubau des Langhauses neobarock umgestalteten Johanniskirche (im zweiten Weltkrieg zerstört).
1897, 21. April. Der Abbruch der Pleißenburg beginnt.
1897, 24. April. Eröffnung der Sächsisch-Thüringischen Industrie- und Gewerbeausstellung in Leipzig (s. Clara-Zetkin-Park).
1897, 15. Juni. Einweihung der von Arwed Roßbach ausgeführten neuen Universitätsbauten am damaligen Augustusplatz (im zweiten Weltkrieg teilweise zerstört).
1898, 6. Juli. Der Komponist Hanns Eisler wird in der Hofmeisterstraße 14 geboren.
1899, 19. September. Grundsteinlegung zum Neuen Rathaus.
1900, 27. September. Das von Heinrich Rust erbaute Gesellschaftshaus am Zoologischen Garten (heute Kongreßhalle) wird eingeweiht.
1900, 18. Oktober. Grundsteinlegung zum Bau des Völkerschlachtdenkmals.
1900, 1. Dezember. Bei der Volkszählung hat Leipzig 456125 Einwohner.
1904, 1. Januar. Einweihung der von Arwed Roßbach und Richard Lucht erbauten neoromanischen Taborkirche in Kleinzschocher.
1904, 12. Juni. Einweihung der von den Architekten Heinrich Rust und Alfred Müller erbauten Michaeliskirche auf dem Nordplatz.
1905, 1. Januar. Leipzig hat 503 637 Einwohner.
1905, 7. Oktober. Einweihung des von Hugo Licht erbauten Neuen Rathauses.
1905/06. In der heutigen Karl-Liebknecht-Straße 30–32 wird nach Entwurf von Oscar Schade das „Volkshaus" als Veranstaltungs- und Versammlungsgebäude der Arbeiterklasse errichtet.
1906 (bis 1909). Sanierung des Alten Rathauses durch Stadtbaurat Otto Wilhelm Scharenberg.
1907, April. Die Kleinmesse findet erstmals auf dem neuen „Meßplatz vor dem Frankfurter Tor" statt.
1912 (bis 1914). Bau des Messehauses Mädler-Passage durch den Architekten Theodor Kösser auf dem historischen Grundstück von Auerbachs Hof.
1913. Die Internationale Baufach-Ausstellung findet auf dem heutigen Messegelände statt. Bedeutendste Bauten: die Betonhalle von Wilhelm Kreis (Halle 16), das Stahlhaus von Bruno Taut (nicht erhalten) und die Gartenvorstadt Marienbrunn.
1914 (bis 1916). Bau der Deutschen Bücherei nach Entwürfen von Oskar Pusch.
1915, Dezember. Nach dreizehnjähriger Bauzeit wird mit der Übergabe des Empfangsgebäudes der Leipziger Hauptbahnhof nach Entwürfen der Architekten William Lossow und Max Hans Kühne fertiggestellt.
1917. Gründung des Leipziger Messeamts in der Alten Waage.
1918, 8. Oktober. Konstituierung des Leipziger Arbeiter- und Soldatenrats.
1918, 31. Dezember. Arthur Nikisch führt in der (im zweiten Weltkrieg zerstörten) Alberthalle mit dem Gewandhausorchester erstmalig Beethovens 9. Sinfonie vor Arbeitern auf.
1922. Das 1. Deutsche Arbeiter-Turn- und Sportfest findet in Leipzig statt.
1924, 1. März. In Leipzig nimmt die Mitteldeutsche Rundfunk AG (MIRAG) anläßlich der Frühjahrsmesse den Sendebetrieb auf.
1925 (bis 1929). Bau des neuen Grassimuseums am Johannisplatz nach Entwürfen von Carl William Zweck und Hans Voigt. Einer der bedeutendsten Museumsbauten seiner Zeit.
1927 (bis 1929). Bau der Großmarkthalle in der Zwickauer Straße nach Entwürfen von Hubert Ritter.
1927/28. Das Bankhaus Kroch, Goethestr. 2,

wird in Anlehnung an den Uhrturm am Markusplatz in Venedig nach Entwürfen von German Bestelmeyer als erstes Leipziger Hochhaus erbaut.
1929. Der unter Leitung von Hubert Ritter ausgearbeitete erste Generalbebauungsplan der Stadt wird beschlossen und veröffentlicht.
1929. Eröffnung des Musikinstrumentenmuseums der Universität im Neuen Grassimuseum.
1930, 9. März. Bertolt Brechts Oper „Aufstieg und Fall der Stadt Mahagonny" wird im Neuen Theater am Augustusplatz uraufgeführt.
1931. Mit 719000 erreicht Leipzig den Höhepunkt der Einwohnerentwicklung.
1933, 1./2. März. Erste große Verhaftungswelle gegen Leipziger Antifaschisten nach der Machtergreifung Hitlers.
1933, 2. Mai. SA-Banden plündern das Volkshaus in der heutigen Karl-Liebknecht-Straße 30–32.
1933, 21.–23. Dezember. Reichstagsbrandprozeß im damaligen Reichsgericht. Der bulgarische Kommunist Georgi Dimitroff entlarvt die Nationalsozialisten vor der Weltöffentlichkeit als Brandstifter.
1938, 9./10. November. In der nationalsozialistischen Pogromnacht stecken Nazihorden die Synagogen, jüdische Geschäftshäuser und Wohnungen in Brand.
1939, 1. September. Mit dem Überfall der deutschen Wehrmacht auf Polen beginnt der zweite Weltkrieg, der für Leipzig mit der Vernichtung ungezählter kulturgeschichtlich und infrastrukturell wertvoller Bauten endet.
1943, Nacht vom 3./4. Dezember. In dem schwersten der anglo-amerikanischen Luftangriffe auf Leipzig werden weite Teile des Stadtzentrums und der inneren Vorstädte vernichtet.
1945, 18. April. US-amerikanische Panzertruppen erreichen die Stadt.
1945, 2./3. Juli. Die Rote Armee zieht in Leipzig ein.
1946, 8.–12. Mai. Die erste Leipziger Friedensmesse findet statt.
1952. Erstmalig wird die Landwirtschaftsausstellung in Markkleeberg bei Leipzig durchgeführt.
7. Oktober 1949. Gründung der Deutschen Demokratischen Republik.
1952, 18. Juni. Eröffnung des Georgi-Dimitroff-Museums im ehemaligen Reichsgericht. Im gleichen Jahr findet hier das Museum der bildenden Künste ein neues Domizil.
1952, 23. Juli. Leipzig wird nach Auflösung der Länder Bezirkshauptstadt.
1953 (bis 1955). Am Roßplatz 1–13 entsteht unter Leitung des Architekten Rudolf Rohrer ein repräsentatives Wohnungsbauensemble im verordneten Stil der Nationalen Bautradition.
1954. Das erste Turn- und Sportfest der DDR findet in Leipzig statt.
1955. Eröffnung des Kulturparks Clara Zetkin und Beginn des weiteren planmäßigen Ausbaus.
1957. Die Internationale Leipziger Dokumentar- und Kurzfilmwoche findet zum ersten Mal statt.
1960, 8. Oktober. Das neue Opernhaus am damaligen Karl-Marx-Platz wird eingeweiht.
1961, 13. August. Bau der Berliner Mauer.
1963. Die Ausstellung „Schönste Bücher aus aller Welt" wird erstmals veranstaltet.
1965. Leipzig begeht das 800jährige Gründungsjubiläum. Höhepunkt ist der große Festumzug am 3. Oktober.
1965 (bis 1967). Das Plattenwerk Leipzig-Wiederitzsch mit einer Jahreskapazität von ca. 2000 Wohneinheiten wird gebaut.
1966 (bis 1968). Neubebauung am Brühl mit zehngeschossigen Wohnhäusern und dem Konsument-Warenhaus.
1968. Mit dem Bau der Straße des 18. Oktober als Messemagistrale wird begonnen. Hier entstehen etwa 2300 Wohneinheiten und 3400 Internatsplätze für Studenten in acht-, zehn- und sechzehngeschossiger Bebauung.
1968 (bis 1975). Der Neubaukomplex der Universität am Karl-Marx-Platz entsteht. Dominante ist das 142 Meter hohe Sektionshochhaus nach Entwurf von Hermann Henselmann. Die spätgotische Paulinerkirche wird trotz Bürgerprotesten am 30. Mai 1968 gesprengt.
1974 (bis 1976). Der Wohnkomplex Schönefeld mit etwa 4300 Wohnungen wird realisiert.
1976, 1. Juni. Der Leipziger Oberbürgermeister Karl-Heinz Müller legt den Grundstein für Leipzig-Grünau, das größte Wohnungsneubaugebiet in der Geschichte der Stadt.
1977, Februar. Der Rat des Bezirks Leipzig bestätigt den Generalbebauungsplan für die Stadtregion Leipzig.
1977. Grundsteinlegung für das neue Gewandhaus am Karl-Marx-Platz durch Gewandhauskapellmeister Kurt Masur. Entwurf Rudolf Skoda und Kollektiv.
1976 (bis 1979). Realisierung des Wohnkomplexes Thekla II mit 1600 Wohneinheiten.
1978 (bis 1981). Das Hotel Merkur wird durch die Kajima Corporation Tokio erbaut.
1985, März. Das sanierte Bosehaus, Thomaskirchhof 16, wird aus Anlaß des 300. Geburtstags von Johann Sebastian Bach zusammen mit dem neuen Bachmuseum fertiggestellt.

1987. Der Bowlingtreff auf dem Wilhelm-Leuschner-Platz wird fertiggestellt.
1987 (bis 1989). Neugestaltung des Dorotheenplatzes als Mittelpunkt des Umgestaltungsgebiets Innere Westvorstadt.
9. Oktober 1989. Nach dem Friedensgebet in der Leipziger Nikolaikirche und in anderen Innenstadtkirchen demonstrieren rund 70 000 Menschen auf dem Ring friedlich gegen das Honecker-System. Die um Leipzig zusammengezogenen Kräfte von Polizei, Armee, Kampftruppen etc. greifen nicht ein. Die friedliche Revolution beginnt. Später sind es bis zu 500000 Demonstranten, die für die Demokratisierung der DDR eintreten. Ihre wichtigste Losung ist „Wir sind das Volk". Von nun an geht es mit dem System rasant bergab. Die Ereignisse überschlagen sich.
9. November 1989. Das Politbüro der SED erklärt die sofortige Reisefreiheit für DDR-Bürger. Die Berliner Mauer fällt. Millionen DDR-Bürger besuchen in den folgenden Tagen den Westen Deutschlands.
1990, 6./7. Januar. In der großen Agra-Halle in Markkleeberg findet die 1. Leipziger Volksbaukonferenz statt. 1000 Baufachleute und Bürger erstreiten in Anwesenheit des Bauministers der DDR erste Konturen einer neuen, demokratischen Baupolitik. Für Alt-Connewitz wird ein Abrißstopp durchgesetzt. Das Ende der Plattenbauideologie wird gefordert. Der Prozeß der Revitalisierung der Stadt beginnt.
1990, 3. Oktober. Tag der deutschen Wiedervereinigung.
1993, 25. August. Bundeskanzler Helmut Kohl legt den Grundstein zum Bau der neuen Messe im Norden der Stadt (Fertigstellung 1996).
1994, April. Der betrügerische Bankrott des Bauunternehmers Dr. Jürgen Schneider, der nach der Wiedervereinigung in Leipzig Dutzende Immobilien erworben hatte, erschüttert das Bauwesen der Stadt. Er hinterläßt einen Schuldenberg von mehreren Milliarden D-Mark. Zahlreiche große Bauvorhaben (darunter Barthels Hof) müssen zunächst eingestellt werden, Handwerker bleiben auf ihren nichtbezahlten Rechnungen sitzen. Durch das Krisenmanagement der Stadt Leipzig wird Schlimmeres verhütet.
1995, 28. Februar. Oberbürgermeister Dr. Hinrich Lehmann-Grube vollzieht den ersten Spatenstich für das Allee-Center in Grünau (Fertigstellung 1996).
1996, 13. November. Mit dem ersten Spatenstich durch Regierungspräsident Walter Christian Steinbach beginnt an der Wundtstraße die Freilegung des Pleißemühlgrabens auf einer Länge von zunächst 200 Metern.
1999, 9. Oktober. In Anwesenheit des Bundeskanzlers Gerhard Schröder weihen Oberbürgermeister Wolfgang Tiefensee und Friedrich Magirius die Nikolaisäule auf dem Nikolaikirchhof ein.
2000, 7. Juni. Oberbürgermeister Wolfgang Tiefensee legt den Grundstein für das neue Bildermuseum auf dem Sachsenplatz (Fertigstellung Frühjahr 2004).
2000, 28. Juli. Zum 300. Todestag von Johann Sebastian Bach wird die Thomaskirche nach mehrjährigen Sanierungs- und Restaurierungsarbeiten neu geweiht.
2001, 21./22. September. Der 11. Deutsche Architektentag findet unter dem Motto „Landschaften im Wandel" in Leipzig statt.
2003, 12. April. Leipzig wird in München durch das Nationale Olympische Komitee zur deutschen Bewerberstadt für Olympia 2012 gewählt und setzt sich gegen die Mitbewerber Hamburg, Düsseldorf, Frankfurt am Main und Stuttgart durch.

Literaturverzeichnis

Adam, Thomas: Die Anfänge des industriellen Bauens in Sachsen. Leipzig 1998.

Architekturpreis der Stadt Leipzig zur Förderung der Baukultur, Leipzig 1999 und 2001Aus Leipzigs Handels- und Verkehrsgeschichte. Berlin 1928.

Baubesichtigungsberichte, Taxationen und Akten im Stadtarchiv zu Leipzig.

Die Bau- und Kunstdenkmäler von Sachsen. Stadt Leipzig. Die Sakralbauten. Bd. I und II. München und Berlin 1995.

Bayer, Rolf, u. Gerd Sobeck: Der Bayrische Bahnhof in Leipzig. Berlin 1985.

Beier, K., u. A. Dobritsch: Tausend Jahre deutscher Vergangenheit in Quellen heimatlicher Geschichte. Bd. I. Leipzig 1911.

Bennewitz, Joachim: Die Stadt als Wohnung. Carl James Bühring, Architekt in Berlin und Leipzig. Berlin 1993.

Bente, Klaus: Die Gletschersteinpyramide in Leipzig-Stötteritz. Maschr. Ms. Uni Leipzig, 2001

Berger, Karl: Das Leipziger Ortsgesetz über die Pflege des Stadtbildes. In: Mitteilungen des Landesvereins „Sächsischer Heimatschutz". Dresden 1930.

Berger, Karl: Praktische öffentliche Kunstpflege und Heimatschutzarbeit in Leipzig. In: Mitteilungen des Landesvereins „Sächsischer Heimatschutz". Dresden 1930.

Berger, Manfred: Historische Bahnhofsbauten. Berlin 1980.

Bethe, Hellmut: Leipzigs Barockbauten. In: Leipziger Bautradition. Leipzig 1955.

Bibliographie zur Geschichte der Stadt Leipzig. Hrsg. von der Historischen Kommission der Sächsischen Akademie der Wissenschaften. Weimar 1971/77.

Bruck, Robert: Arwed Roßbach und seine Bauten. Berlin 1904.

Bund der Architekten der DDR, Bezirksgruppe Leipzig. Recherchen zu Leipziger Architekten. Unveröff. Manuskript.

Burghardt, Otto Paul: Das Europahaus. In: Das Neue Leipzig. Heft 8/1929.

Czok, Karl: Das alte Leipzig. Leipzig 1978.

Czok, Karl, u. Horst Thieme: Leipzig – Geschichte der Stadt in Wort und Bild. Berlin 1978.

Czok, Karl, Wolfgang Müller u. Horst Thieme: Leipzig. Neues Rathaus. Leipzig 1982.

Daehne, Paul: Auerbachs Keller, Auerbachs Hof, ... Leipzig o. J. (um 1914)

Dehio, Georg: Handbuch der deutschen Kunstdenkmäler. Die Bezirke Dresden, Karl-Marx-Stadt, Leipzig, Berlin 1965.

Dehio, Georg: Handbuch der deutschen Kunstdenkmäler. Sachsen II. Regierungsbezirke Leipzig und Chemnitz. München/Berlin 1998.

Delpy, Egberg: Neuere Arbeiten von Alfred Liebig. Berlin, Wien, Leipzig 1929.

Die Denkmale der Leipziger City. Kleiner Führer zu den wichtigsten Bau- und Kunstdenkmalen. Leipzig 1996.

Denkmale der Völkerschlacht, Leipzig. 1988. Autorenkollektiv. Denkmale in Sachsen. Weimar 1979.

Dürr, Alphons: Adam Friedrich Oeser. Leipzig 1879.

Eschner, Max: Leipzigs Denkmäler, Denksteine und Gedenktafeln. Leipzig 1910.

Eschwege, Helmut: Die Synagoge in der deutschen Geschichte. Dresden 1980.

Fellmann, Walter, u. Karl Czok: Tourist-Stadtführer-Atlas. Berlin/Leipzig 1987.

Festschrift. 800 Jahre Leipziger Messe. Leipzig 1965.

Festschrift zur Einweihung der Bethanienkirche Leipzig-Schleußig. Leipzig 1933.

Festschrift zur Eröffnung des neuen Leipziger Opernhauses. Leipzig 1960.

Findeisen, Peter: Das Schloß. In: Schloß und Park Burgscheidungen im Unstruttal. Berlin 1975.

Fischer-Art, Michael. Kunst am Bau, Projekte und Entwürfe. Berlin. o. J.

Franz, Katrin: Denkmalpflegerische Rahmenzielstellung Park Lützschena, Maschr. Ms. Leipzig 1988

Füßler, Heinz (Hrsg.): Leipziger Universitätsbauten. Leipzig 1961.

Gemeindeblatt der israelitischen Religionsgemeinde zu Leipzig. Nr. 16/18.4.1930.

Der Generalbebauungsplan der Stadt Leipzig. Leipzig 1929.

Gerkan, von, Marg und Partner – Architecture 1991 bis 1995. Basel 1995.

Glaser, Gerhard: Die Rekonstruktion des Rathauses in Torgau. In: Denkmale in Sachsen. Weimar 1979.

Gleisberg, Dieter, u. a.: Museum der bildenden Künste Leipzig. Leipzig 1987.

Goethe, Johann Wolfgang: Dichtung und Wahrheit. 16. Teil. Berlin u. a. o. J.

Gonschor, Brunhild: Zur Denkmalerfassung – Wohnbauten und Geschäftshäuser zwischen 1830 und 1930 um Leipzig. In: Denkmale in Sachsen. Weimar 1979.

Gretschel, Carl Christian Carus: Leipzig und seine Umgebung. Leipzig 1836. Reprint Berlin 1980.

Große, Karl: Geschichte der Stadt Leipzig von der ältesten bis auf die neueste Zeit. Leipzig 1842.

Gurlitt, Cornelius: Beschreibende Darstellung der älteren Bau- und Kunstdenkmäler des Königreiches Sachsen. 17./18. Heft: Stadt Leipzig. Dresden 1895/96.

Guth, Peter: Haus Kuhn in Leipzig. In: Deutscher Werkbund Sachsen, Werkbericht 2, Leipzig 1996

Haubenreißer, Wolfgang: Der Erker, Architektmotiv in der deutschen Stadt. Diss. Tübingen 1961.

Heckmann, Hermann: Matthäus Daniel Pöppelmann und die Barockbaukunst in Dresden. Berlin 1986.

Hempel, Irene u. Gunter: Musikstadt Leipzig. Leipzig 1979.

Henselmann, Hermann: Gedanken, Ideen, Bauten, Projekte. Berlin 1978.

Hentschel, Walter: Die Alte Börse in Leipzig und ihr Architekt. Berlin 1964.

Hocquél, Wolfgang: Die Architektur der Leipziger Messe. Berlin 1994.

Hocquél, Wolfgang: Aus der Geschichte des Rosentals. In: Leipziger Blätter. Heft 1/1982.

Hocquél, Wolfgang (Hrsg.): Kleiner Denkmalführer durch das Leipziger Stadtzentrum. Leipzig 1980.

Hocquél, Wolfgang: Leipzig – Baumeister und Bauten. Leipzig 1990.

Hocquél, Wolfgang: Leipziger Kaufmannshöfe, Messehäuser und Passagen. Mschr. Diss. Leipzig 1987.

Hocquél, Wolfgang: Vom Durchgangshof zur Passage. In: Leipziger Blätter. Heft 2/1983.

Hocquél, Wolfgang, u. Gerhart Pasch: Leipziger Baudenkmale. Leipzig 1985.

Hocquél-Schneider, Sabine: Untersuchungsbericht zur Rekonstruktion und Restaurierung des Bosehauses am Thomaskirchhof 16. Mschr. Ms. Leipzig 1982.

Hocquél-Schneider, Sabine, Alberto Schwarz und Brunhild Vollstädt: Das Gohliser Schlößchen zu Leipzig. Leipzig 2000.

Holtkötter, Michael: Unveröffentlichte Manuskripte zu George Werner.

Hopp, Hans: Das neue Opernhaus in Leipzig. In: Deutsche Architektur, Heft 2/1961.

Howard, Ebenezer: Gartenstädte in Sicht. Jena 1907.

Hubert Ritter und die Baukunst der zwanziger Jahre in Leipzig. Autorenkollektiv. Dresden 1993.

Hugo, Victor: Die Plünderung des Sommerpalastes. Offener Brief vom 25. 11. 1861. In: Unesco-Kurier, Nr. 11/1985.

100 Jahre Emmaus-Kirche 1900–2000, hrsg. vom Kirchenvorstand der Emmaus-Gemeinde, Leipzig 2000

Jacob, Max A.: Der Geschäftshausbau in Leipzig um das Jahr 1913. In: Neudeutsche Bauzeitung IV. 1913.

Jahn, Johannes: Deutsche Renaissance. Leipzig 1969.

Jannasch, Ophelia: Das Portalrelief am Haus zum Kaffeebaum. KMU. Mschr. Ms. Leipzig 1989.

Jencks, Charles: Die Sprache der postmodernen Architektur. Stuttgart 1980.

Kadatz, Hans-Joachim: Worterbuch der Architektur. Leipzig 1980.

Kieling, Uwe: Berlin – Baumeister und Bauten. Berlin/Leipzig 1987.

Kießling, Martin, u. F. Unglaube: Neu-Gohlis, Wohnstadt der A. G. für Haus- und Grundbesitz erbaut 1929/30 in Leipzig. In: Bauwelt. Sonderdruck aus Heft 51/1931.

Klein, Dieter: Martin Dülfer – Wegbereiter der deutschen Jugendstilarchitektur. München 1981.

Klopfer, Paul: Von Palladio bis Schinkel. Esslingen 1911.

Koch, Ralf: Walter Lucas. In: Vom Baukünstler zu Komplexprojektanten-Architekten in der DDR. Erkner 2000. Hrsg. von Holger Barth, Thomas Topfstedt u. a. Seite 149f.

König, Ulrike: Die Universitätsbibliothek in Leipzig. KMU. Mschr. Ms. 1987.

Krase, Andreas, u. Bodo Pientka: Die Häuser des Paul Möbius. In: Leipziger Blätter. Heft 13/1988.

Küas, Herbert: Das alte Leipzig in archäologischer Sicht. Berlin 1976.

Kulka, Peter: Bauten und Projekte, 1990–1995, Köln 1996

Kunstschätze der Karl-Marx-Universität Leipzig. Autorenkollektiv. Leipzig 1981.

Leipzig. Hrsg. von Wolfgang Hocquél. Leipzig 1985.

Leipzig. Dekorative Wandmalerei in Bürgerhäusern. Leipzig 2000.

Leipzig 1813. Hrsg. von Heinz Füßler. Leipzig 1953.

Leipzig in acht Jahrhunderten. Autorenkollektiv. Leipzig 1965.

Leipzig Permoserstraße – Zur Geschichte eines Industrie- und Wissenschaftsstandorts. Leipzig 2001.

Leipzig und seine Bauten. Leipzig 1892.

Der Leipziger. 1. Jahrgang 1919.

Leipziger Bautradition. Hrsg. von Heinz Füßler. Leipzig 1955.

Leipziger Blätter. Heft 1–38. Leipzig 1982–2001.

Das Leipziger Eidbuch von 1590. Leipzig 1986.

Leipziger Kalender 1908 und 1911. Leipzig 1908/1911.

Lemper, Heinz, Heinrich Magirius und Winfried Schrammek: Die Thomaskirche Leipzig. Berlin 1979.

Leonhardt, Peter: Zur Baugeschichte und historischen Bedeutung des „Königshauses" (Markt 17) in Leipzig. KMU. Mschr. Ms. Leipzig 1988.

Leonhardt, Peter, u. Thomas Nabert (Hrsg.): ARX NOVA SURREXIT. Die Geschichte des Neuen Rathauses in Leipzig. Leipzig 1998.

Liebig, Alfred: Der Petershof. In: Das Neue Leipzig, Heft 11/1929.

Löffler, Fritz: Das alte Dresden. Leipzig 1982.

Lucas, Walter: Der volkseigene Wohnungsbau an der Straße der III. Weltfestspiele. In: Aus Geschichte und Neuaufbau der ehemaligen Rannischen Vorstadt. Leipzig 1952.

Lütke Daldrup, Engelbert (Hrsg.): Leipzig-Bauten 1899–1999. Basel 1999.

Magirius, Heinrich: Die Nikolaikirche zu Leipzig. Berlin 1979.

Mai, Hartmut: Die Russische Gedächtniskirche des heiligen Alexi. In: Denkmale der Völkerschlacht Leipzig 1988.

Mielke, Friedrich: Die Zukunft der Vergangenheit. Stuttgart 1975.

Müller. Ernst: Die Häusernamen von Alt-Leipzig. Leipzig 1931.

Müller, Jens: Die Baukunst des Historismus vor der Herausbildung Leipzigs zur Großstadt (1770 bis 1980), und: Die Großstadt Leipzig und die Baukunst des späten Historismus und des Jugendstils (1870 bis 1914). In: Leipzig. Leipzig 1983.

Müller, Michael: Die kunsthistorische Bedeutung und baugeschichtliche Entwicklung des Romanushauses in Leipzig. KMU. Mschr. Ms. Leipzig 1988.

Müller, Volkmar: Der Bau des Reichsgerichts zu Leipzig. Berlin 1895.

Müller, Wolfgang, Erwin Schrödl u. Joachim Schulz: Architekturführer der DDR. Bezirk Leipzig. Berlin 1976.

Nerdinger, Winfried, u. Cornelius Tafel: Architekturführer Deutschland – 20. Jahrhundert. Basel 1996.

Nierade, Kunz: Gedanken und Erläuterungen zum Leipziger Opernneubau. In: Deutsche Architektur Heft 2/1961.

Oelsner, Norbert, u. Alberto Schwarz: Das Durchhaus Markt 10 in Leipzig. In: Historische Bauforschung in Sachsen. Dresden 2000.

Pasch, Gerhart: Kirchen in Leipzig und Umgebung. Leipzig 1996.

Petzold, Ilona: Handschwengelbrunnen. Unveröffent. Ms. Leipzig 2002

Petzold, Martin (Hrsg.): St. Thomas zu Leipzig. Leipzig 2000.

Pevsner, Nikolaus: Leipziger Barock. Leipzig 1928.

Priese, Otto: Leipzigs Bauten und ihre natürlichen Baugesteine. Leipzig 1985.

Pro Leipzig: Lützschena , eine historische und städtebauliche Studie. 1999

Pruzin, Oleg I.: Die Stadt und das Kulturerbe. Berlin 1983.

Richter, Christian: Skizzenbuch. Leipzig um 1660.

Rodekamp, Volker (Hrsg.): Das Schillerhaus in Leipzig-Gohlis. Leipzig 1998.

Rödel, Volker (Hrsg.): Reclams Führer zu den Denkmalen der Industrie und Technik in Deutschland. Bd. 2. Neue Länder, Berlin. Stuttgart 1998.

Rüdiger, Birthe: Die Gärten des Caspar und Georg Bose in Leipzig. KMU. Mschr. Ms. Leipzig 1987.

Das Schillerhaus in Gohlis. Autorenkollektiv. Leipzig 1973.

Schulze, Friedrich: Aus Leipzigs Kulturgeschichte. Leipzig 1956.

Schumacher, Fritz: Stufen des Lebens – Erinnerungen eines Baumeisters. Stuttgart/Berlin 1939.

Schwarz, Alberto: Bauarchäologische Beobachtungen am Alten Rathaus zu Leipzig. In: Historische Bauforschung in Sachsen. Dresden 2000.

Schwarz, Alberto: Steibs Hof. In: Leipziger Blätter. Heft 10/1987.

Sikora, Bernd: Das Mückenschlößchen in Leipzig. In: Deutscher Werkbund Sachsen, Werkbericht 2, Leipzig 1996

Sikora, Bernd: Die Rosentalgasse. Leipzig 1995.

Skoda, Rudolf: Neues Gewandhaus in Leipzig. In: Architektur der DDR. Nr. 6/77.

Skoda, Rudolf, u. Volker Sieg: Neues Gewandhaus Leipzig. In: Architektur der DDR, Nr. 2/82.

Speck von Sternburg, Wolf-Dietrich, u. Guth, Peter: Der Speck von Sternburgsche Schloßpark zu Lützschena. Leipzig 2000

Stadtplanung – Stadtentwicklung. Büro des Chefarchitekten der Stadt Leipzig. Leipzig 1977.

Stätten des Kampfes und der Erinnerung. Autorenkollektiv. Leipzig 1974.

Stegemann, Rudolf: Curt Schiemichen. In: Neue Werkkunst. Berlin, Leipzig, Wien 1929

Sturm, Leonhard Christoph: Vollständige Anweisung aller Arten von bürgerlichen Wohnhäusern wohl anzugeben. Augsburg 1715.

Sziegoleit, Winfried: Schumachers Handelshochschule in Leipzig. Zur Baugeschichte und Instandsetzung dieses Baudenkmals. In: Merkur als Bauherr, S. 34ff. Leipzig 1996.

Thieme, U., u. F. Becker: Allgemeines Lexikon der bildenden Künstler von der Antike bis zur Gegenwart. Leipzig 1907–1950.

Topfstedt, Thomas: Das Leipziger Völkerschlachtdenkmal. Konzeption und Gestalt. In: Denkmale der Völkerschlacht. Leipzig 1988.

Topfstedt, Thomas: Oper Leipzig. Das Gebäude. Leipzig 1993.

Topfstedt, Thomas: Städtebau in der DDR 1955 bis 1971. Leipzig 1988.

Topfstedt, Thomas: Das Verwaltungszentrum der Dresdner Bank in Leipzig. Leipzig 1998.

Unger, Manfred: Geschichte der Leipziger Messe (Überblick). In: Arbeitsberichte zur Geschichte der Stadt Leipzig. Leipzig 1965.

Unger, Manfred: Das Leipziger Bank- und Handelshaus Frege am Beginn seines Aufstiegs (1739 bis 1754). In: Sächsische Heimatblätter. Heft 4/1983.

Vogel, Julius: Max Klinger und seine Heimatstadt Leipzig. Leipzig 1925.

Volk, Waltraud: Leipzig. Historische Straßen und Plätze heute. Berlin 1977.

Vollmer, H.: Allgemeines Lexikon der bildenden Künstler des XX. Jahrhunderts. Leipzig 1953–1962.

Vom Jahrmarkt zur Weltmesse. Autorenkollektiv. Leipzig/Jena 1958.

Winkler, Gerhard: Max Klinger. Leipzig 1984.

Eine Wohnung für alle. Geschichte des kommunalen Wohnbaus in Leipzig 1900–2000. Hrsg. Pro Leipzig und LWB Leipzig. Leipzig 2000

Wustmann, Gustav: Aus Leipzigs Vergangenheit. Bd. 1–3. Leipzig 1885, 1889, 1909.

Zweck, Carl William, u. Hans Voigt: Der Neubau des Grassimuseums. In: Leipzig. Illustrierte Monatsschrift. 5/1929.

Personenregister

J

K

L

M

T

U

V

Objektregister

Die halbfett gedruckten Seitenzahlen verweisen auf die ausführliche Beschreibung der Objekte.

A

B

H

I

J

K

L

M

R

S

Der Autor: Wolfgang Hocquél wurde 1947 in Osterfeld/Thüringen geboren. Seine Schul- und Jugendzeit verlebte er in Merseburg, wo er 1966 das Abitur machte. Von 1968 bis 1972 studierte er an der Hochschule für Bauwesen in Leipzig mit dem Abschluß als Diplomingenieur. 1987 promovierte er an der Sektion Kunstwissenschaften der Leipziger Karl-Marx-Universität im Fach Kunstgeschichte bei Professor Ernst Ullmann mit der Arbeit „Leipziger Kaufmannshöfe, Messehäuser und Passagen" zum Dr. phil. Seit 1979 war er in unterschiedlichen leitenden Funktionen der Denkmalpflege im heutigen Regierungsbezirk Leipzig tätig. Seit 1991 ist er Referatsleiter für Denkmalpflege im Regierungspräsidium Leipzig. Er war Initiator der 1. Leipziger Volksbaukonferenz vom 6./7.1.1990, die auf dem Agra-Gelände in Leipzig-Markkleeberg stattfand und mit der die demokratische Wende in der Baupolitik Leipzigs eingeleitet wurde. Vor allem sollte der dramatische Verfall der Altbausubstanz gestoppt werden. Er war maßgeblich an der Gründung der Kulturstiftung Leipzig (1990),

am Aufbau des Zentrums für handwerkliche Denkmalpflege im Schloß Trebsen bei Grimma (1992) sowie an der Installation der Europäischen Messe für Stadterneuerung und Denkmalpflege, der denkmal 1994 in Leipzig, beteiligt. Sein Wirken in Leipzig ist zudem durch eine umfangreiche langjährige publizistische und Lehrtätigkeit auf den Gebieten der Denkmalpflege und der Leipziger Baugeschichte gekennzeichnet.

Lagepläne und Grundrisse
Roland Keil und die jeweiligen Architekturbüros

Karten
Passage-Verlag

Lektorat
Marianne Albrecht

Textrecherchen zu den Bauten ab 1990
Cornelia Stadelmann

Layout, Satz
Thomas Liebscher

Druck
Klingenberg Buchkunst Leipzig GmbH

Fotos
Siegfried Adler; Arge Zentralstadion; Mahmoud Dabdoub; Peter Franke/Punctum; Archiv Wolfgang Hocquél; Klaus Höfer; HPP, Leipzig; Hufnagel, Pütz, Rafaelian, Architekte[n]; Harald Kirschner; Hans-Dieter Kluge; Bertram Kober/Punctum; Jürgen Kunstmann; Kustodi[e] der Universität Leipzig; Büro Mäckler/Stadtplanungsamt Leipzig; RKW Rhode, Kellerman[n] Wawrowsky & Partner; Christoph Sandig; Hans-Christian Schink/Punctum; Manfred Seidel; Stadtarchiv Leipzig; Stadtgeschichtliches Museum Leipzig; Gudrun Vogel; Heidi Vogel-Hennig; Gaby Waldek; Marion Wenzel; Wesker/Rücker; Wirth + Wirth GmbH

Die Deutsche Bibliothek – CIP-Einheitsaufnahme
Ein Titelsatz für diese Publikation ist bei der Deutschen Bibliothek erhältlich.

2., stark erweiterte Auflage 2004
ISBN 3-932900-54-5